U0631646

"十二五"国家重点图书出版规划项目

总主编　郑洪泉　常云平

中国战时首都档案文献

战时交通

本册主编　常云平　郑洪泉　徐　斌

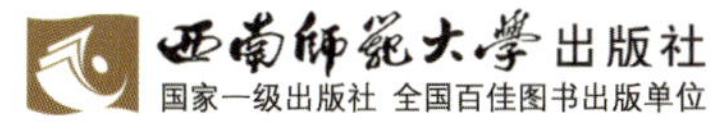

图书在版编目（CIP）数据

中国战时首都档案文献．战时交通 / 常云平，郑洪泉，徐斌主编．-- 重庆 ：西南师范大学出版社，2015.8
ISBN 978-7-5621-7461-5

Ⅰ．①中… Ⅱ．①常… ②郑… ③徐… Ⅲ．①重庆市－地方史－档案文献－汇编－民国②交通运输史－档案文献－汇编－重庆市－1937～1945 Ⅳ．①K297.19 ②F512.9

中国版本图书馆CIP数据核字（2015）第189083号

中国战时首都档案文献·战时交通

ZHONGGUO ZHANSHI SHOUDU DANG'AN WENXIAN ZHANSHI JIAOTONG

总主编　郑洪泉　常云平
本册主编　常云平　郑洪泉　徐　斌

选题策划：郑洪泉　陈　涌
编审人员：卢　旭　卢渝宁　吕　杭　米加德　任剑乔　陈　涌
何雨婷　易晓艳　张昊越　周　杰　段小佳　黄　璜
责任编辑：任剑乔　张昊越
特约编辑：姚良俊　王旭光
装帧设计：双安文化
出版发行：西南师范大学出版社
地址：重庆市北碚区天生路2号
邮编：400715
http://www.xscbs.com
经　　销：全国新华书店
印　　刷：重庆市开源印务有限公司
开　　本：889mm×1194mm　1/16
印　　张：37　插页4
字　　数：857千字
版　　次：2017年6月　第1版
印　　次：2017年6月　第1次印刷
书　　号：ISBN 978-7-5621-7461-5

定　　价：680.00元

QIANYAN 前言

"中国战时首都档案文献"是一套中国抗日战争时期首都——重庆的历史资料丛书，由《中国战时首都档案文献·战时政治》《中国战时首都档案文献·战时经济》《中国战时首都档案文献·战时文化》《中国战时首都档案文献·战时教育》《中国战时首都档案文献·战时科技（上、下）》《中国战时首都档案文献·战时外交（上、下）》《中国战时首都档案文献·战时交通》《中国战时首都档案文献·反轰炸（上、下）》和《中国战时首都档案文献·党派活动》共9卷12册专题历史资料组成。这套丛书是在重庆师范大学历史与社会学院前身即重庆师范学院历史系与重庆市档案馆编研处合作建立的"中国抗战陪都史课题组"于1996年编纂的"中华民国抗战陪都史料丛编"的基础上，经过西南师范大学出版社大力支持，重庆双安文化传播有限公司积极参与，由重庆师范大学历史与社会学院会同重庆市档案馆、重庆图书馆等单位的专家学者用五年多的时间，重新进行了大量历史资料的搜集、增补、整合、编辑而成。

本丛书各卷史料以1937年11月（国民政府移驻重庆）至1946年5月（国民政府还都南京）作为中华民国抗战首都史的时限。我们认为：开展中国抗战首都史的研究，有助于推动中国抗日战争史、国民政府史以及近代重庆地方史、城市史的研究，以丰富中国现代史、中华民国史的研究内容。而这套史料丛书的编成是原"中国抗战陪都史课题组"和现今继续参与这套历史资料编纂任务的重庆师范大学历史与社会学院以及校外专家学者的一项研究成果。这套史料丛书从"中国抗战陪都史课题组"成立到最后编纂完成正式出版，前后经历了三十多年的时间，也算是我们为中国抗战首都历史（或中国抗战"陪都史"）、中国抗战大后方史这一新兴的史学研究领域提供全面、系统、翔实的史料基础工作尽了一份力。

1986年，四川省哲学社会科学研究规划办公室批准重庆师范学院历史系申报的“中国抗战陪都史”研究课题，列为四川省“第七个五年计划”哲学和社会科学研究重点课题，这也是学校当时唯一获准的省级重点科研项目。为此成立了以重庆师范学院重庆地方史研究室主任郑洪泉为组长的“中国抗战陪都史课题组”。为了顺利地开展这项研究工作，课题组与重庆市档案馆编研处合作，共同进行研究，由郑洪泉和重庆市档案馆编研处处长黄立人共同担任课题组负责人。双方通力合作，确定了研究方向，决定从搜集、整理史料着手，编纂一套中国战时首都史料，以便在此基础上开展中国战时首都历史的研究，编写中国抗战陪都史专著。为了编纂中国战时首都史料，课题组规划了11个方面的选题，立即组织人力在重庆图书馆、重庆市档案馆和南京中国第二历史档案馆等处开展了规模较大的史料搜集和整理工作。由于所需搜集和整理的史料涉及时限长、范围广、工作量大，本课题组截至1990年“七五”计划结束时尚未能完成此项史料编纂任务，后经四川省哲学社会科学研究规划办公室同意，准予本课题延长至“八五”计划期间继续进行。经过10多年的努力，课题组终于在1996年12月底初步完成“中华民国抗战陪都史料丛编”的编纂任务。这套史料丛书包括《国府迁都·明定陪都·胜利还都》《战时动员》《军事机构与军事活动》《轰炸与反轰炸》《外交活动》《党派活动》《战时经济》《战时交通》《战时科技》《战时教育》《战时社会》共11卷。由于需要对各卷史料进行进一步编辑加工，同时也由于当时重庆师范学院科研经费拮据，所以这套史料丛书未能争取在本课题结题时正式出版。此后因课题组负责人郑洪泉退休，而另一负责人黄立人不幸病故，出版问题被搁置下来。直到2007年，重庆师范大学校领导重新提出“中华民国抗战陪都史料丛编”的出版问题，并将这套丛书列入学校哲学社会科学研究基金资助项目。以此为契机，经过重庆师范大学和重庆市档案馆原“中国抗战陪都史课题组”同志共同努力，重庆双安文化传播有限公司积极协调，选择这套丛书11卷史料形成《国府迁渝·明定陪都·胜利还都》《战时动员》《战时社会》《战时工业》与《战时金融》共5卷，于2008年1月内部出版，丛书名改为“中华民国战时首都档案文献”。

“中华民国战时首都档案文献”出版后，产生了较大的社会影响。2009年5月，中国国民党领导人率领该党访问团在重庆访问期间，于5月27日下午，在国务院和重庆有关领导人陪同下来重庆师范大学大学城新校区参观，临别之际，重庆师范大学校方向中国国民党访问团赠送了一套“中华民国战时首都档案文献”，对方欣然接受并表示很大兴趣。当晚，在与中共重庆市委领导人会谈的过程中，中国国民党访问团领导人表示：重庆是他向往已久的都市，抗战时期是国民政府的陪都，今天下午到重庆师范大学参访时获知了国民政府在抗战时期的许多珍贵史料，并说台北国民党党史馆也有许多珍贵史料，将来双方可以互相交流。重庆市委统战部获悉这一情况后，向重庆师范大学索要了几套“中华民国战时首都档案文献”，分别赠送给先后来渝参访的台湾知名人士。2012年，这套丛书获得重庆市人民政府社会科学优秀成果三等奖。

2012年，在重庆师范大学历史与社会学院的支持下，西南师范大学出版社将重庆师范大学和重庆市档案馆原“中国抗战陪都史课题组”编纂的“中华民国抗战陪都史料丛编”更名为“中国战时首都档案文献”，申报国家出版基金项目获得批准，由西南师范大学出版社筹划将丛书全部正式出版。

为此，在重庆师范大学党委和行政的领导下，历史与社会学院组织了一个由学院院长常云平负责、已退休原课题组组长郑洪泉参与的专门的工作班子，与西南师范大学出版社进行丛书的编辑和出版事宜。同时建立了由重庆师范大学、重庆市档案馆、重庆图书馆、西南师范大学出版社和重庆双安文化传播有限公司等单位的有关领导、专家学者组成的“中国战时首都档案文献”丛书编委会，以统筹、协调和推动丛书的出版工作。

由于《国府迁渝·明定陪都·胜利还都》《战时动员》《战时社会》《战时工业》与《战时金融》，已被收入“中国抗战大后方历史文化丛书”系列中，故在“中国战时首都档案文献”正式出版时，没有将这5卷史料收入在内。这5卷史料是前述原“中国抗战陪都史课题组”于1996年初步完成的“中华民国抗战陪都史料丛编”11卷史料的不可分割的重要组成部分，且已经由重庆师范学院科研处于当年写进报送四川省哲学社会科学研究规划办公室的结题报告之中。2012年“中华民国战时首都档案文献”获得重庆市人民政府社会科学优秀成果三等奖，更有力地证明这套丛书是原“中国抗战陪都史课题组”的科研成果。

“中国战时首都档案文献”工作班子会同重庆市档案馆、重庆图书馆等单位的专家学者，以1996年初步完成的“中华民国抗战陪都史料丛编”11卷史料为基础，针对新的情况，对各卷史料进行了较大的整合，对《党派活动》《战时交通》《战时教育》《战时科技》和《战时外交》等资料进行了重新调整补充和编纂。对《轰炸与反轰炸》史料进行了重新调整和增补，形成1卷《反轰炸》专题史料，另外新编纂了《战时政治》和《战时经济》2卷新史料。在增补、重编和新编史料的过程中，增添了新近从国外搜集到的档案文献资料。这样就在相当程度上弥补了由于“中华民国战时首都档案文献”5卷史料未能列入本丛书所造成的内容上的缺失。呈现在读者面前的这套9卷12册的“中国战时首都档案文献”就是这样完成的。

以上是对“中国战时首都档案文献”的由来所做的说明。

为了使读者对本书的编纂价值和编纂思路有一个大体了解，特将本课题组成员在编纂过程中撰写的《中国抗战陪都史初探》《论国民政府迁都重庆的意义与作用》《关于“陪都”史研究的几个问题》《试论蒋介石与四川抗日根据地的策定》等几篇论文编入本丛书《战时政治》后，以供参考。

凡 例

1.《中国战时首都档案文献·战时交通》所辑档案文献一般一事为一题；同属一事而彼此间紧密联系的多个资料，亦为一题。

2.所辑档案文献其原有标题，根据需要略做更动；少数无标题者，为编者所拟。

3.档案文献的出处均以脚注注明，凡未注明者，即此资料来自重庆市档案馆。

4.所辑档案文献凡因残缺、脱落、污损而没有办法辨认的字，以“□”示之。少数原文发表时，为新闻检察机关检扣的文字，也以“□”代之。

5.对档案文献中今天看来的“错别字”，不妨碍对原档案文献内容的理解，原则上不做更动。只对明显的错别字和漏字做了订正和增补，以“（ ）”楷体标明。修正衍文用“（ ）”楷体注明。文中“（ ）”内字体与正文一致者，表明为原档案资料所有。

6.原档案文献本身的删节，以“……”标明，系编者删节则用“〈 〉”楷体标明。此外，原稿的缺失部分，也用“〈 〉”楷体注明。原档案文献系新闻消息，其出处以“〔 〕”楷体标明。

7.原档案文献中的数字的表示方法，除标题全书为阿拉伯数字以外，原则上保持原貌。

8.档案文献中的“同左”“同右”“如左”“如右”等，因当时系竖行文，故“左”或“次”，即“下”，“右”即“上”或“前”。

MULU 目 录

第一章 交通部暨战时交通设施与建设概况

1. 交通部组织法[①]（1938年7月30日）

第一条 交通部规划、建设、管理、经营全国国有铁路、公路、电政、邮政、航政并监督公有及民营交通事业。

第二条 交通部对于各地方最高级行政长官执行本部主管事务有指示监督之责。

第三条 交通部就主管事务对于各地方最高级行政长官之命令或处分认为有违背法令或逾越权限者，得提经行政院会议议决后停止或撤销之。

第四条 交通部置下列各司局处：

一、总务司。

二、人事司。

三、财务处。

四、材料司。

五、路政司。

六、电政司。

七、航政司。

八、邮政总局。

九、公路总管理处。

第五条 交通部因事务之必要，得置路电邮航各局处及各委员会，其组织另以法律定之。

第六条 交通部经行政院会议及立法院之议决，得增置裁并各司及其他机关。

第七条 总务司掌下列事项：

一、关于收发分配撰辑保存文件事项。

二、关于部令之公布事项。

三、关于典守印信事项。

① 本组织法于1926年11月13日由国民政府公布，于1927年8月8日、11月11日，1928年5月15日、12月8日，1930年2月3日，1931年2月21日，1938年1月14日、3月8日做了九次修正，至1938年7月30日再次修正公布施行。

四、关于编制报告及刊行出版物事项。

五、关于本部经费之出纳及保管事项。

六、关于本部财产物品之保管事项。

七、关于本部庶务及其他不属于各司事项。

第八条　人事司掌下列事项：

一、关于本部及所属各机关职员之任免奖惩事项。

二、关于本部及所属各机关行政及技术人员之训练及教育事项。

三、关于本部及所属各机关之职工教育及附属学校事项。

四、关于本部及所属各机关卫生事项。

五、关于职工之待遇及保障事项。

六、其他有关人事事项。

第九条　财务司掌下列事项：

一、关于本部所属各机关款项之支配保管事项。

二、关于本部所属各机关之债务整理偿还事项。

三、关于交通建设经营扩充之筹款事项。

四、关于财产之处理事项。

五、关于交通建设土地之收买处分事项。

六、关于公有及民营交通事业之财务监督事项。

七、其他有关财务事项。

第十条　材料司掌下列事项：

一、关于材料之采购保管稽核支配转运事项。

二、关于材料之调查检验监制及技术设计事项。

三、关于材料账目之登记及审核事项。

四、其他有关材料事项。

第十一条　路政司掌下列事项：

一、关于筹划铁路建设事项。

二、关于管理铁路业务及附属营业事项。

三、关于管理铁路工务机务事项。

四、关于公有及民营铁路之监督事项。

五、其他有关路务事项。

第十二条　电政司掌下列事项：

一、关于筹划电信电话广播及电气交通之建设事项。

二、关于管理电信电话广播及电气交通之经营事项。

三、关于公有及民营电气交通事业之监督事项。

四、其他有关电务事项。

第十三条　航政司掌下列事项：

一、关于筹划航业航空之设备及建设事项。

二、关于管理航业航空之经营事项。

三、关于公有及民营航业航空之监督事项。

四、其他有关航务事项。

第十四条　邮政总局掌下列事项：

一、关于管理全国邮政事项。

二、关于管理邮政储金及汇兑事项。

三、其他有关邮务事项。

第十五条　公路总管理处掌下列事项：

一、关于筹划全国公路建设及工程直接设施事项。

二、关于管理公路业务及联运事项。

三、关于各省公路设施之监督事项。

四、关于公路器材之统筹管理事项。

五、其他有关公路事项。

第十六条　交通部部长综理本部事务，监督所属职员及机关。

第十七条　交通部政务次长常务次长辅助部长处理部务。

第十八条　交通部设秘书 8 人至 10 人，分掌机要文件及长官交办事务。

第十九条　交通部设参事 4 人至 6 人，撰拟审核关于本部法案命令。

第二十条　交通部设司长 7 人，邮政总局局长 1 人，公路总管理处处长 1 人，分掌各司局处事务。

第二十一条　交通部设科长 24 人至 36 人，科员 200 人至 260 人，助理员 30 人，承长官之命办理各科事务。

第二十二条　交通部部长特任，次长、参事司长、邮政总局局长、公路总管理处处长及秘书 4 人简任，其余秘书科长荐任，科员、助理员委任。

第二十三条　交通部设技监 2 人简任，技正 28 人，其中 10 人简任，余荐任，技士 42 人荐任，技佐 50 人委任，承长官之命办理技术事务。

第二十四条　交通部设会计长 1 人，统计主任 1 人，办理会计统计事项，受交通部部长之指挥监督，并依国民政府主计处组织法之规定直接对主计处负责。

会计处及统计室需用佐理人员名额，由交通部及主计处就本法所定荐任委任人员及雇员名额中会同决定之。

第二十五条　交通部因事务上之必要得聘用顾问及专门人员。

第二十六条　邮政总局及公路总管理处之组织另以法律定之。

第二十七条　交通部处务规程以部令定之。

第二十八条　本法自公布日施行。

2. 抗战初期西南交通概况[①]（1938年）

一、西南各省交通概况

自中日战事开始后，政府积极建设西南交通，铁道除计划与赶建中之各路新线将次第完成外，水道航路亦在相继增辟，现各省公路已彼此衔接，各主要区域已先后通车。航空方面，亦已在西南各重要城市添辟航线。兹将西南各省主要交通线分述如下：

（一）西南各省之主要交通

1. 由武汉乘轮船至重庆，再循公路经贵阳，以达昆明。

2. 由长沙循公路经湘西，以达贵阳，转往昆明。

3. 由武汉或长沙，由水道至常德、沅陵、芷江，达贵州省之镇远，转循公路至贵阳（武汉至常德有轮船，常德以上至沅陵，有小轮，再上仅通民船）。

4. 由长沙或衡阳，循公路（将来由衡阳至广西镇南关通铁道，现在已筑至桂林，不久通车），经桂林、马平（柳州）、河池、独山，直达贵阳，转道昆明，或由马平，至邕宁，龙州，出桂边境越镇南关而至河内，再转滇越铁路而至昆明，东南至海防，搭海轮至香港，上海（由广西至法属安南，可至广西龙州法国领事馆办理护照）。

5. 由广东、香港，乘海轮至越南海防，乘火车至昆明（护照可至香港或广州办理）。

6. 由香港经西江，至梧州，赴桂林，或柳州，（可转贵阳）或经邕宁，过龙州，出镇南关（经法属安南，搭滇越铁路火车，至昆明）。

7. 由香港、广州，乘轮船至广东北海，经合浦、钦县，至广西之邕宁转往西南各处。

8. 由昆明西行，经禄丰、楚雄、永平、龙陵，至滇西边境瑞丽，可通英属缅甸，现在路面已铺至禄丰，不久可以通车。

（二）西南各省之分类交通线

1. 铁路

（1）粤汉线，由汉口经长沙、衡阳、株洲、韶关，至广州，①广三段由广州至三水，②株萍段由株洲经醴陵至萍乡，③广九段由广州至九龙。

---

① 原载《西南导报》社编：《西南交通要览》，1938年出版。

（2）滇越线由法属海防，河内至昆明。

2. 公路

西南公路以贵阳为中心，分东南西北四线，东线经黄平、晃县、沅陵、常德而至长沙，与粤汉铁路会合；南线经独山、河池，至马平（柳州），由此北至桂林，东南至梧州，西南至邕宁；北线经息烽、遵义、桐梓，至重庆，由此东下武汉，西北达成都，循川陕路，可至西安；西线经永宁、平彝，至昆明，与滇越铁路衔接，直达海防。

3. 航空

（1）汉蓉线，由汉口经沙市、宜昌、万县、重庆，至成都。

（2）渝港线，由重庆经贵阳，桂林或马平（柳州）、梧州，至香港。

（3）汉湘线，由汉口至长沙。

（4）渝嘉线，由重庆经泸州，叙府（即宜宾）至嘉定（一称乐山县）。

以上为中国航空公司航空线。由昆明至成都，汉中，西安，兰州，宁夏，或长沙，汉口，香港，及法属安南之河内（欧亚线）现在均已通航。

4. 水道

由汉口至沙市、宜昌，或直达重庆，均有船可通，局名计招商、民生、三北、怡和等，计程约七日。汉口至长沙之轮船，各公司均有，开行最快约三十六小时可达。汉口至常德、常德至湘西芷江、长沙至衡阳，均通轮船。余如广西境内梧州至香港，有外轮通航，二日可达，票价亦廉，西江水运可通百色，支流通小船者亦多。余如四川之金沙、岷江，云南之横江等，均可部分通航，惟均民船，并无定期航轮。

二、西南各城市直接交通

汉口至重庆　重庆至贵阳　重庆至成都　汉口至长沙　长沙至贵阳

汉口经衡阳至广州　衡阳至桂林　长沙经桂林至贵阳　贵阳至昆明

香港经梧州至柳州　汉口—广州—香港—海防—昆明—贵阳—重庆—成都

（以后关于西南各交通路线之行车时刻、客货票价及新辟或更改路线之各项消息按期详载本社出版之《西南导报》中）

（一）汉口至重庆

1. 汉口直达重庆轮船，行程七八日，票价如后：

大餐间	官舱	房舱	统舱
185.00	99.00	66.00	33.00

2. 汉口经宜昌至重庆

（1）汉口至宜昌

①轮船　行程二三日

公司＼票价＼等级	大餐间	官舱	房舱	统舱
招商	50.00	30.00	20.00	10.00
三北	50.00	30.00	20.00	10.00
宁绍	50.00	30.00	20.00	10.00
民生	50.00	39.00	26.00	13.00
太古	60.00	30.00	20.00	10.00
怡和	66.00	30.00	20.00	10.00

②公共汽车　每晨五时由桥口站开（四时半开始售票），当晚七时三十分到宜昌，票价10.55元（附注：天雨停开，有时第一日天雨次日亦停开；该路客车车顶堆放行李未罩油布，故旅客对于行李须善加包妥，以免中途遇雨淋湿）。

（2）宜昌至重庆

轮船　行程四日

公司＼票价＼等级	大餐间	官舱房	房舱	统舱
民生	96.00	75.00	50.00	25.00
太古＼怡和	132.00	60.00	40.00	20.00

重庆住宿有沙利文、新川饭店、四川旅行社招待所等，价目1元至10元。

（二）重庆至贵阳

1. 行程及票价

全程共长488公里，二日可达，公共汽车票价22.00元，在松坎换车（将来联运车开行即无庸换车）。

2. 行李

行李免费带20公斤，逾此每10公斤（不满10公斤亦作10公斤计算），取费3.20元。

3. 沿途膳宿情形

第一日　重庆至桐梓一段，267公里，中途在松坎午膳，约行9小时可达，桐梓有东南交通等数家旅馆，一宿二餐，价6角（中国旅行社招待所，现在进行中）。

第二日　桐梓至贵阳一段，计221公里，约行8小时可达，中途在遵义午膳，贵阳住处有同乐社、大巴黎、新世界、远东等十余家，价每日自8角起，至3元止，可向中国旅行社接洽。

（三）重庆至成都

1. 行程及票价

全程其（共）长449.7公里，二日可达，公共汽车票价18元。

2. 行李

行李免费20公斤，逾此每5公斤1.57元。

3. 沿途膳宿情形

第一日　重庆至内江，此段239.50公里，在永川午膳，约行8小时可达，内江有新生旅馆，价约1.50元，中途有老鹰岩、龙泉驿等名胜。

第二日 内江至成都，此段 210.20 公里，在资阳午膳，约行 7 小时可达，成都有四川旅行社招待所及其他旅馆十余家。

水道由嘉定转重庆至成都，船票统舱 20 元。

（四）汉口至长沙

粤汉铁路，日开二次，武衡特快车下午八时三十分自徐家棚开，次晨八时三十分到长沙。

武广普通快车，下午二时二十分开（徐家棚站），次晨六时到长沙。

1. 票价

<table>
<tr><th colspan="2">种类 / 等级</th><th>头等</th><th>二等</th><th>三等</th></tr>
<tr><td colspan="2">普通快</td><td>13.35</td><td>8.90</td><td>4.45</td></tr>
<tr><td colspan="2">特别快</td><td>15.72</td><td>10.10</td><td>5.05</td></tr>
<tr><td rowspan="3">卧铺</td><td>上</td><td>3.50</td><td>2.50</td><td>1.00</td></tr>
<tr><td>中</td><td></td><td></td><td>1.20</td></tr>
<tr><td>下</td><td>4.50</td><td>3.00</td><td>1.50</td></tr>
</table>

2. 行李

行李以简便为主。三等乘客宜携带毯子薄被之类，因三等卧铺所备之出租被褥甚少，不敷支配。

3. 水道交通

招商局每星期三、六，有船开往，约一日夜可达，其价目如下：特等 24 元，官舱 9 元，房舱 6 元，统舱 3 元，四等 2 元。

4. 汉口至常德间之水道交通

招商局每星期一、四，有船开往常德，票价头等 8 元，二等 6 元，三等 4 元。

（五）长沙至贵阳（经湘西）

长沙西站，乘公共汽车至贵阳，行程计四天，票价 36.20 元。

免费行李每人准带 20 公斤，逾额每 10 公斤（不满 10 公斤作 10 公斤计算）取费 4.94 元。

第一日 长沙西站至沅陵，此段计长 381 公里，约行 10 小时，中途在常德午膳，沅陵有竹园饭店，系中国旅行社特约招待所，价目一宿二餐 1.10 元。

第二日 沅陵至晃县，此段计 238 公里，约行 8 小时，中途在芷江午膳，晃县有东西两岸，车抵东岸过夜，次晨渡河至西岸乘贵州省公路汽车（将来联运车开行时无庸换车）。中国旅行社特约招待所西南旅社，一宿二餐纳金 1.10 元。

第三日 晃县至黄平，此段计 200 公里，约行 8 小时半，中途在镇远午膳，黄平有兴华旅社，系中国旅行社特约招待所，一宿二餐价 7 角。

第四日 黄平至贵阳，此段共计 190 公里，约行 7 小时，中途在马场坪午膳，贵阳有同乐社，大巴黎，新世界，远东等十余家旅馆，价目自 8 角至 3 元，可至中国旅行社接洽。

（六）汉口至衡阳

1. 粤汉铁路

（1）行车时刻

武衡特快车　徐家棚开　下午　八时三十分

武广普通快车　二时二十分

（2）票价

<table>
<tr><th colspan="2">种类 / 等级</th><th>头等</th><th>二等</th><th>三等</th></tr>
<tr><td colspan="2">普通快</td><td>19.65</td><td>13.10</td><td>6.55</td></tr>
<tr><td colspan="2">特别快</td><td>24.15</td><td>14.90</td><td>7.45</td></tr>
<tr><td rowspan="3">卧铺</td><td>上</td><td>3.50</td><td>2.50</td><td>1.00</td></tr>
<tr><td>中</td><td></td><td></td><td>1.20</td></tr>
<tr><td>下</td><td>4.50</td><td>3.00</td><td>1.50</td></tr>
</table>

2. 水道交通

汉口至长沙详前。长沙至衡阳，小火轮二天可达，价最低约 2 元。

（七）衡阳至桂林

1. 衡阳至黄沙河　全程 209 公里，约 7 小时可达，票价 6.25 元，逾额行李每 10 公斤 0.88 元，装卸每位 1 角（如在下午一时前，到黄沙河转车，当晚可抵桂林）。

2. 黄沙河至桂林　全程 153 公里，约 4 小时可达，票价桂币 9.94 元，合国币 4.98 元，逾额行李每 10 公斤照加。

（八）长沙经桂林至贵阳

长沙至桂林　全程计长 540 公里，公共汽车二天可达，票价 14.60 元，在黄沙河交界处换车，免费行李准带 20 公斤，超过每 10 公斤，或不满 10 公斤纳费 2 元。

第一日　长沙至零陵，此段计 341 公里，约行 11 小时可达，中途在衡阳午膳，零陵有中南大旅社等，价目自 8 角至 1.50 元。

第二日　零陵至桂林，此段计 199 公里，约行 6 小时半可达，中途在全县午膳，桂林有乐群社，环湖，桂林等七八家旅馆，价目自 1 元至 4 元。

（九）桂林至贵阳

1. 桂林至马平（柳州）　全线 242 公里，公共汽车约行 6 小时半可达，中途在荔浦午膳，票价（以每公里桂币 0.078 元计算）9.44 元，免费行李准带 20 公斤，逾额每 10 公斤（不满 10 公斤作 10 公斤计算）纳费 1.30 元。

2. 马平至贵阳　全路 632 公里，公共汽车三日可达，票价 24.60 元，行李免费准带 20 公斤，逾此限额每 10 公斤（不满 10 公斤亦作 10 公斤计算），取费 3.13 元，在六寨交界处换车。

第一日　马平河池间，此段 221 公里，约行 8 小时可达，中途在宜山午膳，河池小旅馆一宿二餐纳费 6 角，中国旅行社招待所在进行中。

第二日　河池至独山，此段 181 公里，约行 8 小时可达，中途在南丹午膳，独山有胡远昌旅馆，一宿二餐，取费 6 角，中国旅行社招待所在进行中。

第三日　独山至贵阳，此段230公里，约行10小时可达，中途在马场坪午膳，贵阳旅馆有同乐社、大巴黎、新世界、远东等十余家，价目8角至3元，可向中国旅行社接洽。

小包车二天可到，可在六寨过夜。

（十）贵阳至昆明

1. 行程价目

全程662公里，公共汽车3日可达，每人票价25.05元。

2. 行李

行李免费准带20公斤，逾额每10公斤（或不满10公斤亦以10公斤计算），纳费3.97元。

3. 沿途食宿情形

第一日　贵阳至永宁，此段计193公里，约行8小时可达，中途在安顺午膳，永宁有龙记旅社、吉祥永安等五六家，一宿两餐价6角，中国旅行社招待所在进行中。

第二日　永宁至平彝，计232公里，约行9小时，中途在盘县午膳，平彝只有本地小旅社，一宿二餐，纳费6角。

第三日　平彝至昆明，此段计237公里，约行8小时，中途在曲靖午膳，昆明有得意春旅馆、品新等六七家，价目单人房1.80元，双人房2.40元，如欲整洁舒适者，则有酒店。

小包车二天可到，可在安南过夜，车站内有小旅馆。

注意：

（1）携带行李越少越好。

（2）乘坐公共汽车时，宜备垫子或橡皮气袋以作垫坐，或靠背之用，可较舒服。

（3）应带物件：罐头食物、套鞋雨具。如自备汽车，须备足汽油；并携带帆布床（因未按规定食宿站停歇）。

（4）所列沿途旅馆，其价目概以最经济而定。

（十一）汉口—广州—香港—海防—昆明—贵阳—重庆—成都间之交通线

由汉口至香港（经广州）乘粤汉路车至广州，或乘轮船直达香港或乘广九路火车至九龙转香港。

1. 粤汉路行车时刻及票价如下：

时刻　每日下午二时二十分　自徐家棚开行　51小时抵广州

种类 / 等级		头等	二等	三等
车票		36.15	24.10	12.05
卧票	上	7.00	5.00	2.00
	下	4.00	6.00	3.00

2. 粤汉铁路直达九龙客车

每星期四及星期日下午十时由武昌东站直开九龙，星期日及星期三上午八时可以到达。每星期一、四，下午四时由九龙站开往武昌，星期三、六，下午十时可以到达。南下车只售汉口或武东至九龙直达客票及行李包裹票，北上车兼售由九龙至郴县、衡阳、长沙等站，任何免费或减费票证，概不适用于此项通车。所有往来票价及行李包裹运价开列于下：

客票价目	头等	二等	三等	币制
由汉口至九龙	66.50	44.40	22.20	国币
由九龙至汉口	44.30	29.60	14.80	港币

卧铺票价

<table>
<tr><td>客票价目</td><td>头等</td><td>二等</td><td>三等</td></tr>
<tr><td>上铺</td><td>3.50</td><td>2.50</td><td rowspan="2">暂不发售卧铺票</td></tr>
<tr><td>下铺</td><td>4.50</td><td>3.00</td></tr>
</table>

行李运价表

<table>
<tr><td>由汉口至九龙</td><td>1.926</td><td>单位国币元</td><td rowspan="2">以每10公斤计算</td></tr>
<tr><td>由九龙至汉口</td><td>1.284</td><td>单位港币元</td></tr>
<tr><td colspan="4">行李免费仍照向章，头等80公斤，二等66公斤，三等40公斤，逾量照收（每公斤合2市斤）</td></tr>
</table>

包裹运价（每公斤）联运包裹每件重量暂以20公斤为限

由汉口至九龙	0.196875	单位国币元
由九龙至汉口	0.13125	单位港币元

3. 粤港交通

轮船每日上午八时开行，星期日停航，票价如后（单位：港币）：

舱位/等级	西餐房	中餐房	尾楼	统舱
佛山·泰山	6.50	3.80	2.40	1.30
东安·西安	7.20	4.80	3.60	2.40
天一	4.08	3.00	2.40	1.80

广州至九龙铁路二小时抵达。客车日有数班，票价头等5元，二等2.50元，三等1.25元。

4. 港滇交通

由香港至海防，由海防至昆明。由昆明至重庆、成都，必经贵阳，再由成都搭川陕公路，可至西北各处。如川滇公路或铁道完成，则至成都可由该路直达入川，无须转道贵阳矣。

5. 香港梧州间交通

两地各有轮船两艘往来。香港至梧州，需时二日，梧州至香港需时一日。船票价如下：

船名/等级	超等	头等	特等	唐餐楼	尾楼	大仓
大兴·大明	15.00	12.00	7.00	5.60	4.20	3.00
江苏·江宁	同	同	同	同	同	同
中安	12.00	7.00	同	同	同	同

梧州至柳州轮船，原价自5元至7元，如乘汽车则需18元。

3. 交通部1938年工作报告[①]（1939年1月14日）

一、铁 路

（一）建筑新路

1. 滇缅路 自昆明至缅边之南大，全线计860公里，预计经费91000000元，分两段兴筑，一自昆明至清华洞，一自清华洞至南大，于本年八月间成立工程局，两段同时开始踏勘测量，路线已踏勘完成，初测亦完成百分之四五。昆明方面，并已于十一月一日开工兴滇越铁路之联络线，第一、二两段之路基业已完成，预定二十八年九月铺轨至楚雄，二十九年三月通车至清华洞。

2. 叙昆路 自叙府至昆明，全线计773公里，预计经费约90000000元，亦分两段兴筑，一自昆明至威宁，一自威宁至叙府，于本年九月间设立工程局，十月开始踏勘测量，路线已踏勘完成，初测因开始较迟，仅完成20%，决定自昆明方面筑起，已于十二月十日开工，昆明至威宁一段，预计二十八年六月完成，全线定于二十九年底通车。

3. 成渝路 自成都至重庆，全线计523公里，二十六年三月间开工，计共有土石方约24000000公方，桥涵约1500座，隧道约2000公尺，在二十六年底时除全线测量及重庆码头已完成外，已筑路基4.25%，御土墙2.05%，桥梁5.2%，涵洞19.9%，隧道19.24%，电话41.6%。本年因工款材料上之困难，工程不能如预期之迅速，截至年底，全线工程计仅完成路基14.2%，御土墙33.29%，桥梁24.5%，涵洞78.7%，隧道57.4%，电话54%。本部为使该路与叙昆路衔接起见，已与承筑之川黔公司商妥，先筑到隆昌，自隆昌到叙府一段尚待续商。

4. 湘黔路 自株洲至贵阳，全线计980公里，在二十六年底时计各段工程百分比如下：（1）株新段，路基94，桥涵79。（2）新烟段，路基47，桥涵38，隧道20。（3）烟大段，路基7桥涵5，隧道4。截至二十七年底时计各段工程百分比如下：（1）株新段，路基97，桥涵86。（2）新烟段，路基60，桥涵80，隧道70。（3）烟大段，路基20，桥涵20，隧道26。路轨已自株洲铺至蓝田、娄底以东，并已通车营业，蓝田以西轨料，原拟以杭甬浙赣等路拆下者拨用，约可有150公里，现因奉令改筑川黔桂路，拟将此项轨料移充贵阳、柳州一段之用，本路蓝田以西暂缓进行。

5. 湘桂路

（1）衡桂段 自衡阳至桂林，计370公里，于二十六年九月开始兴筑，已于本年九月二十七日通车。

（2）桂柳段 于二十六年十二月开始踏勘，有五线足资比较，后采自桂林经永福、黄冕、鹿寨、雒容，以达柳州之一线，计174公里，于二十七年四月初测完竣，七月间开工；计桂林至永福46公里一段，二十八年四月可通车；永柳一段如工款充裕年底亦可通车，惟柳江大桥难以完工。

① 本报告系国民政府行政院交通部1939年1月14日致中国国民党总裁蒋介石的呈文。

（3）柳南段　亦于二十六年十二月开始踏勘，选定由柳州经来宾、黎塘，而达南宁之线，计长260公里，至二十七年五月底测量完竣，继即与广西省政府商妥，先将土方交民工兴筑，于六月下旬开工，现已完成路基60%，桥梁15%，涵洞55%，以军事形势变更，拟将此段暂缓进行。

（4）南镇段　镇南关至崇善一段，计228公里，早经定线，于二十七年四月一日开工，二十八年五月可通至离崇善21公里之龙江，龙江有水道可达崇善，崇善至南宁一段初测开工均较迟，预定二十八年底可由镇南关先通车至南宁近郊。本段因有借款关系，一切工程均依合同由中法建筑公司承办。

（二）运输业务

抗战以来，军运骤增，车辆顿感缺乏，但对于各路客货运输，均仍尽量维持，以资兼顾，其较重要者有如下列：

1. 军运方面　军队运输为抗战期内铁路最重要之工作。统计京沪路自八一三至年底，四个月中开行军运列车728次，运送部队约710000人，辎重约21400吨，每日开行军运列车最高至25列。平汉路于抗战一年中，开行军运列车至4039次，运送部队2350000人，辎重1300000吨，每日开行军运列车最高至30列。粤汉路自二十六年七月至二十七年四月止，十个月中总计开行军运列车1177次，运送部队1030000人，辎重320000吨，国际输入器材，每日五六百吨；二十七年五月至九月之运输数量，平均每月部队约150000人，辎重约50000吨，货物较逊约40000吨。浙赣路自二十六年七月至二十七年一月止，七个月中开行军运列车577次，运送部队约660000人，辎重约120000吨。津浦路自抗战以来，开行军运列车3600次，运送部队约3000000人，每日开行军运列车最高至24列。陇海路则开行军运列车2344次，至运输数量尚未统计完毕。

2. 客运方面

（1）自二十六年十二月南京沦陷后，武汉居民麇集，急待疏散，经饬令平汉、粤汉两路加开短途区间客车，并于其他客车及混合列车加挂车辆，以利居民之迁移。

（2）各地难民急待迁移后方，经饬各铁路加驶专车免费运送，对于战区难童，亦经免费运送，迁往安全地点。

（3）浙赣、粤汉两路，前经开行南昌、长沙间湘赣特快联运通车，嗣以时局变化，南昌至向塘一段拆除轨道，故该项列车已经停驶。

（4）本部为便利港汉间交通起见，经编组绿钢车在武昌、九龙间加开直达特别快车，并经粤汉、广九华段、广九英段商订联运合约。自七月十四日起开行，每星期对开二次。又本部为便利汉口、长安间交通起见，经饬令平汉、陇海两路开驶汉口、长安间联运直达快车，自七月十八日起，每日对开一次，嗣以武汉广州沦陷，各类列车亦已停驶。

（5）粤汉路，自武汉、广州陷落后，经分别调整，现在长沙、衡阳间每日对开特别快车一次，长沙、曲江间每日对开快车一次，衡阳、柳州、曲江间另有区间列车。

（6）湘桂铁路衡桂段，自九月二十八日开始通车营业后，衡阳曲江便桥亦于十二月十日通车，因是浙赣铁路与衡桂段商订，开始金华至桂林联运，旅客直达通车以便行旅。

3. 货运方面

（1）各线路因军运繁忙，沿线各地货积如山，本部为积极疏运，以活动内地经济及维持外汇起见，经饬令粤汉、浙赣两路，组织货运专车，并与广九铁路联运，南下运输茶叶、桐油等出口货物，北上运输机器、材料、汽油及日用必需品。复由粤汉、浙赣两路，开驶盐米专车，北上运盐，南下运米，以调剂供求。更开驶煤运专车，以供给武汉用煤及铁路机煤。此外每日开行色襄专车，载重四百吨，专为装运各项零星货物之用，嗣因各地积货仍多，各项专车尚感不敷，复经饬令各铁路尽量利用回空军车，以资疏运。仅就汉口之出口货物而言，计本年一月至十月止，共运出出口货物约71000余吨，内销货约1300吨；自五月至十月，由长沙装运之出口货约10000吨，内销货约5000吨；由浙赣装运之出口货约6000吨，又由水路转至渌口装运者约1000吨。计自二十六年七月至二十七年六月，每月平均运送货物约3500吨。自武汉及广州失陷，出口货物积存衡阳附近者约10000余吨，近因衡阳湘江便桥业已完成，粤汉与湘桂路之衡桂段可以过轨通车，该项出口货物均已运往桂林，拟再设法接运出口。浙赣铁路，自金华至株洲现仍照常通车，该路货运以茶叶、食盐、商米为大宗，统计自二十七年四月一日至八月底止，共运出茶叶7308吨，食盐平均每月约运出4000吨，商米平均每月约运出5000吨。又十月份由诸暨、湄池、玉山等站运出食盐约18000吨，十一月份约12000吨，另由萍乡十一月份运至湘省者，计7000吨，刻下加紧抢运，已令编组货车22列，先将浙东之盐分运湘赣，一面由粤汉调集大批车辆，按日送往萍乡转往衡阳。

2. 战区各地工厂、矿厂迁移内地之机器、材料，均经各铁路尽先运输，并减收半价运费以示协助。此外，如国防器材、战区物资、铁路材料、慰劳物品等等，经各铁路运输者为数甚多。

（三）〈略〉

（四）拆毁旧路

战时交通之职责，在前方，使已有之交通设备，虽受敌人威胁而能畅通无阻，保持其应有之效用。及国军撤退，则尽量毁坏，使敌人不能充分利用。二十七年上半年鲁南会战，除津浦路南北两段，依军事形势随时将轨道桥梁逐段破坏外，当将陇海东段自连云港各项建筑物，如码头、止浪堤、装卸煤机、基柱及孙家山隧道，均予彻底破坏，并将徐州以东计轨道224公里及各站内轨道、煤水设备、沿线钢桥等，亦于撤退之前先行相机拆毁。迨徐州沦陷，为阻敌西进，又将陇海自徐州至郑州一段，计341公里尽量毁坏。至陇海郑州以西，因山西战局变动，二十七年三月起，汜水沙鱼沟及陕县潼关之黄河对岸，均陷敌手，隔河炮轰，路线、轨道及建筑物迭被破坏，行车亦极感威胁，均经随破随修不使稍有阻断，嗣河北敌人二度被我军击退，各段情形亦随之平安。后至江南吃紧，浙赣铁路因军事关系，自钱塘江边陆续拆至诸暨，共64公里。南浔铁路亦自九江先拆至永修，复又拆至南昌，共129公里。其拆下材料，均经竭力输送后方补充新路工程。后浙赣铁路因抢运盐米关系，又奉军事方面命令，将自诸暨至湄池一段，计26公里，重行修复。南昌至向塘一段，十一月间因战事紧急，已于是月二十四日起开始拆轨，东段以疏运民食待命办理。至粤汉铁路北段武昌咸宁间，以变起仓卒，拆轨不多，所拆之轨条、岔、六车已饬拨湘桂路。现以粤汉路南北两端逼近战区，决将汨罗以南，长沙以北，曲江以南，所有路轨一律拆除，俾陆续运衡拨交湘桂路桂柳段应用。

关于各路器材，在战事发生，即设法移运后方供新路之用。其设备方面，如胶济之四方机厂及京沪戚墅堰机厂、津浦浦镇机厂、济南机厂，均属规模较大，经将机器拆下搬至株洲机器厂及湘桂路桂林机厂装用，现桂林机厂业经装设完竣，开始修理各项机车车辆，而株洲机厂因被敌机轰炸后已无法工作，经将机器拆下暂为存放湘桂路沿线，拟逐渐运往柳州、贵阳两处建设机厂，供修理汽车之用，现正在积极进行中。至粤汉路武东机厂，机器已拆送柳县另立新厂。平汉路江岸机器设备，则运往湘桂路全县以为筹设新厂之用，现正在积极办理。陇海铁路连云港发电厂及运煤厂两部分，均全部拆卸装车西运送至长安以西地带择地存放。

（五）抢修工程

由各路编组抢修队及工程列车，随时出动赶紧抢修，故无论敌机轰炸至如何剧烈，亦必随炸随修，不使稍有阻断。陇海中段与黄河平行，敌寇每日隔河炮击，军用与客货列车从未停驶，即如该路潼关大桥，于十一月十三日被敌人在对岸以密集炮火击毁，修复之后复被击毁若数次。十二月二十四日，工作地交通壕掩蔽处，因中弹过多积土崩溃，压死监工员2名、工人14名、受伤工人4名，但各该员工激于义愤，仍在继续抢修。津浦南北两端被敌夹攻，敌机每日集中轰炸徐州与宿县，车站变为平地，昼夜抢修，从未有六小时以上之停车，亦绝无大小行车事变。粤汉路银盏坳大桥，敌机以之作为破坏目的，连续轰炸十余日，先后达二十余次之多，仍赖抢修员工赶筑便桥，恢复通车，直至十月二十三日广州失陷，当地警备司令派工兵至广州截断铁路时，员工始望北撤退。广州以南，机车车辆多数经运往九龙，但因路局事前不知何时截断铁路，故有机车15辆、客车150辆未能撤尽。粤汉北段岳州以北，自十月二十日以后，预计武汉形势将有变迁，本部即令该路留车辆400辆专为短距离运兵及抢运材料之用，本拟于二十四日悉数向南撤退，奈二十三日晚蒲忻县桥忽被炸断，仍将汀泗桥以南路线修复，经抢出机车5辆、客货车73辆，其不及抢救者，计机车24辆、客货车329辆，其机车由线区司令部派工兵破坏殆尽，客货车亦大部炸毁。现在江北陇海线有好坏机车129辆，客货车约1900辆；江南各线有好坏机车约550辆，客货车约5300辆，经斟酌各路运输状况重新支配：计粤汉线机车150辆，客货车2000辆；浙赣线机车100辆，客货车1200辆；湘桂线机车70辆，客货车800辆；湘黔线机车20辆，客货车200辆；其余好坏机车约210辆，客货车约1100辆，由本部指定地点存放，暂不使用。

（六）维持债信

各重要铁路，无一不借外债，但久已不付本息。二十六年初，甫经完全整理就绪，战事发生，军运频繁、收入减少，为顾全国际信用起见，非每一路完全沦陷，外债决不停付。此项政策曾公开明告债权人，幸得谅解。兹将本年三月以来筹偿外债及洋商料款情形列表如下：

类别	名称	偿付情形
外债	津浦英德原续借款	二十七年四月及五月，应付原借款英国部分利息及经理费共计英金 51234.04 镑，经按月预提基金，已于到期时如数照付
	陇海铁路借款	二十七年七月应付利息及经理费计英金 85978.82 镑，比币 2761747.15 佛郎，荷币 631234.15 弗鲁令，法币 426062.50 佛郎，国币 17956.78 元，又加给津贴国币 8000 经按月预提基金，均已如期照数拨付。
	汴洛铁路借款	二十七年七月应付利息及经理费法币 588968.57 佛郎，已于到期如数照付。
	广九铁路借款	二十七年六月应付本息及经理费共英金 32744.32 镑，已按期如数照付。
	宁湘铁路垫款	二十七年四月及七月各应付本息国币 25000 元，又四月间应付利息 11000 元，均经按期照付。
洋商料款	平汉路洋商料款	计每月英金 950 镑，国币 10 万余元，逐月由部筹拨，已付至本年五月止，此后在续筹拨付中。
	津浦路洋商料款	月共 53000 余元，由部付至四月份止，至五月份因该路全线沦陷，经分函各债权人暂行停付。
	陇海路欠比公司料款	每月国币 2000 元，逐月由部拨付，已付至二十七年五月止，此后在续筹拨付中。
	巴黎电机厂五批路政购料期票	为赊购陇海西段工程所需材料之用，已照原约展期，现每达一、四、七、十各月之一日各付英金 21000 镑，所有已到期票均经照付。

（七）救济员工

凡由沦陷区域撤退以致失业之交通员工，为顾念其抗战时忠勇服务之成绩，虽于财政万分困难之中，仍由部竭力统筹兼顾以资救济。自二十七年一月二日起开始办理登记，截至十月二十日止，计 6321 人，61% 为工人，39% 为员司，除将技术员工尽量介绍新路甄用外，并将非技术员工自四月一日起，由部会同政治部等在汉口、湘潭先后设立训练所，分别加以训练，再派工作，计分派经训练及未训练人员共 2756 人，占登记总数 43.6%。在未曾训练以前，生计艰难由登记处发给救济金者 1151 人；在训练期间，比照原薪多寡，分别发给生活费；训练期满分派工作并抽调壮年员工 900 人，组织非常时期交通服务队，帮同维持车站码头秩序，照料伤兵难民。十月间在湘潭复成立训练，十二月十五日训练期满，亦经分别予以安插。现服务队仍在继续服务，所有未曾收容员工，亦正在统筹办法中。

二、公　路

（一）公路工程之进展

区域	路名	起讫起点	公里数	二十六年十二月底情形	二十七年十二月底情形
兰州	甘新公路	自兰州至永登新路猩猩峡	1174	工程路基已大部完成，桥涵正分别修建中，自永登至猩猩峡旧路勉可通车，正在积极改善中。	第一期150万元之改善工程已大致完竣，现可畅通，交通会议核定增加改善工程费100万元，已电请第八战区司令部继续负责督促办理，并已先拨发一部分工款，促其早日赶办。
西北路线	西兰公路	西安至兰州	707	该路改善及路面工程正在分别采运材料、分段修筑中。	原计划改善及择要铺筑路面工程，已大致完竣，计铺筑路面260公里，改线150公里，改善桥梁23座，涵洞109道，其他特殊工程护墙驳岸等4000余公尺。交通会议核定，应再加改善及补铺路面工程，均在进行中。
		西安至宝鸡	204	土路勉可通车。	路基桥涵已加整理，通车无阻，咸阳渭河除铁路桥已可利用行驶汽车外，并已另建公路桥备用，宝鸡渭河桥最近亦已完成。
	川陕公路	宝鸡至七盘关	396	该路于二十五年春打通后，各项工程尚未尽臻完善，路面仅择要铺筑，行车诸感困难，正在进行改善并将全路加铺路面。	改善路基加固桥涵及铺筑路面等工程，均经完成，现全线均有路面，已可通车无阻。该段并经交通会议核定，由本部再拨60万元为建筑现用渡船之褒城沮水两处桥梁及加宽路基改善坡度之需，已由西北路局组设工程处主持办理。
	华凤公路	华家岭至凤翔	384	该路整理工程，已组设工程处分别进行。	改善工程大部业已完成，现可通车，华家岭至天水纹改坡及路面工程，尚在进行中，葫芦河南川河两处渡口改建大桥，亦在计划分别进行。
	天凤公路	天水至凤县双石铺	240	该路已组设工程处，分段测量中。	经积极赶修，全路于六月中旬打通便道可通车，其正式工程均在赶修，路基已全部完成，桥涵已成50%，路面正采备石料，全部工程约已完成80%。
	汉白公路	汉中至安康	268	土路勉可通车。	路基桥涵已加整理，并已择定加铺路面，全路改善工程，除大桥部分尚未完成外，余均大致完竣，现可畅通。
		安康至白河	276	该路于二十六年八月间开工，土石方已完成50%。	路基路面桥涵等正式工程，除大桥5座尚未完成预计二十八年二月可完成外，余均已大致完竣，通车无阻。
	老白公路	老河口至白河	230	便道通车，正着手办理改善工程。	改善工程及加铺路面，现正设法赶修中，约完成60%以上。
	甘川公路	兰州至江油段	600	兰州至临洮段，利用旧路勉可通车，余未进行。	甘段兰州至岷县已测量完竣，计长263公里，并已分段改善及修筑，余均在测勘中，该路兰州县段经交通会议核定，由本部拨发建筑费548000元。

续表

区域	路名	起讫起点	公里数	二十六年十二月底情形	二十七年十二月底情形
西南路线	湘黔川黔黔桂黔滇	贵阳至长沙重庆柳州昆明等地	2790	计划分期改善，并筹办第一期改善工程。	第一期改善工程如建造长沙、湘江、益阳、辰阳、重安江、乌江、三江、怀远等处渡口、正式码头，增设渡船及改建牛路滩、三水、马家渡、苦藤铺、芷江、板栗坪、晃县、施秉、盘江、綦江、赶水等十余处渡口为桥梁，并择要改建加固旧桥涵，整理路基路面等，均已先后完成。现正进行第二期加宽单车道地段，路基改建，加固旧桥涵及扩充渡口设备等工程。
	滇缅公路	昆明至畹町（滇缅界）	974	昆明至下关段原可土路通车，下关至畹町段系新筑工程，于二十六年十一月开始修筑。	昆明至下关段，原计划应改善及铺筑路面工程，已全部完竣；下关至畹町新工已于八月打通，其正式工程约完成80%以上，现已通车无阻。惟以该路系西南国际主要路线，沿线工程尚多未臻完善，现正饬由滇缅公路局计划彻底改善，提高工程标准已（以）利运输，已在积极进行中。
	湘粤公路	长沙至广州	915	全路已可通车。	改善路基加固桥涵，加铺路面等工程均已完成。
	粤桂公路	广州至荔浦	515	局部已可通车，尚待续修。	粤段已打通，桂段亦已大部完竣，本可于十一月内完成，但现因战事影响，已奉命暂缓修。
	湘桂公路	衡阳至镇南关	1113	原计划改善工程，已大部完成。	原计划改善工程续修完竣，最近为增加该路运输力量，将原有大桥加固改善，各渡口增加渡船及改建桥梁，各工程已拨款交由该路工程处赶办，现正进行中，全路18渡口除三门江、迁江、邹圩、宁明、亭子渡口5处仍用渡船外，余均已先后搭建便桥或浮桥，已可畅通。
西南西北路线	川湘公路	綦江至茶洞	698	全路已可通车，其改善及大桥工程筹划进行中。	大桥7座已完成4座，余亦已大部完成，其整理路基路面等工程，南川区已大致完竣，西（酉）阳区因匪阻进行滞缓，现正促请赶修中。
	川陕公路	成都至七盘关	414	已通车，惟沿线工程尚待改善。	全路已加整理，通车无阻。惟渡口7处及绵阳七盘关间路基宽度不足，路面欠佳，行车困难。经交通会议核定工款160万元彻底改善，并将渡口7处4处改建大桥，余3处扩充渡口设备，增加渡船以利运输，已组设工程处，现正积极进行。
	汉渝公路	西乡至大竹	510	尚未进行。	踏勘完竣，并调派测量队六队分段测量，亦将测竣，现已成立宣渝、汉宣两段及桥渡工程处，分别办理施工事宜，石方及桥涵工程，均已分段开工。
	东路	宣威	722	策划修筑。	工程已大部完成，路面材料已采购大半，赤水河至威宁段，已于十月底打通，现正赶修各正式工程，威宁至宣威，因匪阻进行滞缓，已促请滇省赶办，预计二十八年二月间可通车。
	川康公路	雅安至康定	245	曾经修筑一部分。	续筑雅安至康定段，新工由雅安至天全，已可土路通车，天全至康定段约二十八年六月可完成。
	康滇公路	泸定至昆明	800	尚未进行。	已由本部调派测量队两队前往测量，泸定至西昌段，路线计测竣约200公里，现正积极赶测中，预计二十八年三月测竣。

附注：各该区内，其他较次联络路线以及有关军运各路，由部督促协助修筑及改善者，尚未列入表内，暂从略。

（二）运输业务之改进

1. 西北公路　西北公路关系国际运输至为重要，为统一管理、增进运输效力起见，特自九月起将原有之西北公路特派员办事处及西兰、西汉公路工程处一律撤销，所有工程及运输管理事项，统归西北公路运输管理局管辖，以一事权。一面增添新车400辆，添建修车厂、车站、车库各3所，储油库4所，添设无线电台14处；一面对司机之训练、油料之节省、汽车之修理，严加规定，切实改善，以增进运输能力。

2. 西南公路　西南各重要公路如长沙至贵阳，贵阳至柳州，贵阳至重庆及贵阳至昆明各线，均经本部西南公路运输管理局分别接管，先后通车。经添购新车400辆，设置修车厂5所，修理所11所，添建车站5所，膳宿站3所，油库15所，并架设无线电台11处。所有川湘公路，自綦江至沅陵段，已交该局分段接管；川滇东路自隆昌至沾益段，亦已饬该局积极筹设行车设备，以便通车，并由部在港再行添购汽车交该局分配，充实该路各段运输能力。

3. 滇缅公路　滇缅公路为西南重要国际交通路线，该路工程经中央拨款督修，即将完成，并已设立滇缅公路运输管理局，筹备行车事宜。所有沿路车站、车库、修车厂，均在分别筹建，应用车辆亦向英国订购，以便提前通车。

4. 汽车配件制造厂　该厂已觅定重庆化龙桥附近为厂基，厂房已开工建筑，机械工人亦已由株洲机厂拨到一大部分，现正积极赶装，以便早日开工。

三、航　政

（一）水运

水道交通，因船舶缺乏，运输越感困难。战事发生，因先后封锁江阴、黄埔口、闽江口、镇海、海州、珠江口及马当各要塞，计拨充沉塞轮船共99艘，约达140000吨，其中属于招商局者14艘，计20519吨。因之航运工具益感不敷，本部为补救缺憾，于各方面设法改进，以期增加运输效率，兹分述如下：

1. 统制公私船舶　先由招商局与各民营航业机关合组长江航业联合办事处，集中江海各轮，关于军事及客货运输，统筹支配；后又于各航政局处所在地方，成立内河航业联合办事处，统制境内小轮。实施以后，尚著成效，兹就长江航运分为两期，述之如下：

（1）第一期　自一至五月半止，计：①集中宜渝洪水轮船、汉宜枯水轮船14艘于汉宜段；②集中宜渝枯水轮船11艘于宜万段；③集中叙渝轮船8艘于万渝段；④集中木船200余艘于宜渝段。本期运输成绩，约计疏运人口在50000人以上，兵工器材20000吨以上，工厂器材、液体燃料及公物共约40000吨。

（2）第二期　自五月半以后，计：①集中江海轮船16艘于汉宜段；②集中川江轮船17艘于宜渝段，并斟酌情形，于宜万间及宜昌、奉节与宜昌巴东间，亦集中小轮若干艘；③集中木船约700艘于宜汉段。本期约计疏运人口10000人以上，兵工器材90000吨，工厂器材及公物约70000吨。在我军自武汉撤退时，一时堆积宜昌物资实达80000余吨，本部为加速运至安全地带起见，乃将轮船航线缩短，改为宜万线、宜巫线；宜巴线、宜渝线，更利用拖轮驳运，截至年底，约已运上半数。

次之湘省航线，亦著成效。此线分汉口至常德及长沙至常德二线，计集中小型江轮及拖轮30余艘，驳船100余艘，除客运不计外，共运工厂及军事器材50000吨以上。

2. 办理水陆联运　十月以前，粤汉间运输最为浩繁，虽有直达火车飞机，尚不敷用，故本部再办粤汉水陆联运，以为补助。汉口长沙衡阳间及曲江广州间利用水路，长沙衡阳曲江间利用铁路。计：（1）集中江轮4艘于汉长间。（2）集中江北拖轮驳船于曲江广州间。（3）集中浅水轮船驳船于长沙衡阳间。计疏运人口在50000人以上，出口货物5000吨，内销货物6000吨。后又由招商局与西南运输处办理粤汉联运西线，自衡阳经祁阳、零陵、阳朔、梧州，以达广州。自广州武汉沦陷，乃告停顿。重庆昆明间交通本繁，广州武汉弃守，此路运输乃益频剧。本部有鉴于此，举办渝昆联运。自昆明经会泽、昭通、盐津至叙府之大道，为川滇捷径，业经中央拨款修竣，驮马可以畅通，自叙府至重庆，则用船舶。八月间已开始联运，为增进效率，又于十二月间，由公路处设置驮运管理所于重庆，一面集中驮马调配，一面设计制造板车补充，以后并拟推行于川黔株公路。

3. 建造大量木船　本年九月间，公路水道运输会议议决建造木船1500艘，现由本部拟定概算计划，着手进行，预定每船载重自10吨至30吨，以1000余艘分配川黔各大江河，400余艘分配广西水道。其疏浚水道工程，则决定由经济部督促办理，限二十八年五月完成第一期工程。

4. 改进绞滩办法　川江滩险甚多，类皆需要绞滩，船舶方能上驶。以前用人力拉牵，不但费时费力，且时肇事端。数月来川江运输，益关重要，经本部令饬汉口航政局罗致富有学识经验人员，于十月一日组织成立绞滩管理委员会，改进绞滩方法，利用封锁线沉轮上拆下之锅炉、蒸汽绞盘、起重机、滑车铁索等，先择险要之青滩，泄滩等处，设立滩站，施用机器绞滩，俾趋安全迅速。

（二）航空

1. 对外航空

（1）中英通航　中国、欧亚两公司飞机已商准英方飞航香港，同时并迭与英方洽商滇缅通航办法，业经商得初步谈判基础。

（2）中法通航　与法方商定合组公司，经营滇越航线。此外我国航线已得法方准许通至河内；我方准许法公司经行我国领空飞航港河间航线。

（3）中苏通航　与苏联大使洽商合组中苏公司，经营哈密阿拉玛泰航线，合同草案大部分业经商得同意。

2. 增辟航线

（1）渝港线　自重庆经桂林至香港，全程 1157 公里，自二十六年底起通航，近改为每周两三次不定期，桂港段夜航。

（2）渝昆线　自重庆至昆明，航程 755 公里，此线前曾一度通航，停顿已久，至本年八月一日正式复航。

（3）渝嘉线　自重庆至嘉定，中经泸州、叙府二站，全长 351 公里，于本年五月十六日开航。

（4）蓉河线　自成都经重庆、昆明至河内，全程 1460 公里，此线各段原均早已通航，近为适应需要起见，除原有各段航班外，另开全线直达航班，于十一月起实行。

（5）渝桂线　自重庆至桂林，长 600 公里，于十二月开航。

（6）昆桂线　自昆明至桂林，航程 760 公里，于十二月间开航。

（7）渝哈线　此线原定自汉口至哈密，全程 2340 公里，名汉哈线，现改为渝哈线，中设兰州、肃州二站，业经派员飞往哈密，积极筹备。

3. 增加航班

为适应战时需要起见，除增辟前述各航线外，对于原有各航线，亦视客货邮运情形，随时增加班次。如前汉港线航班增至每周往返各二次，渝桂线增至每周往返各二次，渝昆线增至每周往返各四次，此外并随时增加特班。

4. 添购飞机

二十七年份内计欧亚航空公司添购容克斯五十二式巨型机 3 架；中国航空公司添购康马道尔巨型机 2 架、道格拉斯 DC2 式巨型机 1 架，另订购最新式之道格拉斯 DC3 式巨型机 1 架，尚在制造之中。

5. 增进航行安全

自中国航空公司之桂林号机及欧亚航空公司之第 15 号第 17 号两机，先后遭敌机袭击后，即经妥筹改善办法，以策航行安全。如汉港、渝港等线则添置夜航设备。为改夜间飞行，其他各线亦酌增电讯定向设备，以利趋避。

6. 增辟机场

民用航空机场大部系向航空委员会借用，一部分系商请地方政府代为辟筑。近鉴于重庆一地已成民用航线中心，故决由本部自行辟筑民航专用机场，并经择定九龙坡空地为场址。现该场测勘设计工作，业已完成，不日即可正式施工。

7. 订颁战时法规

本部为取缔奸人利用航空活动起见，曾订颁非常时期民用航空乘客购票包机办法一则。又为鼓励飞行人员尽忠职务起见，经订颁飞行人员抚恤办法一则。

四、电 政

本年度电报及长途电话线路之建设，主在适应抗战军事之需要，计已完成电报线路 9716 公里，长途电话线路 8455 公里，无线电台及市内电话，亦随战局之变迁，斟酌各地需要，极意建设，兹分述于下：

（一）扩充电报线路

线路	公里长	线路	公里长
永康至义乌	61	钦县至防城	70
泗县至灵璧	40	亳县至水城	60
茂名至信宜	58	嵊县至汉口	77
重庆至南泉	30	湖口至都昌	71
亳县至涡阳	111	靖远至一条山	123
重庆至黄山	6	南陵至繁昌	25
嵊县至东阳	86	河口至铅山	17
三原至蒲城	75	桐庐至于潜	77
韩城至禹门口	34	肤施至绥德	220
龙溪至永安	285	龙南至信丰	84
连县至富川	250	龙南至虔南	52
英山至霍山	170	汉口至汉阳	10
临晋至邻阳	50	洛川至宜川	125
会兴镇至茅津渡	4	高邮至泰县	105
赵城至芮城	40	郧阳至郧西	103
丽水至青田	86	广济至武穴	43
莲花洞至沙河	11	英山至浠水	80
灵宝至泊底镇	12	宜川至桑柏	45
永济至□乡	30	罗山至英山	40
缙云至仙居	107	南阳至宝丰	114
宝丰至郏县	20	潢川至商城	56
浮梁至古田	12	华阴至灵宝	168
瑞昌至德安	70	莲花至萍乡	80
安铺至海康	93	慈利至大庸	104
南岳至衡山	17	浠水至漕河	50
汉口至麻城	180	麻城至杜家河	53
商城至杜家河	82	蔡甸至纸坊	65
浠水至黄冈	59	瑞昌至武宁	70
浠水至广济	78	金华至岭下朱	5
桐城至新登	46	长沙至益阳	95

续表

线路	公里长	线路	公里长
陇西至岷县	135	老河口至南郑	620
丽水至瑞昌	104	罗山至麻城	50
浠水至淋山河	73	经扶至黄安	60
广水至应山	24	宋埠至黄安	50
黄安至礼山	40	应山至随县	58
黄坡至广水	120	衡阳至攸县	105
柞水至商县	170	政和至松溪	25
连城至禾口	98	松滋至枝江	35
安铺至麻章	58	健德至淳安	69
丽水至浦城	243	殷家汇至祁门	167
馀江至玉山	192	南昌至山下坡	46
邵武至黎川	80	余江至浮梁	118
南昌至进贤	52	武穴至宿松	88
南阳至襄阳	150	长沙至湘潭	54
长沙至衡阳	187	商丘至亳县	69
洛阳至博爱	120	潢川至商城	55
洛川至绥德	347	长安至三原	49
长安至荆紫关	380	潼关至韩城	180
乌涌至石龙	60	合浦至白沙	86
马房至高要	97	广州至新会	129
曲江至坪石	180	翁原至曲江	99
樟树至高要	75	樟树至清江	17
潼关至赵村	12		
合计	9716公里		

（二）建设长途电话

1. 扩充部办长途话线

线路	公里长	线路	公里长
鹰潭至上清宫	15	玉山至八都	18
九江至田家镇	85	汉口至长沙	388
株洲至衡阳	136	衡阳至南岳	44
湖口至柞矶山	85	屯溪至休宁	18
屯溪至渔亭	40	南昌至余江	144
歙县至街口	53	韩城至渭南	163
铜山至台儿庄	60	殷家汇至祁门	167
南阳至襄阳	182	周家口至亳县	116

续表

线路	公里长	线路	公里长
彭泽至马当	23	潼关至关底镇	17
咸阳至三原	52	汉口至花园	110
渑池至垣曲	45	彭泽至华阳镇	30
新店至鸡公山	6	长沙至湘阴	84
信阳至新店	40	老河口至长安	470
沙市至津市	165	阳新至田家镇	35
南阳至临汝	190	株洲至湘潭	36
莲花洞至沙河	11	瑞昌至沙河	32
龙泉至浦城	105	屯溪至婺源	85
上饶至皂头	8	商城至杜家河	82
南平至长汀	313	重庆至綦江	137
婺源至常山	100	洛阳至商南	340
武功至乾县	28	浮梁至婺源	84
贵溪至南城	116	贵阳至遵义	171
重庆至万县	276	重庆至黄山	6
重庆至南泉	30	青阳至屯溪	146
蒲圻至武宁	330	崇阳至幸潭铺	90
平江至通城	80	阳新至武宁	100
平陆至葛赵镇	10	巴东至万县	234
老河口至南郑	620	桂林至柳州	242
洪江至芷江	86	衡阳至邵阳	100
赣县至长汀	300	吉安至宜春	146
兰州至凤县	551	樟树至高安	75
樟树至清江	17	万有埠至白槎	45
万家铺至靖安	32	樟树至临川	130
衡阳至郴县	180		
合计	8455 公里		

2. 编制省办长途话线

查本部所办长途话线，与川黔粤桂湘鄂豫皖赣等省所办之长途话线大都可以接通，惟值此抗战时期，省办与部办长途电话，非相互密切联络不足以维持直达军讯之通畅。本部爰将该项省办话线加以编制，其已办者，计有鄂省：(1)自汉口经十里铺、襄阳、樊城、老河口至白河线。(2)孝感经花园、随县、枣阳至樊城线。(3)汉口经淋山河、麻城、福田河至小界镇线。(4)十里铺经宜昌、巴东至恩施线。(5)淋山河经浠水至英山线。(6)浠水经广济至黄梅线。豫省：(7)洛阳经临汝、宝丰至叶县线。(8)洛阳经氏至灵宝及阌乡线。(9)洛阳经潢川至小界岭线。

（10）信阳至南阳线。（11）南阳至镇平线。湘省：（12）津市至常德线。嗣后当视战事之进展，军讯之需要，再将省办话线择要编制以利戎机。

（三）扩充无线电台

1. 国内无线电台

报机已装设并扩充完成者，计有桂林、龙州、曲江、沙市、永康、兰□、湘潭、衡阳、万县、郴州、常德、肤施、老河口、恩施、巴东、沅陵、屯溪、立煌、吉安、上饶、崇义、修水、内乡、新滩、苍梧、深圳、连县、都城、中宁、南阳、建瓯、合浦、甘孜、敦煌、武威、三原、神木、延川、兴集、绥德等40处，即将完成者计有贵阳、零陵、南郑、樊城、东胜、桂东、汝城、醴陵、镇南关、□县、芷江、泄滩等12处。话机已装设完成者计有洛阳、永安、衡阳等3处，即将完成者计有桂林、曲江、芷江、柳州等4处。

又自津沪先后沦陷，本部在该两处所设电报局被迫停业以后，为维持通信及增加收入起见，暂用美商名义，对外在该两处设立电台，俾可不受敌方干涉，惟电台之管理权完全属于我方，天津电台于二十七年三月九日，上海电台于八月二十日先后成立，收发电报业务均尚发达。

2. 国际无线电台

成都国际电台，原有10千瓦报机1部，现已添装1部，可与伦敦、柏林、巴黎、莫斯科、旧金山、西贡、香港等处直接通报。重庆原有马可尼报机2部，现已添装马可尼报话双用机1部，可与莫斯科、马尼拉、河内、香港等处通报话机，原与汉口、广州通话，现改与永安通话并与洛阳、昆明、河内等处试话中。昆明临时话台，已装妥马可尼报话双用机1部，一俟试妥即可开放。又由汉口拆下马可尼报话双用机1部，已运至贵阳，正在积极装设之中。

又本部上海国际电台，于二十七年一月三日被迫停业以后，日方即在沪自设伪国际台通报，嗣后环球无线电公司，一再呈请本部准予在沪设台与美国及菲律宾通报。本部以美国方面交通及马凯两大无线电公司，已先后与上海伪台通报，上海与美国往来无线电报，均须经伪台传递，倘与环球公司合作设台，亦为抵制伪台之一法，当经规定设台条件，如上海一经规复，应即将电台撤销，公司应按月缴纳报酬金，雇用人员须经本部核准等等。于十一月间商定合约，该公司电台即于十一月十一日成立通报。

3. 接办云南无线电台

云南省内之无线电台，原由云南省政府办理。计设有昆明总台及昭通、宁洱、河口、个旧、腾冲、大理、镇雄等七分台，除收发省内电报外，并与其他各省及国外河内、香港二处通报。本部为谋统一管理并便于整顿起见，已商得滇省府同意，议订无线电归并办法大纲，将各该台收归本部办理，正在估价接收中。

（四）市内电话

1. 接办重庆电话

重庆市内电话，原由四川省府办理，计共电式话机1420号，国府迁渝后，供不应求。本部乃与川省府商洽，于二十七年七月一日收归部办，除已在上清寺添设150号之共电式分局一所外，现已利用首都话局自动机件，在纯阳洞附近□□□电站房屋内装置自动机 800 号，作应急之用。机器业已装妥，一俟线路材料运到，即可设线通话。并拟在纯阳洞附近，另建新屋，装设 3000 号之自动机，利用汉口拆下机件，正在筹划办理中。

2. 扩充贵阳电话

贵阳市内电话，早经在盐行街添设磁石式 100 门机分局一所，以应急需。现在新建总局房屋，亦已大致完成。拟即改装共电式总机 2000 号俾能供求相应，各项机件正在运输中，一俟运到，即着手装设。

3. 筹设吉安电话

九江沦陷后，南昌各机关迁集吉安，市内电话甚感需要，经筹设 100 门磁石式电话局，业已完成通话。

4. 拆迁武汉等处电话

武汉、郑县、九江、长沙等市内电话，机件大半已于事前拆卸西运，正在计划利用，以之筹设及扩充内地各处市内电话。

至于电信之抢修工程，与铁路性质相似，关系军事至为重要。本部为迅捷抢修被炸电线起见，随时于军事重要地点编组修线工程队，配以卡车自行车，随炸随修。总计分布于各地之修线工程队达 50 余队。

五、邮　政

（一）充实后方邮政

湘黔川滇粤桂陕甘等省，自抗战以还，均为后方重镇，不独政治军事经济各方面中心西移，而大量民众，多数机关西迁之结果，顿使后方各省邮递之需要日增。以前边陲地方人口稀少，商务经济均不发达，当时之邮政设备，自不足适应现时之需要。尤以迁徙后方机关及民众，或散处四郊，或添建屋宇，以致重庆等地市区之范围，较前扩大，邮局设备，因而随之扩充。兹将各后方省区二十七年份新添之邮局、代办、信柜、信箱及新辟邮路列表如下：

省份	邮局	支局	代办所	村镇信柜	村镇邮站	邮票代售处	信箱	新开邮路（公里）
湖南	6		27	456	57	31	496	355
贵州			3	20		4	27	595
四川（东西川邮区）	5		60	187	16	16	3	1094
云南	1		38	71	1	4	59	1163
广东	5		102	159		3	153	1413
广西			15	47		5	35	231
陕西	2		25	18	1	5	5	356

续表

省份	邮局	支局	代办所	村镇信柜	村镇邮站	邮票代售处	信箱	新开邮路（公里）
甘肃	5		2	14				15
福建	1	1	15	54	347	12	104	1745
长沙市		4	见湖南省	见湖南省	见湖南省	见湖南省	见湖南省	
重庆市		6	见四川省	见四川省	见四川省	见四川省	见四川省	
昆明市		3	见云南省	见云南省	见云南省	见云南省	见云南省	

（二）疏运邮件

抗战以来，交通工具多被损坏，邮件运输，军民通讯，不得不另开邮路，随时调整改革，务以最经济最迅速之方法，使邮运往来不致中断，而汽车运输尤为重要。兹将二十七年内开办之汽车邮运线略述于后：

自国府西迁重庆，一部分军政机关分迁长沙、贵阳、桂林、衡阳、昆明等处，西南各省通讯需要骤形重要，邮件数量亦非常增加，各该省运输，以汽车及骡马为主要，骡马运量既小，速率又缓，故后方邮运不得不偏重汽车，现在业已开办者，计有：1. 重庆成都线；2. 重庆贵阳线；3. 昆明贵阳线；4. 贵阳柳州线；5. 衡阳桂林线；6. 长沙常德贵阳线；7. 柳州六寨大塘邕宁线；8. 邕宁桂林线；9. 成都南郑宝鸡线；10. 西安洛阳南阳沙市常德线；11. 桂林广州湾线；12. 邕宁北海线，以上两线均因公路破坏，不能行驶部分，用民船牛车力夫接运；13. 邕宁同登线，此线通越南，俟新汽车到即可实行，惟各该线现在运输能力，因汽车不多，仅能运输紧要之轻件，如信函、明信片、报纸等，曾于秋间筹措的款项，酌量添配汽车，以期扩充运量。惟为经济力量所限，终觉杯水车薪，而在港所购新汽车，又以越南禁阻进口之故，甚费磋商，最近始能起运，尚未运到。

至西北各地之邮件运输，其需用汽车之处，亦与西南各省相同，尤以西北西南之联络线更为重要，现在较前方系赖邮局自办之西安、洛阳、南阳、沙市、常德、长沙一线维持，较后方则赖自成都至宝鸡转西安之汽车线维持。此两线为纵贯南北之二大干线，惟现在仅配置少数汽车，须俟汽车增多，方可酌加，以期联络川陕两省西南西北之交通。此外，西北方面本身之运输则已开办者有：1. 西安兰州线；2. 西安平凉线；3. 西安南郑线；4. 天水宝鸡线；5. 西安三原线。

东南各省除失陷地方外，凡可以利用河道及手车等地，均兼用船舶手车协运邮件，至已开办之汽车线则有：1. 南昌长沙线，嗣因浙赣路恢复行车停驶汽车；2. 衡阳曲江线，嗣因粤汉路恢复行车故停驶汽车；3. 南昌江山南平线；4. 南昌光泽南平线；5. 南昌屯溪青阳线；6. 金华丽水青田线；7. 金华鄞县线。以上各线，或以救济原来运输工具之不足，或以供给前方军队之需要，至于军队调动频繁，不及改组织汽车邮路，或邮件数量过少，不足使用汽车者，均组织自行车邮路，由邮差骑自行车运输邮件，较汽车速率虽逊，而费用节省，组织简单，随时添改，尤属数不胜计。

（三）改订滇越铁路包裹运费价率之经过

我国邮政于民国二十一年九月十五日与滇越铁路公司签订运寄包裹合同，原订运费价率，系按公司规定之银币折合计算。嗣因修改越南商约，规定改用金单位，以崇国体，爰于（与）该铁路公司商定，所有包裹每吨每公里应付之运费价率，于二十五年十一月一日改订如下：

至 100 公里者　　金单位 0.08

自 101 至 200 公里者　　金单位 0.07

自 201 至 300 公里者　　金单位 0.06

300 公里以上　　金单位 0.05

当时每一金单位约越币 1.42 元，按以上价率折合越币数目，与印度支那邮政交由滇越铁路运寄包裹所付之运费价率相等。但其后越币价值逐渐低落，每一金单位可折合越币 2 元以上，如仍照上述金单位价率计算，则我方所付运费，较印度支那邮政所付者为高，经与滇越铁路公司洽商，将运费价率改订如下：

起首 40 万公里吨　　金单位 0.06

续加 30 万公里吨　　金单位 0.05

续加 30 万公里吨　　金单位 0.045

超过以上公里数吨　　金单位 0.04

（附注：上列公里吨即里数与吨数相乘之积）

以上改订之价率，较现行者减低约 14%，按二十六年包裹数量计算，每年可节省运费 15000 余元，业经邮政总局及滇越铁路公司将合同修正书签订，即自二十七年一月一日起实行，暂以一年为限。

4. 交通部长张嘉璈关于战时交通设施与建设的报告（节录）[①]（1939 年）

〈前略〉

吾国抗战以来，已历一年又九个月。第一期抗战，交通方面主要之任务，是以全力运输军队，集中配备于各个战场。并一方源源运输军需品和给养，到前线补充。现在第二期抗战，交通方面主要之任务，是要一面继续充分利用已有之交通工具，一面力图改进补充以增加后方之经济力量，使能长久支持前方战争。所以第一期抗战中交通之主点在军事，其工作重于管理与设施。第二期抗战中交通之主点在经济，其工作重于改善与建设。现在将第一期抗战中交通之主点在经济，其工作抗战中交通之建设计划，分别择要报告如下：

① 此文系张嘉璈在中央训练团党政训练班所做报告的前两部分，原题为《战时交通的设施与建设》。

一、第一期抗战中的交通设施概况

交通工作，包括铁路、公路、电政、水运、航空、邮政六种，现在先讲：

（一）铁路

抗战发生之初，全国大军动员，运输骤然增繁。铁路方面，幸于战前略有准备，所以一切尚能勉强应付。其中关系最大者，当为粤汉铁路与广九接轨通车，直达九龙。其中接轨一段的路基铺轨，均于事前准备就绪，故战争爆发后，不出十天，即能开始运输一切军需物资。其次为南萍路自南昌至萍乡，计长283公里，自二十五年七月开工，至二十六年七月完工，使浙赣路与粤汉路呵成一气。苏嘉路自苏州至嘉兴，为京沪、沪杭甬联络线，计长73公里，幸于战前完成，故江浙两省部队，得以随时互相调动。至于钱塘江大桥和南岸至曹娥江之路线80公里，得以完成通至绍兴，于军事上当有极大之价值。

铁路运输，除路线外，第一须备充分之机车车辆。前铁道部于二十五六年间，为各路添购机车车辆，于战前运到者，有机车91辆，客货车1373辆，此于战时军事运输调度，当有极大之助力。本部旧有机车可用者约800余辆，客货车约11000辆。第二须有善良之调度机构，以增加车辆之效率。于战争开始时，即将调度车辆之权，不论军运或商运，一律委之铁道运输司令部，而由本部派熟悉调度人员协助之。分设长江以北及长江以南两调度所，分别统筹各路行车事宜。当时江北四大干线，所有机车车辆中，经划出大部分，专编为军运列车，最多时达190列。约需机车200余辆，客货车4000余辆。故其间虽战场屡易，一切调动，尚能勉强事机。综计抗战一年中，京沪、平汉、粤汉、津浦、陇海、浙赣各路，开行军用列车约13000次，运送部队约1000万人，辎重器材约300余万吨。普通说来，在设备完好的单轨铁路，于平时最多于24小时以内能开行列车来往各20列，此次抗战中，各路虽于军事紧张状态下，平汉路每日开行军运列车最高至30列，京沪路最高至25列，津浦路最高至24列。同时尚顾到必要之商品运输，尤以一年中粤汉路运输国外进口之汽油军品及一切建设材料，达70万吨之巨。不能不谓已尽人事上最大之利用。

第一期抗战的争夺，在铁路线。因此各路的重要，与军事息息相关，一路的存亡，即表示一路路线的军事、物资、人口的变迁。每一路均须负担军队、辎重、物资、器材的运输，与人口及避难难民和一切公私财物的疏散。在各路沦陷之时，一方须将机车车辆，竭力抢出，同时尚须将能够移动的设备，尽量拆移后方；至无法移动的固定设备，若路轨桥梁等，则唯有忍痛尽量破坏。所以第一期抗战中铁路之工作，第一是速修；第二是速运；第三是速拆。殆无时无刻不在忙迫紧张之中。自从卢沟桥事变发生，平汉北段，及正太同蒲胶济各路，同时吃紧，八一三沪变猝作，京沪沪杭甬及苏嘉路，首当其冲。迨徐州会战，津浦南北段，及陇海东段，几即为敌我争夺之战场。保卫大武汉之时，平汉南段与粤汉路、广九路、南浔路皆为我用兵之主要动脉。既如最近南昌之役，浙赣路的运输，始终与国军战略战术之应用步骤一致，完成军事与交通配合之任务。

综计抗战以来，其已完全失陷之路，计北宁、平绥、正太、同蒲、胶济、津浦、京沪、沪杭甬、苏嘉、广九、南浔、平汉 12 线，共 4975 公里。局部失陷，及正在拆轨破坏之路，为陇海东段、粤汉南北两段及浙赣东西两段，共 2642 公里。现在所余仅粤汉路韶关至长沙，浙赣路东段义乌至东乡，西段宜春至株洲，陇海路自汜水至宝鸡，共 1647 公里。

至目前各路中，唯一完整之铁路，为湘桂路之衡桂段。该路于抗战发生后三个月方始开工，以一天造一公里的速率，于去年十月中完成，计长 365 公里，统计四个月之中，自通车以至四月底共计半年之中，开行军用列车 228 次，运输部队人数约 15 万余人，军需约 106000 吨，商货约 35000 吨。其关系最大者，现江南在各路所有之机车 556 辆，客货车 5388 辆，一大部分因有该路的建筑，得以逐渐调度集中，保持完全。

（二）公路

后方铁路尚未兴筑，公路运输，日见重要。目前于公路通行情形可概括分为三大部分：

1. 通达前方路线，共有 3 条，全长 3539 公里。

在南部，由贵阳至衡阳。其中贵阳至柳州，由本部西南公路局经营。由柳州至桂林、桂林至衡阳，则仍归湖南广西两省公路局经营。惟对各该段工程改善事项，仍经本部拨款协助办理，全线原有渡口 16 处，现均已修建便桥或浮桥，无须再行摆渡，至正式桥梁，亦已筹划兴筑。

在中部，由贵阳经常德至长沙，由本部西南公路局经营。湖南省境内原有渡口 11 处，多已改建为正式桥梁，余亦便桥通车。

在中北部由綦江经黔江沅陵至长沙，其中四川省一段，已由本部西南公路局接管，大桥 7 座，均已完成。

2. 后方联络路线，共有 3 条，全长 2856 公里。

在北部由重庆经成都、广元至汉中，以达兰州。其间由重庆至汉中，已可通车。惟成都至广元一段，路面桥涵，均须改善，已由本部拨款交四川省公路局彻底改善。广元至汉中一段改善工程，由本部西北公路局负责办理。至汉中经天水华家岭至兰州一段，原可土路通车，一切改善工程，由本部组设工程处办理。

在南部，由重庆经贵阳至昆明，此线去年间，始由四川、贵州、云南各省移交中央接管，路面情形极劣，已由西南公路局积极改善。

在中部，尚有泸州至咸宁、宣威至昆明之路线，是为“川滇东路”。此线正在赶修，约下月可勉强完成。即由重庆经水路至叙府，然后循公路至昆明，可较现在由重庆经贵阳至昆明之公路，缩短 200 公里。物资输送当较易简捷，此路亦交由本部西南公路局接管办理。

3. 衔接国际通达路线，共有 2 条，全长 3684 公里。

在西北者，由兰州经猩猩峡迪化至苏俄边境之线，长凡 2674 公里，全线已可通车，正择段改善，及加铺路面中。

在西南者，为滇缅公路，全长 974 公里。此线由昆明经下关直达缅边之畹町，与缅甸公路相接。

目下凡五吨重车辆，已可通行无阻，惟各项改善工程，亟须于雨季前完成，已由本部设立滇缅公路局，切实赶办。

最近公路方面设施情形，可以报告者，约有三点：

1. 运管理所之设立。利用人力兽力，以期运用大量之劳力，补助汽车运输之不及，与节省汽油之消耗。现已举办沿叙昆大道，由叙府南下经昭通以达昆明，共 24 站。全线运输约需一个月，自二月一日开始，每日运 10 吨，现在每日 20 吨，拟逐渐设法增加至每天 50 吨，每月可达 1500 吨，双方对开，每月 3000 吨，现正在沿途布置设备，并拟于本年内先造板车 5000 辆，为公路运油及补助运之用。

2. 为西南公路局出口货之开运。贸易委员会为与各国以货易货，及与美国借款之货运起见，需有大量出口货源源运出。统计自一月一日至四月十五日止四个半月中，自重庆运出之出口货，约 2800 吨。开始时每日只能运 10 吨，现已可陆续增加至每日 50 吨。目前公路车辆属于本部。此项货运，一部分由公路局车承运，一部分利用商车，即商车凡承运贸易委员会出口货者，免缴养路费，故商车乐于承运。

3. 为车辆设备之增进。目前公路车辆属本部西南西北两公路局管辖者，共有 1228 辆。除军用外拨以及运油运料公务等车外，实际上应用供给客运车辆只一二百辆，货运车辆只三四百辆，以之分配维持西南西北两路主要干线约 5500 余公里之日常客货运输，实感困难，而现在后方运输又极繁忙，加以西南特种器材及原料进口，如欲因应需要，至少须有三四千辆，方足敷用。现已由本部向英美等国借款增购车辆，并沿途增设修车厂配件厂，将来新车陆续进口，当可增进运输能力不少。

（三）电政

我国地区辽阔，原有电话电报线路不多，且大都偏重南部。抗战初期，因有中央直接办理之九省长途电话，以为基本联络之干线，故各方通讯，尚感便利。迨首都沦陷，战局推演，所有九省长途电话，实际上仅有湖南、湖北、江西、安徽诸省一部分，故应用至为困难，统计战前长途话线共长 53776 公里，战后仅存 32752 公里。嗣经积极架设 10464 公里，故目前尚有长途话线 43216 公里，惟以军情瞬息万变，电信设施，亦须随时依照战地变迁情形，为适当之处置。故自武汉广州放弃后，形势一变，所有战区与战区间，战区与后方间之军事通讯，经五月之调整布置，无不辗转设法，使之联络一气。故现为西南军事重心之桂林，除一面可与湖南、广东、贵州、江西、安徽等战区通话通报外，并可与西北军事重心之汉中直接通话。至汉中本身，则可与甘肃、四川、湖北、河南等战区通话通报。所有桂林汉中两处与重庆之通话及重庆与前线各军事重要据点若韶关、郴县、长沙、衡阳、吉安、南宁以及南郑、西安、洛阳等处之通话，亦随时以全力加以调整，务使通话畅达。惟以军讯繁忙，需要陡增，所设线路每感不敷。有时为敌机轰炸，或为气候感应，较因一部分利用有限，转接较多，通话不能十分清晰，但均随时加以改善，一面对帮电载波之设备，亦以最大努力，设法充实。故前后方通讯，虽极其繁忙，尚能勉强应付。

至无线电报电话方面，为便利民用通信之重要工具，亦竭力添设无线电台。现在各省边区以及战地内国军游击区域之重要城市，皆可通报。此外，关于国际无线电台方面，除成都重庆二处国际电台，已加扩充，可与国际重要都市直接通报外，并拟积极装设昆明，贵阳，桂林三处国际通报，不久可望开放通讯。自广州沦陷后，重庆与香港通话断绝，现已与英方磋商可望直接通话。重庆与河内一线，亦与法方商定，不久可以通话。

（四）水运

水运方面，自武汉广州两地失陷后，最感繁重之工作，厥为川江之运输。当时宜昌积存待运之公物，计 6 万吨，均仅三个月内运输完毕。其中十分之四，系征集木船 1200 艘，集中输送。至待运之钢铁厂机器器材，约 14000 吨，除重件不能运带者约七八千吨外，其中三四千余吨，亦均悉数运离宜昌。

又武汉撤退时，所有武汉附近轮舶，均经西驶。惟川江自宜昌以上，滩险甚多，类皆需要绞滩，轮舶方能上驶。因择川江险要地点，设立机器绞滩站。现已完成者，计 11 处。统计自一月至四月十五日止四个半月中，用绞滩机上驶之轮船，共 213 艘，木船 2483 艘。其中有轮船 57 艘，均经陆续设法改造利用，分配川江行驶。

统计最近四个半月中，川江行驶轮船总数 310 艘，计 34579 吨，木船 5045 艘，计 116253 吨。

（五）航空

吾国航空路线，在抗战以前，计长 13826 公里，战后仅存 2293 公里，嗣经逐渐增开 12510 公里，现共有 14803 公里，尚较战前为多。目下共有主要航线 10 条，每周来回航行共 50 余次。惟以敌机屡次袭击，为避免无谓牺牲，故有时飞行班次及时间不能十分准确，以资掩护。

现在欧亚中国两航空公司，共有大型机 14 架，小型机 13 架，除修理中者外，现在实际航行者大型机 7 架，小型机 5 架。目下飞行航线航班过多，以至机件损耗较大，必须时加修理保养，因之不能以全数飞机调拨利用。今后拟 1 面设法添置新机，1 面充实夜航种种设备，以增进空运之效率。

此外，可为诸君报告者。国际航线方面，最近已有显著之进步。中法航线自昆明至河内，已于三月十四日正式开航。中英航线自昆明至仰光，已与英方商定，双方对飞，已于 3 月 2 日试航，俟腊戍机场扩充后，即正式通航。中苏航线自重庆经兰州哈密至阿马拉泰，亦与苏俄商定。重庆至哈密已于二月二十日首次通航，哈密至阿马拉泰拟再定期开航。

（六）邮政

抗战以后，因大量民众与多数机关西迁之结果，顿使后方各省邮递之需要日增。以前边陲地方，人口稀少，商务经济，均不发达，当时之邮政设备，自不足适应现时之需要。故后方邮局设备，不能不随之扩充。统计战前共有局所 72690 处，现在尚有 70194 处，仅减少 3.4%。战前共有邮路 584816 公里，现在尚有 513039 公里，仅减少 12%。

自广州撤退后，西南国际信件，必须改线寄递。当时剩余之海口，仅有北海、广州湾及澳门三处。澳门迫近前线，道路易阻，故一度曾利用北海及广州湾二处，而与香港联络，以免经过海防之周折。但自该二处附近公路于去年十二月间破坏之后，大宗邮件，除一部分可利用航空外，又不得不改道龙州山以出海防，而达香港，惟港越两地之邮政，原仅按其自身之需要而设备，一旦经转事务骤增，原来之人手及设备，均不敷应用，以致代吾国转运之邮件，常有迟延之虞。经与港越当局一再磋商，已获有改善办法。好在滇缅公路，即可通车运邮，将来西南国际邮件，当可便利不少。此外，自武汉撤退，平汉陇海两路，先后中断，故又组织西南与西北联络邮班二处。一路自宝鸡经南郑至成都，经重庆、贵阳以达西南各地。一路自西安经洛阳、南阳、老河口、沙市、常德，以达长沙、贵阳。惟邮政汽车，在战前共有 300 辆，其中拨充军用者 170 辆，尚有 130 辆，应用经年，一部分已有损坏。故以之分配全国各邮路驶用，调度十分困难。最近添购新车 100 辆，已有 20 余辆运到昆明，将来陆续驶入，希望能解除一部分运邮之困难。

至战区邮政，为保持行政完整统一起见，今尚勉强维持。自抗战以来，各地局长，均调在局服务较久之洋员充任。至今勉强维持统一。

最后关于军邮方面，可以特别提出报告者，则除战区以内办理军邮之人员随时随军推进开辟邮路外，所有游击区域以内之军邮业务，亦无不与国军，随同进退，联络一致。若皖西豫东之军邮人员，均由周家口、驻马店、确山，分赴英山、太和、霍邱、固始、商城、横川、浠水、广济、立煌、叶家集一带，随军推进，恢复军邮。此外若河北省平汉路东津浦路以西冀中地带，均有我方政治组织，已秘密派员率同信差，前往各军政长官所在地，办理军邮。以上所述，为路、电、邮、航，在抗战中设施之大概情形。

二、第二期抗战中的交通建设计划

以上所言，为第 1 期抗战中交通设施的大概情形，关于第二期抗战中的交通建设，最近遵照委员长手令，拟定二年计划，限定二十八年二十九年中，切实实施。现在根据计划内容，择要报告如下：

（一）铁路

铁路建筑的计划，根据以下三个标准：一择可通海口或可通邻疆之国际路线；二择后方国防政治重心之交通干线；三择后方补充之必要路线。例如湘桂滇缅，属于通海口或邻疆国际路线；如叙昆成渝铁路属于后方国防政治重心交通路线；如黔桂天宝铁路属于后方补充之必要路线。综计二年之中，拟与兴筑铁路 4165 公里。其每路进行情形，分述如下：

1. 湘桂铁路　自衡阳至镇南关，全长 1076 公里。现该路已由衡阳通至桂林。桂林至柳州一段，现正积极赶工。希望能依原定计划，于四月底通至永福可接水运。十月通至柳州，惟该段钢轨，须赖粤汉路北下，按期运到，可望如期完成。

柳州至南宁，现以军事情形，只能先筑地下工程，至地面工程，则暂缓进行。南宁至镇南关段，已于去年四月开工，希望本年五六月可通至崇善后，可接水路，十一二月通至南宁。

2. 滇缅铁路　该路自昆明至缅甸边界之滚弄，全长约 860 公里，已于去年十一月分东西两段，同时兴筑。希望本年底先由东段通至 180 公里，明年年底再通至 650 公里。全线希望于后年完成通车。至由缅边滚弄至腊戌一段，亦已商得缅甸政府同意，开始兴筑。

3. 西北铁路　此线关系西北国防及西北开发，至为重要，自宜及早兴筑。现拟先筑自宝鸡至天水 1 段，计长 165 公里。中间须开凿山洞达 21 公里，开工后二年可完成。惟望陇海路潼关一段，不至中断，则所有平汉陇海二路拆卸钢轨，可以西运，方可铺轨。同时由俄边向东展筑计划，各界希望甚切，而苏联方面，或以为数太巨，距离太长，不易举办，现正与苏联方面协商进行中。

4. 叙昆铁路　该路自昆明经宣威威宁以达四川之叙府，全长 773 公里，现与滇缅路同时兴筑，拟于年底完成自昆明至曲靖一段，计 155 公里，明年底完成自宣威至威宁一段，计 370 公里，后年全部完成。

5. 成渝铁路　该路自重庆至成都，计长 523 公里，已于二十六年开工，当以运料困难，故工程进行，为之迟缓。现为迅速兴筑起见，已饬将重要工程，竭力赶修。一俟叙昆通车，材料能输入时，即可铺轨通车。

6. 黔桂铁路　该路由贵阳东南之威宁至柳州，全长约 1000 公里。拟先筑贵阳至柳州一段，约 620 公里，现正赶运湘黔器材，定期开工，分段兴筑。预计全线开工后如材料能顺利运足，约 30 个月完成。至贵阳至威宁一段，亦拟开始查勘，以便将来与叙昆路相接。

附带一言者即湘黔铁路。该路自株洲至资水一段，长约 200 公里，已经通车。原定展筑至新化，现因战局转变，已令停工，并将人员器材，及拆除路轨，全部移筑黔桂路之贵阳柳州段。

（二）公路

公路方面，拟于二年之内，改善主要干线计 14700 余公里，新筑干线计长 3000 余公里，共长约 17700 公里。改善工程中，西南以贵阳为中心，并以全力赶修西南国际交通之滇缅公路。西北以兰州为中心，并特别注意西北国际交通之甘新公路。至西南西北联络路线，以成都为中心，所有成都至广元，成都至重庆，成都至兰州，成都至康定之路线，皆在计划切实改善之中。至新路方面，拟兴筑以下各线：

1. 西南方面　现在西南交通，南宁柳州，俱占重要地位，为预防万 1 敌人由北海威胁南宁，或由西江进扰柳州时，仍使广西省东西两部，联络呼应，及与贵州云南两省缩短运输路程以应军事需要起见，拟兴筑以下 3 路：

（1）田河路　自广西之田州，至黔桂路之河池，长约二百七八十公里，已拨款由广西省政府进行，预计年内完成。

（2）黔桂西路　自广西之罗里，至贵州之安龙，长约 210 公里，已拨款协助广西贵州两省政府进行，预计年内完成。

（3）滇桂路　自广西之百色，经开远至昆明，长约835公里，拟分请广西云南两省政府，于下年开始建筑。

此外，康滇路自西康之泸定，经西昌至昆明，为联络西康云南两省交通要道，长约800公里，拟分请西康云南两省建筑。其中泸沽至西昌一段，约70公里，决由本部自筑筹备兴工。至川滇西路自西昌至乐山，长约500公里，亦为西南联络干线，决由本部主持兴筑。

2. 西北方面　拟兴筑以下二干线：

（1）甘川路　自兰州经临洮直达成都，为兰州至成都间交通捷径。长约850公里，兰州至临洮一段，已可通车，临洮至岷县一段，亦已开始兴筑。

（2）青康路　自青海之玉树起，经甘孜至康定，约900公里，为青康孔道，拟即派队实测，计划兴筑。

3. 西北西南联络公路　拟计划兴筑以下三线：

（1）川鄂路　全长约400公里，拟先筑宜昌至巴东一段，拨款协助湖北省政府兴筑。

（2）汉渝路　自汉中经西乡大竹至重庆，全长约800公里，除西乡至大竹段正由本部积极兴筑外，其大竹至重庆一段，亦拟继续兴筑。

（3）康印路　自康定经巴安而达康印边境，与印度铁路相接，全长约1100百公里，他日完成后，亦一重要国际路线，拟由部先组队施测，再定详细计划。

公路方面最迫切之问题，为客车行驶西南各省，交通不便，不能人人尽乘飞机。可为公众利用之工具，厥惟汽车。以往以军政各机关征发客车，疏运机关人员，兼以车辆本属不敷，未能充分为客商谋便利。现拟增加客车车辆开驶干道，办理直达联运通车，自昆明柳州沅陵至贵阳，自贵阳至重庆，自重庆经成都、广元而至汉中。每日对开多则10车，少则5车，俾旅客不至候票久待。拟俟筹备完竣后，即行开始。次则修理设备，现在各路线行驶车辆，日见增加，以沿途修理不全，损坏车辆，往往久置道旁，无法修理。本部西南西北两路局，拟于中心地点，设大修理厂，各重要站设小修理厂。此外，车库油库膳宿站，亦拟分别设置。又鉴于各公路沿线医药卫生之重要，拟与卫生署合作，在各主要公路筹设卫生站15处，本部担任开办费12万元。

（三）电政

吾国各省电政系统，向不统一，多由地方各自举办。省与省间县与县间，缺乏连络。且有属官办者，有属商办者，职权相分，通信效率，大受影响。第二期抗战，局势转变，西南西北，已成为抗战根据地及国际交通线路，通信设备，与军事息息相关，非急谋改进，不足以应需要。兹根据目下西南西北各省电话之弱点，及第二期抗战之需要，确立西南西北长途电信网，拟定二年之内，增设长途电话线，18171公里。此项计划，一旦完成之后，重庆方面，北面可与山西之榆林通话，西北可与迪化通话，西部可与康定通话，西南可与畹町、河口及镇南关通话，而所有西南西北各重要城市间，若重庆、成都、兰州、宁夏、天水、广元、贵阳、昆明、桂林、威宁、西昌、雅安、南宁、龙州、蒙自、沅陵、宜宾等，皆可直接通话。

又本部所办长途电话大都已与四川、贵州、广东、广西、湖南、湖北、河南、江西等省所办之长途电话，互相联络通话，但为增进通信效率计，所有各省长途话线殊有由中央于技术上设备上加以协助调整之必要。现在该项省办话线，业经本部统筹改进者，计有湖北、湖南、河南等省。嗣后当视军事需要，更加密切联系，以利戎机。云南省办之长途电话，亦已与云南省政府商洽，由部省投资合办，由部统一管理。

电报方面，西南西北各省重要线路，大都均系单线，自非加以扩充不可。拟第1步将贵阳至昆明，柳州至昆明，成都至昆明，重庆至贵阳，重庆至成都，桂林至柳州，长安至奉节等段，各加电报线1条。又四川、贵州、湖南、云南、陕西、甘肃、宁夏、西康各省线路过少，拟增设支线3000公里。兰州至迪化间，拟重架电报线1条，均拟计划建设。

无线电方面，拟一面在重庆、成都、衡阳、曲江、芷江、桂林、贵阳、昆明、洛阳、西安、兰州、永安等处，各装设无线电快机一座或数座，同时并以重庆为中心，成立无线电快机通报网，藉增无线电传递之速率及容量。此外，如迪化、西宁、康定、拉萨等处，亦拟筹设无线电快机通报。

市内电话方面，拟一面扩充重庆市内电话。因重庆市内电话，原属省办，其总机为共电式，客量1420号，早告额满，经部接收以后，因需要骤增，拟装设自动总机2300号。现在城外已装好250号，一个月以后，可改装至1000号。其余亦可于二三个月以后完成。此外如扩充贵阳市内电话，改进昆明桂林市内电话，亦均在积极进行之中。将来拟于重要城市，逐步推广电话设备。

（四）水运

现在公路运输汽车汽油，均须以外汇购买，而汽车配件之贵，汽油运输之难，实非经济运输之工具，故凡有河道之处，须尽量利用水运。是以本部于水运方面，在最近两年中规定最重要之工作，为木船之制造。第一年在四川部分，拟增造木船470只计11646吨。广西部分，拟增造木船220只，计5800吨。第二年拟在广西部分再行续造木船250只，计5800吨。现在已积极进行，并将木船式样，仿照轮船船身制造，以便随时可以装设机器，改为轮船。其次为撤退船舶之改造工程，拟于本年内将武汉撤退之轮舶，改造106只，以便分配川省各河流利用，关于水陆联运方面，则拟于本部内开辟重庆至叙永，重庆至广元，重庆至涪陵，沅陵至长沙，苍梧至龙州，苍梧至柳州等线，总长约4070公里。

（五）航空

航空方面，除继续努力完成中英、中法、中苏诸国际航线外，并拟于明年筹辟嘉定至成都，及成都至巴安二线，长约649公里，飞机方面，目下极感缺乏。拟于本年内先行添购6架，第二年再购2架。民用机场共有17处，大都系借用军用机场，现在先于重庆郊外九龙坡开辟临时机场，以备洪水之用。

无线电台，为航行所必备。现有42座，拟于二年内，添设15座至20座。飞行人才方面，现有国籍机师16人，拟再训练8人，现有国籍机械师7人，拟再训练8人，现有国籍飞行电报员13人，拟再训练10人。

（六）邮政

邮政方面，今后最重要之工作，为邮递速率之改进，而欲求邮递速率之改善，除人事与设备外，当以运输工具，为最关重要。目前已决定购汽车100辆，机器脚踏车10余辆，以便分配运邮。同时关于人力脚踏车轻件邮班，及胶轮大车重件邮班，亦拟尽量扩充，以补助汽车邮运之不足。

邮政储金，在世界各国为吸收人民储蓄重要工具。动辄数十万万，尤以乡村缺乏金融机关，乡民感觉不便，故邮局方面拟逐渐扩充邮政储金局业务，以供地方机关与人民之利用。

5. 交通部为部长任免事项致重庆市政府公函（1942年12月14日）

案奉行政院三十一年十二月十四日顺人字第25960号训令开：

准国民政府文官处三十一年十二月九日渝文字6391号公函开：奉国民政府十二月八日令开：交通部部长张嘉璈呈请辞职，情词恳切，张嘉璈准免本职。此令。又奉令开：特任曾养甫为交通部部长。此令。各等因。除由府公布及填发特任状外，相应录令函达查照，并转饬知照。等由。合行令仰知照。此令。

等因。奉此，养甫遵于十二月十四日到部就职视事，除呈报并分行外，相应函达，即希查照为荷。

此致

重庆市政府

部长　曾养甫

6.1943年四川交通概况[①]（1944年）

一、三十二年交通行政措施及以四川为中心的运输

大后方的四川，实属荷着抗战建国的双重任务。其在全国的地位，不仅是战时政治的、军事的神经中枢，也是战时，乃至战后一定时间内的经济神经中枢，在各方面，都有着它的示范性和创造性。

---

① 原载《四川经济季刊》1944年第1卷第2期，金龙灵著：《三十二年四川之交通》。

交通事业，或由政府经营，或受政府管制，直接间接由交通部负责。三十二年度交通部厘定的中心工作有三：（一）协助限价，（二）便利军运，（三）规划复兴。

限价为加强管制物价方案实施方针之一。物价的涨落，除由于通货膨胀，商业投机等原因之外；尚有一极普通的经济原则，即供需的相互关系。供需情形，亦即物资的流通情形，则决定于生产量与运输量的关系。交通机构的运输力量强大，运输方式进步，供需平衡，则物价受运输的影响小；力量薄弱，方式落后，供需失调，则物价受运输的影响大。抗战以来，运输由铁路而进于公路，由公路而进于公路驿运的杂凑；在运输量及时间上都无法与现代化的生产及战时庞大物资流通的需求配合。所以当前的物价问题，无疑要受运输的巨大影响。

以四川为中心的物资流通情形：

（一）川黔桂线　由北往南，以盐为唯一物资；由南往北，为钨砂及棉布；往北多，往南少。

（二）川滇线　由南往北，为内运物资；由北往南少。

（三）川湘线　由北往南，盐为大宗；由南往北，为米、锑、锡、茶、棉等；往北多，往南少。

（四）川陕线　由北往南，为石油、棉花、羊毛；由南往北为茶、钨、锑；往南多，往北少。

（五）重庆至苏边霍尔果斯线　由北往南，为油类、羊毛；由南往北，为茶、钨、锑；往南多，往北少。

（六）川鄂线　由西往东，偏重军运；由东往西，为内运物资；往西多，往东少。

而以上六线，除少数地方通航轮木船，可以利用水运外；其余地方，大都既无铁路，又无水道；物资流通，势不得不乞灵于公路驿运。于是公路和驿运，便构成后方运输的骨干。其表现在加强管制物价方案内，则为：（一）加紧完成木炭、煤炭及桐油等代汽油炉之改装计划，使国内多数停驶之卡车恢复活动。（二）积极策进民间，发展民间驿运、兽力等运输工具。（三）积极简化运输机关与税收机关之交通检查机构，以减少正当商运及抢购物资之流通困难，并杜绝沿途需索弊窦，务使检查业务为协助商运之便利，而不得为商运之阻碍。（四）凡运输机构及各省市县乡之驿运，对于所运货物，设定运输计划与运量，必须按期按地按量运足，应由当地政府负设备与督管之责，如不能按时运到所规定之数量，应严加处罚。

根据上一方案及其实施要点，交通部于是公布了有名的：交通部加强管制物价方案实施办法，也就是三十二年度交通部厘定中心工作之一的“协助限价”。实施办法共包括两大部分，五十一条。运输部分，凡三十六条；要点如次：（一）原则：1. 为配合管制物价起见，所有铁路、公路、驿运、水运及空运等运输事业，均应一面限制运价，一面便利运输。3. 运输主管机关，应与物资主管机关，密切联络，以求各主要物资之运销数量，能与运输能力相配合。4. 根据主要物资之产销情形，增辟或加强水陆联运路线，以利物资运输。6. 尽量发动与利用民间运输工具与夫力。（二）机构：8. 运输机构应力求简单统一健全，藉以增进运输效能，并便实施限价。10. 国营公营及民营公路之汽车运价及运输，应由交通部负责管制。11. 及人兽车轿等驿运，及木船竹木皮筏等水运之运价与运输，在交通部设有专管机构者，应由交通部负责管制；否则由所属省市县主管机关负责管制；凡经两省以上之路线，应由交通部设置管制机构。（三）限制运价：16.各运输事业之运价，除以三十一年十一月三十日前核准有案外，均以汝十一月三十日之运价为最高限价。（四）便利运输：23.运输路线可分类如下：（1）国际路线——以便输入外国物资。（2）接近战区及沦陷走私之路线——以便抢购沦陷之物资。（3）大后方之主要交通线——调剂各地盈虚，俾大后方之生产消费，能相适应。25.凡足以减低运输速率之一切管制检查手续，应尽量改善，务期统一简化，并绝对避免重复。29.现有汽车，必须尽量修复利用，并完成木炭、煤炭及桐油等代汽油炉之改装计划。（五）准备：33.积极调查各运输事业之成本因素，为调整运价之标准。34.调查各地区各类运输线之物资运输能力。

自实施办法公布后，截至三十二年九月为止，各方的反响同观感是：（一）去年（三十一年）十一月宣布限价命令，十二月各公路即增加运费；公路车每里自1.20元加价至2.50元，四川公路局每里加至3元。加价之速，交通部所办业务，首屈一指［关于水运运价，参看本期拙作：《四川省水上交通之发展及其趋势》所附四川省历年水运（货运）运价与物价指数比率表］。（二）各公路车辆不足，乘客买票困难。（三）长江嘉陵江之客船，翻沉之事，层见迭出。（四）由渝开行船只，实行检查时间，与轮船原定开行时间，往往相差一二小时之久，乘客在风雨中鹄候江岸，至感不便，而妇孺老弱，尤为狼狈。（五）各省征收驿运管理费，巧立名目，人民不胜负担。（六）检查所不同责任谁属，迳扣车辆，妨碍交通，耽误行程。（七）坏车数目，已达车辆总数百分之七八十，运输能力之削弱，可以想见。其主要原因，一方面固由于配件之缺乏，一方面亦由于平时使用保养之不得法。〈略〉

前所引述，主要是摘自国民参政会第三届第二次大会的询问案。我们很遗憾交通部的限制运价与便利运输这种协助限价中心作业，竟然没有收到预期的效果，从而受影响最为直接的四川运输条件未能有所改进。

复次，便利军运：近年来，在敌我交通战略的抗衡中，我们的政府，尤其是“抗战以来，负运输通讯重任，举凡前方部队器械弹药粮秣服装之接济，军讯之维持……均属职掌范围”的交通部（注：见曾部长养甫新年告全体交通员工书），尤无时不在努力于掌握交通大势，争取主动。关于这方面，我们暂不能有所评述。

国民参政会第三届第二次大会时，参政员薛明剑君询问：“询问复员需用运输工具，已否准备”。交通部的答复是：“查交通复员，系本部主要工作之一，所有一切计划，经迭次开会讨论规划，对于运输工具准备方面，较有具体者：（一）船只之制造，本部今春统一造船机构，成立造船处，在各适当地点，分设工厂，制造大批木船及轮船等。又招商局停泊川江，或被敌机炸毁，或年久失修之七十八艘江轮，现亦正准备修复中。（二）滇缅公路原有车辆，除去年滇缅战争损失一部分外，余均完好。又根据租借法案，美国经已允拨大批车辆来华，且现已陆续到印，正内驶中。（三）铁路车辆勉敷现有各铁路复员之用。”我们相信交通部的答案极其诚恳。关于第一点统一造船机构及修复大批江轮，作者在本期拙稿《四川省水上交通之发展及其趋势》一文中，曾就造船处的机能、性质同川省境内造船工业修造轮船的能力，有过详细的估计，可资对照参考。关于第二、三两点，邓宝照君在大公报所发表的战时与战后之运输问题一文，曾列举坏车（卡车）数目，已达车辆总数百分之七八十，及铁路机车车辆损毁者渐多，平时已感捉襟见肘，大量军运，困难不难想见，各节可资对照参考。

以上，我们从交通部三十二年度的中心工作，说到四川的运输条件，在若干地方，或不免太偏重现象，过分强调四川的经济地位。但是一切政令，都从四川发出；一切行政措施，都从四川着手。四川问题，正是全国问题；反转来说，某一问题，虽然是全国性的问题，惟因四川是近水楼台，其所受影响，必最为直接，亦必最占先。故在理解四川的交通问题上，上所评述，或仍有必要。

二、三十二年四川交通之成就

从我们所能获得的片段零碎的资料，事实上很难据以正确地、系统地评述四川交通运输的发展过程和动向。不过在大体上，四川的交通建设仍自有其特征：第一，有计划、有系统的公路建设，殆为民国二十四年，四川省政府改组以后的事。在这以前，防区时代，戍区范围，时有变更，公路修筑，亦各自为政，未臻划一。第二，工程方面，颇无标准。在防区时代，各军政当局分区建筑，工程固多不合度，其后，更因剿共军事紧急，川黔等路，均系奉令在短期中赶筑而成，草率急就，亦未见尽合准绳。第三，在敌我交通战的抗衡中，我们的交通当局，虽已尽最大的努力争取主动，但事实上如中印公路、中印空运线、滇缅公路、甘新公路及其他路线的开辟和改善，多系落在敌人对我已经发动封锁，或已完成破坏，切断我已成通路的行动之后。而川境主要的交通线，则仍多系在抗战前或抗战初期完成。第四、四川交通工业的建立，是在抗战以后才略具雏形，而其基础仍极其脆弱。交通工具的修造能力，尤为低下。第五、政府为培护交通运输，曾尽最大的努力，而川省运输业，在极其艰难困苦的环境中，也并不吝惜贡献其所有的力量。但是步骤凌乱，行动迟钝。每每作茧自缚，削弱运输能力，太注重表面成绩，反而阻滞交通建设的进展。譬如不问责任谁属的迳扣车辆，技术过失的停航船舶，以及若干所谓工程处、造船处之类本身并不能够实际负起工程或造船责任的机关之大量的存在等等。第六、四川交通技术员工及运输工人的缺乏。

为证实上述特征，下面是二十六年底为止的已成建设和三十一年底为止的已成建设统计数字的比较：

交通类别	线路及里程	二十六年底止	三十一年底止	备注
水上交通：木船	航线	117 条	117 条	本栏请参阅本期王成敬君：《四川之水道交通》及拙稿《四川省水上交通之发展及其趋势》所附各表。
	里程	6737 公里	6737 公里	
轮船	航线	5 条	9 条	
	里程	1136 公里	1876 公里	
排筏	航线	12 条	12 条	
	里程			

续表

交通类别	线路及里程	二十六年底止	三十一年底止	备注
陆上交通：铁路	北川铁路	1条	1条	注：见三十二年八月时事新报：三才生采煤史及同月国民公报：天府观光。
	里程	9公里	20公里	
公路	干线	4条	7条	
	里程	（1）2474公里	（2）3199公里	注（1）见张肖梅：四川经济参考资料。 注（2）各干线如次：川黔路795公里；川陕路419公里；川滇路461公里；川康路110公里；川湘路694公里；川鄂路665公里；川甘路55公里。
	支线			
	里程		990公里	
空中交通	航线	5条	5条	注：见四川省建设统计年鉴。

上表数字，或不无挂漏，但大体上，比较重要的干支线和干支流域，多已搜罗无遗；所以仍可以代表四川交通的全貌。从数字上观察，在时间上自二十六年底至三十一年底，中间的间隔是整整的五年；在这五年中，我们的交通建设，进步得比蜗牛爬行还慢。水运部分，轮船通航里程，似乎有着显著的增加；但是事实上所显示的却正与此相反。即是通航里程在这里并不表示或包含有水道改善的意思。换一句话说，煤汽机浅水船在嘉陵江的通航与否，在总运输量上既并没有引起任何变化；反之，自从称为川江终点的宜昌，亦既总管南北两大战场的枢纽陷落之后，水上运输在四川，在物资的流通同军需的接济上，其作用已经大为减色。陆运部分，自滇越滇缅两路相继封锁，乐西公路即失其效用；外销川产如桐油、猪鬃、茶、丝，输出尤极端困难。

三十二年度的四川交通运输，在困难与缺乏中挣扎。

在这以前，公路工程同运输业务，均由军事委员会运输统制局管理。自运输统制局奉令撤销，所司业务分划，所属工务总管理处，运务总处，汽车牌照管理所以及配件委员会，复归交通部管辖；所属监察业务，则在军事委员会下另设运输会议，专担负国际运输，空中运输及国内军运各方面联系与督导之责。至于全国军运事宜，则悉归军事委员会后方勤务部负责。运输会议于去年元月二日成立；交通部全国公路总局旋于三月一日正式成立。在运输统制局时代，以四川为中心，主办渝筑昆及河桃两线公路客货运者，有以中国运输公司为基干之西南公路运输局；主办西昌乐山内江线公路客货运者，有川康西路运输局；主办泸县曲靖线公路客货运者，有川滇东路运输局。省内公路客货运，则由四川省公路局办理。公路总局成立后，兼总局长曾养甫曾称：公路总局之工作方针，计有三端：（一）减低运输成本，（二）争取时间，（三）发挥服务精神。公路总局之中心工作，计有十项：（一）加强国际运输，（二）增加商车运输，（三）整理车辆，（四）配件与燃料之制造，（五）加强司机技工之训练与管理，（六）推广客货联运，（七）

干线工程之改善与养路制度之确定，（八）加强全国公路运输之管理并拟订公路法，（九）边区路线之开辟，（十）复员及复兴工作之准备。同年二月二十七日，复在公路总局下设置公路商车指导委员会，并由曾养甫部长于会中宣布：为促进商车之合作，以图配合运输需要，指委会之中心工作，拟分三期进行：（一）确定今后商车管理方式，调查各地商车营业状况，并加强各地同业公会，召开商车会议，研究客货配运办法，运输成本减低办法，运输检查之简单化，燃料配件之补充。（二）商营修车工厂之加强，商车投资炼油之奖励，及取缔不法营业商车或商行。（三）开始实施商车业务管理法。续开商车会议，统计商车业务成绩，研究商车管理，燃料配件之统一办法，筹设商车总会。以上三期，每期三个月。但同时除公路总局，四川公路局主办业务之外，自设运输处，自置运输工具，规模宏大，不受公路总局或公路局管制者，如钨、锡、锑等矿砂运输由资源委员会担任，玉门油矿运输由甘肃油矿局担任，粮食运输由粮食储运局担任，食盐运输由盐务总局担任，茶叶运输由中国茶叶公司担任，棉纱棉布运输由花纱管制局担任，此外如国家银行，中央信托局等，亦莫不设有运输机构，办理各该机构之运输，与公路机构分庭抗礼。

去年内公路交通和运输，真正比较有意义、有价值的成就，实不在于主管机构的一再改组、裁并或增设。实则动荡交通机构，在战时为适应时务需要，配合当时环境，在某种意义上或属必要，然而变更太频，机关太复杂，以致人事变迁，政出多门，其所给予工作或工程的影响，只有坏无好。我们认为有意义有价值的是：

（一）酉阳龚滩公路通车，使川湘两路水陆获得联运捷径，节省陆路行程一百六十余公里。

（二）渝兰联运客车开班，自重庆经绵璧公路至广元而与西北公路衔接。

（三）川湘川鄂客车开班，自重庆至恩施，及自重庆至常德，较前远为捷便。

（四）渝宝客车开班，自重庆经绵璧公路至广元与西北公路衔接。

而交通部去年内最为成功的施政，也以完成以重庆为中心的联运网的配备，最为脍炙人口。此项联运网，已配备完成者计有七线：

（一）渝曲线：自重庆至曲江，分两线，甲线为驿路与铁路联运，乙线为公路与铁路联运。

（二）渝衡线：自重庆至衡阳，由川湘联运处与粤汉铁路联运。

（三）渝昆线：自重庆至昆明，由公路与航空联运。

（四）渝泸昆线：自重庆经泸县至昆明，由水路与公路联运。

（五）渝洛线：自重庆至洛阳，由铁路、公路、水路与驿路联运。

（六）渝兰线：自重庆至兰州，由公路、水路与驿路联运。

（七）丁宜渝线：自重庆经宜宾至印度，由水公路与航空联运。

复次，川省唯一的铁路工程，綦江铁路，自长江上游江津县属江口镇猫儿沱，至綦江县属三溪，全长共 85 公里。三十一年五月交通部设立綦江铁路工程处，着手开工，先行修筑猫儿沱至五义一段，长约 39 公里。截至三十一年底止，猫五段完成 39.7%。本年度继续修筑，又完成 9.4%。全线 39 公里，于是在一年又半的时间内，共完成 49%。

7. 抗战时期迁都重庆之交通部[①]（1947年）

一、行政

（一）迁渝经过

抗战军兴，国府西移重庆，彼时西南西北交通落后，中枢乃决心筹拨专款从事兴建。交通部秉承中枢意旨积极筹划建设内地交通，俾能负担战时交通之任务，故抗战初期交通部暂迁长沙，俾便筹划指挥。二十七年一月，中枢调整交通机构，将铁道部及全国经济委员会之公路部分并入交通部，并迁武汉办公，而于长沙、湘潭、桂林、重庆等处设办事处。是年夏，敌人进扰武汉，交通部一方面尽快调度军运，一方面协助疏散人口、物资，虽迭遭轰炸，仍本不屈不挠之精神完成任务，即于二十七年六月份由长江水路、粤汉、湘桂两铁路及湘西公路先后迁渝。旅途虽极艰苦，均能通力合作，克服困难，达成迅速确实之任务，二十八年春大部分员工先后抵渝，照常工作。

（二）组织概况

交通部内部组织设秘书、参事、技术三厅，路政、邮电、航政、材料、财务、总务六司，会计、统计、人事三处及设计、考核委员会。邮电司系由电政司改组，主持邮电行政，而以邮政总局专办邮政业务；复于三十二年四月成立电信总局，专办电信业务；设计考核委员会系三十二年奉令将交通事业综合调设考核委员会改组；于四月成立会计处、统计处，隶属于主计处；人事处系三十二年九月间由人事司改组，隶属铨叙部。均归交通部之指挥监督。

附属机关，铁路部分有各铁路工程局、管理局、机器厂、铁路测量总处等；公路部分有公路总局、各公路工务局、运输局、重庆公共汽车管理处、运输总队等；电信部分有各电信管理局、工程队、国际电台等；航空部分有中国航空公司、中苏航空公司，至中央航空公司原为欧业航空公司，于三十二年三月收归国营，改称今名；水运部分有国营招商局、各航政局、航政办事处等；邮政部分有各邮政管理局、邮政储金汇业局等；驿运部分有驿运部管理处、各省驿运分处等；材料部分有材料供应总处、各材料厂库等。

三十三年底撤销驿运总管理处及各省驿运管理处。三十四年一月公路总局改组为战时运输统制局，直隶于军事委员会，驿运事业亦由战运局办理，以期集中各种运输力量，配合反攻。日本投降后，复员开始，战运局于三十五年一月明令撤销。材料供应总处于三十四年二月撤销，交通所需各项器材由材料司统筹供应。

（三）部址迁移

交通部西迁重庆后，部址系在上清寺街彭姓大厦。最初一部分人员曾在川盐大楼及左营街办公。二十八年五月三日敌机轰炸重庆，市区发生大火，左营街之电政司、航政司均遭烧毁，继即迁入牛角沱部内办公。此外，磁器街电政司同人宿舍被焚，都邮街邮政储金汇业局等均遭

① 该文稿系国民政府交通部应重庆市政府征求抗战期间中央机关留渝史实之请而作。标题是原有的。

毁损，幸赖同人奋勇抢救，重要公物机料全数抢出，措置得宜，随即恢复工作。

中央因敌机滥炸重庆市区，积极疏散重庆各机关至附近四乡，交通部遂将一部分员工及不必居留市区之眷属疏散至廖家店、南温泉两处，并设立办事处经办各该区之管理及设施事宜。

（四）协助管制物价情形

《加强管制物价方案》交通部拟订之实施办法都（有）51条，分运输及邮储两部分。运输部分复分原则、机构、限制运价、便利运输等项，邮储部分分原则、组织办法、准备等项，兹略述实施情形于下：

1. 限制运价　交通部对于各运输事业之运价早已实施管制，均以最低运输成本为标准。如因最低运输成本发生重大变动，非经呈准，不得增加运输价目以外之一切运输所需费用，如栈费、押运费、中途搬运费、运输损失费、转运手续费等，亦均同时设法减轻与限制，不论国营公营或民营，均顾及社会利益，对各业请求加价审核甚严。

2. 便利运输　管制物价之根本办法须从便利运输入手，俾便货畅其流，交通部综管运输事业，曾分别计划实施，如建筑湘桂、黔桂、滇缅、川滇、宝天等铁路，赶筑滇缅、西详、川中、乐西等公路，及改善西南西北各省公路，创办驿运，建造木船及浅水轮船，建设绞滩站绞驳船舶，创办川湘川陕水陆联运，增辟国际航空线等。调度运输工具，力求迅速，运输手续，力求简便，以增加运输之能力，以便利物资之运输。

3. 掌握物资　登记管制电信器材，无论公私机关对于电信器材之储存使用及无线电之装置，均须向电信机关登记，汽车配件之购置、使用、运输，均须呈请登记。并将渝市存料调查登记。

4. 加强同业公会组织　加强民船业同业公会、汽车业同业公会、铁路转运业同业公会组织，使其健全，以达到便利运输之目的。

5. 发展邮政储汇业务　添辟通海邮路、邮差邮路，增设局所，创办军邮，充实储金种类，开办定额汇票等，以期协助管制金融，加强管制物价之力量。

（五）实施行政三联制

三十年中央加强推行行政三联制，饬设立考核机构。交通部于是年三月十六日成立交通事业综合设计考核委员会，分设计、考核、技术、视察四组。三十二年三月遵照国防最高委员会颁布之党政各机关设计考核委员会组织通则，拟订办事细则，设秘书室及设计考核两组。原通则并无设置秘书室之明文，交通部因交通事业错综繁重，非有充分机构不能达到设计考核之任务，故改组时于设计考核两组外，仍设置秘书室。各附属机关之组织与业务较繁者如公路总局、邮政总局、驿运部管理处、各铁路局等均一律成立设计考核委员会，藉以实现分层负责，分级考核之目的。

交通部设计考核委员会其重要之工作，设计方面为编造年度计划，可概括为普通政务计划与特别计划两种。其因应交通事业某种特殊需要拟定之特种计划，与遵照交办意旨拟定之特种计划，亦由设计考核委员会编制，如《西北建设计划》之拟订，《战后五年经济建设计划》之拟订,《加强管制物价方案》之拟订等。考核方面为审核汇编各种考核表报，加强实地考核，指派高级人员分区视察，以补书面之考核之不足，并协助解决工作或技术上之困难。

抗战时期物力为艰，各种交通事业建设计划仍能逐步推进者，端赖设计、考核、执行三者之系连，使有限之物力能发挥强大之效能，此则实施行政三联之效果也。

（六）推行工作竞赛

工作竞赛之目的系在提高工作效率。交通部于三十一年成立工作竞赛推行委员会，并于五月设立工作竞赛赛事处，以办理部内及附属机关之工作竞赛。

推行伊始，先择一地一事试办，以期获得实际之竞赛标准，以为普遍推行之依据。电报工作竞赛自川康藏电政管理局及重庆电报局，铁路工作竞赛先就湘桂、黔桂铁路试办，水运方面先就招商局之轮运举办，驿运方面先就重庆驿运服务所之马车推行，部内则先就总务司文书科举行。

二、建设

（一）修建铁路

二十七年十月，武汉、广州相继沦陷，政府更积极筹划建设西南西北铁路，开发资源，以利继续抗战。西南西北皆崇山峻岭，地形险阻，运输不便，器材缺乏，施工之难，非战前所能想象。兹略述重要者如次：

1. 湘桂铁路　湘桂路之修筑系以接通越南、海口及西江水运为目的，自衡阳至镇南关同登车站止，全长1027公里，分段修筑衡桂段及桂柳段，于二十九年前完成通车，以后运输车队调剂物资颇见成效。柳南段因敌人侵入桂南，二十八年十二月停工，复自三十年四月复工，展筑至来宾，复修筑大湾支线及零陵支线。镇南段因南宁失陷中途停工。

2. 黔桂铁路　黔桂路自柳州至贵阳全长620公里，为我国西南区东西行之干线。二十八年间由柳州开始建筑，二十九年十月接通至宜山，三十年二月接通至金城江，三十二年六月接通至独山，三十三年三月接通至都匀。旋以敌骑侵入，黔桂全路沦陷停工。

3. 滇缅铁路　滇缅铁路为西南国际交通之新路线，自昆明至缅南边界之苏达，全长880公里。二十九年计划管筑，三十年全线分四个工程处并赶修路基，工程进展颇速。原定三十一年底完成，因太平洋战争发生，缅甸沦陷，滇缅铁路失其价值，三十一年四月停工。

4. 叙昆铁路　叙昆铁路之功用在沟通川滇，联接缅甸、越南，完成国际通路，以输入国外物资，为抗战中重要之交通线。自昆明起至叙府止，全长859公里。因战事关系，材料不能输入，工程因之停顿，仅就昆明至曲靖段利用滇越铁路拆卸轨料，先行铺轨，于三十年三月通车曲靖。此后复拆移滇越路一部分，路轨展铺至沾益。其余工程暂行停办。

5. 宝天铁路　宝天铁路为陇海铁路之延长线，自宝鸡至天水，全长168公里。二十八年开工，沿线多石方，隧道总长达22公里，工程艰巨。后以材料缺乏，运输不便，原定工期屡经处展，至三十四年底完成通车。

6. 其他新路　修筑陇海路咸同支线，由咸阳接同官煤矿，及粤汉路白杨支线，由白石渡站接至杨梅山矿场，湘桂路黄阳司支线，通达窑冲煤矿，并赶筑綦江铁路，以开辟煤源，发展铁路。

（二）修筑与改善公路

1. 修筑国际公路　为沟通国际路线而建筑之公路，计自兰州至猩猩峡之甘新路，长 1179 公里；自长沙经衡阳至九龙之湘粤路，长 1100 公里，以补助粤汉铁路之运输；自衡阳至镇南关之湘桂公路，长 1107 公里，以与滇南公路、铁路相联络。同时赶筑滇缅公路，自昆明以达畹町，计长 959 公里，由此可达腊戍，再与铁路衔接，以通仰光。三十一年五月，敌寇侵入滇境，惠通桥以西沦陷，惠通桥至宝山段自动破坏，三十二年七月滇西我军反攻，由交通（部）组织抢修队随军推进配合抢修。三十三年八月为配合雷多公路军事之推进，兴筑保密公路，自保山经腾冲越 37 号界桥至密支那，计长 389 公里。在龙腾未克复前，保密公路工程处已派员潜赴敌后，勘测路线，反攻进展即分段赶筑，于三十四年四月打通，中印公路乃全线通车。该路穿越原始森林地带，瘴疠为患，工程艰巨，给养困难，幸赖员工努力，终得迅速完成。

2. 兴修与改善国内公路　为适应军事需要及流通物资，而兴修与改善之公路择要述之如后：

（1）贺连路　自广东连县经连山至鹰杨关入桂省贺县，计长 153 公里，为粤桂交通要道，二十七年十二月开工，二十八年九月完成通车。

（2）黔桂西路　自黔滇路沙子岭经兴仁、安龙、八渡至百色，计长 413 公里，为黔桂两省西部交通孔道，二十八年十一月开工，二十九年三月完成通车。

（3）川滇东路　自四川隆昌，经泸县、叙永、毕节、宣威而达昆明，全长 969 公里，为西南西北联络重要路线，于二十八年八月全线打通，二十九年二月完成。

（4）桂穗路　自桂林经龙胜、靖远以达三穗与湘黔路衔接，全长 480 公里，于二十九年开工，三十年全路打通。

（5）汉白路　安康至白河段，计长 258 公里，为联络西北与武汉之重要路线，于二十七年十一月完成通车。

（6）甘川路　自兰州经岷县、武都而达绵阳，与川峡路南段相衔接，为四川通西北之安全路线，全长 891 公里，于二十八年底完成。

（7）汉渝路　自重庆小龙坎经大竹、达县、万源以达西乡，与汉白路相接，计长 592 公里，为重庆至汉中之捷径，于三十年底完成。

（8）乐西路　自四川乐山迄西康西昌，计长 517 公里，为川康主要干线，于二十八年八月开工，三十年一月完成。

（9）西祥路　自西昌经会理、永仁，以达祥云，全长 562 公里，为乐西、滇缅两公路之联络线，二十九年十一月开工，三十年六月完成。

（10）川康路　自成都经雅安而达康定，全长 374 公里，于二十九年全线打通。

（11）南疆路　自甘肃安西经敦煌入新疆至库尔勒，全长 1334 公里，为接通之重要路线，三十一年十一月开工修筑，至三十五年一月完成。

（12）青藏路　自西宁经黄河沿歇武至玉树，全长797公里，为由青入藏之干线，于三十二年七月兴工，三十三年九月完成。

（13）康青路　自康定经甘孜，以达歇武与青藏路衔接，全长792公里，于三十一年兴工，三十三年九月全线通车。

兹将历年公路新筑与改善里程列表于下：

历年公路新筑与改善里程表

年度	新筑里程（公里）	改善里程（公里）
二十七年	973	5584
二十八年	2583	9802
二十九年	949	9317
三十年	2616	11883
三十一年	755	15343
三十二年	1571	16666
三十三年	2228	20306
合计	11675	88901

（三）开辟驿运路线

武汉、广州沦陷后，国内物资运输以昆筑渝为枢纽。汽车运输力有不逮，行政院乃召集水陆交通会议，决定利用人力兽力增强运输力量，先设运管处所，主办叙昆、渝筑、筑昆等驮运线。

二十九年二月先后成立兰猩、汉渝、泸昆、川陕、川康、滇桂、黔川、黔川越等车驮运输所八所办理车驮运输，二十九年夏成立驿运总管理处，并在各省设立驿运管理处，规定干线由中央主办，支线由地方主办。

中央驿运干线计有川黔、川滇、川陕、甘新、新疆等线，共辟重要驿运路线6689公里。各省驿运支线计有川、陕、甘、粤、桂、闽、赣、湘、鄂、淅（浙）、皖、豫、滇、黔、康等省，共辟重要驿运路线2万余公里。国际驿运路线共有下列三线：

1. 新苏线　该线由猩猩峡经迪化以迄苏联接壤之霍尔果斯，连同辅线共长2013公里。

2. 新印线　该线自斯令加那经驿运路至列城而达新疆之叶城，由列城至叶城分东西两线，东线1005公里，西线1160公里。

3. 康藏印线　该线自康定经拉萨至印境噶伦堡，共长2501公里。

（四）开辟水运路线

国内运输随军事之转移逐渐向内河推进，航线日见缩短，运量不免削减。交通部为发展水运，增进运量起见，致力于增辟新航线。武汉沦陷后，增辟之航线于次：

1. 嘉陵江航线　川省嘉陵江航线为贯通西南西北之水运要道，自设置绞滩站及炸除险滩后，小轮可驶航至南充，浅水轮可驶达广元。

2. 白水江航线　白水江航线为由四川通达甘肃之要道，自广元沿嘉陵江上游至白水江镇，可与甘肃衔接。

3. 沅江航线　湖南常德至沅陵航线，木船航行迟缓，轮航试航成功后，常沅段轮船源源航行沅陵，辰阳继起开航，湘西水运愈致繁盛。

4. 湘宜航线　湘鄂交通本经汉口或城陵矶转道，武汉失守后，增辟长沙经安乡、公安、松滋而达宜昌线，自二十八年起至宜昌沦陷止，运输物资器材及旅客甚多。

5. 金沙江航线　金沙江为衔接滇西各交通线，穿越西南腹地及通达国际运输线之最近水道，由交通部邀同有关机关组织测勘队勘测，全线复经金沙江工程处择要修浚，先行通航宜宾至屏山段。

（五）开辟空运路线

1. 国际空运线　抗战以后，以欧亚航空公司所营自汉口经长沙、广州至香港航线，及中国航空公司自重庆经桂林、广州至香港航线需要最大，复增辟自昆明至河内线，以加强空运力量。武汉、广州沦陷后，复先后增辟自重庆经桂林至香港线、南雄至香港线、重庆经昆明、腊戍至仰光线、重庆经昆明、腊戍至加尔各答线及哈密经迪化、伊犁至阿拉木图线。太平洋战争爆发后，香港航线停航。滇缅战后复增辟丁江至昆明、丁江至宜宾及丁江至泸县航线，国内外物资之输出输入均由此中印航线空运，以维抗战之需求。

2. 国内空运线　抗战以后，沿海及华北航线均告中断，我国航空运输以汉口、重庆、昆明为中心，先后开辟自昆明至成都、汉口至西安、重庆至桂林、汉口至长沙、重庆经泸县、叙府至嘉定、重庆经西安、兰州、凉州、肃州至哈密、重庆至兰州、成都至兰州、昆明至桂林、重庆经兰州、肃州至哈密、重庆至汉中、重庆经芷江至柳州、成都至雅安等航空线，以适应运输之需要。

（六）建设电信线路

抗战以来，电信所受损失颇巨。政府西迁后，积极建设报话线路，并修整扩充原有路线，采用新式报话机件，如韦氏电报快机及载波电话机等，先后完成重庆至昆明、贵阳、成都、西安、兰州等处重要报话干线。并完成中心制长途电话网，以配合军事通讯之需要。防空情况线及国内各空军基地通信网之修建，浙、赣、湘、鄂、滇、缅各战区被毁线路之恢复，东南各省与后方无线电通信之维持，市内电话之增设扩充，均能完成任务。自二十七年至三十四年三月共计新设长途电话线 25065 公里，新设电报线路 16897 公里，修整报话线 5300 公里。

（七）增辟邮政局所及邮路

抗战军兴，邮政局所停闭者颇多，惟泰半仍冒险维持，以利通讯。政府西迁重庆，后方局所年有增加，至三十四年八月后方邮局计有 26620 所。

自武汉、广州沦陷，邮政有全区多半完整，而管理局所在地已告沦陷者，则在陷区完整地区另设管理局办事处，计先后成立广东、河南、湖北、浙江、安徽等办事处，并积极推展西南西北邮务。

抗战开始时内地与沿海交通因京沪路阻断，改以京杭路维持邮运，旋复以浙闽沿海及广州为通道，而以汉口为全国邮运中心。武汉、广州沦陷后，利用浙、闽、粤等省沿海小港口为出海邮路，以滇越铁路为邮运中心，后复利用滇缅公路及渝港航空线运邮。太平洋战事发生后，后方与沦陷区邮路先后组成浙（浙）东、湘北、鄂中、豫东等线，迨后因交通阻断，乃组织秘密邮路，维持邮运，三十四年八月后方邮路计有382746公里。

（八）敷设中印油管

自滇缅路封锁后，油料须赖空运入国，为减少空运油料吨位起见，特甫设中印油管自印度加尔各答，经雷多、密支那至昆明，总长3000余公里。国外段由美方自印度接至畹町附近，国内段由美方供给材料，我方工作由畹町沿滇缅公路至昆明后复将油管展筑至曲靖、沾益、陆良、呈贡等地，以谋昆明以东各机场输油之便利。中印油管为世界最长之油管，自三十四年五月底油管输油，迄同年十一月停止输油，每日输油量约18000吨。

三、业务

（一）铁路运输

抗战以来，各铁路路线虽因战事之演变而逐渐缩短，但运输军事军品及人民器材任务繁重并未减少，幸能改善车辆调度，编组运煤等车及军运列车，举办水陆空联运，加强运输设备，添建岔道，抽换枕木，改善弯道坡度，及加强修车能力，以最经济、敏捷之方法运输公商物资，以发挥最大之运能，完成战时铁路运输之任务。

兹将抗战以来各铁路运输数量列表于下：

各铁路历年运量表

年份	合计	军士人数	旅客人数	合计	军品吨数	货物吨数
二十七年	8543900	2050500	6493400	7350000	1249500	6100500
二十八年	10282100	2461700	7814400	3560000	605200	2954800
二十九年	12045440	2968744	9076644	2636827	459543	2177284
三十年	14134650	2089665	12044985	3136310	363700	2772640
三十一年	13459668	2131625	11328043	3064217	380518	2688729
三十二年	18972789	2984456	15986333	3741429	455849	3285580
三十三年	9228121	1529887	7698234	1611606	250244	7361362

（二）公路运输

武汉、广州沦陷后，公路负荷战时运输之重任，除一般军公运输外，尚有更重要之任务。为打破封锁，争取国际运输路线以运入国外之物资，增强抗战力量，同时并将国内物资输出以巩固经济基础。进出口运输之公路线有越桂、滇缅、新疆等线。

1.越桂线　为南宁经滇关通至同登及车河，经岳墟通至同登两线，接同登至河内之铁路。

工程艰巨，通车后敌机白昼轰炸，车辆仅在夜间行驶，运输困难，幸抢运均能达成任务。

2. 滇缅公路　运输情形：全线分为三段，自仰光至腊戍为第一段，系铁路运输；腊戍至遮放、芒市为第二段，系边境公路；遮放、芒市至昆明为第三段，系国内公路。运输力以第一段较大，进口以兵工原料及军械为大宗，出口以桐油、锡块为大宗，该路初通车时运量甚少，后因统筹调配商车，召集南洋华侨公司技工回国服务，运量乃因之较增。该路山坡高峻不易行驶，而敌机之轰炸，雨季之山崩，设备之不齐等，均使运输增加困难，本驾驶者均能不避险阻，克服困难，完成任务。

3. 南疆线　由兰州经哈密、迪化至霍尔果斯运输日用品及运输器材。

国内运输路线以西南公路、川滇东路、西北公路为最重要。

（1）西南公路　以贵阳为运输中心，东起长沙，西迄昆明，南抵柳州，北达重庆，有川湘路川段为之辅实，为战时国内后方运输之大动脉。其路线计分筑渝线、筑柳线、筑桃线、筑曲线、川湘线等，客运及军公物资运输均极繁划（重）。

（2）川滇东路　里程较短，物资运到泸州后可水运至重庆，兵工器材、航空用油均取道该路，运输任务极为繁重。

（3）西北公路　运输路线计有甘新、西兰、甘青、汉白、宝平等线，除军车担任运输外，公建商车亦参加运输，惟因轮胎配件来源不易，配修困难，致运量有限。

滇缅路被敌封锁后，公路运输所需之车辆配件、油料等来源不易，凡油料之采用，零件之制造均赖自力更生，以维抗战之需要。

此时，公路运输虽倍感困难，各重要运输，如黔南战之紧急军运，美空军物资之接连，西北移民之运输，均能适应机宜，完成任务。兹将历年公路客货运量列表如下：

各公路历年运量表

年别	客运		货运	
	人数	延人公里	吨数	延吨公里
二十七年	2432200	247770600	49690	28571800
二十八年	1141600	197496800	39510	22718300
二十九年	916574	159173001	36592	21936675
三十年	184450	74447386	347686	205206
三十一年	372392	71021735	324702	189166517
三十二年	3875705	179729127	324373	153635826
三十三年	1743341	183972955	130383	42887085

（三）驿运业务

驿运事业旨在利用民间运输工具从事运输服务。惟因民间工具不敷调配，各干支线亦自行增造舟车，并贷款于人民增造，以增动力，站房，仓库原以利用民间旧有仓棚马厩为原则，但因旧有民间设备或过于简陋，或不合储藏及不合牲畜卫生，各驿运干线历年添造站房、仓库、车棚、马厩、食宿站等共1300余所，二十八年到三十三年六月已造各式车辆2718辆，并制造各级木船290艘,共计2498吨。三十二年十一月交通部与藏商合资成立康藏驮运股份有限公司，自三十三年二月起开始营建，三十二年二月建设西北驿运旅客站，自广元以迄哈密，计长2322公里，共计79站。

驿运运量干线方面，二十九年九月至三十三年底，货运共1249832吨，17365928延吨公里。三十一年四月至三十三年底客运共4024963人，15160003延人公里。

三十三年底空运运量增加，驿运总管理处及各省驿运管理处先后撤销，驿运事业归军事委员会战时运输局及各省公路管理局负责，日本投降后，驿运事业乃先后停办，由办民自由经营。

（四）水陆空联运业务

水陆空联运足以增进运输之效率，自武汉、广州沦陷后，交通部特创办水空及水陆联运以增强运输能力，兹略述如下：

1. 水空联运　水空联运方面，三十二年办理了宜渝水空联运，增强进出口物资运量，并积极筹备了泸渝水空联运事业，以应需要。

2. 水陆联运　水陆联运有川陕、川湘两线，为陕棉、川盐、湘米及其他重要物资之主要运输线，川陕线自重庆溯嘉陵江而上，经合川、南充而达广元利用水运，广元至宝鸡利用车运。川湘线分为两路，一由重庆经涪陵至龚滩利用水运，龚滩至龙潭驮运，龙潭经沅陵至常德利用水运；一由重庆经涪陵至彭水利用水运，彭水至龙潭或沅陵车运，龙潭或沅陵至常德利用水运。由重庆至涪港122公里，涪陵至龚滩275公里，龚滩至龙潭70公里，龙潭至沅陵287公里，沅陵至常德203公里，共长956公里。

3. 公路联运　西南西北各省公路先后举办联运，如重庆—常德—恩施联运，重庆—兰州—老河口、重庆—迪化、重庆—宁夏至绥远、陕坝，重庆至宝鸡之直达联运。

4. 铁路与公路联运　公路与铁路亦实行联运，如西北公路与陇海路之联运，西南、川东、滇缅公路与川滇铁路亦举办联运。

（五）空运业务

抗战之初，沿海及华北空运均告中断，乃以汉口为中心，迨武汉与广州相继沦陷，中国航空公司迁至重庆，欧亚航空公司迁至昆明，渝昆两地遂为空运之中心。此外，交通部更与苏联中央民航总管理局订立全约，合资组织中苏航空公司，专营自新疆哈密经迪化、伊犁至苏境阿拉木图航线之空运业务，于二十八年十二月正式成立开始空运。欧亚航空公司则因中德绝交，收归国有，改为中央航空公司。此期航线虽增辟，惟因飞机甚少，运输能力有限，爰尽最大之可能日夜飞行，以增运能，故飞机数量虽未增加，运量则增加甚多。当时我国海岸被敌封锁，物资输入全恃空运，及后飞机稍有补充，复增强国内空运力量，以维后方交通。虽器材困难，维持国内及国际运输、输入国际兵器与生产物资，对抗战大业贡献至巨。

兹将历年空运数量列表如下：

历年空运数量表

年别	客运（人）	货运（公斤）	邮运（公斤）
二十七年	14657	138911	124636
二十八年	25775	430676	209684
二十九年	28575	937492	159589
三十年	29060	4151740	193318
三十一年	30853	4349374	99878
三十二年	35612	19663473	88788
三十三年	39823	27170898	96899
三十四年	59294	27551021	258948

（六）中印空运之成就

滇越滇缅两路阻断后，国内国外物资之运输均赖空运，爰增辟中印空运线，起点为印度之丁江，终点本为昆明，后乃增辟丁江至宜宾及丁江至泸县二航线，以便物资自印度运至宜宾与泸县后，利用长江水路转运重庆。

中印空运开始时运量月仅100余吨，逐渐改善增加，月达1000吨左右，最后曾达2400余吨，勉维供应我国所需要之物资。惟因吨位有限，分配颇感困难，乃由各物资机关派代表组织分配机构，按月开会一次，议定分配数字，通知驻印主管机关执行配运。

中印空运飞机性能优良，惟须飞越喜马拉雅山驼峰，常须克服恶劣之气候，故中印空运举世闻名。除中国航空公司所经营之运输外，尚有美空军运输队之运输，最高运量月达3万余吨，起运站为印度之茶保及附近之机场，到达站有昆明、呈贡、陆良、沾益、云南驿等地。

兹将中国航空公司三年间中印空运、内运物资数量列表于下：

年份	合计物资吨数
三十二年	9650144
三十三年	17887177
三十四年	19351481
合计	46888802

（七）维持国际电信

抗战军兴，国际电信业务以成都、重庆、昆明为重心，与国外直接通信，三十一年并开办中美无线电传真，更于重庆筹设大型无线电机件与旧金山、伦敦、巴黎、洛杉机（矶）、孟买等处通讯。

（八）国内电信业务

战时国内电信以军信频繁，与人口迁移需要激增，虽受战事影响迭遭破坏，但使用者日广，国内电报及长途电话业务均逐年增繁。三十三年全国电报去报字数较战前增加1.5倍，长途电话通话数次较战前增加2倍，惟市区电话则因大城市多数沦陷，用户总数仅及战前1/10。

为便利公众通讯，于三十二年积极推行特快电报，先从重庆与成都、桂林间，重庆与衡阳、长安间试办，规定自收报至送达时间至迟不得超过8小时，嗣后积极增辟，最多时曾达190余路。

自敌人进逼粤桂后，东南各省与后方有线电报、电话完全断绝，爰加强无线电信，如恢复重庆宁都间无线电话，开放重庆宁都间、重庆永安间、重庆龙泉间无线电报快机电路以维持东南各省与后方之通信。

（九）国际邮运

抗战以后，我国除与英美苏等盟国维持通邮外，与其他各国之邮务均陷于停顿，太平洋战事发生后，国际邮运除赖中印、中苏维持外，皆以空运，发由印度加尔各答，转英国海外航空线及汛美航空线转运。因中苏中印两陆路线邮运需时甚久，寄信者多改寄航空，邮件为数激增。

三十四年八九月间，因中苏中印两线不能利用，陆路邮运几遭阻断，普通邮件当经商准，由英美军机免费带往旧金山及伦敦邮局投递或经转，挂号邮件则交由中航机带运至印，再经由水陆路运递。香港等处之邮件亦由英国军机带运。苏联邮件在中苏陆运未通前交由中苏航空公司运至阿拉木图，再由陆路续运。

陆路互换包裹曾商准苏联印度两邮政，往来苏联者以中苏本国包裹为限，往来中印者除中印本国包裹外，所有我国与英、美、加、澳、新西兰及其他各国互寄之包裹，均可由印度邮政转递。

（十）国内邮务

1. 军邮业务　抗战军兴，创设军邮，机构分配于各主要部队内，复在军事交通要冲设置军邮收集所，配合战局。普通设置，师部以上均配置军邮局及军邮派出所，团部以下则配设军邮联络站，发售军邮邮票，并优免费汇兑，颇著成效，印度、缅甸、越南等地亦均设置，以利远征将士之通信。至三十四年八月共有军邮收集所12所，军邮局292所，军邮派出所173所，军邮联络站223处，兼办军邮局2035所。

2. 汽车运邮　抗战以后，铁路、轮船运邮干线均受阻障，先后开办太原—大同线，南京—上海—汉口线、六安—汉口线及南昌—浮梁—屯溪线长途汽车协运邮件。武汉、广州沦陷后又增辟滇黔、黔川、川陕、桂黔、湘赣、赣粤、赣闽、赣浙等线加速运输邮件。内地邮运则着重自浙江经赣、粤、湘、桂以及贵阳干线，及自云南经黔、川以迄陕西、宝鸡干线，西安至兰州之邮运亦租用商车维持，使后方各重要城市之邮运畅通无阻。

四、器材

（一）交通工具及器材之修造

1. 修理机车车辆　各铁路机厂折（拆）卸抢运之机器材料疏运后方，分配于各铁路，先后建立各铁路机器厂，藉以生产及修理机车车辆，如湘桂路之全州、桂林、苏桥三机厂以修理机车车辆为主，柳州、黔中二机厂以制造工业机器为主，柳州厂并制造机车车辆之配件，并于三十三年五月设立铁路总机厂，统筹修车工作，以加强修理机车车辆之能力。

2. 整修汽车车辆　直辖各公路运输局均设置修车厂所及保养场，以修理损坏之车辆。三十一年四月成立汽车配件总库，总筹供应汽车之配件，三十二年六月为加强整修汽车之能力，组设整车委员会，先后于重庆、贵阳、西安、易隆设立整车厂以整修汽车。

3. 修建轮船　我国战前原有轮船约 60 余万吨，抗战后或转移国籍，或在前方充阻塞之用，或在后方被敌机炸毁，或因损毁折（拆）卸损失殆尽。除利用内河所存轮船促进航业合作，增进水运力量外，并奖励民营航业公司积极修复旧轮，复贷款与航商制造浅水轮船及煤汽机船航行川、桂、湘、鄂等省水道。国营招商局由长江下游撤退之江华、江安、江顺、江新、江汉、建国等六大江轮，约 2 万余吨，亦分别整修完成，惟战时交通梗阻，限于人力物力，历年所造轮船为数不多。

4. 修造木船　战时举办水空、水陆联运，船舶需要增加，原有轮船不敷供应，兼以内河航道特殊，乃决定修造木船，贷款航商，并设置造船处，积极制造木船，并承造各机关委托船只。自二十八年至三十四年底共造木船 2600 余艘，计 42000 余吨，长江上游及桂省浔江、郁江、柳江，粤省东江、西江、北江，湘省沅江，赣省赣江等线之水运得稍加强。

此外，复以交通器材来源困难，八年中经先后创设交通器材制造工厂或与其他机关联合经营之公司工厂计有钢铁配件厂、西北林木公司、中国林木公司，制造钢板、道钉、枕木等铁路器材，中央汽车配件厂制造公路器材，泸县电汽（器）机料修造厂、桂林电信机料修造厂、中央电瓷制造厂、中央湿电池制造厂、邮电纸厂制造电话、电报机件及各种瓷隔电子、湿电池、电报纸条、邮票用纸等电信器材、桂林电器修配厂、甘肃水泥公司制造工作机、铁路配件及水泥等器材。各厂均有积极制造增加生产，抗战期间之新工建设及维持材料赖以供应。

（二）交通器材之抢运与储转

汉口、广州相继失守后，交通材料储转之重心已移至川、滇、桂三省。先增设桂林、昆明、重庆等材料厂，成都、桂（贵）阳、柳州、同登、三合等材料库，复在柳州设立材料运输队，办理同登至柳南之运输，并兼办柳渝间料运。海防被敌占领后材料运输路线侧重滇缅公路，先后运入电料、公路材料约共一万余吨，迨滇缅路阻断，外洋材料仅赖中印空运进口，爰在印度新德里设立总代表处，分别办理国外材料接收，储转、内运及接洽联系事宜，交通器材内运数量得以逐年增加。三十一年度内运交通器材仅数十吨，三十二年增至 700 余吨，三十三年增至 1600 余吨。

五、复员

（一）办理复员运输

抗战胜利，复员运输需要殷切，交通部爰就水陆空交通工具运输力量办理复员运输，以应紧急需要。兹略述如下：

1. 公路运输　公路复员运输其较重要者为办理重庆区工厂停业工人免费运输，由社会经济两部会同交通部办理，自三十四年十二月二日开始实施；其次为运输难民返乡，由交通部与善后救济总署签订运输合约，由该署补贴票价。运输路线计分由重庆经沅陵至长沙，重庆至衡阳、长沙或柳州、梧州，贵阳至柳州、梧州，贵阳至衡阳、长沙，昆明经贵阳至柳州或衡阳、长沙，潼关至洛阳等路线，并关（开）办渝浦（浦口）、渝京联运，以便利一般人员之复员。自三十五年三月至十月，直辖公路运输机关办理复员共运 158687 人，公物 50990314 吨，行李 1655335 吨。

2. 水运　水运复员运输初由战时运输局成立水运复员委员会负责办理，旋因业务繁重，原有轮船不能充分配合调用，交通部为统筹调配加强运能，乃于三十四年十二月成立全国船舶调配委员会主持其事。宜轮船联合办事处办理，该处先后受中央党政军机关留渝联合办事处及重庆行辕之督导，自三十四年九月至三十五年十一月轮船共运 203024 人，货物 84497 吨，民船共运 44588 人，货物 32515 吨。

3. 空运　复员以来，空运需要至为重大，中国、中央航空公司原有飞机自属极不敷用，在抗战胜利后调用一部分原任中印空运之飞机，分配各线办理空运，继由两航空公司购用美军在华剩余运输飞机及零件以资应用。各线运输至为繁重，尤以自重庆经汉口至京沪一线因还都人员众多，需要迫切，机位之支配由行政院及军事委员会复员委员会管制，优先分配给公务人员及军事人员搭乘。三十五年八月底军委会复员委员会撤销，另组织重庆行辕复员运输委员会管制空运机位，自九月一日开始工作，至十月底结束空运，机位仍由交通部自行支配以应需要。自三十四年九月至三十五年十月，空运复员人数共计 141286 人。

（二）救济并安置撤退员工

交通员工以铁路人数为最多。抗战以后各路相继沦陷，铁路员工于完成任务后奉命后撤。此项人员之救济安置乃成为迫切之问题。二十七年四月，交通部于汉口、长沙、湘潭、重庆、广元等地筹设交通人员训练所，集中训练各路撤退员工，编组服务队，协助当地交通机关为旅客服务，并分发后方各铁路、公路工作。三十年五月，交通员工训练委员会于重庆结束，三年来共计救济安置员工 8814 人。

三十三年底湘桂战役，粤汉、湘桂、黔桂三路及铁路总机厂员工转辗迁移，艰苦备尝。我军在黔南获胜后，三路员工被困于南丹、独山、都匀、贵阳及重庆者达 18000 余人，亟待救济，当经交通部呈准行政院拨发救济费 1 亿 5 千万余元及生活维持费 5 亿 1 千万元，乃于三十四年二月派员前往各地，慰劳及分发救济费及尽量设法安置或介绍工作。

抗战胜利，收复区各铁路需要员工殷切，经颁订登记方法及收复区各铁路旧有人员任用办法，经失业登记之员工先行分发输送各回原路服务，在未输送前发给维持费以维生活，重庆、贵阳、广元、柳州等地登记员工总计 10335 人，分发于各铁路局任用。

邮政人员中央有命令留在原地服务，后撤人员较少，电信技术及报务人员后撤后均分派于内地各电信机关服务，空运人员全部内撤，水运后撤人员则较少。

（三）培养交通人才

交通事业需要专门人才极为殷急，交通部除与教育机关合作培植外，三十三年三月奉令派员出国实习，一为美国租借法案拨款训练我国农工矿技术人员1200名，统案交通部分配得有377名，一为美国租借法案拨款训练我国铁路人员110名专案，两专案共计487名，交通部即赶办考选，于三十四年一月录取，足额分批赴美，复选派高级人员赴美考察，藉以提高专门技能。

（四）拟订交通技术标准

各项技术之标准化为建设之最要条件，交通部爰特设立交通技术标准委员会，研究编订各项交通技术标准，以为战后交通建设之规范，铁路技术标准其已编订公布者如《中华民国铁路建筑标准》及规则、《铁路建筑标准图》《铁路钢桥规范》《各类车辆规范》《铁路号志表象标准图》《铁路单线区截止分级标准图》《铁路电讯设备标准》等，以树立铁路建设之规律。电信技术标准、邮政技术标准、航空航业技术标准亦均详为编订，完成多种。

六、战时损失

（一）交通事业战时财产损失

抗战以来，交通事业所遭受之财产损失直接间接为数甚巨，按照行政院规定折合标准计算，总计战前法币约为46亿元，折合战前美金约13亿余元，各部门之损失数如下（战前币值）：

1. 本部　损失总值为25000000元，约占总数0.56%。
2. 铁路　损失总值为2320000000元，约占总数5%。
3. 公路　损失总值为1050000000元，约占总数22.88%。
4. 水运　损失部值为450000000元，约占总数9.84%。
5. 空运　损失总值为26000000元，约占总数0.56%。
6. 电政　损失总值为258000000元，约占总数5.60%。
7. 邮政　损失总值为126000000元，约占总数2.75%。
8. 材料　损失总值为346050000元，约占总数7.50%。

兹将所遭受直接损失与间接损失列表于下：

交通事业战时财产损失表（不包括东北）

（民国二十六年七月至三十四年九月三日）

单位：元

	项目						
	总损失			直接损失		间接损失	
	战前法币价值	战前美金价值	百分比	战前法币价值	战前美金价值	战前法币价值	战前美金价值
合计	4612420040	1360565880	100.00	3117756330	919694786	1494654710	440901094
本部	25680485	7575365	0.56	25678062	7574650	2423	715
铁路	2320340443	634480955	50.31	1532206443	151978391	788184000	232502654
公路	1054766167	311140482	22.88	729058975	215061645	325707192	96078817
海洋沿海航海	209767315	61878264	9.84	209767315	61878264		

续表

	项目						
	总损失			直接损失		间接损失	
	战前法币价值	战前美金价值	百分比	战前法币价值	战前美金价值	战前法币价值	战前美金价值
内陆	244411267	72097718		69922169	20626088	174488828	51471630
航空	26070982	7690555	0.56	26012003	7673457	58979	30487856
邮政	126873856	37125917	2.75	23520028	6938061	103353828	30341003
电政	238072851	76127684	5.60	155216851	45786681	102856000	30341003
材料	346386674	102178960	7.50	346383214	102177939	3460	1021

（二）交通员工战时伤亡人数

抗战以来，敌人袭击轰炸铁路、桥梁、机车车辆、轮船、汽车、电台、交通工具，企图阻断交通运输与通讯，幸我交通员工奋勇抢修，随炸随修，仍能维持通车与通信，不论在任何困难危急情形下，均能履险如夷，完成任务。

交通员工为尽忠职守不及撤退，致为敌俘虏，惨遭杀害者屡见不鲜，其可歌可泣之忠勇事迹国家自有明文褒扬。其已呈报交通部，有确切记载者伤亡人员共为5868人，受伤者计1657人，死亡者4211人。

1. 本部，死亡4人。2. 铁路，受伤986人，死亡1036人。3. 公路，死亡1215人。4. 驿运，受伤1人，死亡33人。5. 水运，受伤436人，死亡1569人。6. 空运，受伤16人，死亡32人。7. 电信，受伤61人，死亡137人。8. 邮政，受伤155人，死亡165人。9. 材料，受伤2人，死亡20人。

第二章 水 运

一、管制、管理法规

1. 非常时期船舶管理条例[①]（1937 年 12 月 8 日）

第一条　非常时期之船舶，应依本要例施行管理。但法令别有规定者，从其规定。

第二条　非常时期，政府为便利军运及调节民运计，得征用民有船舶及其仓库码头，并加以编制管理。

第三条　未经征用之船舶，为避免敌人捕获因而驶往某地，而船舶业主又无法管理者，得由政府编制管理之。

第四条　征用及编制管理之船舶，在二百吨以上之轮船，由交通部会同中央军事机关组织非常时期船舶管理委员会管理之。其不满二百吨之轮船及各项民船，由各省政府会同当地军事长官组织机关管理之，其二百吨以上轮船为情况所限不能由中央管理时，亦得由省政府会同当地军事长官所组织之机关管理之。此项地方机关应受中央船舶管理委员会之直接监督。前项委员会及各省政府组织之机关，其组织规程另定之。

第五条　已离开某地中途接奉命令改开其他地点时，该船舶主应立即指挥改开指定地点后，再行设法将旅客送回，货物即暂存该地。

第六条　征用之船舶，其船员继续服务，不得擅自离船。

第七条　征用之船舶及其船员，得由政府举行战时保险。

第八条　征用之船舶至恢复常态时期，得由政府酌给补助金。

第九条　未经征用之船舶，得由政府查明需要情形，指定其行驶之航线。

---

① 本条例由军事委员会公一字 3764 号令公布施行。原载交通部编：《交通法规汇编补刊》，1940 年出版。

第十条　未经征用之船舶，其运价，遇必要时得由政府规定其最高率。

第十一条　未经征用之船舶，为谋军运及必需品运送之畅通，对于旅客及非必需品之运输，得由政府酌量禁止或限制之。

第十二条　非常时期所有船舶非呈经交通部核准，不得让渡或租与外人。

第十三条　本条例如有未尽事宜，得随时修正之。

第十四条　本条例施行日期以命令定之。

2. 军用船舶回空利用办法①（1938 年 7 月 8 日）

一、为利用军事征用船舶之回空，兹规定办法如下。

二、凡难民团体、伤兵医院及其他战区服务团体，携有证明文件、符号或经当地政府机关证明者，得适用此项办法。

三、凡请求使用此项回空船舶之机关团体（以后简称使用机关），以绝对不妨碍该船预定之开行时间及停泊地点为原则。

四、使用机关或团体应于事先向当地军用船舶管理机关详细填报下列各项：

（一）使用机关名称。

（二）搭载人数及行李件数。

（三）到达地点。

（四）到达时间。

（五）负责代理人员姓名。

（六）通讯地点。

使用机关长官或负责人盖章。

五、上列各项登记毕，可听候通知。并应遵守通知上之集合时间及地点，不得差误。

六、随船管理员应于开船前四小时，将开船时间及停泊地点通知当地军用船舶管理机关，转知各使用机关或团体。

七、乘船者之一切伙食用费均须自备。

八、该船以离开某地后，中途突奉电令另有紧急任务时，管理员得将乘船者送至就近口岸起卸，并不负任何责任。

九、乘船者应遵守管理员之一切指派调遣及后方勤务部军政人员乘船条规第一、二、三、四各条之规定。

---

① 本办法系后方勤务部制订公布。原载军政部兵工署编印：《法令选辑》第 3 编，1941 年出版。

十、乘船者不得私带客货及任何违禁物品。

十一、本办法自公布之日施行。

3. 军事委员会增订船舶征用办法[①]（1938 年 8 月）

一、凡各军事机关各部队需用船舶，应一律向后方勤务部船舶运输司令部商洽征调，不得迳自征用或扣留。

二、需用船舶之机关或部队，应派员带同公文前往船舶运输司令部填具申请书，并领取船舶征用证及旗帜，然后向指定之机关领船。

三、凡在本办法施行前各军事机关或部队已经征用之船舶，一律向船舶运输司令部办理登记，并领取船舶征用证及旗帜。

四、征用船舶，以先征用公有者为原则，如有不足时，再征用民有船舶。但征用船舶时，应视地方需要，酌留相当船只以供民运之需，非不得已不能悉数征用。

五、征用船舶分下列三种：

（一）定期征用：定期征用系由受用机关商请船舶运输司令部对于所征船舶核定一定期限。

（二）计程征用：计程证用系由受用机关商请船舶运输司令部指定某船来回某处一次或单程一次。

（三）局部征用：局部征用系受用船舶之某一部分（如客舱货舱），经船舶运输司令部之许可，专供受用机关之使用。

六、局部征用之船舶，除指定该船之某部作受用机关之使用外，其余各部得准航商自行营业，惟航行时刻须由受用机关酌定。

七、第二条、第三条之征用证及旗帜均由船舶运输司令部免费颁发，办理登记亦不取费用。

八、民国二十年陆海空军总司令部颁行之《军用船只征用暂行条例》仍适用之。

九、本办法自公布之日起施行。

4. 川江木船运输管理暂行办法（1938 年 9 月 20 日）

第一条　为增进川江运输效率，所有宜渝间航行之木船，均由交通部汉口航政局依照本办

① 本办法系军事委员会办一通字第 2138 号训令公布施行。原载军政部兵工署编印：《法令选辑》第 3 编，1941 年出版。

法加以管理。

第二条　凡行驶宜渝间之木船，其容积至200担以上者，均应遵守本办法之规定。

第三条　凡行驶宜渝间之木船，应在汉口航政局宜昌或重庆办事处依法办理船舶丈量及检查登记，非经领有上述航政官署所发之船舶丈量及检查等证书，不得在宜渝间航行。

第四条　宜渝间之木船，经汉口航政局宜昌或重庆办事处检查，认为不合格或与航行安全有碍时，应禁止其航行。

第五条　各机关或客商，如有军品公物或货品需要木船装运者，得向汉口航政局宜昌或重庆办事处申请代为租雇。航政办事处对于前项申请，应审查缓急情形，分别先后配备船只。

第六条　宜渝间之木船配备，上行以军品公物为最优先，下行以煤炭、食盐为最优先，其他物品应俟此项军品等运输完毕或经特许，始得酌量配备。

第七条　航政办事处代各机关或客商租雇木船，除依法办理检丈登记外，一概不收任何手续费用。

第八条　宜渝木船上下行运输规则另定三。

第九条　本办法如有未尽事宜，得随时修正之。

第十条　本办法自呈奉交通部核准之日施行。

5. 交通部监理木船运输章程[①]（1939年1月23日）

第一条　凡由本部贷款制造之木船（以下简称贷款木船），其运输事宜均须依照本章程之规定，受本部之监理。前项木船运输之监理，由本部指定航政局办理之。

第二条　贷款木船首次运输开始前，除应依照航政法规办理各项手续外，须将驾长桡夫等项人员雇用妥当，风帆橹棹及应用于航行上之一切属具配置完全，报请航政局或航政局派驻各地管理员查核认可后，发给木船运输证。

第三条　贷款木船应由航政局介绍营业或出租，如有特殊原因自行营业或出租时，须先呈请航政局核准。

关于运输国防交通器材及出口货物，有前项优先之权。

第四条　贷款木船无论由航政局介绍营业或出租，抑或自行营业或出租，其所订之合同，均须经航政局核准后始能生效。

第五条　贷款木船应于每次运输开始之前，将下列事项填具报告单呈送航政局备查。

一、航行次数。

① 原载交通部编：《交通法规汇编补刊》，1940年出版。

二、开航日期。

三、运输起讫地点。

四、运费计算标准及本届应得全额。

五、装运物品之种类及数量。

六、驾长姓名。

七、备注。

第六条 贷款木船应备具行程簿，凡经过或到达航政局所在地及其派出之管理员驻在地时，应送请查核并签证。

第七条 贷款木船在运输行程中遇险失事时应将详细经过情形连同失事证明文件，报告航政局或派驻就近地点之管理员查核。

第八条 贷款木船如有出售抵押租赁等项情事，须经航政局核准后始得生效。

第九条 贷款木船如有沉没损坏等项情事，应详细报告航政局或派驻各地之管理员备查。

第十条 贷款木船如有前两条情事时，应将木船运输证缴呈航政局注销。

第十一条 本章程自公布之日起施行。

6. 重庆市渡口管制办法（1939 年 5 月 29 日）

一、本部为确实执行统制人口疏散之任务，严密水路方面之出入检查，并防止奸细混迹起见，特有本办法之订定。

二、为求水路出入检查之严密，其检查哨所设立位置及办法根据，《本部重庆市水陆空检查哨规则》，第二条第二项所规定。其办法概如下定：

（一）外埠进口轮船，仍在如下各轮船码头设哨检查：

1. 朝天门；2. 太平门；3. 千厮门；4. 临江门；5. 弹子石；6. 玄坛庙；7. 龙门浩。

（二）外埠进口之木船分如下三处设哨检查：

1. 黄沙溪：检查由扬子江上游进口之木船。

2. 唐家沱：检查由扬子江下游进口之木船。

3. 相国寺：检查由嘉陵江进口之木船。

（三）本市未设立检查哨之渡口，计有曾家岩、牛角沱、磨儿石、嘉陵码头、望龙门、东水门、储奇门、南纪门等八处，为便利城区与南岸、江北之交通起见，仍准照常开放。

（四）本办法经核准后，除布告登报周知外，并由重庆市政府转函驻渝各国使领馆及各国兵舰知照。

7. 军委会战时船舶军运暂行条例①（1939年8月19日）

第一条　为适应战时需要，尽量利用水道军运，特订本条例以资施行。

第二条　为筹划战时船舶之征调管理及军运事宜，得组织船舶运输司令部，各省船舶总队部，及各兵站船舶管理所分别办理。其组织条例另定之。

第三条　各水上公安局应受船舶运输司令部及各省船舶总队部监督指挥，随时协同保护军运船舶安全航行。各船业公会、引水公安、海员工会、码头公会、民船船员工会、各国营民营轮船公司，在战时均须受船舶运输司令部及各省船舶总队部之监督指挥，共同协作，务期达到任务恰合戎机。

第四条　所有全国船只，应由船舶运输司令部及各省船舶总队部分别加以统制，并得随时征供军用。任何部队机关需要船只，须向各该部请求拨给，不得自行征用及干涉行船。

第五条　征用船舶概照规定发给租金燃料，船只因公损坏沉没予以损失赔偿，员工因公伤亡予以救济抚恤。其办法另定之。

第六条　在情况许可时，须兼顾民运，以维后方交通。但其航线及班次得视当时军运情形决定之。

第七条　航路电线及轮船无线电台及其他航业工具，各部队应竭力保护，非至必要时不得扣用。

第八条　各机关及部队乘搭轮船时，不得妨碍船员工作。

第九条　船舶运输司令部不得直接干预民运船舶之业务。

第十条　凡大量之部队军品运输，应报请后方勤务部令饬船运部备船运送。报运机关或部队官长应于起运前派参谋人员前往运输机关接洽并须预先拟定运输计划送交运输机关查照办理。

第十一条　在迫不及待时及一个团以下之少数部队军品运输，得由报运部队或机关之主管独立长官或办事处直接函请船运部或其所属机关拨船运送。

第十二条　运输计划应列各项如下：

一、军队番号、兵种、人马数目或军品种类及数量。

二、起运日期及运输程序。

三、起运地点及到达地点。

四、开船日期。

五、其他事项。

第十三条　乘船官兵或押运人员应遵守运输程序，乘船守则。

第十四条　凡负有作战或特殊任务之部队员兵及军品运输，均按《军运条例》办理。其他物品器材须经军政部及后方勤务部证明确属军用者，得照《军运条例》装运。

---

① 原载军政部兵工署编印：《法令选辑》第3编，1941年出版。

第十五条 装卸码头应由运输机关支配开船时间得由双方视当时情形决定之后，非有特殊原因不得任意变更。

第十六条 除最高将领及负有特殊任务之官长得用专轮外，其余一概不得拨派专轮输送。

第十七条 凡无官长率领之伤兵及无差假证之零星官兵，均不得搭乘差轮。

第十八条 伤兵运输，除由卫生船舶专任外，凡遇回空差轮，亦应尽量利用。

第十九条 军运船舶在装卸地点，应由当地警备机关部队会同船舶运输机关派遣负责官兵监视警戒，开行之后，沿途不受任何机关之检查。

第二十条 部队及军品装卸务必迅速，不得借故延搁时间。

第二十一条 军用船舶开往地点、停留地点及行船时间，押运部队、船舶员工及管理员等，均应绝对保守秘密，如有泄漏机密发生意外者，即按军法从事。

第二十二条 军用船舶禁止携带客货及违禁物品，如有玩忽不遵，一经查觉，除将货物没收外，搭客主使人及其主管官长均严予惩处。知情不报者同罪。

第二十三条 军用船舶不论航行或停泊时，均应派出防空警戒哨。其水上防空办法附订之。

第二十四条 本条例如有未尽事宜，得呈请修正之。

第二十五条 本条例自军委会公布之日施行。

（解释）物资机关以运输物资为名，蒙请船舶管制机关拨船暗载商品图利，可按期情节分别予以行政处分，不能援用《战时船舶军运暂行条例》办理。［二十八年八月十九日军事委员会法审（二八）渝三字第七二二一号复广西省政府皓代电］

8. 嘉陵江木船军运处理办法[①]（1940 年 4 月 12 日）

一、木船征调

第一条 嘉陵江军运木船，由四川省船舶总队（以下简称船舶队）负责统筹征调，并应尽量征用本河船只，非至万不得已时不得征用外河船只。如征用外河船只时，除督饬雇用本河驾长外，并应分批跟随本河船只行驶，以便领导而策安全。

第二条 船舶队征调船只，应按照下列次序分拨应用：

（一）最先拨运有限期运出之军品。

（二）次拨运无限期运出之军品。

（三）再次拨运其他非军事机关之物资器材。

（四）最后拨运普通商货。

① 本办法系军政部依据军事委员会命令颁布施行。原载军政部兵工署编印：《法令选辑》第 3 编，1941 年出版。

同属有限期或无限期运之军品，其拨船次序由船舶管理所（以下简称船舶所）按所运军品性质规定之。

船舶队拨派船只如颠倒上列次序，而至延误军运时，应负延误责任。

第三条　嘉陵江上游装载船只到达重庆港时，由船舶队监视限期卸载，以便拨用，于必要时由船舶管理所协助办理。

第四条　上驶装载船只到达广元或上游其他各地卸载后，如遇重庆港军运需船迫切时，应由船舶队规定限期，督饬揽载下驶。如逾期未克揽载，应由使用机关给予放空费，督饬空船下驶，以便征用。

二、木船检验

第五条　船舶队征用船只，如破旧不堪行驶，应不必征用。

第六条　船舶队拨派船只，应由船舶所负责检验，如认为不合格时，得拒绝接收，以策安全。军运木船检验标准由船舶所规定，通知船舶队，以便征调时有所依据。

第七条　军运木船驾长，以领有交通部汉口航政局所发有船员证者为合格。船舶所验收船只，应查询驾长有无该项船员证，并是否本河驾长，否则应另换驾长（在汉口航政局驾长船员证未核发以前，暂以船舶队所发驾长登记证为考核标准）。

第八条　军运木船桡夫（包括驾长以外所有其他船夫），由船舶所分别船吨及上水下水，规定最低限度之人数随船。船舶管理员应随时点查桡夫人数是否符合规定，否则应令添雇，以免驾驶迟缓。

三、木船交收

第九条　船舶队拨交船舶所船只，应即日检验，一经检验合格，应即接收。检验合格之日，即为正式交收之日。

第十条　每次交收船只，由船舶所填具“军运木船征调交收单”，每次复写三份，交由双方负责人签名盖章，以明责任。除双方各存一份外，以一份送运输总司令部（以下简称运总部）存查。

四、军品供应

第十一条　凡有限期装船运出之军品请运机关，应于限期前二日前将应运总量备齐待装。如遇特殊原因不得于限期前备齐时，应于限期前五日将不足数量通知船舶所，以便暂停拨船。

第十二条　请运机关应于预计每批军品确可备齐之前，将该待运数量通知船舶所备船。如无备齐把握，不得先请派船，以免空船停候，浪耗囤费。

第十三条　派供长程军运之船只，不得任意改充短程驳送之用。如需船短程驳送，应事先专案请由运总部转知船舶所拨派，以便报销应给船租。

五、装船开驳

第十四条　船舶所验收木船后，应即移交请运机关，并送到装载地点，至迟不得过二日。送到后，应填具“军运木船移交装载通知单”，每次复写三份，由船舶所及请运机关双方负责人签名盖章，以明责任，除双方各存一份外，以一份送运输总部存查。

第十五条 军运木船装载，自移交送到之起，应迅速装毕，至迟不得过五日，如超过五日，请运机关应负延误责任。

第十六条 装运军品船只，以十艘左右为一批，每批船只装毕，即应由请运机关派妥押运员兵随船押运，并立即开船，不得停候第二批军品装毕同时开驶以免延误。零星船只，得由船舶所按军品情形并入他批。但押运员兵仍由请运机关酌派。如船已装毕，因等候押运员兵或停候第二批军品装船而延误时，请运机关应付延误责任。

第十七条 船舶所给付运费手续，应于军品装船时办理，并限装毕前办理完毕，以免延误开船。

如船已装妥，因等候发款而致延误开船时，船舶所负延误责任。

第十八条 每批船只装毕开驶时，由船舶所填具“军运木船开驶报告表”，每次复写三份，由请运机关及船舶所双方负责人签名盖章，以明责任，除双方各存一份外，以一份送运总部存查。

六、军品运价

第十九条 木船运输军品，运价囤费及放空费不得超过汉口航政局所订最高标准，并以略低于普通商货运价为原则。此项运价囤费及放空费，由船舶所随时参照船运成本实际情形分期规定，呈请军政部核准公布。

第二十条 军运木船运费应全部发给船户，如有暗中扣索手续费或其他情弊，一经查明属实，从严惩处。

（一）重庆起运时：

重庆 36%

南充 10%（渝南段）及 44%（南广段）

广元 10%

（二）广元起运时：

广元 44%

南充 10%（广南段）及 36%（渝南段）

重庆 10%

第二十一条 中途发给之运费，船舶所应事先准备，以免船到久候。如因中途候发运费而致久停时，船舶所应负延误责任。

第二十二条 军运木船自开至装载地点之日起，如超过五日尚未装载完毕时，应于第六日起至装毕日止另给囤费。

七、沿途监运

第二十三条 每批军运木船，除请运机关随派正副押运员二人，兵若干名押运外，船舶所应另行加派正副管理员二人，协同押运员兵随船督率迅速开行。禁止沿途逗留。如沿途无故延误，押运员及管理员应共同负责。但关于行船上安全之监督，如防雨设备是否完善，缆绳工具是否坚实，停船码头是否妥当，宿船地带是否清平均由管理员负责随时查察。

第二十四条　船舶所于嘉陵江广元重庆间，除已设合川、南充及阆中三分所外，应于武胜、南部及昭化等处设照料员，以便沿途督促船运。

第二十五条　每批军用木船由船舶所或照料员所在地出发时，该所或照料员应将船数及开出日期立即用电报或快信通知前方船舶所或照料员，以便预计何日可以到达。如久延未到，该前方船舶所或照料员应立即派人前往来船方向查明究竟，督促速行。

第二十六条　嘉陵江沿线各船舶所及照料员间之电信联络，应事先准备完善，以便报告船运情形。

第二十七条　每批军运木船到达或开离船舶分所或照料员所在地时，该所或照料员应即将"批别""船数"及"到达或开出日期"，用电报或快函报告。船舶所接到报告后，应即填具"军运木船动态报告表"，每次复写三份，一份本所存查，一份送请运机关存查，一份送运总部存查。

第二十八条　管理员及押运员兵随船监运，如在船上用膳时，应照时价付伙食费，否则，查明严惩。

第二十九条　承运军品船户在行驶中途，如有无理要求借故刁难情事，应由管理员查明呈报，以凭惩办。

八、事变处理

第三十条　每批军运木船在行驶中途，如有某船遇险失事，其他同批各船应即暂时停驶，协同办理紧急救援，一俟紧急救援完毕，管理员应仍督率其他各船继续前进，副管理员应协同留守副押运员仍在失事地点办理打捞及善后事宜。

第三十一条　每次事变发生时，随船管理员应即用电报或快函简略报告船舶所。船舶所接报告后，应即填具"军运木船动态报告表"（二十七条），分送请运机关及运总部备查。

第三十二条　每次事变一经办理善后完毕，船舶所应即填具"水道军运事变报告表"，送运总部备查。

九、附则

第三十三条　木船军运如有无故延误或失事时，由运总部查明延误或失事负责部分，呈报军事委员会核办。

第三十四条　本办法由运总部呈请军事委员会核准施行，并呈报军政部军事运输总监部及后方勤务部备案。

附[①]

（一）军运木船征调交收单

（二）军运木船移交装载单

① 附件均略。

（三）军运木船开驶报告表

（四）军运木船动态报告表

（五）水道军运事变报告表

9. 行政院为抄发川省水警与航政划分权责办法给重庆市政府训令（1941 年 5 月 20 日）

令重庆市政府：

案据交通部与四川省政府会呈，为整理川江航政川省水警与航政划分权责办法，察核尚属可行，应准照办。除指令并分行外，保行抄发原件令仰知照。此令。

抄发原呈一件

院长　蒋中正

抄四川省政府、交通部会呈：

查关于整理川江航政，划分汉口航政局与川江航务处职权一案，经由本部呈奉钧院。二十九年八月十一日阳肆字第 17157 号指令略开：查所呈第一项拟将川江航务处改组为四川全省水上公安机关，专负水上治安之责，原则尚无不合。惟该处原有职掌内，关于航务部分宜如何委托航政局代办，应由该部与四川省政府商定具体办法呈核。等内。遵查此业系为调整行政机构及祛除权限纠纷对于水警与航政权责自应详为划分。兹经本府本部往返商榷再三，考虑就川省环境，权衡事实，商定水警与航政划分权责办法如次：

一、关于四川省水上公安事宜，由省政府筹设全省水上警察局负责办理，并于各江重要处所及内河，设立分局与分驻所。

二、关于四川省航政事宜，由交通部汉口航政局负责办理，并得于内河设立办事处。

三、关于水警与航政职权之划分列举要点如下：

（一）水上警察局职掌：

1. 关于维持水上安全码头秩序事项；

2. 关于水上户口保甲之编整清查事项；

3. 关于水上卫生救济事项；

4. 关于水上河防防空事项；

5. 关于水上交通秩序维持事项；

6. 关于水上建筑物之保护取缔事项；

7. 关于未满二百担之木船之注册给照及查验事项；

8. 关于违警物品之取缔检查事项；

9. 关于处理水上违警案件及司法警察事项；

10. 其它有关水上警察事项。

（二）汉口航政局执行四川省航政职掌：

1. 关于大小轮船及二百担以上木船之检验丈量登记及各项证书核发事项；

2. 关于海员及引水人之考核监督事项；

3. 关于航业之监督事项；

4. 关于航线之核定事项；

5. 关于船泊险滩之处理事项；

6. 关于造船事项；

7. 关于水运之监理事项；

8. 关于绞滩工程及管理事项；

9. 其他属于航务事项。

上项办法是否有当，理合呈请鉴核施行。

谨呈行政院

10. 交通部长江区航政局川江绞滩总站船舶绞滩规则（1942 年 1 月 20 日）

第一条　凡航行川江及长江上游河道之船舶，经过各绞滩站时，均应遵守本规则之规定。

第二条　轮船驶近绞滩站时，必须注意绞滩站之信号。

第三条　轮船请求绞滩时，应按规定之信号通知绞滩站。

第四条　请求绞滩之木船，经绞滩站站长之检查，如有认为不堪绞机施绞者，仍以拉纤方法，由绞滩站尽力协助施绞之。

第五条　绞滩时之动作，或急或徐，或松缆或解缆，悉由被绞之轮船船长或木船副驾长按照规定之信号与绞滩站联络之。

第六条　船舶绞滩之次序规定如下：

一、轮船绞滩，以到滩之先后为序。

二、木船绞滩，以到滩登记之先后为序。登记册式另订之。

三、在同一时间内，轮船与木船之绞滩，非有特殊情形者，应以施绞轮船为先，木船次之。

四、木船与木船之绞滩，如有特殊任务或装运军火必须先行施绞者，得由绞滩站站长提前施绞之。

第七条 请示绞滩之船只，应经由绞滩站站长检验载重，如确系载量过重或旅客过多，得令船方酌量卸载，或令旅客离船，另雇木划装载，待绞滩本船上滩后，再行施绞木划上滩，或由船方另雇人工陆续搬滩，旅客则于滩上上船，以策安全。

第八条 请求绞滩船只，对于船舶绞滩规则应切实遵守，如有违背或不服指挥，致将绞滩工具损坏时，应负赔偿责任。

第九条 试航轮船请示施绞时，各绞滩站站长得斟酌当时该站水位情形，必要时得令其缓绞，以策安全。

第十条 绞滩站在显明处设信号旗杆一座自日出至日落止，悬挂绞滩站旗号。如绞滩站已停止绞滩工作，则绞滩信号停止悬挂，并由本总站通告之。

第十一条 轮船绞滩与绞滩站互通信号：

一、准备：放长声汽笛三响。

二、对绞：放长声汽笛四响。

三、开绞：放短声汽笛一响。

四、快绞：放长声汽笛二响。

五、慢绞：放短声汽笛二响。

六、停绞：放短声汽笛三响。

七、松缆：放长声汽笛一响、短声汽笛一响。

八、解缆：放短声汽笛一响、长声汽笛一响。

以上所称长声，指声长四秒到六秒钟之久；短声指声长约以一秒钟为限，但各连续声间之间隔不得少于一秒钟。

第十二条 绞滩之轮船驶至滩下一里处，按照前条之规定，放长声三响，除川江之青泄滩站，以同样之回声回答方可驶进滩口外，在其他各滩应俟滩站信号台上悬有黑色菱形信号一个，方可驶进滩口，绞过滩时始行放下。

第十三条 绞滩之轮船于发出准备绞滩信号后，需要自出铅丝系于岸上之桩上，绞滩站对绞时，按照前条规定，放长声汽笛四响，通知绞滩站准备。如绞滩站需要绞滩轮船出铅丝施行对绞，除川江之青泄两滩站能以同样长声四响通知来船准备外，其他各滩站均以黑色菱形信号两个，垂直悬挂代表之。

第十四条 不绞滩之轮船不得随意以信号通知绞滩站，以免滩夫借口要求滩费。

第十五条 绞滩站机器如遇发生障碍，须用人力或船上机动协助施绞时，先悬黑色方形信号一个，与第十二条规定悬挂之黑色菱形信号水平悬挂之，通知来船俟过滩后落下。

第十六条 凡两岸均能施绞船舶之滩站，必须视水位之升落指示绞滩之漕口。通知来船施绞右岸时，应连续悬挂黑色菱形及方形信号各一（菱形在上方形在下）；通知来船施绞左岸时，应连续悬挂黑色方形及菱形信号各一（方形在上菱形在下）。

如绞滩船只因马力或吃水关系，不能同意绞滩站之命令施绞指定之一岸者，得放长声一响，表示请求施绞右岸；放长声二响、短声二响，表示请求施绞左岸。绞滩站如允许绞滩船之请求施绞对岸，除川江青泄二滩以同样回声回答外，其他各滩站即将信号改悬之。但绞滩船舶非不得已时，不得采用此条。河岸之左右，根据国际航海法定之（即上水船之右舷为左岸，下水船之左舷为右岸）。

第十七条　木船绞滩，规定一五寸见方之红白手旗各一面，作为绞滩信号旗。站上由站长执行之，船上由副驾长（即太公）执行之。

第十八条　绞滩之木船如未备信号旗者，可先向绞滩站借用，并按下列之信号与站上互相联络。

一、准备：红白旗同时向前圈动，

二、开绞：白旗向上下慢慢摇动。

三、快绞：红旗向左右快摇。

四、慢绞：白旗向前圈动。

五、停绞：白旗向左右慢慢摇动。

六、松缆：红白旗同进向左右挥动。

七、解缆：红白旗同时向上下挥动。

第十九条　施绞木船时，如滩上水手不敷分配，得向被绞船只临时调纤夫，但调用人数不得超过4/10。

第二十条　绞滩站如有汽笛设备者，对于船上所发汽笛信号，应以同样汽笛回答之。

第二十一条　绞滩站无汽笛设备者，除轮船本身按照本规则第十一、十二条规定之信号指挥外，各滩站无论对于轮船、木船，均应按照本规则第十七条所定之手旗信号回答之。如距离较近者，仍得以传话筒传话，藉资补助。

第二十二条　被绞船只对于绞滩站事务不得任意干涉，以免妨碍绞滩工作。

第二十三条　绞滩站站长如有不尽职责，致将绞滩时间延长或损坏船舶时，被绞船只应向本总站报告，听候处理，但不得立起纠纷，妨碍绞滩工作。

第二十四条　绞滩站如遇有特殊情形，或奉令不准过滩之船舶，不得强求施绞。

第二十五条　船只本身能力可以不经施绞过滩者，得自由过滩，但不得妨碍绞滩站之施绞工作。

第二十六条　船舶绞滩时，上下水船只应斟酌航道情形，慢车行驶，或停车等候。否则发生碰撞、触断铅丝、浪沉情事，应由来船负责。

第二十七条　本规则如有未尽事宜，得呈请长江区航政局修改之。

第二十八条　本规则自呈奉长江区航政局核准施行。

11. 水陆交通统一检查条例（1942 年 4 月 24 日）

第一条　全国水陆交通之检查事宜，依照本条例办理之。

第二条　检查分下列二类：

一、运输检查类：凡军事运输、交通违章及人事检查属之。

二、货物检查类：凡货物之进出转口检查属之。

第三条　运输检查由军事委员会运输统制局监察处（以下简称监察处）所属之检查所站主持办理，货物检查由财政部缉私处或海口主持办理。

第四条　监察处于全国水陆各线路交通要点，分别设立检查所站为执行交通运输之主体检查机关。

第五条　凡在监察处已设检查所站各线路所有原设有关军事运输交通违章及人事之检查机构之类似组织，不论属于中央或地方或部队者，概行裁撤。其原有检查人员，如有必要时，得参加各检查所站工作，并应将所派参加统一检查人员姓名及所负任务函知监察处，俾便稽考。

第六条　财政部于全国各货运要道及走私据点分别设立缉私处所或海关关卡，所有各地原设之有关货物检查机构或类似组织，不论属于中央或地方之机关或团体者，概行裁撤。其中央税收机关原有检查事项，如必要时，得准其派同参加，并应将所派参加统一检查人员姓名及所负任务函知缉私处所或海关关卡，转报财政部备查。

第七条　前两条所派参加统一检查人员，各在其主管范围内执行职务，直接对原机关负责，但须受检查所站、缉私处所或海关关卡之指挥、监督，其薪给及办公费用仍由原机关支付。

第八条　全国水陆各线路，除监察处检查所站及缉私处所或海关关卡外，不得有其他检查机关。

在同一地点设有监察处检查所站及缉私处所或海关关卡者，应联合办公，并在原则上应以监察处检查所站为主体机关。

第九条　运输检查及货物检查均应力求简便，经过第一次检查后，以不再行检查为原则。凡各项货物及交通工具于第一次检查完竣，应由各所站或缉私处所或海关关卡在其所持合法运照或完税照及其他单证上，加盖查讫戳记放行，其他机关或人员不得复察留难。

前项货物应视其性质，由统一检查机关加盖戳记或粘贴坚固封志。其不能加封之货物，应发给证明单，载明货物品名、数量、起运点、到达点及其他有关事项，交由客商或押运人员收执，沿途监察处各检查所站于验明戳记封志或证明单后，应即放行。惟运经海关时，如沿途未经过海关查验者，仍应报验以符定章，其证明单据由终点之验查机关收回注销之。

第十条　各有关机关所派参加统一检查人员违反本条例规定或不服主体检查机关指挥监督者，得由主体检查机关负责人员据实呈报上级机关核办。

第十一条　检查人员执行职务时，应一律着用制服，佩带证章及臂章，以资辨别。

第十二条　统一检查机关应视事务繁简，规定检查时间，倘不能在规定时间以内检查完竣时，应继续办理。

第十三条　运输检查及货物检查规则另定之。

第十四条　本条例施行后，其他法令关于水陆交通检查事项之规定与本条例抵触者，不适用之。

二、机构、概况

1. 水陆运输联合委员会组织规程[①]（1939年1月14日）

第一条　行政院为调整非常时期物资之水陆运输，提高效率起见，设置水陆运输联合委员会。

第二条　本委员会职掌如左：

一、关于水陆运输之工具之统筹调度事项。

二、关于进出口物资之登记配运事项。

三、关于水陆运输路线及方法之调查规划事项。

四、关于水陆运输运费及租用运输工具租费之洽订事项。

五、关于水陆运输业务之稽查促进事项。

六、关于现有水陆交通运输机关之联络协助事项。

第三条　本委员会设委员9人至11人，由行政院长就左列各机关高级职员或其他有关人员指派之。

交通部。

军政部。

财政部。

经济部。

航空委员会。

兵工署。

① 本章程经行政院吕字第四一〇号令公布。原载《行政院公报》渝字第1卷第8号。

贸易委员会。

西南进出口物资运输总经理处。

第四条 本委员会设主任委员、副主任委员各1人，由行政院长于委员中指派之。主任委员综理会务，并监督指挥所属人员。副主任委员辅佐主任委员处理会务。

第五条 本委员会设总务、运输、稽核三组，分掌事务。

第六条 本委员会设秘书主任1人，秘书2人，组长3人，专员、组员、办事员各若干人，分办各项事务。

前项职员得由会商请关系机关就现任职员调用。

第七条 本委员会于必要时得在交通重要地点设立办事处。其组织规则另订之。

第八条 本委员会为执行第二条第一项任务，于必要时得商取主管机关同意，呈请行政院核准，将原有之交通运输工具归本委员会指挥节制。

第九条 本委员会会议规则及办事细则另订之。

第十条 本规程自公布日施行。

2. 行政院水陆运输联合设计委员会组织规程①（1939年9月8日）

第一条 行政院为研究改善非常时期物资之水陆运输，提高效率起见，设置水陆运输联合设计委员会。

第二条 本委员会职掌如左：

一、关于水陆运输路线之调查设计事项。

二、关于水陆运输工具运用效率之研究事项。

三、关于水陆运输工具减少消耗，降低成本之考查计划事项。

四、关于进出口物资运输设备之设计促进事项。

五、关于军运民运及国外运输机关之联络协助事项。

第三条 本委员会设委员9人至11人，由行政院就左列各机关高级职员或其他有关运输机关人员指派之：

交通部。

军政部。

财政部。

经济部。

航空委员会。

---

① 原载《江西省政府公报》1939年第1148号。

运输总司令部。

兵工署。

贸易委员会。

西南进出口物资运输总经理处。

第四条　本委员会设主任委员1人，指定由交通部部长兼任，常务委员2人，指定由西南进出口物资运输总经理处总经理及运输总司令兼任。

主任委员综理会务，并监督指挥所属人员

常务委员辅助主任委员处理会务。

第五条　本委员会设调查、设计二组分掌事务。

第六条　本委员会设秘书主任1人，秘书2人，组长2人，专员、组员、办事员各若干人，分办各项事务。

前项职员应就关系机关现任职员中调用。

第七条　调查事项应由各地运输机关担任办理。

第八条　研究设计之方案应随时呈请行政院院长核夺。院长如有交议事件，并应随时开会讨论。

第九条　本委员会会议规则及办事细则另订之。

第十条　本规程自公布日施行。

3.乌江工程局关于乌江治理情况致陪都建设计划委员会公函（1941年8月12日）

案准贵会三十年七月三十一日函，为计划陪都建设，对于乌江整理工程询问四点。兹分别奉复于后：

一、本局所整理之乌江航道现在轮船木船通行地段

（一）本局现在整理中之乌江航道，计自涪陵至思南止，共计330余公里。

（二）乌江水道艰险，原无轮船航行，自涪陵至龚滩一段经本局着手整治以来，航道险阻业已大部芟除。本年三四月，民生公司曾两次派员自涪陵上驶彭水，探测航路，认为该段航道已较二十六年该公司查勘时，大为改善，乃至五月间派望存轮试航，经过顺利，现涪陵至彭水县属之江口镇一段，已经派轮正式直达通航，江口至彭水间亦正在准备通航中。惟冬春枯水期内，在少数滩浅尚未整理完成以前，或须改为分段航行。

（三）涪陵至龚滩一段，水道长约一百九十公里，大小木船均可直达航行。自龚滩至新滩一百十公里；自新滩至潮砥二十七公里；自潮砥经思南至滩上约八十公里，亦均有木船分段通

航。滩上至水口一段长约二十公里，则仅有极少数小型船只航行其间。水口以上因滩礁特多，水势险恶，迄无航运可言。

二、每年通航时期

乌江每年水汛，通常以十月十一月间至次年四五月间为低水时期，大小木船均可通航，惟枯水期内，轮船能否照常航行，尚待今冬事实证明。五月以后至十月间为大汛时期，木船下驶危险较少，上行则因水势湍急较为困难迟缓，设遇江水骤涨暴落之时，例须停航候运，俗称扎水。停航时期，全视江水消长而定，大约一年之间少则一个月，多则三个月，上行木船无法通航。至大汛时期轮船航行，则无论上下均无阻碍。

三、乌江沿线物产货运情形

（一）乌江全线干支流经川黔两省二十余县，物产以稻、麦、玉蜀黍、大豆、甘薯、桐油、五倍子、漆、木材、木炭、药材及其他农矿产为大宗。两年前调查之数字总值1000余万元。其由乌江水道下行输出者，仅涪陵、彭水、酉阳、后坪、沿河、德江、印江、思南若干县，各该县物产近来自给之外，稻、麦略有余裕，玉蜀黍、大豆较多，桐油、木材、五倍子、漆及药材等则大宗输出，输出数量以分布区域过广，一时尚无精确统计。桐油一项，每年输出量约在5万担至7万担之间。至上水输入货物，当以食盐及布匹等日用品为大宗，每年经由乌江水道转运湘黔两岸之食盐，达20余万包之巨。自荆宜不宁以来，川湘公路交通日趋繁荣，来自湘省之商品运粮及军用器材，大多经由川湘公路运至龚滩或彭水后，改取水道转运渝涪各地，数量亦殊可观。

（二）乌江轮运轫办伊始，且目前仅及下游一段，运输量有限，大部货物运输尚惟木船是恃。惟乌江滩多水急，上行端赖纤挽，进行迟缓，多则日行10余公里，少则数公里。设遇大滩巨险，往往竭数十百人之力，费时半日，方可驶越。其艰难如此。下行虽较迅捷，然操纵偶一失慎，触及礁石，常遭覆舟没顶之祸，其危险又如彼，故整理乌江航运实属刻不容缓。

行驶乌江木船，大小各型均有。中下游一带河道深广，大船较多。上游一带则小型居多。各种船只数目载重，二十九年八月间曾加调查，年来略有增减，尚无统计。将上次调查结果加以补充列表于后：

地段	船只约数（艘）	载重	上水行程	下水行程	备注
涪陵至龚滩	盐船240 其他120	上水17吨 下水28吨	约1月	约5天	
龚滩至新滩	盐船90	上水17吨 下水28吨	约20天	约3天	其他小船多系赶场，载客运货极少
新滩至潮砥	盐船9	同上	约3天	约半天	同上
潮砥经思南至滩上	盐船102	上水4吨 下水7吨	约6天	约1天	同上
滩上至水口	5	同上	约4天	约1天	

四、乌江整理工程施工后之成效

乌江滩险林立，大小无虑数百，如欲一一加以改善，使成一绝对安全之航道，事实上恐非一蹴可就。自涪陵至思南间一段航道，自经本局择要整治以来，其礁石岩咀阻碍航行者，已大部轰除；悬岩削壁纤挽无路者，亦已择要修辟纤道。特别大险各滩，以限于经费，暂采治标办法，如修筑驳道，便利盐驳，安设木质绞关，俾时间与劳力两俱节省。航行险阻整治以后，上行困难、下行危险或全部减免或部分减免，无不成效，竟概括言之，航行时间约缩短 4/10，险阻约去 5/10。

以上奉复各点，相应函达，即希查照为荷。此致

陪都建设计划委员会

乌江工程局启

4. 交通部为改组成立长江区航政局致重庆市政府咨文（1941 年 9 月 3 日）

查长江流域各省航政，本部原设上海航政局及汉口航政局分辖管理，兹为统一机构，便利行政起见，改由一局统辖办理，除上海航政局已于抗战开始时暂行停办外，兹将汉口航政局改组为长江区航政局，管辖苏、皖、赣、湘、鄂、川等六省航政。业经呈奉行政院指令照准，并于本年八月一日改组就绪，在重庆成立在案。除分咨外，相应抄组织规程一份，咨请贵府查照，并饬属知照为荷。此致

重庆市政府

附抄长江区航政局组织规程一份

部长　张嘉璈　假

次长　彭学沛　代

交通部长江区航政局组织规程[①]

第一条　交通部为管理长江流域各省航政事宜，设置长江区航政局。

第二条　本局设置地点由交通部定之。

第三条　本局设下列各科室：

一、监理科。

二、技术科。

三、总务科。

① 本规程于 1941 年 7 月 15 日经行政院勇肆字第 1201 号指令核准。

四、会计室。

第四条 监理科之职掌如下：

一、关于航业监督促进事项；

二、关于航线调整事项；

三、关于船舶视察事项；

四、关于船舶出入查验证之核发事项；

五、关于绞滩事项；

六、关于航舶登记事项；

七、关于轮船业登记事项；

八、关于船舶客货运价之拟订监督事项；

九、关于内河水运之调查事项；

十、关于运送契约及租赁合同之审核签证事项。

第五条 技术科之职掌如下：

一、关于船员及引水人之登记考核监督事项；

二、关于船舶险难之处理事项；

三、关于港务及航路标志事项；

四、关于船舶之检查及丈量事项；

五、关于造船设计之审核事项；

六、关于船舶载重线事项；

七、其他有关技术事项。

第六条 总务科之职掌如下：

一、关于机要及典守印信事项；

二、关于公布局令事项；

三、关于文书之撰拟缮校收发及档案之整理保管事项；

四、关于职员任免迁调及审查登记事项；

五、关于职员考绩及奖惩事项；

六、关于职员差假及抚恤事项；

七、关于庶务及卫生事项；

八、关于公物用品之采购及财产之保管事项；

九、关于员工福利及航警公役之管理事项；

十、关于现金之出纳登记及保管事项；

十一、其他不属于各科事项。

第七条 会计室之职掌如下：

一、关于经费收支之审核事项；

二、关于款项缴解及划拨检查事项；

三、关于账目单据报表之审核检查事项；

四、关于库存及公库存款之检查事项；

五、关于概算决算之核编整理事项；

六、关于账目处理保管及登记事项；

七、关于由支凭证之核签及审核事项；

八、关于会计年报书表之编送事项；

九、关于本局统计事项。

第八条　本局设局长 1 人，承交通部之命综理局务。

第九条　本局设秘书 1 人，承局长之命襄理局务。

第十条　本局设科长 3 人，分掌各科事务。

第十一条　本局设专员 2 人、技术员 10 人、科员 15 人、视察员 3 人、事务员 9 人，承主管长官之命办理各项事务。

第十二条　本局局长简任，秘书、科长荐任，技术员荐任或委任，科员、视察员、事务员委任专员聘任。

第十三条　本局事务之繁简，得酌用雇员，数额不得逾 16 人。

第十四条　本局会计室设会计主任 1 人，会计佐理员 7 人。本局会计主任暨会计佐理员依照交通部附属机关会计人员暂行规程任用之。

第十五条　本局得于辖区内之各省分设办事处，其设置地点由交通部定之。

第十六条　本局所属办事处各设主任 1 人，技术员 1 人至 3 人，会计员 1 人，事务员 3 人至 5 人，雇员 3 人至 5 人。

前项人员，主任荐任，技术员、事务员委任，会计员依照交通部附属机关会计人员暂行规程任用之。

第十七条　本局所属办事处视事实需要得在重要港汊设置座船两处或 3 处，由本局处派员驻船办理帆船检查、丈量、登记及进出口轮船视察事宜。

第十八条　本规程自公布之日起施行。

5. 交通部嘉陵江运输处为奉令成立办理运输业务致重庆市政府公函（1941年9月12日）

本处奉令办理嘉陵江运输业务，并继续接办前交通部特许川陕、川湘水陆联运处川陕线业务；奉派施征为本处处长、国成为副处长，并奉颁发关防启用。兹经遵照于九月一日成立，暂借本市曹家巷一号国营招商局楼上开始办公。除呈报暨分别函令外，相应函陈，请烦察照为祷。此上

重庆市政府

处 长 施 征

副处长 俞国成

6. 扬子江水利委员会整理后方水道经过[①]（1942年）

抗战以还，后方交通最感迫切需要，水运之改善，为当前急务，本会奉命整理湘桂水道岷江马边河及酉水各水道，大都坡陡流急，滩险罗列，低水时期，水深不足，若施以渠化，则费用浩大，工程非仓卒所能完成，将无以应抗战之需要，经切实筹维，采用导流浚滩炸礁等方法，将各水道加以改良，俾早收实效，爰将办理经过情形概述如次：

一、整理湘桂水道 湘桂两江源出桂北，中介灵渠，南通苍梧，北达长岳，贯通长江珠江之航道，绾毂湘桂两省之运输，对于南北交通至关扼要，惟以水浅坡陡，沙滩罗列，礁石暗布，非特河运本身功能无由发展，且往来行舟，反视为畏途，二十七年秋，本会奉命加以整理，于桂林成立湘桂水道工程处，就查勘测量之结果，先行办理桂林大溶江间，及桂林平乐间桂江之局部改进工程，计分整理堰身，改建堰口，导浚航道，打除礁石，设置绞关，及添设航行标志等六项，于二十七年十一月二十八日兴工，至二十八年四月上旬完成大溶江桂林间局部改造工程八处，及桂林平乐间三处，四月以后，即为高水时期，停止办理，至同年八月继续兴工，办理桂平间各部工程，凡27处，至二十九年二月竣工，二十九年及三十年冬，复分别举办补充工程，将次要之滩险，加以整理，俾全段航道之水深，达到同一之标准，至三十一年一月底全部告竣，而湘桂水道工程处以工作告一段落，亦即结束撤销，桂江上游，经此整理后，流势减缓，水流增深，向之仅能行驶三四公吨之船只者，今则载重10公吨之船只可以畅行无阻，并以航道拓宽，上下船只可以同时并行，航行困难既多减除，而航行时间，亦较前大减，据二十八年九月初旬及二十九年一月中旬之实地查验结果，同一载重船只，由平乐上行至桂林，改进后航行时间较改进前缩短45小时之多，设每日航行10小时，即可节省四日半，约为原有航程时间2/3，又

① 原载《行政院水利委员会季刊》第1卷第2、3期合刊。

据广西省政府之调查，二十九年度之货运量较二十六年度几可超出一倍，局部改进之成效，概可想见，然此仅为应非常时期之需要，至湘桂水道之根本治导，则已拟有具体计划，因闸坝工程较多，目前施工颇有困难，须俟战后促其实现。

二、整理岷江航道　岷江扬子江上游重要支流，自灌县以下经成都彭山眉山乐山犍为宜宾等县，均为四川盆地，人口稠密，物产丰富之区，国府西迁以来，沿江矿产之开发，工商业之发展，与人口之增加，均有臻臻日上之势，而货物之运输，与旅客之往返，除少数可以利用公路外，大多则唯岷江之水运是赖，惟查岷江水运情形，比降陡峻，滩险密布，30公吨以上之汽船，仅高中水位时可以通行于乐山宜宾之间，成都至乐山之间，则仅木船可通，低水时期，水浅流急，船只载重既减，往返时间亦增，并有险滩多处，水势汹涌，偶一不慎，即有倾舟毁船之虞，以致航行困难，运输效力减弱，二十九年二月，本会奉令加以整理，谋在蓉叙间终年通行适宜之汽轮，与较大之木船，以1.5公尺为低水时期之标准深度，惟工艰费大，须分期实施，乃决定首从下游乐宜段作手，于二十九年九月间，开始兴工整理宜宾犍为间思波溪清油坝口石马槽口老君碛乾龙子等六处重要险滩，整理方法，浅急处，以导流为主，浚渫为辅，使河槽固定，水流趋一，而增加航深，险恶处则着重炸礁，平缓流势，使航道顺适，流速平匀，俾航行安全，并于坡陡流急处，安设绞桩，上行船只，可藉以缩短航行时间，至三十年四月十日先后完工，于竣工时，曾观察各险滩水流变化情形，已较前改善，航道增深，自12公寸至78公寸不等，水流亦已平缓，三十年九月继续兴工，除上述六处重要险滩，按照原定计划，予以完成外，并将雷劈石石鸭子及肖家湾滩，整理告一段落，据本年四月之实地调查，往年此时由犍为下驶之木船，载重量最大不过二十七八吨，今已增至四十六七吨，且触礁覆舟之事，已无所闻，行驶安稳，可以想见，全部整理工程，预计三十二年内完竣，嗣后乐山宜宾间在枯水时期载重四五十吨之民船，可以通行无阻，而载重五六十吨之汽轮，亦可终年航行矣。

三、整理马边河航道　马边河为岷江一重要支流，下游马庙溪一带，煤藏甚富，有嘉阳张沟等矿，日可出煤千余公吨，均以马边河为运输要道，惟自马庙溪至河口一段，计长26.3公里，计有大口险滩40处，洪水时期，波涛汹涌，每致停航，枯水时期，水深不足，航行尤感困难，致煤运滞阻，影响后方燃料供给甚钜，三十年二月本会奉命整理，即派员实地勘测，拟具“马边河马庙溪河口间水道整理工程计划”，规定最低水深为7公寸，底宽为10公尺，边坡为1：4，使载重八九公吨之船只，在枯水位时，可以上下通行无阻，整理方法，分炸除礁石浚渫航道开辟纤道及安设绞关等4项，施工地点计40处，由岷江工程处设立工程段办理之，于三十年四月十日开工，至本年三月十四日全部告竣，该段水道经此整理后，险礁悉除，浅滩浚深，由3公寸增至7公寸，煤运已畅通无阻，据嘉阳煤矿之记载，三十年三月最高载重为11公吨，最低为6公吨，本年三月，最高载重为17公吨，最低为11公吨，两相比较增高几达一倍，依此计算，在每届枯水时期十一月至翌年三月，五个月内，可节省运费2700000元，而本工程共用工费640000万余元，一年之枯水时期（上行时间较前减短1/4），减除撞毁船只（以往每年毁船二三十只，自整理后一只未毁）及增产煤量之利益，其裨益抗战，非可以数字计也。

四、整理酉水航道　酉水为沅江左岸一大支流，长约300余公里，源流所经，尽系崇山峻岭，在昔龙潭至沅陵间水道，川盐多藉此运入湘西，航运颇繁，自宜昌沦陷以后，该段水道，关系尤为重要，为川湘水陆联运之干脉，亟须整理，以便航运，本会于二十九年十月奉令办理后，即派员查勘，拟具"整理酉水航道工程计划纲要"，以浚渫导流炸礁等方法，整理主要滩险31处，零星工程28处，及开辟纤道安设绞关等，使现时航行酉水中之船只，可以终年通行，低水时期之航深，规定为5公寸，航道最小底宽为6公尺，施工范围，自龙潭至保靖间，共长113.1公里，三十年二月间，开始兴工，至是年大水时为止，已择要将炸礁浚渫及辟修纤道等工程实施告一段落，大水时期，仍继续修辟纤道，其余工程，于三十年九月间赓续赶办，至本年四月，除小部工程须延至秋后办理外，颇均按照计划实施完竣，浅滩经改进后航深均达规定标准，行称稍便，尤以驼背一滩凶险为众河之冠，往昔上行船只，必待盘驳后始行曳过滩，今则迳沿新辟航道前进，而纤夫可以省去过半，改进后之成效至为显然，船只之载货量，因以由二三公吨增至5公吨余，而上行船只纤挽时，因可遵循新辟纤道，节约挽力与时间甚多，估计枯水时期，同一船只之运输效能，较前可增加3倍，将来全部工程完竣后，当不止此数，本会整理上列各项水道前后将近四年，施工地点大多在穷乡僻壤，深山高谷之间，水流汹涌湍急之处，值兹非常时期，一切设备极为简陋，办理自多困难，就事业言，所贡献于国家者实甚为微薄，惟在事员工，均能精进力行，忠勇奋斗，不避艰险，不辞劳苦，使各工程按照核定计划顺利进行，如期告竣，有大禹菲饮食，恶衣服，卑宫室，而尽力乎沟洫之精神，则每引为欣慰焉。

7. 交通部嘉陵江运输处为办停止业务赶办结束事宜致重庆市政府公函（1942年4月29日）

案奉交通部川陕川湘水陆联运处理事会三十一年四月二十五日川陕字第六零一号训令略开：川部水运瞬将改组，已办业务亟应彻底清理。原设嘉陵江运输处着即停止，派袁炳南为该处清理专员，限期清理结束。仰即遵照。等因。奉此，本应自即日起停止业务赶办结束，相应函达，即请查照为荷。

此致

重庆市政府

交通部嘉陵江运输处启

四月二十九日

8. 内河绞滩建设概况（节录）[①]（1943 年）

抗战军兴，政府西迁，人员公物，大量与俱，绞滩工作，尤以川江最感需要。自二十七年设立绞滩管理委员会，办理机械绞滩以来，其管理范围，已达川湘鄂黔四省源流；绞滩工程，已展至长江上游，嘉陵江、沅江、酉水、乌江、逐渐推广，诚日新月异而岁有不同。独惜经费极度支绌，而物价日益高涨，预定计划，每多阻碍，然五年来。所用经费总数，截至本年五月止，尚不过三百万元，维持偌大局面，已非易事。犹幸开办之初，曾向各方无代价搜集之绞滩机械材料，为数甚多，以目前钢铁价值论，至少可值千万元以上，超过全部经费之三倍，此项优良工具，大部分设置于宜渝间各绞滩站，自较完善。其他各江绞滩站，以器材来源缺乏，无法购置，不得不以木质绞盘代替铁质机动绞机，以竹缆棕麻绳代替各种钢缆；此外各项设备，亦唯有因时制宜，以维战时之需要。

自创办机械绞滩以还，负责员工，无不遵循交通建设之宏图，竭其绵薄，刻苦从公，平日埋首工作，不事宣传，故绞滩之重要性，虽已为航界同人所深悉，而外界人士，尚鲜知之。兹特述内河绞滩建设之概况，藉供我交通界人士之参考云尔！

一、土法绞滩情形

内河滩险林立，船舶上驶，悉赖绞滩，惟以往川江土法绞滩，至为简陋，效率低微，兹分述如次：

（一）轮船绞滩之土法有二

1. 轮船到滩口时，将系钢缆之抛绳，抛于岸上，引导钢缆上岸，由滩夫拖缆，系于大石桩，轮方即将钢缆徐徐绞直，则船渐可驶越过滩。

2. 轮船驶至滩下首时，即择一安全地带抛锚停泊，将绞滩钢缆由木划运至滩头附近岸上，钢缆之一端，妥系于滩之上首适当石桩，或将钢缆穿过琢就之石孔内，以硬性木棒拴之亦可。钢缆之另一端，系以抛绳，候轮驶近滩头时，即抛于船上，由水手将缆穿过船舷之滑车，绕于绞机上，徐徐绞之，即可过滩。

以上两种办法，以船上设有绞机为唯一之要件，否则必须全赖人力曳之，所需滩夫，每多至数百逾千者，时间少则数小时，多则二三日，呵唷之声，山鸣谷应。此为川江青泄各滩施绞轮船习见习闻之事。

（二）木船绞滩之土法，专赖背纤，滩夫蹲地，匍匐蛇行，少则数十人，多则百余人，此项夫力，来源有二；一为两岸居民预集滩旁，或临时呼应到滩；一为等候多数船只，集中各船船夫之力，将各船次第拉纤而过，俗曰“换综”，人烟稀少之处，皆用此法。

上述轮船木船绞滩土法，人力时间之消耗既大，往往因缆折藤摧，致滩夫酿伤亡之惨剧，且陷船舶于危险之境，此土法绞滩之亟待改进也。

---

① 本文标题为原有，作者曾白光。原载《交通建设》第 1 卷第 7 期。

二、倡议改善绞滩之经过

土法绞滩，费时误事。有识之士早思有以改善之，数十年来，迭经各方创议，卒以种种困难，未能实现。兹将其经过情形，分别略述于后：

（一）英籍船长卜兰田者，曾受德人之聘来华考查川江水道，继任法国兵船川江引水，旋任我国海关长江上游巡江司职，对于川江水道与航行，知之甚稔，著有川江航行指南一书，为世称颂；卜氏力立以科学方法，改良绞滩技术，只以赞助乏人，卒未实现。

（二）民国二十四年间，有川江打滩委员会之组织，筹划炸除礁滩外，曾有装设机械绞滩之议，该会以附加关税为经费，至为充足，聘请外国工程师为之主持，数年来其工程较大者，惟砦盘子筑堤一道，空岭南槽之炸除而已，其余绞滩工程，尚未能办理。

（三）民生实业公司，当经营川江航运日益发展时，亦曾有试办绞滩之计，未及实现。迨至民国二十六年，川江枯退，为六十年来所仅见，青滩坡度达九英尺以上，势成奇险，轮船阻滞，无法上驶，该公司乃举办三段航行于青滩，设置手摇绞机以收对绞之效，嗣因滩民群起反对，终于撤除。

（四）抗战军兴，船舶运输司令部亦拟在川江试办绞滩，但以人力物力均感缺乏，未便轻率从事。

综上观之，可见改善绞滩诚非一蹴可及，然苟能穷其根源，详为策划，持之以毅力，困难虽多，当可一一克服，而达其预期之目的，自未可因噎废食也。

三、战时办理机械绞滩意义之重大

抗战以来，长江上游水运，日形殷繁，迨至二十七年下季，广州危急，武汉紧张，公物器材相继迁移，堆集于宜昌者，数在十万吨以上，亟需抢运入川，时值秋冬之交，江水日枯，滩险可畏，航运极感困难，而宜渝间既无铁路公路可通，又无驿运之设备，一线交通，惟宜渝水道是赖，其重要可想而知。是以抢运工作，非办理绞滩，以加强轮船运输效率，缩短航行日期不为功，此其一也。

长江上游轮船，为数有限，以之负担抢运工作，尚感不敷分配，乃有发动大批木船运输之举；惟木船上驶，专赖滩夫背纤，每经一滩，因水势汹涌，或风力见阻，或因滩夫不足，以致停泊滩下，少则数日，多则十余日，而背纤过滩，稍有不慎，全船生命财货，因而毁灭者，更仆难数；设不藉绞滩之力，以谋补救，其损失曷可胜言，此其二也。

武汉转进，长江中下游大小轮船退避沙宜，为数甚夥，麇集港中，时有敌机轰炸之虞，急宜设法疏散入川，一则可使江海巨轮得以保存，以维战后水运之需，再则长江上游运输频繁，原有轮船不敷分配，而新造匪易，正可藉资补充，惟此项船只，类皆马力较小，其构造又不适用于川江，非赖绞滩之协助，无法上驶，此其三也。

西南诸省，水道纵横，大可利用，抗战后，我国政治重心西移，事实上，西南诸省已成为民族复兴根据地，开发交通，刻不容缓，长江上游，航运固极重要，而嘉陵江乌江以及湖南之西水沅江等，亦均属航运干线，交通要冲；只以江流湍急，比降悬殊，船只上驶，必施以拉曳，方可克服困难，减少危险，一俟长江上游试办绞滩，渐著成效，当可次第推广，以应需要，此其四也。

西南水道，礁滩重重，航行困难，人所共知，故水道虽多，甚少利用，而陆路交通，亦未发展，以故往昔中央政令，鞭长不及，古人云：天下未乱，蜀先乱，天下已治，蜀未治。民国以来，川政混乱，久未澄清，西南各省，政见纷纭，严霜坚冰，由来也渐。今西南河道，已成水运交通之动脉，绞滩工作，足以便利航运，不特抗战时物资之运输深资利赖，且与平时提高西南文化水准，健全政治机构，息息相关，此其五也。

我国鼎革以还，各项交通，粗具规模，航政一端，特为幼稚。盖往昔附属海关，权操于外人，自民国二十年设立航政局，此项要政，始得独立，然港务行政，迄未收回，以致事权不一，政出多门，他如重庆之川江打滩委员会，福州之闽江委员会，广州之西江工程处，上海之浚浦局，亦几尽为外人包办，鉴往思来，绞滩工程，未容弃置而坐令外人代庖，徒自损航政权之完整，此其六也。

四、战时绞滩设施之困难〈略〉

五、长江上游绞滩设施概况

宜昌以上之宜渝段（俗称川江），及渝叙段，统称之曰长江上游，慨自绞滩管理委员会成立之初，适值武汉转进前夕，危疑震撼，有岌岌不可终日之象，工作推进之困难，已略如上述：而意外阻碍，正不知凡几，虽然人定可以胜天，而现代科学之文明，尤贵在征服自然，本会大计已定，任务所在，惟有勇往直前，披荆斩棘，义无反顾，遂决然于长江上游宜渝段各滩，按既定步骤，开始建设，查宜渝水运，为巴楚骨干，两岸崇山峻岭，河身曲折，落差悬殊，暗礁悍厉，怪石森然，波涛奔腾，漩涡奇诡，备极险恶，特斟酌需要之缓急，截至二十七年底，已择要成立青泄绞滩站，及兴隆滩、东洋子、庙基子、塔洞、牛口、滚子角，共计七站，每处暂设绞机一部，水泥钢骨桩多具，配合适当铅丝一盒，竹缆二盒，先后施绞，为时不过三月，即告完成，事半功倍，诚有出人意料之外者，非全体员工之勤奋工作，曷克至此！

查长江上游之滩险，以青滩泄滩为最险，泄滩以中水位为绞滩时期，青滩则水愈枯愈险，所有上驶船舶，非经施绞不能过滩，谚云："有青无泄，有泄无青"，质言之青泄二滩，此伏彼起，互为消长。本会草创，限于经费，且以两滩相距密迩，故合并管理，设立青泄绞滩站，时值枯水，特注重青难之建设，安置蒸汽绞机，惟时间短促，至二十七年底仅完成绞机之装置，虽可用人力推绞，究不如蒸汽发动之便利，乃昼夜赶工，得于二十八年一月内改用蒸汽施绞，而青滩号称天险，卒告克服。白光为明了各站工程设施及绞滩效率，藉资研究，俾使益加改善起见，当即出发视察，目睹青滩站锅炉因起重困难，暂置于江边，隔水丈许，将来洪水泛发，必遭冲毁，为安全计，决将锅炉移置半坡，不致淹没，绞机易于拆卸，仍置于山下，并设汽管保温装置，由山上通蒸汽于山下之绞机，改善工程，虽属非易，但一劳永逸，便利实多。至于泄滩之险，既不绞于青滩，蒸汽绞机之改装，当属必要，惟泄滩江面及两岸均较青滩宽阔而平坦，近年滩势，略有变迁，枯水时期，马力较小之轮船，亦非施绞不可，该滩南北两槽均可通航，汹险情况，各有不同，大抵三百吨以下之轮船多绞北槽，三百吨以上者为绞南槽，如在岸山装置蒸汽绞机，或利于此岸而不利于彼岸，且于水位之高低，未尽适用；经考察之余，当经决定将蒸汽绞机装置于旁桶之上，随水位升落，施绞自便，并可两岸移泊，兼筹并顾，计划已定，旋即施工，但因各项绞滩工具器材，颇难搜集齐全，时有辍工之虞，经多方交涉，幸承各方之赞助，费时数月，始告完成。此诚川江绞滩建设之最大工程。更应事实之需要，二十八年度，又先后增设下马滩、狐滩、青竹标、油榨碛、冷水碛五个绞滩站，其配备无不力求完善，以期发挥施绞之最大效能，统计川江方面，成立十三站，员工达百数十人，而办公无定所，住宿复感不便，故有建筑站屋之举，除青滩定为模范站，增建员工眷属宿舍，技工憩休室外，其余站屋均划一型式，于二十八年度建筑完成。惟查川江方面多注重于枯水绞滩站之建设，而中洪水位之滩险无与焉，乃于二十九年度择要成立中洪水位之白洞子、碎石滩、宝子滩三站，分别依次划归塔洞站滚子角站下马滩站兼管，以其相距甚近，人力物力均可藉资节省。

查宜渝段先后设立十六站，已尽解除航行困难上之最大努力，惟渝叙段水道深入腹地，与川滇公路相衔接，水路联运，至关重要，旋于二十九年冬设立斗子、连石三滩二绞滩站，以应需要。

自是以后，因物价高涨，经费紧缩，故二十九、三十两年度，仅能就各站已建工程，加以改善整理，并将白洞子宝子滩碎石滩连石三滩四站，暂行裁并，以维预算之平衡。至三十二年度，因应事实需要，决将各站绞滩工具，酌予添设更换，期增实效。如泄滩浮动蒸汽绞机为便利军运起见，已移泊南岸，另在北岸增设铁质绞盘，以利小轮及木船之施绞。他如兴隆滩、油榨碛两站，各设置铁质绞盘一部，塔洞白洞子两站，增设木质绞盘，牛口青竹标两站，建筑绞盘基座，均已派员积极进行。至于钢缆，为施绞轮船之重要用具，原有者，均系征借而来，使用数年，多已窳败不堪，已决定呈请拨款购用。其余如泄绞站之浮动绞机趸船，因年久失修，多有渗漏，拟予起岸修理，以策安全，青滩站之烟管锅炉，系借自迁建会，业已奉令归还，亟待另购一部，装设使用，庶几险滩施绞，不致中断。

六、嘉陵江绞滩设施概况

嘉陵江与西北公路衔接，自国府迁渝，川陕运输，日益频繁，水路联运，应运而生，本会绞滩建设，自应推展至嘉陵江以资适应。惟查嘉陵江自合川以上，只通木船（合川至南充，在洪水期间，经派轮船试航成功，但迄未开航），故各项工程设备，以适合施绞木船为原则，自较长江上游简单。计二十八年度成立石驴子、大小石鸭子及老鸦岩等四站，均妥置木质绞盘，配备竹缆，各项工程，克期完竣，即行开绞。

二十九年度依照原定计划，在是年五月底前，先后成立葡萄片、箱溪滩、磨盘瘫、天子磨、小姨溪、萧门、红花季、白鸡号、老君滩、竹滩、大贼滩，共计十一站，自宜昌转进，内河运输，益见重要，本会奉令加强嘉陵江绞滩设备，至为迫切。惟原定预算已无余额，而事实上绞滩工程不容延缓，当经呈准追加经费，始得迅速赶工，将簸箕子、白头滩、磨儿滩、竹棍子、长眼滩、桃会滩、白花石、孤舟滩、算钱滩、来佛寺等十站，于二十九年内一律建设完成，惟因经费有限，一切建设，不无因陋就简之处，绞滩效能，尚未显著。迨至三十一年经常维持，更加困难，爰分别缓急，将原有各站，酌予裁并，仅留十站，即以所余经费，作为整理之用。现该江运输至为殷繁，本年度决定修建各站木质绞盘，站屋，及建设竹缆工厂，以加强其设备；建立水陆标志，及水信牌，以为航行准绳；登记放滩驾长，规定放滩费，添置木划，组织捞救提驳队，以策安全，而利航行；其余各技工之训练，站容之整饬，站牌旗杆之整理，以及将总站迁移阆中，便于指挥；均已分别进行，如追加预算能奉核准，则嘉陵江绞滩事业，必有长足之进步。

七、沅江酉水乌江绞滩设施概况

查沅江酉水与乌江，均与川湘水陆联运有密切关系，兹特将绞滩设施情形，综述如次：

沅江方面：自宁汉相继转进，迁厂机械，及兵工器材，其向南路撤运者，散存常德及滨湖各处，亟待转运湘西，以策安全。而沅江为湘西唯一水道，滩险情形，虽稍逊于川江，航行仍多困难，木船上驶，因而滞阻，本会为解除当时困难，便利湘西水运起见，特于二十八年在常德沅陵间择其险要者，成立青浪滩、瓮子洞、横石滩、九矶四站，二十九年设立高溶洞一站（三十一年将该站与九矶站合并）其工程设施，除一律安置必需之绞机外，各不相同，如青浪滩因滩程甚长，设置铁质木质绞盘各一，而与施绞点之距离，长至三千余英尺，故所需二百四十拓之钢缆，恒在两盒以上，所需竹缆，系加料订制，一般出品绝不合用，距离既远，钢缆竹缆均易损坏，因有支柱滑车及叉形滑车之设备，以节省动力减少摩擦。

自宜昌转进，局势突变，原由湘经鄂入川水道，失其效用，加以滇越滇缅两国际路线受敌人封锁，不特川湘交通，须另辟新线，即国内外运输，亦须重辟途径，藉维国际交通，本会盱衡大势，自应将本年度原定计划，酌予变动，以期协助政府，开辟川湘水陆联运，使内销外运之物资，得畅其流，是以酉水乌江之绞滩建设已为当务之急。

酉水方面：酉水与乌江均为川湘联运必经之水道。全流滩险甚多，水道绵长，木船上驶迟缓，运输效率低微，尤有赖于绞滩之协助，两处设站计划，原拟于三十年度施行，惟自沙宜沦陷后，关系骤形重要；故本会决定将酉水建设，提前办理，于二十九年度已成立高积头、岔滩、凤滩、茨滩、双溶滩等五站。就沅酉各站目前需要而言，当以改善设备为急务，如横石站之绞车，应移设于过江棋地方，各站应添置木划，以便利施绞；又因各站多设于偏僻处所，亟须造建站屋，俾便办公；并添置水路标志，藉以为滩长放滩之补助。其次则人事之加强，如技工滩夫之训练，均属刻不容缓之举也。

乌江方面：乌江自涪陵至思南段水程，长达三百五十公里，滩险林立，二十七年间导淮委员会设立乌江工程局，曾计划办理绞滩，未见成效，旋因川湘水陆联运，来往船只甚多，亟待绞滩之协助，酉水绞滩既已举办，则乌江未可偏废，自应赓续办理，惟恐事权不一，滞碍丛生，经函商该局同意，交乌江绞滩事宜划归本会管理，始于三十年度先后设立羊角碛、鹿角子，武/3站，其余小角邦，沿滩等站绞机，已由乌江工程局建设移交本会接收管理，兹将三十二年度改善各站计划，略述如下：

·（一）加强羊角碛绞滩站之建设：羊角碛计有新滩南北二槽，及灵官鳌鱼背共四滩槽，长达五里许，试站前曾建有铁绞机一部，以为施绞轮船之用，现因该江不便于轮船航行，自以施绞木船为重要工作，决于新滩南北槽各建大型木绞盘二部，灵官鳌鱼背二槽，即以接收乌江工程局之木绞盘改善安设，并建造滚心木，一切设备，力求完善。

（二）鹿角子站之建设：决将接收乌江工程局之木质绞盘二部，加以修改安设，另设滚心木，以减少绞缆之阻力。

（三）武隆站移设新下岩之建设：该滩因礁石炸去，滩流和缓，已失其重要性，拟将该站移设新下岩，安置木绞盘二部，以利航行。

其余建造木划站屋，加强人事，训练技工，以及组织制缆厂，其需要情形，与其他各江滩站相同，现正筹措经费，积极进行。

八、绞滩设施之展望

本会办理绞滩，瞬将五载，已在各重要河流，就其凶恶险滩先后设立嘉陵江沅江乌江绞滩总站三处，绞滩站三十六处，施绞船舶，截至三十二年三月底止，施绞轮船一千九百五十八艘，木船十三万九千一百一十四艘，确能加速航行，增强运输。惟以财力薄弱，及意外之种种阻碍，各江绞滩工程，固未敢自诩完善。兹查长江上游，嘉陵江、酉水、乌江，犹多滩险，尚待继续建设，其已设站者，尚须加以改善补充，均属异常迫切。当此长期抗战，财源艰窘，建设经费，因而紧缩，绞滩事业，自难尽力发展；将来倘能强化机构，充实经费，他如川滇水道之金沙江，湘桂水道之湘水西江，黔湘水道之清水江沅水，粤湘水道之郁江左江，赣粤水道之赣江北江；举凡可能通航之水道，正可逐步推进绞滩之设施，以资辅助航行，完成西南水道交通网之建设。

9. 五年来之长江区航政（节录）①（1943年）

战前长江航政，系由汉口、上海两航政局分别管理，川鄂湘赣四省归汉局管辖，苏皖两省则由沪局负责。廿七年初，战事西移，沪局停办，汉局业务日益增繁，交通当局鉴于长江流域各省水道，均有连带关系，为统一管理起见，将汉口航政局改组为长江区航政局，调整组织，充实人才，积极扩展航政职权，并建设绞滩造船等新兴事业，以应战时需要，本人自廿七年二月忝掌汉局航政以来，深觉使命重大，一切措施惟有遵照政府方针，竭力推进，重要者如船舶

① 原载《交通建设》1943年第1卷第12期。

之保存征调与建造，船员引水人之救济与管理，航业之监督与救助，物资之抢运，航线之开辟，绞滩之建设，以及客货运价之统制，航行安全之维护等，咸经先后举办，兹将五年来工作概况，分别年度，摘述如次：

一、二十七年度

调整机构——机关工作之推进，端赖组织完密，方能发挥效率。本人接任之初，首先从事于机构之调整，公布分科职掌，将各科股室职责，明确划分，并对各部分之联系，加以严密之规定。

调整航运供求——长江封锁后，流亡船只，麇集武汉，情形纷乱，公商运输，两感困难，故先后举行船舶数量清查，调查流亡船舶营运及船员生活状况，召集航商谈话，说明航运供求失调之原因及其补救办法，并拟定调整方案，以补救未经营运之船舶及疏通积货。此外设立航务咨询处使主管机关与航商货商间均能密切合作，除介绍航商货运外，并司船舶买卖租赁修理，及失业船员之介绍等，办理四个月共介绍船舶410艘32000吨，登记介绍船员281人。

督促修理船舶——当时一般航商认为军事时期，业务难以维持，船只机件损坏，多置不理，勉强航行，危险殊大，故特派定技术人员严密检查，对于失修或航行中应行修理之船舶，均严促修理，其确系无力兴修者则准转请贷款，并督促设立武汉造船厂联合办事处，以加强修船力量，此外设置巡回视察员，按日分赴各码头视察，遇有不合规定者，立予紧急处置，以策安全。

救济船员及引水人——船员及引水人因航线缩短，轮船拨充防御工事，以及不愿受敌雇佣而失业者300余人，亟待救济。当即在武汉举行调查登记，转请交通部拨给紧急救济金代为介绍职业。并抽调引水人40余人入交通员工训练班受训后，参加交通人员服务队工作。嗣后国军西撤，汉湘宜区全部引水人300余人均经督撤入川，派员负责管理训练，并请按月贷给生活费用，以资维持。

征集船舶抢运物资——武汉情势紧张，当地民众，急待疏散，公商物资，需要抢运，当即会同有关机关，征集所有长江轮船，担任输送。迨武汉退守后，囤积宜昌之兵工器材110000余吨，油料10000余吨，公物6万吨亦属急切待运。川江全部轮船运量月仅5000吨左右，绝对不敷应用，只有缩短航线，分为宜昌至秭归、巴东、巫山、奉节、万县数段，先将存宜器材，送抵安全地带后，再行转运，时间较为经济。同时轮运犹嫌不足，复征发川江木船1200余艘，协同抢运完成任务。

督导轮船撤退——武汉濒危，停驻轮船，自应全部撤赴安全地带，以免资敌。故即会同军事运输机关，组织巡察队，严促轮船撤退。计至宜昌者208艘，长沙者66艘，常德者16艘，从宜昌入川者150艘，保存之数颇属可观。

厘定宜渝木船运价——抢运宜昌器材之时，木船运价尚无一定标准，船户以需求增大，心存居奇竞抬高价，藉故规避，抢运工作，颇受阻碍，故即订定渝宜木船上下行运输规则及各城市间运价，公布施行，运输称便，是为我国航政官署统制运价之嚆矢。

创办机械绞滩——交通部为增强水运效率与安全，以利抢运物资与撤退轮船起见，特令汉口航政局设立绞滩管理委员会，主办机械绞滩，该会于十月间组成，积极装置机器，研究改良方法，三月之间，成立川江青滩等7站，开始施绞。

二、二十八年度

扩展组织——汉局接管渝港航务之后，业务更繁，加以办理货款制造木船与推广绞滩建设，组织范围，势须扩展，计在各江重要地点，增设管理员办事处九处，绞滩总站2处，绞滩站14处，及座船五处。

管理川省木船——川省木船向未依法施行丈量检查与登记，汉局迁渝之后，即在唐家沱黄沙溪香国寺三处，设置座船，派员常川驻船办理登记检查及丈量等工作，以便统制而策安全。嗣又在泸县合川两地，增设座船，推广进行。

核定轮船航线——政府西迁，川江运输纷繁，各行业竞争营运，时肇纠纷，故即限令各轮船应照章请领通行证书，并按各江水道情形，以及轮船吃水长度，马力大小等状况，分别核定航线，不得任意变更。

扩展内河航路——军事转移，运输渐向内河推进，新辟轮船航路，极属要图。沅江方面，向以水浅，未驶轮船，常德沅陵间，先经督促试航成功，沅陵辰间亦继起开航，湘西水运，遂增繁重，嘉陵江方面，轮船向止于合川，亦经督促航商试航南充，均告成功。武汉失守后，湘鄂交通，增开长沙经安乡公安松滋而达宜昌，一时称便，截至宜昌沦陷前止，输送数万吨之物资器材，以及大量客运，皆惟此线是赖。

统制川省运价——川省水运运价，向由航商船户自由规定，积习已深，影响颇大，故按各江航运状况，及当时运价情形，厘定四川省木船及轮船运价章程各一种，附列各江航线客货运价表，规定划一价目，先后呈准公布施行，以资统制。

推广绞滩建设——沅江沟通湘黔，嘉陵江联络川陕，咸为战时交通孔道，惟均滩多流急，船舶上行迟缓，水运力量未能充分发挥，川江绞滩既获初步成功，建设范围，不难推广，本年除川江继续设立绞滩等六站外，上述两江之绞滩工程，亦经开始建设，至年底止，先后设立嘉陵江石驴子及沅江青浪滩各四站。

提倡改良木船之制造——战时木船成为后方运输之重要工具，需求数量激增，交通当局鉴于旧式木船之构造，颇多缺点，必须加以改良，同时为顾及一般船户无力添造大量船舶，特邀集专家，设计改良图样，并采贷款方式，令由汉口航政局主办，派遣管理员分驻各江造船地点监造，制成之后，尽量代为介绍营业，调度供应，分期收回贷款，综负贷款监造与监运之责。

三、二十九年度

慎重船舶登记——抗战发生，轮船撤退川湘各江，事出仓卒，船舶证书，多未在船，船东又不随船撤退，任凭船员经管，难免觊觎生心，或假借名义，或伪造图章，私行盗卖，买方不察受愚，遂致纠纷时起，故于办理移转登记时，必须慎重将事，并为杜防盗卖，保护产权起见，特将买卖船舶应行注意事项，以及办理登记应具手续，详细说明，逐一列举，通告各有关部分，并登报公告，俾便周知。

实行轮船视察制度——川江航运日繁，轮船无不拥挤，以致乘客超逾定额，救身设备不敷，装载客货方法不善，码头上秩序紊乱，诸弊丛生，故特施行视察轮船办法，按日派员分赴各码头视察轮船进出口秩序，装载客货数量方法，船身机器安全设备情形，以及船员姓名等项，无不详尽，其不合规定或违反法令者，轻则加以纠正警告，重则处以罚锾，停航。

修订船舶运价——川省轮木船运价划一规定之后，各方深表赞同，依照章程应用，咸称便利，惟因物价增长，运输成本，随之提高，原定价目不得不酌情修改，以期适用，在修订之先，例须调查精确成本，考察实际情形，而后召集有关机关会议，并由各船业公会代表参加，共同研讨，每次获得结果后，呈准公布，藉求详尽。

继续绞滩建设——是年各江绞滩站之建设，仍照常继续进行，以年余之经验，技术相当进步，工程完成较速，计川江完成实子滩等3站，嘉陵江葡萄片等21站，沅江高溶洞1站，此外成立长江上游斗子等2站，酉水高积头等5站，共32站。

广积贷款造船——上年贷造之木船除撤销贷款权18艘外，于本年三月份止，业经依照上年度预定计划完成船舶238艘。嗣即奉令继续办理两年来所有各级木船贷款分配，列表如下：〈略〉

四、三十年度

重要改组——是年内重要改组有二：一系汉口航政局改组为长江区航政局，组织辖区经费等，均予更改调整，局内设监理技术总务三科，及会计统计两室，外设泸县宜昌合川长沙常德九江等办事处，一系航政局造船处改组为川江造船处，设三汇昭化宜宾三工场，綦江阆中泸县三分工场，及各地管理员办事处6处，此外增设乌江绞滩站3处，全体职员合共280余人，其中技术人员约占半数。

调整轮船航线——川江各埠，因季节之不同，客货运输情形，时有变动，航商竞营有利航线，而置无利航线于不顾，在所难免，故须随时调查，召集开会讨论商航，调整航线，并规定各线船只数目，航行班次，开行时间，沿途停泊地点等分饬遵行，以调剂供求杜绝纠纷。

开辟金沙江航线——金沙江为沟通川滇水道，关系国际运输，政府及各方人士，均盼开辟该江轮船航线之早能实现，年来一再督促民生公司，派轮试航，宜宾至安边一段，秋间试航成功，遂由该公司派轮定期行驶。

推进轮船视察制度——轮船视察制度，施行以来，船舶失事，逐渐减少，故决继续办理，并严格推行，以期航行安全，确获保障。

训练小轮船船员——船员之学识经验与航行安全直接有关，小轮船员多由舵工机匠升充，经验虽或丰富，学识究嫌不足，故特分批抽调各轮驾驶及轮机负责人员，入班受训，聘请航轮专家，分解各种基本学理，以灌输智识，增长技能。

严密管制运价——水运成本除与员工薪给材料添置船只修理消耗等有关外，尚有水道之难易关系，如同一航线上水与下水运价不同，或距离相若之两段航线，彼此运价不能相等，此外船有大小，装载力不同，成本亦异，故于计算之时，必须调查周到，又如僻地航线，供不应求，船户额外需求，雇主变相津贴等情事，在所难免，均须严密调查，力求裁制。

开办乌江绞滩——乌江为川省内川湘水陆联运所必经之要道，酉水既已举办绞滩，乌江自亦不可偏废，乃于本年开始办理，次第成立羊角碛等3站，其余滩险多处，在一年以前，即由乌江工程局负责筹设绞关，业经商允待其设置完竣后，移交绞滩会统一管理，故暂不增设，以俟其移交后，加以整理。

加强船只制造——川江造船处于本年一月成立，在嘉陵江渠江及长江上游各地设置工场或分工场，招工制造，规定工款107万余元，制造木船2160吨，此外接受全国粮食管理局之委托，代造渠涪两江运粮木船5400吨，任务相当繁重，经三个月之筹备，四月以后，各式木船即行陆续完成。

五、三十一年度

调整组织——成立南充及宜宾办事处，分别管理嘉陵江上游，及长江上游岷江金沙江等航务，增设磁器口唐家沱2座船，加强视察轮船与管理木船工作，因绞滩经费紧缩，裁撤各江绞滩站20处，为集中造船力量，裁并分工场及各地管理员办事处。

辅导航业——我国现存轮船约105000吨，在长江流域者94000余吨，占全国吨位94%，惟其中颇有因构造关系，不合于内河行驶与被敌机炸毁及失修停航者，自应尽量利用，藉以发展航业，年来经督促改造俾能适宜航行于川湘各省水道，及经洽商四联总处贷与巨款，从事打捞修复之后，已有多数参加营运，发挥不少力量。

提高检查船舶标准——检查船舶，本有详密规定，惟内河滩多水急，船舶易受损坏，后方船厂设备简单，又不能严格修理，航行危险堪虞，亟应提高标准，以策安全，故非船身机器锅炉各部分均属良好，设备确属齐全，经多次检验及试航无碍者，不准航行，年来检查船舶次数，逐渐增加，兹将历年检丈登记船舶艘吨数，分别列表如下：

（一）艘数

年份	轮船			帆船		
	丈量	检查	登记	丈量	检查	登记
总计	300	1715	398	10784	11047	10739
二十八年	69	453	127	5689	5786	5742
二十九年	54	366	97	1868	1493	1895
三十年	67	421	89	1447	1860	1450
三十一年	110	475	85	1780	1908	1652

（二）吨数

年份	轮船			帆船		
	丈量	检查	登记	丈量	检查	登记
总计	27336.27	227462.48	63048.85	341803.91	364513.06	353416.42

续表

年份	轮船			帆船		
	丈量	检查	登记	丈量	检查	登记
二十八年	5373.18	67139.12	15403.04	184776.43	187943.09	186919.19
二十九年	5485.49	49987.47	12038.68	66013.79	67524.16	67274.57
三十年	6112.69	53111.68	12711.76	32853.40	44370.47	42984.95
三十一年	10364.91	57224.17	22895.37	58160.29	64675.34	56237.31

增辟轮船航线——金沙江叙安段通航之后，安边以上，仍随时督促试航，派员参加，年初由安边江至屏山，十一月间再至蛮夷司，现敏屏段已有定期轮船行驶，屏蛮段俟滩险整理后，亦可开航。

加强轮船视察制度——为求视察制度之执行更趋严密起见，增设座船两处，严饬各办事处，一体遵行，并随时加派人员密查，对于违法事项，莫不从严取缔，兹将历年视察次数之增加，及取缔违法次数成分等列表比较如下：

年份	视察次数	取缔违法次数	违法成分%
总计	15364	265	1.72
二十九年	1699	73	4.29
三十年	3249	90	2.79
三十一年	10416	102	0.98

推广船员考核——考核船员，向系按章办理，年来川江小轮船船员多未经过考验，不无资历不合者，充斥其间，危害安全故即严促施行检定，并由交通部考验后发给证书，方准充任。再以嘉陵江木船失事，多由驾长技术不良所致，举办驾长检定给证，亦属必要。两项检定实行以来，各船员尚能踊跃参加，所有历年考核船员人数，兹并列表如下：

<table>
<tr><th>年份</th><th>核发海员手册</th><th>雇佣契约认可</th><th>解雇认可</th><th>小轮船船员检定</th><th>木船船员检定</th></tr>
<tr><td>总计</td><td>1736</td><td>2626</td><td>1518</td><td>146</td><td>1066</td></tr>
<tr><td>二十八年</td><td rowspan="3">1273</td><td>1105</td><td>193</td><td></td><td></td></tr>
<tr><td>二十九年</td><td>589</td><td>388</td><td></td><td></td></tr>
<tr><td>三十年</td><td>502</td><td>453</td><td></td><td></td></tr>
<tr><td>三十一年</td><td>463</td><td>430</td><td>484</td><td>146</td><td>1066</td></tr>
</table>

扩展运价统制——川江水运运价实施统制，已有三年，略具规模，现湖南方面，航运渐繁，故亦仿照川省办法，厘定湖南省轮船木船运价章程，呈准施行，并按情形，随时修订，兹将川湘两省历次修订运价情形，分别列表如下：

（一）川省

运价别	修订次数	经历时间（月）	增加倍数			附记
			最多	最少	平均	
轮船客票价	9	45	53	23	38	从廿八年四月份起
轮船货运价	7	45	38	7	22.5	以普通药材计算
木船货运价	11	45	37	15	26	

（二）湘省

运价别	修订次数	经历时间（月）	增加倍数			附记
			最多	最少	平均	
轮船客票价	2	9	1.4	1.7	1.55	从卅一年四月份起
轮船货运价	2	9	1.1	1.5	1.3	
木船货运价		3				从卅一年十月份起

介绍及监理木船运输——疏运滞宜器材之后，各机关继续商请介绍租用木船者，仍尽力协助，迨改良木船陆续完成，各方商请租用者，尤为踊跃，兹将历年介绍木船运输数量，列表如下：

年份	介绍普通木船		介绍改良木船	
	艘数	吨数	艘数	吨数
总计	1351	19200	2145	36691
二十八年	117	3302	66	2225
二十九年	254	4018	662	15667
三十年	467	5667	601	10485
三十一年	513	6213	816	8304

改善绞滩工程——本年度绞滩会工程管理等费，核定预算为80万元，仅及原拟概算1/3，不但无法增加新滩站，即原有滩站经常费用，亦难维持，不得不将次要滩站暂行停办，就核定预算以内，勉为分配，暂维现状，至必要之改善工程，如牛口滩站增设绞盘基座，泄滩站在北岸增设铁质大绞盘，以及各滩站修建索桩，排除阻石，修理纤路，添配工具等等，凡在经费范围之内，无不力谋改善，以利施绞，所有各江历年施绞船舶次数，兹综列于下：

年份	轮船	帆船	附记
总计	1866	146359	
二十七年	142	405	自十月起至年底止成立7个绞滩站
二十八年	516	15731	至年底止共有21站
二十九年	600	46303	至年底止共有53站
三十年	269	54892	至年底止共有56站
三十一年	239	29028	至年底止共有36站

造船处开放营业——川江造船处本年业务，奉令开放营业，以便接受各方委托造船，营业办法确定之后，各方定制者甚见踊跃，计有经济部农本局，平价购销处，中央电磁厂，四川省

水上警察局，交通部招商局长江业务管理处，川黔驿运干线等十余机关及船商，接受工料价款达750万元以上，兹将历年完成船只数量列表如下：

年份	艘数	吨位	附记
总计	1388	24099	
二十八年	235	5520	此系贷款制造完成数量
二十九年	330	4494	
三十年	587	6132	
三十一年	236	7863	包括贷款制造煤气机轮船两艘共二十吨

综合五年来本局工作之进集中于下列四点：一为保有相当船舶数量，足以供应目前运输，二为内河航运逐渐发展，航业赖以维持，三为航政法令，逐渐贯彻，航行安全，俱求适应，四为运价稳定，惟在实施工作之时，难免不无阻碍，如初期中，中央航政与地方航务机关职掌未分，事权未能统一，法令无法推行，木船方面情形杂乱，航线遍及僻地，轮船方面，资本大半微薄，单位过多，船员方面，程度不齐，供求失应等等，推进积极政策，窒碍亦多，再就新兴事业方面观之，亦因限于经费材料工具及物价飞涨等等，遭遇困难，不胜枚举，幸赖当轴长官，确立政策，坚决指导，从事员工，奋勉工作，略具成效，惟现时战事尚未结束，各江运输，仍有增繁，需要改善推进之处尚多，至于收回航权，复兴航业，发展长江交通诸大端，亦有即事准备之必要，尚盼各界时加匡教，共同策进是幸！

10. 有关陪都船舶货物限期起卸的一组文件[①]（1943年1—5月）

一、蒋介石手令（1月16日）

本会何总长、国家总动员会议沈秘书长、重庆市贺市长：

凡船舶运货到达交货之地点时，应限定接收机关或公司行号于当日（至迟三日）内，即将货物起卸清楚，不得任意延滞占留船舶，阻碍运输。如过限期不卸者，即将其货物没收充公，如本系公物，则应通知其上级主管机关，将该负责人员严加惩处。希约集各机关，拟具办法实施为要。

中正手启。铣。侍秘。

中华民国三十二年一月十六日

① 原载《经济部公报》1943年第6卷第11、12期。

二、军事委员会、行政院令（5月1日）

令重庆市政府：

兹制定陪都船舶货物限期起卸办法除分令四川船舶总队部遵办并分行外，合行令仰该府遵照办理为要。此令。

附发陪都船舶货物限期起卸办法一份

委员长　蒋中正

陪都船舶货物限期起卸办法

一、凡船舶货物之起卸悉依本办法行之。

二、凡船舶货物在起运前，交运机关或押运人应将船舶数目、物品种类、吨量及开行时间，用最迅速方法通知接收机关或行号。接收机关或行号接到通知之后，应估计船只到达时间，准备起卸工具夫役及仓库，以便到达后立即起卸。

三、物资机关应建设或租借仓库或堆栈，以供运来货物之存储，不得利用运输船只作为仓库。货物到达后，如需转运时，应充分速备船只以便转运。前项转运船只，如物资机关自备船只不敷应用时，得商请船舶管理机关增补之。

四、木船于下午二时以前到达码头者，应即向收货机关或行号报到；逾时到达者得延至次日上午八时报到。其货物有须报验者，接收机关或行号应于报到后3小时内申请检查。海关或检查机关接到申请书后，应立即派员检查，其检查时间不得超过3小时，如有特殊情形（如查获违禁物须继续检查），得酌情延长之。其在日没以后报验者，除旅客随身所带货物仍应随时检查外，大宗货物得于次日上午十时以前派人查验。

五、木船货物在300吨以内者，限三日内卸毕。轮船及其拖带之驳船货物在300吨以内者，限一日内卸毕。其起卸时间，以船舶到达卸货码头后，完成纳税检查等应办手续之时起算。

上项规定时间如有特殊情形，经申请船舶管理机关核准者，得酌量延长之。该项申请手续应于船舶到达后3小时内办理。船舶管理机关接到申请书后，应于3小时内答复之。

六、待卸货物之数量如超过起卸能力时，除紧急物资应先起卸外，其余物资应以到达先后依次起卸。

七、码头工人不敷支配，不能于规定期间内起卸完毕时，接收机关或行号除有自雇之工人夫役外，应向运输团体洽派夫役协助，或请调派劳动服务队协助之。

八、船舶货物到达终点后，接收机关或行号如需要变更其卸货地点时，应在接到通知后24小时内通知之。

九、接收机关或行号如逾限未将物资起卸，得由船舶管理机关代为卸存，一切费用由船舶管理机关代垫后，向接收机关或行号追还。物资如有意外不可抗力之损失，代搬机关不负赔偿之责。

十、凡船舶货物经起卸后，货主及船主间之一切手续应立即了清，不得耽搁。其船只并应尽量利用回空。

十一、船舶货物如逾限不起卸完毕，应由国家总动员会议督察，四川省船舶总队部查明责任议处。其处罚办法如左：

逾限在一日内者，处以500元以上2000元以下之罚金；逾限在一日以上二日以内者，处以2000元以上5000元以下之罚金；逾限在二日以上五日以内者，处以5000元以上10000元以下之罚金；逾限在五日以上者，得处以10000元以上50000元以下之罚金。如责在货主，并得没收其货物之全部或一部。

上述逾限起卸货物，如属军公物资，应惩处该物之机关之直接主管人员及负责人员。

十二、海关或检查机关检验人员或工会职员如不遵守时间，或有舞弊情事延误时间者，应由各主管机关严予处分。

十三、本办法如有未尽事宜，得随时修改之。

十四、本办法由行政院会同军事委员会公布施行。

11. 内政部为转发蒋介石关于改正检查机关苛扰百姓情事的电令致重庆市政府代电（1943年3月3日）

重庆市政府勋鉴：案奉军事委员会委员长蒋三十二年二月三日江渝办

代电开：查各地宪兵、警察、缉私署与监察处等，对于往来商旅之检查无不苛扰百端，致使民怨沸腾，例如渝埠某某轮船本定明晨开行，旅客特于前一夜登船，然检查人员则迟至次晨八时以后始扬长而来，且强令各船客再将行李搬上岸上重新检查，翻笼倒箱，多所挑剔。待其检查完毕，则以时近中午，甚至延至傍晚，乃至无法启行，延误船期。诸如此类之事，所闻多有，人民因受检查之苛扰，每视商旅为畏途；复受宪警胁迫，转怨政府之暴虐。是检查人员非特不能达成其任务，且反招人民对于政府之怨恨，此其罪恶实大于贪污舞弊。嗣后各地宪警当局与缉私署监察处负责人员等，务须切实改正，倘再发现此等情事，则各该员负责人员定予军法处治。除分电外，合行电仰遵照，迅速转饬所属各地检查机关负责人员切实改正，并希具报为要。等因。奉此，除电复外，相应电请查照，转饬所属各级警察机关遵照为要。内政部。渝。渝警。江印。

12. 交通部嘉陵江运输处为派任处长致重庆市政府公函（1943年6月）

案奉饺苏□□□□缓嘉陵江运输处处长。等因。奉此，泽山遵于六月一日接收处务视事，除分行外，相应函达，即请查照为荷。此致

重庆市政府

处长　范泽山

13. 办理川湘川陕水陆联运经过（节录）①（1943年9月25日）

一

我所主办的运输工作，是川湘川陕水陆联运。言其历史，倒也不短。创办于民国二十九年九月，由招商局与民生公司合办，设“川陕川湘水陆联运总管理处”于重庆。经营衡阳至重庆（经常德沅陵龙潭黔江涪陵）水陆联运业务，及由重庆至广元的嘉陵江水道运输。三十年一月，由交通部参加投资，改名为“交通部特许川陕川湘水陆联运处理事会”，下设经理处，继续办理。三十年九月改组，取消“特许”字样，并撤销经理处，分设川湘联运处及嘉陵江运输处，统归理事会管辖，仍为官商合办性质。以营运不易，发展困难，于三十一年四月，交通部明令撤销理事会，并派本人负责清理。至三十一年六月一日，正式成立“川湘川陕水陆联运总管理处”，由本人董其事，并接收改组川湘联运处及嘉陵江运输处，将原有招商局及民生公司股本二万元，如数退还，使全部成为国营。其沿革有如下表：〈略〉

我自三十一年四月担任清理工作，至六月主持总管理处业务，三十二年五月因病辞职，工作经过，恰为一年。一年的时间太短，可是川湘川陕水陆联运的内容太繁复，其经过也太纷杂，所以就在这很短的时期中，可以用力的地方很多，同时值得追忆的地方也很多。

接办的时期，我唯一的运用资金是国币2万元，用以退还招商局和民生公司的股本，以外一无所有，可算得白手成家。接收的汽车97辆，能行驶的不过2辆，在沅江酉水的木船共141艘，大都损毁，不能充分利用，在嘉陵江的木船49艘中，能继续航行的仅11艘，这是当初接收时唯一的积极资产。此外还得担负一笔很大的消极资产，就是沿途停滞经年的积货约2000余吨，须得及时代为疏运到目的地点。

① 原载《西南实业通讯》1943年第8卷第4期；薛光前著《我办理运输的实际体验》。

二

这个任务，当然是十分艰巨的，尤其是这条路线：自衡阳至常德（经洞庭湖），常德至沅陵（经沅江），沅陵至龙潭（经酉水），龙潭至彭水（经公路以汽车运输，如轻件可由龙潭夫运至龚滩，循乌江至涪陵），彭水至涪陵（经乌江），涪陵至重庆（经长江），重庆至广元（经嘉陵江），全程计2185公里，约等战前京沪、津浦、平汉三条铁路的总和。战前各铁路联运，已感相当吃力，在战时以木船、夫运、汽车互相搭配联运，其困难可见，尤其以沅水、酉水、乌江、嘉陵江滩险林立的情形，运输更加不易。但经过一年的奋斗，内外同人上下一致的努力，居然把困难勉强克服，任务亦勉强达成。

在接办以前的一年半中，承运总量不过数千吨（其中积存沿线待疏运的约2000吨）。接办后不但将积货于三个月以内全数运清，还接运了大批物资。一年之中，其承运物资约计435000吨，其中已到达的37100余吨，在途者6400余吨。如将短距离区间的运输数量不计在内，平均每月自衡阳至重庆直达运量，上下共900吨，自重庆至广元直达运量上下共为1000吨。如以物资类别按吨量分列，则为：

交通部部料（大部分为积货） 2109吨（占4.8%）

茶叶 2473吨（占5.7%）

兵工器材 400吨（占0.9%）

铜币 604吨（占1.3%）

洋灰 1705吨（占3.9%）

军米 19180吨（占44.0%）

食盐 5255吨（占12.0%）

机棉 4590吨（占10.5%）

矿品 1906吨（占4.3%）

其他 5477吨（占12.6%）

如以承运工具分析，则80%为木船运输，20%为轮船汽车夫力之配运（当时由衡阳至广元，经由铁路汽车运输之每吨运价约28400元，至水陆联运每吨运价，平均约需2万元，如以全年联运全程物资12000吨计，较全程以铁路汽车运输，节省运费，约达1万万左右）。

运输的数量，固然有长足的进展，而工具设备在一年之中，尤有很多的增进。列表如下：

名称	木船				汽车	夫力
	川湘线		嘉陵江线			
	自有木船	利用民船	自有木船	利用民船		
接办前数量	各吨级木船 141 艘	无查考	各吨级木船 49 艘	无查考	共有 97 辆，能行驶者 2 辆	无
接办后一年之数量	各吨级木船 285 艘（增 144 艘）	各吨木船 1821 艘	各吨级木船 87 艘（增 38 艘）	各吨级木船 550 艘	共有 104 辆，能行驶者 72 辆	6000 名
备注	接办前自有木船大半停驶经年无法利用				一年中增加 70 辆	经常编制分配龙潭龚滩之间

增加的70辆汽车之中，只有7辆是新买的，其余63辆，都是从不能行驶的旧车中修复出来的。此外并增设长途电话专线 10 处，无线电台 11 座，汽车修理厂 2 处，木船修理厂 2 处，油库 1 处，材料库 2 处，仓库 8 处。其中大部分经费，就在收入运费项下开支的。

接办时的经济情况，是相当艰困的。部投的唯一现款 2 万元，付还了招商局民生公司的股本，此外毫无所有。政府核定三十一年度建设专款共 863000 余元，已经前任垫补亏损用去 50 万元，可以续领的不过 363000 余元，同时建设专款照理应用在建设，不可任意抵作营业用途。所以实际上无异赤手空拳，一无凭藉。因此一接手开办，即向各方承揽新货，以预收的运费移充疏运积货的用途，俟积货运到，收清运费，再来起运新货，因为积货的货主，对承运机关已失信用，必须货物运到再行付款，而当时又没有一笔垫款，因此到处讲情面，和几个大货主订立新约（大都从前没有托运过的），收了一大笔预付运费，因此经济方能勉强周转过来。

全线营运工具，有木船汽车夫运等种，各段接替配运，每段运价，均遵照交通部核定的标准办理，其未经交通部核定的，依照当地战区规定承运军品之运价办理，自身并无自由伸缩运价的可能。唯全线转让递运手续极繁，为代客办理沿途照料押运提驳仓储验关警卫及贯彻负责运输的目的起见，按全程运价，核收代办运输费 20% 至 30%，以充一切必要开支。综计一年之中，共约收入运费 7500 余万元，除抵充一切支应（各级职员 1670 余人，技工 74 人，工役 300 余人，固定船夫 1800 余人，运夫 6000 人，其余临时船夫纤手运夫等经常恒逾 10000 人以上），及增加资本支出约 200 万元外，已勉能自给自足（每月除应付运费不计外，经常薪津及办公等开支约达 130 余万元）。在战时的各种国营交通事业，无论路电邮航，十九都是亏损，能自给自足的，虽不是凤毛麟角，却也难得多见。同人对此，不无自慰。

经过一年的努力，信誉随业务而俱进，物资机关与本处订立长期合约委托承运的，有盐务总局、资源委员会、中国茶叶公司、豫丰纱厂、农本局、复兴公司、兵工署（及所属兵工厂）、第某战区军粮接运处、中央造币厂、川康硝磺处、液体燃料管理委员会、甘肃油矿局、战地服务团、宝天铁路工程局、綦江铁路工程处等。其中如盐务总局川盐剂陕及川盐剂湘的工作，均委由本处全力办理，盐务总局不再自设机构，自办运输。中央加强物资管制，以盐米为中心，一年之中，本处为承运之食盐达 5255 吨，战区军米 19180 吨（内有 10000 吨系本年二三月间湘西军事吃紧时自滨湖区域抢运，月余完毕，达成任务），共计24435吨，占全体运量56%。对助长后方物质的流通，不无裨益。

三

〈略〉记得我应允当时交通部部长张公权先生命令接办的时候，提出这个坚决的意见："运输以效率为第一，现行纪律不碍及效率的，我绝对严格遵从。假使现行纪律有碍及效率的，我必舍纪律而趋效率。请予以信任，能放手做事，半年后当有交代。"我取得长官全权处理的信任以后，就循理顺章，按步做去，一切感觉异常顺利。所以我主办运输一年，假使略有成就，这成就的根源，完全基于长官的全部信任，一一赋予协调纪律与效率矛盾冲突的权力！

举一个简单的例子：年来汽车运输，流弊百出，尤其政府机关的汽车运输业务，其效率远较商办的为低，于是参照商车办法，将车辆包租于司机机工。我记得接办的时候，97辆汽车只有2辆能行驶，其余95辆，大部破坏不堪，无法利用。于是召集了180个司机机工，编为60组（每组有一司机一机工一助手），同时选出较好的破车60辆，当众询明能否再修，如有修复可能，当由公家出资代购配件，协同修复。修复后，即由每组包赁一辆，担任运输。众意皆同，于是第一步抽签修车，修复后，再行抽签租车，不到三个月，60辆破车，辆辆能走，而且因为包赁制度，所以从不抛锚翻车。一年之中，只有一二次发生极小的意外，并无伤人失货。效率之高，可谓完全得力于这个租赁办法。这个办法，经一年的事实证明，当然不会再引人指责；但在当初试行的时候，利弊得失，均无把握，而且将公物包工租赁，亦非郑重公产之道，与现行国有财产使用规章，颇有出入，所以当初就无法将此项办法，正式呈部备案，恐遭驳斥，即使幸蒙批准，来往公文，说明解释，亦至少在二三个月以后，这对于接办时急如星火的疏清工作，将有何等重大的影响。我为争取效率，所以不能不把纪律稍微迁就一点。在当时权宜订定了一个车辆租赁办法（附后）。这个办法，一直沿用到现在，还是一样的有效率：

（一）为加强运输效率、提高职工爱护车辆起见，试办包工制，将所有车辆分别租赁，交由租赁人各自负责营运及检修。但本处仍保有车辆所有权，并得随时收回公营或变更租赁。本处对所属汽车修理厂之职工，得优先租赁之。

（二）租赁人应遵守一切公路规章，其行驶路线及运送物品，均由本处指定并由本处填发行车记录凭折为凭。

（三）经租赁之车辆，其牌照季捐养路费燃料修理配件及一应行车保养费用统由租赁人自理，如本处交运货物时，亦照政府规定之运费，照付运费。

（四）本处每吨公里核收租金1元（最近已略增）。

（五）租赁人接管车辆时，应填写领车收据，详载该车辆状况，将来归还时，仍由本处逐项点收，除自然折旧外，其余钢板轮胎等件，均应保持原来状态，否则租赁人应负责赔偿。

（六）租赁人租赁车辆，须合下列各条件：

1. 诚实可靠，行为端正，无不良习惯及嗜好，有合格保证者，

2. 本人系司机机匠工务员，持有执照，或本人系商车车主。

（七）租赁人租赁车辆，以每人租赁一辆为限，如有数人合伙租赁者，应有一人为代表。

（八）租赁人须具下列保证：

1. 每租车一辆，须具10万元以上之铺保一家，或5万元以上之铺保2家，但本处修理厂之职工，得互相连环担保，规定以3人保1人，并限1人至多保证3人。

2. 保证人与被保证人均须为车辆租赁人，其合伙租赁人，不准作保证人。

3. 某一租赁人，如亏欠公款，私藏客货，夹带违禁物品以及违背租赁办法，或其他不法情事，连环保证人均须负连带赔偿之责任，及处罚之连坐。

本处的运输，除汽车外，以木船为主体，木船比汽车管理更难，木船往往会“腾空放炮”。所谓“腾空”，就是船到中途，把货物搬空盗取；所谓“放炮”，就是在船身自一洞，让水浸入而下沉，事后报称遇险失事，还要要求救济补助。这种流弊，已根深蒂固，难以根绝。在我接办以前，各江木船失事记录，高至25%，换言之，4艘船中，要有1艘失事，其危险孰甚。接办后，利用船户心理，订了一个“船户租赁处船包运办法”，将所有自备木船，包租于船户，照付运费。最初酌行收取少许租费，其后如成绩优良，即归其永久租赁，不取租费，无形中该船即归船户所有。船户为取得永久租赁之权，所以使用营运等等，决不稍有疏怠。实行以来，失事记录，大为减少。统计沅江酉水乌江在七个月之中，共行驶木船961次，共失事4次，为0.4%。损失物资共31吨，占运输总吨量仅0.47%。其租用包运办法，要点如下：

1. 为便利船户租用本处处船，承运材料物品，并谋水道运输之迅速准确安全起见，特订立本办法。

2. 承租处船之船户，须经本处考核合格，确系熟悉航道，行江技术优良，并须取其殷实铺保或保证人填具志愿书连同保证书，呈经核准后，即可租用本处完整船只，行驶于××区域。

3. 处船一经承租船户租用后，在船户未曾犯有过失以前，除本处因自用收回者外，不得以之另行租给其他船户。

4. 本处出租船只，行驶于×江者，每来回一次，酌收租金×元、行驶于某水者，每来回一次，酌收租金×元。该项租金，承租船户应于每次行驶前缴纳，即由本处于应付运费内扣除之。但回程放空者，其回程租金免缴，由本处退回船户。

5. 船户租用处船于行驶×江者，限于×天内来回，行驶于×水者，限于×天内来回。船只驶至目的地后，应即请到达站卸货，并由站派装回程货起运回驶，不得无故停留。但因不可抗力或不能归责于船户之事由，因而延迟或停留者，不在此例。

6. 船只之修配，概由承租船户自理，并应随时注意保养修整，由本处派员考核查验，船户应绝对遵从其指示办理。

7. 承租船户载运本处货物，每次准期安全到达目的地，交货齐全，经到达站证明属实者，由起运站每吨发给奖金 × 元，延期到达者，每吨每日处以 × 元之罚金，在应付运费内扣除之。

8. 承租船户连续载运本处经运货物三次，均准期安全到达目的地，并无短少损毁者，得免予缴纳第四次之租金。经连续获免三次租金，且经检验平时对于船只保养得力者，得长期豁免以后各航次应纳之租金。

9. 承租船户载运本处货物，如有故意放生或散纤情事，除因而发生之物品损失，船只伤害，以及消耗雇纤等费用应由承租船户及其保证人连带负责赔偿外，如情节严重，并得将该船户送解军政司法机关依法惩办。船只到达目的地交付货物，如有短少或损毁，以及船户自揽货运时有故意放生致损毁船只情事，其损失应由承租船户及其保证人连带负责赔偿。

10. 承租船户向本处租用之船只，除装运本处材料物品，或经本处核准之自揽货物外，不得私载其它货物，否则一经查明，除依法严办船户外，并得扣留其货物。租船在本处无货派运时，承租船户得填具“自揽货物声请书”，呈请本处核准，由本处发给“准运书”后，自揽其他货物载运，除应纳租金外，并呈请本处酌量收回成本，计上行每吨 × 元，下行每吨 × 元。船户未经呈准发给准运证，而揽货载运者，以私揽论。船户自揽货物，本处对托运人不负任何责任。

11. 本处运费，按核定标准办理，承租船户，不得任意要求，每次起运时，在起运站发给运费八成，于到达目的地后发给之。中途不准藉故借支，除遇有人力不可抗拒之变故，有确实证明者外，所有材料物品之提驳散纤，一律归船户自理，不得向本处要求发给任何费用。但隔船隔水隔乾在三日以上，有确实证明者，本处得酌发伙食费，以资补助。

12. 承租船户有下列情形之一者，本处得按情节轻重，将出租船只收回，或追缴该船户以前纳之租金：

（1）不服从本处所派押运员及沿途站哨之指挥者；

（2）私揽货物者；

（3）积欠租船者；

（4）违反第六条之规定者；

（5）有第九条规定之一者；

13. 船户退租缴还船只时，应保持与出租时同一状态，如有损毁或缺乏配件等情事，应由承租船户及其保证人连带负责赔偿。

依现行法令讲起来，这个租用包运办法，是有相当出入的；但我为减少失事，根绝流弊，保障航行安全起见，毅然的在沅江酉水两区域，先行试办，在这里又不免过于偏重了效率的要求。

〈略〉

14. 交通部造船处业务概况（节录）[①]（1943 年 12 月 8 日）

我国幅员广袤，物产丰富，不亚于任何一等强国，今欲开发资源，振兴工业，必须先谋运输事业之发展，而运输事业中最能负重致远而成本又极低廉者，厥为航运，故造船二字在外国乃代表一极伟大之事业，吨位辄以百万计，价值辄以万万计，我国造船事业若与任何工业先进国比较，不啻霄壤之别。现值抗战紧急，国库支绌，本年造船建设专款用以建厂者不过 600 万元，明年度预算为数更小，经费既属极度有限，一切设施自然只能从最小规模着手。兹将造船机构建厂经费人事配备造船数量及今后准备工作，分为五项报告如下：

一、造船机构　大部原在广西设有西江造船处，又于长江区航政局之下设川江造船处，抗战军兴以还，曾作有价值之贡献。本年一月为集中管理加强机构计，设立造船处，原有之两处结束归并本处，原有厂场经酌量调整，并增设厂场及工程处多处，截至目前止。旧有新设合计有重庆衡阳两厂，吉安昭化宜宾合川合江五工场，泸县绵阳内江三汇太和镇南充赵家渡乐山白沙河口十临时工程处，其中“厂”略有设备，“场”为纯粹木工，“工程处”则系临时性质。

二、建设经费　本年奉准建设专款为 600 万元，原拟以 180 万元设立重庆工厂，60 万元充实衡阳工厂，60 万元设立木船工场，及工程处，70 万元作为开办费，其余 230 万元为营业周转金，嗣以上项专款未奉按期拨发，已领数额不过 300 余万元，而物价又日益增长，最初数月，粮食部造船案迟不解决，木船工场又不得不陆续成立，早作准备，所领专款多移作薪工开支，以致重庆工厂仅能成立木工部分，衡阳工厂除已先后拨汇周转金 50 万元外，亦尚未加以充实。

三、人事配备　本处以经费拮据，力图节省，所用人员始终未达到编制数目，照组织章程，本处得设各级职员 326 人，但实际人数自 70 余人增至 182 人，最多时约合编制 56% 而已。今后转移目标，注重机力船之制造，拟尽量罗致技术人员，以作战后建设之准备。

四、造船数量　本年以粮船为主要业务，计有各吨级趸船，水上仓库，稽查快艇，暨各吨级运粮船 156 艘，共 11000 余吨。自本年六月领到粮食部垫付料款 2 千万元以后，即尽速购办材料，于八月提前开工，惟工款迄未如期拨发，工作进度颇受影响，大部分工作可于年内完成，全部竣工恐须展至明年三月，关于设计方面，系尽量采用各河流区域悉用式样，而在工料方面力求精良耐用，已渐获得各方信仰，最近数月各机关接洽修造船只日见增加，且较以前普遍，其已完成者，计有花纱布管制局广元办事处委修各级木船 12 艘，农本局福生广庄嘉陵江运输处广元办事处嘉陵江工程处，兵工署第十兵工厂及船舶管理所等委造各级木船 39 艘，其在制造中者，有军政部交通器材总库兵工署第二十兵工厂，粤东盐局及吉安工场自造由各机关购领共 30 余艘。

五、准备工作　本年因适应后方急需，且限于经费与物资之缺乏，不得不偏重木船制造。今者胜利在望，将来复员及重新建设均有赖于机械化航运，亟应未雨绸缪，提早准备，且沿海

① 原载《交通建设》1944 年第 2 卷第 2 期，本文标题为原有，作者夏彦儒。

及内河航行权业已收回，若有航权而无船只，实为国家耻辱。总理遗教昭示我国造船工作量每年应达到200万吨，船舶总数至少应有沿海及海外航船1000万吨，内河尚不在内。总裁训示实行实业计划最初十年内应造船300万吨，即此可知造船事业之重要性。现后方船只共不过10余万吨，几无航业之可言，战前行驶长江及沿海船只共需120万吨，即恢复此数已属不易；故造船业务前途极为艰巨，战后船只补充固有其他途径，如战败国之赔偿，收回伪组织掌握之船只，购买外国多余船只等，但自造新船实为主要途径。目前造船处仅为造船事业之发轫，小不足道，将来任务则极重大。关于本处今后业务，自当遵循部座及次长意旨努力以赴，除仍继续建造木船以应后方急需外，拟即准备利用向美国购买之轮机，尽量建造80吨至400吨级木壳轮船，预计在宜宾、泸县、重庆、万县、衡阳、湘潭、梧州、桂平等处分设船厂制厂，以供内河需要，至于五年计划及十年计划均经拟具详细实施方案，兹限于时间，不容赘述。

〈略〉

15. 以重庆为中心的水陆联运[①]（1945年）

抗战期中我国交通应事实之需要，在交通部主持下，新绩颇多：

除扩展国际运输外，尤注意国内运输之加强，除驿运方面，积极推进而外，该部并设法以陪都为中心，加强川湘川陕两线之联运计划，两年以前，交通部因鉴于后方交通之重要，认为除汽车线运输之外，必须有一比较经济之路线，得以利用充分，故即举办川湘川陕水陆联运，此线由衡阳开始经常德沅陵龙潭彭水涪陵至重庆（川湘线），由重庆循嘉陵江经合川南充至广元（川陕线），全长约2300公里，到广元后与陕甘驿运配合，用车接运到天水兰州再循甘新路，用骆驼往西北出口，回程亦复如此，全程可以不需一滴汽油，就可沟通东南西北西南的联络运输。以运费而论，川湘川陕线联运，自衡阳到广元每吨较汽车运费，仅1/5，其间经济相差程度，不言可知。故卅二年起交通部决心，加强川湘川陕联运，以为后方交通经济干线，俾与西北车驼运输呼应配合。川湘线全程约1600公里，其中衡阳至常德300公里及涪陵至重庆150公里，可以利用轮船，龙潭至龚滩125公里，为人力挑运，其于均可利用木船运输：（一）衡阳至常德轮运；（二）常德经沅陵里耶至龙潭经行沅水西水，利用木船；（三）龙潭至龚滩人力夫运；（四）龚滩经彭水至涪陵利用乌江木船；（五）涪陵至重庆轮运，全线轮运部分，运量并无限制，夫运部分现有夫役数千人，每日运量不过数百吨，所以有时不能不利用一部分汽车运输（自龙潭经行黔江至彭水）后再利用乌江水运，约305公里，此路陡坡急弯，不易通行板车，唯有充分装置木炭汽车，以补夫运之不足。至全线木船运量，因天然种种限制无法充分增高，每月至

① 原载汤约生、傅润华编：《陪都工商年鉴》第1章第2节，1945年12月文信书局出版。

多不过数千吨。以往沅酉两水，及乌江运输失事累见，行旅视为畏途，据交通部办理经验，只须人事管理得法，亦非不可避免，全线木船运输以衡阳为起点，则沅酉两水为上水，乌江为下水，全线水量，大都充分，除里耶至龙潭一段，约60余公里外，皆可终年通行20吨木船。其运量之最大限制有二，一为各江水位气候变化不测，为航行安全，必须随时等候适当水位，然后顺槽放水过滩堤较不致有虞。一为各江纤夫之缺乏，因川湘原属古道，自长江开放后，即废弃不用已数十年于兹，以致各江纤道已多毁败，必须熟练纤夫，积有多年经验者，方能胜任，例如彭水至涪陵，现以纤夫7000名即每月可维持数百吨运量，至达到重庆后即可循嘉陵江北上，到广元，全程740公里，上水约需六七十日，下水（由广元到渝）不过20天，全线滩险林立，约二百数十处，现有大小木船约2000艘，如能运用得当，每月运量可达到数千吨，惟以过去调度支配，不甚得法，所以运量不大，因嘉陵江重庆至南充水位较大，适航较大吨位之船只，南充至广元水位较小，适航较小吨位之船只，卅三年衡阳沦陷后，川湘第一段阻滞，其他各段联运仍照常进行。现虽战事结束，在复员期中联运亦尚有其功用。

16. 复员期间船舶统一调配有关文件（1945年11月）

一、行政院训令（11月1日）

令重庆市政府

交通部提请设立全国船舶调配委员会并拟具调配全国船舶办法一案，经本年十月三十日本院第七一八次会议决议通过，并以国营招商局理事长刘鸿生为该会主任委员，卢作孚及后方勤务总司令部代表一人为副主任委员，该局理事高廷梓、余仕荣、林旭如及战时运输管理局代表一人为委员，该局总经理徐学禹兼秘书长。等语。纪录在卷。除函军委会并通令外，合行检发原办法，令仰遵照，并转饬所属遵照！此令。

检发调配全国船舶办法一份

院长 宋子文

调配全国船舶办法

（一）为统一调配全国船舶起见，设全国船舶调配委员会，直隶于交通部。其所作之决定，各军政机关均依照办理。

（二）为统一船舶之运用起见，凡各机关接收之敌伪运输船舶，均交招商局运用。其租用民营及外国船舶事宜，亦归该局办理。

（三）原有之航运管理机关，如战时运输管理局之航运复员委员会、水运管理处及后勤总司令部之长江区船舶运输管理处均即撤销。

（四）全国船舶调配委员会设主任委员一人、副主任委员二人、委员五人，其中由后方勤务总司令部、战时运输管理局各派一人，秘书长一人以招商局总经理兼充。

二、交通部代电（11月15日）

全国船舶调配委员会览：案奉行政院三十四年十一月二十一日平肆字第二五七五六号代电开：查现值复员期间，交通运输最关重要，非有统一机构主办其事，不足以达成当前任务。本院长特召集军政部陈部长、交通部俞部长、海军总司令部陈总司令，商会决定如次：（一）军政部后方勤务部司令部、海军总司令部现有之船只，均交由交通部全国船舶调配委员会统一运用。（二）各机关现有之海轮，统限在上海集中。江轮分在南京、汉口、重庆三地集中。惟船只之行驶管理，仍由原公商机关负责，主权亦属原机关。（三）船只应用燃料煤炭，由战时生产局焦煤管理委员会负责供应；油料由液体燃料管理委员会供应。（四）来往船只应切实注意不可放空。（五） 任何机关需用船只，均应由交通部船舶调配委员会统筹调配，不得中途藉词扣船。以上五项，除分电外，仰即遵办为要。等因。奉此，除分令外，合行电仰遵照办理为要。部长俞飞鹏。有印。

17. 抗战时期的重庆水运[①]（1945年）

第一节　陪都水运小史

重庆适当扬子江嘉陵江二江合流之处，故交通方面，以水道称便，惟川江航行，昔年仅恃木船，途中艰险，旅客视为畏途。前清光绪九年英人立德（Archibali Little）经商来川，羡斯土之富饶，首创以马达大而吃水之轮船，试航川江，始建“固陵”号，行至宜昌，即被反对而中止，该轮船归招商局所有。但立氏不以此气馁，光绪二十二年，续建重约10吨之小汽船“利川”号，于二月十四日自宜昌上溯，三月九日至重庆，此为川江轮船试航成功之第一声。立氏回国大加鼓吹，并聘请专家蒲兰田船主（Captain C.S. Plant）来华考查。蒲氏对测量河流礁石，安建浮标标杆等，颇致努力，三年以后，回国督造“肇通轮”于光绪二十六年六月离宜上驶，七月达重庆，从此以后，

① 原载《陪都工商年鉴》第2章。

川江轮船航行日进光明之途，蒲氏嗣被法兵舰聘任领江多年，后又在海关任川江巡江司。

重庆因系商埠，昔日各国轮船咸得沿长江通航，至此为终站，重庆以上则航行者限于华商轮船，故航业界对长江上游分为上下段，以重庆为上段，以下为下段，民国十五年川人卢作孚氏，创办一小规模之内河轮船实业公司，由沪定做一“民生”汽油小轮，专行驶重庆至涪陵合川之间，因其管理得法，业务蒸蒸日上，不数年而发扬光大，逐渐扩充，民国二十一年发展至上海，其最巨之民元民本二轮，设备完善开长江航业界之新纪元，此即现人人熟知之民生轮船公司是也。

我国航运，自前清同治十一年（西历一八二七年）创设招商局，迄今垂七十年，历史不为短促，但向称幼稚，规模简陋。即以吨位作单位而论，当七七事变时我国商业轮仅约 50 万吨，八一三事起，轮运首遭牺牲，除一小部分（约 29 艘共 48359 吨）被日敌掠夺者外，由政府征用沉于黄浦江者，共 9 艘 14296 吨，沉于江阴者共 23 艘 44364 吨，沉于沿海各口者共 16 艘，22196 吨，嗣后复在长江中游马当等处沉没者共 13 艘 24084 吨，综上所述，抗战初期，损失轮船已达 62 艘，共 105984 吨。同时复有逃往外国，及悬挂外国旗帜者约 120 艘 200000 吨（其中一部分被日敌掠抢，或在海外沉没），此外被轰炸沉没，或触礁沉没，或因船龄过旧而折毁者，约 20 余艘 20000 吨，且已有受日敌管制，而挂悬伪旗者若干艘，于是招商局三北公司等轮船，均驶入川江，以重庆为水运之中心，与渝中原有各轮船公司船只，共同行驶。截至现在，尚存留后方水道供应军民运输者，及避难者，共约 100 余艘 9 万余吨，在此仅余之吨位中，三十年八月间更遭敌机炸沉炸毁者约 24000 吨，故目前在后方水道经常行驶者，计川江船约 20 余艘，共约 18000 吨，及一两百吨之小客船 60 艘约 7000 吨，余者均为避难轮只，不能行驶。

然此幼稚之轮运事业，在抗战期间，亦曾对国家作最大贡献，而放一异彩，当二十六年上海区各工厂家内移时，各厂器材均经由运河运达镇江，转载轮船，接运至长江中上游。嗣后敌军继进，所有各兵工厂机件，以及其他器材，急迫西运，担任此项工作者，即为轮运，计由水道抢运入川者，兵工器材达十余万吨，民营各厂器材，亦几当此数。嗣各兵工厂在内地部署已定，其所有制造品，须经长江运济前方者，复由轮船运载，计自武汉转进，迄民国三十年底止，藉轮运所输送之政府物品，不下 40 万吨，部队壮丁不下 200 万人，民营事业之物资，及若干万之难民疏散尚未计入。三十四年八月，抗战胜利政府复员，民众还乡，轮运贡献更大。

第二节 轮船业

川江航业除木船外，轮船均有公司，其中主要者，有三北轮埠公司、民生实业公司、永昌实业公司、大达轮船公司、佛亨轮船公司、合众轮船公司、国营招商局等 15 公司，现将交通部统计四川现有之公司及航线吨位等，列表如下：

公司名称	性质	资本	经营航线	船数	吨数	经理
三北轮埠公司	股份		长江			
民生实业公司	股份	700 万	长江嘉陵江	98	27290	卢作孚

续表

公司名称	性质	资本	经营航线	船数	吨数	经理
永昌实业公司	股份	50 万	渝叙	2	182	沈执中
大达轮船公司	股份		长江	3	4213	
夔记轮船局	股份	150 万	重庆附近	3	181	祝夔臣
重庆轮渡公司	股份	40 万	重庆附近	12		张树霖
庆磁航业公司	股份	50 万	重庆附近	6	166	李幼松
强华实业公司	股份	600 万	长江	2	1747	黄瑾莹
三兴轮船局	股份	700 万	长江	4	381	姜琢如
华中航业局	股份	100 万	重庆附近	4	181	钟贤道
顺记轮船局	股份	100 万	重庆附近	1	121	祝继臣
大通顺记航业公司	股份		长江	1	1372	倪遂吾
佛亨轮船公司	股份	100 万	重庆附近	3	181	王绍尧
合众轮船公司	股份	200 万	渝叙	8	755	钟孟甫
国营招商局	股份					沈仲毅

据交通部长江区航政局所统计，其中机器种类如下：

机器种类	艘数	吨数
蒸汽机	82	16.437
柴油机	38	5.44
煤汽机	8	134
总计	128	21.922

兹将较大两公司及招商局现况志下：

民生实业公司——民生实业公司成立迄今虽仅二十余年，因抗战初期船舶均被征用，产业完整无损，且因船舶设计均适应川江航行。复因收购由长江中下游退入之流亡船舶之故，虽亦遭敌机轰炸，及票价低于物价级数，燃料费增大等等影响，然其资力之雄厚，吨位之多，则占川江航业之牛耳。该公司现共有轮船 98 艘，照目前重庆区民营轮船公司所有船只总吨位 32000 吨言，民生一家即占 27000 余吨，余 5000 吨分属 11 家公司，其实力雄厚，可想而知。该公司现有资本 700 万元，资产约为数万万元。

三北轮埠公司——三北轮埠公司经营川江航运始于民国十五年，其第一艘行驶川江之船为"吴兴"（后更名富华），第二艘名"富阳"，均为适合川江航行而设计修造。二十六年"富阳"为上海市政府征用，二十八年"富华"复因载重触礁覆没，后三年无适合船舶航行，三十年始购"渝丰""寿丰""蜀丰"继续航运。现该公司有船三艘：渝丰（吨位 252）、寿丰（吨位 196）、蜀丰（吨位 156），总吨位 604 吨。

国营招商局——国营招商局川江业务仅属客运，自二十六年国营招商局长江业务管理处成立以后，始有筹复川江航运之计划，至其现有之船舶，均系宜昌紧急时撤退入川。现有轮船计为：

协庆（570吨）、澄平（508吨）、利济（358吨）、安宁（180吨）、恒吉（32吨）、恒通（32吨）、骏发（36吨）、河宽（35吨）、利源（51吨）、一至十八号煤汽船（240吨）。

轮船码头及地点：

嘉陵码头——出接圣街左行。

人和码头——太平门。

滩盘码头——望龙门外滩盘石。

太平门码头——系扬子江轮木船之总汇。

飞机码头——在南区马路燕喜洞街。

江北觐阳观码头——系赴江北区之孔洞道。

木关沱码头——江北嘴。

汇川门码头——江北。

打鱼湾码头——江北。

梁沱码头——江北。

王家沱码头——南岸。

弹子石码头——南岸。

野猫溪码头——南岸。

施家河码头——南岸。

牛角沱码头——在牛角沱街对岸系香国寺。

九龙铺码头。

元通寺码头——出太平门左行东水门右行。

磨儿石码头——出朝天门左行千厮门右行。

积福码头——麻柳街近嘉陵码头。

纸码头、盐码头——出千厮门左行。

玄坛庙码头——南岸。

上龙门浩码头——南岸。

苏家坝码头——南岸。

羊角滩码头——出东水门或朝天门渡江。

储奇门码头——系汽车渡江之道。由此乘轮渡过江。对岸即海棠溪。

朝天门码头——系两河木船上下水之孔道。

千厮门码头——系嘉陵江轮木船之总汇。

轮船售票处：

公票处：林森路中国旅行社。

民生公司短航售票处：朝天门信义街口。

由重庆至宜昌为下游，以上至嘉定为上游，并指航线而言，短航如渝合渝涪渝白等。

民生公司各航线现行轮船概况表（渝宜渝汉渝申航线新辟，该公司临时另有通告）

航线	泊船码头	售票地点
渝至叙府	朝天门磨儿石	嘉陵码头民生八趸船
渝至寸滩	嘉陵码头民生八趸船	叙府民生趸船
渝至嘉定	叙府民生趸船	叙府民生趸船
渝至万县	嘉陵码头	太平门轮船公票处
渝至白沙	太平门民生一趸船	太平门上游轮船公票处
渝至江津	同上	同上
渝至涪陵	千厮门民生趸船	千厮门外河边
渝至长寿	同上	同上
渝至合川	千厮门盐码头民生趸船	陕西路民生公司
渝至北碚	同上	同上
渝至童家溪	千厮门民生三趸船	船上售票
渝至唐家沱	嘉陵码头民生八趸船	嘉陵码头民生八趸船

第三节　轮渡及拖运

本市轮渡公司为前航务处长何静源氏所筹办，最初资本20万元，继续增至40万元，大小型汽船12只，已辟航线7条，计划中急待开辟之航线尚有九龙铺唐家沱磁器口三顺江线，又横江者临江门至香国寺南纪门至铜元局弹子石至打鱼湾三线，自开航以来，人民称便，因此重庆与南北两岸交通之大进步，该公司设于莲花街，现任经理为张澍霖氏。

重庆轮渡公司，除了自有12艘渡轮外，在忙的季节，还雇用“敏兴”“华胜”“宜安”“民良”“新升和”等渡轮分运渡江旅客。12艘船只中，除5只铁质而外，余下7艘船壳都是木质。为旅客水上安全，每航渡船，都有“水圈”“水带”的救生设备和“灭火器”“太平桶”的装置。在最近他们为了增加救生效能，还特置了一种救生凳，利用自己国内的产物，代替了橡皮。现在，将各渡轮概况列下：

12航渡轮，航行于八条航线。而八条线的来往旅客，在平日，每天总在5万以上。那7条航线中，除了南纪门到黄桷渡的南黄线，和从嘉陵码头到江北的嘉江线，在一、二、三、四、十一、十二月枯水季停航而外，另6条线则终年无阻。同时，为了晚上过江的方便起见，在“望龙”“朝野”“朝弹”三条还延长收渡时间到晚上十二时，是为夜航。

线名	起讫地点	每日来往人数	配备船只	附注
南黄线	南纪门到黄角渡	2000人	1艘	枯水停航
储沙线	储奇门到黄沙溪	1000人	1艘	
储海线	储奇门到海棠溪	12000人	3艘	
龙望线	望龙门到龙门浩	13000人	3艘	夜航至下午十二时

续表

线名	起讫地点	每日来往人数	配备船只	附注
嘉弹线	嘉陵码头到弹子石	10000 人	1 艘	夜航至下午十二时
嘉江线	嘉陵码头到江北	15000 人	1 艘	枯水停航
朝溉线	朝天门到溉澜溪	3000 人	2 艘	
朝野线	朝天门到野猫溪	8000 人	1 艘	夜航至十二时

陪都江巴三镇，大小两江纵横围贯在陪都交通未上科学化机器化之前，渡江工具除轮渡约占 1/3 外，实有赖木船过渡辅之，至渡资随本市一般生活指数而升落，兹将各渡口分志于后，黄桷渡与南纪门外冯家对渡。海棠溪与储奇门对渡。龙门浩分上下两浩。上与太平门对渡，下与东水门对渡，玄坛庙与朝天门对渡。弹子石与朝天门，及江北对渡。莱元坝以上尚有黄沙溪至铜元局渡，及兜子背至苏家坝等渡口。嘉陵江方面有牛角沱，曾家岩，至香国寺，大溪沟等渡口。自刘家台，临江门，至廖家台，沙湾，簸箕石，千厮门等渡口。其中以自朝天门之渡口，达到码头较多。

营拖运业者有友联拖运行，行设中正路 55 号，总经理为王化周，资本 30 万元，三十二年十二月成立，有拖轮二只，拖运航线，以重庆区转江为主，长江上至鱼洞溪，下至鱼嘴沱，嘉陵江上至磁器口达至合江、江津等处，亦常经办，每月拖运物资，继额约万余吨。

第四节 木船业

川江自轮舶肇兴，旧有木船运输之营业，遂逐渐减少，宜渝一段其在开关之初，由海关报运者为 1800 余只 43000 余吨（光绪十八年全年统计）。逐年迭有增加，以光绪二十五年为最高纪律，为 2900 余只，10 万余吨，迄于宣统元年蜀通加入航线开航一次，由轮船运输者为 190 余吨，民船 2300 余只，74000 余吨，至是轮运日加，而民船营业日减，民国十四年民船记载仅 1 只仅 20 吨耳。而轮船则登峰造极，凡 1172 只，多至 40 万吨，至是之后民船运输，遂不见于纪录。重庆上游各埠，渝叙之间民船运输亦减退一半，但以滩险未平，河道浅窄，尚未全部丧失，得以生存其间。抗战以后，军运货运，较前增大若干倍，故木船之运输，乃应运复苏，以补轮运之不及。

川江航线包括长江、嘉陵江、岷江、沱江、綦江、涪江、渠江、黔江、御林河、永宁河等十大江河，可能通航，木船里程共有 4500 余公里，较川江 1740 公里轮船航行程多二倍以上。但蜀道航行甚难，川境长江，无 3200 匹马力以上轮船，不能上行，且滩险极多，不足 200 公里之永宁河，大小滩险，则有 130 余处，枯水时固不能航行，即洪水航行，亦受极大阻碍。故木船航行可济轮船之不逮。

抗战军兴，川江木船业又一次走入黄金时代，当武汉转进，宜昌告急时，在后方从事生产建设之事业家，零乱堆集在宜昌南岸之机械、动力、原料等物资，以当时轮船运输力量估计，亦需三年时期，方能完全疏散到后方。川江木船即参加了战时伟大抢运工作，航在别江或已废置不用之木船一齐动员，遂将宜昌物资速迅疏散。

国府西迁重庆以后，更有计划扶植木船业发展，民国二十八年至三十年，政府贷与商民100余万元，造就567只木船，民国三十年交通部川江造船厂，江西造船厂等，又造了1988只木船。近来各公私机关，因业务关系，亦多自行造船，如粮食部储运局，军政部军粮局，兵工署，经济部，燃料管理处，财政部盐务局，以及三才生天府等私人公司，均拥有大量木船，川江木船业，亦因此而日渐发达。

根据主管机关统计数字，川江目前木船共容量25万吨左右，比后方不到10万吨之轮船数字地位更占重要。木船大小相差颇大，有不足1吨者，亦有百吨以上者，现在直接参加航行运输。船商船员约30余万人，间接从事者，更不止此。各河江运输多为米盐糖煤茶棉花杂粮食油布匹钢铁五金百货等物，在三十一年中，由各江河运到重庆之米即有35万吨，盐15万吨，煤70万吨，由此可知木船运输性质之重要了。本年八月抗战胜利，轮运不足，木船贡献尤多。

机关之木船，在川江航行中渐占优势，因系机关船只被征调留难等意外，可以免除不少，船商现多以承运包运形式，向机关包租。

木船组织，最初以帮会姿态出现，其性质大致为：一、就航行路线，组成同业帮会。二、就行政区分，组成同业帮会。三、就装载物品种类，组成同业帮会等。至三十二年八月交通社会两部，为加强木船管制，始改成川江民船商业同业公会，其所包括区域，据该会宣言所载，是归合川江十条航线江区单位而成。总之自轮船未出入川江之木船繁盛期，至民国以来，民生公司在川江试航成功后，木船业一落千丈，而至抗战军兴，川江木船重又复苏为止，或是从二十八年八月之10465艘，到三十一年十二月之11696艘数量上看，或从其每年运量250万吨上言，木船之重要性，实无可否认，现将川江木船业概况，表列如后，以作参考：

名称	航线	行船季节	主要运输物品	船只吨位	理事长
长江下流区	重庆至三斗坪	全年	米糖棉桐油	2 ~ 130	张晓岚
长江上流区	重庆至宜宾	全年	米柴	2 ~ 80	张树业
綦江区	河口至松坎	全年	煤铁	2 ~ 25	翁琪
沱江区	泸县至赵家渡	全年	米盐烟糖	2 ~ 50	梁位尊
永宁河区	纳溪至赤水	全年		2 ~ 15	杨世华
岷江区	宜宾至成都	全年	米盐纸	5 ~ 6	尹必先
涪江区	合川至江油	全年	米丝菜蔬	2 ~ 60	刘正贵
嘉陵江区	重庆至广元	全年	米麦棉煤盐	2 ~ 110	青云蓝
渠江区	合川至通江	全年	米铁	3 ~ 110	赖素丰
御林河区	太洪疯至么滩	全年	米炭盐	2 ~ 8	黄树青
乌江区	涪陵至龚滩	全年	桐油木材煤	2 ~ 25	贺兴发
重庆市区	小河至九宠场大河	全年	转运各江区物品		向银成

18. 川江水运工具之改良[①]（1945 年）

除陆上汽车及其他交通工具外，水运之工具，亦应战时需要，所改进其重要者，有交通部之改良木船民生公司之木壳轮船及航运公司之煤气船，油矿局之皮筏等。

交通部于二十八年设贷款造船处，派我国造船专家安忠义主其事，安氏留学法比瑞英，专攻造船及水利机械工程，特创制改良木船：一、船身采流线型，增加速度；二、龙筋胁骨力求坚固减少损失；三、底舱改为活动式，以适应装运任何军工器材；四、可加马达作动力；五、增防水防潮设备。当时共分处 10 所计，二十八年完成 380 艘，二十九年完成 500 余艘，三十四年七月正式委安氏为造船处处长，大量造船为复员之用。

民生实业公司，为国内唯一民营航业规模之最大者，在抗战期间贡献尤大，所设之民生机器厂，在周茂柏、陈仿陶等主持下，逐渐扩充，机器设备，有 130 余部，颇多特殊之重型机，如水压汽钉机、水压机、弯板机、剪冲机等，对于制造锅炉，能力甚大。该厂建造之新船，自二十八年开始迄今完成者，有民文民武民悦民捷民同等，二十九年春又计划造“山”字级新船 10 艘，专航行川江，设计时颇费苦心，船壳方面，因鉴于后方钢铁材料日益缺乏，故改用木壳，长达 106 英尺，机器系委托恒顺机器厂代制，锅炉则由民生机器厂自建，先后完成乐山屏山秀山名山彭山眉山璧山巫山等艘，已先后下水，航行甚为圆满，吨数为 180 吨，载重 95 吨，载客数 290 人，平均速率为每小时 11.5 海里，长度 106 英尺，宽 18 英尺，深度 7 英尺，平均吃水 5 英尺 6 寸。此项新船行驶后，川江航运顿改旧观，盖由重庆至乐山，重庆至合川等航线，滩浅槽狭，旧轮内构造关系，不适于行驶，今后无论洪水枯水各季节，均可畅行无阻。

又中国内河航运公司，自应用煤气机装置船舶，载重行驶嘉陵江南充阆中等埠，获得圆满结果以后，赓即继续添造，业经完成嘉陵四、五、六、七等 4 艘，三十一年八月已先后下水，该项船只载重 10 吨，吃水 2 英尺，速度 6 里，该公司此项新船，将全部加入重庆至南充线，定期行驶，载运客货，上水六日可达，下水仅需两日，至所有客货业务，现由该公司委托四川旅行社代办。

国营甘肃油矿局，为加强运输，减低成本计，曾于三十一年十二月初由广元试航皮筏 1 只，载货驶渝，十五日晨抵渝，计由广元至渝共费时半月，载重 5 吨（全量可载 7 吨至 10 吨），由甘肃省驿运处皮筏运输队队长王信臣驾驶，虽系初次航行嘉陵江，然沿路滩险均顺利通过，成绩颇佳，此项皮筏为西北各省水路运输之重要工具，行驶滩多水急之河道，最为适宜。广渝间木船往返约 3 个月（下行 20 天，上行 70 天）。皮筏抵渝后，可将气放出以车运至广元，仅需 3 日，广渝往返不足 20 天，载重 50 吨所需之皮筏，放气后，仅需吨半汽车 1 辆，即可载返，较诸普通木船，确为省时经济，又甘肃省之徽县，地当西北运输之冲，有白水江可通至广元，（白水江即嘉陵上游）油矿局正谋利用。如于试驶皮筏，尚可成功，则川甘陕之运输，将创一新记录。

① 原载《陪都工商年鉴》第 2 章第 2 节，本文标题为原有。

19. 打捞沉船[①]（1947年初）

在抗战期间，长江各省沉船最多，有由政府征用充作堵塞工具者，有自行凿沉避免资敌者，有被敌机炸沉者，亦有被敌捕获后经盟机炸沉者，原因不一，沉没情形亦多不同。当抗战末期，在川江捞修沉毁船舶，实为打捞沉船之先声。胜利以后，本局督办打捞沉船工作，逐步推展，不稍松懈，兹可得而言者有：

一、在胜利之始，即已查明南京至汉口间沿江沉有大轮20艘，曾经详列清表并拟陈打捞意见三项，呈请交通部核示。后行政院颁布之打捞沉船办法，其中规定颇多采纳本局拟陈之意见。

二、当复员运输时期，长江船舶甚感缺乏，本局即督饬湘鄂两省航商捞修沉船，湘省捞修之轮船计有宏达、新国光、永丰、普济、丰运、联丰、源洪江、振湘利、宝源、泰运、新大有、永绥、新鸿发、南华、重庆、新运、鸿辉、新太和等18艘。鄂省捞修之轮船计有泰昌、福星、万兴、静波、汉昌、兴远、新鸿源等7艘。以上各轮，皆由船舶所有人取得政府贷款捞起修理，恢复航行。

三、复员运输时期，各种船舶均感缺乏，本局曾协助行政院善后救济总署汉口物资储运局，建设专用码头，呈经行政院特派员办公处核准，将沉没汉口旧特二区江边之敌伪趸船跳船各1艘，交由该局捞修利用。并准新华轮船公司在洞庭湖湘阴境内打捞小轮船壳1艘，仓汉轮船局在金口打捞机帆船机器1部，恒安轮驳公司在武穴附近打捞小轮1艘。

四、嗣奉令颁发打捞沉船办法，本局即于本年二月二十二日将汉口至马当一段沉船，在汉口及上海两地登报公告打捞。并以自公告日起，至三月十日止，为沉船所有人提证申报期间，至三月十五日止，为商人申请打捞期间。惟当时汉口方面，尚无合格打捞商，向本局申请打捞者，多为航商。本局以涨水时期瞬届，为争取时间起见，不得不变通办理，准其打捞，计有复川合记轮船局在蒲圻车埠镇打捞小汽船1艘，一利轮船局在襄河白鳝庙打捞机帆船1艘，复兴轮船局在武穴打捞铁驳1艘，轮船局在湖口附近榨矶打捞铁驳1艘，叶家洲打捞铁驳1艘，王树森王庆堂在汉川湖打捞机舟1艘。其余申请打捞因水涨弗及竣工或开工者，兹不赘述。

五、在洪水期间，打捞沉船工作，自不得不中止进行。但本局为先期准备计，本年九月初即经分饬各办事处调查沉船状况，至十二月六日复将秭归至马当一段沉船32艘列表，在武汉南京上海三地登报公告，并依照打捞沉船办法实施规则之规定，限船舶原所有人在两个月内提出证明文件，申报打捞，逾期则由打捞商申请打捞。

六、长江沉船，以马当封锁线为最多，在沦陷期间，曾经敌伪两度炸除，虽勉可通航；但障碍仍多，迄未清除，来往轮船不敢夜间通过，影响航运效率自属甚大。今年一月十三日本局派员会同海军江防舰队部前往勘查，并带有水摸多人入水探测，勘查结果，颇为详尽，并绘有略图。当一月十三日汉口水位为5英尺1英寸时，马当航道最深水位约38英尺，沉船等物已露

① 节录自长江航政局报告，原文未注明日期，从报告内容分析此报告为1947年初所作。

出水面者有二，如附图所示之FH两点是。嗣经水摸入水探摸后，复证实有碍航道而未露出水面者，尚有图示之ABCDEG等六处，其中以AB两处最足妨碍航道，而A处为尤甚。当时A处水位不过7英尺，与两浮筒垂直线相距仅450英尺，B处相距约600英尺，此为现在马当港主要航道之咽喉，两艘轮船不能同时对驶或并驶，又无灯光指示，亦无法夜航，故马当沉船一日未消除，长江交通可谓一日未畅通，其重要也如此，究应如何清除，始能成功，实有研究之必要。据本局所派前往勘查技术人员意见，认为马当封锁线沉船，前经敌伪两度炸除，早已不成为整体，实无再事打捞之价值，且船内满实砂石，时经多年，莫不深陷河床积沙之中，更不易捞，似惟有轰炸一法较为适宜，俟炸裂后再行打捞。至于轰炸方法拟有三种：（一）逐层轰炸法，用水雷系于沉船之旁而炸之。（二）中央爆炸法，利用机械钻通船体及砂石，将炸药安置其中而炸之。（三）用潜水钟使人工搬开沉船内砂石，安置炸药而炸之。然无论采取何种方法，其工程之浩大，自不待言，恐非打捞商所愿意承办。且此事与海军水利交通等部门，均有关系，亦非通力合作不可。本局业经建议另设专办此项工程之临时机构，由各有关机关派员组织，并聘请专家，编具经费预算，拨发的款，拟定计划，迅速实施，庶几可以完成此艰巨工作。究竟此种建议，是否能蒙采纳，尚难断言。惟胜利以后，业已经过两届枯水季节，站在增进航运便利交通立场，甚望其能早日实现也。

三、轮船业

1. 国营招商局组织章程[①]（1937年5月3日）

第一章 通 则

第一条 国营招商局直隶于交通部办理国内外航运事业。

第二条 本局设总局于首都或上海市，并视业务情形在各埠酌设分局办事处。

① 原载交通部编：《交通法规汇编补刊》，1940年出版。本组织章程系交通部1933年8月10日明令公布，1935年6月11日、1936年2月8日又先后两次修正公布。1937年5月3日交通部复明令修正第十二、第十五条条文，并公布施行。

第二章　总　局

第三条　本局设总经理一人，综理局务；副经理二人，辅助总经理处理局务，均由交通部长遴请简派。

第四条　总经理、副经理任期均为五年，期满得连任。第一任副经理一人，任期三年。

第五条　总经理因进行日常业务得签订左列合同。但关于订立购料或工程合同时，应分别适用或准用《交通部附属机关购料章程》或《建筑工程规则》之规定。

一、关于轮舶油漆修理及订购所需煤炭物料之合同。

二、关于起卸货物之合同。

三、关于使用码头趸船及存货交货之合同。

四、关于雇用船长船员业务长及其他船上服务人员之合同。

五、关于雇用码头员工之合同。

六、关于雇用引水人之合同。

七、关于租赁轮船拖船及驳船之合同。

八、关于代办商代售客票揽运货物佣金及垫款汇款办法之合同。

第六条　总局置总务、业务、船务三课及会计室金库。

第七条　总务课掌下列事项：

一、关于关防之典守事项。

二、关于文书之收发撰拟及卷宗保管事项。

三、关于人事事项。

四、关于调查统计事项。

五、关于房地产之管理事项。

六、关于庶务事项。

七、关于普通用品之采办及保管事项。

八、其他不属于各课事项。

第八条　业务课掌下列事项：

一、关于航线船只之分配及调度事项。

二、关于客货营运事项。

三、关于码头栈房之经营及管理事项。

四、关于分局办事处业务考核事项。

五、关于各轮业务考核事项。

六、其他关于业务事项。

第九条　船务课掌下列事项：

一、关于海员之进退及考核事项。

二、关于船舶之建造及修理事项。

三、关于船舶设备事项。

四、关于船舶之检验事项。

五、关于各种发动机及其附属品之检验事项。

六、关于各种强弱电气设备之设计检验及修理事项。

七、关于燃料物料之检验事项。

八、燃料物料之采办及保管事项。

九、关于机器厂管理事项。

十、其他关于船务事项。

第十条　金库掌下列事项

一、关于款项之出纳保管及其登记事项。

二、关于证券契据合同等保管事项。

第十一条　总局设课主任三人，金库主任一人，承总经理副经理之命，分掌各该课库事务。其事务特繁之课，得设副主任一人，佐理主任职务。

第十二条　总局设课员、助员六十人至七十人，会计员十二人至十四人，但遇业务增繁时，得呈准交通部酌用临时雇员若干人。

第十三条　总局各课得分股办事。

第十四条　总局设秘书三人，办理机要事务。

第十五条　总局设工程师三人至五人，办理技术事务。

第十六条　总局各课主任副主任及工程师由交通部任用，秘书由总经理呈请交通部核准后任用之。

第十七条　总局课员、助员均由总经理派充，并呈报交通部备案。

第十八条　各课担任技术事项之人员应以技术人员充之。

第十九条　总局会计事务由会计室掌理。其组织另定之。

第二十条　总局承交通部之命得聘任顾问。

第三章　分局办事处

第二十一条　分局及办事处由总经理呈请交通部核后设立之。

第二十二条　分局、办事处按业务之繁简，收入之多寡，分下列各等，由总经理呈请交通部核定之。

分局：

一等分局。

二等分局。

三等分局。

办事处：

一等办事处。

二等办事处。

三等办事处。

第二十三条　分局隶属于总局，办事处隶属于分局或直属于总局。各分局营业管辖区域由总经理呈请交通部核定之。

第二十四条　分局各设经理一人，由交通部任用。办事处各设主任一人，由总经理呈请交通部核准后任用。

第二十五条　分局得设下列各股室：

一、总务股。

二、业务股。

三、会计室。

第二十六条　分局暨办事处设办事员、助员，其名额依下列规定标准：

分局：

一等分局十人至十五人。

二等分局八人至十二人。

三等分局六人至九人。

办事处：

一等办事处四人至六人。

二等办事处三人至五人。

三等办事处二人至四人。

前项人员均由总经理派充，呈报交通部备案。

第二十七条　分局及办事处之管业，均不得采用包缴制。但未经设立局处之商埠，得由总经理呈请交通部核准，委托代办商代理，酌给佣金。

第四章　附　则

第二十八条　本局业务进行状况，应按期编制报告呈送交通部审核。

第二十九条　本局总分局及办事处职员之薪级，应由交通部核定之。

第三十条　本局全部预算应呈由交通部核定之。

第三十一条　本局得另订各项细则，呈请交通部核准施行。

第三十三条　本章程自公布日施行。

2. 四川合众轮船股份有限公司创立会记录（1938年2月20日）

一、时间：民国二十七年二月二十日午前十一时。

二、地点：重庆白象街总公司大会场。

三、到会人数：全体股东七十三人，计到会者共三十八人（详划到簿）。

四、出席股权数：全体股东共计六百二十七权，总行出席及委托代表共四百九十六权。

五、省政府建设厅特派王股长楚白出席监督。

六、出席股东人数及股权数均超过二分之一，即进行开会。

七、本公司会计顾问陈述列席本会。

八、开会程序

（一）摇铃开会行礼如仪。

（二）公推熊股东郁村为临时主席。

（三）报告事项：

1. 主席报告到会股东人数及代表股权均超过本公司股东总数及股总数之半，可依法表决各事。

2. 发起人代表骆远泉报告本公司发起暨筹备设立经过，及股东人数增加后，奉令举行创立会理由。

（四）决议事项：

3. 发起人提出公司章程草案由张股东载之逐条宣读，经到会股东讨论，通过为公司正式章程。

4. 选举董事及监察人：二十六年四月，股东临时会曾用双记名连记式推宓如清、罗翰垣二股东为检查员，揭晓结果，所有当选董事、监察人姓名如下：

董　事　钟孟甫　五百二十权

熊郁村　四百七十二权

孙尊山　四百七十二权

鄢立敏　四百六十权

张耀先　四百五十四权

监察人　高泳修　五百三十权

陈肇秋　四百七十二权

以上各当选人经本日到会全体股东议决照旧选任，其任期自本日起算，全体一致通过欢迎就职。

5. 检查人罗股东翰垣提出调查报告书当众宣读，全体无异议通过。

（五）建设厅王股长楚白致训词。

（六）闭会。

四川省政府建设厅　王楚白

驻渝办事处股长临时主席　熊郁村

3. 四川合众轮船股份有限公司第一届股东大会记录（1938年2月20日）

时间：民国二十七年二月二十日午前正十二时。

地点：重庆白象街总公司大会场。

到会人数：全体股东一百一十七人，本日到会暨委托代表者共六十人。

出席股权：全体股权九百四十五权，本日到会暨委托代表者，计五百一十四权。

一、摇铃开会。

二、董事长钟孟甫报告本日出席股东人数及股权均超过本公司股东及股权总数之半，依法进行开会。

三、推举钟股东孟甫为临时主席，报告开第一届股东大会。

四、总经理曹九龄报告二十六年度大事经过。

五、监察人高泳修报告查账经过，各项账表均经监察人审核无讹，并经本公司会计顾问陈述会计师审查，兹请大会复核，当经大会认可核销。

六、渝公司经理骆远泉报告公司营业状况。长虹轮行驶经过，计航行六十余次，均限定班期开航，客运货运尚属不恶，乘客及货运往来对本公司印象尚佳，故能于市场不景气声中，尚能薄有赢余。又本公司前因仅虹轮一艘行驶，不特乘客及货家感觉不便，自身开支亦觉不经济，故于去年经股东临时会议决，于去年二月派远泉前赴上海，以九万三千之价，向合众造船厂订装长征新轮一艘，船价分五期交付，已交清三期，即十分之六。预定去年九月交船，翩因八一三抗战开始，长江交通梗阻，征轮无法开回重庆，刻仍在上海厂上。据确实调查，此轮尚未损失，但不识何时方得开回重庆。又近因宜渝间公物运输需船接运，本公司虹轮奉水道运输管理处命令，改航渝万间运输公物。

七、会计处主任税蓄能报告二十六年结账情形，另详决算表。并报告各项收支数字暨提存、损失准备及折旧、保险情形，另详报告书。

八、股东提案：

（一）二十六年度股息，经大会决定，定本年三月半期分发。至盈余分配办法，除股息照发外，余提作公积，经到会全体股东表决通过。

（二）骆远泉提议：请在武汉收买过江小火轮，以推进公司营业案。贺股东伯辛附议、罗股东翰垣附议、税蓄能附议，并建议由大会交董事会决定办理。

表决：全体到会股东一致起立通过。

（三）股东致词，公推贺股东伯辛致词。

（四）熊董事郁村报告董监会议决提存准备金九千元拟作职工津贴案。

表决：经到会股东一致起立通过。

九、闭会。

临时主席　钟孟甫

董事长　钟孟甫

4. 轮船民船商业同业公会章程准则[①]（1939 年 12 月 14 日）

第一章 总 则

第一条 本章程依据《商业同业公会法》暨《商业同业公会法施行细则》《航商组织补充办法》订定之。

第二条 本会定名为 ×× 省 ×× 县（或市）轮船民船商业同业公会。

第三条 本会以维持增进同业之公共利益及矫正营业之弊害为宗旨。

第四条 本会以 ×× 县（或市）行政区域为区域事务所，设于……

第二章 任 务

第五条 本会之任务如下：

一、关于会员联合营业暨共同管理及其他必要之设施事项。

二、关于会员营业之统制事项。

三、关于主管官署暨主管船舶之官署及商会委派事项。

四、关于会员营业之研究指导、调查及统计事项。

五、关于会员间纠纷之调解事项。

六、关于兴办同业劳工教育及公益事项。

七、关于会员营业必要时之维持事项。

八、关于合于第三条所揭宗旨之其他事项。

兴办前项第一款事业时，应拟定计划书，经会员全体三分之二以上之同意，呈请县（或市）政府暨主管船舶之官署核准。其变更时亦同。

第一项第二款之统制，非经全体会员三分之二以上之同意，呈由主管官署及主管船舶官署核准后，或主管官署暨主管船舶官署令其施行统制时，不得施行。

第三章 会 员

第六条 凡在本区域内经营轮船民船商业之公司行号均应为本会会员。未设公司行号之轮船民船，曾正式向官厅登记者，亦得以其牌号参加为本会会员。

---

① 本章程准则经交通部1938 年 12 月 11 日核准，于 1939 年 12 月 14 日由交通部核准修正公布施行。原载交通部编：《交通法规汇编补刊》，1940 年出版。

前项会员应推派代表出席本会，称为会员代表。

第七条　本会会员代表，由各会员推派一人，其负担会费满五单位者得加派代表一人，以后每增十单位加派一人，但至多不得过七人；以经理人主体人店员或未设公司行号之轮船民船船员为限。

第八条　会员代表以有中华民国国籍，年在二十岁以上者为限。

第九条　有左列情事之一者，不得为会员代表。

一、背叛国民政府，经判决确定或在通缉中者。

二、曾服公务而有贪污行为，经判决确定或在通缉中者。

三、褫夺公权者。

四、受破产之宣告尚未复权者。

五、无行为能力者。

六、吸食鸦片或其代用品者。

第十条　会员代表丧失国籍，或发生前条各款情事之一时，原派之会员应撤换之。

第十一条　会员代表均有发言权、表决权、选举权及被选举权。

会员代表因事不得出席会员大会时，得以书面委托他会员代表代理之。

第十二条　同业之公司行号不照章加入本会，或不缴纳会费，或违反会章及决议者，得经执行委员会之决议予以警告；警告无效时得按其情节轻重，依本章程第三十七条规定之程序处以（若干元）以上之违约金，或呈经主管官署核准处以一定时间之停业或永久停业。

前项之处分，对于已加入本会而未设公司行号之轮船民船得适用之。

第十三条　会员入会应填写入会志愿书及调查表，缴纳会费，领取入会证。

第十四条　会员非迁移其他区域或废业或受永久停业之处分者，不得退会。

第十五条　会员推派代表应给以委托书，并通知本会。改派时亦同。但已当选为本会委员者，非有依法应解任之事由，不得改派。

第十六条　会员代表有不正当行为致妨害本会名誉信用者，得以会员大会之决议通知原举派之会员撤换之。

前项撤换之会员代表，自撤回之日起，三年以内不得充任会员代表。

第四章　组织及职权

第十七条　本会设执行委员 × 人，监察委员 × 人，均由会员大会就会员代表中用无记名选举法选任之，以得票最多数者为当选。

选举前项执行委员及监察委员时，应另选候补执行委员 × 人，候补监察委员 × 人。

第十八条　本会设常务委员三人，由执行委员会就执行委员中互选之，以得票最多数者为当选，并就常务委员中选任一人为主席。

第十九条　执行委员常务委员监察委员，各组织委员会以行使职权。

第二十条　执行委员会之职权如下：

一、执行会员大会议决案。

二、召集会员大会。

三、决议第二章第五条第一项第三款至第八款列举各项事务。

第二十一条　常务委员会之职权如下：

一、执行执行委员会议决案。

二、处理日常事务。

第二十二条　监察委员会之职权如下：

一、会员及会员代表违章之纠察检举。

二、会内一切事务之监督稽核。

第二十三条　执行委员及监察委员之任期均为四年，每二年改选半数，不得连任。

依前项规定，第一次应改选之委员，于选举时以抽签定之。但委员人数为奇数时，留任者之人数得较改选者多一人。

第二十四条　执行委员或监察委员有缺额时，由候补执行委员或候补监察委员分别依次递补，其任期均以补足前任任期为限。

第二十五条　候补执行委员及候补监察委员未递补前，均不得列席会议。

第二十六条　常务委员有缺额时，由执行委员会就执行委员中补选之，其任期以补足前任任期为限。

第二十七条　本会委员有下列各款情事之一者，应即解任。

一、会员代表资格丧失者。

二、因不得已事故，经会员大会议决准其辞职者。

三、处理职务违背法令，营私舞弊，或有其他重大之不正当行为者，得依本章程第三十七条规定之程序解除其职务，并通知其原派之会员撤换之。

第二十八条　委员均为名誉职，但因办理会务，得核实支给公费。

第二十九条　本会得酌用办事员 × 人，其名额薪金由执行委员会拟定，送经会员大会议决通过后雇用之。

第五章　会　议

第三十条　本会会员大会分定期会议及临时会议两种，由执行委员会召集之。

前项之定期会议每年至少开会一次。临时会议于执行委员会认为必要或经会员代表十分之一以上之请求，或监察委员会函请召集时，召集之。

第三十一条　召集会员大会，应于十五日前通知之。但有第三十六条、第三十七条之情形或因紧急事项召集临时会议者，不在此限。

第三十二条　执行委员会每月至少开会一次。

第三十三条　常务委员会每星期至少开会一次。

第三十四条　监察委员会每两个月至少开会一次。

第三十五条　会员大会开会时，由常务委员组织主席团，轮流主席。

第三十六条　会员大会之决议，以会员代表过半数之出席，出席代表过半数之同意行之。出席代表不满过半数者，得行假决议，在三日内将其结果通告代表，于一星期后二星期内重行召集会员大会，以出席代表过半数之同意，对假决议行其决议。

第三十七条　下列各款事项之决议，以会员代表三分之二以上之出席，出席代表三分之二以上之同意行之。出席代表不满三分之二者，得以出席代表三分之二以上之同意行假决议，在三日内将其结果通告各代表，于一星期后二星期内重行召集会员大会，以出席代表三分之二以上之同意，对假决议行其决议。

一、变更章程。

二、会员之处分。

三、委员之解职。

四、清算人之选任及关于清算事项之决议。

第三十八条　本章程第五条第一项第一、二两款规定事项之决议，会员代表非全体出席时，得依前条行假决议，并议定限期在三日内通告未出席之代表，依限以书面表示赞否，逾期不表示者视为同意。

第三十九条　执行委员会开会时，须有执行委员过半数之出席，出席委员过半数之同意，方得决议，可否同数时，取决于主席。

第四十条　执行委员会开会时，监察委员得列席参加，但不得参与表决。

第四十一条　监察委员会开会时，须有委员过半数之出席，临时互推一人为主席，以出席委员过半数之同意决议一切事项。

第四十二条　执行委员及监察委员开会时，均不得委托代表出席。

第六章　经费及会计

第四十三条　本会经费分下列两种：

一、会费，因执行第五条第一项第二款至第八款任务之费用属之。

二、事业费，因执行第五条第一项第一款事业之出资属之。

第四十四条　会员会费，比例于其资本额缴纳之。资本额在一千元以下者，所纳会费额为一单位；逾一千元至三千元者，为一单位又二分之一；逾三千元至五千元者，为二单位；超过五千元者，每增五千元加一单位。

前项会费单位额，由会员大会议决，每一单位定为国币 ×× 元。执行本章程第五条第一项第二款任务时，得因必要，经会员大会之议决增加会费单位额。

第四十五条　公司行号依据法令登记资本额者，依其登记之额，其未登记资本额之行号或轮船民船，应将资本额报告本会。

第四十六条　事业费之分担，每一会员至少一股。

会员分担事业费之最高额，不得超过五十股，但因必要得经会员大会之决议增加之。

事业费总额及每股数额，由会员大会决议，呈经主管官署核准。

第四十七条　会员之责任，除会费外，对于第五条第一项第一款之事业，以所担之股额为限。但得依兴办时之决议，于担任股额外另负定额之保证责任。

第四十八条　会员出会时，会费概不退还。事业费得于年度终了时请求退还。其计算方法准用《公司法》第四十四条之规定。但为会员时，所负之保证责任经过二年始得解除。

第四十九条　会计年度，以每年一月一日起至十二月三十一日止。

第五十条　本会之预算决算及财产目录、资产负债表、损益计算书，均须每年编辑报告书，提出会员大会通过，呈报主管官署备案，并刊布之。

第五十一条　兴办第五条第一项第一款之事业，应另立预算决算，并依前条之程序为之。

第五十二条　本会解散或一部分事业之停止，应依《商业同业公会法》第七章清算之规定选任清算人办理之。

第七章　附　则

第五十三条　本章程未规定事项，悉依《商业同业公会法》及同法施行细则暨《航商组织补充办法》办理之。

第五十四条　本章程如有未尽事宜，经会员大会之决议，呈由县（或市）党部转呈中央社会部，及县（或市）政府转呈省政府，咨送交通部核准，经济部备案后修正之。

第五十五条　本章程自呈奉县（或市）党部转呈中央社会部，及县（或市）政府转呈省政府，咨送交通部核准，经济部备案后施行。

5. 重庆港轮船调查表（1940 年 5 月 31 日）

船名	长度（公尺）	宽度（公尺）	吃水		载重（吨）		马力	航线及地点
			上水	下水	重载	空船		
天成	15.70	3.17	0.91				50 匹	
天福	26.97	4.82	1.52				160 匹	渝—万县、乐山、合川
文开	21.55	5.10					36 匹	渝—白沙
民元	64.01	10.06	2.93	0.91	600	500	3000 匹	渝—宜宾、宜昌
民仁	22.10	4.15	1.37				120 匹	渝—合川
民主	45.11	8.53	2.31	1.89	240	180	1750 匹	渝—宜昌、宜宾
民生	22.86	4.57	1.22	1.09	30	30	180 匹	渝—合川
民本	64.01	10.06	2.95	0.90	600	500	3400 匹	渝—宜昌、宜宾
民由	35.22	6.70			60	50	220 匹	渝—万县、宜宾
民用	20.12	3.35	1.22	0.91	10	10	150 匹	渝—合川
民安	33.53	5.49	1.59	1.13	90	60	280 匹	渝—万县、乐山、合川
民良	22.80	4.45					70 匹	
民享	36.58	6.40	2.31	0.52	110	90	440 匹	渝—宜昌、宜宾
民治	33.54	5.49	1.59	0.91	80	60	280 匹	渝—万县、乐山、宜宾
民昌	30.30	5.06			36	25	280 匹	渝—涪陵
民法	19.10	3.60	1.09	0.85	10	10	90 匹	渝—合川、泸县 泸县—邓井关
民协	37.04	6.12			100	40	240 匹	渝—涪陵
民典	31.10	6.40			60	60	120 匹	渝—涪陵
民表	30.36	5.48			50	45	200 匹	渝—万县、乐山
民俗	56.84	9.20	2.74	2.01	240	240	2000 匹	渝—宜昌、宜宾
民信	19.58	3.85	0.75		10	10	90 匹	渝—合川
民恒	31.12	6.10			60	50	130 匹	渝—万县、宜宾
民律	22.86	4.27	1.51	0.91	20	20	180 匹	渝—合川
民政	46.76	8.23	2.56	1.51	240	160	1600 匹	渝—宜昌、宜宾
民约	16.92	3.63	0.91	0.79	5	5	100 匹	渝—合川
民胞	21.34	4.57	1.71	0.37			120 匹	
民风	59.13	10.03	3.05	2.13	420	420	3600 匹	渝—宜昌、宜宾
民厚	19.28	3.76	0.95		5	5	115 匹	渝—合川
民泰	44.50	8.07	2.64	2.01			350 匹	渝—宜昌、宜宾
民哲	29.00	5.10			35	25	167 匹	渝—白沙
民殷	24.89	4.88	1.71	1.37	30	28	240 匹	渝—合川
民族	59.15	8.96	2.93	1.86	550	500	600 匹	渝—宜昌、宜宾

续表

船名	长度（公尺）	宽度（公尺）	吃水		载重（吨）		马力	航线及地点
			上水	下水	重载	空船		
民伟	37.95	7.01					240匹	
民康	43.88	8.23	2.37	1.77	190	180	1100匹	渝—宜昌、宜宾
民教	27.25	5.21	1.58		40	35	220匹	渝—万县、乐山、合川
民淳	33.35	6.16			65	55	150匹	
民望	24.38	5.18	1.52	0.85	30	30	240匹	渝—万县、乐山、合川
民视	20.59	4.27	1.09	0.85	20	20	180匹	渝—合川
民裕	34.60	6.15			85	70	400匹	渝—万县、宜宾
民胜	31.10	5.79	1.68		80	80	160匹	渝—涪陵
民贵	62.48	9.40	2.29	1.01	260	260	2000匹	渝—宜昌、宜宾
民勤	41.68	7.92			160	140	800匹	渝—宜昌、宜宾
民意	26.58	6.52	2.28	1.73	120	80	600匹	渝—万县、宜宾
民宁	17.92	3.51	0.91		5	5	70匹	渝—合川
民爱	17.57	3.46					80匹	渝—合川
民楷	29.26	5.18	1.83		50	50	300匹	渝—万县、乐山、合川
民运	37.80	6.74	2.34	1.77	140	100	520匹	渝—宜昌、宜宾
民润	22.45	1.12	1.22				40匹	渝—合川
民熙	39.62	1.62	2.31	1.39	160	150	800匹	渝—宜昌、宜宾
民歌	26.76	4.78	1.83				80匹	渝—白沙
民福	33.53	6.20	1.67	1.09	85	70	400匹	渝—宜昌、乐山、合川
民俭	41.68	7.92	2.32		160	140	800匹	渝—宜昌、宜宾
民德	23.09	4.20	1.52	0.91	22	20	180匹	渝—合川
民模	27.15	5.30		2.29	50	40	240匹	渝—万县、乐山
民范	26.82	5.06	1.52		50	50	200匹	
民宪	45.11	8.53	2.54	2.07	240	200	1200匹	渝—宜昌、宜宾
民朴	32.00	6.03		2.13	60	40	300匹	渝—涪陵
民选	30.48	5.49	1.52	1.06	70	65	360匹	渝—万县、乐山、合川
民济							40匹	
民联	60.96	9.75	2.31	1.40	340	320	1000匹	渝—宜昌、宜宾
民礼	18.76	3.78					90匹	渝—合川
民瞻	23.78	4.88					45匹	
民镜	23.00	4.60					30匹	
民听	20.59	4.27	1.09	0.85	20	20	180匹	渝—合川
民觉	22.86	4.42	1.71	1.40	40	40	80匹	同上
民苏	39.62	7.62	2.13	1.59	160	150	800匹	渝—宜昌、宜宾

续表

船名	长度（公尺）	宽度（公尺）	吃水		载重（吨）		马力	航线及地点
			上水	下水	重载	空船		
民权	66.14	9.30	2.83	1.89	400	380	3000匹	渝—宜昌、宜宾
民业	41.12	6.68					300匹	
生平	25.15	4.42	2.10				88匹	渝—万县、乐山、合川
生存	44.78	5.98	2.05				1300匹	渝—宜宾、宜昌、合川
生活	23.17	3.93	1.83	1.71			100匹	
生聚	41.15	5.33	1.98	1.80			600匹	渝—宜昌、乐山
生灵	25.00	5.55	1.52				160匹	
永安	27.45	4.95						渝—宜宾
济运	24.88	5.18					310匹	渝—沙市、乐山
安宁								
安丰	26.50	5.60	2.86	2.41	50	50	388匹	渝—万县、宜宾
江永	17.86	3.63	1.04				90匹	
江通	28.05	6.28					85匹	渝—涪陵
江泰	20.88	4.88	1.07				40匹	
江新	100.90	13.10	3.84	2.16			2200匹	
江顺	103.63	17.68	4.05	2.62			1800匹	
江汉	97.99	13.24					1400匹	
佛亨	19.12	4.02	0.91				100匹	
佛通	22.98	4.44						渝—木洞
佛航	13.10	2.71	0.79				80匹	
利源	21.34	3.78	1.34				120匹	
利华	30.90	5.04					120匹	成渝
沔阳	25.20	6.20	1.77				50匹	渝—涪陵
协庆	42.06	7.62	2.43				1200匹	渝—宜昌
协盛	18.35	3.50	1.31				16匹	
永昌	25.90	4.60	1.83				160匹	渝—万县、乐山
河宽	19.05	3.66	1.22				17匹	渝—潼南
长虹	36.58	6.10	1.95				375匹	渝—万县、乐山
长源	19.40	3.20	1.22				32匹	渝—乐山
长远	18.30	4.00	1.22				28匹	渝—乐山
长丰	21.65	4.27					150匹	渝—鱼洞溪
长通	30.61	5.85	1.89				80匹	渝—宜宾、万县
保隆	27.03	5.70	1.52				60匹	
恒吉	20.88	3.78	1.22				18匹	

续表

船名	长度（公尺）	宽度（公尺）	吃水		载重（吨）		马力	航线及地点
			上水	下水	重载	空船		
恒通	19.66	3.84	1.37				18 匹	渝–潼南
镇江	24.30	5.30					24 匹	渝–白沙
海明	20.80	4.50						
国光	24.96	5.14	0.66				50 匹	渝–合川
既济	20.14	4.20					98 匹	
淑光	26.52	6.00			15	10	80 匹	渝–白沙
涪通	29.60	5.80					48 匹	渝–宜宾、万县
渝通	30.55	6.15					120 匹	渝–万县、宜宾
翔云	20.50	4.45					82 匹	
华安	29.51	3.66					70 匹	
华通	25.80	5.61					100 匹	
民和	72.50	8.08	3.14				800 匹	
新同发	20.27	4.11	1.22				30 匹	
新永安	26.00	5.00					140 匹	
新仓汉	27.50	5.70					64 匹	渝–涪陵
新富湘	24.00	4.60	1.52				40 匹	渝–合川
新源顺	22.20	4.60					80 匹	渝–合川
楚星	24.48	5.18					140 匹	渝–磁器口
楚义	26.35	4.80					130 匹	渝–乐山、合川、万县
义兴	21.40	4.17					120 匹	
佛源	25.80	4.60					40 匹	渝–乐山、万县
裕亨	14.33	2.80					38 匹	
永宁	21.95	4.57	1.64				160 匹	
寿安	20.28	4.50					120 匹	
汉福	24.08	5.20	1.52				62 匹	渝–长寿
福州	21.03	5.00					360 匹	
庆安	23.29	4.45					40 匹	渝–磁器口
庆合	14.38	3.08	0.78				50 匹	渝–磁器口
庆瓷	14.75	2.94	0.80				50 匹	
澄平	47.32	9.02					600 匹	渝–宜昌、宜宾
轮渡								
一号	21.45	4.50	0.97				25 匹	
轮渡								
二号	21.10	3.98	1.22				50 匹	

续表

船名	长度（公尺）	宽度（公尺）	吃水		载重（吨）		马力	航线及地点
			上水	下水	重载	空船		
轮渡								
三号	20.30	4.14	1.52				80 匹	
轮渡								
四号	23.05	4.50					25 匹	
轮渡								
五号	23.00	4.40					32 匹	
轮渡								
六号	21.34	4.57	1.71	1.37			120 匹	
轮渡								
八号	22.50	4.50					90 匹	
轮渡								
九号	25.20	5.50					35 匹	
轮渡								
十号	26.50	5.50					80 匹	
轮渡								
十一号	21.40	4.15					100 匹	
轮渡								
十二号	18.29	3.72					80 匹	
骏发	18.60	3.96	1.46				18 匹	
鸿元	51.37	8.05					320 匹	渝—万县、泸县
鸿贞	49.08	8.08	2.90				350 匹	
鸿骞								
熔利	18.02	3.60	1.58				34 匹	渝—合川
宝昌	26.73	4.90					60 匹	渝—万县、乐山、合川
南阳	22.01	4.79	1.28	1.22			64 匹	渝—白沙
华远	32.22	4.90					60 匹	
华运	21.95	4.17					36 匹	渝—白沙
华瀛	24.38	5.64					30 匹	渝—江律
盛昌	21.64	4.88					62 匹	渝—白沙
生息	14.63	3.17					60 匹	
生众								
生龙	19.66	4.75					62 匹	
新宁安	23.53	6.10					150 匹	渝—涪陵
民气	27.82	6.60					192 匹	

续表

船名	长度（公尺）	宽度（公尺）	吃水		载重（吨）		马力	航线及地点
			上水	下水	重载	空船		
鼎福	23.04	4.98					48 匹	
嘉陵	16.10	3.70					80 匹	
鸿亨	51.50	7.77					320 匹	
鸿利	49.07	8.05					350 匹	
民忠								渝—合川

6. 重庆市轮船商业同业公会为报告该会选举情况致重庆市社会局公函（1940 年 6 月）

窃查本会于本年五月二十一日正午十二钟，在本市正阳街二号本会内，召集各会员选举，曾经呈准钧局暨主管机关派员临场监视。唱票结果，计赵资生三十八票，姚一鸣三十八票，邓华益三十八票，郑鲁斋得四十票，范众渠四十二票，匡涵知四十票，丁永良四十票，童少生四十二票，骆远泉四十票，杨经纶四十一票，沈执中四十三票，蔡炳南三十六票，秦猷四十票，以上十三人当选为执行委员。朱麟祥得十票，张载之得九票，余声伯得七票，以上三人当选为候补执行委员。赵若斯得三十九票，余维一四十一票，徐湛元三十九票，洪俊卿四十一票，袁子修三十九票，以上五人当选为监察委员。黄楚樵得三票，沈在仁得二票，以上二人当选为候补监察委员。复经各执委复选赵资生、姚一鸣、邓华益三人为常务委员。又经常委互选赵资生为主席。因警报频传，连日轰炸，各新选委员大多疏散在乡，再行召集势所难能，经众议决，从权提前于五月二十三日午前十钟，在本会宣誓就职。除分呈外，理合造具新选各职委名册具文呈请钧局祈予鉴核指令祗遵。

谨呈重庆市社会局计赍呈新选职委名册一份

重庆市轮船商业同业公会主席　赵资生

重庆市轮船商业同业公会第一届当选委员名册

二九年五月二十一日选举　二九年六月日填报

职别	姓名	别号	性别	年龄	籍贯	住址	教育程度	经历	是否党员	代表何公司行号	在店或在船职务
主席	赵资生	无	男	79	江北	朝阳街 44 号	旧制中学	航业	否	民生公司	公司监察长
常务	邓华益	无	男	53	巴县	民生公司	同上	同上	同上	同上	公司经理

续表

职别	姓名	别号	性别	年龄	籍贯	住址	教育程度	经历	是否党员	代表何公司行号	在店或在船职务
常务	姚一鸣	无	男	30	浙江	小河顺城街53号	专门学校	同上	同上	招商分局	经理
执行	郑鲁斋	无	男	42	浙江	陕西街32号	中学	同上	同上	三北公司	经理
执行	范众渠	无	男	40	达县	县庙街16号	大学	同上	同上	协大公司	经理
执行	匡涵知	无	男	46	巴县	陕西街32号	大学	同上	同上	三北公司	主任
执行	丁永良	无	男	34	巴县	通惠公司	中学	同上	同上	通惠公司	经理
执行	童少生	无	男	35	巴县	民生公司	大学	同上	同上	民生公司	经理
执行	骆远泉	无	男	45	巴县	九尺坎35号	旧制中学	同上	同上	合众公司	经理
执行	杨经纶	无	男	29	浙江	小河顺城街53号	专门学校	同上	同上	招商分局	会计主任
执行	沈执中	无	男	50	巴县	白象街26号	专门学校	同上	同上	永昌公司	总经理
执行	蔡炳南	无	男	36	江苏	曹家巷一号	专门学校	同上	同上	招商分局	营业主任
执行	秦猷	无	男	42	合江	民生公司	旧制中学	同上	同上	民生公司	副经理
监察	余维一	无	男	40	涪陵	陕西街31号	大学	同上	同上	通惠公司	总经理
监察	赵若斯	无	男	48	江苏	陕西街32号	中学	同上	同上	三北公司	主任
监察	徐湛元	无	男	48	江北	县庙街16号	法政学校	同上	同上	协大公司	经理
监察	洪俊卿	无	男	47	安徽	小河顺城街53号	专门学校	同上	同上	招商分局	业务股长
监察	袁子修	无	男	38	巴县	民生公司	大学	同上	同上	民生公司	副经理
候补执行	朱麟祥	无	男	40	浙江	小河顺城街53号	中学	同上	同上	招商分局	主任
候补执行	张载之	无	男	37	简阳	合众公司	大学	同上	同上	合众公司	总务主任
候补执行	余声伯	无	男	48	江苏	陕西街32号	大学	同上	同上	三北公司	主任
候补监察	沈在仁	无	男	30	巴县	白象街26号	中学	同上	同上	永昌公司	协理
候补监察	黄楚樵	无	男	39	长寿	通惠公司	大学	同上	同上	通惠公司	经理

7. 民生实业公司就实行分区管理制给所属各区和各事业单位的通函（1940 年 7 月 29 日）

查本公司业务，虽在抗战期中，亦有相当进展。近受航线缩短影响，正计划多辟生路，以资继系。因之对于管理制度，不能不因时制宜，方足应付当前之事态，复可树立将来永久之规模。兹经决定：自本年八月一日起实行分区管理制；就长江上游及嘉陵江下游之各事业单位，划分区域管理，以求指挥便利，应付灵活。至各厂及上海分公司，香港，海防，昆明，成都等办事处，仍直隶于总公司，不在分区管理之列。各轮驳亦均直隶于总公司，惟应受所停泊地方之区分部监督管理。兹将管理区域之划分，管理权责之确定，及文报之手续三项，分别条列于后：

一、管理区域之划分：

（一）重庆区　由总公司兼本区之管理责任；其区域为长江流域自淞溉以下，忠县以上，嘉陵江流域自合川以下。所管辖之事业单位如下：

1. 淞溉至重庆间各趸船（现有淞溉趸船，白沙趸船，江津趸船）。

2. 重庆各趸船及煤栈。

3. 洛碛至重庆间各趸船（现有洛碛趸船，鱼咀沱趸船）。

4. 长寿办事处，暨所隶属之趸船（长寿趸船及石家沱趸船隶属于长寿办事处）。

5. 涪陵办事处暨所隶属监督之趸船及煤栈（蔺市趸船，珍溪趸船，及荔枝园煤栈俱隶属于涪陵办事处；丰都趸船及汤元石煤栈直隶总公司，由涪陵办事处监督考核）。

6. 合川办事处（合川电灯自来水厂直隶总公司）。

7. 北碚办事处暨所隶属之各趸船（夏溪口趸船，温泉趸船，北碚趸船，及白庙子趸船俱隶属于北碚办事处）。

8. 草街子白庙子狮坪土沱各轮煤采办处。

9. 土沱至重庆间各趸船（现有土沱趸船，童家溪趸船，柏溪趸船，磁器口趸船，化龙桥趸船）。

（二）叙府区　由本公司叙府分公司负本区之管理与监督考核责任；其区域为嘉定以下，江安以上，所监督管理之事业单位如下：

1. 嘉定办事处（嘉定办事处直隶总公司，由叙府分公司监督考核）。

2. 河口轮煤采办处（河口轮煤采办处直隶总公司，由叙府分公司监督考核）。

3. 叙府趸船，及货栈，煤栈，油栈（以上各事业单位俱隶属于叙府分公司）。

（三）泸县区　由本公司泸县分公司负本区之管理与监督考核责任；其区域为纳溪以下，合江以上，所监督管理之事业单位如下：

1. 纳溪煤栈（正筹设中：设立后，隶属于泸县分公司）。

2. 泸县趸船及货栈，煤栈（以上各事业单位俱隶属于泸县分公司）。

3. 合江趸船及煤栈（合江趸船直隶总公司，由泸县分公司监督考核；煤栈隶属于泸县分公司）。

（四）万县区　由本公司万县分公司负本区之管理与监督考核责任；其区域为忠县以下，巫山以上。所监督管理之事业单位如下：

1. 万县趸船，及货栈，煤栈，油栈（以上各事业单位俱隶属于万县分公司）。

2. 忠县煤栈，武陵煤栈（以上两煤栈枯水时设立）。小舟溪轮煤采办处，新津口轮煤采办处，固陵轮煤采办处，云阳煤栈，庆记煤号，奉节煤栈，巫山煤栈（以上各煤栈俱直隶总公司，由万县分公司监督考核）。

（五）宜昌区　由本公司宜昌分公司负本区之管理与监督考核责任；其区域为巫山以下，沙市以上，所监督管理之事业单位如下：

1. 宜昌趸船，及货栈，煤栈，油栈（以上各事业单位俱隶属于宜昌分公司）。

2. 沙市办事处。（沙市办事处直隶总公司，由宜昌分公司监督考核）。

二、管理权责之确定：

（一）各区分部对于该区域内之各事业单位分别负管理及监督考核之责任。其隶属于各该区分部之各事业单位，即受区分部之直辖管理；其直隶于总公司之各事业单位，则受区分部之监督考核。

（二）各区分部对于该区内之各事业单位，应就向有规定及总公司临时委托之各事项负责执行。如有意见，随时可建议于总公司采行，并对于该区内之各事业单位，在必要时，可发布文件，但须同时报总公司备查。

（三）各区分部若遇该区各事业单位有时间性之紧急事件发生时，得权宜处理。事后报请总公司追认，但以不违反一般之规定为原则。又各事业单位之日常琐细事件，即由区分部负责处理，不再报总公司。

（四）各事业单位对于所在地之区分部，应随时切取联络；遇有重大事件，必须商承办理。

三、文报之手续：

（一）各事业单位之隶属于区分部者，对总公司即不直接行文，一切事件俱由区分部转报。其受区分部监督考核之各事业单位，遇有重大及有关区分部之事件，除函报总公司外，并须分函所在地之区分部。

（二）各事业单位对所在地区分部应行分报之事件，规定如下：

1. 人事事件：除经常事项迳报总公司外，遇有特殊情形之事件，应分报所在地之区分部。

2. 财务事件：一切账项迳报总公司；收支事项除报总公司外，应分报所在地之区分部。

3. 业务事件：所有关于营业各事项，除报总公司外，应分报所在地之区分部。

以上所列各项目，若有修改增减时，一经决定后，即另行函知。特此函达，即希查照，办理。各区分部暨各事业单位，仍将接文日期暨办理情形具报备查，为盼。

8. 民生实业公司损耗情形与补救办法（1942 年 4 月）

本公司自二十八年以来，航业部分年有损耗，各年决算书所表现之亏损，虽不甚大，但物资之逐年减少，若照现价填补，则远较上项亏损为大。当其尚有剩余物资可供使用，不需全部支出现金时，损失尚不显著。今则主要物资如钢板，角铁，润滑油，燃烧油等次第告罄，亟须现金购置补充，则每月损失之大，实可惊人。公司已竭向外举债之力，已到借额无以复加之境，不得不将过去物资损耗及目前亏损状况，缕晰上陈；并拟具补救办法，请求我政府顾念此为抗战努力之运输事业，宏予救济，使其为争取抗战胜利继续努力。

一、三年来航运损耗综计

（一）折旧

固定资产如船舶机械建筑物工具等，每年均应有相当折旧准备，俾到达不堪使用年龄时重新补充。仅就船舶一项言，政府规定铁船二十年折完，木船十年折完，但公司所有船舶，以旧船居多数，在抗战期间不能彻底修理，多数船舶，势将在战后作废，故公司对船舶折旧，按船舶情形分别三年、五年、八年、十年折完，兹姑以最低 1/10 计算，公司现在船舶 89 艘，总吨数为 25374 吨，以今日估价另行新造，约需 8 亿元以上，即以现在旧船估计，亦约需 2.55 亿元，此数当为最低估计；查国外机器价格，姑以较战前涨 3 倍计，吾国外汇价格，法价较战前涨 6 倍，黑市涨 8 倍，以此推算，机器价格，除运费关税不计外，较战前涨 18 倍至 24 倍。姑以 20 倍乘公司船舶账面资产 1500 万元，已达 3 亿元，事实上国内五金机器价格，远不止较战前涨 20 倍也。折旧如按 8 亿元计算，每年至少应折 8000 万元，如以 2.55 亿元计算，则每年至少应折 2550 万元。

（二）负债

公司二十七年底负债额为 800 万元，今日对外负债额为 33700000 元，除减去作为购造船舶，共费 8400000 元外，实际为物资消耗而增加负债 17300000 元。

（三）物资

1. 船舶　近三年来公司因差运及敌机轰炸，完全损失之船舶，有民元、民俗、民泰 3 艘，总吨数共 3031 吨。损毁者除民彝、民权、已修复外，其正在陆续修理者有民风、民来、民宪、民政、民熙、民铎及民众 7 艘，总吨数共计 6080 吨。

2. 油料　公司于抗战开始之年，即储油备抗战运输之用，计储有柴油菜油代柴油，机油，汽油及洋油四种。除陆续购进应用者外，今日较二十七年末存底，柴油计减少 1903 吨，菜油代柴油计减少四五吨，机油计减少 361 桶，汽油洋油减少 2052 听。今后亟须按月购进。

3. 材料　种类繁多，兹择钢板及角铁二项比较如下，除陆续购进应用者外，钢板存底今日较二十七年度，计减少 302213 磅；角铁计减少 431944 磅。目前即须大批购进，以为修复船只之用。

此项损耗，如照原额补充，以备未来长期抗战之需要，则船舶 3 艘总吨数 3031 吨，以每一总吨新船最少造价35000元计，需1.061亿元，正待修理之7艘，约需修理费5000万元，两共1.561亿元。油类则，1.903吨柴油，以市价每吨24000元计，需45672000元；四五吨菜油代柴油，以市价每吨18000元计，需810000元；361桶机油以市价每桶7500元计，需2707500元；2052听汽油洋油以市价每听400元计，需800000元；补充各类油料之存量，按今日市价需50000000元。材料则302.213磅钢板，以市价每磅44元计，需13300000元；431944磅角铁，以市价每磅31元计，需13390000元；两共需26690000元。所有船舶油料及材料之补充，需232790000元，方可填补以往公司物资之损耗，方可恢复二十七年公司之物资状态。但以公司经济之拮据，除正积极修复之7艘轮船，必求完成外，其已全部沉没者，目前无复填补之望，即损耗之物资，亦无力全部购填，纵有资金，在此物资缺乏之时，亦决无法全部购填。

（四）过支公司能勉强支持迄于今日，事前充分之储备有以收之。但以往储备之物资，今则消耗殆尽，此后航运所需，势必按今后市价随购随用，而发生实际之现金钜额支出。鉴于后方物料缺乏，价格飞涨，收入不能按支出同比例增加，收支差额越趋越大，瞻念前途，不寒而栗。以往公司所遭受之损耗，业成陈迹，公司忍痛担负，不冀政府有所补益，惟今后公司收支，如何得能平衡，必要物资如何有相当准备，以供应急需，俾继续为国家民族服务，以完成抗战之伟业，则唯有赖于政府之扶持，爰将公司今日每月亏损状况胪陈于后：

二、现在每月亏损状况

（一）公司每月亏损数目，除折旧保险及资产利息外，根据本年一至三月份平均计算，亏折2700000元。按船舶最低估计2.55亿元折旧；每月折旧应为2130000元，如按同额资产计息，假定月息一分，每月应分摊2550000元；保险如仍按同额资产以兵险9‰，平安险10‰计算，每月应为485万元，即按政府长江军运会议规定保额总值8000万元计算，每月亦应为152万元，三者共为620万元。连同上述之270万元，每月亏损为890万元，纵不计资产利息之损失，则每月亏损最少亦在635万元（见附表），折旧虽在实际上不需支付现金，但以公司负债达3370万元，需每月摊还，故提存折旧准备，实际亦为现金之支出，如此数百万元之亏损，若不速谋补救，势将继续增加，良以收入中之差费客票费等受政府限制，而支出如燃料修理费用等，则比一般物价上涨更剧故也。过去能勉强支持迄于今日，全赖旧有五金燃料等丰富之储备，此后五金燃料，如润滑油、燃烧油、钢板、角铁等，皆须照现值巨额填补，公司将何以支持？

（二）差轮如民本每日固定开支，连同润滑油共为46680元，但政府规定差费为10125元，计每日损失36555元；又如民权每日固定开支连同润滑油共为39482元，而政府规定差费为8100元，计每日损失31382元。自民国三十年一月至本年二月，按战前固定资产价值及当时物价估计，公司差运损失已达700万元之巨，若按今日物价及今日固定资产作值计算，损失当较此数大10余倍，今后物价涨势，继续未已，若不予以补救，公司差运损失，将与物价上涨而增大，使公司濒于绝境，而无力继续为政府担负差运。

（三）营业轮船状况较好，但仍常有亏损，例如民表油轮，本年三月十四日由渝上水驶泸，三月十七日下水返渝，往返五日燃料润滑油等费用之支出为34000余元，收入则仅28000余元连同每日固定支出6365元，五日31825元。计往返一次亏损37825元。

（四）亏损原因，端在公司收入不能按物价比例增加。例如五金较战前涨300倍以上，油涨100倍左右，煤涨40倍，一般物价指数，据中央调查统计局公布涨36倍，但差费以民本为例，由750元增至10125元，增加12倍半，货客运自二十七年以来，先后增加5次，货运增加平均11倍半，客运增加平均仅8倍。差运最后一次之请求增加在去年四月，当时一般物价指数约120今日已达3600以上，况公司之物资消耗，以五金燃料为主，其增价比一般物价指数更高，故其消耗物资之物价指数，远在3600以上，而差费则依然如旧。

（五）交通事业在抗战期间中，多属亏损，以差轮言，政府之同心同德，除每月应负之折旧费，利息费，保险费，及岸上开支皆不计入轮船开支外，即修理与燃料二项费用之大，即可证明公司全部开支之巨，亦即证明政府给予公司差费之低微，再以一般交通事业言，重庆公共汽车，每月亏损之数，亦由政府为之挹注，故能勉强继续行驶。至民生公司兼差运及客货运之亏损而有之，益以公司一部分船只，燃料用油，成本巨大，亏损不赀，另一部船只，亦以限于长江中下游驶用，有开支无收入，其亏损自较其他任何交通事业机关为烈。

（六）公司于收支不相平衡之情况下，尽量节省支出，以期减少亏损程度。除维持航行不可缺少之燃料润滑油修理费等必需开支外，其支出之大者为员工薪膳费，二十七年公司职工有4420人，全年薪工费为1920000元，膳费为380000元。平均每人每年支薪30元，每月350元，每人每年分摊膳费85元，每月7元。三十一年三月职工增至4524人，每月薪津费约为1200000元，膳费约为600000元，平均每人每月支薪约250元，每人每月分摊膳费150元。此外无米贴生活补助费等，以资补救，今日公司薪津虽较二十七年增7倍，但以公司底薪之低微，仍远不如其他事业机关，膳费增加21倍，每人每月现仅150元，亦逊于其他事业机关，影响所及，优秀熟练之职工，常去职他就。公司以限于经费，虽欲挽救，但以力不从心，未能如愿。

（七）公司股东多属小户，且有孤儿寡妇，仰赖二十八、二十九、三十年度航业，历年结算，均属亏折，以致股东发生怨言，长此以往。公司将何以应付。

三、向政府迫切请求扶助者

抗战进入第五年，公司报效国家，未尝后人。截至本年一月止，公司于抗战时间内担任军事运输，计兵工器材约162800吨，航空油弹器材约33500吨，部队壮丁约1400000人；械弹辎重马匹军粮等约141700吨，公司因军运而损失之船舶及修理费，暨为维持后方货客运而每月亏损数目，约如上述。公司如不动摇其基础，自必继续为政府与人民服务，纵连年有若干亏损，公司亦不愿向政府有所呼吁。但今日公司已至生死关头，论船舶不特完全损毁者不能补充，即损坏亦无力修复，论储备之油料，材料，已消耗殆尽，无法补充；论职工则以待遇过低，相率他去。似此情形，不得不设法增加收入，以期与支出相均衡。否则公司势将不能维持，不能继续为国家民族效劳，诚不幸而如是，其影响抗战为何如耶。

公司深悉政府财政之艰难，不敢仿效欧美各国于战争期中，对航业之巨款补助而对我政府作同样之请求，惟为公司生存计，为后方航业计，同时亦为抗战前途计，不得不设法增加收入，以期与支出相均衡。

查公司收入，以货客差运为主（见附表），目前货运逐渐稀少，且与物价有关，运费不能一律增加，其可增加者，亦须随季节航线及物品之性质而有出入，姑照现价加30%，客运收入，过去因受限制，收入远较成本为低，亏折颇巨，至少增加1倍，庶可勉强挹注，至差运之收入，平均仅及成本1/5，甚有差费收入不敷润滑油消耗者，如民表每日消耗润滑油73.5磅，价值1470元，而租金每日收入仅720元，不及润滑油价值之半数；又如民裕每日用润滑油134磅，价2680元而差费收入仅2475元，不敷305元，至润滑油消耗差费半数以上者，有民和、民享、民恒、民觉、民德、民听诸艘。差运亏损之巨，可见一斑，纵按现在差费增加3倍，仍不敷差运成本，根据上述预定增加比率，与本年三个月平均收入数字（见附表）计货运约增加75万元，客运增加约200万元，差运增加300万元（差船如节省使用，则差费增加3倍，决不至300万元），共575万元。较亏折数635万元，尚不敷60万元，查现在差轮所用之润滑油，仍由公司自备，此项油料来源困难，价格日涨，拟请政府另行发给，则每月不敷之60万元一部分可得弥补，所余亏损数目，为数不大，公司尚可勉强设法弥补。惟以后物价日涨，差客货运费，自应逐月按物价指数，比照增加，夫如是公司方可为政府及人民不断效劳。爰将公司最低希望，列举如下：

（一）关于差运者：

1. 差费按现率增加3倍，以后按月照物价指数，增加一次。

2. 差轮润滑油由政府自备，或按市价折合现金发给。

3. 差轮尽量节省使用，使差轮数目减少至最低限度。

4. 差轮配载须与公司联络，既便配船复可免发生意外。

（二）关于货客运者：

1. 货运费率仍按向例由各轮船公司按情形协定。

2. 客运费率增加100%，以后按月照物价指数，增加一次。

3. 伤兵票价由5折增至8折。

（三）按招商局先例，发给公司职工平价米或代金。

（四）扩大股本使符合或接近现值，并实行应有之折旧准备。

9. 强华实业股份有限公司申请备案呈文和重庆市社会局批件（1942 年 6—7 月）

一、杨晓波等呈文（6 月 23 日）

谨呈者：窃商民等鉴于抗战时期后方极需运输工具，爰拟集资国币 500 万元，在重庆市玄坛庙聚福巷二十四号，发起设立强华实业股份有限公司，以航运为主要业务。所有股份 5 万股，业经全体发起人全部认足，除依法另呈交通部航政局转呈交通部请领航业执照外，谨遵照公司法施行法第二十三条及公司法登记规则第二条规定，附呈所拟营业计划书及发起人名册各二份备文，呈请鉴核，赐予备案，实深公感。谨呈

重庆市社会局

呈具人

强华实业股份有限公司全体发起人

杨晓波 黄明安 童少生 杨锡祺 黄瑾莹

张介源 陈叔敬 李泽敷 段继达 赵永馀

二、重庆市社会局批文（7 月 8 日）

三十一年六月二十三日呈一件，为发起设立股份有限公司呈请备案由。

呈件均悉。查所赍营业计划书暨发起人姓名经历住址及认股数目表等，核与公司法施行法第二十三条之规定尚无不合，应准备案。惟仍应于设立手续完备后，依法申请登记，合并饬知：件存。此批。

局长 包华国

中华民国三十一年七月八日

10. 抗战第六年之民生机械厂①（1942 年 8 月）

一、沿革：本厂始创于民国十七年九月，在江北三洞桥青草坝成立。民国二十九年十一月及三十年七月，分别向重庆市社会局及经济部呈准正式登记，现有分场三处：分设于唐家沱、潮阳河、大沙溪三地。

二、基金：本厂基金国币 300 万元，资产截至最近，共值国币 4000 余万元。

三、组织：厂长以下设厂长室、业务课、工务课、财务课、建筑室、医药室六部门。厂长

① 该文为民生机械厂厂长周茂柏所撰，标题为原有。

室以下设稽核、人事、文书、机要四部分。业务课以下设营业股、购运股、事务股三股。工务课以下设工作准备股、机械设计股、船舶设计股、仓库股、公用股、船舶施栈股六股；船舶修造工场、机械工场、翻砂木样工场、冷作红炉工场四场。船舶修造工场下另设第一第二第三分场。财务课以下计会计股、成本股两股。

四、全厂建筑：本厂全部面积约计468市亩。厂房建筑，计机械工场厂房3间，并附带2486立方公尺之防空洞工场全部（全洞长度约达1英里，除一部分存放材料外，其余大部分均装置机器，在洞内工作）。翻砂木样工场厂房2间，冷作红炉工场厂房3间。船舶修造工场厂房，计第一第二第三各分场四五间不等，另有工作船2座（均分别装有机器。在船上工作）。此外，办公厅6间、仓库5间，以及职工住宅100余间、职员宿舍3间、技工宿舍2间、艺徒宿舍1间、起重工宿舍1间，合计126间（厂房住宅宿舍每幢均以1间计）。

五、机器设备：本厂现有各式车床大小70部、刨床10部、钻床26部、铣床3部、冲床2部、磨床1部、万能镗床1部、电焊机3部、剪冲机2部、弯板机2部、水压机2部、水压铆钉机1部，及其他机器80余部，共200余部。动力方面，计各式柴油机8部、煤气机2部、蒸汽机6部、汽油引擎13部、发电机9部，及其他合计约40余部。除现有者外，已订制尚待交货者，计有重型车床10部、刨床10部，年内均可安装。又拟补充添置之机器，亦正在分向各厂洽购中。总观本厂现有机器，重型及特殊者甚多，制造大型机器，均能胜任，尤以水压铆钉机、水压机、弯板机、剪冲机等，对于制造锅炉，能力甚大，在目前渝市各厂中，具有此项设备者，殊不多觏。

六、重要工作：本厂重要工作，为建造及修理轮船。建造之新船，自二十八年开始迄今完成者，计有民文、民武、民捷、民悦、民同、第六号船、乐山等7艘。赓续即将完成者，计有营山、屏山、名山、秀山、彭山、眉山、璧山、巫山、梁山等9艘，总共16艘。除民文、民武及第六号船外，其余各轮机器均由恒顺机器厂制造，锅炉统由本厂自建，工作成绩殊为圆满，实为国内工厂之创举。兹将已成及未成各轮概况列后：

项别/船别	民文	民捷	民武	民悦	民同
种类	客货船	客货船	客货船	工作船	客货船
全长	137英尺	80英尺	90英尺	63英尺	105英尺
宽度	25英尺	15英尺	19英尺	12英尺	18英尺
高度	8英尺	8英尺	8英尺	5.6英尺	7英尺
质料	钢壳	钢壳	木壳	木壳	木壳
吃水	6.9英尺	4.5英尺	4.6英尺	4英尺	5.6英尺
排水量	390吨	82吨	92吨	42吨	165吨
载重量	250吨	25吨	40吨		95吨
主机式样及部数	三联式蒸汽机两部	三联式蒸汽机两部	二联式蒸汽机两部	二联式蒸汽机两部	三联式蒸汽机两部
马力	1000匹	240匹	160匹	100匹	360匹
推进器数量	双推进器	双推进器	双推进器	双推进器	双推进器

续表

项别 / 船别	民文	民捷	民武	民悦	民同
速率	73 海里	11.5 海里	10 海里	10 海里	11.5 海里
锅炉式样及座数	雅鲁水管式锅炉两座	雅鲁水管式锅炉一座	园筒火管式锅炉一座	园筒火管式锅炉一座	仿固敏式锅炉一座
载客量	300	200	200		250
兴工日期	二十八年元月	二十八年元月	二十八年二月	二十八年元月	二十九年三月
完工日期	二十九年十月及三十年九月	三十年十一月	三十年五月	三十一年七月	三十一年七月开始完成至三十二年二月全部完成

停修轮船，本厂每月平均可承修 30 余艘，包括岁及临时修理两种。例如本年元月至六月，本厂承修之船只，在民生公司方面，即有民律、民胜、民听、民视、民享、民模、民奋、民俭、民殷、民言、民宝、民典、民选、民宁、民主、民表、民由、民裕、民教、民哲、民德、民昌、民安、民协、民勉、民光、民贵、民和、民朴、民权、民生、民耀、民歌、民本、民苏、民好、民武、民康、民文、民联、民范、生灵、生活、生路、生聚、生意、生存等 67 艘，其中岁修船只，如民享、民模、民俭、民选、民权、民贵、民本、民苏、民觉等轮，工程皆极浩大，其余工作亦均繁重。

此外，本厂对于打捞施救轮船，近数年来亦颇有足述者。如二十六年在重庆嘉陵码头肇事被焚之民彝轮（全长 194 英尺，总吨位 1078 吨），经本厂于二十九年修复，改为货船，其工程之浩繁。无异新制。又去年在巴东下游台子湾遭敌机数度炸毁之民众轮（原名海星，全长 260 英尺，总吨位 1850 吨），亦经本厂积极捞救，所费物力人力至大，卒于本年六月间漂墩，八月初驶抵重庆。最近与新造之乐山轮，同时招待各界指导参观，为首都近来一盛事。他如民元、民风、民熙等轮，同为本公司甲等船只皆因肇事沉没，亦正由本厂分别施救，或予拆卸，或予修复，工程进行，均甚积极。

除去建修船只及制造锅炉以及船用机件外，本厂尚能制造其他各种机器，只以不属本厂重要工作范围，故从略未赘。

七、业务概况：本厂基金在民十七年初创办时，不过国币万余元。民二十年后，逐渐增至十万元，至抗战第二年后增至 36 万元；嗣因业务扩充，又加增至 120 万元；三十一年度复增为 300 万元。至资产方面，则自二十六年七月一日起，至本年六月三十日止，陆续增加，已达 4220 余万元，较之二十六年七月，计增加 4180 余万元。兹列表如下：

年度 / 资产	固定资产	流动资产	合计
二十六年度	238043.51	243505.08	481548.59
二十七年度	462435.73	1738129.39	2200565.12
二十八年度	1513161.89	4410559.21	5923721.10

续表

年度 / 资产	固定资产	流动资产	合计
二十九年度	2255025.78	8077978.33	10433004.11
三十年度	3152813.16	12515786.21	15668599.37
三十一年度	4713952.42	37536269.12	42250221.54

本厂为适应修理工程及维持后方交通，将工作机及一切设备积极扩充应用材料亦尽量购入，故截至本年六月底，固定资产达 470 余万，较之三十六年七月，增加约 20 余倍。至流动资产增加更多，截至本年六月底，已达 3750 余万元，较之二十六年七月增加约 150 余倍。惟本厂多数材料，尚系武汉未沦陷前，或在抗战发生时所购进，价值较诸目前低落甚多，倘照目前市价计算，为数不止此。关于业务方面，在二十八年一月至六月，制造收入不过 12 万余元，平均每月约 2 万余元，嗣后有加增，至本年一月至六月，制造收入则达 980 余万元，平均每月 160 余万元，约计增加 80 倍左右。兹将详细数字列后：

年度	制造收入	每月平均数
二十六年一月至六月	122192.5	20365.42
二十六年七月至十二月	186627.78	31104.63
二十七年一月至六月	207260.75	34543.46
二十七年七月至十二月	483315.38	80552.56
二十八年一月至六月	880231.5	146705.25
二十八年七月至十二月	915134.75	152522.46
二十九年一月至六月	1596091.22	266015.20
二十九年七月至十二月	3855945.18	643657.52
三十年一月至六月	2276454.99	379409.17
三十年七月至十二月	6004622.95	1000770
三十一年一月至六月	2276454.99	379409.17
三十一年七月至十二月	6004622.95	1000770.49
三十二年一月至六月	9806809.09	1634468.17

八、材料来源：抗战已达第六年，材料来源益感枯竭。本厂建修大批船只，所需材料至为浩繁，即以本年一月至六月而论使用钢铁材料已达 300 数十吨。再如电焊所需之焊条，在半年中所用即达 4 万余支。当兹材料困难之际，设非预为准备，随时即有停工之虞。所幸本厂在武汉未沦陷前抢运材料约 1000 余吨，嗣后由海防、昆明购进者，约 100 余吨。二十八年曾派员在湘桂购进 240 余吨，又在香港购有 200 余吨（未全部运入）。此外，零星材料则在本市各行家随时洽购。二三年来，本厂材料之所以未十分感觉匮乏者，皆系赖此项预为准备之材料邑注之功。最近向英国贷款所购之材料，亦经抢运一部分到渝。目前经济部办理钢铁材料登记，本厂所登记之钢铁材料，为数不过 360 余吨，勉敷本厂半岁之用，故材料一项，实为当前重要问题，而有赖吾人之努力予以解决也。

九、人事管理：本厂人事在管理上素称严密，员工每日进退，与夫请假、旷工、旷职，均有翔实之记载，用作考绩之标准。平时对于员工生活纪律，亦极注意，举凡一切不良习俗，在本厂范围内，均在严格禁止之列，故本厂整个秩序，尚属严肃。此与全厂工作效率关系綦切，不能不予以深切之注意也。至最近全厂员工，为数已达1572人，据本年六月份统计，计职员147人、车工64人、钳工232人、铜工25人、木工138人、砂工31人、铆工71人、锻工33人、电工10人、艺徒96人、起重工435人，及其他杂役、库丁、侍应、厂警等290人，合计如上数（另有包工1000余人，尚未列入）。较之初开办时，相差何啻霄壤，故在管理上尤宜注意，以免滋生事端，而误工程发展。

十、福利事业：本厂员工福利，在待遇上除优给薪资外，并加给生活津贴、食米津贴，以及各项奖金特酬。于其日常生活，则有消费合作社为之供给米油盐柴炭，最近办理登记，以便扩充业务，一切日用品均拟以廉价供给，于其子弟教育，则有职工子弟学校，免费收纳员工子弟就学。该校已正式（向）重庆市社会局呈准立案，最近学生已达200余人，现正建筑新校舍充实内容。此外对于工厂安全，员工疾疫，均有特殊之设备，以达到生活安谧之地步，俾使其工作勤奋，藉收敬业乐群之效焉。

11. 抗战时期的民生实业公司[①]（1943年）

战时运输中最紧张的一幕

战前公司主要的业务是在上海重庆间，换言之主要是在这一线的两端，不在中间。对日作战以后，江阴封锁了，上海割断了，公司的业务即十九被割断。一部分杞忧的人们认为国家对外的战争开始了，民生公司的生命就完结了；我的感觉，却恰相反，认为："国家对外的战争开始了，民生公司的任务也就开始了。"那时自己正在南京帮助中央研究总动员计划草案的时候，告诉民生公司的人员："民生公司应该首先动员起来参加战争。"这个期托未完成。后来新轮先后17只，陆续加入航行，并先后购得海关轮船4只，应共有137只，36000余吨。但事实上数目却降低了，现有轮船为98只，26000余吨。这是它得自己努力的，也必荷蒙政府予以准许的。它虽然不是一个理想的轮船公司的组织，但是它在若干轮船公司组织当中，不是比较坏的。它的管理方法，虽然不一定已经良好，但是它们究竟天天在那里想方法，希望它良好。它的人才虽然不一定都有专门的训练，但也天天在那里搜求人才，而且在那里训练人才。最可怜的是航业上本来就缺少人才，外国公司只为中国培养了若干买办，中国过去的公司，亦没有成为培养

① 本文节录自卢作孚先生手稿《一项惨淡经营的事业》的后半部分，标题为本书编者所加，文中小标题是原有的。

人才的机关，所以到今天，不得不有才难之叹。如果各界的人，感觉有不满意它的地方，它非常欢迎指导它如何改善，因为它本来就希望改善。

就民生公司这桩事业言，总是值得人同情的；只有我自己最惭愧，自始至终无以对事业。在开始经营五六年中，因为负了嘉陵江三峡的治安责任，准备将那一个区域，布置经营成一个现代化乡镇的模型，不免分去一部分精神。民二十四年秋天，正在上海为公司计划造船的时候，突然得最好的朋友何北衡由成都来电，转致省政府刘主席的意思，说是中央将要发表我任四川建设厅厅长，千万要担任。这一个消息使我和民生公司在上海的朋友，都感觉到非常的彷徨，民生公司正在前进的时候，怎么可以发生这巨大的变化！立刻发电说明种种困难，辞谢这新的使命。但是后来终于发表了，回到四川，同着何北衡一道，面向刘主席辞谢，整整说了16个钟头，不得要领，不得已勉强承担了。在四川一年又半，没有做出多少事情，可对民生显然失去了一大助力。毕竟自己是民生一群朋友间兴趣的鼓舞者，离开之后，一群人的兴趣总不免低落些。好在一年半后，委员长要派人到欧洲考察，我也是被派之一，遂辞去了建设厅厅长。恰逢着“七七事变”发生，欧洲之行，又请求停止。方欲回到重庆，求以事业报效国家，但因为全面抗战发生，又离开中央不得了。后来在交通部次长任内先后五年，中间复兼任了全国粮食管理局局长一年，除因为有国家水上运输的关系，督责民生公司勉为担负而外，个人与这事业究愈隔愈远了。直到今年春天，才完全辞去了政治上的职务，而回复全副精神到事业上来，与许多良友共同担当这最大的困难。

帮助撑持这一桩困难事业的，除最早有一位幼时的老师陈伯遵先生外，还有几位朋友黄云龙君、彭瑞成君、郑璧成君、邓华益君均曾先任公司协理，后来分任各部分的经理。公司发展到了上海，张澍霖君实负上海开创的责任。在我离开事业的时期，宋师度君、魏文翰君先后代理我的职务，应付了无限的纠纷，支持了无限的艰难与险阻，令我万分感动。在汉口撤退最紧张的时候，杨成质君实当其冲，在宜昌撤退最紧张的时候，童少生君实当其冲，李肇基君亦曾先后担任这两处撤退的工作。在抗战六年中，几个主要海口和扬子江上游各埠的负责人，曾完成了各自的任务。董事会则有老成持重，支持公司主张的董事长郑东翁，始终帮助最多的董事何北衡君。现在全力支持公司危局的是几位常务董事，尤其是在渝几位常务董事。此外中央和地方的长官，金融界的领袖，予这桩事业以无限的同情，关切，指导与扶持，都是事业和个人应得万分感激的。

12. 民生实业公司与川江航运[①]（1943年）

川江轮运之开始时期

通称之川江为长江水系宜昌以上各水道，其中最主要者为长江，由宜昌起上溯350里至重庆，再上溯210里至宜宾，在此段水道内，终年均通300吨至1500吨以下汽船，客货兼载。至宜宾西上之金沙江，北上之岷江，又在泸县汇流之沱江，在重庆汇流之嘉陵江，在涪陵汇流之乌江，均属支流性质，为次要水道。其轮运状况，截至目前止，金沙江由宜宾至屏山段计共68海里，终年可通300吨以下浅水小轮；岷江由宜宾至乐山段，每年由五月至十一月，共七个月，可通200吨以下浅水小轮，客货兼载；沱江为盐、糖主要输出水道，曾一度有小轮航至邓井关，但目前并无轮运；嘉陵江由重庆至合川终年畅通200吨以下轮运，在枯水季节仅驶70吨以下烧油小轮，限于客运，自民国三十年起，复有内河航运公司之煤气机小轮，经常驶至南充，以载货物为主，每船载货量约20吨；乌江为通湖南及黔东之主要水道，由川济湘之食盐，多循此输出，尚无轮运。

川江滩险众多，暗礁罗列，航运向称艰难，西历一八九七年英人李德乐（Archbald Little）以55尺长之“利川”轮船，由宜昌驶抵重庆，为川江轮运之肇始。李君羡慕川省富饶，复聘蒲兰田船长（Captain C.S. Plant）来川考察航道，设法作商业之航行。于是德法籍Capt Plant轮船亦相继试航，惜于一九〇〇年德商之“瑞生”轮船在崆岭沉没，致社会人士之轮运兴趣稍减。至一九〇八年，始由我国官商合办“川江轮船公司”，第一艘轮船为“蜀通”，购自英国，为拖头与铁驳骈行方式，即蜀通系拖轮，另拖一铁驳相并而行，在该铁驳上载运货客；第二艘为“蜀亨”。当时水脚高昂，获利甚丰，川江航运乃被目为黄金航线，若干轮船公司，因之风起云涌，轮只众多，造成供过于求之局面，循至营业萧条，普遍亏折。民生实业公司系在是种不景气之状况下，于民国十四年成立。

抗战前之民生公司

民生实业公司系卢作孚氏创办，胚胎于成都成立于合川，经卢氏向各方凑集五万元资本，亲自赴沪订造70吨之轮船1艘，命名“民生”航行于重庆合川及重庆涪陵间。嗣后购入“民用”，“民望”，业务逐渐扩充，然当时受世界经济不景气之影响，航运萧条，若干航商均在愁苦状态中。卢氏力倡化零为整，合力经营，因之大部分轮船，均行售与民生公司，或与民生公司合并。是项整理合并工作，由民十九年开始，至民二十三年大体完成，由民二十四年起，复开始在泸

① 原载《交通建设》1943年第1卷第12期，本文作者魏文翰，标题为原有。

建造新船元、本、勤、俭、来、苏、熙、视、律、听各轮，均系在此时期内建造完成者。当民二十六年抗战开始时，民生公司共有轮船46艘，计总吨位共2万余吨。

抗战期间之工作

抗战军兴，滨海区域之工厂必须内迁，民生公司自始即参加抢运工作，初在镇江抢运，嗣在南京、芜湖抢运，于民二十七年武汉转进后，在汉宜段参加抢运，由宜至渝作主力之抢运，在最短期间，即将若干万吨之笨重兵工器材，运至安全地带，其轮只衔接，昼夜不息之情况，至今思之，犹觉兴奋也。在此抗战期间，为军事及抢运所运输之吨位，截至民三十一年底止，计兵工器材约17万吨，壮丁部队约200万人，军品辎重约26万吨，其他之工商物资尚未计入焉。抗战以前，民生公司之航线，以重庆为中心，东至上海，西迄宜宾，在岷江至乐山，在嘉陵江至合川。自航线缩短后，东驶返至三斗坪（在宜昌上游的18里），西驶由宜宾展至屏山，其余航线仍旧，惟增开若干短航，例如重庆白沙线，合江泸县线，泸县江安线，大体以客运为主。至渝坪渝叙（宜宾）两长航线，则货客并重，渝坪下水货运，以食盐及军米为主，上运以棉花杂货为主。民生公司共有轮只90余艘，约共3万吨，其间除一部分为油船及待修轮船外，经常行驶之轮船共50艘左右。

自抗战开始后，任务繁重，即觉供不应求，船舶短少，于民二十八年开始设计建造新轮，截至目前止，已完成者计民文，民武，民悦，民捷，以上为钢壳船，又木壳船12艘，计民同、乐山、巫山、梁山、璧山、名山、屏山、秀山、眉山、彭山、字水、彭水，尚有营山1艘，即将完成。此等新船，对后方水运裨助不鲜。

自战事西移，航线缩短后，民生公司即努力探辟新航线，今日行驶之宜宾屏山线，即民三十年十月间试航之结果。于民三十一年五月间，亦曾以民存拖轮试航乌江，驶抵江口，与川湘公路衔接，然以该江水位涨落不定，加之河道曲折，不能作商业之航行，故于同年八月间复经民熙轮船航行一次，运盐两载外，即未再航行。据水利工程专家称：倘在涪陵筑堤，对水位有相当控制，即可终年通航，或能上驶至龚滩。民三十一年冬，复以民教轮船试航金沙江之屏山上游，其目的地为蛮夷司，结果成功，惟以沿途滩险众多，在绞滩设备为妥置以前，尚难经常航行。

抗战期间之困难

当民二十七八年，宜昌抢运时，外籍轮舶装运普通商货，而民生公司船舶装运兵工器材。宜渝段外轮运费每吨高抬至数百元，民生公司运费仅30余元，况所运载者尽属笨重器材，若干轮船均因之变形，五痨七伤，多成残疾，时须修理，影响运输业务至巨，非仅财务上之重大失已也。故自宜昌抢运完成之日，即民生公司困难开始之时，民二十九年六月间，宜昌沦陷，货源缺乏，困难益增，同时政府为稳定客货运价起见，自民二十八年起即首先开始管制，造成收支失衡之亏折状态。自二十八年起，民生公司历年均属亏折，至民三十二年一月至四月份尤甚，截至目前止，所负长期债款，已达 1 万万元以上，其困苦之处，由是可知。

轮船因应兵差及遭敌机轰炸之损失甚夥，遭敌机炸沉者几占民生公司所有之主要船舶半数以上，不能不从事修复，以保持抗战运输力量，但五金价格高昂，达战前之 500 倍至 1000 倍以上，加以工程浩大，其间虽由政府补助 1040 万元，然不敷之数仍巨，今日民生公司所有之巨额债务，其主要部分，即系修复费用。环顾目前之金融周转状况，民生公司本身举债之能力，究属有限，其尚待修复之各轮，应如何办理，实为当前急务。

困难之解救方法

前述民生公司之困难，系川江各轮船公司困难最显著之例。是项困难，实属普遍，亟待解救。其解救方法，业由本年六月间所召开之第二次全国生产会议通过：

一、输运运价应根据成本，并参考物价指数，每三个月由交通部召集各有关机关调整一次。

二、航行轮只应由政府酌发航行津贴。

三、待修各轮应由政府酌发补助费。

上开三项办法实行以后，民生公司之困难，庶可稍苏。

川江航运之展望

川江之航道与长江中下游息息相关，概言之，亦可谓为长江中下游之延长航线。但以川江漕狭滩多，水性特殊，其适于中下游航行之轮舶，不适于川江航行，倘以川江轮舶在中下游航行，则成本过高，绝不经济。以是川江与下游之接运，向以宜昌为其转装港口，故欲谋川江航运之畅达，必须加强宜昌转口设备，逮造吊机及近代化之仓库码头，始收经济与便利之效，并应在宜昌重庆两地，各置浮船坞一座，以增进修理效能。复查此次抗战军兴之后，若干 300 尺以上巨轮，均能驶至重庆，由是以观，未来之川江轮船，自可达到长度 250 尺，载重 1000 吨之容积，则其运输力当较目前增加，同时似应大量建造拖驳，以应货运需要。

13. 抗战期间的国营招商局[①]（1943 年）

全面抗战发动后，招商局损失惨重，沿海及长江下游各埠码头，房地产业，先后沦陷，轮船趸船，被征被炸毁沉者，达 5 万吨。当时开入长江，供应后方运输者，计有江顺、江安、江华、江大、江靖、江天、江裕、建国、快利、海洋、海瑞、新丰、江新等 13 轮，及恒吉、恒通、利济、津通、骏发、河宽、利源、利航等小轮 8 艘。自“八一三”战事发生，至二十八年底，经招商局承运军队 53 万人，军用品 198000 吨，公物 88000 吨，商货 192000 吨，旅客难民 36 万人，此项任务，皆由各轮冒险营运所达成。兹将招商局在战时运输技术上之贡献，分述于次：

一、关于运输者

（一）领导同业组织航业联合办事处运送各线军队军需品，当沪战发生后，前线队伍军品，需用浩繁，供应迫切，且当时奉命抢运上海民营厂商机器物资，航业界任务，空前繁重，招商局在交通部指示下，领导同业，在南京成立航业联合办事处，各地设置分处，同一目标，统筹支配，尽量供应，并规定日停夜航办法，以避敌机。上海方面，并办理沪镇联运，前方军队补充军品接济，得以源源无缺。

（二）政府至南京撤退人员公物之抢运：二十六年十一月十二日我军自动退出上海，南京情势，日益紧张，最高当局决定长期抗战之国策，首都西迁，招商局各轮对政府撤退人员之运送，公物之抢运，莫不尽最大努力，不顾一切，满载上驶，江新江顺两轮，且均最后退出，沿途敌机追袭，几频于危，而江天轮船，以奉命担任紧急时渡江任务，卒与首都同遭陷落。

（三）开辟赣鄂湘各省内河航线以利疏运。当政府至京撤退后，汉口人满为患，物资挤积，而各路交通，供不应求，招商局乃竭力设法，开辟各线水运，以利疏散，如汉口长沙线，汉口常德线，常德津市，常德桃源线等，均先后开航，而尤以九江南昌线任务重大，盖南昌至九江间交通，原由南浔铁路担任，嗣以战事演变，该路奉命于二十七年六月十五日起，将路轨拆卸，并由交通部命令招商局于该日起派轮接替该线交通。招商局在奉令三日内在南昌吴城两地设立办事处，租设码头，调集轮船拖驳，准期开航，处置敏捷，颇受赞许。当时加入营运船只，计有镇昌、三星、江魁、升大、新升隆等 5 艘，另加客驳拖船，随轮行驶，每晨南浔两埠对开，当日到达。实行之后，行旅称便，惟当时南浔间地近前线，伤兵难民，日益众多，维持秩序，煞费苦心耳。

（四）利用回空车辆办理粤汉水陆联运以维进出口重要物资之交流。溯自抗战事发生，我北洋及扬子江通海各口岸，或被敌沦陷，或自行封锁，致国外货物吐纳，仅恃广州一处。粤汉广九两路，原可大量运输，惟军运频繁，无法兼顾货运，致出口贸易及两粤食粮，与华中各省日用必需品，因运输困难，无法调剂，影响抗战前途，关系至钜。我最高领袖暨交通当局，积极倡导利用回空车辆，无如军运紧急，铁路车辆到武昌急需开行曾与线区司令磋商数次，觉下行

① 节选徐学禹著：《招商局之沿革及其所负之使命》，原载《交通建设》1943 年第 1 卷第 12 期。

武昌之车，数量不多，须供应前线之用，迄无结果。经招商局查得长沙衡阳两地，回空车辆较多，颇堪利用，但车辆随到随开，不能等待，乃倡以货待车之议，以联运方式，将出口贸易桐油茶叶等，装船运往湖南，如长沙有车，则在长沙装车，否则续航至渌口衡阳，装入回空车辆，运粤出口，其经过虽遇种种困难，幸得各方协助谅解，颇著成效。并于粤省方面，则利用北江水运，避免轰炸，三段联运，于兹开始。所谓三段联运者，水运至渌口衡阳车运至曲江或英德，再由水运至广州，所有水运，均由招商局负责办理。至此出口贸易，进口物资，渐得畅达。查该项联运，自开办以来，自汉至粤，计运货 14 批，3087 吨，出口联运货计运出 22 批，2329 吨，总共为 10500 余吨。上列数字，虽非过钜，而在军运倥偬，时局演变之秋，获此成绩，实已竭尽努力矣。

（五）改造工具充实川江运输：招商局自峨嵋轮触礁后，川江运输，几告中断；战事发生后，政府西迁，川江运输，日益繁重，该局遂代理协庆轮船业务，以作复航川江之序幕。汉口撤退，复将澄平、利济两轮驶渝改装，航行渝万宜线，并租用江兴、镇昌及本局原有小轮恒吉、恒通、河宽、骏发、利源等轮，分别开航重庆泸县，重庆江津、白沙、道木洞，重庆北碚等线客货班，对陪都附近之交通运输，不无裨益。

二、关于航业技术者

（一）协助港口阻塞工程："八一三"战端爆发，奉令阻塞江阴，招商局被征轮船趸船共 12 艘，马当封锁，复应征 4 艘，及至黄石港封锁，设计用水泥钢骨船代替，所有驾驶阻塞工作人员，大部分由招商局调派充任。

（二）海祥轮直航长沙：汉口长沙段航线，枯水期间，仅能拖驳航行，涨水时期，亦不过能通航装货五六百吨之船舶，盖其河道浅狭，而多弯曲，二十七年七月间，招商局为抢运南浔铁路钢轨器材，将海祥轮装足 2200 吨，满载直航长沙，虽以当时汉口空袭频仍，木驳拖轮两皆缺乏，事出急不得已，而在航行史上，开一特殊纪录矣。

（三）宜昌设置码头：宜昌一埠因水流太急且江底淤沙，移没无常，故向无码头设备，起卸客货，俱用木船驳送。自政府西迁后，重要器材，多由宜上运，然物大量重，无设备完善之码头，殊无法卸船转运，招商局有鉴及此，于二十七年五月间，迭经派员各处调查，始发觉旧川汉铁路，于沿江砌有石级，可设趸船，乃设计将大铁锚系练，埋藏岸上，利用起锚机转动为水尺涨退之伸缩，乃于二十七年八月，将汉口招商局一号码头，着江安轮拖宜，在该处建设，自后宜昌始有设备完善之码头，而当时一般认为无办法之事，竟能一举成功，莫不相顾称许。

（四）首创 4000 吨以上轮船航行汉宜线：自南京撤退，马当封锁以后，江海轮船，集中武汉，下游航路既短，中上游则需甚殷，且停泊武汉，空袭危险。招商局在此情况下，决将向驶沪汉四千吨以上之江安、江顺两轮，上驶从未有大轮踪迹之宜昌，当时水枯，经设水上招待及临时堆栈于宜，二十七年五月先后下驶，担任抢运工作。自后各公司见安顺航行成绩甚佳，遂纷将大轮，加入运输，武汉大批器材，能如期抢出，有赖于安顺两轮试航成功也。

（五）借给器材协助川江绞滩：国府西迁，川江水道，重要非常，惟以滩险过多，致船只往返，视为畏途。招商局乃倡议以机器绞滩，商以运输司令部，经表赞同。其时交通部为整理川江水道，加强运输力量起见，采用以机器绞滩办法，特令汉口航政局组织绞滩委员会，于二十七年十月二十日在宜成立，惟应用工具缺乏，遂向各方征求，本局为倡议者，事关改善交通，便利运输，间接增加抗战力量，遂将大批工具，借给应用，计有二三寸直径之钢缆六桶，锅炉抽水机烟囱各一座，滑车绞辘等多件，绞滩会得此，即予利用，以后续加添配，始臻完备，现在该会范围，日益扩大，上下船舶，多受其利，而追溯当初招商局之协助，实予该会以有力之促成也。

（六）4000 吨以上大轮入川保养并乘水尺相宜加入航运以补助川江工具之不足：武汉撤退，江海轮船，集中宜昌，运输司令部曾令各航商将能上驶轮船，克日上航，否则必要时，予以沉没，免资敌用。招商局经调查川江航道及各轮性能，觉有上驶可能，乃呈准交通部积极进行。上驶最大问题，厥为领江之招请，该时宜地情势紧张，川江领江多被其他公司搜罗，招商局虽招雇有心，实已应征乏人，几经转商，得民生公司允借领江一组，并自雇二组，第一问题，始告解决。其次驶达地点，招商局意欲尽可能上驶，而当时颇有反对者，故上行目的地，只能以庙河为止。第三装集问题，当时各机关积存宜昌公物，均候转运，招商局方面，自力图抢运，惟为使舵机转运行驶安全起见，装载应以适当水尺为度，各机关抢运心切，不明困难，颇滋纠纷，经多方商洽，始逐一妥贴，各轮依次上驶：

招商局各轮上驶入川日程表

船名	日期	到达地点	日期	到达地点	日期	到达地点	日期	到达地点
江顺	二七年一一月	庙河	二八年四月	泄滩	二八年一〇月	重庆		
江安	二七年一一月	庙河	二八年四月	泄滩	二八年一二月	重庆		
江新	二七年一一月	庙河	二八年一月	巴东	二八年二月	奉节	二八年六月	重庆
江华	二七年一一月	庙河	二八年一月	巴东	二八年二月	巫山	二八年八月	万县
江汉	二七年一一月	庙河	二八年一月	巴东	二八年二月	奉节	二八年一二月	重庆
江靖	二七年一二月	青滩						
建国	二八年四月	泄滩						
江大	二八年四月	泄滩						
快利	二八年四月	泄滩						
海祥	二八年四月	青滩						

江新江汉等轮，到达重庆后，均经开航万渝线营运，并已开航宜渝线，成绩圆满，查川江航线四十年前，由英人李德乐氏以汽轮试航成功，年来虽航行技术改进，船只吨位，逐有增加，惟最大者尚未超过 1200 吨，兹江新江汉等轮，吨位皆在 3000 吨以上，不但能到达重庆，且能驶宜营运，毋怪中西报章，争相登载，认为航行奇迹也。

14. 国营招商局为代理总经理派任事项致重庆市政府公函（1943年4月30日）

案奉交通部三十二年三月五日人甄字第6861号令开：兹派徐学禹代理国营招商局总经理，除请简外，此令。复奉同年四月十三日总文字第171号训令开：发木质关防一颗，文曰“国营招商局之关防”，总经理角质小章一颗文曰“国营招商局总经理”；副总经理角质小章二颗，文曰“国营招商局副总经理”，饬即祇领启用具报，各等因。奉此，学禹遵于本年四月二十六日就职视事，同时启用关防及官章。除分别呈报函令外，相应函达查照为荷。此致

重庆市政府

总经理　徐学禹

副总经理　沈仲毅

15. 民生实业股份有限公司章程（1943年8月17日）

第一章　总　则

第一条　本公司依公司法股份有限公司之规定，集股组成，呈准设立，定名为民生实业股份有限公司。

第二条　本公司以促进交通，开发产业为宗旨。

第三条　本公司经营之事业如下：

一、航业。

二、机械业。

三、电气业。

四、染织业。

五、物产业。

六、代办业。

七、投资业。

第四条　本公司设总公司于重庆。分公司或代办处，视需要情形，于各地方设立之，呈请主管官署转呈实业部核准备案。

第五条　本公司公告登载于总公司所在地之新闻纸。

第二章　股　份

第六条　本公司股本总额，为国币三百五十万元，分为三万五千股，每股一百元，一次缴足。

第七条　本公司股东以中国人为限。

第八条　本公司股票系记名式，得自由转让，但转让人须将股票缴还公司，并填明受让人姓名，住址，及权利起止，过户，由本公司另换给记名式新股票。

股票因继承关系，须换填姓名者，其程序与前项同。

第九条　如有遗失股票者，须向本公司声明请补发股票，并登报声明，三个月内不发生纠纷，始行补给。

第十条　凡换给或补给新股票，每股均须收手续费一元。

第十一条　本公司每年决算，结有赢余，先提公积百分之十，次提一分股息，其余作一百分分配如左：

一、特别公积提15%。

二、股东红息提50%。

三、职工红酬提百分之三十。

四、文化补助金提百分之五。

五、发起人酬劳金先从股东红息中提百分之五。

第三章　股东会

第十二条　本公司每年于结账后一月内，召集股东会一次，但遇有特别紧急事故，或持有股份总数二十分之一以上之股东，书面声叙理由，申请召集时，得由董事会或监察人召集临时股东会。

第十三条　股东会须有股份总额半数以上出席方能开会，其议决以出席股东权数过半行之，但变更章程之议决须依公司法第一百八十六条第二项之规定。

不足前项股数时，得依公司法第一百条第二项之规定，为假议决，但解散与合并须遵用公司法第二百零三条之规定办理。

第十四条　本公司股东每一股有一议决权，但一股东而有十一股以上者，从十一股起每二股有一议决权，一百五十股以上之股东概以八十权为限。

第十五条　股东得委托代表到会，但须出具委托书，交由董事会存留为证。

第十六条　股东会主席由股东互推之。

第四章 董事会及监察人

第十七条 本公司设董事十七人，监察人十人，凡有二十股以上之股东得被举为董事，有十股以上之股东得被举为监察人。

第十八条 董事及监察人由股东会用无记名连记法互选之，得票过出席股权半数者为当选。

第十九条 董事任期为二年，监察人任期为一年，但得连选连任。

第二十条 董事会设董事长一人，常务董事四人，均由董事互选之。

第二十一条 董事会之职权如下：

一、对外代表公司。

二、经理人选任及解任。

三、召集股东会。

四、核定本公司出入款项及一切账据。

五、议决应兴应革事件。

六、视察营业状况。

七、监视执行议决。

第二十二条 董事会每月开会一次，如有紧急事项发生，得召集临时董事会。

第二十三条 监察人依据公司法第一百五十六条至一百六十条之规定行使其职权。

第五章 职 员

第二十四条 本公司设总经理一人，总理本公司营业事务。设协理一人，襄助总经理行其职务，总经理有事故时，并得代理其职务。

第二十五条 总经理及协理由董事会聘任之。

第二十六条 分公司各设经理一人，商承总经理办理分公司之事务。

第二十七条 总公司及各部分职员名额之增减，须应事务之需要由总经理提交董事会核定报董事会备查。

第二十八条 总经理、协理之薪金，由董事会决定之，其余各职员薪金，由总经理核定报董事会备查。

第六章 附 则

第二十九条 本章程未尽事宜悉遵公司法及其他法令办理。

第三十条 本公司所营各种业务，如有属于特许营业范围者，应遵各项法令向主管官署呈请核准。

第三十一条 本章程自呈准主管官署之日实行。

第三十二条 本章程如有应行修改之处，悉由股东会依法议决，呈准主管官署修改之。

16. 四川合众轮船股份有限公司临时股东大会记录（1943年11月26日）

时间：三十二年十一月二十六日上午十二时

地点：本公司大餐厅

出席人数：本公司股东共三百六十九户，本日到会股东二百一十五户，计五千五百三十权，代表股份一千四百零四股，均已超过半数。

一、行礼如仪。

二、公推龚董事长农瞻为大会主席。

三、主席报告开会事由：

本公司以限于资金、业务上无法发展。爰依据董事熊郁村在第四届第三次董监联席会之提议，增加资本。嗣经决议：增加三百万元，共足资本五百万元，限十二月底齐股，以资运用，记录在卷。是否之处？请大会公决：

全体一致照提案通过。

四、总经理钟孟甫报告：

本年公司情形，兹略就航线、修理、财政等梗概向大会报告。（一）航线：仍以长虹、长天行驶渝叙，长春、长乐行驶渝鱼，长丰行驶渝津，长远行驶渝李，长源行驶泸蓝，长宁行驶叙。惟以各线船只一遇损坏停修，每感无从调轮替班，使班轮中断，影响业务。故最近收买国昌轮更名长寿。现长乐停修，已加入渝鱼线行驶。（二）修理：长天修理历时五月，耗款百万以上，现已完成，定下月初复航。长虹因左右尖地轴先后折断，更换修理，时间与金钱均损失不赀。其他木壳船只，亦换班修理。故本年修理费之支出，约四百万元之钜。（三）财政：本年向外借款虽钜，但以叙府、泸县、重庆存煤及机油五金材料等价款并购国昌船价而计，恰能相抵。名虽负债，实则以资金不充，周转不灵耳。故今后欲避免向外借贷，受子金之赔累，舍增加资本，实别无旁求，当希各股东注意及之。

五、临时动议：

主席谓：股东增加，在原有章程上规定之资本总额及股份权数，当照修正。其他有无再修正之处，请面提出讨论：

决议：照当然修正之点改正之。

六、散会。

主席　龚农瞻

记录　杨育英

17. 重庆市航轮调查表（1943年11月）

公司名称	船名	吨量及年份	马力(匹)	速率	载重量		制造厂名	航行区域	停靠码头
					满载	常载			
民生实业公司	民乐	173.54 十五年四月	50	7.0			渝寸	朝天门	磨儿石
同上	民宝	144.25 二十四年一月	64	11.0			同上	同上	
同上	民瞻	52.66 二十三年二月	56	8.5			同上	同上	
同上	民光	166.10 十四年一月	150	10.0			渝唐	嘉陵码头	
同上	江通	165.37 二十年六月	85	10.0			同上	同上	
佛亨轮船公司	佛源	53.35 十五年六月	40	1.5			渝木	朝天门	磨儿石
同上	佛通	58.94 二十年六月					同上	同上	
同上	捷兴	131.56					同上	同上	
宝源轮船局	宝源	47.63	90	10.0			同上	同上	
民生实业公司	民快	68.49 十九年八月	64	12.6			渝涪	千厮门	
同上	民好	43.10 十三年三月	24	7.0				同上	
同上	民胜	176.27 二十二年十二月	160	8.0			渝长	同上	
同上	民由	290.06 二十四年二月	120	12.9			同上	同上	
同上	民表	154.49 十五年一月	2	10.0			同上	同上	
同上	民恒	195.95 十八年十月	130	10.0			同上	同上	
同上	生聚	211.71 十九年一月	600	11.3			渝涪	同上	
同上	民武	495.36 二十八年八月	960	13.5			同上	同上	

续表

公司名称	船名	吨量及年份	马力(匹)	速率	载重量		制造厂名	航行区域	停靠码头
					满载	常载			
同上	民万	838.78 十年一月	360	14.5			同上	同上	
同上	民和	1040.52 二十年二月	800	11.0			同上	同上	
三北轮埠公司	武康	142.45 十五年一月	340	7.0			同上	同上	
民生实业公司	民康	620.48 二十四年一月	11	15.5			同上	同上	
三北轮埠公司	蜀丰	185.49 二十年七月	86	7.0			渝丰	同上	
民生实业公司	民贵	986.2 四十三年一月	2000	14.0			渝万	木关沱	
同上	民本	1464.45 二十五年五月	340	16.5			同上	同上	
三北轮埠公司	鸿元	476.82 十八年一月	320	9.0			同上	同上	
国营招商局	澄平	521.33 九年十二月	400	11.0			同上	同上	
强华实业公司	华源	1097.33 十年十二月	3200	14.0			同上	施家河	
四川合众轮船公司	长寿	92.72 十五年十月	45	9.0			渝鱼	太平门	
同上	长春	126.06 十六年十月	150	11.0			同上	同上	
民生实业公司	璧山	183.77					渝沙	同上	
四川合众轮船公司	长丰	54.28 十二年五月	150	10.0			渝江	同上	
民生实业公司	屏山	183.77 三十一年八月	560	10.0			渝沙	同上	
同上	营山	232.71					渝涪	千厮门	
同上	民德	64.1 二十五年二月	180	10.5			同上	同上	
同上	民昌	155.74 十四年六月	180	8.5			同上	同上	

续表

公司名称	船名	吨量及年份	马力(匹)	速率	载重量		制造厂名	航行区域	停靠码头
					满载	常载			
国营招商局	恒吉	35.2 三年十月	18	6.7			同上	同上	
民生实业公司	民楷	170.66 二十六年十一月	300	11.0			渝泸	朝天门	磨儿石
同上	梁山	183.77					同上	同上	
同上	民模	155.45 十年一月	240	10.5			渝叙	同上	
同上	巫山	183.77					同上	同上	
同上	民协	295.40 二十六年一月	240	11.0			同上	同上	
同上	民治	215.60 十三年四月	280	10.5			同上	同上	
三北轮埠公司	寿丰	196.82 二十年七月	100	12.5			同上	太平门	
同上	渝丰	252.00 二十一年九月	120	9.5			同上	同上	
同上	鸿利	555.81 十九年一月	350	9.5			同上	同上	
永昌实业公司	永昌	86.30 二十五年十月	160	8.5			同上	同上	
民生实业公司	民耀	57.28 二十七年四月	80	7.0			渝磁	临江门	
复兴轮船公司	新开和	64.93 十九年一月	130	9.0			同上	同上	
庆磁航业公司	庆合	19.70 十五年四月	50	80			同上	同上	
同上	庆中	25.14 三十一年十一月					同上	同上	
民生实业公司	民仁	62.50 二十四年十一月	120	10.0			渝潼	同上	
同上	民邦	118.5 二十五年一月	120	7.0			同上	同上	
同上	民律	62.68 二十五年一月	180	10.5			渝合	千厮门	

续表

公司名称	船名	吨量及年份	马力(匹)	速率	载重量		制造厂名	航行区域	停靠码头
					满载	常载			
同上	民生	70.66 十五年七月	180	11.0			同上	同上	
同上	民视	54.22 二十五年六月	180	10.4			同上	同上	
同上	民听	54.22 二十五年六月	130	10.4			同上	同上	
同上	彭水	64.46					同上	同上	
同上	生存	234.94 二十一年一月	1300	13.0			渝巫	木关沱	
同上	棠山	183.77 三十一年八月	360	10.0			渝沙	太平门	

注：此表系根据十一月份各轮之分配情形而制，各轮船之航行区域及停靠码头因情形之需要时有变动。

18. 强华实业股份有限公司简史[①]（1945年）

一、创办时

一九二〇年，黄锡滋、童继达、李泽敷等，见轮船为新兴事业，可望发达想集资创办轮船公司。但是当时军阀割据，强差估运，不能顺利营业，只有悬挂外旗才可避免麻烦，经与法商吉利洋行商洽，说妥悬挂法旗，每年付挂旗费纹银3万两。乃集资纹银30万两，组织聚福洋行，先后购买福源、福同、福来三轮，航行渝申航线。一九二五年，福来在崆岭失吉，受损很大。其时军阀政府也知道了是挂旗华商，仍然不断挪差，法领事也不大出力保护，以至营业无法维持。一九二七年，再与吉利洋行商定，由该行在巴黎调一笔款来（约华币10万元），存在上海汇利银行，作为法股资本，在上海领事馆正式注册，请法领事正式验资，表面上作为一个正式的中法合资公司，暗地里则订一个密约，订明这笔资本验了之后，仍由吉利洋行调回，实际不占股本，只算挂旗，每年仍照付挂旗费。自经此次公开备案之后，很顺利的做了十余年的生意。

一九三八年，法大使馆查出了这个秘密，认为不合，勒令吉利洋行拿出资本，改组聚福洋行。

① 本文予该公司自撰稿，标题为原有。

吉利洋行派代表吕丹来渝接洽，未得结果，旋去河内。嗣由黄瑾莹、童遇春（瑾莹为锡滋之次子、遇春为继达之子）去到河内，与吕商量。经一再洽商，同意决定以前盈亏不问，从新做起，资本总额定为伪法币415000元，华股占202500元，法股占212500元。那时已是一九三九年，伪法币已经贬值，法商拿出了贬值的法币10万多元，即占了公司股份百分之三十几。

改组后，法帝投降德意，而我国抗战正在紧张阶段，法国船只禁止在内河航行。又于一九四〇年秋及四一年，几度由黄瑾莹去香港与吕丹交涉，将法商股份全数买回，改组为国籍轮船公司。殊法籍股东将股权转让手续与向法政府撤销注册手续办妥后，而法籍船长仍抗不交船。为时甚久，我方忍无可忍，乃派员强迫接收，于一九二四年七月一日正式成立强华实业股份有限公司。

公司成立后，将福源轮改名华源，福同轮改名华同，连同囤驳折价和增加的现金，共凑足资本额为伪法币500万元，改选董监，公推杨晓波任董事长，黄瑾莹任总经理，设总公司于重庆，内设总船财业四处，并于万县、巴东、三斗坪及泸县等地设办事处，分别负责推动业务，以源同两轮经常行驶渝坪、渝泸航线，担任后方的运输。

二、抗战时

公司改组成立，原冀于抗战期中为后方交通服务，殊当时航线短，客货少，军运多，运价受限制，不能随通货贬值物价高涨速率而调整，因之亏折甚钜，资金周转不灵。经一九四三年七月一日股东大会议决，增资100万元，连前共为600万元，所有官僚资本就在此时前后渗入的。

一九四三年八月二十四日晨，华同轮在三斗坪附近的曲溪口地方被日机轰炸，船身直接中弹，船员伤亡多人，势极危殆。幸经船上员工奋勇施救，补残填漏，得以驶转重庆。自是仅余华源一轮营业，又以吃水甚深，在枯水时期，必需停航，收入竟告断绝。乃在极端困难情况下，借债将华同修复，于一九四四年二月竣工，加入航行。该轮修理费及营业损失达伪法币1700余万元，总经理黄瑾莹于此时辞职，由王士燮继任，瑾莹专任常务董事，住公司指导一切。次年又兼任副总经理职务，自成立迄于抗战胜利为止，每年皆有亏折。常致股息无从发出，实一最困难之时期。

19. 四川合众轮船股份有限公司第八届股东大会记录（1945年3月20日）

时间：三十四年三月二十日上午十一时

地点：重庆白象街六十七号总公司

出席人数：本公司股东共四百四十户，计一万五千六百三十八权。本日实到股东二百八十八户，计一万一千四百九十二权。

一、行礼如仪

二、推举董事长龚农瞻为主席

三、主席报告开会理由

照公司法规定：每年应召集股东会一次。本日实到股东户数及权数，均已超过半数，已合法定。应即开会。

四、主席提交账目表请表决案

略称：董事会造具三十三年度账日表，经送交监察人审核，并会计师证明无讹。请付表决！

经一致通过。

五、总经理钟孟甫报告

去岁因病魔缠扰，曾请假调养，以致公司事务，未尽竭尽驽钝，深负付托之重，颇为遗憾！幸赖各同仁均能各就岗位，勉从事，日常事务照常推动，差堪告慰。今后仍祈各股东一秉爱护事业之素志，不吝指导，俾资遵循，公司前途幸甚！

六、副经理宓如清报告业务

三十三年业务，货运缺乏，仍以客运为主。但在政府限价政策之下，全年仅在之故，轮船载客，较诸任何交通工具均属低廉，以至形成乘客拥挤，秩序至于无法维持之境，而收入仍寥寥无几，不足成本。至于差租，长虹全租十九次，长天一次，两轮共附搭十二次，伤运十次，所给租费附搭费等尤属低廉，不敷成本至钜。所幸船只情形尚属良好，共有轮船九艘，经常即保持八只行驶。仅长虹轮在猪儿碛搁浅一次，旋即救活，损失甚微。

七、襄理张载之报告人事

三十三年客货运价仅调整一次，嗣即实行补贴政策，故职工薪津亦仅调整两次。在此战时，物价不断上涨，影响职工生活至深且钜。综核全年职工进退，退职者多于新进，于此可见生活不安定之一斑。但在公司方面，因限于收入，因知此种困难情形，亦无可如何也。

八、改选董事及监察人

决议：移交临时股东会办理。

九、主席提议：长远轮大筲箕背失吉情形，请由宓副经理如清报告，俾各股东明察。

宓副经理报告：溯自叙南开航以来，即派长远轮行驶，由何舜云负驾驶责任。迄今数年，行驶四千余次，其中船只虽因修理迭有调换，但驾驶人员迄未更动，原以收驾轻就熟之效。殊于本年二月六日午后，由宜宾下驶，行经筲箕背，不幸失吉沉没。经调查出事原因，当日售票并未超过定额，船之本身亦无任何部分有损坏现象。此项不幸事件纯由岷江水道工程处施工整理该处滩险，水势变迁所致。当出事之后，即派副经理陶伯宣等前往宜宾会同当地黄盐及叙泸分处人员办理善后，并派工程师张干霆前往打捞沉船。被难家属虽备极苛求，幸赖六区王专员及当地机关法团首长主持正义，社会人士亦洞悉肇事原因，多方协助，斯时虽未结束，谅能顺利解决，沉船已开始绞动，施救亦毫无问题。至被难生还与淹毙人数，现刻尚无详细报告，惟装殓、抚恤、施救等费已支出七八百万元，将来修理船只，尚需数百万元，损失实属不赀。此次肇事责任，航政当局已密切注视，公司亦正收集该项滩险因施工整理水势变迁之材料，委托律师办理。其损失部分，将来或可获政府补救希望于万一。此即失事经过及处理之概况情形也。

主席 龚农瞻

20. 招商局为洽办川粮济鄂运输致重庆分局函（1946年3月27日）

案奉粮食部本年三月四日余管（三十五）第（4547）号训令开：查湘鄂等省久受敌伪搜括，去年又遭水旱灾浸，收成歉薄，民食军粮同感不足，亟须将川省征粮余谷四百万市石约合米二百万市石下运汉口，以济湘鄂一带驻军食用，迭经密谕准备在案。兹于二月十五日签呈宋院长，请令饬招商局自三月份起派定大小轮驳若干艘，专供以粮下运之用，并奉行政院三十五年二月十七日节三字第四七五三号代电，准予照办，等因。除电招商局克日筹划载运川米二百万市石之吨位，自本年三月份起按月匀派专轮来渝接运至汉，并咨请交通部转令该局促速办理外，合行令仰该局迅即迳与招商局洽商，按月载运吨量及起运地点、运费单价详细办法，积极准备。至该局原拟集中泸合、渝万拨交办法，并不变更。招商局交涉办妥下运条件，将来由领粮机构办理，并将接洽情形呈部查核为要，等因。奉此，兹派本局配运处副处长王文颖前往贵局洽办，相应函请查照接洽办理见复，以凭转款为荷。

此致

招商局重庆分局

局长 席新斋

21. 渝宜轮船运粮联合办事处简章（1946年5月23日）

第一条 本处遵照政府运粮旨意，由在渝行驶川江轮船之招商、民生、强华、永兴、协大、大达等一局五公司共同组织之。

第二条 本处系临时组织，以将粮食部在川粮食运毕，即行解组。

第三条 本处经费由共同组织之局暨公司，按照各运粮吨数，平均担负。

第四条 本处暂借民生公司为办事处。

第五条　本处设主任一人综理处务，设副主任二人，协助主任处理处务。

第六条　本处主任以下设处务、调配二组，组设组长一人。总务组下设文书、会计二股，调配组下设船务、港务二股。股设办事员若干人。

第七条　总务组管理文书、会计二股，各股职掌如下：

一、文书股：

（一）关于文书之撰拟、收发、缮校事项；

（二）关于印章之典守及档案保管事项；

（三）其他有关文书事项。

二、会计股：

（一）关于各项开支审核支付事项；

（二）关于经费出入账目表册之编整事项；

（三）其他有关事项。

第八条　调配组管船务、港务两股，各股职事如下：

一、船务股：

（一）关于运粮轮船之调遣事项；

（二）关于运粮轮船之检查事项；

（三）关于运粮轮船报关结关事项；

（四）关于配粮通知洽运事项；

（五）其他有关事项。

二、港务股：

（一）关于食粮之配装事项；

（二）关于食粮之起卸囤放事项；

（三）关于食粮收交事项；

（四）其他有关事项。

第九条　各组之办事细则另订之。

第十条　本简章经各局公司通过后实行，并呈报粮食部、交通部备案。

22. 川湘轮船装运粮弹实施办法（1946年7月31日）

一、所有由渝开出轮船之货运吨位，除特准外，一律装运粮弹，并以粮五弹一之比例为标准。

二、紧急公物之必须由轮船运送者，应由党政军各机关在京呈请特准后，方得装运，但每月至多不得超过二百吨。

三、轮船尽量装运粮弹后，在不妨碍装运粮弹吨位时，仍可酌量装载得员之人员。

四、所有五百吨以上之大轮，除奉特准者外，均以宜昌为终点，任何部门不得变更。

五、所有大轮除奉特准者外，均不得包租专用。

六、粮食部应派大员驻宜昌办理接收转运工作。

七、交通部应调集船舶办理宜汉段接运工作。

23. 招商局为转知善川江水运阻滞办法致重庆分局函（1946 年 9 月 30 日）

案奉交通部三十五年九月二十三日部航字第 9951 号训令内开：奉行政院三十五年九月二六日节三字第 12499 号代电开：交通部重庆行营三十五年九月三日代电，为川江轮船甚少，待运军品军粮及复员人员甚多，船只不敷分配，拥挤不堪，目前极感困难。而下驶船只抵宜昌后，以无船接运，常有拒不下船，强迫下驶等情事。查其症结所在，不外宜昌接运船只缺乏，且不能按时接运，致军运及复员运输均呈阻滞状态。为求今后水运畅通计，谨拟具改善办法如后：（一）水运除紧急军运外，渝宜、宜汉间切实分段行驶，切忌直航，并由武汉行营会同招商局及其他公司组设宜汉段接运机构，由武汉行营级持之。（二）宜汉段接运任务应由招商局与其他公司各派出船只，专任接运宜昌下游复员人员公物之责。（三）请武汉行营指派人员专员负责复员轮船秩序维持，取缔强迫渝宜段船只下驶情事。（四）复员船只与差船只应明确划分清楚，在可能范围内，应尽量避免混合装载。（五）奖励宜渝段民船及其他小轮拨运，但须受武汉行营之指导。以上各项请转饬有关各单位分别限期办理等情，应准照办，特电遵照办理，等因。奉此，合行令仰遵照洽办具报，等因。奉此，除分函外，即希查照遵办，并将办理情形具报，以便转报为要。

此致

渝分局

总经理　徐学禹

中华民国三十五年九月三十日

24.1946年重庆轮船业概况（1947年）

一、去年航业统制情形

年初因复员关系，货客吨位统由交通部全国船舶调配委员会分配，六月底该会撤销后，奉令由各轮船公司组川江轮船联合办事处，统筹分配。十月底复员结束，十一月初民运开放，惟货运仍由重庆行辕川江船舶调配委员会按月份配吨位。

二、各公司轮船吨位及新添置轮船情形

各公司轮船吨位另附表，至各公司添置轮船情形下：

（一）民生公司添置客货船民风1只、太湖及110号、112号、113号、114号登陆艇6只以上，货船拖轮1只，民生1号、2号油船2只，共计10只，总吨8966.60吨。

（二）合众公司添置长春、长乐2轮（总吨共约700吨）。

（三）强华公司新添华泰轮1只，总吨211.21吨。华康轮1只，总吨559.98吨。

三、各航商应差情形次数吨位：

（一）民生公司三十五年先后应差船只148只，共运官兵91705人、马259匹、药品21762吨，并另附搭官兵11786人、药品4556吨。

（二）强华公司华源、华同共差运14次，计124天，运军品公物764451吨、官兵10361人。

（三）招商局201号、207号、艇、江康各2次、江庆1次，共运军品250541吨。

（四）合众公司应差9次，附搭4次，附运1次。

（五）永兴公司应差2次。

（六）协大公司应差1次。

四、共运军粮若干自何处装至何处：

（一）民生公司由渝运为粮450吨至宜昌。

（二）强华公司渝宜3723.43吨、宜汉108号、汉申180吨、渝汉320吨。

（三）招商局川粮5927.35吨。

（四）合众公司由渝至渝735吨。

（五）永兴公司由渝至宜1250吨。

（六）协大公司由渝至宜932吨。

（七）佛亨公司渝宜986吨。

五、复员运输情形至何月复员运输告一段落：

复员运输自抗战结束开始至三十五年十月告一段落，约共运军公人员203024人，共运公物84497吨。

六、吨位供求情形：

因复员拥挤，差运频繁，米粮下运关系，供不应求。

七、水脚增加次数：

三月一日1次，八月十五日1次。

八、各公司去年开航次数、吨位：

（一）民生公司下游246次，50429吨；上游250次，7104吨。

（二）强华公司下游37次。

（三）招商局下游41次，12489吨。

（四）合众公司上下游共76次，5340吨。

（五）永兴公司下游7次，1639吨。

（六）协大公司下游9次，1388吨。

（七）佛亨公司下游12次。

（八）永昌公司上游14次。

九、短航小汽船数、航行次数：

（一）民生公司共行4890次。

（二）合众公司共行937次。

（三）佛亨公司共行795次。

十、以重庆起点之航线：

计有渝合、渝涪、渝长、渝唐、渝叙、渝万、渝宜、渝汉、渝申等线。

十一、各航商经营情形、政府有无津贴：

各航商营业亏损甚钜，有三十五年一月份起，政府即停止补贴。

十二、航业之展望：

物价不断增长，航行成本加高，而客货运因国内经济不景气，货物滞销，客货运日益萧条，航业前途殊难乐观。

25. 抗战期中的强华公司①（1948年）

一、增加资本

公司于民国三十一年七月一日成立，原冀于抗战期中为后方交通服务，以尽国民天职，自成立至三十二年六月以来，运兵转饷占全部业务80%以上，运价受政府管制，历时数月始获调整一次，而物价波动甚速，尤以轮用各种材料更为奇昂，故无论如何调整，均属不敷成本。承

① 节选自强华公司自撰稿《强华实业股份有限公司概况》第2节，原标题为“抗战期中概况（三十二年—三十四年）”。

运军差公物运费又系折成计算，不能按时收得，因之亏折甚钜，经济周转不灵，而船上所需之五金材料及油料燃料等，又非预为准备不可，故非筹措一笔现金不克解当前之急。且为适应环境，减少各方面之阻力，更非得金融实业界钜子参加，不足以言生存而图发展，乃于三十二年七月一日股东大会决议增资100万元，由黄经理谨莹向外设法招募。所幸赞助者多，仅费时一月，即已募足。当于八月一日招集临时股东会议，修改章程，增加资本为法币600万元，新增董事10人，连同原有董事共为15人。新增监察3人，连同原有监察共为5人，并向政府办理增资变更登记手续。自是公司经济稍纾喘息，勉渡难关。

二、华同被炸

抗战期中，四川境内大小城镇莫不遭受敌机轰炸，水陆交通工具尤为轰炸之唯一目标，各轮船公司之船舶被其炸伤炸沉者极多。本公司华同轮为应差下驶，不幸于三十二年八月二十四日在三斗坪上之曲溪口地方被炸，船身直接中弹，船员伤达多人，势极危殆。幸经船上员工奋勇施救，补残填漏，驶返重庆。

自是仅余华源一轮营业，在枯水时期又须停航，收入免告罄绝，全赖举债维持开支。公司成立仅一年，譬如周岁之婴儿，遽遭此重大打击，当事者衔啖之苦可想见矣。

后方既需船只，华源一轮又不足维持公司开支，势非将华同轮修复运用不可。惟修理费至为庞大，公司经济正值困难，乃一面请政府补助，一面向各行庄抵押借贷。经六月之赶修，于三十三年二月底修理竣事，先后共耗用修理费（包括施救费在内）810余万元。又营业上之损失约900万元，全部损失达1700余万元。以上虽经政府补助240万元，但仍为本公司一最大之损失也。

三、人事变更

本公司创办之初，即由黄君瑾莹任总经理，迄于三十三年三月因事辞职，另由董事会聘王君士燮继任，仍留黄君任常务董事，常住公司擘划一切。

四、盈亏情况

公司至三十一年七月成立迄于三十四年底止，以运价长受管制，不足成本，所运货物多系公物军品，运费折成给付，遂致入不敷出，虽经政府按月给予补贴，历年仍有亏折计。三十一年纯损为2307912元、三十二年纯损为6412548元、三十三年纯损为25990305元、三十四年纯损为141914888元，以致最低官息无从发出。此一期中实为本公司惨淡经营之一时期也。

四、民船业

1. 行政院为抄发第六次修正四川省木船货物运价准办法给重庆市政府的指令（1941 年 7 月 18 日）

案据交通部本年六月十八日航务渝字条 15349 号呈称：关于汉口航政局第五次修订四川省木船货物运价标准办法之有效期限届满，拟饬该局召集各有关机关及各航商，会商拟定合理运价呈价呈转备案一案，经呈奉钧院本年五月三十日经秘政字第 46 号指令内开：呈悉。准照办，仰即知照。此令。等因。当经转令汉口航政局遵照办理去后，兹据该局呈称：查本局前以第五次修订四川省木船货物运价标准办法之有效期限，截至本年五月底届满。复以船商暨全国粮食管理局机关先后呈函，纷请增修运价各情由到局，业于本年五月七日以运字第 1171 号呈请钧部核示，各在案。近复迭据四川省民船商业公会联合会及渝保、渝、渝合各民船商业各同业会缕呈，佥以第五次修订运价期限瞬将届满，而现时物价飞涨，米价尤昂，川江木船需要人工特多，运输成本因之激增，深感困难，迫恳核增运价，以维生计，而利运输，等情。又准军政部交通司暨船舶管理处先后来函，饬以船户生计无法维持，逃避征调，影响军运，请迅予修订运价等由到局。本局以情势迫切，后方运输至关重要，爰于五月三十及三十一日召开第六次修订四川省木船货物运价会议，计机关方面到有行政院、经济会议秘书处、运输纺□□、经济部、社会部、军政部交通司，四川船舶总队产及全国粮食管理局等十七机关代表，船商方面到有四川省民船商业同业公会联合会及渝合、渝保，楚三各民船商业公会等十二公会代表，经两次会议再三商榷，缜密研究，其先决条件合有数端：

一、关于成本之会计——本局在会议之初已搜辑成本调查材料，其主要因素不外食米与工资两项。至去年年底议定第五次运价时期以至今，兹米价增长将近一倍，工资亦增至 80% 左右。至于河流滩险行程日数，其普通因素也。

二、关于物资之配运——现时后方运输固胥关重要，而其中最为繁忙而紧急者莫如军运、粮运，如嘉陵江、涪江及长江下游各线，则以军运为要；长江上游岷江及渠江、涪江各线，则以粮运为主，其运价之规定，较之普通物资如棉煤之类自有等差。

三、关于上下水比例之调整——现值洪水季节，各河下水运价例应增加较少，惟现时上水以军运为多，下水以粮运为急，为迅赴机，则上水运率固应稍高。为疏畅米源，则下水增成亦不容太低，是上下水比例在特殊情况之下，又不能不有所权变也。

四、关于施行期限之制宜——本船运价原定每一年修订一次，然此非可语于非常时期。姑以季节而言，洪水季节与枯水季节之运价，即未可强同。现值洪水季节，为木船营运最旺时期，在一般原则之下，增加运价自可较低。惟过此时期，则又不合理。故施行期限宜短，藉收因时制宜之效。基于上述条件议定第六修订四川省船货物运价标准办法如次：

（一）增价办法。此次修订四川省各河木船货物运价标准办法（除重庆市短距离及嘉陵江渝合间短程按照第四次修订运价加成外）一律按照第五次修订运价分别各河流运输滩险情形，提高20%至80%，各线增加成数如另表。

（二）费仍照第四次修定标准办理，暂不增加。

（三）重庆至绵阳直达运价分段比例如次：渝至合13%；合至太46%；太至绵41%。

（四）本办法自三十年六月一日起实行，暂以三个月为限。

关于第六次修订木船运价各议决案，均经纪录在案。要之，此次所议运价，于顾全事实之中，仍属统制运价之意，平准物价，维护交通，并顾兼筹，实已尽调整之能事。此外关于船户之食米问题，亟等解决，缘川江木船之驾驶，全赖多数人工，故每日需要大量粮食。然船户系流动性质，沿途购米，以无当地居住证关系，倍感困难。如此项问题能设法解决，使船户购米感觉便利，甚或有平价米可食，则运价症结亦可解决。此次会议议决，关于船户食米，拟请政府设法予以购买上之便利。再者，本届所订运价，各机关大体尚能遵守，惟间有托运方面为一时便利计，不免自动暗增运价，致造成黑市影响。重要运输，如军运、煤运尤蒙不利。此次会议议决，关于取缔黑市案，亦拟请政府通令各机关切实遵守所订运价标准办法，以杜流弊。所拟修订运价办法及附陈两案，是否可行，理合检同第六次修订四川省木船货物运价标准办法草案及会议纪录各一份，备文呈请鉴核，迅赐施行。等情到部。查该项木船货物运价标准，经核尚无不合，除令准照办外，理合抄同原件，呈请鉴核备案。所有请示解决船户购买食米问题，已函请全国粮食管理局核办。至取缔黑市一节，拟并请钧院通令遵照，以利推行。等情。据此，应准照办，除分令外，合行抄发第六次修正四川省木船货物运价标准办法，令仰该市政府遵照并转饬所属一体遵照！

此令。

附抄发第六次修正四川省木船货物运价标准办法一份〈略〉

院长　蒋中正

2. 四川省民船商业同业公会为恳请鉴核该会沿革致重庆市社会局呈文（1942年9月16日）

窃查本会成立始于民初，至民七年改组成立商船办事处，至十四年乃呈准成立重庆航业公会，经北京交通部立案，并颁铜质公章（现存会）。后因轮船业务发展，向交部立案未准，始商本会同以重庆航业公会名义各下贯以木船及轮船分会字样，呈准备查在案。故本会现用旧图记，系川江航业公会木船分会，而轮船分会竟以重庆航业公会之名然自居。迨至民二十七年，始由川江航务管理总处转呈省府批准，成立四川省民船联合会，此本会沿革之大略也。会员单位共有27个。计在渝由本会督促依法成立者有渝全线、渝蓉线、渝叙线、渝津线及渝楚线、渝遂线、渝渠线、渝保线、渝合线与载炭等11个民船公会。由各该原籍成立在渝设立办事处者，计有嘉阳、綦江、长宁十六码头、江安、泸县、长船（即上游载盐）、长寿、木洞、乐碛、涪陵、忠、丰、石、江北民船（即扒窝帮）和巴县麻柳乡、万县、云开、奉、巫等16个公会，共有单位实为27个，此即为本会基层之组织也。至工作方面，除承上启下及遵行法令办理日常会务外，曾于二十七年领导三河（限上下大河与嘉陵江也）各会征调民船数千只，放空至宜沙等地，抢救公私各厂迁川器材，对后方水上运输，尽其最大力量。虽今日后方各厂林立，生产日增，本会与有力焉。其他如航空委会运蓉汽油，及机械器材，暨派运绵阳子弹、酒精、广元之钨钞茶叶等品，年以千万吨计。至于赶运下游之万巴军米，接济军食，与盐粮各项运输，均由本会负责承派各会船只，完成任务。其间发生之困难非可楮墨形容，概由本会不辞艰苦，不分昼夜晴雨，不避劳怨，卒将困难克服，任务完成。虽本会经济拮据万分，从未向政府邀请分厘津贴，对此国难时期，后方水上运输之贡献，直接间接补助于军事及生产之大，较诸其他团体，绝无逊色。本会虽不敢以此言功，但亦无负政府之指导。至经费一项，平时向由各会以甲级150元，乙级110元，丙级80元，三级缴纳共计月收3200余元。此外，须有大批差运，必须添雇职员时，方在运费项下提取百分之三。然此三分中，犹须各公会提回一八，本会尽得百分之一二，此外并无巧取与勒索情事。至会中各职员，除雇聘性质略议薪资外，余均半尽义务，以符有力出力之旨。至于会戳，原以备案手续。尚有修正之点，故未颁发，刻本会章程已由省府转咨交部核准备查在案。惟奉指示，改计呈报之件，已遵令呈报。本会经办各情，已如前述。惟查近有少数不良分子，不惜控词诋毁。妄冀根本推翻本会，徒快私意于一时。果本会组织非法，省府、交部岂能咨核准备案？若本会无益于国家民族，各厂迁川运输则本会应属功居第一。若以会员未能健全，则本会依法成立之公会会员等，已有11单位。以整理加强言，固为非常时期之必要，乐于接受。以撤销解散言，对此抗战期间恐非所宜，况无关抗战工业及平平之团体，政府犹时加以扶助指导，岂关于后方军事动脉之水上运输及抗战有关其历史劳绩，又在其他团体上之团体，复欲强制而解散者乎？恐政府贤明，决不出此。兹值人民团体总登记期间，并迭奉召集谘询之际，理合将本会组织沿革及经济状况，暨工作情形，并检同章程一份，随文赍呈，恳请钧局鉴核候令祇遵。

谨呈

重庆社会局

四川省民船商业同业分会联合理事长　王正奎

呈义臣代

3. 交通部就民船商业同业公会及船员工会组织办法等事项给重庆政府的咨文（1943年8月21日）

案据川江民船商业同业公会及船员工会联合会筹备委员会本年七月十四日呈请转咨重庆市政府及四川省政府通令各县市确定县市与江区民船团体范围以利工作进展等情，查凡航线起出县市范围之民船，均应加入依航行区域组织之商业同业公会。其船员并应加入同式组织之民船船员工会，以利管制，除咨请四川省政府转饬各县遵照，并令饬该会知照外，相应检附“管制川江民船商业同业公会及船员工会组织协助推行限价工作计划纲要”一份。

咨请查照办理，见复为荷。

此咨

重庆市政府

附管制川江民船商业同业公会及船员工会组织协助推行限价工作计划纲要一份

部长　谷正纲

交通、社会部管制川江民船商业同业公会及船员工会组织协助推行限价工作计划纲要草案

一、川江民船商业同业公会依下列标准分别组织之。

（一）以行政区域为组织区域，凡行驶县市乡镇港口以内之民船属之，定名为县（市）（乡镇）民船商业同业公会。

（二）以航行河流为组织区域，凡航线超出县市范围之民船属之，定名为江区民船商业同业公会。

二、川江河流分为长江上游（重庆以上）、长江下游（重庆至宜昌）、嘉陵江、岷江、沱江、涪江、渠江、綦江、黔江、御林河、永宁河等十一区，每区各组织一同业公会。各区同业公会并合组织联合会。定名为川江民船商业同业公会联合会。

三、各河流民船除应加入其所行驶河流之同业公会，并得加入所属市县乡镇同业公

会外，不再加入其他河流及县市乡镇同业公会。县市乡镇民船商业同业公会，亦得加入联合会为会员。

四、川江民船商业同业公会及联合会之组织，由交通、社会两部共同设立筹备员会负责筹组。

五、筹备委员会所需经费，由交通、社会两部分担。

六、前项筹备工作自本纲要实施之日起，三个月内全部完成，于必要时，得呈请延长之。

七、依行政区域组织之民船商业同业公会，由交通、社会两部咨请四川省政府及重庆市政府加以调整，严密组织。其尚未组织者，限三个月内组织。未经指定之县市乡镇，亦应同时调整并策动组织。

八、川江有关之重要县市乡镇，应组织民船商业同业公会之单位如下：

（一）长江上游——重庆、江津、合江、泸县、纳溪、江安、南溪、宜宾。

（二）长江下游——（重庆）、长寿、涪陵、丰都、忠县、万县、云阳、奉节。

（三）嘉陵江——（重庆）、合川、武胜、南充、蓬安、南部、阆中、苍溪、昭化、广元。

（四）岷江——（宜宾）、犍为、乐山、青神、眉山、彭山、新津、成都。

（五）沱江——（泸县）、富顺、内江、资阳、简阳、石桥井、赵家渡。

（六）涪江——（合川）、潼南、遂宁、太和镇、射洪、三台、绵阳、彰明。

（七）渠江——（合川）、广安、渠县、三汇、通江。

（八）綦江——江口、綦江、盖石洞、羊堤洞。

（九）黔江——（涪陵）、江口、彭水、龚滩。

（十）御林江。

（十一）永宁河（纳溪）。

以上计院辖市一、县四十六、市一、镇十。

九、各船市加入同业公会一律依照非常时期职业团体会员强制入会限制退会办法，严格执行。

十、川江各区民船商业同业公会及联合会之指导员及书记，由筹备委员会派遣，并应先期施行短期训练。

十一、川江民船同业会之组织，及限制工资、限制运价及其业务等事项，由交通、社会两部会商决定，分别办理之。

十二、川江民船船员工会之组织，比照同业公会办法办理之。

十三、川江民船商业同业公会联合会筹备委员会及民船船员工会联合会筹备委员会组织规程及工作进度另订之，并呈报交通、社会两部备案。

十四、本纲要经国家总动员会议通过施行。

4. 交通部长江航政局修订四川省各河木船运输限价会议记录（1943 年 11 月 26 日）

时　　间　三十二年十一月二十六日

地　　点　本局城内办公处

出席代表　国家总动员会议　承藩

军事委员会后方勤务部　张克恭

粮食部　除鄂云

军政部船舶管理所　饶象德　段辉然　柯殿侯

军政部川江军粮接运处　舒绍庭　王兴纲

军事委员会四川省船舶总队部　宋□□　杨绍清

财政部盐务总局代表　王智明（金振声代）

重庆盐务管理分局　王智明

财政部花纱布管理局　尹寿华

经济部燃料管理处　张其昌

粮食部四川粮食储运局　冯秉谦

军政部军需署粮秣司　邹隆□

重庆市政府　李惠□

交通部驿运总管理处　谢明辉

交通部川湘川陕水陆联运总管理处　王蔚琛

交通部川陕甘联运处　谢镜澄

川江民船商业同业公会联合会　梁位尊　冷良士

御林河区民船商业同业公会　陈保奎

重庆市区民船商业同业公会　刘紫珊

綦江区民船商业同业公会　霍晋黎　崔润民

黔江区民船商业同业公会　陈如海

长江下游区民船商业同业公会　向银廷

嘉陵江区民船商业同业公会　青出蓝

长江上游区民船商业同业公会　长树业

岷江区民船商业同业公会　余志龙

本局　王洸　陈荣祺

主　　席　王洸

纪　　录　李壮甫

一、报告事项

主席报告　自限价实行后，本局第二次所订四川省木船运价，自本年六月一日起施行迄今，已届六月，在此期间，一般物价迭有增长，以致现行运价不敷成本，各江区民船公会纷纷来文请求调整，同时一部分物资运输机关亦曾来函表示须要修订，特请各代表出席会议讨论，惟各机关代表立场各有不同，如物资机关则希望运输通畅，货不停留，军运机关，则以限于预算，运价不能过高，管制机关则希望越低越好，以免影响其他一般物价。因各方立场之不同，讨论运价而欲各方完全满意，诚属困难。本局办理管制水运运价，已历五年，每次修订均系斟酌各方情形，妥加议订，是以历年公布之后，顺利推行，各方咸认为每修订一次，即有一次进步，限价范围亦较扩大，现值胜利在望，今后运输力量须要更多，应如何充分发挥运输工具效力，修订运价实为最要关键，如果船户不敷成本，必致歇业，更何望货畅其流，本局此次仍制有成本调查表，请各代表详加研讨，充分发表意见，规定运价，以期合理适用。

二、各代表意见

川江民船商业同业公会联合会代表　现因物价增长，木船运输成本加高，现行限价实属距离成本甚远，要求各代表（一）长江下游增加100%。（二）长江上游，照航政局成本表增加。（三）嘉陵江加100%以上。（四）岷江上游一段枯水时期，不利航行，增加100%以上。（五）沱江下水加6%，上水加100%。（六）涪江照航政局成本增加。（七）渠江照航政局成本增加。（八）綦江因过去基数太低，请增加150%以上。（九）黔江滩多水浅，航行困难，请增加150%以上。（十）青衣江请加100%。（十一）重庆市短距离，铜元局、海棠溪至磁器口，应不分上下水，所有运价一律照上水计算，并请加100%。（十二）永宁河加100%。（十三）御林河加100%以上。（十四）嘉陵江煤运亦请增加，如龙洞沱至重庆下水每吨请增为380元。（十五）囤费增加100%。（十六）运价限期，请仍恢复三个月修订一次。（十七）装卸货物请明白规定。一律以三天为限。（十八）运粮船只，如遇不可抗力之灾害，请规定抚恤办法。

四川粮食储运局代表　本局过去粮运，运价完全依照航政局规定办理，按航局此次成本表，观察长江上下游与实际情形，尚属相符，惟涪江渠江岷江等小河则实际尚略须增加，今后枯水期间，航行困难，主张各河一律予以调整。

盐务总局暨重庆盐务分局代表　现行川省各河盐运，运价有超过限价者，亦有未超过限价者，盐为军民公用所需，关系重要，不可一日或缺，但每因运费未得合理解决，船户常有拒运情事，影响运销，实非□□，主张按照各河情形分别调整，并于成本之外，对于船户应得利息与纯益，亦应加以顾全，如何办法仍请大家讨论。

川江军粮接运处代表　本处军米运往长江下游，所用船只，均由船舶总队部统一征调，过去所感困难即为运价不敷成本，船户亏赔不堪，以致发生种种困难，本处限于规定，无法补救，希望此次切实加以调整，解除困难，以利运输。

军政部船舶管理所代表　本所同意调整运价，尤其本所运输尽系军品，成本不敷，调船困难，影响军事至钜。航政局此次成本表固属精确，但以本所所知现时各河情况，重庆至綦江及长江上游、重庆至江津白沙沱等处，仍属过低，相差甚远，沱江涪江亦请一律增加。

军事委员会后方勤务部代表　航政局此次所制成本表，非常详细，后勤部立场希望此次调整运价有两个原则。（一）不妨碍船民生活。（二）顾到国家财力预算有限，亦不可过于增多。

四川省船舶总队部代表　本部业务与全川都有关系，此次调整运价希望（一）合理制定能使公商运输均能实行，均能遵守。（二）川江船只缺乏原因不一，运价不敷成本，无力再造，实为一最大原因，此次希望对于如何保全运输工具一点，加以留意。

重庆市政府代表　航政局年来对于办理限价工作成绩很好。市政府主管本市限价。对于全川水运运价亦甚关切。本人代表市政府立场希望（一）公商运输通行无阻。（二）抗战期间大家都要牺牲一点。在抗战立场上希望各船商亦宜有点牺牲精神，市政府主管五种运价。自本年一月十五日起至七月十九日止，平均增加82%。特提出此数字以供大家参考。

三、议决事项

（一）修订各河运价

长江下游	上水	加70%
	下水	（渝至万）加60%，（万至巴）加100%
长江上游	上水	加80%
	下水	加60%
嘉陵江	上水	（渝至南）加50%，（南至广）加80%
	下水	加50%
岷江	上水	加100%
	下水	加100%
沱江	上水	加40%
	下水	加20%
涪江	上水	加110%
	下水	加100%
渠江	上水	加100%
	下水	加95%
綦江	上水	加120%
	下水	加90%
黔江	上水	加150%
	下水	加100%
青衣江	上水	加100%
	下水	加80%
御林河	上水	加110%
	下水	加90%
永宁河	上水	加90%
	下水	加80%

重庆市	上水	加 70%
短距离	下水	加 70%

铜元局海棠溪至磁器口往返一律按上水运价计算。

嘉陵江	上水	加 40%
广略段	下水	加 75%

嘉陵江煤运运价另案办理。

（二）囤费每月每吨一律 5 元。

（三）返空费照放空费办法办理，运巴军粮返空费照航政局规定长江下游上水运价 1/3 计算。

（四）一船空桶按 40 立方英尺为 1 吨计算，空汽油桶按 15 个为 1 吨计算，仍照轻浮货物加 30%。

（五）木船装运部队徒手兵 10 人折合 1 吨，武装及官佐 5 人折合 1 吨，单人加倍计算。

（六）自三十二年十二月一日起施行。

第三章　公路运输

一、管制、管理法规

1. 国民政府军用运输护照规则[①]（1937年8月30日）

第一条　凡运输军用物料，应按照本规则规定领用本府护照。

第二条　前项护照由本府制定用印，交由军政部核发。每三月后，由军政部造册连同照费汇解财政部，并将存根呈报行政院转呈本府备查。

第三条　本规则所称军用物料者如下：

一、军械弹药及用以制造机器材料。

二、军用器材。

三、军需物品及军用卫生材料（非军用时不在此例）。

四、军用教育器材（非军用时不在此例）。

第四条　军事机关及军队或行政机关请领护照，应由直属之最高长官具名，分别报请军政部核发。地方法团及公司商号等请领护照，应呈由地方最高官署转请发给。

第五条　军事机关及公共团体请领护照，应备具运输说明书，以便查考（书式附后）。公司商号并须另具请求书、保证书，连同运输说明书一并呈送，以示慎重（书式附后）。

第六条　请领护照者应按照附则规定缴纳照费。但军事机关及军队因公调遣或运输已成军械弹药时，得酌免缴纳。

第七条　关于运输护照所有应行减免厘税或应照章缴纳办法，经过关局报运手续，以及车船运费，仍应照向章办理。

---

① 原载军政部兵工署编印：《法令选辑》第3编，1941年出版。

第八条　凡运输规则第三条所列物料无本府护照，或所运之种类数量与护照所列不符者，护照逾限失效者，及违反本规则第七条之规定者，应即由经过关局扣留，报请核办。

第九条　运智利硝等用护照之领发手续，依照稽核智利硝暂行办法办理之。

第十条　运输硝磺类专用护照之领发手续，依照硝磺类专用护照规则办理之。

第十一条　凡由国外运械来华，须将护照送由驻在发运国本国使馆查验证明。

第十二条　前条之运输护照有效期限，自填发之日起，在日本为二个月，在欧美各国为六个月，逾期呈请换发。

第十三条　本规则施行细则另定之。

第十四条　本规则自公布日施行。

2. 国民政府军用运输护照规则施行细则[①]（1937 年 8 月 30 日）

第一条　关于发给运输护照执行事宜，依照本规则办理。

第二条　发给运输护照规则第三条第一项之区分如下：

一、军械类：枪、炮、刀、矛及其附件。

二、弹药类：火药、爆药、枪弹、炮弹及其装填火药之弹丸、铜火帽、导火线等。

三、用以制造械弹之机器。

四、用以制造械弹之材料，白铅、紫铜及制造械弹之铜铁等。

第三条　发给运输护照规则第三条第二项之区分如下：

一、军用阵营器。

二、军用桥梁工作器材。

三、军用电信、电话、电灯器材。但无线电材料应照《交通部无线电材料进口护照办法》办理。

四、军用航空器及其机件并附属品，应照《航空器件输入条例》办理。

五、军用汽车及其机件并附属品。

六、军用车辆及其他军用器材。

第四条　发给运输护照规则第三条第三项之区分如下：

一、粮秣类。

二、被服类。

三、装具类。

四、军用药物类。

① 原载军政部兵工署编印：《法令选辑》第 3 编，1941 年出版。

五、军用医药器械及消耗品类。

第五条　发给运输护照规则第三条第四项之区分如下：

一、军用教育书籍类。

二、军用教育器械类：木枪、木剑、体操器械、军乐等类。

第六条　运输护照之限量如下：

一、枪支　每照以100枝为限。

二、枪弹　每照以100粒为限。

三、炮及机关枪　每照以6门为限。

四、炮弹　每照以300出为限。

五、器械刀矛等　每照以200件为限。

六、火药爆药　每照以2000市斤为限。

七、铜火帽导火线　每照以2000个2000市尺为限。

八、白铅紫铜　每照以5000市斤为限。

九、钢铁　每照以5000吨为限。

十、制造军械弹药机器　每照以制造一种械或弹之机器一全副为限。

十一、米　每照以500包为限。

十二、面粉　每照以1500袋为限。

十三、被服装具　每照以1万件为限。

十四、军用卫生材料或军用教育器材　每照以价值1万元为限。

第七条　二项以上同运时，其各项物料之成数合计不超过定项时，准合填一照。其办法如下：

本细则第六条之第二、第五两项得与第一项枪支同运。

第二项或第四项得与第三项同运。

第六、第七、第八各项得任便数项同运。

在上列各节规定之外者，二项以上不得并填一照。但紧急时期得不依前二条规定之限量，由军政部酌量办理之。

第八条　本规则未列各军用物料，应请护照运输者，其种类限量应由军政部随时核定办理。

第九条　军事机关或军队（地方自卫团体或警察等不在此例）领运已成或移运旧存军需物料、军用器材、卫生材料及军饷行李等项，其运输限量不适用本细则第六条之规定，但须预先报请军政部查核。

第十条　运输护照之照费暂定为每照大洋5元，印花税费1元。

第十一条　请领护照时应备之书表缺略及填注不详者，或与本细则规定不符者，应缴照费、印花税费。未纳足者，除有特别情形经预先声明外，概作无效。

第十二条　本细则自公布日施行。

3. 汽油统制办法[①]（1937年9月17日）

第一条 本行营为应付非常时期节省汽油消耗起见，特订定本办法。

第二条 本行营统制汽油消费管理事宜，由本行营公路监理处负责办理，遇必要时得令地方政府协助办理之。

第三条 亚细亚、美孚、德士古、光华等油行所有汽油，统归中央信托局购买，不得私自售卖。

第四条 凡使用汽油机关团体或私人，一律限期向本行营公路监理处或指定地方政府登记，登记事项如下：

一、使用汽油之动力如系汽车，应将车辆种类、牌别、年份、牌照号数、载重量、用途及以前每月平均消耗汽油量等项，详细填列登记表内。

二、使用汽油之动力如系船舶及其他机器，应将机器种类、牌别、年份、马力数、用途及以前每月平均消耗汽油量，详细填列登记表内。

三、原存汽油数量应一并登记。

四、登记表由本行营制发（表式另定）。

第五条 本行营得按照前条所列各种汽车船舶及其他机器之性质及需要情形，分别核定标准如下：

一、汽车

（一）长途或市内公共汽车，按照行驶路段及班次，每日平均里程核算。

（二）机关学校交通车，按照起讫地点，每日或每月行驶次数里程核算。

（三）军政机关供给长官乘用汽车，按照每日上下办公及因公乘用之次数里程核算。

（四）机关团体商号职员自备汽车，按照实际需要情形，每日平均消耗数核算。

（五）军用长途汽车，按照军事给养之运输情形，每车每月平均消耗数核算。

（六）私人营业或出租汽车，按照每日平均消耗数核算。

（七）无职业者之自备汽车，一律禁止行驶。

二、船舶及其他机器

（一）船舶按照引擎马力，每月平均消耗数核算。

（二）其他机器按照引擎马力，每日平均消耗数计算。

第六条 前条所列各种汽车船舶及其他机器消耗油量经核定后，发给购油许可证，使用者得凭证向中央信托局购用汽油。

第七条 购油许可证以一月为期。使用者于每月十五日以前填具下月请领购油许可证申请书，经核定后，于每月终换发一次，同时将上月份购油许可证缴销（申请书格式另定）。

第八条 购油许可证不得售卖或转借他人。

---

① 原载中央训练团编印:《中华民国法规辑要》第4册第10编，1941年版。该办法系军事委员会委员长重庆行营公布施行。

第九条　违背前条之规定经查明属实后，除将购油许可证吊销，以后永不复发外，并科以相当罚金。

第十条　私人营业或出租汽车，对于行驶路段交通上不甚重要者，以行驶三个月为限，届期一律停止行驶。在此三个月内，并得按月减少其用油量。

第十一条　船舶及其他机器如能改他种燃料，即限时改用，其余亦须逐步设法改装。

第十二条　凡汽车船舶及其他机器遇有损坏，短期内不能修复，或因其他停止使用时，使用者须随时报请本行营核查。倘隐匿不报或报而不实，一经查明，照第九条规定处罚。

第十三条　遇必要时，除维持交通暨军事运输汽车外，得将第五条所列各种消耗油量酌予核减或暂时停止其使用。

第十四条　本办法如有未尽事宜得随时增订之。

第十五条　本办法自公布之日起施行。

4. 军事委员会货运特种护照发给办法[①]（1937 年 10 月）

一、军事委员会（以下简称本会）货运特种护照依本办法发给之。

二、本会指定第四部为承办给照事宜之机关。

三、凡合于下列规定之一，运输货物经过戒严区域者，得请求本会发给货运特种护照。

（一）国营事业机关或政府特许设立之营业机关。

（二）业经依法向地方主管官署呈请备案注册或登记有案之殷实商业团体机关行号，经本会第四部呈奉特许得以适用货运特种护照者。

四、凡请领货运特种护照者，须开具货运清单，并备具请求书载明下列事项：

（一）机关团体厂商行号之名称及地址。

（二）负责人及押运人之姓名及住址。

（三）运输货物总类数量及包装方式。

（四）起运地点、到达地点、经过路线及预计运输所需时日。

五、凡领货运特种护照者，不得夹带违禁物品及中途卸□。

六、凡领货运特种护照者，一切应缴运费税捐应遵章缴纳。并应服从沿途军警之检查与指示。

七、第四部应将本办法全文录印于货运特种护照之背面，并应于奉准发给货运特种护照时，将本办法第四项所列各款事项及发给时日、缴销限期及编列字号填入护照。

八、凡领货运特种护照者，于限期届满后三日内，应将护照向原领机关缴销。

① 原载军政部兵工署编印：《法令选辑》第 3 编，1941 年出版。

九、凡领货运特种护照者，如有请求书填报不实、货照不符、限期已过或夹带违禁物品情事，得由有权机关予以必要之处置，并得将负责人或押运人移送军法机关惩处，但须立即呈报本会候核。

十、本办法自核准日施行。

5. 西南公路运输总管理处接管各省有关公路办法（1937年12月16日）

一、西南公路运输总管理处（以下简称总管理处）应行接管各省有关各公路之人员资产及作价办法等悉依照本办法办理之。

二、各省公路主管机关应行划归总管理处接管之人员资产等依照下列各项移交之。

（一）路线　现在已经完工行车之路线，造册开列路段名称、起讫地名及其里程，包括各路段内之桥涵路基路面行道树及交通标志等。

（二）车辆　照民国二十六年七月至十二月各该省行驶于各该段路线上客货车辆之平均数加该数三分之一之预备车为移交标准（货车至少以客车五分之一为移交标准），此项移交之车辆系造册开列各车种□□□价购进年月引擎号码吨位（客车须注座数）备胎数原车胎新旧成数（或装换年月）及随车工具名称数量等。

（三）房屋　沿线之站屋机厂油库栈房等建筑物应悉数造册开列名称地点间数（或容量）原造价及建筑年月等，如房屋原系向人租出者则应将租赁权移转并应在移交册上注明租期及其他要点。

（四）机器渡船工具器物　沿线有关各种机器（包括修车厂机器筑路机养路机养路滚等）、渡船（包括人力渡船机轮渡船等）、工具（系属资产而非消耗者）及一切通讯设备、公器公物应悉数分别造册开列种类名称数量原价购进或建筑年月等。

（五）材料　沿线存储之配件、燃料、油料、车胎及其他材料，应悉数造册开列名称、数量及购价等，由总管理处分别照价付购。

（六）人员　除主管总机关内人员外，凡接收路段内车务机务材料养路等员工及移交车辆之随车司机，应分别开列名册加注职称、略历、到差年月、原薪额、实支额、主管工作等。

（七）其他　其他沿线应行移交之资产物件及员工等由总管理处视需要酌定接管之。

三、第二条内（二）（三）（四）三项应作定价格列入总管理处资产项下，其估价办法以全国公路交通委员会统一公路会计制度设计委员会所定折旧率为标准。

四、总管理处于接到上项清册后，即派员会同各该公路主管机关之代表点验接管，但在点验未完毕前仍由各该公路机关原负责保管人员负责保管所有估价让购事宜，由双方另行派员办理。

五、各省公路主管机关对于应行移交之各路段，如原有营业盈余者，由总管理处按照下列各项之规定补偿之。

（一）总管理处会同公路主管机关清查民国二十六年下半年份（七月至十二月）内各该路段之营业总收入，除去总支出（连折旧在内）所得平均每月净利数由总管理处于接管后按月照该净利数之八成补偿该公路之主管机关。

（二）计算该净利数时，应同时查明该时期内平均每月之营业车辆数及路线里程，如移交之车辆不及该时期内之数目或路线里程减少时，则上述甲项之补偿数应照比例递减。

六、总管理处于每会计年度终结算营业收支如有净利时（开支包括补偿各省之数及各项折旧）应再按照下开公式拨补各有关公路主管机关

$$\text{净利}\left(\frac{\text{该省移交资产}}{\text{总管理处全部资产}}+\frac{\text{该省移交路线长度}}{\text{总管理处路线长度}}\right)\times\frac{1}{4}=\text{应拨补该省净利}$$

七、昆明至缅甸边界一段公路工程完成后再由总管理处接收使用。

6. 征用汽车施行办法[①]（1938年）

第一条　本办法依照《军事征用法》之规定制定之。

第二条　征用汽车时，由军事委员会或战时最高统帅部以命令行知各该补征区域之省市政府转饬主管机关办理之。

第三条　省市政府奉到征车命令后，应按照所有汽车种类及数量，就该管所有汽车，按左列各点适宜分配征调之：

一、平时业已编制之车辆，应就编队准备情形应征。但车辆仍须酌情调整。

二、未经编制之车辆，以先征公有汽车（邮政汽车除外）为原则，视当地交通需要情形酌定其征用比例。

三、征用汽车以先征最近出品而机械较好者为原则。

四、每批征用汽车以同一种牌名为原则。

第四条　征用汽车时应以征用汽车通知书通知被征用汽车之所有人。该通知书应载明下列事项：

一、汽车所有人姓名住所或法人名称住址。

---

① 本办法由军事委员会明令颁行。原载军政部兵工署编印：《法令选辑》第3编，1941年出版。

二、应征汽车之种类及数量。

三、送缴日期及验收地点。

四、随车人员之职务及其人数。

五、随车工具之种类及数量。

六、随车材料之种类及数量。

征用汽车通知书应用二联，以一联通知，一联存查（其式样如附表第一）。

第五条　被征用汽车之所有人接到通知书后，应依照规定将汽车整理完备，如期驶至指定地点验收，其驶至验收地点所需油类，由使用机关按价发给代金。

第六条　被征用汽车如已经编队组织者，应照原编制办法应征外，其未经编制者，每年（车）应随正副司机生各一名。凡应征机关公司被征汽车达十五辆时，应由该机关或公司参照各省市汽车编制办法派员充任小队长，协助使用机关管理一切。

第七条　被征汽车应备随车修理工具及必要之补充材料。此项材料除通知书所开列各项外，仍应视车辆之程式及使用之程度适宜配备充分之配件。此配件之数量，由征用机关依照需要及汽车所有人储藏数量指定之，另单随车送缴。

第八条　征用汽车之验收，已设立汽车总队部之省市，即由汽车总队负责；未设立者由征用机关临时派员办理之。

第九条　验收汽车凭单式样（如附表第二）应填事项如下：

一、汽车所有人姓名或法人名称及住址。

二、汽车制造厂牌名、制造年份、发动机号码、底架号码、汽缸只数、马力匹数、车牌号码。

三、发动机、制动机、轮胎、喇叭、车身、车灯之现状，随车工具材料之种类及数量。

四、随车人员之姓名、年龄、籍贯及住址。

五、征用年月日及估价。

六、征用汽车及使用机关之盖章。

第十条　征用汽车估价标准适用下列递减法：

一、使用经过一年者，照购价折旧 30%。

二、二年者折旧 45%。

三、三年者折旧 60%。

四、四年者折旧 70%。

五、五年者折旧 80%。

六、六年者折旧 90%。

七、不满一年者，按照该年份规定折旧率，依使用月份比例推算之。折旧后剩余价值仅及原值百分之十时，不再估价。

第十一条　前条所称之原价，系指汽车所有人对于该车所付全部之买价或制造成本或买价与装配成本之总值。但修理费及补充零件费，应作消耗费，不包括原价内。汽车所有人不能证明该车原价时，由验收员评定之。

第十二条　征用汽车应于使用完毕一个月内，由使用机关缴由原征机关转还原主。其使用地点驶至原主所在地，所需油类，由公家核给之。

第十三条　被征用之汽车发还时,应先予修理。其私有汽车并按照估价每月 2.5%给予贷金。但被征公有汽车不在此例。被征汽车无论公有私有如系全部销毁无法修理者，应按照验收时估计价值给予赔偿，但不另给贷金及赔偿费，于战事终了二个月内由原征机关呈报军事委员会或战时最高统帅部如数发给之。

第十四条　随车修理工具及材料配件，于征用汽车发还时，按照实际消耗数量，由使用机关依价给偿。

第十五条　征用汽车人薪津规定如下：

一、正副司机及工匠之工资伙津，概由后方勤务部照下数发给，如较其原服务机关或公司之待遇为低时，其不足之数仍由原机关公司酌量补足。

（一）正司机每月 42 元，兼上士班长者月加给 10 元，兼中士班长者月加给 5 元，副司机每月 24 元。

（二）工匠平均每月不得超过 55 元。其支配方法由各该主管人员按其技能妥拟数目，呈由使用机关核定之。

二、职员之薪津，凡由公家之机关或商办公司调用者，仍由原属机关公司照原来待遇按月发给，另由后方勤务部每员月给伙津 12 元。如公司有艰难时，报请各省市总队部转请各省市政府按其原来待遇拨款维持之。

第十六条　随车人员之奖惩除遵照陆军奖惩规定外，并适用兵站人员奖惩条例。

第十七条　随车人员之抚恤按照《陆军抚恤条例》办理之。

第十八条　本办法如有未尽事宜，得随时以命令修正之。

第十九条　本办法施行日期以命令定之。

〈(附记）表式从略〉

7. 军事委员会公路桥梁抢修办法（1938 年 8 月 21 日）

一、凡公路桥梁附近均应准备木料铁件等器材以备破坏时立即修复。

二、桥梁长度在 20 公尺以上者，应征用长度达 10 公尺左右之船只并准备大梁桥面板铁件缆索等以备桥梁破坏时搭建浮桥之用。如桥梁局部损坏可以修复者仍应尽先设法修复。

三、如河流过阔船只不敷搭建浮桥时，应选择附近相当地点赶建临时码头接通原有公路，但仍应准备船只，可供载渡汽车者每渡口至少 10 只。

四、各公路应设桥工队以工程师 1 人工程员若干人统率之，下设若干班，分固定班及飞班两种，每班设工程员 1 人，监工 12 人，木匠 8 人，铁匠 2 人，小工 10 人，须备有一切修桥工具卡车 1 辆，自行车 2 辆。

前项桥工队应由各省政府组织，如工程人员不敷分配，得由交通部派员协助之。

五、桥工队固定班应分段驻扎于各较大桥梁近处，所辖地段视桥梁多寡以 30 公里至 50 公里为准。飞班应于路线长度每 40 至 60 公里以内驻扎一班，遇该路任何段内桥梁破坏，固定班能力不敷应付时，应立即驰往协助抢修。

六、桥工队驻在地之县长区长乡镇长等，应负责随时征集民工协助□□桥梁等事宜，事先应由省政府通饬各县遵照。

七、各公路桥梁，应由县政府指定所在区区长派定壮丁轮流巡看，桥梁长度在 30 公尺以上者，应派保卫团常驻看守，并酌备灭火沙袋以防燃烧及奸人破坏，遇有紧急时，随时报告桥工队。

八、各桥修复方法应尽量应用木架木面，以期迅速，如有需用铁路旧铁轨者，得向交通部洽领应用。

九、各县应行准备之桥梁材料照下列办理

（一）木料由省政府向省内木行征用，出具收据，事后由省政府拨款偿付作正开支。

（二）铁件及工具得由省政府交各县采办，其款项来源，由省政府规定之。

（三）其他渡船租工食及缆索零件等项，概由省政府担负作正开支，责成各县经办。

十、桥工队之经常费由省政府担负作正开支。

十一、凡前方有关军事路线及后方重要交通路线经过各河流，应备船只，经本会通知限文到七日内备齐。各备所需准备材料及桥工队，限文到十日内分别备齐，组织成立开往工次。

十二、交通部于每省各派工程师 1 人至数人，督促办理并指导该项桥工队之组织及准备材料数量等进行事宜，随时报部核办军委会。

十三、各省省政府、地方政府及公路工程与交通主管机关对于交通部所派工程师应予以行使职权及行旅交通之种种便利。

十四、本办法自核准日起施行。

8. 行政院为核发有关汽车及驾驶人、技工管理法规给重庆市政府的训令[①]（1939年7月18日）

案据交通部本年八月十二日公字第一四七八二号呈称：

查公路交通管理，中央原经订有各项章则，适用于互通汽车之各省市间。新制初创，业已略具规模。惟自抗战以来，情势变迁，公路交通，日益频繁，旧有规章，多已不尽适用。本部现拟陆续修订颁行，以期适应时势。目下所有汽车及驾驶人、技工应如何统一管理，以期整饬之处，实为最重要急切之事。前经拟定管理通则提请钧院会议议决，由本部自行分别规定办法施行在案。本部兹谨遵照决议，拟具汽车管理规则；汽车驾驶人管理规则；暨汽车技工管理规则，各一种，凡汽车之登记、检验、领照、纳费、行驶及驾驶人技工之登记、考验、雇用等，均已详明分别规定。理合检同此项规章各一份，具文呈请钧院鉴核备案，并通令各省市政府遵照办理，实为公便。

并据该部本年九月七日函呈，请将各省市互通汽车章程废止，各等情。据此，查原拟各项规则，核尚可行，所请通令施行，并将各省市互通汽车章程废止各节，应予照准。除分行并指令外，合行检发原件，令仰遵照办理。

此令。

计检发汽车管理规则、汽车驾驶人管理规则及汽车技工管理规则各一份

院长　孔祥熙

交通部部长　张嘉璈

汽车管理规则

第一章　总　则

第一条　全国汽车之管理，除军用汽车外，悉照本规则之规定办理之。

第二条　全国汽车之登记检验、领照、纳费以及行车取缔等，均由交通部统一管理之。

第三条　本规则所称之各种汽车分类如下：

一、人汽车

（一）小客车　凡小汽车设置座位乘人者均属之，分自用与营业两种。

（二）大客车　凡大汽车设置座位乘人者均属之，分自用营业两种。

二、货车　凡装运货物之大小汽车属之，并包括半拖车、曳引车及拖车。

三、机器脚踏车

① 原载交通部编：《交通法规汇编补刊》，1940年出版。

（一）二轮机器脚踏车　全用机力行驶者属之。

（二）三轮机器脚踏车　装有附车为运货或乘人之用者属之。

四、特种汽车　凡以机力行驶之特种汽车，如洒水车、消防车、救护车、警备车、工程救险车、垃圾车及其他装置特殊之汽车均属之。

第四条　各种汽车依照下列规定，均得通行全国一切公私道路。

一、机器脚踏车领挂合法号牌行车执照，并经依照第三章规定缴纳季捐者。

二、自用小客车领挂合法号牌行车执照并经依照第三章规定缴纳季捐者。

三、营业小客车、自用或营业之大客车及货车，领挂合法号牌、行车执照，经依照第三章规定缴纳季捐，并经依照《公路征收养路费规则》缴纳养路费者。

四、特种汽车领挂合法号牌、行车执照者。

第二章　登记检验

第五条　凡人民团体、机关、公司、商号备有本规则所列各种汽车，无论为营业或自用，欲在国内各公路或市区道路行驶者，均须依式填具交通部规定之申请登记检验书（其式样另订之），随缴登记检验费法币一元，向车主所在地经交通部指定之公路交通管理机关申请登记检验。

第六条　汽车应行登记事项规定如下：

一、车主姓名、性别、职业、籍贯、住址及电话号数，如系机关、团体、公司或商号，应记其名称与所在地及其代表人之姓名、职位、籍贯、住址。

二、汽车类别、牌名、制造厂名、出厂年份、引擎号码、汽缸数、马力数、规定载重量、底盘及车身重量、乘人座数，轮胎尺寸及只数、车轮种类、轴距、车身形式、颜色、转向盘位置、座位方向（纵或横）、车门数及位置、燃料种类，新车原值及其购进年月，旧车购价及其购进年月。

三、驾驶人姓名、性别、年龄、籍贯、住址及其执照号码。

第七条　汽车经登记后，应依下列规定施行检验：

一、与申请登记检验书内所填各项有无不合。

二、制动器是否灵敏。

三、转向盘是否灵便。

四、电系各部，如电动机、以电机、分电盘、火花塞及其他关系部分有无损坏。

五、机器各部，如发动机啮合器及其他重要部分有无损坏。

六、前后灯及反照镜是否齐备，位置是否合宜，光量是否适度。

七、减声器及刷雨器是否齐备完好。

八、所备发声器发音是否宏亮。

九、车身结构是否坚固。

十、车内设备是否齐全整洁。

十一、车架及引擎号码是否相符。

十二、随车工具是否完备。

十三、轮胎是否适合规定，预备胎是否齐全。

第八条　各种汽车经检验合格后，准于照第三章之规定缴纳各费，请领号牌捐证及行车执照。其不合格者，应令修理或改造完备后重行报请检验，但检验二次后仍不合格者，即行取缔。

第九条　各种汽车，除申请或变更登记及换领牌照或补领牌照时须经检验外，应每年由交通部牌照主管机关或经交通部指定之公路交通管理机关举行总检验一次。但遇必要时得随时施行检验。

第十条　凡汽车主要部分如有损坏，应即赶速修理。其已申请登记检验合格之各种汽车，非呈准原登记检验机关，不得擅行变更其原有设备。

第三章　牌照及捐费

第十一条　各种汽车号牌、行车执照，均由交通部牌照主管机关统一制发，经部指定之公路交通管理机关转发车主具领。

第十二条　汽车号牌应冠以“国”字，并加注经发牌照机关地域之简称，以资查考(式样如附图)。

第十三条　各种汽车经登记检验合格后，应向交通部指定之公路交通管理机关领取行车执照一张及号牌二面。机器脚踏车仅领号牌一面。

第十四条　各种汽车仅限悬挂一套号牌，不得加挂其他号牌。

第十五条　汽车号牌须钉挂于指定地位，行车执照须随车携带。

第十六条　行车执照每张收法币四元，汽车号牌每面收法币五元，机器脚踏车号牌每面收二元五角。以上各项牌照费，均由登记检验机关征收后，除扣除百分之三十之手续费外，解缴交通部牌照主管机关充作制发牌照工料费用。

第十七条　各种汽车领取号牌及行车执照时，须将该车驾驶人执照呈验。

第十八条　各种汽车经登记检验领取牌照后，无论自用、营业，均须照下列规定向所在地省市车捐征收机关缴纳季捐，领取捐证（其各季式样由交通部牌照主管机关规定之)。捐证费每个收法币五角。

第十九条　季捐自一月至三月为春季有效时期，四月至六月为夏季有效时期，七月至九月为秋季有效时期，十月至十二月为冬季有效时期。不满一季者仍按一季计算。

第二十条　每季首月上旬为缴纳季捐时期，逾期不缴，照本规则所规定之罚则处罚。

第二十一条　凡汽车运输机关，汽车买卖或制造修理行厂，因业务关系随时试行汽车，应向当地经交通部指定之公路交通管理机关请领试车牌照（式样如附图）。

第二十二条　试车牌照费以按季收费为原则，每季法币三十元，其因特殊情形准许按日领用者，每日收捐银一元。并各收押牌费六元。押牌费于缴还牌照时发还之。

各公路交通管理机关于所收试车牌照费内，应以百分之三十解缴交通部牌照主管机关，充作制发牌照工料费。

第二十三条　试车牌照以行驶于经发牌照之公路交通管理机关管辖范围内为原则。如须通行于其他区域时，应得经发牌照机关之特别书面许可。

第二十四条　试车执照除按日领用者外，其有效期间为一年。期满仍欲继续使用时，应于期满前十日内向原发照机关申请换领新照。如不继续使用，亦应于期满前十日内将原领号牌连同执照一并缴销，不得自行毁弃。

第二十五条　挂用试车牌照，不准搭客载货。

第二十六条　凡新车进口或准许进入国境之外国汽车，应向交通部所设之国境汽车牌照管理机关申请登记检验，并缴纳登记检验费法币一元。并牌照费法币六元，领取临时牌照（式样如附图），方得驶入国内公路。其驾驶人无驾驶执照者，并须考领驾驶执照。详细实施办法由交通部另订之。但该项汽车如系第四条第三项车辆，须载客运货者，并应照《公路征收养路费规则》缴纳养路费。

第二十七条　临时行车执照上应规定行驶路线，起讫地点、有效日期，到期该项车辆应向执照上所指定公路交通管理机关或原发照机关缴销，或重新申请登记检验，换领牌照，并照章缴纳捐费。

第二十八条　各种汽车领有行车执照后，如欲变更登记检验书内任何一项者，车主须申请原登记检验机关检验查明后，方准变更，仍须缴纳登记检验费法币一元。如须换领新照，加缴执照费法币四元。

第二十九条　凡汽车过户时，应依式填就过户申请书（其式样由交通部牌照主管机关订定之），由新旧车主签名盖章，连同旧执照送请原登记检验机关换领新行车执照。但号牌不换，并须缴过户登记费法币一元，执照费法币四元。

第三十条　汽车号牌及执照不得移用于他车。

第三十一条　营业大小客车均应在车内悬挂小号牌。

第三十二条　凡经修理之汽车，无法修竣或修竣后经两次检验不合格者，应由原登记检验机关吊销其行车执照及号牌。

第三十三条　捐证应悬挂于车前玻璃上，如遇检查应即交验。

第三十四条　执照号牌如有破损不能辨认时，应即填具申请书向原登记检验机关照章重行补领；其遗失牌照者，并应填具保证书，备费向原登记检验机关重行补领，并须缴手续费法币一元。

第三十五条　行车执照每年换发一次。初领执照至换发期间不满一年者以一年论。凡汽车至换发执照期间，应呈缴旧照，照章备费向原登记检验机关换领新照，惟号牌仍继续有效。

第三十六条　各种车辆废置停止驶用时，车主须将原领执照及号牌缴还原登记机关注销。

第三十七条　营业小客车，自用或营业之大客车及货车，通行公路时，除照第十八条之规定缴纳季捐外，并须依照《公路征收养路费规则》另纳养路费。

第三十八条　特种汽车暂免缴纳季捐及养路费。

第三十九条　凡公共汽车、长途汽车与政府订有专约，行驶一定路线者，应照限定路线行驶。

第四十条　凡汽车通行其他管理区域，如逗留，已届缴捐时期，应向所逗留区域之省市车捐征收机关缴纳本届季捐，并由该机关通知原征收季捐机关备查，捐款留用，无须解缴。

第四十一条　各公路交通管理机关、车捐征收机关，应将检验、发照、收捐情形，按月分别造报交通部牌照主管机关查考。

第四章　行车停车

第四十二条　车辆经过下列地点，必须减低速度，除第五项外，并须高鸣喇叭，并随时准备停车。

一、经过道路有坡度弯度或曲折处。

二、将至车站或过车站时。

三、经过交叉路口铁道或出入城市村落栅门。

四、经过城市内街巷时。

五、经过学校医院时。

六、车辆交会时。

七、见路旁有行人时。

八、经过桥梁或工厂门口时。

九、经过不平道路或狭路时。

十、前面视线不清或有障碍物时。

十一、经过路工修理处所。

第四十三条　车辆均须靠左边行驶，凡变换动作时，须伸手表示，其手势如下：

一、前行　引臂向外平伸，曲臂向前，手掌向内。

二、缓行　引臂向外平伸，手掌向下上下摇动。

三、左转　驾驶人在右侧时，引右臂向外平伸，手掌向前频频移向前方以达左侧。如驾驶人在左侧时，引左臂向外，平伸手掌向前。

四、右转　驾驶人在左侧时，引左臂向外平伸，手掌向前频频移向前方以达右侧。如驾驶人在右侧时，引右臂向外平伸手掌向前。

五、停驶　引臂向外平伸，并曲臂向上成直角，手掌向前。

六、让后车越过　引臂向外下伸，手掌向前，前后摇动。

七、倒车　鸣警号三响，引臂向外上伸，手掌向后前后摇动。

第四十四条　汽车装有方向标者，其使用方法如下：

一、向右转弯　方向标针尖向右。

二、向左转弯　方向标针尖向左。

第四十五条　汽车同向行驶，快速度车得超越慢速度车，紧急运输车得超越普通运输车。但同类运输、相等速度之车辆，除确有特殊情形或前车行驶不良得互相招呼表示让越外，概不得超越行驶。

第四十六条　后行汽车超越前行汽车，须先鸣喇叭，得前车驾驶人用手势表示后，始得靠前车右边越过，再徐徐驶入原行路线，不得与他车竞驶并行，并不得插入鱼贯行驶车辆之中间。前行汽车驾驶人遇有后车须超越前行时，应即用手势表示让后车前行，不得留难。

第四十七条　汽车在转弯或上下坡处对面有来车时，或经过桥梁城市内街巷狭路十字口铁道医院学校及路旁立有警告标志等处，不得超越前行汽车。

第四十八条　汽车同向行驶，其前后距离，在郊外至少须在20公尺以外，在城市繁盛地点须在7公尺以外。

第四十九条　汽车行驶山坡或桥梁时，如发动机马力不足或路滑不能上驶，必须将车刹住，不可任其倒退。

第五十条　如两车在狭路处交会时，其交会地点有相当坡度，下坡车辆应让上坡车辆先行；夜间狭路交会时，须停车让路，并开放小灯光。

第五十一条　汽车行驶途中，对消防车、救护车、警备车、工程救险车等，闻闹声即须避让。

第五十二条　汽车驾驶人须随时随地控制其车行之速度，并不得超过各公路交通管理机关所规定之速率限制。

第五十三条　汽车行驶于将转弯时，应先改低速度并鸣警号。其向左转弯者，应紧靠路左缓行；向右转弯者，除有特别情形不容大转弯外，应经过路中交叉点成大转弯前进。

第五十四条　汽车行驶如遇天气暗晦，烟雾弥漫或风尘雨雪，视力不清时，得放灯光慢驶，并多鸣喇叭；若遇对方有来车或反光过大时，应将前灯改放小光。

第五十五条　汽车在夜间行驶，如途中遇有对方来车，招呼停车时，应将车前灯光开闭三次，再将灯光熄灭。对方汽车驾驶人见此信号后，即须停止前进探询究竟。如夜间停车于路旁时，须留灯光。

第五十六条〈缺〉

第五十七条　驾驶汽车，应随时注意车内机械，倘发觉有异态时，应即停车检验，设法修理，不得任意开行。

第五十八条　汽车行驶时须将车门紧闭。

第五十九条　汽车行驶时应服从交通管理人员之指挥。

第六十条　汽车下坡时应用刹车，不得将调排杆推至空挡及关闭电门，以免危险。

第六十一条　汽车在途中停顿，须停留路旁左侧，并将车门关闭。如汽车于不得已时停于坡度之处，必须拉定手刹车，并设法防止汽车移动。

第六十二条　汽车在停车场内须依次停放，不得紊乱。

第五章　载运限制

第六十三条　各种汽车载重，不得超过其设计构造之安全限度。

第六十四条　汽车载重不得超过行经桥梁之安全限度。货车应由车主于检验时自制蓝底白字、五公寸长一公寸宽之铅皮牌二面，书明其空车重量及载重量，钉于指定地位。

第六十五条　汽车载客人数不得超过所规定额数。营业大小客车均应悬挂乘客限制数目牌。

第六十六条　汽车所载货物不得伸出汽车本身两旁之外。

第六十七条　汽车所载货物不得伸出车头以外，其伸出车后者并不得超过三公尺。

第六十八条　汽车及其运载物之总高度，不得超过四公尺。

第六十九条　大小客车对于旅客有下列情形之一者，不得乘载，

一、认为有容易传染之疾病者。

二、疯癫及酒醉者。

三、携带危险及污染车体遗留恶嗅之物品者。

四、携带一切违禁物品者。

第七十条　货车运载下列各物时，应加以包裹覆盖，或用其他适当之装置。

一、容易渗漏者。

二、容易飞散者。

三、有恶嗅气味发泄者。

四、有宏大声音震动者。

第六章　罚　则

第七十一条　凡在公路行驶之各种汽车违犯本规则各项之规定者，由当地公路交通管理机关按本章各条处理之。

第七十二条　凡违犯下列各项之一者，处以五元以下一元以上之罚锾。

一、未备反照镜、后车灯、发声器或已损坏不加修理而仍旧行驶者。

二、变更车式、引擎式、车身颜色而不报告者。

三、汽车号牌或捐证不照本规则之规定依式悬挂者。

四、行车执照号牌或捐证遗失，若不报请补发，擅自通行者。

五、行车执照未随车携带者。

六、前后号牌已损坏，不能辨认，而不领新号牌者。

七、汽车停止驶用或试车完竣期满后未将原领牌照缴销者。

八、所载货物渗漏飞散或有恶嗅气味发泄者。

九、货车未将空车量及载重量标明者。

十、营业大小客车未悬挂乘客限制数目牌及车内小号牌者。

十一、货车货物装置不当，妨碍其他交通者。

十二、在公路上任意停留阻碍交通者。

十三、不照规定表示手势者。

第七十三条　凡犯下列各项之一者，处以十元以下五元以上之罚锾。

一、未将制动器调准有效者。

二、未将汽车转向盘装置坚固准确者。

三、将行车执照及号牌私自过户者。

四、乘车人数或载货重量超过登记检验机关核定数额者。

五、夜间行驶不燃车灯者。

六、在无灯光设备之公路上停车时，后车灯不放光者。

七、违反禁令标志交通红绿灯号或岗警指挥者。

八、闻消防车、救护车、警备车、工程救险车喇叭后而不避让者。

九、在弯道坡路叉路狭道桥梁及不能看清前后面情形之处即行超越前车者。

十、超越前车未依规定，或在超越之先未曾警告前行车辆或人畜者。

十一、慢速度车、普通运输车如经后面快速度车、紧急运输车警告仍不让超越者。

十二、超过时插入鱼贯行驶车辆之中间者。

十三、对面遇有来车时，超过前行车辆者。

十四、在前行车辆之左超过者。

十五、不依规定方法转弯者。

十六、不靠公路左侧行驶致碍其他交通者。

第七十四条　凡犯下列各项之一者，处以二十元以下十元以上之罚锾，如已领执照号牌者，并将该车执照号牌吊扣一个月至三个月。

一、借用他车号牌执照或捐证者。

二、将号牌执照或捐证转借他车行驶者。

三、汽车未经检验或已检验不合格，未领得牌照而擅自行驶者。

四、汽车未遵章缴纳车捐领得捐证擅自行驶者。

五、在转弯过坡或遇其他车辆人畜有鸣警号之必要时，而不鸣警号者。

六、交通繁盛或人畜拥挤处，学校医院桥梁弯道山坡狭道交叉路，公路上发生阻碍，阴雾雨雪时，未将速度降低者。

七、超过规定之速度者。

八、因违犯交通规则致伤害人畜或财产者。

九、肇祸后希图逃避者。

十、肇祸后逾二十四小时仍隐匿不报者。

第七十五条　凡犯下列各项之一者，处以二十元之罚锾，并得视情节轻重，定期吊扣或吊销牌照，或撤销登记，或吊销驾驶执照，或并解送法院究办。

一、原领牌照损坏私自改制者。

二、私打铜印，伪造汽车号牌或行车执照或捐证者。

三、营业汽车假借自用汽车牌照兜揽客货者。

四、领试车号牌私自营业者。

五、自用汽车私自搭客载货营利者。

六、私行磨毁或改打汽车之引擎号码者。

第七十六条　领用牌照或缴纳车捐，不得逾越规定之限期。如逾期十日以内者，按该车季捐费加一成处罚；逾期在十日以上不满二十日者，加二成处罚；其余依次递加，不满十日者仍以十日计算。

第七十七条　凡汽车载重逾限，行驶不慎，致损及道路桥梁或其他设备者，除照本规则之规定处分外，须由该车主负责赔修。

第七十八条　凡汽车违犯下列各项之一者，得将牌照吊扣，责令修理完竣后发还之。

一、车身破坏不堪者。

二、引擎损坏随时停顿者。

三、车轮歪斜摇动者。

第七十九条　凡一汽车同时违犯本章各条一款以上者，得分别按照各款之规定合并处罚，其在涉及刑事者，并送司法机关究办。

第八十条　汽车在一年以内违犯本章同一条款二次者，加倍处罚，三次者三倍处罚，余类推。但每次处罚金额之总数不得超过二十元。

第八十一条　凡汽车在一月以内违犯本章各条款至三次以上者，除照规定处罚外，得吊扣其牌照由一个月至三个月。但情节重大者，虽未满三次亦得照此执行。

第八十二条　凡罚金判定后，限十日内缴纳，如逾期不缴纳者得将牌照扣留，俟缴清后发还。

第八十三条　凡违章经判罚后，抗传不到或不缴款，或无力缴款者，得由当地公路交通管理机关请由警察机关执行拘役。

第八十四条　凡有违犯其他事项在本规则未有处罚明文之规定者，得酌量情节轻重，引用类似条文处分之。

第七章　附　则

第八十五条　本规则施行以后，各公路交通管理机关现行汽车管理规章应即废止，如有特殊情形得自订附则，仍须报请交通部核准后，方发生效力。

第八十六条　本规则自公布日施行。

汽车驾驶人管理规则（1939年9月15日）

第一章　总　则

第一条　全国汽车驾驶人之管理，除军用汽车驾驶人外，均依本规则之规定办理之。

第二条　全国汽车驾驶人应由交通部统一管理，所有驾驶人之考验领照，应向交通部指定之公路交通管理机关为之。

第三条　汽车驾驶人均须经交通部指定之公路交通管理机关考验合格，发给交通部制定之汽车驾驶人执照后，始得驾驶汽车。

第四条　汽车驾驶人除遵守本规则外，对于其他交通管理法令均应切实遵守。

第五条　汽车驾驶人分类如下：

一、普通汽车驾驶人，指车主及一般不以驾驶汽车为职业者。但不包括汽车修理技工。

二、职业汽车驾驶人，指以驾驶汽车为职业者，包括负有试驶汽车任务之汽车修理技工。

三、学习汽车驾驶人，指一般学习驾驶汽车者，包括汽车驾驶训练机关之员生及随车技工。

第二章　驾驶人资历

第六条　凡男女年在十八岁以上，粗识文字，四肢健全，耳目聪明，而无神经病者，应按本规则第四章第十九条之规定申请考验，给照后方得按第十五条之规定驾驶汽车。

如申请人非中华民国国民，应略识中国文字及语言，方得应考学习。

第七条　凡学习汽车驾驶人，业经训练纯熟，应按本规则第四章第十九条之规定申请考验，给照后方得按第十二、十三、十四条之规定驾驶汽车。

第八条　凡职业汽车驾驶人，应依照下列各款规定之资历经检定合格后，方得执业。

一、中华民国男子，年龄在二十岁以上四十岁以下。

二、经内政部卫生署检定或当地政府注册之医师证明体格健全，身心强壮，并无不良嗜好者。

三、其视觉须具10／10或9／10之程度，辨色视觉无误者。

四、其听觉须能于六公尺外辨明寻常低声谈话者

五、须有普通修理汽车技能者。

六、驾驶营业小客车者，必先有驾驶汽车一年以上之经验。

七、驾驶货车者，必须具有驾驶二种厂牌以上之运货汽车之经验。

八、驾驶市内公共汽车或长途载客汽车者，必须具有驾驶三种厂牌以上之客货大汽车，并有三年以上之驾驶汽车经验。

第九条　有下列情事之一者，不得申请考验给照。

一、受一年以上徒刑之宣告，或褫夺公权尚未复权者。

二、受吊销汽车驾驶人执照之处分者。

三、受吊扣汽车驾驶人执照之处分尚未满期者。

第三章　驾驶人执照

第十条　汽车驾驶人执照由交通部牌照主管机关统一制发，经部指定之公路交通管理机关按本规则第四章各条之规定转发之。

第十一条　汽车驾驶人执照分类如下：

一、普通汽车驾驶人执照。

二、职业汽车驾驶人执照。

三、学习汽车驾驶人执照。

四、试车驾驶人执照。

五、临时汽车驾驶人执照。

第十二条　凡普通汽车驾驶人，应具领普通汽车驾驶人执照后，方得驾驶各种自用小客车及运货汽车。

但前项驾驶人，如系领有证书之汽车工程师或汽车技术员，负有管理汽车修理厂所任务，或经理汽车贩卖营业者，为试车起见，得驾驶各种汽车，包括营业大小客车运货汽车及公共汽车。

第十三条 凡职业汽车驾驶人，应具领职业汽车驾驶人执照，并依下列各款之规定驾驶各种汽车。

一、自用大小客车及货车驾驶人，得驾驶其服务之车主或机关所有指定牌照之车辆。如有变更，应向主管机关申请变更执照上记录。

二、营业小客车营业大客车（包括公共汽车）及货车（包括曳引车及半拖车）驾驶人，得驾驶其服务之车主或机关所有之车辆，限定车辆种类（如客车货车等），但不限定车辆之牌照。

第十四条 凡系试驾汽车之修理汽车技工，应具领试车驾驶人执照后，方得在规定路线上或区域内驾驶各种汽车，不受汽车牌照之限制。

第十五条 凡系学习汽车驾驶人，应具领学习汽车驾驶人执照，所驾驶之汽车，不限定车辆牌照。惟于驾驶时应有已领普通或职业驾驶人执照之驾驶人在旁指导监护，并须经所在地公路交通管理机关指定路线与时间。

第十六条 凡系本规则第五条第一、第二两项规定之驾驶人，因所领驾驶人执照遗失待补或变更记录等原因，得向所在地公路交通管理机关申请核准后，具领临时汽车驾驶证，按第十二、第十三、第十四各条之规定驾驶汽车。

第四章 考验给照

第十七条 驾驶人之考验，分初次考验、复验及定期审验。

第十八条 驾驶人之考验，应由合于交通部汽车驾驶考验员任用标准各项规定之考验员执行之。

是项考验员应由公路交通管理机关报请交通部牌照主管机关考验及格，给以证书后，方得任用之。

汽车驾驶考验员之考验及任用标准，由交通部另行规定之。

第十九条 申请人应迳向所在地经交通部指定之公路交通管理机关申请领取“申请考验书”（考验书由交通部牌照主管机关制发之），照式填写，随附本人最近半身二寸相片六张（如系应考职业驾驶人执照，并须捺指印及缴呈底片），俟至规定考验日期，持申请考验书亲到指定处所应试。

第二十条 初次考验范围如下：

一、体格检查。

二、交通规则。

三、机械常识。

四、驾驶技术（分桩考、路考两种）。

五、地理常识。

上列第一、四两项必须实施考验、第二、三、五等项得以□试行之。

学习驾驶者得免二、三、四等项考试。

职业驾驶人考验从严。

第二十一条　申请人之体格检查，须以公路交通管理机关指定领有内政部卫生署证书或当地政府注册之医师执行之，并应负责证明下列各款：

一、身体健全。

二、目力良好，无色盲病。

三、耳听聪明。

四、无神经病。

前项证明有疑义时，主管机关得另行指定医师重行检验。

第二十二条　申请人考验及格后，应由考验机关按本规则第十二、第十三、第十四、第十五各条之规定，发给第十一条内所开各种驾驶执照。

第二十三条　如申请人初次考验不及格，得向考验机关申请复验。复验日期由该机关随时规定之。

第二十四条　普通及职业驾驶人执照，除违章吊扣或因特种规定须暂时缴存外，得由领照人永远存执。惟应将执照按下列规定时期送请所在地公路交通管理机关审验，并照缴审验执照费。于必要时该机关得换发新照，并须补缴半身二寸相片六张。

一、普通汽车驾驶人，每年四月一日至六月三十日。

二、职业汽车驾驶人，每年七月一日至九月三十日。

第二十五条　试车驾驶人执照有效期限为一年。期满后，领照人应将执照送请原考验机关缴销；必要时原考验机关得换发新照，并补缴半身二寸照片六张。

第二十六条　学习汽车驾驶人执照有效期为一年。期满后，应即向原考验机关缴销；如须继续学习或已学习纯熟，应申请原考验机关分别核准展期或考验给照。

第二十七条　临时驾驶证有效期限为三个月。期满后，应即向原考验机关缴销，或请求当地交通管理机关转为缴销，并应照章换领执照。

第二十八条　驾驶人执照如有损毁或遗失时，须取具保证书至原考验机关申请补发，并随缴补照费。

第二十九条　如领照人有调换驾驶车辆种类情事时，应于三日内报告所在地公路交通管理机关申请复验，及格后方予变更登记，并随缴复验费。

第三十条　驾驶人申请检验及具领执照，应缴各费规定如下：

一、初次考验费五元。

二、复验费一元。

三、审验执照费一元。

四、普通及职业驾驶人执照费一元。

五、学习驾驶人执照费一元。

六、试车驾驶人执照费一元。

七、临时驾驶证费五角。

八、补照费 普通及职业驾驶人执照六元；学习驾驶人及试车驾驶人执照一元。

本条第一、二、三项各费，由各公路交通管理机关留用。第四、五、六、七、八各费，除由公路交通管理机关扣除百分之三十外，余悉解缴交通部牌照主管机关，充作制发执照工料费用。

第三十一条 职业驾驶人执照与普通驾驶人执照互换时，应加缴换照费六元，如由普通执照换领职业执照时，并须复验。

第三十二条 驾驶人因行车肇事受吊扣执照之处分者，于其吊扣期限届满时，得予以复验，经核验及格方得发还执照，并应缴复验费一元。

第三十三条 各公路交通管理机关于发给驾驶人执照后，应将考验给照情形造表连同驾驶人照片（如系职业驾驶人并须附送指印及底片）报请交通部牌照主管机关登记。

第三十四条 各公路交通管理机关于驾驶人有违章处分，严重行车肇事或吊扣吊销执照情事时，应即报请交通部牌照主管机关登记。

第五章 驾驶人应守之规则

第三十五条 驾驶人执照及驾驶证只准本人持用，不得转借顶替及有私自涂销更改执照上记录情事。

第三十六条 驾驶人驾驶汽车时，应随时携带执照或驾驶证，遇有身着制服之交通检查员警或佩有证章或证明文件之便衣交通稽查人员查验时，应将执照交验，不得抗拒。

第三十七条 驾驶人接到交通部牌照主管机关或公路交通管理机关通知或传讯时，应按时亲自报到，不得迟延。如有特别事故必须延期者，应先具函报告。

第三十八条 驾驶人驾驶车辆时，应遵守一切公路交通规则及公路规定之行车速率限制，注意交通标志，服从交通管理人员及警察之指挥，不得违抗。

第三十九条 驾驶人在驾驶车辆时，均绝对禁止吸烟谈笑或旁视他物。

第四十条 职业汽车驾驶人对于驾驶之车辆须负责保护，并注意检验各部分机件，该车之随车工具及零件尤须妥为保管，如有遗失或损坏，应照价赔偿。

第四十一条 职业汽车驾驶人无论是否在工作时间，均绝对禁止饮酒赌博冶游及其他耗损精神情事。

第四十二条　职业汽车驾驶人不准私带客货。

第四十三条　职业汽车驾驶人对于旅客不得有侮慢需索留难及舞弊等情事。

第四十四条　职业汽车驾驶人应忠于职守，如有擅离情事，得由雇主将该驾驶人之姓名及执照号数分报原考验机关及交通部牌照主管机关查究。

第六章　惩　罚

第四十五条　汽车驾驶人违犯本规则各条之规定者，由当地公路交通管理机关依下列各款处罚之：

一、未领驾驶执照在公路上驾驶各种汽车者，处罚锾二十元。如有领具执照之驾驶人在旁指导者，应受同样处罚。

二、领有执照之驾驶人，如查有驾驶非执照上所规定之汽车者处罚锾十元。

三、已领执照而未随身携带者，处罚锾一元。

四、借用他人执照驾驶汽车者，除将执照吊销外，应处罚锾二十元，并将出借执照者同样处罚。

五、执照损坏或相片模糊，或已遗失不即报请换领，或在换领中未经核发而仍驾驶车辆者，处罚锾十元。

六、已领驾驶执照，而驾驶无牌照或不合法牌照之汽车者，处罚锾十元。

七、抗拒或规避查验执照及有关证明文件者，处罚锾十元。

八、学习驾驶人或试车技工不在指定路线范围及规定时间内驾驶汽车者，处罚锾十元。

九、职业驾驶人变更申请考验书或执照内任何一项而不按规定办理者，处罚锾五元。

十、学习驾驶人驾驶时，如无领具执照之驾驶人在旁指导者，处罚锾二十元。

十一、如遇传讯，逾限报到未经先函申明者，每逾限一日应处罚锾一元，逾限至九日以上者，得吊销其执照。

十二、领用临时驾驶证学习执照或试车驾驶人执照，于期满不送审验，逾期在一月以内处罚锾二元，在一月以上者处罚锾五元，并吊销其执照。

第四十六条　汽车驾驶人如有违犯公路交通规章者，应由当地公路交通管理机关照章处分，并由该机关在执照上分别登记，其触犯刑事或军法者，仍应送当地司法或军法机关审办。如判决一年以上徒刑者，并由该机关吊销其执照。

第四十七条　汽车驾驶人服务时，屡次违犯雇用机关团体或公司商号之管理规则，或屡次肇事，或经雇主发现行为不堪充任驾驶人者，雇主得请求公路交通管理机关吊销或吊扣其执照。

第七章 附 则

第四十八条 自本规则施行后，汽车驾驶人服务至相当时期，成绩优良，并未违犯本规则第六章各条者，应予以奖励。其办法由公路交通管理机关订定之，并呈报交通部备案。

第四十九条 自本规则施行后，驾驶汽车人在相当时间内未曾肇事者，由交通部发给安全奖章。其办法另订之。

第五十条 自本规则施行后，汽车驾驶人执行职务已满五年从无过失，并成绩优良者，得由公路交通管理机关呈请交通部给予特种执照，以示鼓励。其办法另订之。

第五十一条 本规则施行前已领有全国公路交通委员会或各省市单行驾驶人执照者，应于本规则施行之日起二个月内，持原领执照向交通部指定之公路交通管理机关申请审验。换领交通部牌照主管机关制发之统一执照。

第五十二条 自本规则公布之日起四个月后，公路交通管理机关遇有申请考验职业驾驶人执照者，应由该机关先将申请人之姓名履历照片指印报请交通部牌照主管机关审核，认可后方得验发执照。

第五十三条 本规则公布后，所有各公路交通管理机关所订《驾驶人管理规则》与本规则抵触者，应予修正或废止之。

第五十四条 本规则自公布日施行。

汽车技工管理规则（1939年9月15日）

第一条 凡修理制造或保养各种汽车之技工，除军用汽车之技工外，均依本规则之规定管理之。

第二条 汽车技工应由交通部统一管理。所有技工登记领照，应向交通部指定之公路交通管理机关为之。

第三条 技工申请登记时，应先填具申请登记书，并附本人二寸半身照片六张，底片一张，及资历证明文件，呈候审核合格后，再行考验（登记书由交通部牌照管理机关制发之）。

第四条 技工分为工匠、副匠、艺徒三级。

第五条 工匠、副匠、艺徒之资格规定如下：

一、工匠年在二十岁以上，对于所习技艺已有四年以上之经验者。

二、副匠年在十八岁以上，对于所习技艺已有二年以上之经验者。

三、艺徒年在十六岁以上，在完全小学毕业或有同等学历者。

技工除具有上列资格外，必须身体健全，并无不良嗜好或恶疾。

第六条　技工依其所习之工作，各分为下列十种：

一、装配匠。

二、铜匠。

三、铁匠。

四、木匠。

五、电气匠。

六、漆匠。

七、轮胎匠。

八、车钳匠。

九、缝工。

十、润油工。

技工种类应在登记书及执照上注明之。

第七条　技工之考验，均依照交通部订定之考验规则办理之。

第八条　技工执照由交通部牌照主管机关统一制发，经部指定之公路交通管理机关转发之。

第九条　技工经考验合格后，应缴执照费如下：

一、工匠三元。

二、副匠二元。

三、艺徒一元。

公路交通管理机关俟收到执照费后，应即填发执照。前项执照费除由公路交通管理机关留用百分之三十外，其余悉解缴交通部牌照主管机关，充作制照工本费。

第十条　各公路交通管理机关颁发技工执照后，应将考验给照情形造表，连同技工照片及其底片各一张，报请交通部牌照主管机关登记。

第十一条　各公路交通管理机关于技工有违章处分或吊扣吊销执照情事时，应报请交通部牌照主管机关登记。

第十二条　技工执照应于每年一月间持向所在地公路交通管理机关审验一次，随缴审验费一元。但艺徒免费。

第十三条　技工所领执照如有遗失或损坏时，应即检同保证书申请原考验机关核准补发，随缴二寸半身相片六张，及补照费二元，但艺徒减半。

第十四条　技工在执业时应将执照随身携带，遇公路交通管理机关派员查验时应即交验，不得违拒。

第十五条　技工执照不得交与他人顶替使用。

第十六条　技工对于所习技艺种类如有变更时，应于一周内持照向当地公路交通管理机关请求更正，不得擅自涂改。

第十七条　技工擅离职守者，得由雇主将该技工姓名及执照号数分报原考验机关及交通部牌照主管机关查究。

第十八条　技工如接主管机关传讯通知时，应于三日内亲自报到，不得迟延。

第十九条　各级技工因资历加深，技术增进，合于较高级资格时，得申请重行审核考验，换领执照，并依第九条之规定缴纳执照费。

第二十条　技工违犯本规则者，由当地公路交通管理机关依下列规定处分之：

一、在就业已届一月尚未领有执照者，于补领时加倍收费，嗣后每多逾一月加一倍收费，逾六个月者不予发照，并勒令停业。

二、已领有执照之技工，在就业歇业已届个月尚未报请登记者，处罚锾二元，每逾一月加罚二元，逾六个月者吊销其执照。

三、借用他人执照者，除将执照吊销外，处罚锾十元，并将出借执照者同样处罚，如有其他损失并依法严惩之。

四、已领执照而在执业时未随身携带者，处罚锾二元。

五、执照损坏或遗失不即报请补发者，处罚锾二元，仍着照章补领。

六、应审验而逾期不送审验已三个月者处罚。

七、变更登记事项不报请更正者，处罚锾二元。

八、玩忽业务致危害他人，或违犯法纪者，除吊销其执照外，依照法令分别处罚。如涉及刑事，并移送司法机关究办。

第二十一条　技工违犯公路交通各项规章者，由当地公路交通管理机关照章处理。其有触犯刑事或军法者，仍应送交当地司法或军法机关审办。

第二十二条　本规则公布后，所有各公路交通管理机关所订《技工管理规则》与本规则抵触者，应予修正或废止之。

第二十三条　本规则自公布之日施行。

9.行政院为抄发长途运货汽车登记暂行办法给重庆市政府的训令（1939年8月7日）

案据水陆运输联合委员会呈送长途运货汽车登记暂行办法一案到院，经饬据各关系机关审查修正，并经本院第四二四次会议通过，自应准予施行。除分令外，合行抄发该项条文，令仰知照。此令。

计抄发行政院水陆运输联合委员会长途运货汽车登记暂行办法一份

行政院水陆运输联合委员会长途运货汽车登记暂行办法

第一条　本会为登记全国长途运货汽车（以下简称运货汽车）状况起见特订定本办法。

第二条　本办法所称之运货汽车，系指装有框式、敞式或房式车身而无固定客座，载重在一吨以上之自用运货汽车，营业运货汽车及自用而特许营业运货汽车等类。

第三条　凡第二条所称之运货汽车通行路线在两省市以上者，除应遵照各公路管理机关之章则外，并须向本会登记站申请登记领取登记证及登记号牌（登记申请书登记证及登记号牌式样另订之）。

第四条　运货汽车应行登记事项如下：

一、车主　姓名职业、籍贯、住址及电话号码电报挂号（如车主系机关部队团体公司商号，应记名称所在地电话号码电报挂号及代表人姓名、职衔、职业、籍贯、住址）。

二、车辆类别（如自用营业自用而特许营业）　原领牌照字号、厂牌、年份、引擎号码、汽缸数、马力数、燃料别、轮胎尺寸、个数、载重吨数及总重量、车身形式颜色、启用年月及其他特殊情形附记。

三、随车工具　品名、数量、备胎尺寸、个数。

四、驾驶人　姓名（驾驶人遇有更动应由车主即时在登记证上注明备查）。

第五条　运货汽车登记时本会得施行下列检验。

一、与登记申请书所填各项有无不合。

二、方向盘及手脚刹车是否灵活。

三、电系各部有无损坏（电动机、发电机、感应圈盒、分电盘、火星塞及其他关系部分）。

四、前后灯及方向标是否齐备，位置是否合宜，光亮是否适度。

五、减声器及刮水器是否齐备完好。

六、发声器发音是否宏亮有无怪声。

七、机器各部发动机啮合器分速器及其他重要部分有无损坏。

八、车身结构是否坚固整齐。

九、车上设备是否齐全清洁。

十、车架及总引擎号码是否相符。

十一、随车工具是否完备。

十二、轮胎是否适合规定备胎是否齐全。

十三、空车重量载重量及总重量是否相符。

但上列各项如经公路管理机关证明得准免检。

第六条　运货汽车检验遇有不及格时应令修理或改造完备后报请重验。

第七条　运货汽车经登记检验合格后即行发给登记证及登记号牌，是项登记证应随车携带，号牌应在驾驶人座位左旁门外悬挂。

第八条　本会所发运货汽车证牌有效期间为一年。

第九条　运货汽车停止驶用时，须将原领证牌缴还报停登记。

第十条　运货汽车登记证遇有遗失或损毁，应报请本会照号补发并缴补证登记费一元，号牌遇有遗失或损毁应将毁余号牌连同原领登记证一并缴还，报请本会另行编号调领新证牌。

第十一条　运货汽车调车过户均应报请本会变更登记。

第十二条　运货汽车驾驶人已在各省市领有驾驶执照者均应向本会登记站报请登记，于其执照上加盖本会登记戳记，嗣后如服务机关有变更时应再另请登记。

第十三条　运货汽车及驾驶人有违犯本办法之规定，除酌量情节大小吊扣其登记证牌外，并得送请公路主管机关依照下列规定处分之：

一、吊扣证牌或执照

二、扣留车辆

三、罚锾

第十四条　本办法如有未尽事宜得随时呈请修正之。

第十五条　本办法呈请行政院核准施行。

10. 交通部为订定全国汽车总登记实施办法致重庆市政府公函（1939年9月16日）

查整顿汽车业务与公路交通，为目前急务，前奉委员长蒋谕：一般司机之纪律，行车之秩序及车辆之保养，应由军事委员会、军政部、后方勤务部、交通部负责整饬，等因；当经与有关各机关商订整顿汽车业务方案，呈奉委员长蒋皓十二侍川参代电，饬即遵照分别办理在案。依据上项整顿方案，全国民用汽车均由本部主管，并由本部登记验发牌照；其前由行政院水陆运输联合委员会经办之运货汽车登记部分，业准移归本部办理。兹经本部订定全国汽车总登记实施办法，所有全国汽车，除军用车领有军字牌照者外，均应举行登记检验。除令饬本部汽车牌照管理所遵照办理并布告分行外，相应检附上项办法函请查照，并希转饬遵照为荷！此致

重庆市政府

附全国汽车总登记实施办法一份

部长　张嘉璈

交通部全国汽车总登记实施办法

一、全国汽车除军用汽车领有军字牌照者外，均须依照本办法由本部施行总登记，并检验之。

二、本届汽车之登记检验范围如下：

（一）西北西南区（包括陕甘川黔滇桂湘各省及重庆市）之货车、大客车（无论自用或营业）；

（二）西北西南区以外之货车、大客车（无论自用或营业）；

（三）各地小客车（无论自用或营业）。

三、西北西南区货车、大客车之登记检验方法规定如下：

（一）各车车主应向本部汽车牌照管理所（重庆上清寺街一百号）及其重庆市海棠溪、小龙坎、贵阳、桂林、柳州、衡阳、祁阳、昆明、成都、广元、汉中、西安、兰州、天水各登记站领取申请登记检验书，依式填报，并将汽车于规定时间内驶往各登记站听候检验。

（二）各登记站登记检验限期如下：

汽车牌照管理所　本年九月二十日至十月二十日

海棠溪站　本年九月二十日至十月二十日

小龙坎站　本年九月二十日至十月二十日

贵阳站　本年九月二十日至十月二十日

衡阳站　祁阳站　本年九月二十五日至十月二十五日

桂林站　柳州站　本年九月二十五日至十月二十五日

成都站　天水站　昆明站　兰州站　广元站　西安站　汉中站　本年十月一日至十月三十日

（三）汽车经检验合格者，由本部汽车牌照管理所予以登记，并发给登记证。

（四）在未领到次项合法牌照以前，应由车主将是项登记证张贴于车前玻璃窗左上方，以便检查。其逾限不登记者，由本部函请行政院液体燃料管理委员会停发购油证。

（五）车主应自领到登记证之日起一个月内，持凭登记检验书副本，向车主所在地或汽车行驶区域之各该省市公路交通管理机关报领合法牌照。如已领有各省号牌者，应即报请换领本部制发之统一行车执照。其逾限不报领者，禁止其通行。

本部直辖各运输局之汽车，应向本部所属各该公路管理机关报领牌照。

（六）各有关公路交通管理机关，于车主持凭本部汽车牌照管理所签章之登记检验书报领牌照时，不再检验，应即照章收□颁发牌照及本部制发之牌照核讫证，并将检验书副本存查，一面将转发牌照情形函报本部汽车牌照管理所，汇制统计。

（七）车主领到牌照核讫证，应即张贴于车前玻璃窗左上方，以便沿途检查。

四、西北西南区以外之货车、大客车以及各地小客车之检验登记，由本部指定各该省市公路交通管理机关办理，其方法规定如下：

（一）车主应照各该省市公路交通管理机关公布之限期内（时期由本部规定后通知各省市）向各该机关领取本部制发之申请登记检验书，依式填报，并将汽车驶往各该机关指定之地点，听候检验。

（二）汽车经检验合格，应照章缴费，领取合法牌照。如已领有各该省号牌者，应换领本部制发之统一行车执照，并由各该公路交通管理机关颁给本部制发之牌照核讫证。车主应即张贴于车前玻璃窗左上方，以便检查。其逾限不报领者，禁止其通行。

（三）各省市公路交通管理机关，应将登记检验书抽存一份，其余一份连同颁发牌照情形，函报本部汽车牌照管理所，汇制统计。

五、各种汽车经检验不合格者，应由车主遵照修理或改造完备，于规定限期内重行报请检验。如经两次检验不合格者，应予取缔之。

六、本办法自公布日施行。

11. 战时公路军事运输条例[①]（1939年11月）

第一条　战时公路军事运输，除各级兵站管区仍由后方勤务部及所属兵站机关统筹办理外，概由运输总司令部负责统筹办理。所有中央暨各省公路局以及公私汽车运输机关，均应受运输总司令部之指挥监督，担任公路军事运输事宜。

第二条　关于军品或重要物品运输应用之汽车车辆数量及运送之先后程序，应由运输总司令部遵照最高统帅部之意旨或视当时军事上之缓急决定施行之。

第三条　作战时期各公路局及公路运输机关人员、车辆，于军运必要时，得由运输总司令部调度配备之。

各公路之工程及各项设备，亦应受运输总司令部之监督指导，以利运输。

第四条　凡在公路上放空行驶之公私运输机关车辆，于军运必要时，运输总司令部得统制使用之，遇特别紧急，并得对实车酌量令其改运。但于其原运物品应尽责保全之，并以最速方法通知其主管机关。

第五条　中央暨各省公路局各公私汽车运输机关之营业事宜，在运输总司令部监督之下仍自行办理之。但关于军事运输，应遵照运输总司令部之命令施行之。

第六条　凡在公路行驶之汽车车辆，经运输总司令部支配使用时，无论任何机关或部队均

---

① 此条例经军事委员会办制渝字第924号指令核准，原载军政部兵工署编印：《法令选辑》第3编，1941年出版。

不得干预或借故留用，致碍全局。违者送军法执行总监部依法惩办。

第七条　运输总司令部尽先使用各项车辆主办一切军事运输。但在可能范围内应兼顾后方交通及商业运输。

第八条　交通部队警总局、交通警备司令部所属部队及沿公路担任护路之军警，均应受运输总司令部之指挥，保护路线，维持交通。

第九条　战时公路运输实施规则另定之。

第十条　本条例自核准之日施行。

12. 战时公路军事运输实施规则①（1939 年 11 月）

第一条　本规则依据《战时公路军事运输条例》第九条订定之。

第二条　军事运输总司令部为战时公路军事运输实施之最高指挥监督机关（以下称本部）。线区司令部为各该管公路之指挥监督调度机关。车站司令办公处为各该管区内运输执行机关。

第三条　公路军事运输所用车辆，就下列各项调度使用之：

一、军事机关所属之军用车辆。但兵站及西南运输总经理处使用之车辆除外。

二、交通部直辖各公路局所属之运输车辆。

三、各省公路局所属之运输车辆。

四、政府附属机关所属之运输车辆。

五、商人或公司所属之汽车。

调用车辆无军品运送时，立即发还各该主管机关自行使用或营业。但一经征调指定运输时，不得借故推诿。其留用办法另订之。

第四条　本部得视公路运输车辆情况，先运紧急军品，普通零星军品得酌予停运或缓运之。部队移动，以不使用汽车运输为原则。

第五条　凡属大宗军品运输，应由主管机关将品类、数量、起讫地点、日期拟具计划送达本部，就可能范围筹拟运送方法饬属施行。

第六条　线区司令非奉本部命令，车站司令非奉该管线区司令部命令，不得拨运任何军品。但关于紧急者，得于拨运时电报备核。

第七条　军品起运时，应由主管机关派员至起运站司令办公处接洽，并填具输送请求表交该办公处查核，按照紧急及请求顺序先后拨运。

输送请求表须载明下列各项：

① 本规则经军事委员会核准，原载军政部兵工署编印：《法令选辑》第 3 编，1941 年出版。

一、所奉命令之机关、日期、号数或电文日韵。

二、军品种类。

三、件数及重量。

四、预计起运及到达日期。

五、起讫站。

六、军品到达站之接收机关。

第八条　车站司令接受前项请求表，核与本部饬运文电符合后，即掣给载明与请求表内容相同之输送执照交请运人收执，俟全部托运军品运送终了时，缴交到达站车站司令逐级呈送本部备核。

第九条　起运站按照执照先后顺序拨运，但遇特殊情形或奉上级命令提前装运者，不在此限。

第十条　输送之军品，应由各该主管机关自行派人押运，每车只限一人，除简单行囊不得超过十公斤外，绝对不许夹带任何物品。

第十一条　军品装车时，应由车站司令及公路站长详加检查，并注意下列事项：

一、品类数量是否与执照所载相符。

二、装置是否得法。

三、吨位有无虚糜。

四、篷布是否严密。

五、机件有无损坏。

六、油水是否充足。

七、轮胎是否坚实。

八、司机精神是否健全。

九、有无夹带货物或私搭旅客。

十、是否依规定时间装载完毕。

第十二条　军品装卸一切手续，均应遵守本部规定装卸办法办理之。

第十三条　每车必须装足吨位始许开行，由车站司令全权处理，请运人及押运人不得干涉。但危险爆炸品及有特殊情形者，不在此限。

第十四条　凡整车装运爆炸品时，应严令司机及押运员特别注意，中途如遇空袭，应与其他车辆间隔。

第十五条　遇空袭警报时，所有紧急处置应遵照本部所订防空要则办理之。

第十六条　所有运输军品车辆经过本部检查所时，应接受检查，其检查规则另定之。

第十七条　起运站车站司令应监督军品车按规定时间开车，于开车后将请运机关军品种类、数量、车号、开行时刻电报该管线区，并抄知到达站准备接收。到达站接收后，亦应电报线区，抄知起运站。

第十八条　车站司令应于每日二十四小时内，将由该站起运及运到该站起卸之军品种类数量及其所属机关汇总报告管线区及本部。至由中途转载到站者，应另单报告。其由中途变更到达站者，由到达站司令报告之。

第十九条　本部及所属只负运输责任，托运军品数量不符或有损坏情事，由押运员负责。

第二十条　驾驶汽车在本部所辖线区范围内行驶时，应遵守本部一切法令规章，并受车站司令管理。其《汽车驾驶人管理规则》另定之。

司机在经过站给养不得过一小时。但得由车站司令视当地情况临时规定之。

第二十一条　军品用车或特许回空车辆，任何机关部队不得扣留使用。

第二十二条　沿线渡船码头，应由该管段车站司令派员管理，并随时决定车辆渡河顺序。其《渡船码头管理规则》另订之。

第二十三条　本部为增进军运效能起见，得采取临时处置，规定关于运输及警戒事宜之单行办法。

第二十四条　凡军事运输人员，如有不遵本部或妨害线区司令、车站司令行使职权者，应随时执送军法执行总监部从严惩办。

第二十五条　凡在公路服务之员工，在战时应秉承本部之命令分任军运任务，如有借故规避，怠忽职务，擅离职守或故意破坏法令，致军运发生障碍，一经查实，不论何级员工，应随时移送军法执行总监部依法从严惩办。

第二十六条　凡在公路路线内，无论军民人等如有下列情事之一者，应随时移送军法执行总监部依法从严惩办。

一、乘机盗取汽油、汽车零件及一切运输器材，以致减低运输效能，因而影响军运者。

二、扰乱交通秩序，因而妨害军运者。

三、破坏公路路基路面桥梁隧道码头渡船及电讯设备，致军运发生故障者。

第二十七条　关于军事运输事项，如有未经本规则规定，概行遵照《阵中要务令》之规定办理之。

第二十八条　如有未尽事宜，随时由本部呈请修正之。

第二十九条　本规则自核准之日施行。

13. 军委会取缔军用汽车空驶条例[①]（1940年2月12日）

第一条　军事委员会为增进战时运输效能，节省人力物力，特制定取缔军用汽车空驶条例。

第二条　各军事机关各部队所属军车，及调供军运之路车商车，除卸空驶往附近停车地点

① 本条例系军政部转奉军委会办制渝字第1109号令颁发，录自军政部兵工署编印《法令选辑》第3编，1941年出版。

及由停车处驶往附近装运地点外，一律禁止空车行驶。

第三条　凡载重军用汽车，应于开车前将军品名称数量及到达地点向运输总司令部所属各公路线区车站司令办公处或交通指挥部管理站登记，领取通行证后，始得开行。

第四条　凡军用汽车驶抵到达站后，应将通行证送缴就近车站司令办公处或管理站验收，并将有无回运军品、停留时间，驶回地点报告登记。

第五条　凡卸空军车已向就近车站司令办公处或管理站报到者，由车站司令办公处或管理站就驶回空车按其停留时间、驶往地点支配利用之。其驶往他处之军用空车亦应预将开驶日期到达地点报告就近车站司令部或办公处登记，以便利用。

第六条　凡军用汽车向车站司令办公处或管理站报到后，以尽先装载军品为原则。如无军品，得代路局装载商货。

第七条　凡军用汽车遇有特殊情形必须空放时，须向就近车站司令办公处或管理站声叙理由，领取通行证后，始得开行。

第八条　凡未领有通行证之军用汽车在途行驶时，得由车站司令办公处或管理站随时扣留，载重车补行登记。空车除依法惩处外，并照第五、第六各条规定办理之。

第九条　取缔军用汽车空驶实施细则及空车代运军品商货办法，另定之。

第十条　战区内之空车取缔利用实施办法另定之。

第十一条　本条例自公布之日施行。

14. 限制载重卡车停留渝市及空袭时汽车管制暂行办法[①]（1940年6月22日）

一、为维持渝市交通，及于空袭时避免汽车麇集，以期减少损害起见，特订定本办法。

二、渝市运货商车，除川黔路由储綦段公路交通管理处照原来办法办理外，在渝市及成渝路者，其停车间及车棚须一律搭设于新桥以西，如有进入市区装卸货物之必要时，须向渝歌段公路交通管理处新桥管理站具领装卸用之临时通行证。

三、其他各城市临时入渝市之公私汽车，须照统制渝市汽车办法向所经之本部稽查所领取普通临时通行证。

四、桥管理站发给装卸用之临时通行证时，须切实负责考核，并须将进（进入市区时间，以二十八年五月军委会勤文辰秘代电颁布之《整理重庆市区及成渝公路自两路口至小龙坎一段车辆交通办法》第三条内规定进入时间为限，有特别通行证者不在此限）出时刻与装卸地点详细填明，其停留市区之时间以二十四小时为限。

五、重庆市警察局各分局及各派出所。渝歌段公路交通管理处、各管理站，须随时督饬所

① 本办法经军委会办二通渝字第1921号指令修正照办，原载军政部兵工署编印：《法令选辑》第3编，1941年出版。

属管区以内之公私卡车及运货商车照所填时间开出。如运货商车超过六小时，其他公私卡车超过一日者，得扣留其牌照。如不听取缔，得扣留其车辆，报请各部处置。如超过时间，执行机关不予过部，处罚管区内之主管官。

六、长期行驶渝市之公私汽车（须有登记证者），车主及机关应在市区或近郊构筑汽车防空洞，如遇空袭即开存洞内，不必驶赴郊外。

七、长期行驶渝市之公私汽车在汽车防空洞未构筑以前，临时进入市区之汽车及运货商车在临时通行证限期以内遇空袭时，各车辆应即自谋妥善隐蔽方法。如必须疏散者，座车及客车应疏散于成渝路，卡车疏散于两浮、浮新两路。其速度每小时不能超过十五公里，并不得争先抢超。停放时不能麇集一处，两车相距须在五十公尺以上，并靠区路之一旁。否则由所属各管区内之宪警及各公路交通管理处切实取缔。

八、警报未经解除，严禁驶回或开动，以免显露目标外，各司机并应绝对服从公路交通管理处之指挥，客货车及卡车司机尤不得远离，以备遇紧急情况时易于召集出动。

九、解除警报后，汽车驶回时，须至转车道或停车场空地回车，严禁在公路上掉头。

十、凡已损坏待修无法疏散之车辆，必须停放于车棚以内（但每车棚不能停放二辆以上）或妥加伪装，免露目标。

十一、在空袭时，若汽车不幸被炸，残骸横置道旁，应由该管区宪警及各公路交通管理处立即通知车主清除。如超过六小时以外，准报由本部收存。

十二、本办法自呈奉军委会核准之日起施行。

15. 交通部取缔公商汽车空驶办法[①]（1940 年 10 月 28 日）

第一条　交通部为省人力物力，增进汽车运输效能，特制定本办法。

第二条　各公商汽车除下列情形外，概不准空驶。

一、往来于停车场与装运或卸车地点者。

二、救济车。

三、客运班车。

四、损坏汽车开赴修理厂者。

五、因其他特殊情形，经公商车辆管制所核准空驶者。

第三条　凡公商汽车无论空车实载，于开行前均应向各该管区公商车辆管理所登记，请领准行证后，方准开行。

① 本办法经行政院阳四字 21976 号指令核准，录自军政部兵工署编印《法令选辑》第 3 编，1941 年出版。

第四条 公商汽车到达终点站后，应将准行证送缴就近之管制所站核销，听候调派利用，各车主不得自行揽载。如确无客货可装，方准领证空驶。

第五条 凡未领准行证之公商汽车，得按情节轻重依下列办法处理：

一、扣留司机及车辆，强制装运客货。

二、扣留司机执照。

三、扣留行车执照。

第六条 各公商车辆管制所站服务人员应照章认真办理，不得徇纵留难。

第七条 本办法如有未尽事宜，得呈请修改公布之。

第八条 本办法自呈准行政院之日公布施行。

16. 军事委员会统制重庆市汽车办法[①]（1940 年 10 月）

第一条 军事委员会（以下简称本会）为严格统治重庆市汽车及限制使用油料，俾资节省战时物力，储备军用起见，特订定本办法。

第二条 备车之限制：

一、中央党部、国民政府、国防最高委员会及军委会所属之各院、部、会、厅（国防会秘书厅、军委会办公厅及铨叙厅）、局（军委会运输统治局）、处（中央执监会秘书处、国府文官、主计、参军三处）主管长官，准置备专备车一辆。自次官以下概不备车。

二、前条所列各院部会厅局处其业务繁重者，准酌备公用车一辆至三辆。

三、各国驻华使领馆及其他重要机关（非各院部会厅处之署司处等直属单位）、学校、银行、公司、医院，报馆，得核备公用车一辆或二辆以上。

二、三两款在第四期发证时已被核减，或从未备车者，不得援例请求。

四、中央党部、军委会、行政院招待外宾、华侨、边疆人士等，得酌备招待车。

五、办理救护、消防、电信、邮政、电灯、自来水及其他重要业务之机关厂商，视其需要情形，得核备运输用卡车或大客车。

六、党政军各机关疏散办公时，得分别办理交通车（以大客车为限），并得置备通信用机踏车。

七、重庆城郊之公共交通，应由市政府随时筹划增辟公共汽车路线，并增加汽车。

八、各战区长官部、绥靖公署、省政府驻渝办事处，准各置临时用车一辆，以备各长官主任主席等来渝后临时使用。

---

① 原载军政部兵工署编印：《法令选辑》第 3 编，1941 年出版。

第三条　乘车之限制

一、公用车非因公不准乘坐。

二、公用车及专备车不得乘赴娱乐场所，又非因公不准乘赴餐馆。

三、运输车不得载运不紧要之物品，普通运输应尽量利用人力兽力。

第四条　用油之限制。

一、公用车专备车及招待车不论使用何种油料（包括汽油酒精柴油等液体燃料），每辆月需油量，由本会运输统制局、液体燃料管理委员会视其存油情形随时规定（并须呈报本会备查），凭证价发。必要时，呈报本会尽量核减或停发。但无登记证之汽车，绝对禁止购油（该会每月售出油料应详细列表层报本会备查）。

二、军政部后方勤务部、航空委员会等军事机关储备之油料应专供军用，不得发给各公用车专备车使用。

三、运输车交通车及公共汽车以使用木炭煤气柴油及酒精为原则。其机件尚未装配者，应由重庆卫戍总司令部（以下简称卫戍总部）督饬限期配齐，并呈报本会备查。

第五条　登记证之发给及使用：

一、第二条一、二、三、四各款所列之专备车公用及招待车，由本会规定其备车机关及辆数，令知卫戍总部分别通知登记，汇请发证。

二、第二条五、六、七各款所列之运输车交通车通信车及公共汽车，应先向卫戍总部登记审查后，呈报本会核发登记证。

三、第二条第八款所列之临时用车，须向卫戍总部先行登记，至有使用必要时，再向该总部声明用车日期，领取临时用车证，过期缴销。

卫戍总部发给该项临时用车证情形，应按月列册呈报本会备查。

四、各登记证件应妥贴车前风窗玻璃左上角，以便查验，并不得涂改或转给他人使用。如有遗失或损坏时，立即登报作废，并检同报纸报请卫戍总部转呈本会补发。

五、登记证每六个月换发一次。

六、发给登记证之汽车，仍须领用交通部规定牌照。

第六条　在渝行驶之军字牌照汽车，应由军政部严定办法，切实整理，限制其备车用途及用油数量；如普通座车及非军运机关部队所备之运输卡车，概不得借词领用军字牌照，其已领有军字牌照者，应查明吊销；并将在渝军车数量及取缔情形随时呈报本会备查。

第七条　在渝市行驶之汽车，应在城郊附近构筑防空洞，遇有空袭时，不得远驶郊外，以免消耗油料。

第八条　不准使用之汽车，绝对禁止行驶，应在郊外构筑防空洞或搭棚遮盖，自行保管，并将停驶辆数地点详报卫戍总部登记及转报本会备查。非经本会核准，不得任意驶离渝市。必要时得集中使用之。其办法由该总部订定呈准施行。

第九条 不准行驶之汽车，如有自愿出售或须由政府征购时，应由卫戍总部会同相关机关组织平价委员会办理评价及接收交付事项。

第十条 不准行驶之载重卡车，应一律集中交由运输统制局支配用途，并依评定价格付给折旧费。不愿出售者，则按月缴纳租金。

第十一条 外埠来往汽车必须经过渝市或在渝市稍行停留者，由卫戍总部发给临时过境证，规定停留时间，过期即行取缔，令其驶停郊外，并将每月发证情形呈报本会备查。但经核减之车辆不得援用本条之规定。

长途营业之客货车，以驶至车站及指定地点为止，不得行驶其他市区路线。

第十二条 本办法规定各项之稽察取缔事宜，由卫戍总部及其他有关机关执行之。如违犯各项规定而情节重大者，应呈报本会严办。

第十三条 本办法呈报国防最高委员会备案，即日由本会公布施行。

17. 重庆市停驶汽车处置办法[①]（1940 年 10 月）

第一条 本办法依据《军委会统制渝市汽车办法》第八条订定之。

第二条 凡停驶之停（汽）车，其自行构筑防空洞停置者，准在市区或郊外自行选择地点，但北不能超过青木关、北碚，南不得超过綦江范围。其搭棚遮盖者，成渝路以新桥以外起至青木关、北碚止，川桂路以距海棠溪 13 公里起至綦江为止。

第三条 凡停驶之汽车，无论停置防空洞或车棚，须由原车主自行保管，并将辆数、地点通知重庆卫戍总司令部（以下简称卫戍总部）汇报军委会备查。

第四条 凡停驶之汽车如确须离开渝市，须先呈准军委会发给证明文件，方准通行。否则由各检查站扣留，解送卫戍总部转解军委会核办。

第五条 凡停驶之汽车如有集中使用之必要时，得由卫戍总部按照《军事征调法》之规定呈准灾委会征调集中使用之。如因军事上之紧急处置，得由卫戍总部先行征集使用，事后报会备案。该项征集使用之汽车所需驾驶人及燃料油脂，由作用机关供给之。如车主仍雇有驾驶人者，得一并征用之。

第六条 本办法自呈奉军委会批准之日施行。

① 本办法由重庆卫戍总司令部呈奉军委会核准公布，原载军政部兵工署编印：《法令选辑》第 3 编，1941 年出版。

18. 运输统制局监察处稽查大纲[①]（1940年12月3日）

第一条　运输统制局监察处为维持各运输路线之安全秩序及增进运输效率起见，特依下列标准设置检查所站，执行统一检查。

一、每线区边端末路。

二、每线区中间遇有重要水陆交通线之交叉路。

三、其他必要地点奉令设置者。

第二条　检查所站应视事实之需要分期设立，必要时并得另设游动稽查车。

第三条　检查所站及游动稽查车所需工作人员，除由本局委派外，并得由有关机关按业务之需要酌量派遣之。

第四条　检查所站定为运输统制局监察处某某（地点）检查所站。

第五条　检查所站在执行检查业务中，发现有违犯检查规则所规定之事件，其情节较重者，依其管辖，分别解送该管辖机关办理，或解送军法司及宪警机关依法惩办。

第六条　检查所站为维持路线之警备及秩序，如有需要兵力时，得呈请调派之。

第七条　本大纲如有未尽事宜，得随时呈请修改之。

第八条　本大纲自奉准日施行。

19. 运输统制局监察处稽查守则[②]（1940年12月3日）

一、本处稽查员服勤时应恪遵本守则之规定。

二、稽查员除出勤外，应按时到处办公。

三、稽查员出勤时，须领执乘车（船）证搭乘沿途有空位之车船。

四、稽查员未起程或未到目的以前，不得对人宣示其动向与行踪。

五、出勤时应带下列各物：

（一）密电本、地图及有关法规。

（二）稽查证。

（三）乘车（船）证。

（四）报告表。

（五）日记簿。

---

① 本大纲经军事委员会办制渝字第237号指令备案，原载军政部兵工署编印：《法令选辑》第3编，1941年出版。

② 本守则经军事委员会办制渝字第2127号指令备案，原载军政部兵工署编印：《法令选辑》第3编，1941所出版。

（六）查勤表。

（七）手电筒。

（八）其他必要物品。

六、除奉派密查外，须着正规制服。

七、稽查员严禁下列事项：

（一）受被查者之欢迎欢送。

（二）受被查者之膳宿供应。

（三）受被查者之贿赂及馈赠。

（四）受被查者之财物及借贷。

八、稽查事件应迅速敏捷，判断明确，不得借故留难及有傲慢玩忽等情事。如有滥用职权假公济私者，查明即予严惩。

九、车辆轮舶等检查后，应保持其原来之装载，不得任意倾翻凌乱。

十、受有特殊任务或秘密调查时，应不避艰险完成任务。

十一、交查事项不论是否机密，概不得与人谈论。

十二、发生重要事件时，应立即电呈本处请示核办，不得私自处分。

十三、稽查员执行职务，倘遇必要，得申请当地军警机关协助之。

十四、查获现行犯及其他罪犯或违禁物品时，应解缴本处或就近军法及司法机关依法核办，不得擅行处分。

十五、稽查员每到一处考查完毕，应于该处所置签到簿上签到。但被派密查者不在此限。

十六、受有特殊任务或便衣出勤时，应携带稽查证以资证明。

十七、稽查员不得商托车辆轮舶攀搭乘客及带运货物。违则查明严惩。

十八、稽查员除执行检查职务外，应搜集有关运输情报及一般押运情形，呈备参考，并应严切注意沿途有无敌伪汉奸间谍潜滋活动。

十九、稽查员应慎自检点，恪守官箴，不得宿娼聚赌及有其他招摇诈伪、放弃职责等情事。

二十、勤务完毕，应将逐日出勤经过详细具实记载，呈报本处，不得循情隐匿及挟嫌捏报。

二十一、各检查所站游动检查员出勤时，准用本守则之规定。

二十二、本守则自奉核准日施行。

20. 运输统制局监察处所站检查规则[①]（1940 年 12 月 3 日）

第一条　本处为各检查所站检查人员执行职务有所遵循起见，特制定本规则。

第二条　各所站检查人员除法令别有规定外，悉依本规则执行职务。

第三条　各种运输工兵等驶经本局管辖区域时，除战车及持有军事委员会颁发之免查证外，均须依本规则施行检查。

第四条　各有关机关所规定应行检查及取缔事项，由各该机关所派遣人员依其原机关法令办理之。

第五条　检查人员及各有关机关派遣人员执行业务，须受所站长之指挥监督。

第六条　检查员执行下列业务：

一、检查军运物品与证明文件是否相符。

二、运输纪律之维持。

三、交通违章之纠正。

四、冒用牌照私带乘客之取缔。

五、军事违禁品之取缔及其他违禁品，须由各主管机关派员参加，或受委托办理呈准有案者。

六、汉奸间谍之侦查与取缔。

七、车辆轮舶行驶速率之限制。

八、装载逾量之取缔。

九、沿途空车之取缔。

十、其他受各主管机关委托检查事项经呈奉核准者。

第七条　各检查所站对往来运输工具检查完毕，应随时登记，并按期填报下列各表：

一、检查日报表（附式一）〈原件附式从略，以下同〉。

二、处理违章车辆旬报表（附式二）。

三、处理违章轮舶船筏旬报表（附式三）。

四、查获违禁物品旬报表。各主管机关派员参加之站所，须由参加人员加钤名章。如未派员参加而由检查所站受委托检查者，由检查所站长钤报。均须抄送原机关备查。

第八条　检查人员对违章违法事件，应按情节轻重分别办理。

一、普通违章情节轻微，有下列行为之一者，应随时纠正之。

（一）秘密军用品遮盖不严者。

（二）空袭时车辆无防空设备及掩护或麇集一处者。

（三）搭乘官兵服装不整及不守纪律者。

（四）不守交通秩序者。

---

① 本规则经军事委员会办制渝字第 2127 号指令备案，原载军政部兵工署编印：《法令选辑》第 3 编，1941 年出版。

（五）装载不合规定者。

（六）驾驶员行车时吸烟者。

（七）未经主管机关发给许可证强迫搭乘者（此项搭乘人员应即勒令下车下轮）。

（八）使用逾期许可证者。

（九）驾驶员浪费汽油或其他器材者。

（十）未备反照镜、后车灯、发声器；或虽备已破旧，不加修理而仍行驶者。

二、情节较重，有下列行为之一者，应阻止其通行。

（一）军车军轮装载非军用品而无特许证者。

（二）未奉命令或无起运站之证明擅自行驶者。

（三）开驶空车空轮而无特许证者。

（四）装载逾量者。

（五）驾驶员酗酒者。

（六）军车挟带私货或携带男女乘客者（属于司机及押车人员之行李，不作私货论）。

（七）未挂牌照及所挂不合规定者（使馆或奉有中央命令特许行驶之车、轮除外）。

（八）驾驶员未佩驾驶证或临时许可证者。

（九）监运或押运人员无身份证明者。

三、情节重大，涉及刑事范围，有下列行为之一者，得由所站长将人犯证据或连同车辆轮舶船筏予以扣留，分别性质移送就近执法机关依法办理，并将办理情形呈报监察处核夺。

（一）载用大宗私货或违禁物品，属于军事范围或奉准受委托者。

（二）伤人及肇事者。

（三）伪造证件者。

（四）故意破坏道路桥梁涵洞，致影响交通安全者。

（五）盗卖汽油器材及故意损坏车辆或其他交通工具者。

（六）充敌伪汉奸间谍有确实证据者。

（七）受委托查禁之法令禁止出口或入口之物品，无特许证而仍输出或输入者。

各所站扣留前项物品时，应点验明白，掣发收据（附式五），由所站长及检查人员签名盖章，并将违禁物或其他货物证据解呈监察处或就近军法及司法机关核办，不得擅行处分。

四、遇有情节异常重大或特殊事件发生，所站长应立即电呈监察处请示核办。倘时机紧迫，所站长并得斟酌情形就其职掌范围内先施行紧急处分，仍立将办理情形迅报监察处核夺。

第九条　各检查所站应在其辖区内派遣游动检查员。除依前条一、二、三三项之规定执行职务外。对于辖区内之铁道公路桥梁涵洞斜坡渡口等均须调查。

第十条　凡各种运输工具到达检查所站时，检查人员应即迅速检查，不得延滞，致碍行驶时间。

第十一条　各所站检查人员在服勤时，倘遇紧急事情发生，得申请当地军警机关协助之。

第十二条　检查人员执行职务时应服装整齐，态度和蔼，处置公平，判断明确，不得借故留难及有傲慢玩忽等情事。

第十三条　检查人员不得利用职务便利委托运输工具挟带违禁物品及贩卖商货。倘有违犯，一经查觉，定行依法严惩。

第十四条　本规则如有未尽事宜，得呈请修正之。

第十五条　本规则自奉核准后施行。

21. 行政院、重庆市政府关于抄发修正改进市区及公路交通管理办法的训令(1945年8—10月)

一、行政院训令（1945年8月）

奉国民政府本年八月十四日处字第1174号训令开："据本府文官处签呈称：准国防最高委员会秘书厅国纲字第55006号函开：准军事委员会办二通渝字第9100号公函开：案据战时运输管理局呈报，为遵令与美军总部及各有关机关会商，拟具改进市区及公路交通管理办法暨改进重庆市交通办法，呈请分别公布施行，供饬遵照等情。据此，查所呈办法核尚可行，应准实施。除指令并分令各军事机关部队遵照外，相应抄同原办法二份，函请查照转陈，分别函令各党政机关一体遵照，等由。附改进市区及公路交通管理办法暨重庆市区交通改进办法各一份。到厅。除转陈并分令外，相应抄同原件，函达查照转陈，分饬所属各机关遵照，等由。理合签请鉴核，等情。正核办间，续据文官处签呈，略称准战时运输管理局运字第8155号代电，以奉军事委员会代电及行政院训令，饬自本年十月一日起，全国汽车一律改靠右行驶。是关于改进市区及公路交通管理办法，向靠左靠右各点，应予分别修正，请转陈，准将该办法修正后，于十月一日通饬遵办。至重庆市区交通改进办法之内容，完全着重于市政市容之整饬，与汽车行驶方向并无关系，请转陈即饬重庆市政府办理，据□转陈鉴核前来。据此，应准将改进市区及公路交通管理办法照案修正通过，饬于本年十月一日起一体遵行。重庆市区交通改进办法并准令行政院，转饬重庆市政府，即日遵办，除分行外，合行抄发修正改进市区及公路交通管理办法暨重庆市区交通改进办法，令仰遵照，并分别转饬所属一体遵照"。等因。抄发修正改进市区及公路交通管理办法及重庆市区交通改进办法各一份。自应遵办，除分行重庆市政府、交通部及战时运输管理局外，合行抄发原件，令仰遵照并转饬遵照！此令。

附抄发修正改进市区及公路交通管理办法及重庆市区交通改进办法各一份

〈后略〉

院长 宋子文

二、重庆市政府训令（1945 年 10 月 30 日）

令工务局

案准军事委员会战时运输管理局三文军字第 11497 号代电开：重庆市政府公鉴：查改进市区及公路交通管理办法，前经本局本年六月间以运字第 44288 号函请查照在案。旋以全国汽车定期一律改靠右行，该办法内靠左靠右各点应予分别修正。先后奉行政院转发国民政府本年八月处字第 1174 号令颁修正改进市区及公路交通管理办法到局，并奉军事委员会电知该项修正办法奉令于三十五年一月一日起实行，等因。除分行外，相应将奉颁修正办法随函抄送，即希查照为荷。军事委员会战时运输管理局。至删。运监渝印。附抄修正改进市区及公路交通管理办法一份。等由。准此，除分令外，合行抄发该项修正办法令仰遵照！此令。

附抄发修正改进市区及公路交通管理办法一份

市长 贺耀祖

修正改进市区及公路交通管理办法

一、汽车部分：

（一）车辆一概靠右行驶，转弯时，除交通警察特准外，一律靠右边顺转。在上坡时，不得作“之”字形前进。

（二）行车最高速率在市区及人口稠密交通繁盛之处，以每小时二十公里为限。其他地点，小型车以每小时五十公里，大型车以每小时四十公里为限。司机仍须斟酌车前情况，随时对所驾之车，绝对控制，并注意紧急停车。

（三）前后两车最小间隔，在市区及人口稠密交通繁盛之处为五公尺，其他地点为五十公尺。但司机仍须视车辆状况，酌量间隔适宜之距离。

（四）经过下列地点必须减低速度，随时准备停车，必要时并鸣喇叭：

1. 交叉路；

2. 急弯及弯道视距不足者；

3. 将近坡顶时；

4. 过桥；

5. 狭路；

6. 公共出入地方（工厂、学校、医院、车站、娱乐场及机关等门口）；

7. 正在修理路面地点；

8. 交车；

9. 行人牲畜未及避让时；

10. 视线不清时。

（五）行车对于下列各项情事须表示手势或拨方向标：

1. 前面有交通警察时；

2. 缓行；

3. 停车；

4. 倒车；

5. 让后车超越；

6. 转弯；

7. 行车如遇夜间、迷雾、风沙、暗晦或隧道时，应开放远灯光。但夜间交车及在市区照明清楚者，应改放近光灯。

（七）后车需要超越前车时，必须先鸣喇叭，得前车表明手势许可越过时，始得靠前，在未得前车表示许可前，不得强闯。前车闻后车喇叭后，应视车前情况许可时，随时表示手势，并不得故意不让。

（八）行车时如遇消防车、救护车、警备车、工程救险车，须立即避让。支线车驶入干道时，须让干道车先行。

（九）下坡须用适宜排挡行驶，不得关闭电门，空挡行驶。

（十）行车须靠紧路右边，下列各地不得停车：

1. 狭路；

2. 急弯；

3. 陡坡；

4. 路中间或防碍交通之处；

5. 桥上；

6. 隧道。

如车辆抛锚无法移动时，须于车辆前后各约三十公尺处，树立临时显著标志（如将竹枝树枝等插放地面，但事后应即除去）。

（十一）市区即人口稠密交通繁盛之处，停车时间应遵照各地市政管理机关之规定。

（十二）大型车长途行驶必要时须携带三角枕木，以备在坡道停车之用。不得使用石块，如不得已非用石块不可时，事后须立即移置路外。

（十三）驾驶室两旁及车顶上不得攀援或站搭乘客。

（十四）车辆肇事，应立即停车救护，其他经过车辆亦应予以协助。

（十五）美军雇用之中国籍司机，除应领用中国驾驶执照外，并须有美军部发给之中英文对照之雇用证件。

二、人兽车部分：

（一）人兽力车应绝对紧靠右边单排顺序行驶，不得超越争先。

（二）人兽力车停放地点，须遵照各地市政及公路管理机关之规定。

（三）夜间行车须燃点灯火。

（四）让汽车先行，不得拦阻。

（五）必要时得由市政及公路管理机关禁止于相当时间或区段内行驶。

三、行人牲畜部分：

（一）有人行道之路，须在人行道上行走，否则紧靠路边行走。

（二）穿越道路，须看清两面有无来去车辆。

（三）不准在路上聚集观望。

二、机 构

1. 全国经济委员会西南公路运输总管理处组织规程（1937 年 12 月 16 日）

第一条 全国经济委员会为办理西南各省干路运输管理及工程改善事宜设置西南公路运输总管理处。

第二条 总管理处设下列各组室分掌各项事务：

一、车务组 掌理关于车辆之调度站务之管理等事项。

二、机务组 掌理关于车辆之修造及其他机械电讯设备等事项。

三、工务组 掌理关于公路工程之改善与修养等事项。

四、营业组 掌理关于沿路经济之调查及客货之招徕等事项。

五、材料组 掌理关于车辆燃料机器配件等之采办与保管事项。

六、会计室 掌理关于营业收支稽核统计及其他会计事项。

七、秘书室　掌理关于文书庶务人事及不属于各组室事项。

第三条　总管理处设处长一人，承本会之命综理处务并指导监督所属职员，副处长一人辅助处长处理处务。

第四条　总管理处设车务总管一人主管车务组事务，机务总工程师一人主管机务组事务，工务总工程师一人主管工务组事务，营业主任一人主管营业组事务，材料主任一人主管材料组事务，会计主任一人主管会计组事务，秘书主任一人主管秘书室事务。

第五条　总管理处设技术人员事务人员若干人，分别在各组室办事。

第六条　总管理处处长副处长会计主任由会委派；车务总管、机务总工程师、工务总工程师、材料主任、营业主任、秘书主任由处长请会委派；其余职员由处长委派报会备案。

第七条　总管理处为便利处务进行起见，设置车务段、养路段、修车厂、工程处、材料厂、车务机务人员训练所及各地办事处等，其组织办法由处拟订报会备案。

第八条　各组室为办事便利起见得分股办事。

第九条　总管理处办事细则及其他一切管理，取缔规章均由处拟定呈会备案。

第十条　本规程自公布日施行。

2. 交通部西南公路运输管理局组织规程（1939 年 3 月 9 日）

第一条　交通部为办理西南各省干路运输管理及工程改善事宜设西南公路运输管理局。

第二条　管理局设下列各科：

一、总务科　掌理文书人事出纳事务，编审警卫及不属于其他各科事项（下设文书人事事务出纳警卫编审六股）。

二、业务科　掌理车辆调度营业计划交通管理，通讯设备与站务轮渡等之管理及其他有关业务事项（下设综核调度营业交通电讯五股）。

三、机务科　掌理车辆轮渡之保养修理，修车厂所之管理考核，机器配件之设计制造，行车消耗之稽核统计及其他有关机务事项（下设□□厂务计划三股）。

四、工务科　掌理公路工程之改善修养与其他有关土木工程事项（下设养路工程造计划四股）。

五、材料科　掌理车辆燃料机器配件与各项工程上应用材料之采购转运保管及收发等事项（下设采购储转考核登记四股）。

六、会计科　掌理本局一切会计事项（下设稽核账务检查三股）。

第三条　管理局设局长一人，承本部之命综理局务并指挥监督所属员工；副局长一人至三人，襄助局长处理局务。

第四条 各科设科长一人秉承局长督率所属办理各科主管事务。

第五条 各科分股办事，每股设股长一人，科员一至三人，办事员二人至四人，秉承主管科长办理各股主管事务。

第六条 管理局设秘书一人至二人，助理秘书一人至三人，秉承局长之命办理机要审核及他交办事项。

第七条 管理局设正工程师、副工程师、帮工程师及工务员分派各部分秉承长官之命办理工程技术事项，其员额视事务之繁简随时呈请核定之。

第八条 管理局为稽查业务得设视察员，其员额随时呈请核定之。

第九条 管理局于必要时得设专员一人至三人。

第十条 管理局于必要时得酌用助理员雇员及练习生。

第十一条 管理局局长副局长由部派充，科长、秘书、专员、正工程师、副工程师，由局长遴员呈部派充，其他职员由局长委派并呈部核准备案。会计人员依照交通部附属机关会计人员任用章程任用之。

第十二条 管理局为办理运输及工程事务得设办事处、工程处、修理厂、机械厂、材料库、训练所等，其组织另定之。

第十三条 管理局于必要时得指派高级职员长驻冲要地点秉承局长办理特定事务及对外接洽事宜。

第十四条 管理局办事细则及其他一切规章均由局拟定呈部备案。

第十五条 本章程自公布之日施行。

3. 交通部西南公路运输管理局段办事处暂行组织规程（1939 年 3 月 9 日）

第一条 本规程依据交通部西南公路运输管理局暂行组织规程第十二条之规定制定之。

第二条 段办事处设下列各股分掌事务：

一、总务股 掌理段内文书、人事、事务、出纳、警卫及不属其他各股事务。

二、业务股 掌理股内车辆调度、客货运输、车辆检查及通讯等事项。

三、机务股 掌理段内厂所管理、机务行政及应急材料之购配等事项。

四、工务股 掌理段内道路保养房屋修缮及其他工务事项。

五、会计股 掌理段内会计事项。

第三条 段办事处设主任一人秉承局长之命主管段内事务并指挥监督所属员工，必要时得设副主任一人襄助主任办理段内事务。

第四条　各股设股长一人秉承主任之命督率所属办理各股主管事务。

第五条　各股设股员一人至二人，办事员一人至五人秉承主管股长之命办理各股事务。

第六条　段内车站、货站、修车厂所、养路所、无线电台等分别设置站长、副站长、站员、厂长、管理员及报务员秉承长官之命办理主管事务。

第七条　段办事处及段内所属站、厂、所等，得视需要设助理员书记及练习生。

第八条　段办事处及段内各站、厂、所工程技术等事项由局长就局内正工程师、副工程师、帮工程师、工务员，分派办理并呈部备案。

第九条　主任副主任由局长遴员呈部派充，其他职员除会计股人员依法任用外，统由局长委派并呈部核准备案。

第十条　本规程自呈请核准备案之日施行。

4. 交通部公路运输总局暂行组织规程[①]（1939 年 7 月 17 日）

第一条　公路运输总局直隶于交通部，统筹办理各省干路或特约运输业务，并指挥监督所属各运输局。

第二条　公路运输总局设左列各组室：

一、业务组　掌理所属各公路车辆调度，营业计划与通讯设备，站务等之统筹规划及其他有关业务事项。

二、厂务组　掌理所属各公路车辆使用，修车厂所设施之考核，行车消耗之稽核，汽车服务站之设置及其他有关机务事项。

三、材料组　掌理所属各公路车辆燃料，轮胎配件及其他器材之采购储转收发及稽核等事项。

四、秘书室　掌理文书、人事、出纳、事务、编审、警卫及不属于其他各组事项。

五、会计室　掌理本局一切会计及统计事项。

第三条　公路运输总局设局长一人，承本部之命，综理局务，并指挥监督所属员工；副局长一人至二人，襄助局长处理局务。

第四条〈缺〉

第五条　各组分课办事，每课设课长一人，课员六人至十人，办事员八人至十二人，秉承主管组长办理各课主管事务。

第六条　公路运输总局设秘书一人至三人，秉承局长之命办理机要审核及其他交办事项。

---

① 本规则经交通部呈行政院核准公布施行，原载交通部编：《交通法规汇编补刊》，1940 年出版。

第七条 公路运输总局设正工程师、副工程师、帮工程师及工务员若干人，分派各部分，秉承长官之命办理技术事项。其员额视事务之繁简随时呈部核定之。

第八条 公路运输总局为稽查各附属机关一切设施，得设视察员。其员额随时呈部核定之。

第九条 公路运输总局于必要时得设专员四人至八人。

第十条 公路运输总局于必要时得酌用雇员、练训生。

第十一条 公路运输总局局长由部呈请简派，副局长由部派充，组长、秘书、专员、课长、正工程师、副工程师，由局长遴员呈部派充，其他职员由局长委派，并呈部核准备案。

会计人员依照《交通部附属机关会计人员任用章程》任用之。

第十二条 公路运输总局就各公路运输情形，分区或分路设公路运输局，各局设经理、协理。其组织另定之。

第十三条 公路运输总局为办理运输业务，得设驮运管理所、机械厂、材料厂及各种委员会等。其组织另定之。

第十四条 本规程自呈奉行政院核准之日施行。

5. 交通部关于设立川桂公路运输局、西南公路管理处、川滇公路管理处的命令（1939 年 7 月 20 日）

查本部设立川桂公路运输局，办理重庆贵阳线，贵阳柳州线，贵阳长沙线，綦江三角坪线各公路运输业务，并在川滇公路运输局未成立以前，将昆明贵阳线运输业务由该局暂行兼管。并成立西南公路管理处，办理重庆经贵阳至柳州，长沙经贵阳至昆明，及綦江至三角坪等各公路工程管理事宜。又设立川滇公路管理处，办理川滇东路工程管理事宜，在川滇东路运输局未成立以前，所有昆明至泸州运输事宜，并由川滇公路管理处兼办。并派薛次莘为西南公路管理处处长，马轶群为川滇公路管理处处长，莫衡为川桂公路运输局副局长，代理局长职务。除分令外，合亟抄发公路运输总局暂行组织规程，公路运输局组织通则，公路管理处组织通则各一份，令仰该局遵照结束，会同各该处长，代局长，分别移交接管具报为要。

6. 薛次莘等为改组公路机构告国人书（1939年8月1日）

敬启者：本局近数月来，以车辆之渐增，运输之频繁，事业日见发达，已非原有组织所能兼筹并顾，应付裕如，大部于是有改组之举。鉴于以前运输业务与工程管理之集于一局，职务庞杂，不克专心，难免顾此失彼，故将该运输管理局之运输管理，量为划分。在运输方面：设川桂、川滇、川陕、甘新等运输局，而以大部运输总局总其成。在管理方面：设西南、西北、川滇等公路管理处，而以大部公路总管理处总其成。由衡办理川桂运输，以重庆至柳州为其干线，湘黔、川黔、滇黔、川湘三段为其支线。世圻任运输总局副局长。轶群办理川滇公路管理，并筹备本路运输。次莘则办理西南公路管理。如此职务虽经重行划分，而精神可依旧一贯。溯自本局开办以来，筚路蓝缕、百端草创；由数人而至数十人之经营擘划，以达数百人而至数千人之众擎共举。各人之任务虽有不同，而竭诚以效力于局务则一。经此划分，莘等虽似分道扬镳，实则异途同归。回想同人已往之精神团结，益望今后之一心一德，本此一贯之精神，勇往迈进，以完成后方交通之使命。敬布区区，并表谢悃。惟希公鉴！

薛次莘　王世圻

莫　衡　马轶群

7. 交通部公路总管理处组织条例[①]（1939年12月14日）

第一条　交通部为规划建设管理全国公路，并指挥监督各公路管理处，依《交通部组织法》第四条之规定，设置公路总管理处。

第二条　公路总管理处分设下列各科：

一、总务科。

二、监理科。

三、工程科。

四、桥渡科。

第三条　总务科掌理事项如下：

一、关于本处文书收发、撰拟、保存事项。

二、关于典守印信事项。

三、关于本处及所属人事与技术人员之登记事项。

四、关于本处所属机关事业专款之核计及出纳事项。

① 本条例由国民政府公布，原载交通部编：《交通法规汇编补刊》，1940年出版。

五、关于本处庶务及其他不属于各科之事项。

第四条 监理科掌理事项如下：

一、关于公路交通行政之管理及其规章之拟订事项。

二、关于汽车及其驾驶人与技工之考验、登记、给照、检查与其他管理事项。

三、关于公路省营及私营汽车运输机关之立案开业与监督考核等事项。

四、关于公路旅行之提倡及警卫安全之监督事项。

五、其他有关公路交通管理事项。

第五条 工程科掌理事项如下：

一、关于公路工程计划之拟订及审核事项。

二、关于公路工程计划应需经费之核计事项。

三、关于公路工程建筑与修养之督察考核事项。

四、关于本部直辖公路工程之直接实施事项。

五、其他有关公路设施之工务事项。

第六条 桥渡科掌理事项如下：

一、关于公路桥渡计划之拟订及审核事项。

二、关于公路桥渡计划应需经费之核计事项。

三、关于公路桥渡工程建筑与修养之督察考核事项。

四、关于交通部直辖公路桥渡工程之直接实施事项。

五、其他有关公路桥渡之工务事项。

第七条 公路总管理处设处长一人，简任，承交通部部长之命综理处务，并监督所属职员及机关。

第八条 公路总管理处设秘书一人，荐任，秉承处长之命办理交办事项。

第九条 公路总管理处设科长四人，荐任，承处长之命督率所属办理各科主管事务。

第十条 公路总管理处设科员十四人至十六人，办事员四人至六人，委任，承长官之命办理各项事务。

第十一条 公路总管理处设技正六人至八人，荐任，其中四人简任；技士十二人至十四人，其中六人荐任，余委任；技佐四人至六人，绘图员二人至四人，委任，承长官之命办理各项技术事务。

第十二条 公路总管理处设主任督察工程师四人至六人，其中三人得为简任；督察工程师六人至八人，荐任，承长官之命办理督察公路工程事务。

第十三条 公路总管理处因事务上之必要，得呈请交通部调派专门人员。

第十四条 公路总管理处于必要时得设各种工程队及其他附属厂所。

第十五条 公路总管理处因事务上之必要得酌用雇员、练习生。

第十六条　公路总管理处办事细则由交通部定之。

第十七条　本条例自公布日施行。

8. 交通部川桂公路运输局组织规程（1939 年 12 月 22 日）

第一条　交通部为办理川桂干路及其支线各公路运输业务及运输上之设施事项，设川桂公路运输局直隶于公路运输总局。

第二条　本局设下列各课室：

一、总务课　掌理文书、人事、出纳、庶务、编审、警卫、建筑及不属于其他各课事项（下设文书、人事、事务、出纳、警务、编审建筑七股）。

二、业务课　掌理车辆调度、客货营业、通讯设备与站务等之管理考核及其他有关业务事项（下设综核、调度、营业、电讯四股）。

三、机务课　掌理车辆轮渡之使用、保养、修理及修理厂所之管理考核，货车消耗之稽核统计，机器配件之设计制造及其他有关机务事项（下设考工、厂务、计核、设计四股）。

四、会计课　掌理本局一切会计及统计事项（下设稽核、检查、账务三股）。

五、材料室　掌理车辆燃料机器配件及各项急用材料之采购运输保管及收发等事项（下设采购、储转、考核、登记四股）。

第三条　本局设局长一人承运输总局之命综理局务并指挥监督所属员工，副局长一人至二人襄助局长处理局务。

第四条　各课设课长一人，材料室设主任一人，秉承局长督率所属办理各课室主管事务。

第五条　各课室分股办事每股设股长一人，课员一人至三人，办事员二人至五人，秉承主管课长或主任办理各股主管事务。

第六条　本局设秘书一人至二人，助理秘书一人至三人，秉承局长之命办理机要审核及其他交办事项。

第七条　本局设正工程师三人至六人，副工程师六人至十人，帮工程师十人至十六人及工务员若干人，分派各部分秉承长官之命办理技术事项。

第八条　本局为研究计划技术及业务事项得设专员一人至三人。

第九条　本局为稽查业务机务等得设稽查员，其员额每营业区一人至二人。

第十条　本局于必要时得酌用助理员雇员及练习生。

第十一条　本局局长、副局长、正工程师、副工程师由运输总局局长遴员呈请交通部部长派充，课长、主任及秘书、专员由局长遴员呈请运输总局派充报部备案，其他职员由局长派充报请运输总局呈部备案。

会计人员依照《交通部附属机关会计人员任用章程》任用之。

第十二条 本局为办理运输业务得设区办事处、修理总厂、修理厂所、机械厂、停车场、车身厂、材料库、油库、训练所、板车管理处、转运处、车站、货栈、旅舍、食堂等，其组织另定之。

第十三条 本局于必要时得指派高级职员驻冲要地点秉承局长办理特定事务及到外接洽事宜。

第十四条 本局办事细则及其他一切规章另定之。

第十五条 本规程自公布之日施行。

9. 国民政府特许中国运输股份有限公司规程[①]（1939 年 12 月 22 日）

第一条 中国运输股份有限公司，经交通部转呈行政院呈请国民政府特许组织之。

第二条 公司之业务如下：

一、经营公路铁路水路及航空之客货及包裹运输业务。

二、制造及装配运输工具。

三、制造装配存储及分配各项应用材料及配件。

四、为业务之必要，购置及租赁房屋地产。

五、载运邮件。

六、建筑及经营便利旅客及员工之设备。

七、投资于其他运输公司及购买其证券。

八、经营其他有关运输业务。

第三条 公司营业期定为三十年，期满得呈请交通部转呈行政院呈请国民政府核准延长之。

第四条 公司股本总额定为国币五千万元，分为五千股，每股一万元。由交通部认购半数，其余半数由其他政府机关或商业机关分认之。

上项股本应以现金或同等价值之资产认购之。

股本总额如有扩充必要时，得随时呈准增加之。

第五条 政府机关所有公司股票，非经国民政府特许不得转售。

第六条 公司经行政院核准呈请国民政府特许，得商借外债。

第七条 公司设董事七人至十一人，内交通部指派三人至五人，余由其余股东中选任之。公司总经理为当然董事。

① 本章程系由行政院公布施行，原载交通部编：《交通法规汇编补刊》，1940 年出版。

第八条　公司设监察人三人，内交通部指派一人，余由股东中选任之。

第九条　董事会设董事长一人，由董事中互选之。必要时得设置常务董事二人或三人，由董事互选之。

第十条　公司设总经理一人，如有业务上之必要时得设副总经理一人，均由董事会聘任之。

第十一条　公司应向交通部注册，并向经济部登记。

第十二条　公司详细章程由董事会议决，呈报交通部核准备案。

第十三条　本规程自行政院公布日施行。

10. 公路运输总局为成立中国运输股份有限公司给川桂公路运输局训令（1939年12月28日）

案奉交通部二十八年十二月二十七日人甄渝字第二五八二四号训令开：本部为集中运输管理，增加运输经济及效率起见，经呈行政院呈请国民政府特许组织中国运输股份有限公司，该公司定于二十九年一月一日成立，设于重庆中四路九十九号，并接收川桂公路运输局及复兴商业公司之运输设备，如车辆机器配件材料厂站地皮及一切生财资产暨必要文件簿册等项：除分令外，合行令仰知照。等因。奉此，自应遵办。合行令仰遵照办理具报。此令！

11.1937年至1939年西南公路机构之变迁[①]（1940年）

西南公路之兴筑

西南公路，东起长沙，西迄昆明，北自重庆之海棠溪经贵阳南走而抵柳州，更以川湘路为其辅助线，其兴筑始于民国十七年之长沙常德段，及贵阳至马场坪、黄果、松坎三段，至二十四年东路之湘黔线，南路之黔桂线，北路之川黔线，先后完成，二十五年西路之滇黔线亦相继□□，西南公路全线至是遂行完成，以贵阳为其核心。

---

① 原载《三年来之西南公路》第一章《本路史的回顾》，1940年出版。

统一运输之发轫

民国二十六年七月一日行政院、军事委员会、全国经济委员会、军政、交通、铁道三部，及川、滇、黔、湘各省当局，在京集议，改进西南公路交通办法，以长沙至贵阳，贵阳至昆明，及重庆至贵阳为联运线，另组西南各省公路联运委员会主其事，于同年九月二十日成立办事处于长沙，即举办长沙至昆明，及贵阳至重庆之联运，当时客货运输尚不频繁，长沙至贵阳，计划每日对开客车二辆，贵阳至昆明，及贵阳至重庆，每日各对开客车一辆。除区间运输及养路管理等项，仍由各省自办外，凡联运客货，均由联运委员会统筹办理，本路统一运输，此时已略具雏形。

统一管理之经过

其后战局日益开展，后方运输，急如星火，深感原有组织，尚不能与需要相配合，爰由现贵州省政府吴主席鼎昌、交通部张部长嘉璈、经济部翁部长文灏、财政部秦次长汾、资源委员会钱主任委员昌照等，拟具办理西南各省公路运输计划大纲，函呈行政院孔院长，建议改组西南各省公路联运委员会，为西南公路运输总管理处（以下简称“总管理处”），仍隶全国经济委员会，是为本路统一运输与管理之实现。

最初之干部人员

二十六年十二月七日，行政院第三百四十次会议，通过成立“西南公路运输总管理处”，同月十六日，由全国经济委员会派薛次莘为处长，王世圻为副处长，周凤九为工务总工程师，杨得任为车务总管，夏宪讲为材料主任，陈士廉为机务总工程师，夏郑为营业主任，李轫哉为秘书主任，李伟超为会计主任。颁布西南公路运输总管理处组织规程，订定接管各省有关各公路办法，本路事业由此发轫。

办事处三度迁徙

二十六年十二月十八日，初设办事处于长沙北大路，时仅平房一间，除一桌四椅一炭盆外，余无所有。而人员缺乏，尤感棘手。迨同月三十日派秘书李轫哉接收西南各省公路联运委员会后，始得渐具规模。同时迁办事处于该会原址中山堂。二十七年一月一日，正式成立“总管理处”于长沙，旋改隶交通部管辖，并改西南公路运输总管理处为西南公路运输管理局，（以下简称管理局）仍任薛次莘为局长，王世圻为副局长，并添派莫衡为副局长。以业务日益发展，原有中山堂办公地址，不敷应用，乃于是年二月间，迁局址于灵官渡。同时副局长莫衡，率领首批人员七名到达贵阳，赁得南通路七号最后进房屋三间，为办公兼住宿之所，设备等等，均付缺如，该屋前二进为一旅馆，喧闹嘈杂，不宜办公，每于夜深人静后，一灯相对，批阅公牍，亲译电报（其时尚无译电室）。三月一日公布本局暂行组织规程，十八日奉令核准本局办事细则。自四月起开始次第接收长晃、筑柳、筑昆、渝沅各段。

正式迁局址于贵阳

同年六月迁局址于贵阳盐行路六十号，十二月复迁至禹门路一三三号别墅，即今之局址。二十八年二月添派马轶群为副局长，兼辖川滇东路，因路线日益拓展，业务繁重，人事复杂，乃于二十八年三月，呈准修正组织规程与办事细则，改机务等“组”为“科”，合并车务、营业两组为业务科，并依据组织规程第十二条，设置段办事处办理运输及工程事务。

添设川桂运输局

自二十七年一月“管理局”成立后，接收各省干线，历时一年，至二十八年一月，始完成全部接管工作，开始调整全线组织，逐步推行统一运输与管理，惟时战事日趋紧张，军运民运日见繁重，运输工程二者之集中处理，试办仅及半载，萌芽初茁，成效未著，而已感工作范围过于庞大，原有机构，势难兼筹并顾，应付裕如。当局有鉴于此，因即迅谋补救，再为调整，决定将运输业务与工程管理划分办理，于七月二十日训令改组，添设川桂公路运输局（以下简称“川桂局”）专办运输业务，调莫衡为该局副局长，代理局长职务。设西南公路管理处（以下简称“管理处”）办理工程管理事宜，任薛次莘为处长，萧卫国为副处长，并将川滇东路划出，另设川滇公路管理处，调任马轶群为处长，八月一日起，原有之西南公路运输管理局，即行结束，新处局分别成立（已附件一〇），继续工作。

成立中国运输公司

“川桂局”成立后，将原来兼理工程与运输之各总段办事处改为区办事处，专负运输之责，隶属该局，至工程及管理方面，则由“管理处”设立各段工程处，以专责成。经此调整后，数月以还，业务突飞猛进，运输需要，有增无减。惟运输机关林立，人力物力，仍感分化，工具经济，犹难充实，适美国公路专家谢安、白熙、范百德三君，应政府之请，来华协助当局改进公路运输，经两月之实地考察，认为本路之运输业务，应有更进一步之集中管理，经济组织，爰建议政府，设立国营公司，以增加运输经济与工作效率，经行政院呈准国民政府，特许设立中国运输股份有限公司，集中办理国内运输业务，定于二十九年一月一日正式成立，同时诞生甫及五月之“川桂局”，即行结束，移转业务。至“管理处”则一仍原状，不在改组之列。

变更内部组织

抗战进入第三年后，公路运输日益繁重，新兴工程，与日俱增，按照本处原来组织，工务一科，综管辖区内各干线及桥渡之工程，职务繁重，几占本处全部工作之大半，为适应实际需要起见，决定将工务科划分为工程、桥渡两科，工程科下设道路、树□、工事三股，桥渡科下设桥梁、船渡、营造三股。又以本处辖区辽阔，工程浩繁，需用材料为数甚巨，为便于统筹支配稽核管理起见，拟设置材料室。又本处综管五省交通，对于一切事业之推进，应有精确详尽之统计，拟设置统计室，专司各项统计材料章则刊物之搜集、编制、审订、保管。以上二室，暂不分股办事。至原设之管理科，则以接管路警关系，特设警务一股，掌理公路警察之指挥调派考核训练等事宜，同时将该科原设之发照、稽查、调查三股，加以裁并，改设交通、稽查二股。其他各科，悉仍其旧。似此量为调整扩充，庶于健全组织之中，得收分工合作之效。经于二十九年六月呈奉交通部核准施行。此为本路统一组织成立以来历史方面之演进也。

回溯本路统一组织，自二十七年一月一日随抗战而呱呱坠地，开始统一运输与管理之工作，中间机构几经调整，以迄二十九年年底为止，荏苒光阴，已阅三稔；在此大时代之过程中，虽递嬗变迁，沧桑屡阅，然事业之推进，迄未稍懈，始由数人而至数十人之经营擘划，浸假而数百人乃至数千人之鼎擎共举，内外精神，始终一贯，初不因行政机构之几经调整，而稍有停滞也。

12. 交通部西南公路管理处组织规程（1940 年 1 月 24 日）

第一条　交通部为管理西南各省干路行政及养路工程事务设西南公路管理处。

第二条　管理处设下列各科：

一、总务科　掌理文书出纳人事事务及不属于其他各科事项（下设文书人事出纳事务四股）。

二、管理科　掌理车辆及驾驶人之登记检验发照收费，公路运输业之督察，公路旅行之提倡、指导及其他有关公路管理事项（下设发照稽查调查三股）。

三、工务科　掌理公路工程之改善、修养地方公路之督察协助及其他有关土木工程事项（下设道路桥梁营造工事四股）。

四、会计科　掌理本处一切会计事项（下设稽核账务编检三股）。

第三条　管理处设处长一人承本部之命综理处务并指挥监督所属员工，必要时得设副处长一人至二人襄助处长管理处务。

第四条　管理处设总工程师一人秉承处长主持工程技术事务。

第五条　各科设科长一人秉承处长督率所属掌理各该科事务，科员四人至十二人办事员八人至十六人承长官之命分掌事务。

第六条　各科得分股办事，各股设股长一人。

第七条　管理处设秘书一人至二人，必要时得设助理秘书二人至四人，秉承处长之命办理机要审核及其他交办事项。

第八条　管理处设正工程师十人至十五人，副工程师十二人至十八人，工程师十五人至二十人，工务员十八人至二十五人分派各部分秉承长官之命办理工程技术事项。

第九条　管理处为稽查路线管理及工务暨运输业务情形得设视察员八人至十二人。

第十条　管理处为承交通部之命督察地方公路起见，得设督察工程师六人至十二人。

第十一条　管理处于必要时得设专员一人至三人。

第十二条　管理处于必要时得酌用助理员雇员及练习生。

第十三条　管理处处长副处长总工程师由部长派充，科长、秘书、专员、正工程师、副工程师由处长遴员呈请部长派充，□□员由处长派充呈部核准备案。

第十四条　管理处为办理交通管理及工程事务得设办事处检查站，其组织及人员名额另定之。

第十五条　管理处于必要时得指派高级职员长驻冲要地点秉承处长办理特定事务及对外接洽事宜。

第十六条　管理处办事细则及其他一切规章另定之。

第十七条　本规程自公布之日施行。

13. 行政院关于由运输统制局接管全国公路工程运输管理机关等事项给重庆市政府代电（1941年9月10日）

重庆市政府：查抗战期间各公路工程运输事项，必须归由军事方面集中事权，统一运用，以期增进效能。凡交通部所属部内部外关于全国公路工程运输之管理机关，连同车辆、厂库、工程设备、人员、器材及经费等，应一并拨交军事委员会运输统制局接管办理。前经分电该部局等遵办在案。兹据运输统制局报称：业于本年六月十五日起开始交接，六月三十日交接完毕，七月一日起正式改隶等情。除电复并分行外，合行电仰知照。行政院。灰四。印。

14. 行政院为抄发军委会运输统制局修正组织条例给重庆市政府训令（1942 年 3 月 9 日）

查修正运输统制局组织条例暨系统表，前准军事委员会函送到院，业经通饬知照在案。该局上年因接管公路工程及运输业务，曾经局部改组，顷据电送修正组织条例暨系统表前来，除通令外，合行抄发原件，令仰知照并转饬所属一体知照。此令。

计抄发修正运输统制局组织条例暨系统表各一份

院长 蒋中正

军事委员会运输统制局修正组织条例[①]

第一条 军事委员会在抗战期间，为统制及管理运输与其有关之各项业务，并求指挥与监督之统一，以应抗战需要，特设运输统制局（以下简称本局）。

第二条 本局掌管下列事项：

一、国内外各项公私运输机关与工具之管理调配；

二、支配进出口物资运输之数量及程序；

三、审定有关运输之一般设施；

四、液体燃料之管理；

五、各线路工程之计划兴筑修理保养；

六、各运输线路之警卫稽查。

第三条 本局设主任、副主任、秘书长及下列各处会：

一、秘书处；

二、运输总处；

三、公路工务总处；

四、监察处；

五、财务处；

六、液体燃料管理委员会；

七、汽车司机技工管训委员会；

八、汽车配件管理委员会。

第四条 本局设参事专员若干人，秉承主任、副主任暨秘书长之命分任研究、审核暨编纂各项设施方案与法规等及其他交办事项。

第五条 秘书处设人事科、文书科、统计科、事务科、检诊所，掌理人事、文书、

① 本条例于 1941 年 9 月 25 日奉军事委员会办制照字第 1753 号指令准先试行。

统计及庶务、卫生及其他不属于各处会之事项。

第六条　运务总处设调度科、仓库科、管制科、通信科、厂务科、驿运科，掌理运输机关之建设整理，运输工具之调度、管制、保养、修理，物资运输之分配及其他关于运务事项。

第七条　公路工务总处设监理科、工程科、桥渡科、材料科、人事室、督察室、计划室，掌理公路桥渡及一切设备工程设计建筑修理保养及督察考核待事项。

第八条　监察处设考核组、稽查组、警卫组，掌理运输之纪律秩序、路线之保安及工作考核等事项。

第九条　财务处设会计组、理财组、审核组，掌理运输工程等经费预计算之造报，款项之收支保管暨所属各机关财务之稽核监督等事项。

第十条　液体燃料管理委员会设采购组、储运组、分配组，掌理液体燃料之采购、储运、分配等事项。

第十一条　汽车司机技工管训委员会掌理汽车司机、技工之训练管理及各机关训练工作实施之督促考核及司机、技工福利等事项。

第十二条　汽车配件管理委员会掌理汽车配件之制造、购补、分配、调拨及旧料之征集利用等事项。

第十三条　凡不属本局之各运输机关，其运输业务均受本局统一指挥调度。

第十四条　本局之编制表系统表及服务规程另定之。

第十五条　本条例由军事委员会呈请国民政府核定施行。

15. 四川省、重庆市公路交通委员会组织章程（1943年2月18日）

中华民国三十一年八月十五日本会第九次常会修正通过，呈奉四川省政府三十二年二月十八日建四字第一九七四号训令转准；重庆市政府市秘三字第一〇四七号马秘三代电核准公布施行。

第一条　四川省政府及重庆市政府，为发展四川省及重庆市公路交通并统筹划一管理起见，共同组织四川省重庆市公路交通委员会，并指定本省市有关交通各机关，为该会会员机关。

第二条　委员会之职掌如下：

一、公路交通法规及管理之划一及筹设事项；

二、公路交通事业之促进事项；

三、公路交通安全卫生设备之举办事项；

四、公私道路之考察及建议关于发展改良事项；

五、有关公路交通事业之提倡研究事项；

六、互通车辆办法之改进事项；

七、交通人员之训练及指导事项。

第三条 委员会设委员若干人，由四川公路局派代表二人，其他各机关派代表一人充任之。

第四条 委员会得设办事处办理日掌事务。

第五条 委员会设常务委员一人，主持办事处事务。由各委员互推充任之。

第六条 委员会每六月举行常会一次（即每年在成都重庆各举行一次），开会日期，由常务委员于开会前二十日通告各委员。

第七条 委员会常会之主席，由委员轮流担任之。

第八条 委员会委员因紧急事项，经其他委员二人之副署，得召集临时会议。

第九条 委员会开会时，得请上级机关派员出席指导，并得邀请其他关系机关派员列席。

第十条 所有常会及临时会议决议案，由委员会分呈四川省政府及重庆市政府核定施行。

第十一条 委员会办事处之组织规则及办事细则，由常会决定之。

第十二条 委员会经费，由会员机关按所派代表名额，平均分担。其预算由常会决定之。

第十三条 委员会各项收支账目，应报常会，由常会指定委员审查之，并分呈四川省政府及重庆市政府备案。

第十四条 本章程如有未尽事宜，由委员三分之一以上之提议，出席委员三分之二以上之表决，得呈准修改之。

第十五条 本章程经本会第九次常会会议议决，呈请四川省政府转商重庆市政府公布施行。

16. 公路总局之使命与任务（节选）[①]（1943年3月1日）

当前我国最急切最需要而又最困难者，莫如运输问题。运输之中，铁路航空水运驿运各占相当地位，但公路运输在目前环境之下，尤为重要，且其困难亦最错综。就一般而论，公路运输原居辅助地位，所以补铁路水运之不及，乃因抗战局势所推演，公路运输克下竟处主要运输之地位，虽不合理，但为事实上之需要，公路不得不负当前运输之重任。此次公路划归本部管辖，特设公路总局，负责主持，吾人根据过去之情形，深知以后有关配件油料人事技工经济等等问题，均将随时发生困难，惟公路运输既为当前主要运输工具，职责所在，自必排除万难，力图推进。再本部所定三十二年度中心工作，关于协助限价，便利军运二点，公路所负责任尤较重大，际

① 此文为公路总局局长曾养甫在该局成立大会上的训词，标题为原有。

此成立之日，应请共事同仁特加注意，兹后工作方针，当即根据前订原则，具体实施，谨再为同仁分别详述之。

一、公路总局之工作方针，计有三端：

（一）减低运输成本：公路运输之成本，向较其他运输为高，其中固有不可避免之因，但亦不无可以减省之浪费，如油料配件调度管理等等，倘能设法改善，则成本即可相当压低，公路同仁务须随时注意。

（二）争取时间：凡事之成败关键，悉系于能否争取时间，以往公路汽车平均每车每日仅能行驶五十公里，亦即每日行驶二三小时，嗣后必须增加行驶里程，提高运输效能。

（三）发挥服务精神：公路运输与人民发生直接关系，从事公路运输者，尤应领会，总理“人生以服务为目的不以夺取为目的”之遗训，对于客商之便利，必须顾到，客商之困难，必代解除，此种为社会服务之精神，必须尽量发挥。

二、公路总局之中心工作，针对现时情形，应以下列十项为主要：

（一）加强国际运输：我国物资仰给于国外者颇多，自应加速内运，目前国际运输中最要者，除空运外，即为公路，现于公路总局之内，设立国际运输委员会，负责主持国际路线之开辟，与运输力量之增加，此后务必积极推展，争取时间，协谋大量运输之实现。

（二）增加商车运量：以前政府对于商车限制较严，以致商车多置而不用，影响公路运输至钜，兹为促进合作解除商运困难及加强运输力量计，已于总局内设立商车指导委员会，对商车施以适当公平之管制，此后应即详细规划，严密监督，务使所有商车均能运用无阻，藉以增加公路运输之力量。

（三）整理车辆：本部各公路线所有车辆，现在可以行驶者为数无多，其大部分车辆多因缺少配件存厂待修，无法行驶，殊属可惜，目前经由本人限于是短期内修理2000辆，加入行驶，应急促其实现，以后并应随时加紧修理，以利运输。

（四）配件与油料之制造：本部配件制造厂对于若干汽车配件已可大量制造，嗣后应积极提高制造以供需求，至于炼油工作，虽以酒精原料不多，未能大量制造，但提炼桐油已有相当成功，亟宜积极提倡期增供应。

（五）加强司机技工之训练与管理：汽车司机习气不好，技能不佳，实因训练与管理之不当，此后训练司机精神与技术，须同时并重，又技工缺乏与其技术不良，影响修车甚钜，亦应施以技术训练，并严加管理。

（六）推进客货联运：现在一般社会咸有行路难之感，尤以自重庆至广元宝鸡一带，每需候车至久，公路总局拟设联运处办理各路线联运，便利行旅，应即及早实施。

（七）干线工程之改善与养路制度之确定：我国公路建筑未尽完善，嗣后对于干线工程，务须改善，对于养路制度，尤应确定经费，俾可随时保养。

（八）加强全国公路运输之管理并拟定公路法：公路总局对于全国公路负统筹监督之责，以往有国道省道县道之分，似不甚妥，应参酌实际情形，重予规定，且抗战胜利以后，铁路恢复匪易，公路运输仍属相当重要，应即拟订公路法，以资依据。

（九）边区路线之开辟：边区各省，如新疆、青海、甘肃、云南、西康等省，急待开发，公路之修筑，刻不容缓，应即斟酌实地情形，逐谋举办。

（十）复员及复兴工作之准备：复员及复兴为本部中心工作之一，公路总局对于是项准备工作，亦应积极进行。

17. 公路总局为该局成立致重庆市政府公函（1943年3月13日）

案奉交通部三十二年二月三日人甄渝字第四零六八号训令开：案奉行政院三十二年一月二十九日仁人字第二七零四号训令开：本院第五九八次会议决议：任命曾养甫兼代交通部公路总局总局长，陈茹玄、龚学遂、赵祖康代理该总局副总局长，合行令仰知照，并转饬知照。此令。等因。奉此，合行令仰知照。此令。等因。旋又奉交通部三十二年二月二十七日总文字第六一四八号训令开：兹随令颁发该局木质关防一颗，文曰：交通部公路总局之关防，仰即祗领启用，并将启用日期连同印模呈报备查为要。此令。各等因。附发木质关防一颗。奉此，本局遵于三月一日组织成立，养甫等同日就职视事，启用关防。除呈报暨分行外，相应函达贵府，即希查照为荷。此致

重庆市政府

兼总局长　曾养甫

18. 交通部公路总局组织法[①]（1943年4月19日）

第一条　交通部为统一管理全国公路运输工程及其有关业务，设公路总局。

第二条　公路总局置下列各处：

一、总务处。

二、工务处。

三、监理处。

四、运务处。

① 本组织法于1943年3月30日经立法院第四届第235次会议通过，国民政府1943年4月19日公布施行，原载立法院编：《立法专刊》第22辑，1943年出版。

五、材料处。

六、财务处。

第三条　总务处掌下列事项：

一、关于收发、分配、编拟、保管文件事项。

二、关于典守印信事项。

三、关于本局及所属机关之人事事项。

四、关于财产物品之登记保管事项。

五、关于员工福利事项。

六、关于庶务及不属其他各处事项。

第四条　工务处掌下列事项：

一、关于公路设计建筑事项。

二、关于公路保养修理事项。

三、关于公路桥渡事项。

四、关于其他公路工程事项。

第五条　监理处掌下列事项：

一、关于车辆牌照、路线执照、驾驶人技工之登记给照事项。

二、关于运量观测、行车安全事项。

三、关于公路运输机构之监督事项。

四、其他关于公路监理事项。

第六条　运务处掌下列事项：

一、关于公路车辆调度修理事项。

二、关于行车考核训练事项。

三、关于物资储藏接转事项。

四、关于公路通讯设备事项。

五、其他关于运输业务事项。

第七条　材料处掌下列事项：

一、关于公路运输工程工具材料之配制储备事项。

二、关于仓库之设备事项。

三、关于燃料之化炼事项。

四、关于材料之采购事项。

五、其他关于公路器材事项。

第八条　财务处掌下列事项：

一、关于经费之支配调剂事项。

二、关于款项之收支保管事项。

三、关于财产契据之登记保管事项。

四、其他关于财务事项。

第九条 公路总局设局长1人，简任，承交通部部长之命，综理本局事务，监督所属职员及机关；副局长2人，简任，辅助局长处理事务。

第十条 公路总局设秘书4人至6人，其中1人简任，余荐任，办理机要文件及长官交办事项。

第十一条 公路总局设处长6人，简任，分掌各处事务；副处长6人，荐任或简任，辅助处长处理处务。

第十二条 公路总局设警稽主任1人，简任，掌理公路之保护警卫及检验稽查之联系事项。

第十三条 公路总局设医务主任1人，聘任，掌理关于公路医务卫生及旅客之临时救护事项。

第十四条 公路总局设科长20人至26人，荐任；科员160人至210人，办事员50人至70人，均委任，承长官之命，办理各科事务。

第十五条 公路总局设技正10人至12人，其中8人简任，余荐任；主任督察工程师1人，简任；督察工程师12人至15人，其中2人简任，余荐任；技士18人至20人，荐任；技佐20人至24人，委任，承长官之命，办理技术事项。

第十六条 公路总局因业务及技术上之需要，得聘用专门人员20人至30人，视察15人至20人。

第十七条 公路总局就业务之需要，于全国公路线得设公路管理局，于兴筑新路工程时，得设公路工程局。

第十八条 公路总局设会计处长1人，承主计长之命，并受局长副局长之指挥，办理岁计会计统计事宜。

会计需要佐理人员，由公路总局及主计处就本法所定科长科员办事员名额中，会同决定之。

第十九条 本法自公布日施行。

19. 抗战时期西南公路管理机构的变迁①（1943年）

二十七年一月总管理处隶属于全国经济委员会时，内部分为秘书室暨车务、机务、营业、材料、会计六组（见附表一）。旋改隶交通部，更名西南公路运输管理局，将会计组改为会计室，并分股办事，局外设训练所与修车厂（见附表二）。二十八年三月遵照部颁组织规程，内部设总务、业务、机务、工务、材料、会计六科，局外设各段办事处等附属机关（见附表三）。同年八月奉

① 本文节录自1943年出版的《西南公路史料》，标题系本书编者所加。

令将公路运输与工程，划分办理，其运输业务，经由部另设川桂公路运输局专司其事，试办五月，旋复采纳美国公路专家谢安、白熙、范百德三君之建议，经行政院呈准国民政府特许设立中国运输股份有限公司，于二十九年一月一日成立，同时撤销川桂公路运输局，所有该局一应设施及业务，均由中国运输公司接办。至工程及交通管理，奉令改组为西南公路管理处，专负其责，即于二十八年八月一日宣告成立，内设秘书室暨总务、管理、工务、会计四科，外设各办事处等附属机关（见附表四）。抗战进入第三年后，公路运输日益繁复，新兴工程，与日俱增，本路为适应事实需要起见，将原来组织，加以调整，将工务科改为工程科，并增设桥渡科及材料统计两室，于二十九年六月奉准施行（见附表五）。

三十年六月奉交通部令知奉委员长手谕，饬将部辖全国公路工程运输管理等机关，一并划归军事委员会运输统制局接管办理，并定六月十六日起移交，七月一日正式改隶。

附交通部训令——三〇.六、二〇。

案奉军事委员会委员长蒋宥川侍参代电开：现在各公路工程运输情形，甚为复杂，不能适合战时要求，在抗战期间必须归军事方面集中事权，统一运用，以期增进效能，拟将交通部所属部内部外关于全国公路工程运输之管理机关，连同车辆厂库工程设备人员器材及经费等，一并拨交本会运输统制局接管办理，并定六月十六日起开始移交，六月三十日以前移交完毕，七月一日起正式改录何如，希即日具报。等因。奉此，自应遵办，除呈复外，仰即遵照办理，为要。此令！

三十一年二月又令改称西南公路工务局，其组织亦有变更（见附表六）。

三十一年十二月奉运输统制局令以奉军委会令，运输统制局撤销，公路部分自三十二年一月一日起，划归交通部接管；并由交通部成立公路总局负责主持公路业务，本局遂复改隶交通部，受公路总局指挥监督。

附运输统制局训令——三一,一二,二十三，甲字第九二〇六号，至内部组织，亦遵照部颁组织规程规定，将管理科改组为监理材料两科，并成立人事室。（见附表七）

军事委员会　　　　甲字第九二〇〇号

训令

运输统制局　　　　民国三十一年十二月廿三日发出

事由：为本局奉令撤销所属单位分别移转管辖由。

一、奉军事委员会办一字第二五三〇七号令发调整中央军事机构办法，运输统制局应即撤销，尔后之业务移转划分及内部单位改隶改组，附属单位之移转，实施时期之决定等，由参谋总长拟呈核定，分别饬遵。

二、复奉委座核定本局各单位移转办法如下：

（一）割归交通部接管者：

1. 运输总处，包括重庆公共汽车管理处及各路运输局。

2. 公路工务总处及各公路工务局。但公路建设与军事有关，在立案之初，应先呈军委会决定。

3. 秘书处之人事科。

4. 汽车牌照管理处。

5. 司机技工管训会及运输人员训练所暨各路整训班。

6. 汽车配件管理委员会及配件总库制造厂整车厂。但配件之分配管制应由军事委员会核定。运输统制局所投股本，拨归军政部接收。

7. 会计及财务两处除酌留一部分办理运输统制局结束外，余一并移交。

（二）划归行政院接管者：

液体燃料管理委员会，但液体燃料之分配管制，仍由军委会核定办理。

（三）拨归军事委员会接管者：监察处。

（四）上列应行移转之单位统限于本年底移接完毕，运输统制局负责至本年底止。

三、除遵照自三十二年一月一日起，本局停止收文并分行外，合行令仰遵照移交为要。

右令

西南公路工务局

主任　何应钦

总管理处时期（二十七年一月）

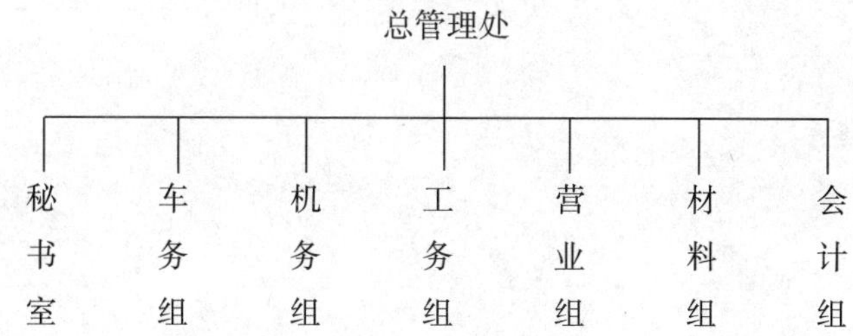

改称运输管理局时期（二十七年三月）

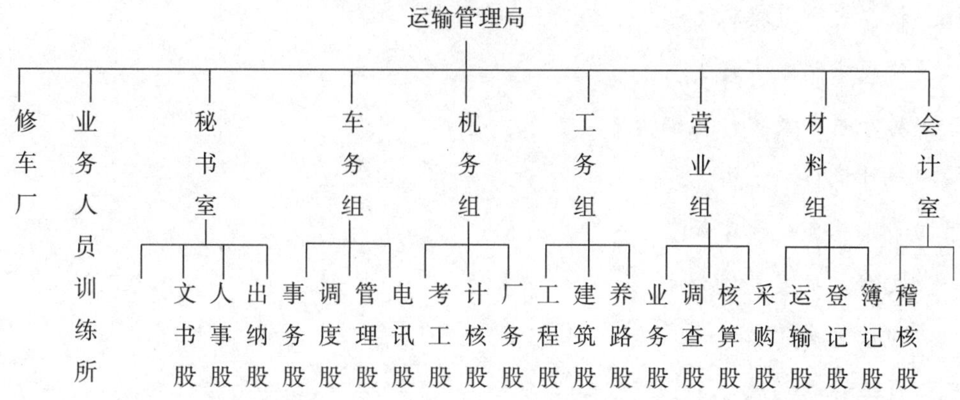

〈后附件略〉

20. 军委会战时运输管理局关于抄送该局组织条例致重庆市政府公函（1945年1月30日）

查本局组织条例业经呈奉军事委员会三十四年元月二十一日办制渝字第七七八〇号指令核定，除分别函令外，相应抄附原组织条例，函请查照并转饬查照为荷。此致

重庆市政府

附组织条例一份

兼局长　俞飞鹏

军事委员会战时运输管理局组织条例[①]

第一条　军事委员会为适应作战需要，统一管理战时各种运输及各项有关业务，特设战时运输管理局（以下简称本局）。

第二条　本局直隶于军事委员会，设下列各处室：

一、秘书室；

二、总务处；

三、运务处；

四、公路工务处；

五、机料处；

六、财务处；

七、会计处；

八、人事室；

九、警稽室。

第三条　秘书室职掌如下：

一、机要文电之撰拟；

二、法规章制之审订；

三、对外事务及文件之编译；

四、统计资料之汇编。

第四条　总务处职掌如下：

一、文书之收发及保管；

二、印信之典守；

三、员工福利之统筹；

① 本条例于1945年1月21日经军事委员会办制渝字7710号颁布实施。

四、庶务及不属其他各处室事项。

第五条 运务处职掌如下：

一、运输工具之统筹调度及管制；

二、运输计划之拟订及运量之考核；

三、运价之厘订；

四、牌照与行驶执照之登记及核发；

五、驾驶人与技工之登记考核；

六、其他水、空、铁、驿各项运输业务之联系及监理。

第六条 公路工务处职掌如下：

一、公路路线之规划与新修及改善工程之设计与监工；

二、公路之保养与养路费率之厘订；

三、公路工程器材之筹措；

四、公路工程之督察及各项工程计划之审核；

五、其他有关公路工程事项。

第七条 机料处职掌如下：

一、运输工具经常保养修理之督导；

二、运输工具整修装配之统筹；

三、各种配件制造修理之规划；

四、各厂所仓库之统筹设置；

五、国内外材料之储运及采购；

六、燃料工具配件之统筹支配。

第八条 财务处职掌如下：

一、经费之筹措及调剂；

二、款项之收支及保管；

三、财产契据之登记及保管。

第九条 会计处职掌如下：

一、关于预算之编审、流用、登记、决算之核编，总损益之计算事项；

二、关于会计制度之设计及所属机关会计事务之指导监督事项；

三、关于账务之处理检查及报表单据之审核事项；

四、关于监盘交代及监标验收事项；

五、关于会计人事之任免进退事项。

第十条 人事室职掌如下：

一、本局所属人员之任免、赏罚、考核及铨叙；

二、各种人事之登记；

三、员工之管训；

四、员工之退休及抚恤。

第十一条　警稽室职掌如下：

一、运输路线警卫保安之督导联系；

二、水陆运输纪律秩序之考核监督；

三、其他有关违法违章案件之检举审理。

第十二条　本局设局长1人，承军事委员会之命，综理全局事宜。设副局长2人，辅助局长处理局务。

第十三条　本局设秘书主任1人、秘书若干人，办理机要文件及长官交办事项。

第十四条　本局设处长5人，分掌各处事宜。得酌设副处长若干人，辅助处长处理事务。

第十五条　会计处设会计长1人，承国民政府主计长之命，并受局长、副局长之指挥监督。办理岁计、会计事务。

第十六条　本局人事室、警稽室各设主任1人，办理各室事宜。得各酌设副主任，辅助主任处理事务。

第十七条　本局各处室得设科长、科员、办事员，承长官之命，办理各处室事务。

第十八条　本局各处室得设技正、技士、技佐，承长官之命，办理各项技术事宜。

第十九条　本局得设顾问、参事、专门委员、督察、工程师、专员、视察、编译、账务检查员及稽查等，承长官之命，分别办理审核、研究、编译及稽查、视察等事务。

第二十条　本局得酌用雇员。

第二十一条　本局为技术合作，得聘用外籍专家，分任各级职务。

第二十二条　本局为业务需要，得设各种委员会，其办法另定之。

第二十三条　本局为业务需要，得在国内外设管理局、运输处办事处及汽车配件总库、分库等，其组织规程另定之。

第二十四条　各种运输工具、燃料配件，由本局核定支配，并为管理严密起见，得于各军公商运输单位中备车较多者，派驻中美技术人员为监理官，管理其车辆、工厂及器材仓库。本局对各省公路，管理局运输事宜有指挥权。

第二十五条　凡不隶属本局各运输机构关于军运均须受本局指挥监督。

第二十六条　本局编制表及服务规程另订之。

三、概 况

1. 战前四川公路“四大国道”的建筑[①]（1937 年）

一、绪言

四川公路之过去，大多建筑于防区时代。路线无一定计划，建筑无一定标准，只求县与县间或市与市间之联络，无县道乡道之分，更无省道国道之别，各自为政，任意施工。虽小有完成，而联系不周，工程不合，对于国家大计，殊少相关，地方交通，亦鲜成效，识者讥为有路等于无路。自去年行营参谋团入川，因剿匪军事紧急关系，蒋委员长限期令筑川黔路后，旋复令划川黔、川陕、川鄂、川湘、川康、川滇（计分中东西三线），川甘、川青等十大干线为国道，规定工程标准，划定经过区域，责由四川公路局分别设计勘测、建筑、整理。个人负此重任，兢兢业业，陨越时虞，幸赖层峰之策励，各级员工之努力，各县民众之协助，截至现在，凡十八阅月，得以整理告竣者，有川陕路成绵段，并建筑完成者，有川陕绵广段及川鄂路万渠段，与乎川湘路全段，是谓四川四大国道，至今已完全通车。吾人回溯此四大国道之建筑与整理，有经十余年者，有经数月者。而工程之艰易，经费之筹集消耗，及建筑机关与负责人员之变迁，各路有其特殊之情形。为使各界人士明了其概略起见，仅就可考者略述于篇，并阐述此四大国道今后所负之使命，藉以唤起民众了解公路之重要，一致努力完成未成各公路，并进而共同维护此已成之四大国道，使其功能，愈趋显著，尚希各界人士加以批评指正，以作借镜，实所厚望云。

二、建筑及整理经过

（一）川黔路，川黔路自成都经简阳、资阳、资中、内江、隆昌、荣昌、永川、璧山至重庆渡河再经綦江而达贵州之松坎，全段共长 646 公里，自民国十三年开工建筑，二十四年全线始告通车，考其建筑情形，初由成都士绅周蓁池等于民十三年组织成简汽车股份有限公司，勘测兴修成都简阳一段 74 公里之公路，其经费多系私人劝募，或自动入股，全段工程共用建筑费约 50 万元，于民十六年五月完成。其简阳至资阳一段长 37 公里，系由资阳县马路局于民十七年核卖官公营庙会产，并附加一年粮税，共得款 60 余万元兴工修筑，民二十年完成。资阳至资中一段，长 66 公里，于民十五年八月由资中驻军与知事集合全县士绅公决，变卖庄田神会庙产公产，作为修筑专款，前后共得 118 万余元，兴工后至十八年二月始完成。资中至内江一段长 39 公里，民十九年成立内江县马路局，变卖会产庙产，附加糖税粮税，兴筑后不足之款，由商帮筹款补助。

① 本文节选自魏军藩著：《四川四大国道建筑之回顾及其使命》，原载《四川经济月刊》第 7 卷第 1、2 期。

民二十一年六月完成，共用款60余万元。内江至隆昌一段，长37公里，民十六年重庆渝简马路局成立，隆昌设分局，变卖官公营庙会产，并随粮附加得款40余万元，兴工修筑，于民二十年全段完成。隆昌至荣昌一段，长35公里，于民十六年成立荣昌马路局，开工修筑，以变卖征收所得之会产庙产及粮税附加盐税作为建筑经费，民二十年全段完成。荣昌至永川一段，长42公里，民十六年成立永川县马路分局，由地方人士劝募款项并向士绅借贷，共得款49万余元，十七年兴工修筑，二十一年十月始告完成。永川至璧山一段，长57公里，民十七年六月由渝简马路局派工程人员勘测，分段包工修筑，提卖官公庙会产，并附加条粮，得款42万余元，作为建筑经费，民二十一年五月完成通车。璧山至巴县一段，长63公里，于民十六年由渝简马路局勘测建筑，其建筑经费，初由巴县三里分担30万元，商会10万元，绅士10万元，并发路股股单及附加百货统捐，先后共得款450余万元，作为建筑经费，十二年七月开工，二十年二月完成。巴县经綦江至松坎一段，长196公里，民二十四年四川公路总局，奉军委会委员长行营令饬督修，其建筑经费，由行营暨省府指拨专款120万元，于二月开工，五月完成。总计全线建筑时间在12年以上，建筑经费在1000万以上，平均每公里建筑经费约15000余元。以价值而论，表面似甚经济，然考其实质，路面多系土泥，桥梁涵洞多不完备，一经淫雨，则满道泥泞，陷车滑车，屡见不鲜，行旅苦况，至难言喻，虽迭经整理，路面亦不堪行车，至二十四年本期奉委员长行营及省府令彻底整理全川公路，川黔线于十二月后次第开工，遵照行营所颁之《整理四川省已成公路实施办法》由公路沿线省府征调民工，从事斯役，得各县府之辅助，民工之努力，多能如期完成。川黔路经此一番彻底整理后，虽不敢云一劳永逸，今后随坏随修，当无如何困难也。

（二）川陕路，自成都经新都、广汉、德阳、罗江、绵阳、梓潼、剑阁、昭化、广元而达广元之较场坝，全段共长413公里，自民国十六年开工建筑，二十四年十一月八日全段始全部通车。考其建筑经过，初由叶大勋等于民十六年邀请成都、新都、广汉、金堂各县士绅，会商呈准驻军组织成赵马路总局，各县设办公处，提卖甲田款项并附加粮税，以作建筑专款。成都经新都至广汉一段45公里之公路，即于是年开工修筑，至十七年全段即行通车，建筑经费共用5万余元。广汉至德阳一段，长25公里，于民十七年由驻军变卖全县庙产，得款10万元，兴工修筑，人工材料，多系征集，十九年全段完成。德阳经罗江至绵阳一段，长70公里，于民十九年由驻军变卖各县庙产，征收粮税附加及马路捐，前后共得款16万余元。兴工修筑，二十年完成。绵阳至广元之较场坝与陕西之公路衔接一段，共长273公里，于民二十四年七月本局奉令修筑，即派队踏勘，八九月之交，测绘设计工作，次第办竣，即组设总工程处1所，县段工程处7所，分段工程处16所，监工室33所，并依照省政府核准施行之，《川陕公路义务征工筑路施行纲要》之办法，征集各县民工从事修筑，民工应工总数，在15万以上，招雇之石工，亦在万名左右。绵阳、梓潼、昭化，均于九月十五日开工，广元于九月十日开工，剑阁于九月二十日开工，十月十日车即可由绵阳通至梓潼，十八日通至剑阁，三十日通至昭化，十一月一日通至广元，十八日全线即可通车，十一月底梓潼、昭化、剑南、广北，四段工程所撤销，二十五年一月底绵阳、剑阁工程所撤销。其余未完之路面桥梁工程，及广北段明月峡、七盘关一带之艰巨工程，不久亦已完全开工。计全段工程概算费为1232490元，现预算为137万左右，全由委员长行营指拨善后公债备用，考川陕路全线之建筑，可分为两时期。成绵段为自由建筑时期，绵广段为统筹建筑时期，自由建筑期中，全段公路全由各县分头筹划，兴工修筑，其对于经费之筹集，既无□□办法，而工程之兴筑，复无一定计划，故先成之路，路基路面之广狭，坡度弯道之大小，桥梁涵洞之架设，行车安全之设置，多不合工程标准，后虽常加修理，而汽车亦常行坏路。二十四年十月奉委员长令彻底整理，本局遂设立成绵整理工程段，开工整理，沿途874个涵洞中，整理者148个，桥梁130座，其宽度不足6公尺者，亦加以整理，沿途并添设船渡，加宽路基，添铺路面碎石，改善坡度弯道，疏通排水沟等工程，设置行车安全标志，全段工程，如限完成。成绵段经此一番整理，汽车始可畅行，至统筹建筑期中，一切建筑工程，均系有计划有步骤而不断的进行，故时仅两月，即完成270余公里，其工程进展之速度，实开筑路之新纪元。现养路工程段业已设立，未善土工程已逐步改进矣。

（三）川鄂路，川鄂路自简阳起，经资阳、乐至、遂宁、蓬溪、南充、岳池、广安、渠县、大竹、梁山、万县而至湖北利川，全长800余公里，简渠段内，由简阳乐至至遂宁，计长152公里，系在民国十五年，驻军李家钰，奉省府委为遂简马路局总办时，测量修筑，于十六年开工，十九年完成，用款约60万元，其经费由变卖神会家祠庙产人民捐股及粮税附加而来。蓬溪一段，亦由遂宁马路局修造，民十八年开工，十九年四月完成，计长57公里，经费来源，为民众捐款及粮税附加，其用款若干，册卷遗失，无从查考。顺庆一段，于民十六年，由南充马路局建筑，民十六年五月开工，十七年十一月完成，共长63公里，经费来源，为附加税款，用款约70余万元。岳池一段，亦由南充马路局建造，民十七年十二月开工，十八年三月完成，共长73公里，经费来源，亦系附加税款，共用款若干，亦无案可稽。广安渠县一段，由嘉渠马路局建造，民十七年一月开工，同年完成，长33公里，经费为粮税附加，约用款16万元。至万分段建筑经过，系民十七年二十军军长杨森驻万时，设万梁马路总局，开工建造，民二十一年一月完成，计长42公里。经费来源，系由梁万二县，粮附加及护商附加，用款约370万元，此两段工程，虽系各自建造，工程标准，多有未合，然为旧路，故只须整理，其余万县至利川一段，则以工程艰难，暂缓修筑。由是建筑川鄂路之新工程，仅渠县至分水岭之一段，计长187公里，于二十四年六月派员踏勘，十月勘毕，十一月开始测量，于二十五年二月十五日将民工修筑工程，先行开工，分设渠大段（渠县大竹县境内共长77.44公里）梁万段（梁山万县境内共长109.59公里）二工程处，本义务征工办法，修筑路基土方及路面工程，由民工办理，至桥涵石方用包工制，两段工程经费预算共100万元有奇。总计187公里间，石方共80余万公方，土方共340万公方，桥梁65座，沟涵700道。渠大段路线较短，渠大二县，工作分配较匀，且工程尚不困难，加以石工多半自渝市招来，技术熟练，工程进行，甚感顺利，于本年九月底石工已经竣工，十一月五日大竹境民工之路面工作，最后亦全部告竣。渠大段工程处，于十月十五日已先行结束，梁万段路线较长（109.5 公里），由梁山县负担造筑，而该县连年旱灾，民力已困，负担筑路工程，甚觉维艰，且路面材料，有数处颇感缺乏，不能就地取用，须由别处运往，复以境内东西二山，工程困难，如大哑口，盐井口，及石河沟等处，工程艰巨，实所罕见，再石工人数甚少，且无经验，而在开工后，米价腾贵，工款不济，石工聚而复散，既至停顿，故迟未完成，至九月奉行营令限期十月底通车，经严令工程赶工，幸民工努力，工段督促石工之逃散与无法复工者，其未完工程立即转包。乃于十月底，已经通车，总计二段征用民工最多时达 47000 余人，中间且因农忙归耕，故工作时间，拖延至六个月至十个月不等，石工于三月间开工，最多时达 14000 余人，于十一月底已全部竣工，现正结束，筹备营业，但川鄂全路营业，须俟简渠段整理完毕，方能举办。惟川通鄂公路，万利段既未修筑，川鄂交通，除水道外，别无路可通，不得不设法补救，在鄂省方面，巴东至恩施，早已修通，刻已由恩施西展经咸丰而达川鄂边境石门坎，故本局奉令，速测黔江至石门坎一段，以期利用川湘路綦江至黔江一段，而连接鄂省境内之京川干线，计自鄂省咸丰县至四川黔江段，路线长共 52 公里。鄂省境内者，33 公里。川省境内者仅 19 公里，二十五年五月令，派川湘路黔江总段工程处，抽调人员前往勘测，工程数量，土方计 10 余万公方，石方 6 万余公方，黔江县附近之观音岩，县坝附近之苦竹林，工程较难，县坝渡河，高水位时，河宽 400 公尺。低水位时，仅 70 余公尺。建桥不易，暂用渡船，原定七月初旬开工，路基土方及路面，仍用义务征工，但据黔江段长及黔江县长先后呈请，以黔江民工，负担川湘黔江工程，已觉难于胜任，统计该县全县，仅有可调壮丁 15000 名，已全征筑川湘公路，万难再征。同时本局估计黔咸段土方 30 万方，如可日补助伙食二角，其方价不低于包工，而技术低劣，时间迟延，当据情呈请上峰，请派兵工或改包工修筑，于开工之时，并派员前往复查路线，拟具详确预算，以求经济。在此期间，派定员工，准备开工，因上峰延未批示，在工地等候三月，该段概算 15 万元，十月六日本局准行营公路监理处函，黔咸路已签准用包工制，并先拨一部工款，克日动工，期与川湘路同时打通，当令川湘路黔秀总段，派员前往包工办理，于十月下旬开工，十一月五日正式开工，奉行营令，限二个月完成通车。限期本属太促，因值川湘路黔江段酉阳段完工之际，故石工土工前往应包者，极为踊跃，二十五年十二月底，可达通车。但完工期间，约需延长一月，始克完成。

（四）川湘路，本局于二十四年九月二十六日，奉省府转行营训令，赶速修筑川湘公路，并规定川境以内綦江至秀山一段由公路局测量，秀山至沅陵一段，则由湖南省政府转饬该省公路处测量，所有本省路线，其测量及计划图表工费估计等，限于十一月底以前办理完竣。并部分开工，十二月底以前，全部开工，本局派张熠光，组织测量队三队，每队设三组，先后成立，分段施测，于九月三十日出发踏勘测量，至十一月十四日踏勘全部完毕，测量于十二月底大部完毕。因奉令随测随修，以将当时已经测毕之綦江段先行于十一月二十八日开工，其他各段相继开工，迄二十五年一月底始全线动工。本路自川黔路綦江县起经南川白马彭水黔江酉阳秀山而至川湘交界之茶洞镇，全长 698 公里，所经各处，大部群山沟壑，工程艰巨，曾经飞机踏勘，认为不易修通，惟该路为军事交通要道，又兼可作通鄂省干道，按鄂省通川公路，本定由恩施经利川而达万县，现以恩施至利川一段，工程艰难，不易修筑，而恩施经咸丰而达黔江，接通川湘公路，较为简易，至湖北咸丰至四川黔江，仅 50 公里，其在四川境内者，仅 19 公里，两省分段建筑，事属易举。故川湘路之建筑，不特仅关川湘路之沟通，亦川鄂二省之惟一干道，故当时积极筹备开工，提早完成。全线既有 690 余公里，故设二总段工程处，总办屯路工程，又设七县段工程处分段建筑，其经贵州桐梓县及松桃县境者，因仅长数公里不另设段，分别由綦江段秀山段兼管，当时派李寿松为綦彭总段段长，辖綦江南川涪陵彭水四县段，全长为 365 公里，张熠光为黔秀总段段长，辖黔江酉阳秀山二县段，全长为 333 公里。工段之下，每约 10 公里设三区处，由区长 1 人监工 1 人办理，各该区施工事宜，土方石谷方及搬运开山石方征工办理，由民工日带粮食，工毕返家。其他石方桥涵由包工承做，开工后估计各县需征民工原定綦江 30000 名，南川 23390 名，涪陵 65000 名，彭水 70000 名，黔江 20000 名，酉阳 35000 名，秀山 22000 名，綦南六段，预定民工工作 20 日，其余则以 1 个月为限。但实际到 3 万人，较原征人数相差甚远，全路最多时，仅有民工 5 万人，且随时逃散，继以五六月间之农忙，七月间之秋收，民工返往工作，效率极小。此外为二十五年三月间黔江白蜡园蔡家槽教匪事变，民工石工星散，几至停工。经本局呈请撤换县长，派队弹压，新任县长到任后，征调民工尚称努力，故复工后进行尚速。彭水段因路较长，工程较难，原定征工 7 万名，因该县地瘠民贫，尽力征募，仅达 1 万余人。复经规定由涪陵补助 2 万名，赴彭协助，该项民工，因粮食问题，延至九月底始到达 1 万余名，修筑路基。第二批于十二月上旬调往 6 千名，修筑路面，故民工工作原定一月完成，结果则延至十月之久，始大致完成，全路以綦江南川秀山较易，涪陵彭水酉阳黔江较难。如涪陵之茅峰岩豹岩萧家沟，彭水之三道拐滑石子木梯子峡门口冤家岩大岩脚□□断头岩火岩斩子沟罗家沱老虎口韭菜梁梯子坎等凿岩工程，均极艰难，该段悬岩陡壁之处，合计共 10 余公里，石质最艰，开挖达 10 公尺至 52 公尺不等。黔江之土地岩梅子关，酉阳之箱子岩三阳岩均属工程艰险，或则地狭不能容人，或则工程数量太大，不能短期完成。又因路线所经，多荒僻之区，工人给养困难，岩边居宿，难觅饮食，用水有时须至数里外汲取者。山中常有雨雾，气候寒冷，工作期间凡经过两冬，其工作之艰苦可想而知。即以民工石工之伤已达数千名，一部原因虽以医药卫生设备之不适，但工程之艰巨有以致之。全路工程数量，土方约 1 千万公方，石方 260 万公方，桥梁 208 座，洞沟 3469 道，堡坎 170000 公方，渡船 8 处，工程经费预算 550 万元。各路施工时间，原定 5 个月，而实际则达 2 年之久，其原因一为民工缺少，工程巨大，如以工款不济，各段施工期间，屡有伙食将断工人怠工，几次停顿，一以勘测规定，限期短促，不免粗略，开工后发觉必须改线之处甚多，后虽抽调工段人员及由局增派人员协同局部改线测量，此项工作于本年五月十日始行完竣，但各该处之施工，因而稽延，再工款运送因工段均在边僻地点无从汇兑，人力运输，又以现金过多，殊不稳妥，乃商请行营用飞机运输，由重庆起飞，达南川酉阳秀山等处，每以天气关系，在重庆等待一二十天，始行运往，又以行营筹拨工款，不能应工段当时之需要。此外石工问题，四川省技术工人数有限，数百公里公路之桥涵石方等，同时开工，自属供不应求，乃于湘鄂二省，分别招募，但往返过远，时间及旅费均多耗费，又沿路频增数万工人，粮食尤感缺乏，青黄不接之际，米价腾贵，势不能不设法补救。乃由湘省常德采运食米，但缓不济急，且运输所费甚多，米价因之极贵，殊不经济，自二十四年十一月二十八日綦江首先开工，其他各段均先相继开工，至本年九月施工已经十月，当由路局一面令饬工段将石工加紧赶工，一面规划各段民工未完工程，令饬沿线各县筑路委员会增工赶筑。九月二十二日又奉行营训令，限十月底全线通车，当加令各段赶工。綦南秀山段至十月底，已可通车，十月赶工最为紧张，至十月底止，桥梁堡坎未完工处，一方继续修筑，为通车计，暂用便桥木架，维持交通，大填方及之字拐处，虽未完工，但均可通车。彭水段工程二十三至二十六工区，约30公里，九月下旬涪陵助彭民工调往1万余名，民工望归心切，工程殊属努力，星夜赶筑，至十月底止，路基粗成，但彭水段石方甚巨，有悬岩15处，十月底无法完工。暂自三道拐做便道下河，由乌江渡至峡门口起岸，再行筑路。黔江段经工段及筑委会督工悬奖，抢修路面，虽未完毕，但于十月底已达通车。酉阳箱子岩等处，亦于十月底打通，至是川湘全线通车。十月份赶工效率，一方因民工奖金及行营补助金145000元及省府补助涪陵11万元之分发，民工有此津贴，人数始增，同时层峰之督促，工段员工及各县筑路委员会民工之努力，有以致之，计綦江段于十月底完工，南川计于十二月九日完工，涪陵段于十二月底，彭水段工程约需延至二十六年一月底始能完成。黔江酉阳秀山各段均于十二月底完成，綦南段因民工完工较早，已先行通车营业，十一月十六日起，并组织道班养路，至迟二十六年二月内全线可通车营业。

2. 中央统制西南五省公路联运办法详志[①]（1937年）

关于西南五省公路联运，曾经中央饬由主管机关切实商议具体办法，刻已拟就川、陕、滇、黔、湘五省联运办法，其内容与经费等项，已志本刊。至于川、陕、滇、湘、黔五省联络公路，共长3700余公里，其在长江以北者，自西安经宝鸡至成都一段，长1035公里，已由全国经济委员会、西北国营公路管理局，与四川省公路局办理联运。自成都至重庆一段，长450公里，应即加入川局联运。其在长江以南者，自重庆至贵阳、自贵阳至昆明，及自贵阳至长沙三段，共长2232公里，本部分由中央协款兴筑。局部行车不多，交通尚未发达，似应由中央组织公司，统制管理行车业务。至于川、黔、滇、湘其他各支路，仍由各省自办，并与联运路密切联络，兹特将川、陕、滇、黔、湘五省公路各项统制管理办法分志如次：

① 原载《四川经济月刊》1937年第8卷第1期。

一、路线之选定

川、湘、黔、滇四省已成联络公路之在江南者，暂可分为三段，一曰川黔段：自重庆经綦江、东溪、松坎、桐梓、遵义、息烽至贵阳，长凡531公里。二曰湘黔段：由长沙经益阳、德山、沅陵、芷江、玉屏、贵定至贵阳，长凡1041公里。三曰黔滇段：自贵阳经安顺、平彝、曲靖至昆明，长凡660公里。三段合计，共长2232公里。此外沅陵经酉阳至綦江之川湘段，待路工完竣后，再行加入。至联运范围、联运公路沿线坡度及弯度等，其未合规定标准者，应由各该省政府设法改善。关于尚未兴筑完成各路段，及已成而损坏之处，亦应分别由各该省政府负责即予修整。

二、车站之规定

各路段重要之车站、拟定如下：

（一）川黔：重庆、海棠溪、一品场、杜市、綦江、东溪、松坎、板桥、泗珠站、大桥、遵义、懒板凳、堰丝螺、刀杷水、养龙槽、养龙站、黑神庙、息烽、狗场、沙子哨、贵阳，共24站。

（二）湘黔段：长沙、白箬铺、宁乡、沧水铺、益阳、太子庙、德山、桃源、桃花源、郑家驿、茶庵铺、官庄站、马底驿、沅陵、辰溪、怀化、榆树湾、芷江、冕县、鲇鱼堡、玉屏、杨平场、五星牌、三穗、响水、镇远、刘家庄、施秉、滥桥、黄平、重安、炉山、鸡场、马场坪、黄丝、贵定、瓮城桥、龙里、谷脚、贵阳，共46站。

（三）黔滇段：贵阳、狗场、清镇、西城桥、平坝、石板房、安顺、么铺、镇宁、断桥、关岭场、永宁、安南、沙子岭、普安、盘县、平彝、沾益、曲靖、马龙、新街、杨明、昆明，共23站。

三、各路营业权之转让

各路段沿线，已有公营或商营长途汽车者，一俟中央组织联运公司成立，其营业权须即行转让。如需专营费，得参照地方政府以前担任修筑路工之经费所占中央协款之成数，由联运公司视营业收入，酌认若干。其已有行车设备之费用，并得由联运公司估值，按期归还。其详细办法，应俟该公司成立，实地查察情形，与地方政府协定之。

四、行车设备内容充实

（一）车站宿及站沿线各车站，均应建筑正式站屋及货栈。凡车辆停住各站，应备旅社食堂，每一车站之中途适宜处，应设中餐食堂。

（二）加油站及储油站之距离，以550公里为度。兹拟定加油地点为：1. 桐梓；2. 芷江；3安南；4. 平彝、重庆两岸适宜处，或海裳溪附近，应设容量6万加仑之储油站，长沙应设容量16000加仑之储油站，桃源应设容量6万加仑之储油站，共166000加仑，足供所有营业车辆3个月之用。

五、修车厂及车库

在贵阳应设大修车厂及车库。在贵阳应设大修车厂一处，重庆、沅陵、昆明应设修车厂各一处，大修车厂各一处。大修车厂之能力，以能同时修理20辆汽车为标准。小修车厂之能力，以能同时修理5辆汽车为标准。关于配件之制造或修理，均应有相当之设备。凡沿途的起站及宿站之地点，如未设修车厂者，应设立车库，以便车辆停驻及修理之用。

六、渡船

查川、湘、黔、滇四省联运，所经各路，尚有大河10余处目前尚未建筑桥梁，所有渡船设备，每颇简单，其中重庆之长江河面尤为宽广，拟分别设置正式轮渡，或加建桥梁，改设轮渡与充实渡船设储。

七、电信

联络公路共长2000余公里，内未设行车专用电话者，约1500公里之左右。拟择主要车站酌设无线电台。

八、交通标志号

为保护行车安全，及划一管理起见，联运公路沿线应由联运公司依照全国公路交通委员会之规定，竖立禁令警告指示路线里程、桥梁涵洞等标志号。

九、路线之保养

川湘黔滇四省之联运公路，由联运公司负责保养，其保养方法，可采用保甲养路制度，另备飞班养路队，各该省政府应尽量协助办理。所有的保甲养路得四联运公司酌给津贴。

十、联运之组织

川湘滇黔四省干路运输事宜，由中央组织共同统一办理之，上设一理事会决定联运路线之运价、营业计划、各项法规，并稽核全部会计账目等，理事会之人数按照各机关认股数分配之。联运公司须完全商业化，采用成本会计。

十一、人才之训练

四省联运之范围甚广，其组织务须健全，为增进办事效率起见，所有公司办事人员均应一律予以严格训练。该项人员拟就各路段原有人员，及另招具有相应学识与能力者，集合训练之。

十二、经费之筹备

联运事业所需设备开办及周转各费，约为120万元。除中央与地政府认股外，并得招收商股。其概算如下：(一)购置柴油汽车96辆，每辆9000元，拟先现付半数，余由营业收入项下分期拟付，约计432000元。(二)宿站7处，每处4000元，约计28000元。(三)中途餐室10处，每处600元，约计6000元。(四)车站筑费，约66处，平均每处1500元，约计99000元。(五)加油站，每处2200元，约计4800元。(六)储油站5处，总容量166000加仑，每加仑建筑资约3角，约计49800元。(七)修车厂，大修车厂1处，40000元；小修车厂3处，每处20000元，约计100000元。(八)车库7处，每处1万元，约计70000元。(九)渡船设备及加建桥梁预备费，约计200000元。(十)交通标志及里程牌等，约计50000元。(十一)无线电台20处，每处2000元，约计40000元。(十二)开办费及筹备费，约计80400元。(十三)周转金约计40000元，以上各项共计120万元正云。

3. 川陕黔滇湘五省公路联运大纲[①]（1937 年）

川陕黔滇湘五省联络公路，共长 3700 余公里。其在长江以北者，自西安经宝鸡至成都一段，长 1035 公里，已由全国经济委员会西北国营公路管理局与四川省公路局办理联运，自成都至重庆一段，长 450 公里，亦已由国营路局与川路局商洽加入川陕联运；其在长江以南者，自重庆至贵阳，自贵阳至昆明，自贵阳至长沙三段，共长约 2200 公里，应另组织川黔滇湘四省公路委员会办理之。其办法大纲如下：

一、组织　联运委员会由军事委员会、全国经济委员会、铁道部、交通部、军政部及川黔滇湘四省各指派委员 1 人，由全国经济委员会与铁道部就委员中指定中央机关委员 2 人，省方委员 1 人为常务委员。联运委员会设办事处，秉承常务委员之命，处理一切事务。办事处职员，尽量由各省公路机关就各联运路线之各级职员中调用，由联运委员会加委充任之。其委员会章程另定之。

二、职权　联运委员会负监督指挥一切联运业务，并管理联运基金责任。

三、联运基金　中央各部会担任之联运事业经费，作为联运基金，归联运委员会保管支配，视业务需要，随时拨借各省，为购置车辆，扩充其他行车设备，与发展施行事业之用。此项借款，由各该省政府分期偿还联运委员会（基金保管章程及其他详细办法另定之）。

四、联运路线　川黔滇湘四省已成联络公路，暂分为三段：（一）川黔段，自重庆经綦江遵义至贵阳；（二）湘黔段，由长沙经沅陵镇远至贵阳；（三）黔滇段，自贵阳经安顺平彝至昆明。此外自沅陵经酉阳綦江至重庆之川湘段，待路工完竣后，再行加入联运范围。

五、营业　各联络线，除各省公路机关行驶之区间车，限定在本省境内各段行驶外，另开联运直达快车，跨省行驶。其营业实施之责，仍由各公路机关担负。除出售跨省车票外，在一省境内之路线上，得指定若干站售票，是项省境内各站间之票价，得另定快车加价。上列两项营业收入，统归于省公路机关。惟联运直达快车，应采用独立会计，以便清算（详细法另定之）。

六、经费　联运委员会之经费，由联运直达快车收入项下指拨。

---

① 原载《四川月报》1937 年第 11 卷第 3 期。

4. 重庆市政府为公路运输技术顾问团咨询委员会会议议决有关事宜给市工务局的指令（1939 年 8 月 31 日）

二十八年八月二十四日呈一件——为据技正曾威签报参加公路运输技术美国顾问团咨询委员会第一次委员会议情形请鉴核由。呈悉。仍仰于本府应办事项分别筹划报核或主办府稿呈判。此令。

市长　贺国光

拟签呈市长：

八月十六日行政院召集"公路运输技术美国顾问团咨询委员会"第一次委员会会议，经派本局技正曾威参加，谨将会议经过陈明如次：

参加机关计有：交通部、运输总局、公路总管理处、复兴公司、军政部交通司、水陆运输联合委员会、财政部、经济部、外交部、运输总司令部及市政府等 14 机关。由召集人潘光迥报告陈光甫先生向美国财政部长摩根索接洽借款及派遣运输顾问经过，大意谓：公路运输关系国家贸易及国际投资，美国所派三顾问，由"新"氏领导，均系运输业权威，而有实际经验者。其来华目的，一方面因欲对中国公路运输有所贡献，他方面则实负有考察之责也。各关系机关务请尽量贡献材料，并负招待之责。顾问团约于九月九日抵渝，在渝约作二三星期之勾留，在此期内应请市府帮忙招待，并核发汽车通行证三份（按此证刻由卫戍司令部颁发）。嗣经讨论本委员会之组织，经决议各机关所派代表同为咨询委员，由各代表中选定陈体诚（水陆运输委员会）、缪钟春（财政部）、潘光迥（交通部）三人为常务委员，陈为主席委员。由各常务委员负责聘请编辑，搜集材料，编印报告书，其总纲目有如附件。此项报告书具中英两种文字，约在九月九日以前全部编就。

会议经过大略如斯，至于详细纪录将来当由会分发。理合具文呈请鉴核转呈上。

曾威

八．十七

5. 抗战以来的公路设施[①]（1939 年）

公路运输，于铁路沦陷以后，更见迫切需要。本部随战事之发展，增修各主要干线，计抗战以前所筑公路，自民国二十年迄二十六年，共成 11 万公里。抗战以后，由中央专案拨款兴筑之最急公路，有冀、晋及苏豫皖北部之公路，如海州郑州开封汤阴太原大同等县共 1500 余公

① 节选自张家璈著：《抗战以来之交通设施》，原载《新经济》1939 年第 1 卷第 8 期。

里，其他由军事机关迳交省方自筑者，尚不在内。例如江苏一省，于战事发生前，早将干线完成，但上海战事发生，战区支路及沿江沿海要塞兴筑者，达2000余公里。浙江及皖南方面，亦临时增筑公路甚多。又西北方面新增之路线，计600余公里。尚有由本部担任一部分经费，督造完成可通车者，共3200余公里。至于各路之沿线修车厂、车站、无线电台、电话等设备，亦经陆续添设，并添置汽车配件制造厂，现已开工修造机件。

今后公路方面之工作，一面积极开辟新线，以期增密公路线网，一面则在改善旧路，以期增加运输效率，改善工程最要，为减少渡口，改善坡弯度，修整路面等三项，现均逐步实施。他如增置充分车辆，健全车辆修理机构，训练司机，加添人力兽力之运输等，亦为今后公路方面之急要设施，亦皆在切实进行中。

西南各省公路，已经改善及提高原有工程标准者，计有川黔（贵阳至重庆）、湘黔（贵阳至长沙）、黔桂（贵阳至柳州）、黔滇（贵阳至昆明）、滇缅（昆明至畹町）、川滇东路（隆昌至昆明）等六路，共长4741公里。西北公路经改善者，计有西兰（兰州至西安）、甘新（兰州至猩猩狭）、甘川（兰州至临洮）、华凤（华家岭至天凤）、西汉（西安至汉中）、甘青（兰州至玉树）、张宁（张掖至西宁）、汉白（汉中至白河）、咸榆（咸阳至榆林）等9路，共长5822公里。

西南西北联络路线之已经改善者，计有川陕（汉中至重庆）、川康（成都至泸定）、川鄂（成都至万县）等3路，共长2263公里。

至新路之正在开辟者计西南有康滇（泸定至昆明）、黔桂西路（安龙至罗里）、田河（田州至河池）、滇桂（昆明至百邑）等4路，共长2081公里，西北有甘川（临洮至成都）、青康（玉树至康定）等2路，共长1750公里。至西南西北联络路线，则有川鄂（宜昌经巴东万县至恩施）、汉渝（汉中至西乡万源达县至重庆）、康印（康定经巴安而至康印边疆之塞的亚）等3路，共长2300公里。

综计西南西北及中间联络各路线，已改善者，计共长14700余公里，其应兴筑者，共长3000余公里，两项共长约17700余公里。

公路运输沟通国际路线之最重要者，为滇缅公路，自昆明通缅甸之腊戍，共长964公里，自二十六年底开工，征20余万人，费10月之久，现全线已可通车，全线工程，并在积极改善，以增其运输能力。

此外公路方面，以今后后方运输，可采用人工畜力经营货运，促进出口贸易，增益外汇基金，于二十七年十二月间，特设运管理所于昆明，办理此项运输。同时又以重庆昆明间交通本繁，广州武汉弃守，此路运输益增频剧，并举办渝昆联运，以应急需，自昆明会泽昭通盐津至叙府之大道，为川滇捷径，业经中央拨款修竣，驮马可以畅通，自叙府至重庆，则用船舶，二十七年八月间已开始联运。

6. 战时汽车及驾驶人分类统计[①]（1940 年 12 月）

一、汽车分类数量统计：（单位：辆）

（一）货车：11829；（二）小客车：2421；（三）大客车：1593；（四）特种车：338；（五）邮车：232；（六）机踏车：16。合计 16429。

二、汽车来源国别百分比：

（一）美国：83%；（二）德国：7%；（三）俄国：5%；（四）英国：3%；（五）其他：2%。合计：大型车 13992 辆；小型车 2421 辆。

三、各地登计公商货车数量统计：（单位：辆）

（一）贵阳：4179；（二）昆明：1719；（三）重庆：1680；（四）西安：860；（五）柳州：726；（六）成都：447；（七）永兴：409；（八）兰州：344；（九）曲江：327；（十）永康：289；（十一）下关：172；（十二）永安：168；（十三）赣县：162；（十四）衡阳：100；（十五）洛阳：56；（十六）桂林：50；（十七）□州：44；（十八）屯溪：40；（十九）褒城：37；（二十）其他：20。合计：11829。

四、公商营业大客车分户统计：（单位：辆）

（一）中国运输公司：264；（二）江西公路处：199；（三）湖南公路管理局：162；（四）西北公路运输管理局：130；（五）贵州公路局：122；（六）四川公路局：112；（七）广西公路管理局：87；（八）浙江省公路运输公司：79；（九）福建省运输公司：64；（十）重庆公共汽车公司：39；（十一）安徽养路处：35；（十二）河南公路管理局：20；（十三）滇缅公路运输管理局：18；（十四）湖北公路巴威段：15；（十五）巴县汽车公司：10；（十六）金武永汽车公司：10；（十七）贵州商车联运处：8；（十八）南通车行：7；（十九）丰奉汽车公司：5；（二十）嵊长汽车公司：5；（二十一）其他：85。合计 1746。

五、畹町进口新车统计：（1940 年 6 月至 12 月，单位：辆）

（一）6 月：204；（二）7 月：332；（三）8 月：150；（四）9 月：222；（五）10 月：529；（六）11 月：631；（七）12 月：785。

六、中央公营运输机关货车分户统计：（单位：辆）

（一）中国运输公司：1634；（二）西北公路运输管理局：1095；（三）中央信托局：240；（四）红十字会总队：190；（五）盐务总局运务处：182；（六）滇缅公路运输管理局：172；（七）资委会钨锑联合运输处：159；（八）贵州邮政管理局：102；（九）粤汉湘桂两路接待所：98；（十）中国茶叶公司：85；（十一）资委会运务处：77；（十二）农本局运输处：57；（十三）资委会东南运输处：52；（十四）资委会锡业管理处：44；（十五）禁烟督察处：43；（十六）液体燃料管理委员会：35；（十七）云南邮政管理局：32；（十八）资委会甘肃油矿筹

① 据交通部汽车牌照管理所编制的有关统计图综合编制。

备处：30；（十九）西川邮政管理局：29；（二十）湖南邮政管理局：24；（二十一）交通部材料运输队：23；（二十二）陇海线区司令部：23；（二十三）湘桂铁路桂林营业所：15；（二十四）东川邮政管理局：14；（二十五）成渝铁路泸县运输分所：12；（二十六）工矿调理处：12；（二十七）浙江邮政管理局：11；（二十八）资委会运输队：11；（二十九）资委会锑业管理所：10；（三十）广西邮政管理局：10；（三十一）其他：17。合计：4538。

七、汽车驾驶人分类统计：（单位：人）

（一）职业：23644；（二）普通：691；（三）学习：106。合计：24441。

7. 解决商车货运困难有关文件（1941 年 4—5 月）

一、重庆市社会局致市政府签呈（4 月 15 日）

请签呈者：查市商会于本年三月五日奉令召集进出口货物公会报告货运情形，本局派员出席参加，据报称：窃职奉派出席市商会，聆取进出口货物公会报告货运情形，兹将各有关公会代表报告大意列陈于后：

（一）据长途汽车公会代表报告，自运输统制局统制商车办法施行后，规定每二次军运始接运商货一次，且商车承办军用公用物品，运输手续繁复，装卸需时，每往返渝昆一次，几达一月之久，以致商货须候此无定期之轮值运输。且有时少数公务人员，尚不免有借口封车情事，致形成供需失调之象。仰光线与衡阳线，原来运价甚低，至今已逐渐涨至 12000 元或 15000 元之运价，尚难觅车装运，即由封扣车辆之所致。再有，如遇公路桥梁交通机关职员，动以不能胜重为词，暗中需索，实为交通上一大弊端。关于衡阳一带，军公用品较少，但商车多恐封扣车辆，以致本市货源渐减。其救济办法，惟有请求政府对军运、商运车辆予以合理分配，并请特许各业货主集资购置卡车若干辆，专运存滞缅甸及衡阳一带商货来渝，回程时亦专运商货出口，如是则货畅其流，物价自抑。

（二）据运输公会代表报告，该业为人力运输与板车运输，近来纵出高价难雇力夫，其原因为沿途强拉壮丁，外来者不易到渝；在渝者不愿他往。应请转请制止，始能货畅其流。其次为供应差使频繁，致人力车板车均感缺乏。

（三） 据五金电料公会代表报告，海关及各检查机关设置验卡于市区以内，往来货运多所留难，如运出整件，分零运进，均应照完转口税。又如货运因中途车辆发生障碍，货物不能一次运进海关，则动辄没收或不谅实情，故意为难。应请将关卡设置市区边界，并免重复征税，而利商贾。

以上所有奉派经过，理合报请鉴察。

等情。据此，查货物运输通畅与否，影响后方物资供应甚巨，所有上开各公会代表报告运输困难情形，查核尚属实在，案关后方物资供应问题，未敢缄默，拟请钧座转请经济会议设法改善，以利商运，是否有当，理合签请鉴核示遵！谨呈

市长吴

社会局局长　包华国

二、重庆市政府致行政院经济会议秘书处公函稿（4月18日）

案据本市社会局三十年四月十五日签呈称：

"谨签呈者云　云示遵。等情，据此。复查该局转呈"各节，询属实情，除指令外，相应函达贵处查核办理，并希见复为荷。此致

行政院经济会议秘书处

市长　吴

三、行政院经济会议秘书处致重庆市政府公函（5月24日）

案准贵府本年四月十八日市秘二字第一一八四八号公函，以据社会局转报货运困难情形一案，函请查核办理见复等由到处。当经分别函有关机关洽询去后，除沿途强拉壮丁机关及事实与供应差使情形，俟复到再行核办外，兹准运输统制局及财政部先后函复商运办法与关卡设置查验情形等由前来。相应抄附原文，暨附件随函复请查照转知为荷。此致

重庆市政府

附抄运输统制局渝统指字第零一一二六号公函一件，财政部关渝字第二九七二九号公函一件暨附抄修改重庆关验放疏散货物办法草案一份

行政院经济会议秘书长　贺耀祖

运输统制局公函原文

案准贵处经秘运字第零零六号公函，略以转据长途汽车公会报告商车运输困难及验卡留难情形，嘱为查复等由。查：

（一）本局管制商车办法，原以为公服务与车商利益兼顾为重，该会转据所称以手续繁复、装卸需时等，如实有其事，自当转饬各管制交通负责人员尽量改善。

（二）本局为鼓励新车入口及衡阳等方面之商车内驶起见，早经规定准各该车辆自

由载货直驶重庆后再开始服务。该会转据所请拟许各该业主购置卡车专运商货一节，已无问题。

（三）本局对商车利益向亟注意，惟如各站暗中有需索多所留难情事发生，自应转饬一体严查取缔，以为商艰。嗣后如再发生此类情事，准各该车商据实迳呈本局，以凭究办。

除已将第三点转饬本局监察处及昆明贵阳办事处遵照注意严查外，相应函复，至希查照办理为荷！此致

行政院经济会议秘书处

主任　何应钦

财政部公函原文

案准贵处三十年四月三十日经秘运字第零零九号大函，为准渝市府函据社会局呈，以据报海关及各检查机关设置验卡于市区以内，往来货运多所留难等情，转请设法改善等由，究竟实情如何，嘱查照见复，以凭核复等由。查本案前据重庆市商会具呈前来，经饬重庆海关切实加以调整，酌拟办法具复。旋据该关税务司霍启谦本年四月支代电称：

查按照总税务司通令之规定已完转口税之货物，于一年之内不再重征等因，历经遵办在案。其已逾一年期限之关单，因格于定章，自未便视为有效。至原呈所称货物必须为整件且与关单相同一节，并不详确。查已完税之货物，欲改成小件运往他处时，照章得于改包之前，向职关申请派员监视。此项改包之货，虽非原来整件，亦得免予重征。至职关本市各分卡设立之地点一节，查两路口及海棠溪两分卡，系分别设在成渝及川黔两公路之终点，以便将汽车载运之货物，在该两处于到达之后或起运之前，予以查验，以期周密，且免中途耽延。至该两卡附带征收非汽车载运货物之关税，则系为就近便利本市商民起见，以免因绕道前来总关或前往市区边界报关纳税，而额外耗费时间与交通费用。再查香国寺与黄沙溪两处，系□日厘卡，所在地水势较平，便于泊舟。而黄沙溪向系为竹木筏停泊起岸之处，职关该两处分卡，系以查验船运货物为主，为迁就舟民与竹木商之习惯起见，故设立于该两处。且该两处设有本市之各检查机关，所有往来民船停泊一次，各种检查稽征事项，均可一次办竣，与政府统一检查之意旨亦相符合。该两卡现在地点距市中心不远，对于转运货物之机关或商号派人携款前往报关纳税，或遇有须先向有关各机关办理免税或请领护照各项手续，再向各该分卡洽办放行之处，均尚称便利。今若将该两卡移往市区以外，而转运货物之各机关及商号均在市区以内，其间复无价廉而迅速之交通工具，其往返接洽所需之交通费用与所耗之时日，无不在少数，似亦不容漠视。至化龙桥一处，职关现未设有分卡。其小龙坎一处所设之分卡，现正与军事委员会运输统制局监察处接洽，移设新桥。至该商会三月

十九日原呈内所称远兴、永兴两商号之案，查本年二月十七日经关员拦获补税之货物中，并无该两号名义。且寸滩及黑石子两处，现均未设有关卡。惟职关前据密报，因职关在嘉陵江各码头及香国寺查缉较严，凡江北之货物，多系绕道运至溉澜溪过江入城销售，其由重庆沿长江以下各处上运之货物，亦率多利用内河小轮，先在寸滩起卸，再伺机转运至市区销售，以图逃避转口税，等语。经即派员按址前往巡查，果然发现由江北各地绕道之货物数起。惟此项查获之货物，若持有相当证件，能以证明系已完转口税之货物或按规定手续疏散之货物，概系立予放行。其无上项证件亦无重大走私情节者，酌准补税放行。确系绕道企图逃避转口税者，始援用海关缉私条例，惟仍从轻处罚，以示薄儆。窃按职关各分卡设在市区以内，系为便利各机关及正当商民与船户起见，其在市区以内运输之疏散货物，及工厂在城市与郊外往来运输原料及制成品，前经呈奉财政部核准，订有专案办法。至于确系在市区以内转运之其他货物，若依照正当手续报关，提出确实证明或担保者，似亦可酌予免征转口税放行。各商民如能恪遵章则办理，并无任何损害，惟据闻未按照疏散办法办理之货物，多系因商民向商会或同业公会报请按照该办法第三条给予保证时，感觉困难或延误，兹为便利疏散起见，似应将原定之疏散办法酌予修改，俾商民得以随时迳向海关洽办，而免周折。理合拟具上项疏散办法修改草案一份，随电附呈，是否有当，敬祈鉴核示遵。等情，附件到部。当以该税务司所陈各节确系实情，其所拟修改验放疏散货物办法草案，亦尚妥适。经即抄呈行政院鉴核施行，并电复重庆市商会知照各在案。准函前由，相应照抄修改验放疏散货物办法草案一份，送请查照转知为荷。此致

行政院经济会议秘书处

附抄修改重庆关验放疏散货物办法草案一份

孔祥熙

重庆关验放疏散货物暂行办法修改草案

（一）已完关税货物持有海关所发之完税证据于报运疏散时应由报运人将货物品名件数重量价值码运往地点填注登记单两纸向海关登记，查与原完税证据相符准予放行。上项登记单以一纸存海关备查，以一纸交报运人收执，将来运回重庆时海关即凭登记单查验放行，但以不改装者为限。登记单式样由海关规定之。

（二）未完转口税货物于报运疏散时，应由报运人将货物品名件数重量价值码运往地点填注登记单两纸，及商会或同业公会保证向海关登记，经查核与登记单相符准予放行。如报运人不愿取具商会或同业公会保证时，得迳向海关缴具等于税款之现金押款以代前项保证。

（三）按照前条登记之疏散货物如于六个月以内运回重庆时，海关即凭登记单验放

并将所缴之押款发还，倘逾六个月限期尚未运回时，则应按登记单补缴转口税，但届时如尚在疏散期内，得由原报运人申请海关酌予延展补税。

（四）应给外汇之货物于报运疏散时，除适用本办法规定者外，应请由贸易委员会发给疏散准运单呈关验放。

8. 行政院为制止不肖公务人员扣留商车给重庆市政府训令（1941年6月10日）

案据经济部本年五月三十日陷管代电称：案据本部视察货运委员报告重庆市货运情形略称，据市商会及各业公会报告，商运车辆时有被不肖公务人员扣留，或以军用为名包揽货运，从中渔利等情事。查货运停滞攸关后方供需平衡，目前商运车辆已感缺乏，何能再任籍名扣留！公务人员尤不应滥用职权，假公济私，拟请钧院俯赐通令制止，以整风纪，而畅货运。除分电军事委员会外，是否有当，理合电请鉴核示遵。等情。据此，除分行外，合行令仰遵照，并转饬遵照。此令。

院长　蒋中正

9. 军委会运输统制局为抄发安司丹改进公路运输意见致重庆市政府代电（1941年9月22日）

重庆市政府：案奉行政院回代电开：据滇缅公路运输工程监理委员会俞主任委员呈送安司丹君视察滇缅路沿线发表意见七点到院，查第七点应由工程专家再行研究，第五点（一）（二）（三）三项，应由该监理委员会与各有关机关商酌办理，（四）项并已饬将研究结果具报；其余一、二、三、四、六各点，均甚切要易行，且不仅滇缅一路为然。应请贵局转饬所有公路运输机关一体切实注意改进，等因。除分电外，相应抄同原意见，电请查照办理，并饬属一体切实注意改进为荷。运输统制局。申福至。车印。附抄安司丹原意见一件。

安司丹君视察滇缅路沿线发表意见七点

一、关于车辆保养及修理问题

安君认为我国修车工具最感缺乏者，厥为修车及检验机器，将来返美后，即可设法购运。但目前对于车辆注意加黄油及滑润机油一事，最为急要，以往车辆之损坏，多半由于滑润油不足。此后应由各运输终点站，添派员工专责办理其事，不可假予司机。倘我方对此事不能切实做到，则彼将向美政府报告少拨新车。

二、关于车辆装载问题

我方使用汽车最大缺点，为装载逾量。现在中国行驶之道奇及G-MC车，照美国规定为2美吨（即4000磅），而我国装货恒规定为3公吨（合6720磅），若再加司机私带搭客或商车自带汽油，较之美国规定在2倍以上，故车辆各部易于损坏。现美政府所租借与中国之军用车辆，虽系名为GMC两吨半，而事实上可载4吨。若照中国之装货方法，应装至6吨。

沿途所见政府车辆所带铁桶、汽油及木桶、桐油，常集中于车厢之前部，几致车厢后部空虚，故其结果：

（一）前钢板常断；

（二）后部无重量，车之牵引力减少；

（三）前部分量过多，刹车不灵，肇祸之事丛生。

对于此事，应平均装载于车身全部之内，设有空隙，应以空桶在纵向中部填塞如图。

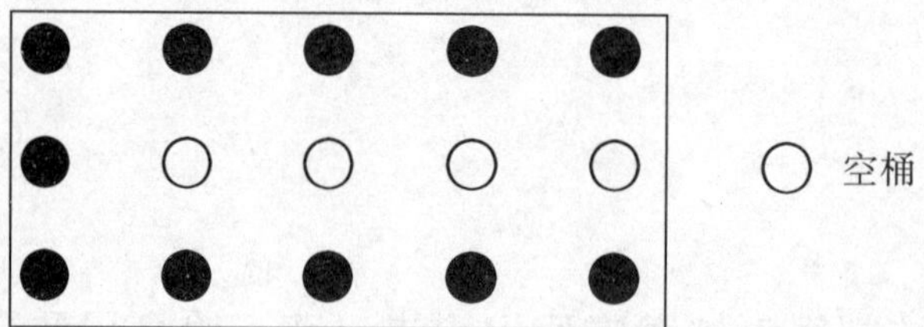

似此空桶填塞办法，既可减少载重不均之弊，且可将空桶东运至昆，备装桐油之用。

三、车辆清晨出发问题

关于此事（一）司机应专任驾驶，不应令兼任洗车、加油及修理等工作。在出发前一日下午或夜间，一切装卸、检验、加油等工作，应先行办妥，以备次晨六时司机到站即可驾车出发，中途不能无故停留。预计一日行程当可于下午三四时到达指定之站，尚有余时，可办理或装货工作。安等以在途中所遇见者，先为商车，后为政府车辆，足证政府车辆出发比商车较晚。而在各站所见西南车辆，每因司机兼任洗车等工作，故有此论。（二）不应令司机点验物资细数（如子弹颗数）即物资内容，苟原箱未破或汽车铅封完好者，司机不应负其责任。如强其负责，则因点验细数或内容，而时间上之损失积少成多，足以影响运量，较物资之短少或漏耗其损失尤为重大。

四、关于站厂队问题

安君以为在前方作战，运输固应用陆军队，但滇缅公路之运输较有固定性质，应以站之制度为主体。以西南现有制度而言，有分支处、有大队部、有管理站、有驻修所或修车厂等部门，机构复杂，事权不一。若用站之制度，则每站有指挥官一人负该站之全责，有进退奖惩全站人员之权，不论车辆之检验修养，司机之出发停留，货物之装卸，经费之领发，纪律之维持，警卫之指挥统率，皆由此指挥官全权办理。每站选派干员担任，并提高其待遇，使较目下之大队长及分支处科长阶级为高。似此。滇缅全线有此种干员七八人，即可推动一切。

修车厂可少设，而每站对于保养检验及小修工作则不可少。站之修车技术员工绝不能与站分立，如每站对于保养检验工作办理得宜，则大修工作自可减少。目前西南运输处旧车待修甚多，新车复源源而来，苟以现有之技工办理修车旧车工作，则新车修养势必耽误。故主张另增加技工，将不堪修即可报废之车辆，全部拆卸或整作配件或以拍卖，其堪修者另行集中相当地点，陆续整修，切不可将新车保养及旧车修理两事，责由现有能力薄弱人数较少之技工勉为担任，而均无所成。

照其所说，则大队部分支处管理站及驻修所合并改组为较单纯而较有力之组织，必要时，总机关可派高级人员分段巡查督促。

五、关于统制商车问题

本日（七月二十七日）安司丹君等与腊戍车辆统制官霍姆斯谈话，（一）对于昆明至腊戍统制商车方法，应商有共同标准，不论华车及缅车，不论运输公司车辆或贸易公司车辆，凡在滇缅路行驶者，均须以50%车数或装载量，供给中国政府，而以待运汽油一宗为最重要，最简便。（二）商车应缴养路捐、牌照税及□□□捐、消费税等，应使其单纯化，而以简易方法征收之（滇省应收部分，似可由中央统一征收而补助之）。（三）畹町地方缺少车地，无法扩充布置统制局海关及牌照机关，最好能迁至遮芒一带平原办理，俾可减少目前拥塞情形，否则雨季一过，轰炸危险。（四）霍姆斯提议能否以腊戍至保山段之运输，交由缅方统制官督率，缅车承办，而由中英双方会组路警指挥交通，维持运输秩序。所有缅车不许越过保山，中国车辆由昆明统制官自保山接运，双方运输力量分配得宜（缅方缺少车辆，可由美国租借车辆，随时补充），以免保山物资有积滞之弊。如此分段管理，则司机车辆及运量问题，均可顺利解决。默察安君之意，认为值得考虑，职对于该项计划曾与贝克君一度研究，并以奉闻。

六、关于沿路交通指挥问题

安君等认为巡回路警指挥交通为目前重要之一事，必须富有公路交通经验之军官担任办理。对于巡回工具，安君等认为摩托脚踏车不适用，而赞同用四轮小车（装设有特别喇叭）。

七、关于铺浇柏油工程

安君以为滇缅铁路完成后，此路用途必较减少。为迅速完成柏油工程，是否可视各段公路工程情形，分别铺设3公尺及6公尺之柏油路面，此点可留待工程专家再为研究。

10. 川湘川陕货运业务及川湘鄂区旅客联运概况[①]（1943年8月30日）

一、总管理处成立经过　川湘川陕水陆联运，创办于民国二十九年九月宜昌沦陷之后，由招商局与民生公司合办，经营由衡阳至重庆水陆联运业务，及由重庆至广元循嘉陵江线水道运输。三十年一月由交通部拨款10万元参加投资，同年9月交通部增拨基金50万元，并将东南联运处汽车81辆，川鄂驿运干线板车300辆，暨沅酉两水及嘉陵江贷款木船312艘，拨交使用。三十一年六月，部令将招商局及民生公司股本各1万元退还，自是完全国营，成立川湘川陕水陆联运总管理处，并改组川湘联运处及嘉陵江运输处，复于三十二年度拨给建设专款1500万元，此本处成立之经过，暨政府投资之大概情形。

二、十五阅月货运业务　本处自三十一年六月成立，迄年底为止7个月内，运货13492公吨，平均月运1927公吨，据报收支概数，计营业收入37474756元，支出包括扩充设备费用为37368306元，又三十二年一月至八月，计川湘联运处统计至八月二十日为止，嘉陵江运输处统计至八月十日为止，运货43325公吨。其中：（一）军米19812公吨；（二）食盐11188公吨；（三）棉花3802公吨；（四）矿品2868公吨；（五）砖茶1180公吨；（六）水泥1130公吨；（七）兵工器材555公吨；（八）汽油426公吨；（九）铜元357公吨；（十）部料78公吨；（十一）其他物资1929公吨。平均月运5417公吨，据报一至六月收支概数，计营业收入48719029元，支出44524805元，每月平均收支数800万元，只因三十二年度川湘线承运军粮运价过低，故营业收入，未能比照运量增加。

三、沿线机关工具设备　川湘联运处营运路线，计2942公里，嘉陵运输处营运路线计741公里，两共3683公里，尚有渠江涪江等支线，正计划开辟中，全线计设：（一）办事处7；（二）总站15；（三）站40；（四）修理厂4；（五）炼油厂1；（六）材料库3；（七）检修所3；（八）电台11；（九）物资接运队1；（十）陆运大队2；（十一）警察中队1。

以上连同总管理处，暨川湘联运处，嘉陵江运输处，共凡92个单位，现有职员1298人，技工船夫司机警士公役等7994人，运夫14895名，合计员工24187名。纤夫大队，甫能编组，尚未据报，纤夫名额工具1项，计旧有汽车81辆，木船322艘，均已修整行驶，板车300辆，尚未利用，新购新建轮船1艘，煤气船13艘，柴油船1艘，汽车15辆，木船98艘，输力仍感不敷，15阅月以来，计利用民船，占全部输力2/3强，又沿线仓库站屋，多数系向民间租用，三十二年度建设专款项下拨发仓库站屋建筑费198万元，现在衡阳沅陵泸溪龙潭彭水等地仓库站屋，均已建筑完成，其他各处仓库站屋，正在赶修中。

四、川湘鄂区旅客联运　中国运输公司裁并后，其原管川湘鄂区间客运货运业务，奉部令成立川湘鄂区汽车联运处接管办理，直辖公路总局，兹已接收客车13辆，客货两用车3辆，救济车4辆，正在接洽沿线治安准备。餐宿各站，定期十月一日举办客运业务，计开行（一）自

① 原载《交通建设》1943年第1卷第10期。

重庆至常德之川湘通车；（二）自重庆至恩施之川鄂通车；（三）自常德至恩施之湘鄂通车。

以上各通车先于九月十六日试班，全程1312公里，其中经行湖北公路138公里，湖南公路192公里，西南公路982公里，分设办事处1，段6，站21，管制站3，保养场7。

五、重视人力安全迅速　运输事业，原以服务为前提，本处经营业务，固以尽量利用各种不同之工具，惟调度指挥与实际输转，仍多赖充分发挥人力，乃能适应各方之便利与满足，至于客货两运之安全与迅速，前经勉力做到，犹觉未臻极境。来日方长，职责益重，只因各单位分布沿线距离遥远，深恐督导难周，敬祈大部同仁随时指正，俾有遵循，实所祈祷。

11. 西南公路统一管理的经过①（1943年）

民国二十六年七月，行政院、军事委员会、全国经济委员会、军政、交通、铁道三部，及川、滇、黔、湘各省当局，在京集议改进西南公路交通办法，另组西南各省公路联运委员会，以长沙至贵阳，贵阳至昆明，及重庆至贵阳为联运线，除区间运输及养路管理等项，仍由各省自办外，凡联运客货，均由联运委员会统筹办理，本路统一运输，实发轫于此时。其后战局日益开展，后方运输孔亟，复由现任黔省府吴主席等上书孔院长，建议统一路权，改组联运委员会，成立西南公路运输总管理处，仍隶全国经济委员会，是为本路统一组织之嚆矢。

附吴主席等上孔院长函

庸公副院长钧鉴：查西南各省公路运输，于经济国防并多关系，去岁各部会迭奉委座电令并经钧院会议通过，设立西南各省联运委员会，办理西南各干路联运事宜，惟以时值平常，仅求达到联运目的，未将各省路权完全接管，以致对于客货运输，车辆调度，未能尽量统筹。值此非常时期，种种困难，随时发现。鼎昌等一再会商，佥以为宜加改组，以应需要。滇缅公路业荷钧长拨款兴修，国际交通，实多利赖。贵阳柳州一线，北通湘鄂，南接安南，亦关重要，似应加入联运范围，以完成西南公路运输干网。兹谨拟具办理西南各省公路运输计划大纲，送请鉴核，敬候裁察施行，专肃，祗请

钧安！

吴鼎昌　张家璈　翁文灏　钱昌照　秦汾

总管理处于二十七年一月一日，正式成立于长沙，旋奉令改隶交通部，更名西南公路运输管理局，即先后与有关各省磋商接管省际各干线，计：

一、湘境　长沙至晃县段　二十七年四月一日接收。

二、桂境　六寨至柳州段　二十七年七月一日接收。

① 原载《西南公路史料》，1943年出版。

三、川境　海棠溪至松坎段　二十七年七月十九日接收。

四、黔境　晃县至平彝段暨松坎至六寨段　二十七年十月一日接收。

五、川境　綦江至茶洞段　二十七年十二月一日接收。

六、滇境　平彝至昆明段　二十八年一月五日接收。

至是始完成西南公路之统一管理，至川滇及滇缅二线，原亦在西南公路统一管理范围之内，嗣以路线过长，政府特将该二线划出，分别另设川滇公路管理处及滇缅公路运输管理局，以专责成。

12. 抗战中成长之西南公路[①]（1943 年）

一、总述

西南公路为抗战后诞生之新机构，全路计分 5 大干线，以贵阳为中心，东至长沙，西至昆明，南抵柳州，北达重庆。此外复有四川綦江至湖南茶洞之川湘一线，跨越川湘黔滇桂五省，总长为 3500 余公里，最初兴筑系民国十七年之长沙常德段及由贵阳至马场坪黄桷树松坎三段。全路竣工乃在二十五年冬。至统一运输管理则始于二十七年一月一日，是时抗战局势日益扩大，军运频繁，迥非昔比。政府为提高运输能力，健全后方交通机构起见，爰有“西南公路运输总管理处”之设立，隶属全国经济委员会。当时设处于长沙，旋即改隶交通部，更名“西南公路运输管理局”，开始与有关各省洽商接管原有各干线，先自湘省长沙至晃县一段入手，及湘滇黔川桂各省。历时经年，始全部接管竣事。于是开始调整全路组织，逐步推行统一运输与管理。为便于指挥起见，局址亦自长沙迁至贵阳。当时人才缺少，经费支绌，器材匮乏，而运输则因战局而日繁。于此种环境中，一面须支撑维持，一面又谋改善扩展，应付殊非易易，嗣交通部亦认为以如此绵长之路线，将运输业务与交通管理及工程事项交由一处负责办理，殊太繁重。因于二十八年八月予以调整，另设川桂公路运输局，专理运输业务，而原有之西南公路运输管理局，则改组为“西南公路管理处”，以负工程及交通管理之责。至三十年七月，复奉令改隶军事委员会运输统制局。迨三十一年二月，统制局为统一附属机关名称起见，又令饬改称为“西南公路工务局”，专管工程及征收养路费事宜。兹就其运输、工程、管理三项，分别述之于次。

二、统一运输

西南公路，系于二十七年四月十六日开始通车，彼时经费非常拮据，关于业务之周转，及油料之储备，端赖借款运用，或竟借油济急，幸能勉强维持，至接收各方移交旧车，总数虽有 105 辆，而可用者仅 70 余辆。适值彼时机关后撤，物资内运，军民移徙，工厂内迁，实在需车。

① 原载《经济建设季刊》1943 年第 1 卷第 3 期。

仅恃此时接收之旧车，实难应付。中央虽曾拨发购车专款200万元，而外汇一时无法结得，仍属画饼。在万分困难中,惟有在汉口长沙各地登报收购旧车。窘迫情况,可见一斑。后汇兑渐通，即以上项专款购置新车357辆，分装客货车身，然仍感不敷，乃又百计设法，向各机关及各商业公司等借款购车，约定在承运货物运费内分期偿清。前后成立借款者，有国币85万元，美金56万元,港币20万元,共购得各牌车辆687辆。最后又得交通部拨到美贷款案内道奇车一部分。截至二十八年底，实际可供运输者约有880余辆。于此二十七年四月至二十八年冬二十个月中，运输物资总额23400余公吨，行驶14676000余吨公里，运送旅客969000余人，行李包裹总重4564000余公斤。

三、公路设施

（一）改善工程。西南公路，原由各省分别兴筑，时期先后不同，人力财力亦异。故各线工程设施颇多差别。更以路线所经，为崇山峻岭，悬崖绝壁，建筑之时，或以经费支绌，或为期限促迫，一切设施，未能悉合工程标准。路线纵坡有大于25%以上，曲线半径有小至6公尺以下者。路基宽度亦不一律。大部分山路宽仅6公尺左右，甚至宽仅4公尺者。路面每以大块片石与泥土相胶结；缺乏粗细混合之级配材料。桥梁则大多为石拱或半永久式之石台木面。载重既不一律，且皆岁久失修，桥身腐朽，难于负重。自统一管理后，首先注重原有工程之改善，及养路工作之加强，决定原则四项：1. 添建新桥，减少渡口；2. 充实暂难建桥各渡设备；3. 加强旧桥载重；4. 修改危险路段。并先后成立各改善工程处以专责成。计桥梁之重建及加强者达240余座，全路原有渡口21处，除长沙港口益阳3处已在破坏路段中外，经兴建大桥者，共计13处。其中重要者如筑晃段之施秉桥、重安江桥、筑渝段之綦江桥、赶水桥、乌江桥，筑柳段之怀远桥、三江口桥，筑晃段之盘江桥、江西坡桥等，跨度自30公尺至200余公尺不等，均为钢筋混凝土墩座钢结构纵梁。以材料采购及运输之困难，各桥施工颇属不易。现全路渡口尚余辰□长江江口彭水湾塘5处，因工艰费巨，暂难建桥，然均经加强设备，添置大批汽划板划，严密管理，以利交通。即已建桥者，于原来船渡设备，仍予维持。如遇意外，车辆仍可通行无阻。至路段改善之处，其著者若筑渝段之九龙坡、花秋坪、钓丝岩，筑柳段之擦耳崖、白腊坡、黑石关，筑晃段之盘山、蜜蜂坡、鹅翅膀等处，过去均属急弯陡坡，危险异常。皆经分别彻底改线，或拓宽路基，并于傍山险路悬崖绝壁之处，大量添设护栏，总长达53000余公尺。又埋立路缘石约计120余公里,及其他各种交通标志3600余方。完成以来行旅称便。至路基之拓宽，及路面之经过加料翻修者，约计有800余公里。

（二）建筑新路。二十八年冬，中央倡修川桂东路。其自川境秀山至黔境松桃一段，奉命划归此路测量兴建，路线共长45公里。所经在秀山境内，地势尚平，松桃境内，颇多高山，于二十九年春开始兴筑,迄三十年九月完成通车。一切工程,均严格遵照交通部所定丙种公路标准，路基宽7.5公尺，最大坡度10%；路面宽5公尺，厚15公分，桥涵均为永久式。全路工程及管理费用，共支155万元，平均每公里仅及34000余元。衡之当时一般物价，颇为低廉。

（三）道路保养。道路养护系，由11个工程处分负其责。每一工程处管辖三四百公里不等，视其所辖路线之长短及工程之难易，分设3个或4个分段。每一分段管辖80公里至100公里，每10公里设一道班，每班规定路工17人，以班长1人统率之。每二道班设监工1人监督之。常班之外，更设飞班，担任紧急抢修工作。为安定路工生活起见，于全路各段普遍建置道房，约每隔10公里即建有道房1所，每所可容三四十人。其中除工人宿舍食堂工具室外，复另辟一室以作监工与养路工程人员食宿之所，使员工生活打成一片，以期促进工作效率。现已完成者计有284所。

为提高养路干部人才学识起见，曾开办监工人员训练班，受训期限为三星期，科目分精神训练技术训练体格训练及工人管理4项。已受训者有200余名。又举行道班工作竞赛，分路容、道房整洁、路面、业余增产等项目。各段按季举办，每次派员评判，分别奖惩，收效颇宏。

路工因入不敷出，与夫外界之引诱，在昔颇多逃亡，影响工作极大。故凡可安定其生活者，莫不力为筹措。除前建道房外，并按季贴费制发单棉制服。复视米价之高下，加发米贴。此外更创办巡回诊疗车，道房壁报，及提倡储蓄等等。而最重要者为增产运动，利用沿路荒地及道房余地，并由各段工程处分别购得地3000余亩，以之造林栽树种植作物。植树分公路行道树与种桐两种。现全路行道树共已植39万余株，内有16万株完全为路工工余所栽。桐树已播种8万余粒，栽植36000余株。农作物则已有千余亩垦殖矣。至畜养猪羊，编制竹器草鞋，亦颇有成绩。均于路工略有沾益。将来推而广之，希望能达到自给自足之目的。

四、交通管理

（一）设置管理站。西南公路因路线过长，管理指挥殊难集中，为求管理周密指挥便利计，于全路各重要地点，如贵阳昆明重庆沅陵南川等处，分区设办事处。每区各辖管理站若干处，负责督导实施交通管理。已成立者有贵阳之3桥图云关及平彝盘县6寨等30余处。自三十一年七月一日起，复奉令改称养路费征收站。站屋系斟酌实际情形，分特等及甲乙丙丁等5种，自行设计建造。

（二）实施联合检查。西南公路运输既繁，军警税务机关咸在沿路设立站所，各别检查，地点不同，手续各异，行车颇感不便。因就冲要地点所建之甲等管理站，邀集各检查机关，集中一处联合办公。实行以来，省时省事，颇称便利。

（三）统一征收养路费。自统一机构成立后，适军公商车辆数量激增，路面损坏既速，养路费用支出日巨，仅恃政府贴补，殊难挹注。乃根据中央颁布之专营公路征收汽车通行费规则征收通行费。嗣为确立公路保养基础经决定统一征收养路费，奉颁公路保养设施通则及公路征收汽车养路费规则。同时并规定养路费征收率，所收费用，即充养路之用。此项征收率，以料价日高，不得不随之一再修增。自二十八年九月开始时，每卡车每吨公里收费6分，至三十一年七月已增至6角。

（四）训练管理员警。统一公路交通管理工作，在国内尚无足资借镜之处。负荷此项工作之员警，因手续之繁重，规章之细密，非加以适当之训练不可。故曾经先后举办管理人员训练班，暨路警训练班。抽调各处站服务员警，予以短期之训练。关于交通管理之各项常识规章，征收养路费各种手续之处理，以及服务精神之修养，均经订定课程，认真教授。并举行小组讨论会及座谈会，对各种管理问题，作公开自由之研讨。受训后分发各处站服务，尚称满意。成绩优良之路警，并经提升为正式站员，以资鼓励。

（五）完成电讯设备。电讯为交通事业之脉络，各路路线四布，广达五省。非有组织完善之电讯设备，不足以收指挥灵活调度迅捷之效。统一接管之初，各线电讯设备，均极简陋。经逐步整理旧有话线，同时择要添设新线，并完成无线电报通讯网。自运输划分后，此项电讯设备，大部分转辗移交中国运输公司接管。现公务局方面，除利用该公司原有设备，或借用省公路局话线，以作短距离通话外，所有各重要工程地段，经与所在地电政管理局洽装长途专线，或自置无线电台。目前已设置者，计共15座。全路已能得相当联络矣。

13. 最近三年来之川滇东路概况[①]（1943年）

一、引言

本路全长初为901公里，自叙昆铁路昆曲段通车后，该段运输铁路办理，缩短汽车行程160公里，则本路现有里程，由泸至曲全长仅为741公里。兴修之始，系由川黔滇三省分别施工，迨二十八年三月划归川滇东段办事处，统承其事。同年八月川滇东段办事处改组为川滇东路管理处，继续兴工，限期完成，卒于二十八年冬正式通车。

考本路之运输，初系就其业务对象，设置两个运输机构：一为前西南运输处泸州支处，于二十八年春成立，专负西南进出口物资运输之责，一为办理客货运输之机构，初以当时之川滇公路管理处兼理其事，旋改由中国运输公司接续办理。其后泸州支处虽于三十年五月改组为曲靖分处，而其业务对象及其所负之使命，并未变更。迨至国内交通机构积极调整之际，曲靖分处奉令于同年十一月改组为川滇东路运输局，直隶运输统制局并接收中国运输公司所有在本路之设备，统一全路运输业务。同时川滇公路管理处改组为川滇东路工务局，办理全路工程事宜。最近复于国内交通机构力谋统一之下，本路运输局及工务局奉令改隶交通部。至于本路自二十八年十二月通车迄今，已三载有奇，爰将本路最近三年之史实，加以检讨，以明发展之因果，而供交通人士之参考，抛砖引玉，就教于高明。

二、设备

兹就路线、车站、车辆、厂所、电台及医院诸设备，分述于后：

① 原载《交通建设》1943年第1卷第3期。

（一）路线　本路线始自四川之泸县，迄于云南之昆明，全线长凡901公里，划为三段：其在川境者，为由泸县至赤水河之泸赤段，长207公里，在黔境者，为由赤水河至杉木箐之赤杉段，长359公里；在滇境者，为由杉木箐至昆明之杉昆段，长335公里。

1. 道路工程：道路工程可分为路基、路面、涵洞、防护、标志五项而言，关于路基者，本路初以沿线雇工不易，及自然环境恶劣，故路基工程至为草率，尤以川境之江门峡、东门箐一带，有狭至仅3公尺者。其后逐渐将宽度不足之路基，分别加宽，以故现有土质之路基宽度已合于9公尺之标准，而开山石方路基亦渐辟至七公尺半之宽度，复以沿途坡度不合之处至多，经先后修正，坍塌之事乃不常闻。而全线路基纵坡过陡之处，其坡度有达16%者，均经陆续改善，除特殊地段外已降低至8%以下，又前以沿线急弯甚多，且无加宽及超高之设置，而其视距亦不能达到60公尺之最小标准，现则弯度均在10公尺以上。加宽超高，亦已依照标准，妥为设置，对于安全视距，复一一加长达于60公尺以上。至原有边沟，或横截面积，不敷泄水，或淤塞致路基常受水患。亦历经积极修挖，全线边沟，已稍具规模。

关于路面：本路原有路面，非石质不良，即厚度不足，且均碾压未实。泸段内之路面尤嫌薄弱，赤杉段内之路面亦因昔日用风化石，迭经车辆碾压，已成石粉。天晴则尘土飞扬，天雨则泞滑不堪。凡此窳陋之路面，均经分别施工，修补改善，勉可行车。

关于涵洞：本路涵洞计2100座，属石造。但因昔日施工简略，缺点至多。盖其出入水口翼墙，非嫌过短，即为砌筑不固，且有未经建造翼墙者，以致涵洞两端之土方及翼墙之本体，坍塌时闻。虽经分别加固，惟因沿线路基，间有因水冲毁，或山水不泄，故原有涵洞之数，实不敷排水之需。必须分别缓急，酌量加造。

关于防护工程：概言之，计有护土墙及护栏两项，用以巩固路基并策行车之安全，过去因时间及财力所限，未能充分设置，近则分在急弯陡坡及濒邻深谷之处，加以护栏。并将原建之石护栏及护墙之不固者，亦经先后修复。

道路标志及里程牌之设置，乃分段树立各种标志，计1700，以策行车之安全。至各段原有之里程牌，多属木制，式样不一，今已改用永久性之石牌矣。

2. 桥渡工程：桥渡工程最重要者计为永宁河、赤水河、七星关及野马川等桥。永宁河为本路第一大川，造桥工事较为艰巨，除已将木便桥完成外，并已建成石拱正桥。赤水河桥，初于河之南北岸，建有高中低水位码头各1座，并有渡船驳运，其后复建长凡82.15公尺之木便桥，于廿九年五月竣工。故通车不久，该渡口即予取消。今正在设计钢筋洋灰三合土之正桥，七星关渡口，宽约35公尺，在未通车前，系于南北两峰修建临时码头各1座，用船搭浮桥，一度维持交通。及后复利用旧石墩搭半永久式之单车道木构架桥1座，迨二十九年底，即已完成双车道上承式木构正桥矣。野马川原有之木便桥，长凡32公尺，系以木排桩及木桁梁架搭而成，共计15孔，其结构极形草率，不堪载重。经翻修后，在该桥南端加建1孔4公尺便桥1道，以利排水，至该河正桥为3孔8公尺跨径石拱桥，亦系于二十九年完工。上述各大桥工程外，其他旧桥，仅予加固，足以维持交通者，有上马场、宋江、永盛桥等；重建者有曹溪沟等桥。统计本路桥梁共计 79 座，其载重多在 12 吨以上。本路接通成渝公路尚需在泸连渡长、沱两江，江面辽阔（洪水期内长江流阔在 700 公尺以上，沱江流阔在 300 公尺以上），水深流速，造桥匪易，于是乃在两江之各岸作永久式之轮渡码头，均用块石铺砌，宽 10 公尺作锯齿形，每两邻齿高度之差为 55 公尺，纵使在洪水期中，亦可有三级码头同时适用，现配有机力拖轮行驶于长沱两江间，计每日可往返渡车 100 余辆。将来若运输更行频繁，则拟在长沱两江汇流处之茜草坝，兴筑码头，以免连渡两江之繁。

本路原有各项工程，经 3 年来之积极改善，固可通车无疑，惟本路所负运输之使命重大，尚无坚实之路面，强固之桥涵，将无以供应此项国防运输之需求。此后自应以交通部之公路工程标准为准绳，尽量改善，并应将所有坡度尽量降低至 8% 以下，藉以增加车辆之载重及行车之速率，更应建较完善之排水系统，必须在边坡之顶加建截水天沟（Intercepting ditches）路肩或边坡之适当地点加建截水盲沟（Intercepting blind drain）及路面之下加建人字沟等。俾流水无淤积路面之患，而地下之水可畅泄无遗，则路基得常保稳固，而路面亦得常保其坚实平整之良好状态矣。再则本路兴建之始，对于路线之选择，桥涵之定位，多未能利用天然形势，以适应公路条件，尚需重新视察勘测，期将不合理之部分，加以彻底改善，此外本路行道树木，为数寥寥，为减少行车肇事及增加行旅之美感，实亦不可忽视。凡此种种，均有待于今后之努力者也。

（二）车站　本路沿线设站，始于民国二十八年八月，初为前西南运输处泸州支处之叙永、赤水河、毕节、威宁四站。通车前一月，该处增设泸南一站。二十八年底，复章、哲觉、宣威、曲靖各站。当时各站，除泸站站屋车场是年十一月底完工外，余项因陋就简，租用民房寺祠，勉强办公；而到达车辆，亦仅就附近公路空场停放。及至二十九年五月该处所有各站站屋、车场、始陆续修建完竣。同时交通部川滇公路管理处所建各站（与西运泸处在同一县镇内），亦已修竣，并移交中运公司昆泸线应用。当时上述各站，除油库、停车棚、救济车及附属工具略具雏型外，其他如售票间、行李包裹储存房，磅秤及起重设备等，均付缺如。迨川滇东路运输局成立接收，统筹增补，各站设备乃略具规模。

（三）车辆　车辆若厂牌单一必易管理，若种类复杂，不特修理困难，即调度运用亦难灵敏。本路通车之始，其行驶之车辆，仅有前西南运输处泸州支处 GMC 及道奇卡车 120 辆及前交通部川滇公路管理处雷诺卡车 30 辆。二十九年五月，川滇公路管理处奉令专司筑路及保养工程事宜，其业务部分移交中国运输公司办理，昆泸线客货车辆增至 50 辆。六月复增加 230 辆，半为道奇，半为 GMC。此后各牌商车亦陆续到路，往返泸昆为数不多，且时有更动。同年底西运泸处卡车 100 余辆奉令调驶他线，本线仅存有 380 辆，迨三十年五月，西南运输处泸州支处奉令改组为曲靖分处，所辖车辆复增至 430 辆。三十年十月，西运曲处又奉令调拨卡车 100 辆，行驶他线。十一月西运曲处改组为川滇东路运输局，并接收中运公司昆泸线所有车辆及附属配备（修理救济配备），共有车 380 辆，除历次损坏不堪行驶及待件大修车外，实仅 200 辆。又航会所订购之万国牌新车，于本局成立时起，即奉令拨交250辆，迄三十一年三月初始陆续拨齐。惟一年以来，迭次抢运，车辆之运力达于极限。益以修理材料及配件缺乏，车辆遇有损坏，难以复原。三十一年十月中缅局改组，本局又奉拨万国及雪佛兰卡车130辆。迄今全路经常行驶者，仅200辆左右而已。车辆既少而种类复杂，修理运用均极困难。此外尚有辎重兵汽车第五团之车辆，于最近一年来亦常行驶本路。

（四）厂所库　在本路线办理运输之机关，以其业务对象不同，原有川滇公路管理处，兼营客货运输，及西南运输处泸州支处专运进出口物资，前已述及。至其修车厂所之设备，川滇公路管理处当时曾于昆明、毕节、泸州3处，各设1修理厂，于宣威、威宁、叙永3处，各设1修理所，并于曲靖、哲觉、赫章、赤水河4处，各设1停车场。修理厂规划各设52匹马力柴油发电机1座，大小车床5部，电钻2部，钻床、铣床、刨床、压床、锯床、充电机、打气机、抽水机、电焊机、磨缸机、补胎机、起重机各1部及各种常用工具、公用工具，以供全路修理配件。除少数重要配件外，其余各项普遍零件，均由自装。修理所规划各设15匹马力柴油发电机1座，电钻、车床、锯床、充电机。电焊机、打气机、补胎机、抽水机、起重机各1部及各种常用工具、公用工具，以供修理之用。停车场规划各设车床、打气机、补胎机、起重机各1部及简便而必须用之工具，以供小修及保养之用，惟上项各种设备，虽经规划周详；然以受欧抗战影响，机器工具进口困难，且在筹备开始通车之际，而运输业务，旋划归中国运输公司办理，因之上项机器工具，多未能按照规划办到，中国运输公司则一乃其旧，直至停止其在本路之运输业为止，并未扩充。

泸州支处于二十八年春成立之初，即先在泸州设立丙种修车厂1所，二十九年一月复在毕节设一驻修所。同时西南运输处总处并在宣威设一驻修所。二十九年下半年运输日繁，又在威宁设立修车厂，及叙永设立修理所。各厂所之设备，以威宁整车厂为最佳，车床在20部以上，备有车、铣、刨、钻，各种普通及特种机械，为本路各厂之冠。泸州厂则仅有车床2部，设备较简。其余大致与川滇公路管理处各厂所之设备相近。

二十九年十一月，本局成立时，各厂所之重要机器、工具，均拨交他处，而威宁整车厂之全部设备，更扫数迁往川滇西路。本局不得已乃就原有之泸州修车厂，先行充实，再于威宁设修理厂，继复在叙永、毕节、宣威、曲靖四处各设修理所，以担任修车及制造配件工作。此外并于泸州、叙永、毕节、赫章、威宁、哲觉、宣威、曲靖等八处，各段站内，设立小修队，以担任检验、小修、保养及救济车辆等工作。嗣以前西南运输处及中运公司移交之损旧车辆太多，乃于三十一年三月将毕节修理所扩充，更名为毕节车辆整修厂，除担任修车及装造配件外，并整修一切废车旧料，以增效能，上列各厂所，计有33匹马力柴油引擎发电机1座，柴油动力引擎（系利用报废朋驰车改就）1部，11匹马力柴油引擎1座，12kW、14kW及4kW发电机各1部，10kVA发电机4部，大小车床19部，刨床3部，铣床1部，大小钻床10部，压气机8座，压力机1部，充电机12部，电锯机6部，镗磨机1部，镗缸机5部，磨汽门机6部，磨汽门座机

4 部，手提电钻机 4 部，浇连杆波斯机 6 部，洗车机 4 部，铆钉机 5 部，滤油机 2 部，油压机 1 部，大小油帮压床 3 部，补胎机 3 部，电补胎机 4 部，翻砂设备 3 全套，淬火炉 3 个及各种精细检验工具常用工具与公用工具等。

本局初以缺乏机器、工具，修车力量薄弱，乃一面向各厂定制，一面向市面搜购，复向各有关机关商请拨让，往还周折，几费心血，始有今日之设备。

（五）电台　公路运输，贵在通讯灵敏，本路限于财力，未能装设调度电话，故电台之设备，必须充实。在通车之初，除中国运输公司当时曾于各站设有电台外，而前西南运输处泸州支处于通车前后，对此亦积极筹设。奈以机件缺乏，直至二十八年十二月间，始得于泸州设立电台，其余各站，则无力设置，然尚能利用中运公司各电台，互通消息，对于行车状况及车辆调度等，尚可无误，三十年五月，复增设毕节、曲靖 2 电台，通讯力量，因而加强。及至本局成立，中运公司电台完全撤去，仅接收曲靖分处，原设之泸、毕、曲 3 台，乃积极设法继续增设各段站电台，并遵照运输统制局调整公路现有无线电台计划，于该局所在地之毕节设立大台，沿线各段站各设支台，计泸州、叙永、赫章、威宁、哲觉、宣威、曲靖、昆明 9 个支台。大台设 3 机，以与各支台联络，各支台则视其业务之繁简，分为甲、乙、丙三等。此外尚与渝，筑及黔西 3 处各机关所设之电台，取得联络，以通消息。于是本路无线电台之通讯网，差告完成。

若夫各电台机件之配置，除大台第一机系用 75 瓦特发报机暨赫章支台 5 瓦特发报机外，余概为 15 瓦特发报机。至具电源之供给，大台第一机原用汽油发电机，而昆明支台系用交流市电，余则均为手摇发电机。现以汽油来源之缺乏，已设法将大台第一机之汽油发电机改燃柴油，以资节省。此本路设置电台，三年来之大概情形也。

（六）医院　公路运输，危险性大，而其服务员工，随时随地皆有疾病患难之处；况本路泸、哲段内，山道险僻，气候恶劣，居民既乏卫生常识，公私方面亦无卫药设备，为保全员工健康，维持运输实力，则医务之设置，刻不容缓。前西南运输处泸州支处有见即此，乃于本路通车前，即作积极之筹备。当以经费及人才两感缺乏，经多方之努力与数月之筹划，始于二十九年七月成立临时诊疗所，开始门诊旋复派员至沿线各站、厂、队巡回诊疗。嗣筹有确实经费，复将临时诊疗所略事扩充，成立正式诊疗所，于是本路之医药设备，亦渐具雏形，泸州支处改组为曲靖分处，为事实之迫切需要，后于曲靖设立分诊所。医务在表面上似有发展；实则人手不敷，药物缺乏，窘迫异常。此亦财力不足，有以致之。本局改组成立后，对于本路之医务，乃复力谋扩充，先于毕节设立医院，继将前泸州诊疗所扩充，改为分院及前曲靖分诊所改为诊疗所。旋应实际之需要，再于威宁设立诊疗所。各院所各设门诊部及住院部，同时可容住院病人 40 余名，而门诊部于必要时，即为社会服务。又为配备之适当计，更就各院、所驻在地附近之厂、所、队各设诊疗室，定期巡回诊疗。复感事实之需要，更设巡回诊疗车，往来于沿线各段站间，巡回施诊，以资补救，如是则沿路旅客及服务员工，即在中途疾病，亦可医治。本路医务推行至此，可谓有长足之发展。又本路通车之后，卫生署于沿线各重要地点，亦先后设置卫生站，参加服务，裨益公共卫生，亦非浅鲜。

三、运务

（一）调度　本路线行驶车辆，均采用昼间对向行驶制。前西南运输处泸曲两处车辆之调度，系由运务科按实际状况订定原则，由各起迄站遵照自行组队，随时调派。本局成立以来，仍系仿此办法实行，若前中运公司昆泸处，对车辆之调度，亦与此办法相仿，由处订定原则，而各站自行商洽厂所调派。除上述办法外，本局并订定 C.R. 电报（Car Report）一种，饬由各段站将每日车辆动态以无线电报局运输组即根据是项电报每日在车辆牌上移动，俾明了各段站车辆情形，以利调度。所有各车行驶情形，肇事次数原因及其结果，亦立有专本登记，每月作一统计，以为改善之张本。

（二）业务　业务分客运货运及军运三项，分述如下：

1. 客运：前中运公司每星期于泸昆对开客车二次，终因车数不多，且时有损坏，致未获竟功。而前西南运输处泸、曲两处，则利用空便资车，附搭乘客。此项乘客需有机关证明文件，以示限制，本局成立后，虽积极筹办客运，终因燃料限制，迄难举办，故仍采用资车附搭旅客办法，勉强维持。

2. 货运：本路货运，大半系运由昆明出口货物，并以复兴公司之桐油为主。迨滇缅线切断后，此项货运，即告停止，近仅有南下棉纱，柳烟等数种而已。

3. 军运：本路初通车时，所有北上车辆均载运进口兵资或航油，迄今仍复如是。迨三十年十一月缅局告紧，南下车辆，大部系赶运出国部队。目前仍有大批部队及军火南运。本局成立后，对于旅客及货物运输，均厘定有暂行办法，与一般公路法规相辅而行。对于前西运处及中运公司之客货票据以与实际情形不符，亦经陆续修订，俾切实用。并订定 TR 电报（Traffic Report）一种，饬由各段站将每日运量情形，以无线电报呈局，运务组即根据是项电报编造运量统计表，并参酌各段站所报票据单表，编造运费统计表及其他统计图。

兹将本路两年来客货运情形，附列统计表于后：〈删略二十九年度统计表〉

川滇东路客货军运统计表

月份	三十年度					
	军运		货运		客运	
	车数	吨数	车数	吨数	人数	延人里
一月	87	193	241	564	275	42808
二月	139	301	176	392	320	68477
三月	171	378	89	198	130	47373
四月	167	372	213	457	217	58090
五月	119	200	98	218	144	30335
六月	34	67	117	256	150	36122
七月	30	86	136	279	296	99561

续表

月份	三十年度					
	军运		货运		客运	
	车数	吨数	车数	吨数	人数	延人里
八月	92	191	132	262	342	110851
九月	82	168	215	494	609	214810
十月	171	399	164	384	352	106055
十一月	168	417	25	51	191	32000
十二月	278	3993	153	391	346	26179
合计	535	6765	1759	3946	3372	872721

月份	三十一年度					
	军运		货运		客运	
	车数	吨数	车数	吨数	人数	延人里
一月	353	1002	34	60240	391	143890
二月	261	744	51	147755	824	244548
三月	425	1209	22	6660	1041	481888
四月	82	221	19	47000	1474	440332
五月	396	1129	72	198568	1506	476705
六月	211	583	54	157000	2197	596651
七月	243	618	189	487870	2995	778781
八月	197	539	134	382175	7006	948501
九月	241	651	175	438360	3926	908014
十月	322	946	187	566724	3077	750296
十一月	437	290	227	644695	3232	556011
十二月	657	1975	301	616955	1963	265167
合计	3825	10907	1465	3808022	30632	659284

（三）管理及管制　前中运公司在本线行驶之车辆，概由该线各站直接管理调派。前西南运输处在本线行驶之车辆，则分队编配。每大队辖车130辆至145辆，下分3中队，每中队辖车45辆，中队之下分为3分队，每分队为3班，每班辖车5辆。各大队均直隶于总处，并由驻在地之分支处负责监督指挥。本局成立后仍仿西南运输处成规，成立3个大队，直隶于局，一切编制如前。其对司机技工之管理训练暨保养车辆之事，则交大队直接负责。至本线公商车辆之管制，系于三十年九月开始，由管制站专司其事。初隶运统局，复于三十一年二月改隶本局。所有公商车辆之过户，请领执照、牌照、派装及纠分之仲裁诸事，概由管制站办理。成立迄今，对公商车辆之调度，运量之增加，助益不少。

（四）供应　前中运昆泸线及前西南运输处泸、曲两处，于本路通车后，系陆续由昆装运油、胎，分发沿线各站应用。自后每月均有运到数量，多寡不一。本局成立之初，适逢太平洋战争爆发，行车燃料及车胎，均感缺乏，惟恃前西南运输处移拨存在沿线各站之燃料及车胎，但因数量无多，未及一月，即告用罄。其时奉拨美租借法案内燃料尚未运到，困难万分，爰签奉统制局俞副主任核准，由中缅运输总局月拨备用。惟以中缅局燃料亦不充裕，所能供给者，为数甚少，致燃料供应困难，仍未稍减，迨至三十一年四月间，鉴于行车燃料，来源几绝，特筹划设立酒精厂，以谋自给。一面采购木炭，将旧车改装木炭车，担任运输，一面呈奉统制局核准与内江各酒精厂订约，按月供售酒精计6万加仑。车胎则分向中缅局及配件委员会洽拨，或在市面搜购，勉使运输未告中断。嗣于八月间奉令抢运滇边存资。燃料问题，改由该委会筹拨，规定月拨本局数量只105000加仑，仅能维持经常运输，若遇紧急抢运即感不敷。至于车辆蓬布，多付缺如，现经滇缅局洽拨一部分，并经将拖车蓬布改制暨旧蓬布修补，已将所有行驶车辆，每车备一张。此外本局对于筹供液委员会空桶，亦未敢稍事疏忽，现在本局及滇缅局共已拨发者达17000余只。

四、机务

本路机务，关于厂、所、库之设备，已述之于前，兹再就其保养、修理及制造方面，分别述其大概。

（一）保养　本路车辆保养工作，先就川滇公路管理期间而言，当时沿线行驶之雷诺车，均系由法新到。且该车钢板及一部分机件，于制造时即按我国公路情况，予以加强，颇能耐用。故新车行驶之初，各厂、所特别重视保养，注意车辆之润滑，与机件之清洁等事项。次就西南运输处期间而言，该处车辆之保养，系归车队负责。每大队规定设技佐1人，率领技工若干人，配发工具若干，受中队长之指挥，担任车辆之保养及清洁等工作。此外尚规定保护车辆奖惩办法，颇收实效。本局成立后，即以车辆之保养，重于修理。规定各牌车辆，每行驶500公里应注意之保养工作，切实施行。更督饬各厂所站于每日之到达车辆，不待司机报告，自动分类加以检查，保养。并指定洗车站，兴建洗车池，随时加以清洁。又印发行车记录册，予以记载。颁定“各车队保养车辆奖惩办法”，按记录册所记录之情况，对司机及队长予以奖惩。实行以来，颇收宏效。

（二）修理　本路车辆之修理，在川滇公路管理处时期，以机器工具，皆自法国装运，到达太迟，车辆修理，深感困难。加以雷诺车之制造，皆照法国尺寸，国内所有工具，多不适用，技工对于该牌车辆之修理技术，又不熟练，故该处曾于昆明设立技工训练班，授以雷诺车之构造、修理法，并送昆明雷诺厂实习受训，期满后始分发至沿线各厂所工作。迨至中国运输公司时期，接收之雷诺车，因行驶较久，其损坏程度，亦渐增加，尤以连杆波司及平板波司，最易烧坏。又以该牌车辆之汽缸压力特高，普通波司合金均不适用，因是停修车辆大多不易修复。该公司自三十年即已停止运输，而其修理保养及制造等工作，亦随同停止。至西南运输处方面，配修本线行驶之车辆颇多，经常有2大队，约车200余辆，有时且达400余辆。关于修理工作，亦较纷繁，以当时材料进口较易，供应裕如，而技术员工亦颇安心工作，对应修车辆，尚能按时出厂，无使搁置。及川滇铁路运输局成立，对修车工作更加注意，所有能行驶车辆，均按时予以检修，平均每车每月约可检修 4 次。惟本局现有车辆，半数为道奇、白氏、奇姆西等之过龄车辆，大抵磨触过甚，材料亦缺，常感旋修旋坏之繁，半数为万国牌半新车辆，而国内公商机关，均无是项材料，市面亦无法购买，常感待料难修之苦，此实为修理上之最大困难问题。计三十一年度全年修理大修车辆 620 辆，中修 2300 辆，小修 13363 辆，保养 4834 辆，合计 21119 辆。又本局以汽油来源断绝，经将汽油车辆改燃酒精及木炭，以利运输。计改装酒精车 593 辆，改装木炭车 66 辆。复以本局接收前西南运输处及前中国运输公司车辆，多系破旧，除已报废一部分外，其余堪以修复者，已规定各厂所分级检修，拼修行驶。

（三）制造　关于汽车配件之制造，在川滇公路管理处时以机器工具运到太迟，而五金原料亦不充足，对于制造一项，仅有一小部分之机件，如中心螺丝，连杆铜套，连杆波司等类而矣。至西南运输处方面，设有设备较全之威宁整车厂，对于各项配件，制造颇多，增加修车效率不少。及本局成立，适灾机器设备甚少，常感不敷应用。特为招足技工两班，分日夜工作，以增制量，计去年一至十一月，共自制配件约值价国币 43 万余元，自制工具约值价国币 67000 余元。现正努力推进中。

五、司机管训

（一）司机管训之重要　公路运输如欲发挥其效能，尽其陆上运输之重要任务，司机管理问题，不可忽视。盖汽车之行驶，依赖司机之处特多，诸如车辆之驾驶、保养，物资之维护、管理，车辆出站后，悉由司机一人负责，故司机如能胜任，则行车业务问题，皆可圆满解决。司机在汽车运输上既如此重要，然试观我国汽车司机之思想、行为、工作，不能令人满意，甚至恶习罪行，几为社会所不齿，不特在汽车运输界形成一严重问题，即在社会间亦成为众目睽睽不容忽视之问题。惟考其行为恶劣之原因，多系环境使然，而非天赋，固可以教导，可以改善，决不可听其堕落，任其腐化。本路对于司机管训一事，于通运之初即已注意，而泸、曲两处，亦已尽相当之努力。直至本局成立，始专设机构，积极推进，而本路对司机之管训，因此益彰。

（二）司机管训之方法　经过泸、曲两处两年之经验及实地之考查，深觉过去司机之种种罪行恶习，不外由于待遇太低不足以养廉，教育程度过浅，易受不良环境之诱惑，以及纪律不强，赏罚不明，不足以奖功惩恶，有以致之。乃从情理法三方面，提出“养”“教”“管”之方法。盖“养”以安定其生活，解决其困难。“教”以训练其思想，增进其学识。“管”以纠正其行为，整饬其纪律。本局对于司机管训，即以此为基本原则。

六、警务

公路运输业务，因以在适当之方法运用其所有之设备为基本原则：惟物资及客货运输之条件，以安全为第一，而盗匪之抢劫，奸伪之破坏，祸患堪虞，苟无保护之力量，纵有完善之设备，亦虽难以任其运用，故保护之力量不可缺乏。公路之警务工作，即所以防护一切祸患者，于公路运输业务，亦至重要。举凡沿路之警备，兵力之筹划分配，匪情之侦察，阴谋之破获，物资之押运以及有关沿路治安诸事项，莫不属于警务范围。惟范围既广，责任亦重，倘应用得宜，则人尽其力，事致其当；否则浪费人力，事倍功半。本路警务工作，系应其业务之需要，由简而繁，逐渐扩展。盖其运用之原则，对于外勤人员，重质不重量，以补人力之缺乏，而收事半功倍之效；对于匪患及奸谋，在能侦察防范，以遏于未然，对于武力，在使流动，以免顾此失彼，至于本路警务推进之实在情形，是又待路线经过之事实，以明其大概。

溯自本路通运之始，其主要运输机构，为前西南运输处泸州支处。初以业务简单，警务工作亦不繁忙，故该处负责警务职责之监查科，工作人员甚少；而奉派服务之部队，仅内政部警察一班及特务团一排，分布于沿路各站厂，二十九年秋至三十年秋，警务逐渐增加，而泸州支处复于三十年五月改组为曲站分处，业务剧繁，于是监察科人员，亦自二十九年秋逐渐补充，而服务部队，则自二十九年八月起，由警务团一排改为宪兵一连，其内警队亦逐渐增至两中队，惟本路经过之地，多崇山峻岭，居民稀少，警务方面仍感人手不敷，武力不足。为弥此缺陷，对于物资押运工作，乃利用回程押运办法，所有由泸运昆出口桐油等，均以由昆运泸原资车之押运员押运回昆，其有转渝之重要物资，始于临时派遣专人押送，节省人力不少。对于警卫及稽查工作，乃组织巡查队，配合武力，于沿路游动巡查，并与统制局各检查站密切联络，以加强力量，收效甚大。一面更采取积极方针对于肇祸受禁之司机，作有效之训练。规定作息时间及进行课目，逐日履行，俾其改过自新，加强抗战力量，实开本路机工管训之先声。此二十九年至三十年之情形也。

三十年十一月本局成立，警务方面，初仍照成规办理，迨至三十一年二月，始遵照统制局颁发之运输局警卫稽查组组织通则，正式组织警卫稽查组并充实内部工作人员，警务工作因以开展。当时之服务部队，因宪兵连离去，仅余内警第三大队七、八两中队，官兵160余员名。武力薄弱，不敷分配。经请调交通警备第一团第三营及第二团之八连，共5个连，计官兵约360余员名。旋内警三大队亦于五月间呈准招募新警50名，施以训练，分别补充七、八两中队，九月间复由渝内警总队，拨补警兵50名。至此本路服务部队，合内警及交警两部，约有官兵700余员名，但亦仅可勉强支配而已。

14. 川滇东路与沿线经济[①]（1943年）

一、川滇交通之重要　川滇东路自四川隆昌向南至泸县南岸蓝田坝，经川之纳溪、江门、叙永，黔之赤水河、毕节、赫章、威宁、哲觉，滇之宣威、沾益、曲靖而达昆明，全线计长974.7公里。自里程方面言之，川滇线较为经济，较之由重庆经贵阳而至昆明之路线1148公里者，减少233公里。如由成渝公路成都经隆昌泸县毕节而至贵阳计有862公里，较之由成都经

① 节选自周健民著：《川滇东路之管理与运输》，原载《交通建设》1943年第1卷第11期。标题为编者自拟。

隆昌重庆而至贵阳之路线有930公里者，可以减少76公里。将来叙昆铁路完成，通至宣威以后，则川滇东路北段由宣威至昆明利用叙昆铁路，可以减少汽车行程259公里，较之渝筑昆公路由沾益至昆明，利用叙昆铁路只有173公里，可以多利用铁路86公里。再以川滇西路而论，西路现辖之路线，包括以前之乐西西祥两公路，正线与支线共长1070余公里。此路虽为边疆重要路线，惟其经过多为贫瘠区域，加以崇山峻岭，工程较为不易，如谋川滇两省之直交通，则西路终嫌迂远而不及东路之便捷。川滇东路虽亦山岭重叠，工程方面亦不甚易，但较行经边区之西路，及现在绕道渝筑之路线，节省行驶日期及燃料甚多。自国防方面言之，东路沿线大部分皆是重山叠嶂，汽车行驶其间，容易掩蔽。加以密迩陪都，有公路及水运之便，南由昆明而通缅越，西可至成都以通陕甘，中接毕清公路以通滇黔及川黔各线，一面沟通西南西北两国际路线，一面完成西南公路路线网。该路可谓之川滇两省直接交通之要道，并为抗战建国之生命线也。

二、工程概况　川滇东路由云南宣威至昆明一段为已成路线，自四川隆昌至宣威计716.8公里系新建筑者，由前重庆行营主办，拨款520万元，饬四川贵州及云南各省政府各就其本省段内负责修筑，并由云南省政府拨给威宁至宣威段工款约60万元，至沿线各县所拨付之民工代工金，无从确实统计。移交路面窳败，改善工程，刻不容缓，由行营发给125万元为该路二十八年度路工改善之用，并于二十八年八月一日起交通部特设川滇公路管理处，负责主办改善工程，在川滇公路运输局未成立以前，所有昆明至泸县运输事宜，并由川滇公路管理处兼办。该处二十八年度改善工程费经交部核准为149万元，二十九年度改善工程费为819万余元。该线始自川之隆昌，迄于滇之昆明，全路长凡974.7公里，其在川省境内者，自隆昌至赤水河北岸为隆赤段（现改称为泸赤段）长213公里。在黔省境内者，由赤水河南岸至杉木箐为赤杉段，长365公里。在滇省境内者，由杉木箐至昆明之杉昆段，长337公里。惟川滇东路实际起讫地点，系自泸县南岸蓝田坝至昆明，计910公里。兹将各段工程概况分别简述之：

（一）隆赤段　自隆昌起，南经嘉明镇、福集场、双牌场、石洞镇，由小市渡沱江而至泸县。由泸县渡长江经蓝田坝至纳溪。再渡永宁河，沿永宁河两岸，经渠坝驿、大洲驿、上马场、江门、马岭、兴隆场，而达叙永。自叙永草坝起盘越天台山、营盘山、关山，以达川黔交界之赤水河北岸，全段共长274.3公里。该段由四川省公路局在泸县设川滇东路总段工程处负责修筑，于二十七年三月间开工。工程预算原为399万余元，嗣后核减为283万余元，重庆行营只拨发250万元，因与工程决算相差较巨，故于二十八年三月交通部又增拨加宽工程费30万元。

此段路基，自隆昌至叙永，均属平地，海拔在350与500公尺之间，沿河临江大部分属于平地路基，惟隆叙间亦有山地路基一段，在江门一带绵亘约12公里，劈山开石，工程较为艰巨。自叙永天台山以南转入山地，坡度陡增，盘旋于海拔2000公尺之高峰，路基海拔有达1692公尺之高者。叙永以南，皆属山地路基，尤以天生岩，悬岩绝壁，峡峪千仞，以及东门箐□岩削峙，万笏朝天，为最艰险部分。路基坡度最大者，为6%至8%。宽度隆昌至纳溪为9公尺，自纳溪至赤水河缩减为7.5公尺，其工程困难之处为6公尺。曲线最小半径为30公尺，特殊地带只有

10公尺。路面宽度原定挖方均为5公尺，桥梁则为6公尺。路面厚度平地路面填方为30公尺，挖方为25公分，坚石谷及软石路基之挖方为10公分，坚石路基则为5公分，规定均合予标准。

（二）赤杉段　自川黔交界之赤水河南岸起，往西南行经清水铺、亮岩、燕子口、孙家铺、毛粟坪、毛鸡厂，而至毕节。再往西行经长春铺、高山铺、洒拉溪、杨家湾、七星岗、平山铺、野马川、赫章、七家湾、水槽铺、妈姑、土坡脚，而至威宁。再由威宁北门起，顺草海东岸，经马鞍山、岩格青，黑石头、蜜蜂岭、舍姬罗、哲觉，以达黔滇交界之杉木箐，全段共长362.2公里。该段工程由贵州建设厅负责，并于毕节设川滇东路贵州赤威总段工程处，主持修筑，于二十七年四月间开工，当时工程预算为260万元，嗣后工程决算为220万元。前重庆行营拨给是项工程费250万元，其中以30万元拨作威杉段路面工程处工程经费。此段路基宽度以9公尺为标准，其工程艰巨之处为7.5公尺。坡度最大者为6%，工程艰巨处不得超过8%。曲线半径最小为15公尺，曲线之超高与加宽三公尺半均合标准。路线高度，自赤水河往南，即逐渐高升，以达威宁之最高点，高差1600余公尺。此段路面，不论挖方填方或桥梁，其宽度均系5公尺。其厚度坚石路基为5公分，软石路基为10公分，坚石谷为15公分，挖方为20公分，填方则为30公分，均合标准。

（三）杉昆段　自杉木箐经宣威，来远铺，至天生桥与京滇国道会点，顺京滇国道经沾益、曲靖、马龙、易隆、杨林，以达昆明，全段共长338.2公里。查威宁至宣威段工程原系云南公路总局宣威昭通段工程分处之第一段及第二段工程，于二十四年九月间即已开工，嗣后川滇东路兴工后，该段划归川滇东路，由中央拨补助费20万元，仍由该工程分处继续负责。全部工程经费预算为654000余元，其中11万元系民工伙食津贴。嗣因宣威二县，民工贫苦，伙食补助费较薄，工程进展甚缓，经成都行辕公路监理处规定，将黔境威宁至杉木箐一段之路面，划归贵州建设厅办理。于威宁县成立川滇东路贵州威杉段路面工程处负责办理，其经费由赤威总段工程余款30万元内拨付。滇境杉木箐至宣威间路面，仍由云南公路总局办理，饬宣威县政府征工铺垫，经费由中央拨给6万元。路队坡度通常自2%至5%，最大坡度为7%。曲线半径最小者平地50公尺，山地25公尺，及“之”字拐弯者15公尺，均属相宜。路基之宽度，仍与各段一律为9公尺，其路面宽度亦一律为5公尺，至路面之厚度，威宁至杉木箐间，仍照赤杉段之规定，按地质之情形，分别铺压。自杉木箐至昆明，系按云南公路总局之规定，凡土质坚实者或坚实之路基，铺10公分至15公分，如土质不良者，铺20公分至30公分。全路堡坎设备，路标装置，傍山险道，危险弯道，崎岖路，危险，载重限制，速率限制，指路，慢行等行车安全标志，均已装置，至各路段之路程牌，均已采用永久式石牌，并以昆明为零点起记，顺序栽立。

三、沿线交通与经济　四川泸县为川滇东路起点站，位于长江与沱江会合之口，三面临水，外围多山，在地形上似同重庆。沿长江上游可至嘉定，下游至重庆，由沱江而上可通内江简阳。民生公司轮船经年航驶于重庆宜宾之间，洪水时可航行至嘉定。农作物出产甚为丰富，如米、麦、高粱、大豆、棉花、菜籽、麻、甘蔗、桂圆等，其他农村副业如白猪鬃年产约10万斤，品质之佳，甲于全川，又黑猪鬃三四万斤，鸭毛二三万斤，大都皆可输出。牛皮产量较少，只能供给本地需要，此外大曲美酒，名闻全省，年产457000余市斤，本地销量只有28000余市斤，运出之酒量有428000余市斤。

纳溪为三等县治，位于长江上游之南岸，东接合江，南邻古宋，西界江安，北连泸县，面积甚小。该县以前之交通，仅恃土路与水道，土路与其各邻县皆可通行，水道溯长江西行经江安宜宾，以达嘉定。向东北航行可由泸县而至重庆，南由安富镇经永宁河以通叙永。现川滇东路经过该县，因此交通更称便利。出产以米为大宗，惟产量甚属有限，只俱自给。他如玉蜀黍，麦，豆等产量亦不甚多，其他茶糖烟叶亦有相当产量。工商矿业均无甚可称。

叙永为二等县制，全县东西稍窄，南北较长，县城濒永宁河上游，为川滇川黔交通要道，亦川南之重镇也。川滇东路未通之前，如赴古宋纳溪古蔺等县，皆利用土路。水运可利用永宁河而通长江至泸县，但河面极窄，水亦较急，滩险又多，即数吨之木船，尚虞搁浅，每在中途阻滞，而待水涨，然由川南运往黔西之布疋、食盐、棉纱，以及由川南黔西运出之桐油，仍有利用此水道也。惟水道至叙永后，即不能通至黔省，故川黔边区交通，不得不利用人力耳。农产品以米、黄豆、包谷为大宗。其他黑白猪鬃各约1万斤，牛皮约2万斤，羊皮数量亦巨，但无统计，输入之食盐，除销售本地古宋古蔺两县外，其余转销黔省。其他如糖、油、疋头，大都销售于本地及邻县，而疋头油类亦有半数运销于黔省。至于输出货品包谷15000石，谷子2万余石，黄豆1万石，均系运泸转售。他如猪鬃五六万斤，漆5万斤，牛皮六七万斤，五倍子67万斤等数量，已包括本地产量及由黔西运叙运销之数，又桐油年约售出100万斤，其中半数系邻县所产，运泸县再经轮运至渝销售。由此可知叙支系邻县及黔西各县之转运枢纽，过去因水道不畅，未能尽量发达，现在川滇东路通车，将来吸收原有水运输出输入货物改由煤汽车运输，不妨减低运价，或利用回空车辆，则叙永商业经济谅有起色。

毕节为一等县治，地势高峻，海拔约为1200公尺，云贵高原间一小盆地。县城西南有七星山，七峰并峙，形势险要。山上有七星关，系滇黔之咽喉，下临七星河，水势急流，上建半永久式桥1座，以便汽车通过，系川滇东路之大桥之一。全县面积有1万方华里，可耕者只有25%耳。该县西北有马道，可通云南之镇雄昭通两县，为黔西入滇之大路。东有清毕公路，经大定清镇而至贵阳，计长231公里，为贵州省有公路。现贵州公路局每隔二日开客车一次往返毕筑间，以利商旅。境内并为大河，故无水运之可言，运输远近货物，仍用驮马人力二种，每骡马约能负重120华斤，日行30公里，人力夫每人约可负100斤，日行25公里。农产品以玉蜀黍为大宗，并略产米麦豆类，因农业荒芜，以至粮食供不应求，民食所需，尚需仰给外省。境内虽有煤锑铅汞等矿，惟未经探测，故蕴藏量不详，但煤系用土法开掘，可以供给全县燃料之用。

威宁为一等县治，系贵州省最西之县份，地属贵云两省之高原，为七星关外唯一之重镇，全县面积甚小，约10350方华里，耕地只占40%。境内东有马道通贵州之水城，西北有公路计116.8公里，可达云南之昭通。将来叙昆铁路完成，威宁亦为该路经过之处。北接昭通宜宾，举凡西南各省及缅越等处之物资进出，恐将取道于此，将来市面之繁荣，人口之增加自不待言。川滇东路及宣昭公路客货运输尚未正式办理，故本地交通工具仍以驮马为主。出产以水腿黄梨为大宗，火腿年产5万斤，大都运销四川之宜宾及云南之宣威昭通。黄梨年产10万斤，运往黔西及滇黔交界之各县。煤产量甚多，四郊皆有，而在县城东北20公里之幺店，煤矿为最著，藏量较多，而煤质亦佳。又离县城70公里之小矿山有铁矿，惟尚未开采耳。羊毛线及羊毛呢均系手工制造，销路除本地外，只黔西各县。白腊年产约800挑至1000挑，运销川湘两省。其他尚有猪鬃年产约8000斤，销往昭通宜宾等处。

宣威为一等县治，位于云南省东北部，与贵州之威宁盘县等县交界，为通云贵间北路之大道。地势东北低而西南高。境内重山叠嶂，岗陵起伏，海拔约1万余尺，故气候较寒。本县公行由云南省政府修筑，系利用原有大道加阔路面而成者。南行32公里至永安堡，入沾益县，与京滇国道（滇黔公路）衔接，可至昆明。北行77公里至杉木箐入威宁县界。惟因县境所属均系山地，故无水运之可言。产物运往各地及道路平坦之处多用牛车，如须经山岭区域，则赖人力及骡马驮负。本县每年产稻约32000余石，番薯约34000石，麦约11000石，玉蜀黍约43000石，其他豆类杂粮约3万石，共计15万石，惟以人口较多，以至粮食供不应求，尚赖邻县接济。境内矿产以煤铁铜为最富，多未开采，以至货弃于地。其他石炭酸及漆等项，产量亦多。出口货以火腿为大宗，年约60万斤，罐头火腿约30万罐，桐油约5万斤，猪鬃约万斤。将来叙昆铁路完成之后，经过宣威，以及川滇东路正式办理客货运输，则本县商业之繁荣，经济之流通，必多裨益也。

曲靖在昆明之东，为滇黔贸易之孔道，离昆明只有160公里。川滇铁路及川滇东路公路均经过此处。出产以米、豆、木灰为大宗，除供给本地外，尚能运销昆明，及其各邻县。此外陶器工业产量亦巨，其他韭菜花鸡蛋面为全省驰名产品。

昆明为滇省四达之点，环山带湖，形势雄胜，全市土地面积共计1639808方丈，其中山场地占1221208方丈，住宅地占186400方丈，耕地占167100方丈，铺房地占65100方丈。城南市店密集，商贾辐辏，繁华为全省冠。南门外即商埠所在之地，为清光绪十三年中法商务追加条约新开辟。

昆明无水运之利，只有滇池四周，可以通航，计（一）由昆明至昆阳，航程150公里。（二）由昆明至晋阳航程50公里。（三）由昆明至海口航程20公里。其他如省境内之怒江金沙江澜沧江诸大河流，均以经过山峡之间，故不便航行。滇省以前交通之旧道，以昆明为中心，其干道有四。（一）迤东干道经马龙、沾益、平彝至贵州盘县。（二）迤南干道可分二线，一经宜良、路南、弥勒、邱北、广南、富州、剥溢以通广西百色。又自路南分道，经陆良、师宗、罗平以通贵州兴义。一经昆阳、玉溪、峨山、元江、墨汀、宁洱、思茅、车里以通缅甸。（三）迤西干道经安宁、禄丰、广通、楚雄、镇南、弥渡、祥云、凤仪、大理、邓川、鹤庆、丽江、德钦（即阿墩子）以通西康。又自凤仪分道，经漾濞、永平、保山、腾冲、盈江以通缅甸。（四）迤北干道分二线，一经嵩明、寻甸、会泽、昭通、大关、盐津至四川宜宾。一自昆明经富民、武定、元谋，而至四川会理。至于滇省公路，亦以昆明为中心，其主要路线亦有四。(一)滇东线由昆明经杨林、易隆、马龙、曲靖、沾益、平彝直通贵阳，是为滇黔公路，计长662公路。北循川黔公路以通成渝，沿京滇国道而达内地各省。另由曲靖而南至陆良，折而东行，费师宗，以至罗平。此为曲罗段计170余公里。(二)滇南线由昆明经晋宁、昆阳、玉溪、河西、通海、曲溪以至建永。此为昆建段，计长236.9公里。(三)滇西线由昆明经安宁、禄丰、镇南、祥云、凤仪、下关、漾濞、水平、保山、龙陵以至畹町，即滇缅公路是也，计长965公里。其开由下关转大理北行，经邓川、洱源、剑川以至丽江。此为昆丽段，由昆明起计算，计长622.86公里。又由安宁西北行，经罗次以至武定，此为昆武段，计长132公里。(四)滇东北线由昆明经马龙、沾益以至宣威，计长258公里。又由昆明经杨林、嵩明、羊街、功山、寻甸、光头坡之至会泽，此为昆会段，计长253公里。

铁路方面已成之路，有法人经营之滇越铁路，自昆明经宜良至劳开，计长289里。自劳开起入安南境，直通至海防止，计长245公里，其两路合计有534里。其他尚未完成之铁路，有叙昆及滇缅两路。

昆明农业，无甚可称，米粮一项，每年且须由安南输入若干，他如普洱之茶，每年输出逾40余万斤。迤西各县之云茯苓及边地各县之牛黄等，均负盛名，然多以昆明为集散之地。

昆明虽无特著矿产，然全市金、银、铜、铁、锡、铅、锌、煤、玛瑙、珊瑚、琥珀之富源，均驾凌各省之上，实与昆市之经济，脉息相关。铜以会泽所产者为最佳，产量占全国80%以上。锡矿产地，以个旧为最著，每年产量，平均约1400万斤，占全国产量90%以上，其出口总值为数甚巨。

全线以四川最为富庶，云南次之，而贵州最为贫瘠，经过数十里不见人烟，又无耕种，沿线滇境亦多荒凉之地。至于气候以川境为最适宜，黔境寒暖不定，有"一雨便成冬"之谚，且时常阴雨，惟夏日气候清凉，可为西南避暑之地。滇境气候亦不佳，时起大风，每日温度，波动颇大，旅行川滇东路之黔滇两境者，当为留意。

四、路局之组织

前西南运输处二十八年春设立泸州支处，办理川滇线进出口物资运输事宜，复于三十年夏改组为曲靖分处。迨三十年冬前运输统制局为统一本路运输计，乃设立川滇东路运输局，即就前西南运输处曲靖分处原址，于是年十一月一日正式成立，并分别接收前西南运输处暨中国运输公司在东路沿线之一切设备，于十二月移驻贵州毕节现址办公。运输局成立之时，适值太平洋战争爆发之前夕，抢运极形紧急，惟当时以组织无成规可循，只为参酌实际情形，并按照汽车1000辆之计划，故局中内部组织，分为秘书室、总务组、运务组、会计组、机务组、警卫稽查组、机工管训委员会及工程事务室等八部门。自本年一月一日隶属于交通部公路运输总局后，因各公路局编制，尚未公布，故局内组织仍沿照旧有机构。

沿线分三段，泸州为运输第一段，管辖纳溪、江门、叙永三运输站及泸州油库。毕节为运输第二段，管辖赤水河、赫章、威宁三运输站。曲靖为运输第三段，管辖哲觉、宣威二运输站及曲靖油库等。办理物资运输及分配存储燃料适宜。

司机及酒精车辆之管理，由队部负责，直辖路局，计设汽车运输第一、二、三大队，分驻泸州、曲靖、毕节3处，负担全线运输之责。至木炭车只行驶于川境泸州叙永之间，故先成立煤气车运输第一队，驻在叙永负责管理木炭车之司机及保养等事宜。东路沿线，既设段站办理运输，设厂所修理车辆，另外又设运输队部管理车辆及司机，以致段站只承办装卸物资，供给燃料等工作，并无权限管理司机及车辆，而队部以司机驾驶车辆，时常行驶于沿线，无从管理司机及车辆，故此种队部管理制度，不但增加开支，而于段站与队部之间，事权不统一，职责不分明，因此影响于运输效率甚巨。路局为调整段队机构，增进运输效能起见，故已决定将大队部裁并，所有车辆与司机拨归运输段管理，各段设立1个队务股，管辖若干运输队，每一运输队所辖司机及助手之名额，需视车辆之种类而异，如属酒精车应管辖15辆及司机15名，如属煤气车应管辖10辆及司机与助手各10名，每段另配置预备司机5名至10名。路局业经规定第一段接收第一大队及煤气车队车辆，第二段接收第三大队车辆，第三段接收第二大队车辆，并限于本年八月十五日以前将交接车辆之事办理完竣，又限八月底以前所有各大队部及煤气车队完全结束。今后段站集中管理司机及车辆，则事权可以统一，指挥调度，均感灵敏，运输效能更可发扬光大。

沿线修车厂所，计有泸毕威3厂及叙宣曲3所，暨威宁器材库1处，专司全局机务方面器材之保管及供应等事。其他沿线分布酒精制造厂3处及炼油厂5处，以便自己制炼，就近供给燃料。

〈后略〉

15. 西南公路运输局概况[①]（1944年）

一、沿革

查平时公路运输原居辅助地位，抗战军兴，首都内移，运输事业侧重大后方，乃一跃而居于主要地位，同时为求车辆调度咸宜，物资转运适当以配合前线作战起见，故有管制机构之设立，本局奉前运输统制局令，于三十一年一月在贵阳成立，任务为管制公建商车，负担西南各省军事与进出口物资运输及附搭旅客，但本身尚无车辆，而当时实际负荷西南干线主要运务业务为前中国运输公司。三十二年一月前运输统制局撤销，本局改隶交通部公路总局，嗣以有与前中运公司合并之必要，旋呈奉交通部公路总局令，准自三十二年七月一日起实行合并，局址仍设在贵阳，此为本局之大概沿革。

① 原载《交通建设》1944年第2卷第6期。

二、组织概况

本局成立之初，因本身尚无车辆，组织比较简单，局内设置总务、运务、机务、会计四科，及警卫稽查一组，局外设置各级管理站，办理车辆物资管制事宜，至兼并前中运公司后，业务增繁，且兼办客运，为适应实际需要，组织酌予扩大，局内改设总务、运务、管理、材料、会计、警稽六组，及技术人事两室，总务组内分机要、文书、出纳、事务、福利五课，并管辖沿线各医务所，运务组内分运输、业务、机务、计核、电讯五课，并管辖沿线各客货车站、保养场、保养分场、整理场、救济站、电台交换所及零件配修所，管理组内设管制、调查、登记三课，分管全线车辆物资管制调查及登记事项，材料组内分采办、储转、料账、稽核四课，并管辖各材料库及贵阳电工厂，会计组内分核收、核支、编查、账务等四课，警稽组内分第一第二两课，并指挥交通警备司令部派驻本局警察第四总队第三大队，技术室掌理本局有关技术之设计考核推进等事项，人事室掌理本路有关人事等之管理事项。至局外则设昆明重庆两地代表，俾便对外接洽公务，并设重庆曲靖独山晃县等地区办事处，分别办理各该区所属事宜，又设置各修车厂，曲靖公商车辆调配所，及各管制总站管制站等，惟各该管制总站嗣奉令于本年十一十二月间先后亦改为公商车辆调配所或调配分所。此外为推行委员长倡颁之行政三联制，以加强行政效率计，经于三十二年八月初成立设计考核委员会，嗣又陆续改组员工福利委员会，组设旧废料审理委员会，及大学实习生甄考委员会，分办各种事务，又为解决商车营运困难以期增进运量计，协助筹设商车指导委员会贵阳分会，该会已于三十二年二月二十五日正式成立。

三、路线

本局原辖路线北至重庆接成渝线而达西北，名曰筑渝线，南至金城江与黔桂铁路衔接，而管制路线并伸展至柳州，名曰筑柳线，东至桃园线之郑家界，此线可由水陆交通以达长沙衡阳，名曰筑桃线，西至曲靖与川滇东滇两公路及川滇铁路衔接，名曰筑曲线，又由川境之綦江至湘境之茶洞，而运输线复由綦江伸至重庆及由茶洞伸至东线之三角坪，名曰川湘线，纵横共计3371公里，绵亘川湘黔滇桂等五省。惟川湘线奉准于三十二年七月移交，当经本局与前中运公司自行将该线管制与运输业务分别移交川湘鄂区汽车联运处，嗣于三十二年九月黔桂铁路正式通车独山，本局南线运输随而缩短，改以独山为起讫站，但柳州管制站未予取消，又晃线以东于三十三年一月呈准移交川湘鄂区汽车联运处接管，东线乃止于湘晃，计截至现在（三十三年二月）止，本局运输路线只为1610公里，以管制线算，则为2012公里，兹所辖路线虽有减少或缩短，但本区为国际运输之联络线，地位仍属同样重要，而际此最后胜利将临近之时，责任更属日益加重。

四、业务概况

查本局业务大致分为管理与运输，管理即管制公商及生产建设机关车辆，物资运输分客运货运，兹将各项情形及车辆与运输情况概述如下：

（一）管制车辆

1. 公车　凡政府机关自运物资之自备车辆属之。本区公车均须向本局登记领取登记证，并按自填车辆动态表送本局备查。该项车辆以自运本身机关物资为限，并由调配所凭该机关证明文件填发准行证放行，如遇本身物资缺乏时，得将车辆交由调配所为公服务，不得任意旷置，非经特准亦不得运输其他货物，或揽运其他机关物资及商货。又每次行驶，须载足吨位，如有剩余吨位应交由调配所配装，至回空或放空时，应报由本局所在地调配所配装军品公物或商货，非领有空驶证者，不得空驶。本局遇有紧急军运，得酌调各机关公车担任抢运。

2. 建设生产车　凡政府或社会集团所办有关抗战建国需要之一切建设生产机关其自备车辆属之。该项车辆其属本区者，须向本局登记领取特许证，惟有下列情形之一者，得拒予发证：（1）所经管事业与抗战无关者；（2）无大量机件原料或成品常川运输者；（3）运输路线有其运输工具可资替代而不妨害本身业务者；（4）运输方向适与进口方向相反，本局有回程车可资利用者，又未经核准发证者，应依照管制商车办法登记服务，其余比照管制公车办法办理。

3. 商车　商人自营车辆属之。凡本区商车均应向本局申请登记，其未经核准者，不准行驶，已核准者发给登记证，并填发服务簿，初次领到服务簿者，应于2日内向调配所报到。又商车装货驶抵目的地卸空或回空驶抵目的地后，须于24小时内（日夜计算）报到，已报到之车辆由调配所依照车辆装派次序（商车、建设生产机关车、公车，如有军车利用以军车为最先），按报到先后派装已登记之军公商物资，既派装者，应即驶往指定地点装载，并于办清行车有关手续后，向调配所领取车辆准行证，于领得该证后，须在24小时内向指定目的地出发，但起迄站两方待运物资不平衡时，调配所得规定来往行驶日程，准与放空或回空。至商车如因机件损坏或配件不全，必须停车修理者，应由车主或代表人申请报修，小修者至多不得超过5日，大修者不得超过15日，如因待件或特殊情形不能照规定期间内修竣时，应由车主取得承修厂行之证明，经查实后，方准展期，一俟修复应即报到服务。

（二）管制物资

1. 各调配所除海棠溪调配所别有规定外，配运物资均以先运军品。俟军品运竣，始配运公品，俟公品运竣，始配运商货。

2. 海棠溪调配所以物资待运情形特殊，按照军品七公品二商货一比例配运，即每放10辆，以7车运军品，2车运公品，1车运商货，如无军品即应将运军品车按公品2车商品1车比例配运。

（三）协助客运

查客运原由前中国运输公司经营，本局只办公建商车附搭旅客，自本局与该公司合并后，始兼办客运。现筑渝筑独筑晃间均有固定班车行驶，此外并有专供军政人员乘坐之特约交通车，旅客众多时之加班车，及近办之渝独直达车等，同时以公建商车附搭旅客为辅助，至筑曲间则因货运特多，利用公建商车附搭尚可应附，故未专开客车。

（四）货运

此项系指公建商车及本局货车运输军公商品而言，军品为首要，公物次之，商货又次之。至各种物资名称及数量，以事关军秘，概从缺略。

五、困难情形

本局自成立以来两年有余，困难殊多，幸赖上峰督率指导，上下一致努力，勉可支持，兹略举数端陈述如次：

（一）车辆破旧，配件缺乏：自滇缅事变国际路线暂告中断后，车辆与配件之来源顿感缺乏，年来车辆多已行驶逾龄，新车无法补充，只得在保养与修理方面用人力补救。但已国内市场所存配件日少，只得自行仿制，并尽量设法由国外运入若干，然仍感供不应求。此种困难外间人士未能深悉，故对本局车辆中途损坏抛锚，动辄啧有繁言，本局固当力求改善，尚望各界人士体察时艰，曲予谅解。

（二）汽油润滑油欠缺：自前年滇缅线中断，汽油来源立成问题，当时本区车辆即着手改装木炭炉，旋又改以酒精为主要燃料，然汽车本为燃用汽油，如改用其他燃料，无论成绩如何卓著，终无法弥补其缺陷，故车辆寿命与行车效率当比燃用汽油为低，尤以木炭车为甚。至润滑油亦至感供应困难，其中机油黄油虽现有国内产品，但远非舶来品可比，而黑油则时虞间断，如此情形影响行车亦非浅鲜，幸最近设法内运若干接济，目前尚可应付。

（三）代收代付运费之困难：关于本局代运物资之运费，向由物资机关于托运时估计概数，一次或分次交由本局代付，然后按实报销，但每有实际所运超过原托运量数，或有因增加运价而超出预算，亦有物资已开始运输，而运费仍未拨到，本局以物资运输事关军急，未便须臾耽延，不得不征调车辆先行启运，并先垫运费，此外尚有经将报销送出仍迁延不付者，致本局周转不灵，影响至大，深望各物资机关念本局处境之困难，时予利便与亮察。

（四）运价问题：查运价似应根据运输成本而转移，迩来各项汽车用料日益增高，运输成本加重，但运价尚未调整，此非惟影响本局经费，且车商因所收运费不敷成本，每多亏蚀，动辄托故报修，不愿服务，影响运输实非浅鲜，敬盼层峰迅赐调整，俾释困难。

16. 抗战时期的公路运输机关及车辆[①]（1944 年）

一、运输机关之分类及其变迁

运输机关可大致分为三类，即行政管理机关，运输业务机关，及指挥设计机关。

（一）行政管理机关　行政管理机关本身并不办理运输，其工作为运输法则之拟编，运价之厘订等等，此类机关，恒为一般人士所忽略，实则运输行政管理机关为运输之主体，决不可缺者，一切实际办理运输业务之机关，必须依照行政管理机关之章则运价办理运输。换言之，运输人人可办，而运输行政，必须操之政府，由政府指定之机关，集中管理一切运输机关。

① 节选自屠双著：《抗战以来之公路运输》，原载《交通建设》1944 年第 2 卷第 3 期。

行政管理之工作，自全国经济委员会结束后，即由交通部主持之。及廿九年夏交通部公路运输总局改隶运输统制局后，行政业务指挥三者统一，三十一年底运输统制局取消，公路运输之行政又归隶交通部，成立公路总局司其事。

（二）运输业务机关　公路运输业务机关甚夥，兹择其要者略述梗概如下：

1. 西南运输处　廿六年冬国外物资经港大量内运，军事委员会乃设置西南进出口物资运输总经理处为国际运输之主脑机关，西南运输处除接收进口物资外，并兼办粤桂湘黔等省之接运，最初铁路公路水路并重，嗣因战事之变迁及路线之更易，公路部分逐渐庞大，先后辖有卡车约5000辆，为全国最大之公路运输机关。三十年冬西南运输处奉令结束，滇缅路部分移交于中缅运输总局，川滇东路部分移交于川滇东路运输局，渝筑昆线一部分则移交于中运公司。

2. 中国运输公司　交通部之公路机构，自沿海各省后撤后，运输力量，多集中于桂黔川各省，嗣为加强运力办理国内各线运输起见，向外增购卡车，其时适财政部复兴公司订有大批卡车，乃决定合组中国运输公司，由国民政府特许成立，廿九年一月开始运输，以川桂滇黔各省干线为主线，辖车约2000辆，为国内次大之公路运输机关。三十二年六月底奉令结束，归并于西南公路运输局。

3. 各路局交通部原在各干线设置公路管理局，兼办运输，如西北西南川东滇缅等等，其后因运输与工程划分，乃相继改组陆续成立者有西北公路运输局，川滇东路运输局，川滇西路运输局，西南公路运输局，滇缅公路运输局等，自西南运输处及中国运输公司相继结束后，全国各干线路局，意见划一。

4. 其他机构　其他办理运输业务之机构，过去甚多，不胜枚举。现在公路总局之下，则有直辖汽车总队部、重庆公共汽车管理处、联运汽车管理处以及兼办公路运输之各管理局等。

（三）指挥设计机关　公路运输之指挥设计机关，变迁最多，照记忆所及，军委会曾设有运输总司令部，又曾设有运输总监部，行政院则设有水陆运输联合委员会，嗣改组为水陆运输联合设计委员会，廿九年为统一运输权责起见，成立运输统制局，直隶于军事委员会，一切军公运输机关，不论大小，悉数划归统辖，原期彻底实行一元化，但至三十一年底，运输统制局又奉令撤销，各项行政业务，移由交通部主办，另成立军委会运输会议，为指挥设计机关。

二、运输车辆

运输所需要之设备及条件甚多，但其中最主要者究为车辆，公路运输汽车可就其管理之单位，分为四种，一为路车，即各路局所直接管理之车辆（包括前西南运输处及前中运公司等机关），二为军车，三为商车，四为公路及生产建设机关车。

（一）路车　路车为政府办理公路运输之基本车辆，其最主要之目的，即为将外援物资运至目的地，将出口物资运往各口岸，并经常维持国内各线之客货运输。

路车之数量本属不少，但因以次改组多度分拨，实际现有之行驶车辆，已极有限。照本刊第一卷第三期所载，中国运输公司（即西南公路运输局）实际能驶客车，约计100余辆，货车总数1400余辆，日常行驶者，仅及5/10，则西南运输局现有实力，当在1000辆以下。川滇东路局现行车辆，则为200辆左右，其余各路局车辆实数未公开发表，但实际运输能力，至多亦不过与西南川东两局近似。

路车既为公路运输之主干，则自应设法改进，以期发挥示范作用，在运输统制局时代，曾一度实行运输计划制度，当时每月有一抢运计划，规定各单位所应担任之工作，此种计划虽或不无相当之推动性，但实施之进度如何，甚少过问。自滇缅路阻断后，运输计划制度，亦告中止。各路局求维持不暇，遑论其他矣。

（二）军车　军车可以军政部交通司所管辖之汽车兵团为主体（亦有拨由其他各署担任勤务者），辖车甚多与路车相埒，分编为各汽车兵团，各军队亦各辖有相当之卡车，各军事机关亦有合办运输者，以航空委员会为规模较大。

军车在管理方面系由各车主机关任之，指挥调度方面，则有后方勤务部于各线设线区司令部办理之。

（三）商车　我国公路上之商营卡车，原极稀少。粤汉铁路滇越铁路时代，商人可以种种方法取得铁路车皮，及各铁路相继告断，商人运货入境之唯一孔道即滇缅公路，政府卡车不能运商货，且最初滇缅路上只有西南运输处一个机关办理运输，所运者十九为兵工器材。其时恰值英国政府宣布禁运军品三个月，商人即大量在港仰星各埠收购卡车，当时每辆卡车之车价不过美金1000元左右，合国币约万元。

商车驶入国境，在滇缅线及其他各线活动，数量日见增加，地位亦日见重要。当时积存缅甸之物资渐渐增多，香港海防存资亦陆续转口至仰光，各机关以海防沦陷之前鉴，多不惜巨资，设法将存缅物资运入国境。于是竞租商车之风大炽，各机关商号除高价租车外，尚有以巨款贷给商人，另行购车组织公司，以冀将存缅物资早日内运者，但实际成效，则优劣不一。

二十九年底，缅甸政府应我国政府之要求，在腊戍开始统制商车，指定以200辆经常行驶之卡车拨运中国政府物资。换言之，即由腊戍出发之车辆，大部分须应征为国家服务。

缅境商车既已管制，国内商车又极度紊乱，加强统制，成为当时之必然趋向，在此之前，商车之行车原受各路局之管理，服役制度如四次中以两次承运军品，一次自运油料，一次承运商货，但滇缅路重开之后，政府决定加强统制，在昆设滇缅公路运输工程监理委员会，开始严格管制商车，取消各机关与各车商订立之运输合约，全部商车受统一之管制，各车主与物主机关不直接交易，而由统制局支配商车以承运各机关之物资。

及滇缅公路更为紧张时，统制局改订商车管制办法，商车须以全部力量承运指定之物资，不能自运油料及承运商货，滇缅路阻断后，因汽油来源困难，又规定汽车不得装运商货，此为管制商车之最严格时期。

改装煤气炉起见，规定商车凡改装煤气炉者，可于承运一次军品之后，承运一次商货，此为开放商运之先声。及公路机构移隶交通部，为求达到便利运输及协助限价两大目标起见，决定原则上开放商运，但运价则仍予严格管制，不许造成黑市，波动物价。事实上因一年余来国外物资未能大量内运，运输方面现在可有余力兼顾商运，俾于抗战之中，顾及建国及人民之生活，将来国际路线畅通，国外物资大量涌入时，则军公商车自有一致为国家接运外援物资之责任。

（四）公车与生产建设机关车　政府所有之车辆，除军车路车外，他如各部会各地方政府及其所属各机关之车，均可称为公车。公车机关大多为物主机关，其本身有相当数量之物资须自一地转运至另一地，例如资源委员会，甘肃油矿局及邮政总局等。

各省运输机关，例如公路局、交通局及省营运输公司之车辆亦为公车，但其任务除自运物资外，大多兼办省内之客货运输。

生产建设机关车之性质与公车类似，此种机关或为官办或为商办，或为官商合办，均以符合生产建设之宗旨为原则，其本身之产品或原料，需向外采购或运销有自办运输之必要者，经申请审查登记，发给生产建设车之服务证件，即为有法定范围内之自由营运权。

公车及生产建设机关车均受政府管制，但较之商车所受之管制为宽。

17. 西南公路运输概况①（1944年）

一、序言

公路交通为社会目前急切需要之运输，以服务社会为目的，而以安全、迅速、舒适、低廉，为办理运输之四大原则，但运输业之达成，实有赖于运输工具。本局自去年七月合并中运公司，行政业务方告统一，计由中运移来客车（224）辆，货车（1205）辆，奈是项车辆多数逾龄，除报废及待大修者外，实能行驶者仅客货车300余辆，分配于渝筑、筑金、筑曲、筑郑，及海温、海土各线行驶，以车辆太少，供应不敷，配件收购不易，种种困难纷至沓来，致所谓迅速，舒适，低廉，各原则蒙受打击，不易实现。就货运言，际兹非常时期，军事运输已为本局唯一使命，自当倾注全力以赴，惟任务艰巨，不得不管制公商车辆协助运输。至客运方面既感车少人多，求过于供，只得实行登记办法，依次疏运，并分别干线支线及其旅客多寡，作为调度车辆厘订班次准绳，数月以来苦心维持服务社会，以种种困难，事倍功半。缅怀既往，歉仄良深，策励方来，尚祈指导，兹将办理客货运状况胪陈如下：

二、客运

汽车之构造本以燃用汽油为设计标准，如改用其他燃料，无论研究成功至何种程度，终必有其缺陷，而无法弥补。自仰光沦陷后，汽油来源断绝，经尽力研究燃用木炭替代后，经试验改良，虽不能十分满意，但在汽油断绝之际，尚觉可行，遂将所有客车分批装置木炭炉，自

① 原载《交通建设》1944年第2卷第6期。

三十一年七月开始行驶。惟木炭车之缺点为速度较慢，牵动力亦弱，每于上坡必须以酒精为辅助燃料，且木炭体积庞大，不能随车多带，需酌设木炭供应站，又炭屑飞扬，车身不易保持清洁，而木炭车驾驶人之技术，亦与驾驶汽油车有难易之别，车须特殊训练，方能保行车之安全，此点观于木炭车行驰以来，较汽油车肇祸之案少而准班率较高，似训练已获效果，与汽油车比较，其行驶纪录较使用汽油车辆并无逊色。兹更将各线客运分述之。

（一）渝筑线（附海温海土线）：渝筑间计程 488 公里，分行程为四日：第一日行驶 84 公里宿东溪，第二日行驶 133 公里宿桐梓，第三日行驶 116 公里宿乌江，第四日行驶 105 公里到达贵阳。本局为便利旅客起见，在各宿站均出资委托中国旅行社代办餐宿事宜，又南温泉土桥两地密迩陪都，游客众多，本局应事实需要，于海温海土间每日各开班车多次以便行旅。

（二）筑金筑独线：筑金间计程 441 公里，为自筑至桂粤交通要道，客运特繁，每周筑金对开客车计达 9 次。去年九月黔桂铁路正式通车独山，本局遂改独山为起站点，并将客车开至独山宾馆接送旅客，分行程为二日，以马场坪为中途宿站，该站有本局委托中旅社代办之招待所，现独筑间每周对开客车 13 次，并拟逐渐增加以便行旅。

（三）筑晃晃郑线：筑晃线计程 390 公里，规定客车每周对开 4 次，晃郑线计程 378 公里，原定客车每日对开 1 次，旋于本年一月奉准将晃郑线移交川湘鄂区汽车联运处接办，本局为便利行旅计，经与该处洽定筑沅旅客联运办法，俾长途旅客仍能迅速到达。

（四）筑曲线：筑曲线计程 302 公里，该线运输物资之车辆最多，旅客虽亦不少，所有旅客尽量利用货车附搭，尚可容纳。又该线山岭绵亘，坡度较峻，木炭车行驶特别困难，故不便专开客车。但因有货车附搭调剂，尚不拥挤，沿途餐宿有本局委托中旅社代办之黄果树食堂及晴隆曲靖等招待所供应，是项投资每多亏蚀，亦无非聊尽为旅客服务之职责耳。

三、货运

查本局车辆系接收前中国运输公司移交，而能行驶者尚不足 300 辆，其余非逾龄老废，即损坏太过。本局主要任务为出口物资之运输，惟是项物资关系重要，本局任务重大，而车辆有限，故将辖线货车集中行驶筑曲一线以资专运，冀能达成任务。但汽车配件无法进口，为时愈久则损坏待件停修之车愈多，即能行驶之车日渐减少，运力日益减退，乃调配公商车辆协运，迩来是项物资大量到达，本局悉力以赴，幸免能应付，兹将所辖各线运输状况，概述报告如后：

（一）渝筑线：该线以往运输甚繁，自仰光被陷，国际路线中断后，即渐转稀少。

（二）筑曲线：该线为本局主要运输路线，所有货车悉集此线行驶，进口物资数量甚多，为避免筑曲空驶，经与资源委员会运务处洽订接运该会钨砂及茶叶等外销物资。

（三）筑独金线：本局既代运资源委员会钨砂茶叶赴曲，故由筑运独山或金城江之物资，则由该处车辆接运至金城江或独山，交黔桂铁路接收转进，回程再运钨砂锡块及其他物资来筑。

（四）筑晃线：该线货运素极稀少，目前由晃至筑，略有自用材料如代汽油等运送来筑。

18. 川陕公路管理局概况①（1945年）

一、沿革

本局为川陕公路工务局改组而成。公务局成立于三十二年五月，直隶交通部公路总局，嗣以公路机构改组，本局亦于三十四年二月奉命将前公务局改组为管理局，并改隶军事委员会战时运输管理局。

二、辖线范围

（一）渝绵路——由重庆经璧山、遂宁至绵阳，长370公里。

（二）川陕路——由成都经绵阳至广元，长357公里。

（三）汉渝路——由重庆经大竹、达县至万源，长417公里。

（四）川鄂路——由简阳经乐至、遂宁、南充梁山至万县，长640公里。

（五）青澄支线——由青木关经北碚至澄江镇，长36公里。

（六）绵江支线——由绵阳经中坝至江油，长55公里。

以上干支各线总长1875公里。

（附线路图）

三、主管业务

（一）工程业务：办理上列各线工程之养护、改善及加强。

（二）管理业务：办理上列各线内公商车辆之管理、养路费之征收及汽车司机技工之登记考核发照。

（三）运输业务：办理渝广（广元）客车、渝宝（宝鸡）直达客车及渝竹（大竹）、遂绵（绵阳）、遂南（南充）区间车，其他各线段运输尚在计划中。

四、组织（详见组织系统表）

五、工作情形

自三十二年五月至现在止，经办各项业务情形如次：

（一）改善及加强工程

1. 渝绵路　本局三十二年成立时，该路未铺路面及路面不良陷滑总长约达200公里，经本局配合财力分年改善，现已完成路面为161公里。桂花镇河渡口原无桥梁，系用渡船撑渡，嗣经建造钢架大桥长94公尺，高13公尺，于本年七月完成通车。其余全路桥梁除陆续改建者外，计现正兴工改建为钢筋洋灰桥面者有青木关桥，三汇附近之吴家桥、太和镇附近之白衣庵桥及三台南桥4座，总长184公尺，此外仅有木桥面18座，总长约300尺，尚待筹款继续改建。

2. 川陕路　本路桥梁共长约3600公尺，其中木面桥总长约2300公尺，经两年来之改善，完成钢筋洋灰桥面石拱桥共计1000余公尺，其余未能改善之木桥面数百公尺，尚待筹款继续改

① 原载《川陕公路》1945年第12期。

建。该路路面前于新建时未将石子打至规定大小，以致行车，除就财力所即业经改善者外，现有 100 余公尺尚在继续改善中，至该路快弯陡坡之处，如著名之武侯坡、剑门关、牟家山等处，均已予以改线完成。

3. 汉渝路　该路于本局接管时未铺路面地段，长达 150 公里，两年来已全部加铺完竣。

4. 川鄂路　本路万三桥、黄家桥、板桥、板猴子背桥、金竹坝桥、磨盘滩桥、长生桥、袁家桥及黄坭桥等 9 大桥，或坍毁有年，或木桥面腐朽。本局成立以后，均经改建为钢筋洋灰桥，又为便利盟军输运物资起见，万县江边之汽车码头业已建成，梁万一段之路基路面亦经加以改善。

5. 青澄支线　该线原有路基低洼，路面不良，雨天行车陷滑，经予改善，现已完成，晴雨畅通无阻。

总计两年来本局经办之重要改善工程已如上述，其他较小工程，如增辟广元渡洪水位码头，及改善广元宝轮院绵阳石门坎各渡码头暨充实浮水设备，改善涵沟等，因项目零星，故未计列。

（二）本年度各路水毁工程现况　本年洪水为害各路，水毁工程甚多，除经努力抢修业已全部修复者外，计三台绵阳间及绵阳广元间，因公款及材料关系，尚有便桥便道数处，而尤以绵阳附近之胜利桥及宝轮院附近之下寺河桥受损最烈，现正一面暂维通车，一面准备材料改建中。

（三）养路费工程　本局各线养路工作，系按各该路运量并配合财力设置道班经常驻路，担任路面坎坷之修补、路线之巡示、水沟之清疏、边坡行人道之整理与乎桥涵之保养检查工作。但为经费所限，未能按工程需要配备道工人数，局所辖各路平均每公里道工人数不及一人，然而交通之赖以维持，此少数道工之设置仍有其功效。

（四）运输　本局自改组为管理局后，本年八月十六日起接办川湘公路局之渝广段联运业务。抗战胜利后，本局复奉命担任复员运输，自九月二十一日起，渝广两线均增加班次。近奉战运局令复饬渝宝（宝鸡）直达客车自十一月二十五日起试办，每日由渝宝两地对开客车一辆，此后由渝赴宝或由宝赴渝之旅客，可于六日内完成此 1071 公里之行程，免在中途换车、待车之苦，当较便利多矣。至遂绵（绵阳）、遂南（南充）、渝竹（大竹）各段区间车，近亦奉令办理，现正筹备中，不日即可开行。

（五）监理　本局工务局时代，监理部分仅办理辖线内公商车辆之管理、养路费之征收稽核等项目。本局改组为管理局后，除仍办理以前之监理业务外，前公路总局所属之重庆监理所并划归本局管理，计增办汽车之检验及司机技工之登记考核、执照之换发等事宜。

19. 川陕公路管理局工作概况[①]（1945 年）

一、前言

三十二年岁序更新之际，中央为谋适合事实需要，全国公路行政和公路业务，必须健全统一，因将数度递嬗之全国最高公路机构，由军事委员会直辖之运输统制局蜕化为公路总局，还隶于交通部，总揽公路工程及运输管理等项业务。将各公路干线之工务与运输实际事业分设两局主管，旨在简化执掌，集中精力以分头并进，达到提高工作效率之目的。

本局（指前川路工务局）在上述前提下，奉命成立，是年三月在渝筹备，五月正式组局，六月迁局址于遂宁，八月将所辖各路分途全部接收，九月工款拨到，同时展开各路改善及养路工程之实施，进行至三十三年底，各路交通均能畅达无阻。

三十四年初，中央准备对敌军事反攻，交通与军事关系紧密，而后方交通脉络，惟公路是赖，所以公路运输之监督指挥，自应力求简化，方能使交通配合实际军事行动。为符合此项目标，政府不得不将全国最高公路机构，改弦易辙，再度隶属于军事委员会，并正名为战时运输管理局，使名实一致，且将各路工务及运输两局合并改组为公路管理局，使每一公路工程与运输业务之管理一元化，提高行政效率加强业务机能，庶乎有济。本局因于是年二月奉命仍就原辖路线，改组为川陕公路管理局，在原有执掌公务之外增办运输，担负军事反攻时期之重大任务。

二、辖线范围

三十二年本局成立之初，奉命接管川境内通陕西之军事干道：如渝绵、蓉棋、汉渝等路，复以遂宁、梁山两处机场位于川鄂路上，经常空运器材之补给，胥赖该路之联络，乃一并划为本局主管范围内。兹将各路线名称经过城镇及长度胪列于次：

（一）干线

1. 渝绵线　经重庆之歌乐山，与重庆市区路线衔接，经璧山、铜梁、遂宁、三台至绵阳，共长 370 公里。

2. 川陕路蓉棋段　起成都经广汉、绵阳、剑阁、广元，至川陕交界之棋盘关，计长 419 公里，三十四年七月奉命将广元至棋盘关一段长 62 公里移交西北公路管理局接管，故本局现辖川陕路，系起成都止广元，长 357 公里，亦称成广段。

3. 汉渝路　起重庆小龙坎，经邻水、大竹、达县至万源，计长 417 公里，惟达县以北因缺乏重要性。于三十四年奉命暂时放弃养护。

4. 川鄂路　自简阳起经遂宁、南充、梁山至万县，共长 640 公里。

（二）支线

1. 青澄支线　自重庆之青木关起经北碚至澄江镇共长 36 公里。

2. 绵江支线　自绵阳起经中坝至江油共长 55 公里。

---

① 该文原名《三年来之公务》，作者刘宗周，原载《川陕公路》1945 年第 12 期。

除已奉命移交西北公路管理局接管之川陕路广元至棋盘关 62 公里不计外，总计本局所辖干支各线长度尚有 1875 公里，附本局辖境路线图。

三、接管前各公路工程设施概述

三十二年五月本局成立接收各路后，即分别着手调查各路原有工程现况，以为计划改善之张本。根据调查所得资料，各路工程设施，大率因陋就简。关于桥涵工程，有临时式及半永久式之木桥涵，有利用旧式之现成桥涵，宽度及荷重决难适合准标，材料且多腐朽，式样亦极凌乱。至于路面有已铺及未铺两类，其已铺路面地段，或石质不良，易致风化，或厚度不够，无法负重，一至雨天，车驰所届，泥泞满途，车轮深陷泥淖中而不能自拔，晴日扬尘四起，行旅苦之。路线多循地势绕行，故弯道曲径有小至 10 公尺以下，而纵坡有大至 20%，在当时为图省工节费，并未顾到行车安全和行车效率，其致此之由，不外：（一）时限迫切，需路通车至急；（二）经费支绌，降低工程准标；（三）修筑时期漫无标准，驯至只求路“通”未使路“畅”。局接管各路只有公路雏形，离现代公路准标远甚，强求担负抗战时期后方繁重之军事通输以配合军事进展，实戛乎其难。本局成立，政府期望于本局所辖路线各类工程应有所改进，不但在路通必须使路畅，以免军事运输发生停滞现象。但限于国家财力，各路应行改善之各项工程，势不能通盘彻底全部依照标准办理，必须依照政府所可能拨发之经费，衡其工程缓急情形，采逐年改善办法进行，以完成路畅为原则，兹将各路原来工程设施亟待改善之工程分述于次：

（一）渝绵路　本路未铺路面及已铺路面而碎石太薄、石质不良仍为陷车地段总长达 200 公里，占全路可以通车无阻之路面地段达 50% 以上，桥涵破损亦极重大，多数木桥因年久失修，已腐朽不堪任重，该项木桥全路计 25 座，长达 468.08 公尺，上列工程为维持交通顺畅，必须分期整修或改建。

（二）川陕路蓉棋段　虽经铺筑路面，以未依照标准施工，路面之上大石嶙峋，缺乏表面磨耗层，复有少数地段碎石厚度太薄不够载重，亟应加石筑厚。当前该路最严重待解决之问题，首为半永久式之 110 座木桥面，其总长度达 2300 公尺，占全路桥梁 60% 以上，再次则为绵阳宝轮院及广元三处渡口，因设备欠佳，码头不善，影响行车效率。

（三）汉渝路　重庆至达县间未铺路面，里程达 150 公里。新筑路基并未稳定，而挖方及填方边坡坍溜土石方极巨。全路 31 座木桥面，共长 361.14 公尺，木料腐损。为使行车畅利，均需整修。

（四）川鄂路　本路系先后分年分段陆续修筑，至二十五年始勉强全线修通，路成之后，又因养护欠周，全线路面甚多破坏，简阳、遂宁、南充、渠县四渡口，均为临时式便道，并无正式引道码头设备，全路 49 座木桥面共长 662.10 公尺，大梁及面板均已朽蚀，拟就财力所及逐步整理。

（五）青澄支线　路基低洼，路幅窄狭，未铺路面地段长 6 公里，已铺路面地段，亦因石质欠坚，厚度不够，绵雨数日，陷滑难行，全线路面实有彻底改善之必要。

四、三年来各路改善工程进展情形

三年来本局所辖各路应行改善之工程，举凡路线之裁弯取直，降低纵坡，加宽路基，新铺及改善路面，改建桥涵以及渡口码头设备之充实，皆系因照财力，衡其缓急，分年逐步施行，兹将已举办及正在施工中之工程分别略述梗概：

（一）已完成改建之大桥工程　川陕路成都广元间之黄许镇、乌木镇、武侯及王家营4大桥梁，原均属石台墩木桁构桥面，所用木料，悉于建桥时采自深山，未尝经历干燥和处置工作，即行竖架搭桥。完成之后，历受风雨侵袭，腐蚀自极迅速；复经来往车辆辗压，大梁及面板自易折断，虽不断检修，交通仍随时被阻，耗费亦极繁巨，不合工程经济与运输迅速及行车安全原则。本局虽于财力拮据情景之下，鉴于工程对交通之重要性，迭经努力，将此4大桥梁陆续改建为求永久式钢筋洋灰板梁桥面，并已分别完成通车，惟在干道上仅筑成4公尺净宽单车道桥面，仍属美中不足，此盖为财力所制，非计划之不周。兹将各桥工程状况列表如次：

桥名	桩号	材料式样	孔数	径间（公尺）	总长（公尺）	桥面宽（公尺）	建筑经费（元）	完成年月
黄许镇	80+605	钢筋混凝	13	12.80				
		土板梁桥	15	5.00	241.40	4.00	45760419.20	三十四.六
乌木镇	125+533	土板梁桥	12	12.8	153.60	4.00	7159931.82	三十三.四.十九
武侯桥	269+600	钢筋混凝	2	5.55	65.50	5.00	2297106.91	三十三.四.三十
		土板平桥	9	6.00				
		钢筋混凝	1	7.50				
王家营	350+080	土板梁桥	4	6.90	101.25	4.00	18667000.00	三十四.七
			2	7.25				

（二）完成新建渡河大桥工程　无论任何渡口，倘财力许可，应以建筑永久式桥梁为原则，建筑费一次支付，固甚巨大，但节省逐年累积之渡口维持费实至可观，对于提高行车效率及便利行人，则有其特殊功用，以渡代桥，非可以望其项背。军事时期，迅速安全第一，以桥代渡，方能达成任务。本局所辖各路渡口共有9处之多，河面宽狭不一，工程大小悬殊，乃就财力所及，先将渝绵路河渡口，计划废渡建桥，以谋逐步减少渡口之设置。经于三十二年底详细钻探基脚，选择桥位，为迁就地形，适应地质，渝岸两孔17公尺同径间，灌注钢筋洋灰板梁桥面，中跨河一孔30公尺径间，为钢架桁构钢筋洋灰桥面，绵岸一孔12公尺径间，亦系灌注钢筋洋灰板梁桥面，共计四孔，总长81公尺。台墩悉属石洋灰浆砌，中孔梏水面距桥面底高约达10公尺，桥面净宽4公尺，两端接线引道804公尺，全部工程，完成于三十四年六月二十日，共计建筑费3400余万元，惟三十三年一度因工款不济，施工停顿，以致完工期限展至三十四年，复以材料价值倍增，工程费超出预计达40%以上，终能克服困难，完成此巨大桥工，事之竟成，非偶然也。

（三）改建中之大桥工程　渝绵路三台南桥原为26孔石台墩木梁石面式旧桥，全长138.42公尺，桥面宽4公尺，构造有悖近代桥梁建筑原理，且年久失修，石面多折断，木梁泰半腐朽，业已失却荷重能力，行车极为危殆。目前该桥多孔系于桥下加撑支持，以维临时交通。为免除上述行车危险，符合现代公路车辆载重起见，业经计划将该桥桥面改建永久式钢筋洋灰板桥面，并将原有台墩加高1公尺，两端接线亦同时提高，俾新建桥面在通常洪水位之上。该桥改建工程已组桥工所负责施工中，便桥便道业已竣工通车，正桥工程正准备拆卸改建，所需钢筋洋灰，均已备齐，预计三十五年四月间可全部告竣。改建工程费共计约需6700万元。

川陕路成广段下寺河桥，原为石台墩木平桥，全桥18孔，共长107公尺。于三十四年八月间为洪水冲毁桥面14孔，交通一时为之阻断，此即用最迅速方法于二日内设渡通车，嗣后感觉车辆过渡极不方便，且维持渡务，需费甚巨，乃决定废渡运架便桥，以维临时交通，兹便桥已于十二月十日工竣通车。然便桥非能持久，洪水季节辄为大水摧毁，非将正桥修复，实不足以胜任繁重交通。为资永逸计，就原正桥位置利用原来台墩计划改建为永久式钢筋洋灰板桥面，材料业已备齐，预计本年四月可以改建完成，工程费计需4500万元。

（四）各路各项重要工程改善状况　本局三年来经济已完成及即将完成之大桥工程，已详前述。各路其他各项工程之改善，经衡量缓急，配合财力，锐意筹划，诸如各路桥涵之改建加固；路面之铺修备料；路线之裁弯降坡，以及渡口设施之充实；高低水位码头之增筑加强；均曾竭尽其力，而桥涵路面之良，直接关联于交通之畅利，所以备加重视，故年来以改善此两项工程为中心工作，并已著成效。虽各路各项工程损坏程度不一，改善结果，消长互见，然为提高工程标准，加强运输效能，初无二致。兹就三年来各路业已完成及即将完成之各项改善工程，分别摘陈于次：

1. 渝绵路　该路年来计已加固木桥抽换大梁面板18座，共长287公尺。新建涵沟3道，整理涵沟6道，铺修路面135.30公里，备料5838.76公方，新建渡船1只，修理渡船3只，以及其他零星工程如清理坍方、增设标施、修理防护工程，均经按照实地需要情形而有所改善。正在施工中之白衣庵、吴家桥、青木关等三桥，计长47.56公尺，改建为永久式钢筋洋灰桥面工程，及遂宁附近桂花镇街道增筑涵沟七道工程，短期内亦可次第告竣。该路各项工程三年来，虽均经局步改善。然为公款控制工程，其结果仅在完成路畅局面。离现代公路工程标准则远甚。该路未经改建之木桥，尚需彻底整理，业已损坏之石拱桥，必须拆建，已经翻修及尚未整修之路面，应再加强，方胜重荷。至于路线之裁弯取直，亦应有所筹谋擘划，俾成完善公路。

2. 川陕路蓉棋段　该路木桥业经改建为永久式钢筋洋灰桥计34座，共长348.28公尺。抽换大梁面板加固木桥计30座，新筑涵沟27道，整理涵沟2道；翻修路面58.05公里，碎石备料1425公方，新造渡车木船24只，修理渡车木船28只，整理汽划二次各6只，增筑广元东岸洪水码头1处，每年洪水前后培修广元宝轮院及绵阳三渡口中低水位码头各1次，至于全段护栏标志之整修，堡坎之加固，桥墩之护基，均经就财力所及分别改善。再该路正进行改建钢筋洋灰桥面9座，共长185.00。加固木桥三座及翻修路面27公里，正加速施工中，短期内可全部蒇事。惟尚未改建之木桥及须待翻修之路面，尚应筹划请拨巨款继续实施；而广宝绵三渡口在财力充裕之时，实应废渡运筑大桥，以增强运输效力，确保行车安全，固不仅在节省逐年累计之巨额渡务维持费而已。

3. 汉渝路　经将该路原木桥改建为石拱桥计 1 座长 6.10 公尺；抽换大梁面板加固木桥 14 座；增筑涵沟 5 道，新铺路面 102.64 公里，碎石备料 2000 公方；整修石门坎渡口码头及充实船具设备，每年均经于洪水前及洪水后分两次办理，共计新建渡车木船 2 只，修理渡车木船 5 只，洪水季节拖拉渡车木船过渡之汽划 2 只。因使用年久，引擎损坏，零件不全，完成大修一次，埋设大竹至万源间里程号志 140 块，清除坍溜土方 11500 公方，石方 4000 公方，重开路基边沟 5 万余公尺。该路虽为沟通重庆至陕西之最短路线，然因万源至陕西西乡县一段山岭路线未经开辟，所以北行赴陕车辆现尚绕道成都广元或遂宁广元两线，时间与经济皆不合算，实有及时展筑之必要。而重庆至万源已成路线各项工程，应切实加强，俾符合现代公路工程标准。

4. 川鄂路　该路木桥经改建为石拱桥计 4 座，共 37.78 公尺，抽换大梁面板加固木桥计 20 座；新建涵沟 47 道，修理涵沟 12 道，翻修路面 8.10 公里，加石填平整理路面 83 公里，碎石备料 1400 公方，新筑过水路面 30 公尺，宽 7 公尺，加宽路基长约 1 公里，土方 4930 公方，石方 14320 公方；新造渡车木船 6 只，修理渡车木船 4 只；埋设遂宁至渠县里程标号 261 块，整修简阳、遂宁、南充及渠县四渡口码头每年 1 次，船具设备亦逐年充实加强，已兴工改建之钢筋洋灰桥面 3 座计长 45.50 公尺，及石拱桥 7 座计长约 90 公尺，即将于短期内完成，新辟万县江边码头，接线引道并计全长 680 公尺，已于三十四年十一月十五日全部告竣。

5. 青澄支线　加固木桥整理石拱桥各 1 座；新建涵沟 4 道，铺修路面 25.25 公里；清除路线坍方 1086 公方，开凿路基石边沟 758 公尺；新建石护栏 440.80 公尺及堡坎 6.10 公尺。

三年来各路已完成及即将完成之各项改善工程总计有：将原木桥改建为钢筋洋灰桥面 56 座，共长 1511.75 公尺，改建为石拱桥 26 座，共长 340.06 公尺，及加固原有其他未经改建木桥 86 座，增建涵沟 93 道，整理涵沟 20 道；铺修路面 365.40 公里，加石填平整理路面 83 公里，碎石备料 10663.76 公方；路基加宽完成土石方 21532 公方，路线改道完成土石方 6013.74 公方，清除路线上坍溜土方 17587.45 公方；新建渡车木船 33 只，修理渡车木船 40 只及汽划 14 只；增筑广元东岸洪水位码头及新辟万县江边接轨物资码头各 1 处，其他零星小工程之整修：如各渡口码头逐年之培补，护栏之增设整理，堡坎之修复，桥墩之护基，里程号志之埋置，行车标志之竖立，以及临时发生各项水毁工程之抢修，因此类工程零星琐碎，故未以数字详述，然仍为本局年来改善工程之一环，未尝以工程微小，而忽视其对行车效率和行车安全之功用。

五、三十四年各路水毁工程略述

本年入夏以来，川省各地大雨滂沱，山洪暴发，夏末秋初，其势更炽，各河水位之高，殆为数十年所仅见，两岸堤堰，已无法束水归槽就下，泛滥横溢，不可向迩，本局所辖各路各项工程，均被灾奇重。汉渝路渝竹段于六七月间受水害于前，渝绵路绵遂段、川陕路成广段及川鄂路于八九月间被洪流于后，当时交通为之阻断，然经全力漏夜冒雨抢修，三数日各路交通均以临时便道便桥而告恢复。自经此重大水灾之后，各路水毁之重要工程据调查所报：为桥梁 48

座，涵沟70道，路面约40公里，路基4.5公里，路线上坍溜之土石方44900公方，堡坎25处，渡口码头5处以及其他零星小工程。为使三十五年洪水期之交通正常畅达，在此枯水时期，正为恢复水毁工程施工之最佳季节，现候层峰拨发巨款办理中。

六、养路工程

养路目的和方法 本局三十二年接管各路后，经按工程现况，并就财力配合运量之繁简，组设经常养路道班，分驻各路沿线各路段，担负平时养路工程之实施。其主要工作为：

（一）修补路面 采集修补路面所需之石砂，整理路基，清疏水沟，检修桥涵，粉刷标志号，巡视路线，撤出路上有碍交通之障碍物，以完成交通顺畅为主旨。

（二）道班组织及分配 每道班之编制为15人，内以1人为班长，1人司炊事，实际工作人数为13人，由班长统率在路实施各项工程之保养。道班养护路线之长度，根据运量繁简及工程设施之优劣而划分段落，大体上自12公里至50公里不等。直接指挥并监钉作之管工人员由监工任之，每一监工指挥一道班或两道班，当视其养护距离长短而确定。本局配备各路道班，并未完全就工程上之需要而设置，仍以财力丰绌情形为转移，渝绵路实际有效工作人数平均每公里不过1.2人，川陕路成广段则为1人，汉渝数及川鄂两路仅0.4人，此种就款派工之不合理措施，非筹谋不善，实以囿于现时环境。

（三）养路工作成绩 年来因生活高涨，道工待遇微薄，招募精壮工人匪易，虽然有此困难，仍竭力克服环境，使各路养护工作顺利进展，除因特殊不可抗之天灾外，各路交通从无间断，设非道工保养得力，决难臻此境地。吾人固未尝满意其成就，随时在不断改进中求进步，以符吾人养工护路之目标。兹就三十三及三十四两年度各路养路工作成绩归纳如次表。

路别	工数（工）	捶运石砂（公方）	铺修路面（平公）	清除坍方（公方）	清疏水沟（公尺）	整理路肩（平公）	检修桥涵（座）埋设标志号（个）	栽植行道树（株）	备考
渝绵线	177463	352	901040	6305	118287	102303	229 / 249	530	包括青澄支线在内
川陕路	147041	3709	2120236	689	68722	10000	98 / 6		包括绵江支线在内
汉渝路	38406		79453	2930	96106	70400	40 / 51		
川鄂路	63369	1444	75161	21428	109235	12970	106 / 652	1700	
小计	426279	8905	3175880	31852	392350	195673	473 / 958	2230	

七、结论

三年来各路改善及养路工程，虽在国家财力限制物价狂涨情形之下，仍能竭尽全力，以谋推动各路各项工务之进行。虽三十三年秋季两月长时间之绵雨及三十四年夏秋之季，两度洪水，各路交通曾受阻断，此乃为不可抗御之天灾所构成。然于极短时日内得告恢复，除此以外，各路交通未尝因工程之阻滞而影响车辆行驰，是本局维持路畅初步任务，已完成其使命。

20. 关于改进重庆市区公路交通管理办法的一组文件（1945年5月）

一、军委会代电（5月1日）

战时运输管理局俞兼局长、重庆市政府贺市长均鉴：兹抄发魏德迈将军四月二十七日第538号备忘录一件。所请组织行车联合管理委员会一节，应准照办，除复外，希各派员会同办理具报。中正。辰东申侍参。

附魏德迈一九四五年四月二十七日第538号备忘录

现时重庆人数及汽车数目日增，致令车辆拥塞之公路，成为严重问题。兹职建议，请采取紧急行动，颁布近代化的行车法令，建立管理机构，以规范车行，减少失事。在目前，一方面市面公共汽车及其他汽车开行速度过快，往往伤及行路之人；在又一方面，路上行人亦无限制地在街道上观望，亦为汽车伤人案件增多之一因。

建议：拟请钧座及职共同指派中美人员，组织行车联合管理委员会，研究上述问题，并向钧座建议应如何订立行车法规及建议管理机构，不仅通用于重庆区域，而且通行于全中国各区。

二、军委会战时运输管理局公函（5月8日）

案奉军事委员会本年五月一日第一八二七号侍参代电，抄发魏德迈将军四月二十七日第538号备忘录一件，关于改进重庆市区交通管理一案，饬会同办理具报，等因。自应照办。兹定于本月十一日（星期五）上午九时，在本局运务处开会商讨，用特函请查照，届时派负责人员出席，讨论进行办法为荷。此致

重庆市政府

兼局长　俞飞鹏

三、改进市区及公路交通管理办法讨论会记录（5月11、12、13日）

时间：三十四年五月十一日、十二日、十三日

地点：战时运输管理局运务处

出席：王兆槐（交通巡察处）

叶在杭　胡希之（市政府）

王尚质（本局警稽室）

孔庆饶（市警察局）

谢文龙（本局运务处）

缪经田（本局秘书室）

王润生（本局运务处）

白利上校（美军部）

张子孚（本局运务处）

主席：谢文龙

记录：张子孚

主席报告：

兹奉军事委员会代电，抄发魏德迈将军备忘录一件，提请改进重庆市及全国公路交通管理办法，饬会同办理具报一案，特请诸位出席，共商进行办法。

讨论事项：

一、关于汽车行车部分：〈第221—223页办法已列，此处删略〉

二、关于人兽力车行车部分须注意下列各点：〈第221—223页办法已列，此处删略〉

三、关于行人牲畜部分须注意下列各点：〈第221—223页办法已列，此处删略〉

四、关于重庆市区交通改进办法：

（一）市区人行道上一切障碍物及足以妨碍行人之情事，由市政府责成警察局负责取缔（石子、沙泥、水池、摊贩、什物、招牌、广告、搁置之汽车、挑水行列、不适宜地点之壁报、临时街头成群聚集之行人等等）。

（二）全市交通纪律之维持，应由警察负责其全责，惟须加以训练。

1. 指挥行车手势，一律改为双手平举式一种。

2. 遇有违章车辆，先用劝告，司机如不听从，应抄录车号分别通知美军部、军政部或战时运输管理局查明取缔之。

3. 沿路人行道上及路上，如有聚集观望，或临时发生情事，足以妨碍交通者，须随时注意劝导。

（三）由市政府（警察工务两局）卫戍总司令部（交通处）交通巡察处战时运输管理局会同派员巡视全市，研究下列各项问题，提请市政府执行之。

1. 人行道之扩充及开辟。

2. 选定汽车停车地点与停车场。

3. 交叉道警察岗台及军用堡垒，是否仍有保留之必要。

4. 自来水给水站之数量及地点之改进。

5. 壁报张贴地点。

（四）由市政府（警察局）卫戍总司令部（交通处）战时运输管理局定期派员检查全市汽车及司机牌照。

（五）以上各点，择要发报通公告周知。

五、以上议决各案施行办法如次：

（一）第一案关于汽车行车部分，由战时运输管理局译送白利上校，转呈魏德迈将军核定后通令美军驾驶人遵照。

（二）第一案至第四案由战时运输管理局呈请军事委员会分别通令各军事政府机关遵照办理，并将第一、二、三案以命令公布。

21. 关于车辆改为靠右行驶的一组文件（1945年7—9月）

一、行政院令（7月5日）

令重庆市政府

奉委员长蒋本年六月二十二日侍参第二四五一号巳养酉侍参代电开：

查我国车辆多由美国输入，其方向盘及灯光之安置，均系依照美国交通规则靠右行驶设计。惟我国现行交通规则，系靠左行驶，其方向盘及灯光等非先改装不切实用。兹为节省改装，减少肇事起见，亟应修改。着自本年十月一日起，全国一律改为靠右行走，在施行之前，希即先期准备，广为宣传，俾交通警察之指挥，得先训练，民众及车马之行驶，得以周知。等因。自应遵办。除通令各省省政府、交通部及战时运输管理局外，合行令仰遵照并转饬遵照。此令。

院长　宋子文

二、全国公路车辆靠右行驶讨论宣传会议记录（7月5日）

时　间：三十四年七月五日

地　点：战时运输管理局会议室

出席人：孙　民（中央执行委员会秘书处）

杨国鼎（中央宣传部）

班镇中（教育部）

陈咸照（内政部）

吴曙曦（社会部）

魏　敦（外交部）

张正宗（经济部）

胡希之（重庆市政府）

卢云程（外事局）

何伯埙（军训部）

杨培元（新运总会）

周　谟（交通巡察处）

龚学遂（战运局）

王润生（战运局）

张子孚（战运局）

主　席：龚学遂

记　录：刘振华

一、报告事项

主席报告

最近本局奉军委会命令，于十月一日起全国车辆一律改为靠右行驶，饬预为宣传，以策安全，等因。自应遵照办理。本案原系由魏德迈将军向委座建议，为适应世界趋势，并配合盟军作战起见，希望中国亦可采此办法。当蒙委座采纳，并决定以三个月为筹备宣传时间，于十月一日起实行。这是本案的经过情形。但兹事体大，有关全国行车习惯之改变，各机关均有密切的关系，所以邀请各位前来共同商讨，如何推进此项宣传工作，希望多多指教，以免实行时发生困难。此外，由本局张科长子孚再为补充报告。

张科长报告

关于车辆靠右行驶问题，报纸、杂志早经有所论，列最近军委会决定实行，实为适合世界趋势之举，就是时间方面，也相当。以世界大势而论，以战前调查所得，左行者有 12 国，如中国、日本等。右行者有 21 国，如美国、苏俄、法国等。所以右行者占国家全数 7/10。以全世界之汽车数而论，据一九三六年调查，共有 3600 万辆，右行者有 3159 万辆，占全数 9/10。所以改为右行，实为适合世界趋势。再以我国目前汽车情形而论，旧车正在逐渐破毁、减少，同时新车由美方订购者尚没有大批涌到，实为青黄不接时期。在运输方面固属极端困难，但是在改革行车方面而论，确为极适当的时间。至于实行起来当然难免有困难之处，但是也不是不可克服的。第一点，关于司机习惯问题当然最大。本来开惯靠左的一朝改为靠右，似乎不容易。可是为了司机个人的切身利害关系，如不小心就有生命之忧，所以比较其他习惯的改变要容易得多。第二点，是车辆装制问题。靠左者方向盘应在右面，靠右者在左边比较容易开，如果全部改装，事实上绝难办到。不过现在所有旧车，因厂牌庞杂，方向盘左右都有，但是我们司机都能同样驾驶，所以一朝改为右行，即使不改装也没有多大问题。还有其他慢行之人兽力车，当然应该与汽车同一方向，因为速度慢，其改变也没有问题。至于行人问题，以往是规定与汽车同一方向的，似乎不甚妥善，因为同一方向不容易避让。假使改为相对方向，就可以看见来车，互相避让，更可以减少肇事。所以对于行人方面，应该维持原来的方向，仍旧靠左走。因此我们所定的标语是："车辆靠右行，行人靠左走。"请各位代表多多指教，如何宣传，使得实施的时候得以顺利进行，不发生肇事，这是最所盼望的。

二、议决事项

（一）由中央党部通电全国各级党部发动党员宣传。

（二）由中央宣传部通电全国各大小报纸在报纸边线外面或新闻中间加印"自本年十月一日起车马靠右行，行人靠左走"字样，连续刊载至本年底止，及电影院义务公告。

（三）由教育部通令改正各级学校教科书及民众教育读物。

（四）由社会部通令各级社会团体注意宣传。

（五）由内政部：1. 通令各级政府就地公告区保甲长按户口头宣传注意。2. 通令各级警察局立即训练交通警察，准备指挥车马。

（六）由经济部通令所属运输生产机关注意宣传。

（七）由外交部通知驻华各使领馆注意并转饬各国人民注意。

（八）由外事局通知驻华各国军事代表团转饬注意。

（九）由军政部通令军车驾驶士兵注意。

（十）由军训部通令各军事学校暨训练机关改正教材。

（十一）由交通巡察处通令各地检查所公告并口头告知各司机注意。

（十二）由重庆市政府通令所属知照并饬警察局准备训练交通警察。

（十三）由新生活运动总会通行所属各分会宣传。

三、内政部公函（9月6日）

准军事委员会战时运输管理局代电，略以全国公路车辆决定自本年十月一日起改为靠右行驶，关于以往规定之驾驶人行车手势及交通警察指挥手势亦应改变。经与驻华美军总部交通管理专家研究，厘订简单适用易行之手势图，检请印发各级警察训练机关，列入教材并分发各级警察机关□□训练交通警察，等由。附驾驶人行车手势暨交通警察指挥手势图各一份。应即照办，除分行外，相应抄送原图，函请查照转饬遵照为荷！此致

重庆市政府

附抄送驾驶人行车手势及交通警察指挥手势图各一份〈略〉

部长　张厉生

四、行政院命令（9月19日）

令重庆市政府：

据战时运输管理局运字第一零二八九号申寒运监渝代电称：

奉钧院本年八月二十一日平肆字第一七七六三号训令抄发国府修正改进市区及公路交通管理办法饬遵照等因，并奉军事委员会八月二十五日会办总通字第零九三一九号令饬将原发上项改进办法内靠左靠右各点分别修正于十月一日汽车改靠右行日起实行，等因，自应遵办。惟查汽车改靠右行。业奉军事委员会申微侍参字第三二五八号代电改为明年元旦起实行，奉发上项修正改进办法，拟请迅赐转呈，亦改为明年一月一日起实行以资符合。谨电陈复，敬祈鉴核施行。

等情应准照办，除呈报国民政府备查及分行各省省政府、台湾省行政长官公署、交通部并电□外，合行令仰遵照。此令。

第四章　航　空

一、管制、管理法规

1. 四川省政府为转发《航空委员会飞行站场借用规则》给重庆市政府的训令（1937年6月30日）

案奉行政院二十六年五月十八日第四〇二九一六号训令开：

案奉国民政府二十六年五月十一日第三七一号训令内开：为令知事，查航空委员会飞行站场借用规则，现经制定明令公布，应即通施行。除分行外，合行抄发条文令仰知照。并转所属一体知照。此令。等因。计抄发航空委员会飞行站场借用规则一份，奉此，除分令外，合行抄发原件令仰知照，并转饬所属一体知照。此令。等因。计抄发航空委员会飞行站场借用规则一份。奉此，除呈复并分令外，合行抄发原件令仰知照，并转饬所属一体知照。此令。

计抄发航空委员会飞行站场借用规则一份。

中华民国二十六年六月三十日

主　席　刘　湘

建设厅长　卢作孚

航空委员会飞行站场借用规则

（1937年5月11日）

第一条　凡经核准之外籍飞机及本国非军用飞机，在本会所属飞行场站临时升降，或借用站舍机棚地面及其他建筑物贮存者，依本规则纳费。

第二条　飞机贮存费系按该机翼长及机身全长所占之面积；并包括降落灯、航行灯使用费；航行报告供给费；以及看管飞机各种工役费，一如推动飞机及添加油料等而言。

第三条　凡使用机棚以外之飞行场范围内地面而纳费者，为场地费。使用机棚而纳费者，为机棚费。

第四条 各项纳费规定如左：

一、场地费

（一）凡飞机暂时使用本会所属各飞行场者，无论起落、不分昼夜，每次纳币 1 元（夜间灯火费除外）。

（二）气球飞艇之升降费另定之。

（三）仅在飞行场范围内指定之区域停放，凡二日以内者，按机棚费 1/3 计算；二日以上者，按 1/2 计算。

如所用飞机之翼可以折叠，或将飞机拆卸贮存者，其应纳之费，可按折叠或拆卸后面积计算之。

二、机棚费

机棚费	日费	月费
小型飞机占地面积在 50 方公尺以内者	2.5 元	50 元
小型飞机占地面积在 90 方公尺以内者	5 元	100 元
中型飞机占地面积逾 90 方公尺至 180 方公尺以内者	10 元	200 元
大型飞机占地面积逾 180 方公尺至 360 方公尺以内者	20 元	400 元
大型飞机逾 360 方公尺者	30 元	600 元

第五条 飞机在夜间起落需用灯火时，分柴火与照明灯两种。如用柴火，应按所用之材料多寡算费。就照明灯时，则依下列规定分别纳费：

一、小火（仅照滑走地区）纳国纳币 10 元；

二、中火（照滑走地区及其附属地区）纳国币 20 元；

三、大火（照飞行场全部）纳国币 40 元。

第六条 本国民用飞机（除营业之商用机外），借用本会飞行场时，得按第四条规定八折纳费。

第七条 国籍或外籍飞机因特别情形，经政府特准者，得免纳费。

第八条 各项应纳费用，如属短期者，应于飞机场前缴纳。在一月以上者先纳 1/2 余者期满缴纳，由各站场登记，分别核收掣发收据□集报解，其收据格式另定之。

第九条 各站场之建筑物及地面在借用期间，各该站场仍负管理全责。

第十条 凡国籍、外籍各机，借用本会建筑物及地面时，其工作及飞行时间、使用地带等，均须受该站场长之支配，并遵守本会所颁一切飞行规则。

第十一条 凡飞机存于站场，除有特别情形经该管站场长允许代为照料者外，须自行留人管理。

第十二条 在借用期间，因天灾及人力不能抵抗之祸患，所发生一切损失，各站场不负赔偿责任。

第十三条 本规则自公布日施行。

2. 航空保安建设费征收办法[①]（1938年6月24日）

一、本部为充裕航空经费，以推进航空建设，保障飞行安全起见，特于航空乘客及空运货物附收定额之费，定名为航空保安建设费。

二、前条所称航空乘客及空运货物，系指国内各航空线及国际航线在国内一般所搭载之乘客及载运之货物而言。

三、航空保安建设费之征收率定为客货票价之15‰，由各航空公司随票价代收。

四、各航空公司于票价以外代收之航空保安建设费，应并入原票价内，定为一个单一票价。其因并入该费后票价发生畸零之数者，并得斟酌加减以成整数。此项加减之数不得超过5元。该公司仍一律以总票价之1075分中之75，于每月十日以前，将上一月所收之款用“交通部航空保安建设基金”户名迳行存入邮政储金汇业局，同时将该月份代收保安费款数，暨各航站乘客货物运输数量到达航站收费数目等项，分别列表呈报本部，以凭审核。

五、前项征收之款，由本部指派基金保管委员会予以保管，俟积有成数以后方得动用。基金保管委员会组织章程另定之。

六、前项航空保安建设基金，以用于研究及发展公用及自用航空运输事业，并保障其安全为限。详细用途由基金保管委员会拟具，呈经本部核定之。

七、本办法有未尽事宜，由本部随时修正之。

八、本办法实施日期另定之。

3. 非常时期民用航空乘客购票及包机办法[①]（1938年11月22日）

一、现值非常时期，为防止各航空线奸人活动及窥测起见，所有乘客均应备具证明文件，经审查核准方得依次购票。

（一）党政军学各界乘客，应由所属机关部队学校备具证明文件。

（二）商民乘客，应由所属公司行号或当地士绅备具证明文件。

（三）各国外交人员及侨民，应以本人护照为证明文件。

二、证明文件内容，应叙明乘客姓名性别籍贯年龄起讫地点因何事由及随带物件。其以护照证明者，应由本人填具购票请求书留存航空公司备查，请求书内容与上开证明文件内容同。

---

① 本办法于1938年3月23日由交通部颁发，同年4月1日施行；同年4月19日修正第一、第二、第三条条文，同年6月24日修正第三、第四条条文。原载交通部编：《交通法规汇编补刊》，1940年出版。

① 1937年12月9日交通部颁发，同年12月31日修正第七条条文，1938年11月22日修正第一条丙项及第二条条文。原载军政部兵工署编印：《法令选辑》第3编，1941年出版。

三、凡发售客票之各民用航空站，均由航空委员会指派官佐一员常川驻站，担任审查乘客证明文件事宜。除外交人员外，遇必要时并得施以检查。

四、乘客到站购票，应先将证明文件交出，经航委会驻站人员审查核准后，再由各站售给客票。其未经核准者，概不售票。

五、各航空公司职员因公往返各站持用免票者，亦照前项手续办理。其证明文件即由各该公司备具。

六、倘飞机到站发现无票乘客，应由驻站军警检查扣留，送由当地军警机关讯明情节，报请军委会核办。

七、各公私机关团体如欲包机乘用时，应由各航空公司叙明情形，电呈交通部核准后方得派机。每十日由交通部呈报军委会备案一次。

八、各航空公司如有违反前列各款情事者，由交通部查明情节，予以惩办。

九、除前列各款规定外，其他事项仍照各航空公司向章办理。

十、本办法自公布日施行。

4. 交通部为修建九龙坡机场致重庆市政府公函（1939 年 2 月）

查本部为便利渝市航空交通起见，现经勘借九龙坡成渝铁路站址及附近地点，修建民用飞机场，并定于本月二十四日正式开工，期于最近期内完竣，恐外界不明真相或有借端滋扰，臻碍工程进行。相应迎请查照，出示布告，严禁一切闲杂人等阻挠工事，以利进行。

至纫公谊。此致

重庆市政府

部长　张嘉璈

5. 交通部民用飞机养护检查暂行办法（1939 年 3 月 30 日）

第一条　本部为维护民用飞机飞行安全，预防意外危险，特制定本办法。

第二条　凡一切民用飞机均须遵照本办法办理。

第三条　各公司除原有修理厂外，应于航线各主要场站储备消耗零件材料，指派高级机械员一人、机械员一二人，负飞机翼身及发动机检查修理之责，并呈报本部备案，以便稽考。

第四条　飞机翼身及发动机，应严格依照原制造厂规定期限，按时大翻修，不得借词拖延。

第五条　飞机翼身发动机及螺旋桨，均应备有经历簿各一本，详记名称、号数、飞行钟点、检查日期，损坏状况、修理情形、修理日期等项，每次登记均须有负责人签署证明。此项经历簿须随机携带，以便稽查。

第六条　飞机翼身及发动机大翻修，应在修理厂行之，每次应分别在经历簿上登记之，并由负责翻修人签署证明。

第七条　平时之养护检查，应随时注意行之，亦应记载于经历簿上，并由负责人签署证明。

第八条　凡一切民用飞机未遵照本办法检查，或遵照检查而尚有障碍者，均不得飞行。违者依照法令规定严予处分。

第九条　飞机起飞之前，应由负责人机械员依照程序严密检验，如发现障碍，应立限通知飞机师暂停飞行。如不通知或经通知，而飞机师仍不停飞时，均应分别依照法令严予处分。

第十条　本部航政司为督促本办法施行起见，得随时派员稽查。

第十一条　本办法自公布日施行。

6. 重庆市政府关于转发《交通部管理重庆珊瑚坝飞机场暂行规则》训令（1940年3月14日）

案准交通部二十九年三月八日航空字第五六二七号公函内开：

查重庆珊瑚坝民用飞机场，向由使用该场之航空公司自行管理。兹为严密管理起见，特改由本部航政司管理，并制定管理该场暂行规则，派本部航政司高□办大经兼任该场督察，另派黄一苇为该场场长。除继续办理有关该场管理事项暨分函外，相应抄同该项暂行规则，函请查照，并转饬有关所属知照为荷，等由。附抄送管理重庆珊瑚坝飞机场暂行规则一份。准此。除分令外，合行抄发原规则一份，令仰知照，并转饬所属知照。

此令！

附抄发交通部管理重庆珊瑚坝飞机场暂行规则一份

市长　吴国桢

交通部管理重庆珊瑚坝飞机场暂行规则

第一条　本场职员之组织，遵照部订管理本场办法第二第三两条之规定，本场设场长一人，承航政司督察员之指导，负责管理全场事宜；设事务员二人至四人，听受场长指挥，办理本场一切事务。

第二条 本场警卫之组织，遵照部订管理本场办法第六条之规定，由部商请重庆卫戍总司令部加派宪兵驻场，负责担任警卫事宜，同时听受场长指挥。另由本部总务司调用本部警士二名，常川驻场，听受场长之命，协同维持本场秩序。

第三条 本场规定之职掌如左：

一、关于场内秩序整洁及警卫消防事项；

二、关于场内航空应用一切符号标志灯标及照明事项；

三、关于各民航机之出发与到达升降之指挥事项（飞行场航机遵守规则另订之）；

四、关于场面及厂库房屋之修缮工程指导事项；

五、关于场内一切设备之保管事项；

六、关于临时到场工作员工之支配及指导事项；

七、关于各民航机出发与到达客货之登记及检查事项（请海关及有关各军警机关派员驻场办理，其检查办法由各该机关自订）；

八、关于场内设备及改善之一切工程计划事项；

九、关于场内油料收发登记事项；

十、关于各发航机出发与到达之消息问讯及广播报告事项；

十一、关于气象报告事项（请当地气象台供给报告，由各民航公司电台自行送达）；

十二、关于场内附设贩卖部营业监督事项。

第四条 本规则自奉部令批准日施行，如有未尽事项及增减之处，得随时呈请修改之。

7. 军委会为颁布《民用空运统一检查实施规则》给重庆市政府的训令（1941年4月23日）

兹制定民用空运统一检查实施规则公布施行，除分令外，合行检发规则一份，令仰遵照。此令。

附民用空运统一检查实施规则一份

民国政府军事委员会委员长 蒋中正

民用空运统一检查实施规则

第一条 民用航空器航站乘客及货物之检查，悉依本规则办理之。

第二条 空运统一检查，由军事委员会指定办公厅特检处，于必要航站组设检查所，负责主持办理。另由航空委员会、财政部（海关或货运稽查处）、交通部（航政司）派员参加之。

第三条　检查所设主任一员（由特检处派），副主任三员（航委会财政部交通部各派一员）及检查员事务员若干人。检查所之编制及服务细则另订之。

第四条　检查所主任直属军事委员会，承办公厅特检处之命，主持本所一切事宜。各参加机关所派之副主任及检查员，各承其派遣机关之命，分任检查及执行其特定任务，并受主任之指导监察。

第五条　各检查所主任，对于各参加机关担任检查事务之范围与方法及参加人员人事上之问题，认为有修改或调整之必要时，应呈请军事委员会办公厅特检处，转行商洽处理之。

第六条　各检查所应配属之警卫兵力，由宪兵司令部或当地最高军政当局拨派之。

第七条　各检查所应经常与所在地之高级军政警察机关取得工作上之密切联系，如借用军事机场者，并应受总站或空军司令部之指导。

第八条　检查员相互间应本精诚团结精神，彼此关切，遂行其任务检查时，态度、服装尤应和平整肃，不得有傲慢腐败之行为。

第九条　执行检查，应于航空器起飞前或抵达后即时为之，不得迟延参差，妨碍航行时间或客货装卸。

第十条　检查所应注意维护之任务规定如左：

一、航空器及航站建筑设备之监护与警戒；

二、航空器起落前后之戒备；

三、航站附近地形地物之注意及报告；

四、航空器滑走方向之警戒；

五、航空器站服务人员及乘客之警护；

六、邮件及货物之保护；

七、航站内各种禁令之执行；

八、其他应行维护之事项。

第十一条　检查所应执行检查之事项规定如左：

一、航空器身及发动机有关记录之提阅与检查；

二、航空器上服务人员姓名、执照之调查与检查；

三、起飞站及到达站，飞行日时，乘客额数、姓名、年龄、籍贯、住址及装载物品种类，应列表调查；

四、所载物品之检查及取缔；

五、所载人员之人事检查及取缔；

六、其他应行检查取缔事项。

第十二条 外国航空器降落航站时，依照"临时特许外国航空器飞航国境暂行办法"处理之。

第十三条 所载人员之行李、书籍、文件或寄运之货物包裹，皆须经过检查后，方准起运或提取。

第十四条 乘客须于起航三日前，填具乘客调查表，呈由各当地航站检查所审查认可后，方准购票通行。前项调查表，须包括乘客年龄、籍贯、性别、职业详细住址、旅行事由、到达地名等项。

第十五条 各检查所发现所在地之航站或乘客有不当或犯罪嫌疑时，应立即呈报军事委员会办公厅特检处核办。如属于参加机关之主管事项者，并应分别呈报之。遇情形急迫时，得与当地高级军政警察长官或该站负责人协同施行紧急处分。

第十六条 由各部会派赴检查所服务人员之薪饷及旅费，由派遣机关支给之。其他该所经费，由军事委员会□发之。

第十七条 其他检查法令与本规则不相抵触者，得适用之。

第十八条 本规则如有未尽事宜，得随时呈请军事委员会修改之。

第十九条 本规则自公布之日施行。

8. 行政院关于奉令公布《航空法》给重庆市政府的训令[①]（1941年5月30日）

案奉国民政府本年五月三十日渝文字第五一四号训令开：

为令知事，查航空法现经制定，明令公布，应即通行饬知。除分令外，合行抄发该法，令仰知照，并转饬所属一体知照。此令。等因。奉此，除分行外，合行抄发原件，令仰知照，并转饬所属一体知照。此令。

计抄发航空法一份

院长 蒋中正

① 原载《国民政府公报》渝字第366号。

航空法

（1941年5月30日）

第一章　通　则

第一条　本法称航空器者，谓飞机、汽艇、气球及其他飞航空中之器物。

第二条　本法称飞行场者，谓供航空器升降所用之陆地或水面场所。称航空站者，谓飞行场及其所附一切建筑设备之全体。

第三条　本法称航空人员者，谓航空器长、领航员、驾驶员及为飞航服务之机械报务或其他人员。

第四条　本法称飞航者，谓航空器之飞升、进航、降落及在陆地或水面之滑走。

第五条　军用航空器航空站飞行场及航空人员，不适用本法之规定。

第二章　航空器

第六条　航空器应由制造人或所有人向交通部申请检查，检查合格者，发给适航证书。

第七条　领有适航证书之航空器，应由所有人向交通部申请登记，领有登记证书后始得飞航。

在交通部所指定之飞行场或其他场所试飞时，不适用前项之规定。

第八条　航空器合于左列各款规定之一者，为中国航空器。

一、中国官署所有者。

二、中国人民所有者。

三、依照中国法律所设立，在中国有主事务所之左列法人所有者：

（一）无限公司，其股东全体为中国人民者。

（二）两合公司或股份两合公司，其无限责任股东全体为中国人民者。

（三）股份有限公司，其董事长、总经理人及董事三分之二以上为中国人民者。

（四）其他法人代表人全体为中国人民者。

非中国航空器不得申请登记。

第九条　曾在他国登记之航空器、非经撤销其登记，不得在中国申请登记。

第十条　航空器登记后，应将中国国籍标志标明于航空器上显著之处。

第十一条　适航证书遇有左列情事之一者，失其效力。

一、有效期间届满时。

二、航空器所有权移转时。

三、〈原稿缺失〉

四、航空器灭失或毁坏时。

第十二条　登记证书遇有前条第二款至第四款各款情事之一，或航空器丧失中国国籍时，失其效力。

第十三条　适航证书或登记证书失效时，应自失效之日起二十日内向交通部缴还，逾期不缴还者交通部应公告作废。

第十四条　已登记之航空器，如发现系冒充第八条所定各款或不合第九条之规定者，交通部应撤销其登记，并令缴还登记证书，不遵令缴还者，应公告作废。

第十五条　登记证书失效时，除依前二条之规定外，交通部应即注销其登记。

第十六条　航空器除本法有特别规定外，适用《民法》关于动产之规定。

第十七条　航空器得为抵押权之标的。

第十八条　航空器所有权之移转，抵押权之设定及其租赁，非经登记不得对抗第三人。

第十九条　共有航空器，准用《海商法》第十三条至第十六条及第十八至第二十一条的规定。

第二十条　航空器除本法或其他法令别有规定外，自开始飞航起至完成该次飞航止，不得施行扣留扣押或假扣押。

第三章　航空站及飞场

第二十一条　航空站及飞行场，除军用者外，国营者由交通部设置之；省营或市县营者，经交通部核准后设置之。

航空站除依前项规定外，无论何人不得设置。

民营飞行场，得由中国人民或具有第八条第三款所定资格之一之法人经交通部核准后设置之。

前项飞行场之经营人及管理人，应以中国人民充之。

第二十二条　航空站及飞行场所需用之土地，得依法征收之。

第二十三条　航空站及飞行场，非经交通部许可，不得以之兼供他用。

第二十四条　航空站及飞行场之废止让与或租与他人经营，应经交通部之核准。

第二十五条　航空站及飞行场供他人航空器升降之用时，得收取费用。其收费标准，由交通部定之。

第四章　航空人员

第二十六条　航空人员经交通部检定合格发给技能证书后，向交通部领得航空许可状，方得从事工作。

第二十七条　交通部对于航空人员得为定期检查及临时检查，遇有技能体格或性行不合规定标准时，应限制、停止或禁止其工作。

依前项规定禁止工作者，应自禁止之日起二十日内，向交通部缴还航空许可状，逾期不缴还者，应公告作废。其停止工作者，交通部应扣留其航空许可状。限制工作者，应将其事由附记于航空许可状。

第五章　飞航及运送

第二十八条　航空器除试航外，飞航时应具备左列文书：

一、航空器适航证书。

二、航空器登记证书。

三、航空人员技能证书。

四、航空人员航空许可状。

五、航空日记。

六、载客时，旅客名册。

七、载货时，提单及货色单。

八、有无线电装置时，其许可证书。

第二十九条　航空器飞航前，应受交通部所派人员或所委托机关之检查，如发觉不具备前条规定之文书或文书失效者，应制止其飞航。

第三十条　航空器除遇不可避免之故障外，不得在飞行场以外飞升或降落。

第三十一条　航空器之飞航，应遵守交通部指定之航线。

第三十二条　航空器之飞航，应遵守交通部所定之高度。

第三十三条　航空器在军用飞行场降落或利用军用航空站设备时，应由航空器所有人呈请交通部转咨军事航空主管机关核准。

航空器未经核准而降落军用飞行场，经检查并非被迫降落者，应扣留其航空器。

第三十四条　航空器不得在禁航区域飞航。

第三十五条　航空器除经交通部许可外，不得装载武器弹药、爆裂物、毒瓦斯、无线电通讯机、传信、摄影器及其他法令禁止装载之物品。

第三十六条　航空器飞航中，不得投掷任何物件，但法令另有规定或为保持飞航安全起见不得已而须投掷时，不在此限。

第三十七条　航空器降落后，应受该管行政官署之检查。

第三十八条　以航空器经营运送业者，应经交通部之许可。

第三十九条　前条航空器，应依《邮政法》之规定负载运邮件之责。

第四十条　外国航空器，非经交通部商经军事航空主管机关同意，呈请行政院特许，不得在中国领域飞航。

第四十一条　飞航国际间之航空器，应在交通部指定之飞行场飞升或降落，并应遵守交通部指定之航线及其所规定之事项。

第六章　失事及责任

第四十二条　航空器飞航时，因失事致人死亡或伤害人之身体健康，或毁损动产不动产时，航空器所有人不间有无故意或过失，应负损害赔偿责任。自航空器上落下或投下物品致生损害时，亦同。

第四十三条　航空器依租赁或借贷而使用者，关于前条损害，由所有人与承租人或借用人负连带责任；但租赁已登记者，除所有人有过失外，由承租人单独负责。

第四十四条　损害之发生，由于航空人员或第三人故意或过失所致者，所有人、承租人或借用人对于该航空人员或第三人有求偿权。

第四十五条　关于旅客及载运货物或航空人员之损害赔偿额，有特别契约者，依其契约。

前项特别契约，应以书面为之。

第一项赔偿额，经交通部核准登载于客票或提单，而经旅客或托运人签名或盖章者，视同书面契约。

第四十六条　航空器因一次失事，多数人受损害，致赔偿债务履行困难时，除有前条特别契约者外，法院得依债务人之请求，酌量其负担能力，就各债权人应受之赔偿额比例为分期给付之判决。

第四十七条　航空器因失事所生损害，显非债务人资力所能负担时，除有第四十五条之特别契约者外，法院得依债务人之请求，酌量其负担能力，就各债权人所受损害比例减低赔偿金额，并得为分期给付之判决。

前项减低之赔偿金额，不得低于损害额50%。

第四十八条　依前条规定仍不能负担时，得经交通部呈请行政院核准，由国库贷与债务人适当之金额或为其他救济。

第四十九条　航空器所有人应于依第七条申请登记前，航空运送业者应于依第三十八条呈请许可前，依交通部所指定之金额加入责任保险。

第五十条　特许外国航空器在中国领域飞航时，交通部得令先提出适当之责任担保金额。

第五十一条　未经令具责任担保之外国航空器，或未经特许而因被迫降落或倾跌于中国领域之外国航空器，致人或物发生损害时，地方官署得扣留其航空器及驾驶员。

遇前项情形，除有其他违反法令情事外，航空器所有人、租赁人、借用人或驾驶员提出地方官署认为适当之担保时，应予放行。

第五十二条　关于本章损害赔偿之诉讼，依原告人之选择，由被告人住所地或失事后最初降落之法院管辖之。

第五十三条　关于航空器失事责任，除本法有规定外，适用《民法》之规定。

第七章　罚　则

第五十四条　以诈术声请检定或登记，因而取得适航证书或登记证书者，处三年以下有期徒刑、拘役或2000元以下罚金，并撤销其证书。

第五十五条　用未登记之航空器飞航者，处五年以下有期徒刑、拘役或3000元以下罚金。以无效之登记证书飞航者，亦同。

第五十六条　有左列各款行为之一者，处拘役或500元以下罚金。

一、国籍标志不标明或不依规定地位标明者。

二、适航证书或登记证书应缴销而不缴销者。

三、任用未领有航空许可状之航空人员者。

四、未经许可而经营运送业者。

第五十七条　未经核准而设置民营飞行场，或违反第二十一条第二项或第四项之规定者，处拘役或300元以下罚金。

第五十八条　民营飞行场之经营人管理人有左列各款行为之一者，处拘役或200元以下罚金。

一、未经许可，以飞行场兼充他用者。

二、未经许可，将飞行场废止让与或出租者。

三、飞行场收取费用不依定率者。

第五十九条　航空器长、领航员或驾驶员有左列各款行为之一者，处六个月以下有期徒刑、拘役或1000元以下罚金。

一、未经领有航空许可状而从事工作者。

二、工作逾越限制者。

三、航空许可状应缴销而不缴销者。

四、飞航时不具备第二十八条规定之文书者。

五、违反第三十条之规定，在飞行场以外飞升或降落者。

六、不遵指定航线或空间范围飞航者。

七、飞航时不遵规定之高度者。

八、航空器降落后不受检查者。

第六十条　违反第三十四条之规定者，处二年以下有期徒刑。

第六十一条　航空人员、旅客或其他乘坐航空器之人，违反第三十五条或第三十六条之规定者，处拘役或500元以下罚金。

第六十二条　违反第四十条或第四十一条之规定时，航空器长、领航员及驾驶员各处三年以下有期徒刑、拘役或3000元以下罚金。

第八章　附　则

第六十三条　在本法施行以前，经中央政府特许之中外合办公司所有之航空器，不适用第八条第一项、第九条、第四十七条及第四十八条之规定。

第六十四条　关于左列事项，以交通部命令定之。

一、关于航空器之检查及登记事项。

二、关于航空站飞行场之监督事项。

三、关于航空人员之检定许可及监督事项。

四、关于空中交通及运送事项。

五、关于航空表演及试飞事项。

六、关于航空营业之许可及监督事项。

第六十五条　关于左列事项，应由交通部转咨军事航空主管机关决定之。

一、关于航空器之制造购置设计事项。

二、关于航空站飞行场之设置废止及转让事项。

三、关于航空人员之检定标准事项。

四、关于航线之指定事项。

五、关于飞航高度之规定事项。

六、关于民航教育事项。

七、关于航空器之标志及灯火信号事项。

八、关于航空器材及航空电信器材事项。

第六十六条　关于左列事项，以军事航空主管机关命令定之。

一、关于禁航区域之划定事项。

二、关于外国航空器入境及过境事项。

三、关于航空器航空站飞行场及航空人员之依法征用事项。

第六十七条　本法施行日期，以命令定之。

9. 中国航空公司为抄送民用航空站计划致陪都建设计划委员会公函（1941年11月4日）

案准贵会技函字第五五四号大函，祗悉，承询民用航空站计划五点。兹经如嘱依照所示各节，分别另文答复，随函送请察收。即烦查照为荷。此致

陪都建设计划委员会

附一件

中国航空公司启

航空站计划五点

一、新航空站理想之地点：

离都市不远靠近湖沼或水流不急之宽阔江河。附近无山峰，电线铁塔，及其他高大建筑等障碍物。洪水不淹，交通便利之处。

二、航空站之大小及最小之限度：

愈大愈好。倘附近无高大障碍物，有坚实之1000公尺长100公尺宽之跑道2条或4条(跑道方向及多少随航空站所在地之四季风向而定)则3公里见方之地，即可应用。

三、飞行场最适宜之升降方向：

飞机必须逆风升降，顺风升降或升降时遇侧风，均易发生危险。

四、飞行场附近必要之设备：

飞行场边界应建筑深宽沟渠。若用竹篱或木栏，则不可高过2公尺，以免闲人及畜类闯入机场致飞机升降时发生危险。

五、飞机场内部之布置：

飞机库、汽油库、修理厂、消防设备、飞行人员及乘客休息室、办公室、无线电台、电灯、电话、有茶水饮食供应、清洁之男女厕所及夜间飞机升降设备。若有水上飞机，更须购置小汽艇划子及建筑水飞机码头。

10. 欧亚航空公司为抄送民用航空站计划致陪都建设计划委员会公函（1941年11月15日）

十月十二日技函字第五五四号大函敬悉。兹拟就民用航空站计划一份，随函寄复，烦请查照，

酌作参考为荷。此致

陪都建设计划委员会

附民用航空站计划一份

经理　李景枞

兹拟具民用航空站计划于下：

一、新航空站之理想地点：

依陪都之地形，应在长江两岸附近1公里以内及离市不超过5公里以外，水陆交通四围（或三边）3000公尺以外，都无500公尺以上之高上，觅一荒高地带建筑，是新航空站最理想之地点。

二、航空站之大小及最小之限度：

以二发动机或三发动机之飞机为限。依照各国目前所用之民用飞机速度，单机或二机起落者则1200×2000方形或曲尺形（按照该地常年之风方建筑一曲尺形机场，可以减少许多荒地及建造费，同时对于场内之设备亦较简便），加筑跑道长宽度1200×50米，但最低之限度则为800×1200米，跑道则为1000×35米。

三、飞行场最适宜之升降方向：

陪都常年之风向此间不甚明了，但依西南各省之风方，则以东风及西南风为多，想陪都常年之风向亦相差不远。航空站之跑道建设，应取东风及西南与无高上之方向为宜。

四、飞行场附近必要之设备：

（一）无线电台　（二）气象设备　（三）油库

（四）修理室　（五）风向袋　（六）停机场（库）

（七）停车场　（八）夜航设备　（九）消防设备

（十）机航管理室　（十一）员工住食处所　（十二）交通器具设备

（十三）通讯设备　（十四）电力室　（十五）医务室

五、机场内之布置：

（一）军政检查处　（二）各航空公司办事处　（三）海关检查处

（四）邮件室　（五）书报室　（六）饭食室

（七）飞行人员休息室　（八）旅客休息室　（九）男女解小处

（十）侍役室　（十一）讯问处　（十二）卫生检查处

（十三）包裹置放处

11. 中国航空公司为总经理任免事项致重庆市政府公函（1941年12月—1943年8月）

一、公函一（1941年12月16日）

案奉交通部人甄渝第二五五七五号训令开：

查该公司副董事长兼代总经理黄宝贤，因病不能执行职务，按照公司合同规定，总经理职务应由董事长兼任，并派包可永代理董事兼代副董事长。除分函外，合行令仰知照。此令。等因。奉此，学沛等遵于本月十日分别就职，除呈报并函令外，特函奉达，敬烦查照为荷！此致

重庆市政府

兼总经理　彭学沛

二、公函二（1943年8月10日）

敬启者：案奉交通部三十二年八月十六日人甄渝字第一八四三二号令开：

中国航空公司总经理王承黻呈请辞职，应予照准。

兹派李吉辰暂行兼代中国航空公司总经理。此令。各等因。奉此，经于本月十六日接收视事，除呈报并函令外，相应函达，敬烦查照为荷。此致

重庆市政府

兼代总经理　李吉辰

12. 外国航空器飞航国境统一办法①（1942年11月13日）

一、凡友邦航空器飞行来华，均依本办法之规定施行。

二、外国航空器飞航国境，应由各该国先期正式申请，经中国政府许可，发给入境许可证后，始得飞航入境。

三、外国航空器申请飞航国境时，各该国使节应将左列事项开送查核：

（一）飞行目的。

（二）航空线。

1. 入境及出境或降落地点。

① 本办法由军委会颁布施行，行政院1942年11月13日令重庆市政府知照。

2. 来自地点及飞往经过地点。

（三）出发暨到达中国各地点，并在中国境内停留日期。

（四）飞航员及随机工作之人数、姓名与国籍。

（五）航空器所载运之物品、种类、数量。

（六）航空器之式样、数目、标识，发动机之式样及马力。

四、外国航空器在中国境内飞航，应按照中国政府核定之航线飞行，不得自由飞航至该航线左右界线为20公里，并于必要时，得由中国政府派员领航。

五、外国航空器在中国境内升降，应以中国政府核定地点为限。除遇不可避免之故障外，不得在指定地点以外自由升降。

六、外国航空器飞航国境，非经特许之人员不得搭乘。

七、外国航空器飞航国境时，不得携带武器弹药、毒瓦斯、爆发器材、传信鸽、照相机及其他违禁物品。但经中国政府特许者，不在此限。

八、外国航空器于中国境内飞航时，除升降外，不得于沿途作低空飞行，并不得由天空撒下物品。

九、凡入境航空器不得于禁航区域，或要塞地带周围20公里内之上空飞行。其他地点于核准入境时规定之。

十、入境之航空器误入禁航区域时，如驾驶者一经查觉，应照附表第二“1”误入禁航区域之规定急发遇险信号，并速降落于最近之飞行场，静候地面公务人员处置。

十一、遇有入境之航空器驶近禁航区域，如欲警告其改变方向，应照附表第三“2”改变方向之规定。

十二、凡欲令一航空器降落，应照附表第二“3”降落信号之规定。

十三、外国航空器入境，应接受中国政府各地航空检查所检查人员之检查，检查办法另定之。

十四、外国航空器飞航国境应携带航空日记，以便检查。

十五、本办法自公布之日施行。

13. 外国航空器飞航国境检查暂行办法（1942年11月13日）

一、本办法依据《外国航空器飞航国境统一办法》第十三条之规定订定之。

二、外国航空器于中国境内降落时，除经中国政府临时特许免核者外，余均按照左列事项施行检查：

（一）入境许可证；

（二）航行日记；

（三）物品及随机工作人员及特许搭乘人员之证明文件；

（四）物品及行李；

（五）机身及发动机。

三、外国航空器飞航国境如遇左列情形之一者，应当地检查所报请当地最高长官，予以扣留。

（一）无入境许可证或升降地点不符者；

（二）搭乘人员姓名、国籍、人数或物品种类、数量与所报不符者；

（三）载运违禁物品者。

四、本办法自核准之日施行。

14. 中央航空公司为总经理就职任事致重庆市政府代电（1943 年 3 月 2 日）

重庆市政府公鉴：

奉交通部三十二年二月二十五日人甄渝字第五九六五号令开：兹派陈卓林为中央航空运输股份有限公司总经理；又奉同日同号令开：兹派查镇湖为中央航空运输股份有限公司副经理。又奉令，以欧亚航空公司全部结束，所有一切资产、人事及设备，即由该公司接收，会同具报，各等因。奉此，遵于三月一日飞滇就职任事，除呈报分行外，特此电达查照。中央航空运输公司总经理陈卓林、副经理查镇湖。冬。秘印。

15. 行政院为军机不准擅自搭客事给重庆市政府训令（1943 年 12 月 26 日）

准军事委员会三十二年十二月二十七日办检航字第一〇六〇号代电开：

案奉交下航空委员会本年十一月二十六日谋战癸渝字第二二六七号报告：案奉钧座本年戌筱手启代电开：据报近日中外军用飞机常有擅自搭客等事。以后无论中外任何军用飞机，未有本委员长准许及亲签之凭证，一概不准搭客起飞。希即通令各机场检查人员，切实负责执行。等因。自应遵办。尚有两点拟请核示者：（一）本会空运机过去党政军各机关及边远各省请搭人员、物品者甚多，兹奉手令，拟请通令一律停止；（二）本会调职人员、重要公差人员、外国军人、空军烈士家属以及已准登记之赴新疆公务人员等，拟请俟本会空运机遇有空位时，仍准搭乘。是否有当，理合报请鉴核示遵（以上外国军人、空军烈士家属一语，经奉委座删去）。经呈奉委座十二月九日指示：饬所属一体知照。等由。准此。除分行外，合亟令仰知照，并转饬所属一体知照。此令。

院长 蒋中正

16. 行政院为转发军用运输机搭乘办法给重庆市政府训令（1945年3月10日）

准军事委员会本年三月二日谋训乙渝字第三二六号代电开：

查军用运输机专为运送重要物资之用，虽经规定有重要任务人员得请求搭乘，系限于特殊急迫之情形。乃近查各机关对请求搭乘多该无限制，以致妨害空运计划，影响作战任务。兹特规定办法如下：（一）凡请求搭乘军用运输机，应一律先呈报本会委员长核准。（二）凡水陆交通可到达之地点，非有至急任务者，不得请求搭乘军用运输机。（三）对不通水陆交通之地点，亦限于与作战直接有关或负有特殊重大任务者，始可请求搭乘。（四）凡奉准搭乘人员，应遵守航空委员会之搭机规则，并严禁携带违禁物品或走私图利情事。如有违犯第四项之规定，经查明有据者，应按军律从严治罪。以上四项，除通饬本会各属切实遵照，并分饬航空委员会、各部会对于搭乘人员严加检查约束外，特电请查照，并转饬各部会及所属各机关，一体遵照为荷。等因。准此，自应照办，除分令外，合行令仰遵照，并转饬所属一体遵照为要。此令。

院　　长 蒋中正

代理院长 宋子文

二、概 况

1. 抗战爆发以来的航空线[①]（1941年）

一、战前之准备

我国航空运输事业，抗战以前，系以上海为中心，举凡航线之设置，机航之设备，器材之存储，电讯之联络，均以上海为枢纽，此盖有其历史关系，以及经济交通上种种原因所致。嗣以中日

① 节选自《最近之交通》第四章，标题为本书编者所拟。写作时间大约在1941年。

战争无法避免，故对应付战事一切必需措施，预为进行，以资准备。举其要者，为航空公司总办事处与机航总部之迁移，督饬中国航空公司在汉口，欧亚航空公司在西安，事先布置，为各航站机件与油料之储备，并在洛阳、西安等处建筑油库，为对飞行技术人员之训练，以便逐渐替代外籍人员。为航线调整计划之拟定，俾可临时变更航运路线，交通不至中断，并料一旦战事发生，汉口香港之间，对于航运需要，必甚重大，特于战前赶速开办自汉口经长沙、广州以达香港之国际航线。又军用航空，关系密切，为协助空军起见，预组航空运输队，以航空公司飞机与技术人员，除必须维持各线航运者外，编成二队，以备专供空军运输之用。赖此各项准备，用能迅速事机，匪特运输业务，并未间断，且迭应空军之需，协助空运，对于战时交通，贡献甚大，而因航运设备，保存不少，数年以来，空运事业之发展，抑亦幸于当时保此基础，有以致之。

二、武汉撤退前之设施

战事发生，中国、欧亚两航空公司立即依照预定计划，分别督饬迁往汉口、西安，重要器材，大部抢运离沪。原有各路航线，除沪平、沪粤、沪汉、京郑、平并、平包等线段，因军事关系停航外，其余汉渝、渝蓉、汉港、兰汉、郑兰、兰包、陕滇各线段，如常维持航运，旋并即将芜湖、汉口段复航，更为便利国际及后方交通起见，积极开办新线，计至武汉撤守时止，先后办成者，计有：

（一）国际航线：

1. 昆明、河内线。

2. 重庆、桂林、香港线，均于二十六年十二月开航。

（二）国内航线：

1. 汉口、西安线，于二十六年八月开航。

2. 汉口、长沙线，二十六年二月开航。

3. 重庆、泸州、叙府、嘉定线，于二十七年五月开航。

4. 重庆、贵阳、昆明线，二十年八月开航。

此外与苏联磋商合办哈密与阿拉木图间之线，以便中苏交通。又津贴法国航空公司，开办河内香港间之线，以备万一汉港、渝港两线遭受敌机威胁停航时，仍能经由渝昆、昆河两线与河港线之连运，维持内地与香港之交通。后以敌人在越登陆，始将昆河线停航。以上各时期，除一面随时协助空军运输，并为预筹稳妥计，复再督饬中国、欧亚两航空公司分别将其总办事处及机航总部迁至重庆与昆明。对于各站油料，以当时从粤汉铁路输入，尚较便利，故复大量赶运分储，目前西北方面，仍有数处航站用油，系为当时所储备者。此外驾驶巨型飞机飞行人员，在抗战初期，已有一部分训练成熟，逐渐加入各线工作，替代外籍人员。有关国防军事各地，遂得限制外员飞行，同时订定种种有关飞行之禁制，以保国防机密。迨至二十七年十月，国军自武汉撤退，事前通达汉口各路航线，临时尽量加开航班，疏运军政人员及各界旅客与重要之公物，昼夜不停，直迄国军离汉之翌晨，犹趁敌骑未到前，赶派飞机往汉载运最后之乘客数人，及飞机自汉飞出时已遥见敌军炮火矣。

三、武汉撤退后之设施

国军自武汉撤退后，航空运输事业又生重大变化，然幸对于西南、西北各重要地点，多已设站通航，后方航运，尚能勉强维持。其时立即停办者，计有：汉口香港线、汉口西安线、汉口宜昌线。而以汉港线停航后，影响对外交通至大，爰即充实渝港线之设备，尽量增开航班，以维持国际交通。嗣后陆续开办者，计有：

（一）国际航线：

1. 昆明、腊戌、仰光线，于二十八年十月开航。

2. 哈密、迪化、伊犁、阿拉木图线，系与苏联合资设立中苏航空公司经营，于二十八年十二月开航。

3. 腊戌、加尔各答线，三十一年一月开航。

4. 昆明、定疆、加尔各答线，三十一年五月开航。

（二）国内航线：

1. 昆明、桂林线，于二十七年十一月开航。

2. 重庆、西安线，二十八年一月开航。

3. 兰州、西宁线，二十八年七月开航。

4. 成都、兰州线，二十八年七月开航。

5. 重庆、汉中线，二十八年九月开航。

6. 兰州、凉州、肃州、哈密线，二十八年十二月开航。

7. 南雄、香港线，二十九年十月开航。

8. 成都、雅安线，三十年六月开航。

以上各线，嗣有因太平洋战事发生而停办，亦有以油料运济不易而停办，或暂时停航者，除此以外，现在筹设中者，亦有数线，对于国内之康定、西昌，均将筹划开辟航线。就通航地点言，目前经常通航者有重庆、成都、昆明、桂林、兰州、肃州、哈密、迪化、伊犁、阿拉木图、定疆、加尔各答各处，至随时可以承包飞机前往者，尚有南雄、衡阳、柳州、贵阳、昭通、汉中、西安、凉州、天水、宁夏、西宁等处。数年以来，航空运输业务日趋发达，只因飞机购置不易，虽经随时设法补充，运输能力，已较战前为高，但为数量究属有限，对于大量需要，未能完全适应，致对各地客货，常难充分搭载。惟是对于政府重要物资之进出，无不极力航运，对于空军运线，更无不尽量协助，工作艰巨，与时俱增，所幸努力之结果，器材尚可勉有接济，飞行技术人才，亦尚续有养成，得以维持需要。

2. 中国航空公司1940年至1942年概况[①]（1943年）

抗战六年，我国沿海七省重要口岸，悉被敌占，一切国防兵器与生产物资之供应，凡由国外输入者，解不赖航空运输以沟通之，任谁不能否认空事业立于抗战交通之第一前线。

二十九年一月四日，敌机群27架，首次向滇越铁路轰炸，遮断滇越运输联系。本公司补给汽油,与政府物资,遂受无限延期之阻滞。公司渝港航线,乃于二月中,增加航班。每日飞行一次,以资疏运，复于四月一日起，增设昆明——香港直航客机。六月二十二日敌人军队，向越南政府威胁,制止中越货运活动。七月六日,实行武力封锁滇越铁路。自是东南运输,形势顿成僵局。本公司汽油机件，感受严重打击，不得不另辟一途，改道由龙川运韶输入。七月十八日，英日封闭汉缅路线之协定，由英使克莱琪，与日本有田签订于东京，禁止军机、弹药、汽油、载重汽车及铁路材料经缅境输入中国，期限定为三个月。虽然短促期间，惟航行上一切之给养，益陷于停顿状态。八月二日，渝嘉航线，蒙受汽油缺乏影响，致告停航。九月二十四日，接河内法国航空公司来电，劝止我机飞越，由是昆河航线，迫于结束。

同年九月，准广东省政府函商，拟请创办港韶航线，双方协订，经匝月而筹备完成。十月八日，由香港正式开航。时韶州机场，经军事上之破坏，不堪修用，故自港直飞南雄，亦名港雄线，计程320公里，由南雄改乘长途汽车赴韶州，车行3小时可达。三十年二月，增加班次，定为每星期一三五各飞行来回一次。三月间，增设货运班，以康道Condor式双引擎飞机两架，担任行驶，每次载重1500公斤。旋复加赁同式飞机3架，利用夜航设备，参加航行。每机每晚飞航二次以上，出口以承运经济部资源委员会钨锡为大宗，营业鼎盛。当时请购外汇困难，而本公司器材燃料之购置与外籍人员之薪津，均以美金支付，利用外币收入机会，遂至整个航运业务，集鹄于港站，以为基点。顾港岛形势，孤悬海隅，溯自广州虎门沦陷以后，香港环境外围，无形被敌封锁，随在皆有施予攻势或偷袭之可能。公司昆河线受迫停航，昆仰线尤不可恃，对国际航线，为惩前恐后之谋，不得不筹维别径，于尔试航中印，遂定决心。当三十年一月十八日派机师施尔甫O.D.Sharp、副机师赫格斯F.L.Higgs、电报员罗昭明，驾DC2第26号（成都号）机由渝出发，同机者为美方副董事长班德W.L.Bond、印度空军团长Burhury、财政部顾问Lynch、美大使馆武官Mchugh及本公司董事Sollett。当日经昆明停于腊戍，十九日由腊戍起航，经吉大港（Chiltagong）到达加尔各答，二十日及二十三、二十四各日，由加尔各答飞阿拉哈白（Allahabad）、德利（Delhi）、阿格拉（Agra）等地，二十五日由加尔各答（Calcutta）飞回腊戍，中印试航遂告成功。又于三月一日奉令派拨专机一架，每日担负蓉一兰段航运事务，至十五日为止。

当八月中旬，渝市连周空袭，各线航班蒙受影响至巨。八月十一日，由仰经渝转港之班机，于警报解除后到达重庆，旋复敌机夜袭，随即起飞，一降一起之间时至短促，后此连续日夜空袭，

① 节选自王承黻著：《最近三年来之中国航空公司概况》，原载《交通建设》第1卷第3期。

以致各线班机，无法依守秩序，惟始终维持，并不因此而废止。内勤人员，于解除警报30分钟，即恢复办公。遇有紧急事项，临时增加夜间值班。继将售票处移置×××飞机场码头，以利乘客洽商购票。鉴于夜袭之频仍，更于二十日，假×××机场，附设小型无线电报机，即日开始通报，藉策安全，二十五日，开始夜间飞航。十月二十三日，派DC-3式第47号机由渝飞蓉，转飞康定。试航机抵康定时，正值大雪，地面尽呈银白色，无法寻觅机场，只得环绕数匝，折返成都。十一月三日，再度试航西昌。二十日，派机由昆明起飞，试航塞地亚Sadiya至二十五日，任务完成回渝。

十二月八日，太平洋战事爆发，香港适当战潮冲激，九龙启德机场，首受敌机群轰袭。本公司利用夜航设站，而停于启德机场之飞机，计有道格拉斯DC-2式第24号、第26号、第81号3架，DC-3式第41号、第46号机2架，另康道Condor式货运机3架，及本公司总代理之联美航空公司飞机1架，除31号41号46号星夜脱险飞出外，其余各机，均先后中弹着火沉没。公司动员全体飞航机械与业务人员，不分昼夜营救，戮力抢运工作，其原驻重庆之DC-3第47号机闻讯后，亦冒险赶赴香港参加，其赴难热忱，有足多者。计每机每夜飞行往来于港雄间三次，又以日间应远离战区，避免牺牲起见，故于夜深最后一次飞行，则均由香港直飞重庆，盖当时敌机正侦骑四出，南雄机场，迭次发生空袭，至十日晚，原定继续飞行抢运各机，纷纷在途，徒以香港政府因敌军渐次逼近，九龙启德机场急须破坏，来电阻止，遂令弃港，各机从此不复再能返港，而留港赶修备用之另一康道式货机，亦只迫于自毁，以免资敌。驻港职工，除大部分技术人员外，余多未能随机内撤，留港看守物资，驯至二十五日，九龙香港，相继陷落，各员工饥寒凌辱之苦，知所不免，惟有以次设法分途撤退而已。

当港变发生，大部以黄前总经理宝贤久病驻港，未能执行职务，令派彭董事长学沛兼任总经理，加派包可永君为董事兼副董事长协助之。

渝港航线截断后，此时国际航线，益切需要，乃于十二月十八日，派DC-3式第47号机，作首次通航渝加。由重庆起飞经昆明，停腊戍度宿，次日续飞加尔各答，全程2230公里。是为渝加线开航之始。同时并派工程人员赴密支那Myjtkyina察勘该地机场，以备必要时作中途之转枢。

仰光航站，感受敌军威胁，已失其地位之重要性，且渝加航线开航以还，因时代迁移，转以腊戍站为枢纽，渝仰航务，自可紧缩归并于腊戍航站。承巘奉令承乏中航公司总经理职务，遵于一月十六日视事，受任于航运业务创巨痛深支离零落之余，唯知勉竭绵薄，坚定本身岗位，愿率所属同人，以整个精神智慧，贡献国家，服务社会。对内调整人事，充实工作效能，清算财务，应付周转需要，并加紧训练技术人才，筹储航空器材给养。对外一面增强西南渝加国际航线运输力量。四月二十六日，缅战局势紧张，腊戍畹町挨次撤守，该线改道经停云南驿密支那。五月五日，密支那放弃，遂由昆明迳飞丁江Dinjan以达加尔各答。同时美亚新航线成立，Clipper由纽约Newyork航迈阿米Miami（1233英里）至拉哥斯Lagos（6699英里）至开罗Cairo（3290

英里）至加尔各答（4062 英里）需时仅四天半，比较曩昔之太平洋航线，尤为迅捷，经本公司之商洽结果，与渝加航线，取得密切联络，今后中美航邮客运，悉可由新航线转递。四月间，奉命接管运用租借法案美供运输机，添设丁昆专线，经营货运，发动全部机数参加。由七月后每日平均往返飞行六七班，使国防军需与生产物资，源源内运。近月来运率，已超 300 吨以上，第惜各种备用机件，未能及时补充，而飞机之性能，与缺乏适当之无线电装置，不适于天气恶劣环境中之高空长途飞行，否则不仅此数。七月中，奉令专拨飞机 3 架，担负特殊任务，携带大批粮秣，飞赴印度新平洋 Sindmorang 投掷，对同盟国博得忭慰之同情。

一面筹策西北国内航线，以图启发西北蕴藏富源，冀与中苏航空公司航期取得联系。曾于七月十八日试航中印线，横断飞行喜马拉雅山麓，系以航委会新机 7 4 号，由本公司国籍机师陈文宽、副机师潘国定、电报员华祝驾驶。当日自重庆起飞，往成都兰州，十九日抵迪化，二十日抵伊犁，二十一日抵莎车，二十二日越喜马拉雅山西端入印度国境，沿途经停 Gjlgit 及 Rawalp indi 两机场，完成中国新疆飞越喜马拉雅山至印度之处女航。途中高空飞行，有升至 28000 尺以上者。复于七月二十八日，复作第二飞航，由印度首都新德里 New Delhi 出发，即日抵 Peshowar，二十九日晨六时半，由 Peshowar 起飞，越喜马拉雅山西端，中途折回。下午二时四十分，再由 Peshowar 起飞，经莎车以达迪化，三十一日离迪化飞肃兰州，八月一日，由兰州经成都返重庆，完成第二次航程。七月中，恢复渝桂航班。八月一日，开辟渝兰航线。惟格于飞机分配，运用困难，汽油接济不易，暂定每两星期往返飞行各一次。

爰将最近三年来本公司之概况，试为简明之检讨：

一、营业概况

年度	飞行公里数	购票乘客公里数	收费乘客人数	收费邮件重量（公斤）	收费货运重量（公斤）
二十九年	1616834	11340724	16432	74585	494107
三十年	2127377	15308269	21292	90271	5477409
三十一年一至八月	1378254	12240174	13865	35800	1499666

二、航线概况

航线名称	航程公里	开航日期	停航日期	附记
渝港线	162 公里	二十六年十二月四日	三十六年十二月八日	
渝嘉线	351 公里	二十七年五月二十日	二十九年八月二日	
昆河线	560 公里	二十八年三月十五日	二十九年九月二十一日	
昆仰线	1380 公里	二十八年十月三十日	三十年十二月十四日	
港韶线	320 公里	二十九年十月八日	三十年十二月八日	
渝兰线	780 公里	三十一年八月一日		每 × 星期往返 × 次
渝桂线	610 公里	三十一年七月		同右
渝蓉线	290 公里	二十二年六月十一日		无定期飞行
渝加线	2341 公里	三十年十二月一八日		每星期内往返 × 次

敌人嫉视我国航空交通线，久拟实施消灭军略，自二十七年八月二十四日，DC-2 第 32 号机（桂林号）在广东中山县境遭敌机被击沉没，敌以其计已售。二十九年十月三一日，DC-2 第 39 号机（重庆号），在益被迫降落，惨炸焚毁。三十年五月二十日，DC-2 第 46 号机（峨嵋号），避难叙府机场，被炸右翼。又司汀逊第 7 号机，停驻九龙坡机场，道尔芬水上飞机，寄泊李家沱，先后均为敌机扫射沉毁外，三十年十二月八日，敌机群发动空中攻势，大规模突袭香港九龙启德机场，狂施轰炸，我机 DC-2 第 24、第 26 号 2 架，康道机 3 架，悉遭炸毁。本年十月下旬，印境狄布鲁加各地，迭告空袭，虽同盟国飞机多架被毁，本公司幸无损失。丁江航站上空，亦时有敌机盘旋侦察。敌人之欲积极扫荡粉碎我航运之根据者，无所不至其极。要知敌之压迫愈重，则我之抵抗益坚，夫前事不忘，后事之师也，吾人当本我大无畏精神，与不折不挠铁的志趣，以维我抗战期中无殊于接血治疗之航空供应，以达成吾人一贯之使命。

3. 中国航空公司近况[①]（1944 年 4 月 10 日）

今日奉命出席报告中国航空公司概况，按吉辰对于航空机械及飞行技术都非专长，实不敢冒充内行随便发表意见，任事九月，所以幸未陨越者，有赖诸长官董事长及各同人之谆谆指导。兹将本公司最近一般情形作一简单报告，以就正于各位长官及各位同事：

〈原稿缺失〉

二、中航财务收支平衡　中国航空公司因系中美合办，故既不能以赚钱为目的，但亦不能使之赔累。以每月收入但求维持收之支平衡。公司会计亦即成本会计。各项收支悉取公开方式。由中美双方签证。现在财务组设正副主任各 1 人，正主任由我方担任，副主任由美方担任，单就开支而言，最近一年来地面开支增大，国内方面以昆明及宜宾为最大。盖昆明一地每天停留之飞机师不下 60 人。最初建筑之招待所仅可容 30 余人，自不得不逐渐扩充，现在房间三四十间。其次为宜宾，其设备亦较多，公司对于地面建筑在国内以坚固为原则，期于战后可以继续使用，至于印度方面，因各项修理均在该地，故地面建筑亦复不少，最初仅用简单之茅房，但时加修理所费不赀，终觉不合经济原则，乃改变方针，商由印度最大之炼钢厂供给钢料。凡可拆卸之厂棚，均用钢料构架。俾将来不用之时可以拆至国内应用，其损失最多不过 30%，且利用之时间颇久，甚为经济。凡此种种均所以力求减轻运价之成本，以利公司，以利国家。

三、中航飞机飞行纪录　中航公司机航组内以前并无本国工程师负责，最近该组扩大组织，增用本国工程师 4 人。1 人系建筑工程师，专办地面建筑与设备，其余 3 人系航空工程师，分

---

① 该文系中国航空公司总经理李吉辰在交通部“国父纪念周”上所作报告“中国航空公司近况概述”，原载《交通建设》1944 年第 2 卷第 6 期。

别担任训练技术员事宜。此外尚有3人负无线电工程之责，总共现有中国工程师7人。关于飞机飞行情形。本年一至三月份每一客机，每月平均飞行钟点为194小时，就货机而论，去年三月份每一飞机之平均飞行钟点为120小时，而本年一至三月份之平均飞行钟点为212小时，可知其飞行钟点业已大增。最近美国派一有名之工程师来此视察，据其意见每机每月之飞行钟点通常应为90小时，我国竟达212小时，即就科学立场言，亦殊出人意外，足证工作之紧张及利用物力之高度。

四、抗战以来之殉职人员　公司人员之因执行职务而牺牲其生命者，迄至今日计有48人，其中中国人员计34人，美国人员计14人，中国人中正飞机师5人，副飞机师8人，报务员14人，侍应生2人。地面上之所长1人，领班报务员1人，技术员2人。美国人中正飞机师12人，副飞机师2人，公司方面以彼等以身列职，非仅为公司之业务，其冒险犯难，内运国防物资，不幸以身殉职，其英勇壮烈，一如前方作战之将士、现正搜集各人之照相及传略，拟予开会追悼，对于殉职人员之眷属，正尽力资助，其眷属现在公司服务者已有6人。

五、中航杰出飞行员　本公司飞行人员不乏杰出人才，其中最使人注意者为陈鸿恩君，陈君之飞行钟点已达12000小时以上且从未肇事。盖其人性气平和，谨慎确实。故驾驶客机甚为稳当。另一飞行员名潘国定。潘君短小精悍，先习航空工程，后复赴美学习飞行，驾驶货机，可以连续在空中飞行达10小时以上，普通每人每月飞行时间规定100小时，飞行日数约20日，而潘君往往于十二三日内毕其航行钟点。尚有一人名黄肇基。黄君体格十分强壮，技术又佳，竟可于九日内飞毕100小时之航程。此外另有飞行报务员1人，最受一般人所敬重，即为陆昭明君。此人生活简朴，对人极和蔼，乐于助人，往往愿意牺牲自己，服务他人，曾经三次危险，均未遇难，在飞行员中最足以代表我国淳厚朴质舍己为人之民族美德。至于美国飞行员与我国飞行员之气质略有不同，因美国飞行员之年龄较小。大抵在18岁至30岁之间，洒脱轻快，举止活泼，虽处某种严重状态之下，每喜以开玩笑之幽默态度出之，神情自若，无往而不乐观。

六、技术人员之训练　本公司对于技术人员之训练甚为重视，今日胜利在望，尤当把握时机，积极从事。现第一机械员训练班已在加尔各答成立，第二飞行报务员训练班最近即在昆明成立，一年半后可望各训练120人。第三训练班亦正在筹备中。第三训练班为副飞机师训练班，一俟训练机运到即可成立。本公司之希望，期于二年以后训练正飞机师100人（至少50人），副飞机师100人，飞行报务员100人，如此方足以应付国内50架飞机之飞行与管理。

4. 陪都民用航空概况（1944 年）

民用航空之管理，初由军事航空机关兼办，现经中央政治会议，核定以民用航空主管权限，归之交通部，此外交通部，并设有民用航空业务改进研究委员会，以为改进之助。

我国交通部对于空运事业，向采分管办法，所设航空公司，现在原有三家除中苏航空公司仅航哈密段外，陪都空运原有中国、欧亚两公司，现欧亚亦停航矣。

名称	设立办法	股本总额国币（元）	总公司及总机厂所在地	备注
中国航空重庆公司	与美国飞运公司合资设立	10000000	总公司及总机厂原设上海，二十六年八月迁至汉口二十七年一月再迁重庆。	
欧亚航空昆明公司	原与德国汉沙航空公司合资设立民三十年	90000000	总公司及总机厂原设在上海，二十六年八月迁至西安，改归交通部，同年十二月迁至昆明，现已停航。	

除各线由该公司分别开行固定航班外，其余设有军用机场，而准民用飞机飞航之各地，中国航空公司，并可承办雇用专机，担任临时之运输。

民用飞机在各地起落经停，除一小部分系自设专用机场外，多系借用军用机场，惟为求适合空运起见，亦常须自行扩修。三十一年扩修重庆“九龙浦”民用机场，业已扩修告竣。

政府物资之运输，自缅甸沦陷我国物资输入困难时，政府曾拨若干架飞机，交由中国航空公司使于重庆—昆明—丁江—加尔各答之线，飞运进出货物。军用则由美空运大队担负。

陪都空运在战时管制甚严，乘客必须填购票申请书及保证书各一份，缴卫戍司令部稽察处核准得到通知后，方能购票，详细手续，可至下列各处询办。

中国航空公司　　南纪门燕居　　二一五八

中国航空公司售票处　　飞机码头　　二〇一五

珊瑚坝机场询问处　　二六八二

九龙浦机场　　二九三一

国际空运

我国国际航空运输，正积极扩展中。除原有之巨型运输机，仍维持空运外，美国并添派最新式巨形运输机多架，以供我运输物资之用。此批运输机之载重及速率均较以前为大，一般美国运输机每架可载重 20 吨，中型运输机亦可载重 12 吨。

至我国物资外运问题，自缅甸陷落以后，主管当局即力谋补救办法，现已将猪鬃等物改用轻装，由空运出，以应盟国之需。

中美联运航线现况，但此实为中国亦即重庆在仰光上海港口未畅通前惟一的国际路线。兹将关于中美国际联运航线各情，特分别译录如次：

一、班期　（一）重庆至加尔各答，每星期均有飞航。（二）加尔各答至喀剌蚩，每星期亦有飞驶。（三）喀剌蚩至巴索拉每星期四飞驶。（四）巴索拉至开罗每星期五飞驶。（五）开罗至喀土穆每星期开驶一次。（六）喀土穆至麦杜戈星每星期飞行一次。（七）麦杜戈星至拉戈斯每星期飞行一次。（八）拉戈斯至巴得斯脱每星期飞驶一次。（九）巴得斯脱至纳塔尔每星期飞驶一次。（十）纳塔尔至西班牙港每星期飞驶一次。

二、行李　重庆至加尔各答，限带35公斤或77磅（指联运赴美者）；加尔各答至开罗限带20公斤，或44磅；开罗至拉戈斯限带25公斤，或55磅；拉戈斯至纽约，限带35公斤，或77磅。

三、护照签证　国人乘机前往者其护照须经下列各国签证，计印度、伊朗、伊拉克，由英领事馆签证外，约旦、巴勒士旦、埃及、英埃苏丹暨英属非洲尼日利亚、冈比亚，由英领事馆代签证，巴西由巴西驻开罗领事签证，特里立达马（即西班牙港所在地），由美国领事馆签证。

四、健康证明文件　（一）牛痘证书，须由中央卫生署签证，其日期在一年以内者。（二）防疫证书，签证机关同上，其日期凡注射一次者，有效期三月，注射二次者有效期四月半，注射三次者有效期六个月。（三）黄热病症者，此项证书可向开罗泛美航空公司询问后办理，其日期，不得超过十日。

备注：牛痘证书及防疫证书须各有2份，防疫证书、黄热病症证书，各需1份，附于所掣签证单内。

五、钱币兑换　关于携钱币限制颇为严厉，普通旅客至多只准携带现款20磅，旅行支票及信用凭信，在加尔各答，均可购买贴现兑换，唯需向加尔各答兑换所声明方可。

六、沿途膳宿　除自重庆至加尔各答段，及加尔各答当地开罗白廉圣同安麦密5地外，其他各处之膳宿及机上膳宿费，均包括票价之内。

第五章 驿 运

一、管制、管理法规

1. 交通部驮运管理所组织规程[①]（1938 年 11 月 24 日）

第一条 交通部为利用人工及畜力办理公路货运起见，设置驮运管理所，隶属于公路总管理处。

第二条 管理所设左列各组：

一、运输组。

二、业务组。

三、总务组。

第三条 运输组掌理左列事项：

一、关于驿站之筹设及管理事项

二、关于夫子骡马及板车之登记支配管理事项。

三、关于货物之转运及保管事项。

四、关于沿途货物之保护事项。

第四条 业务组掌理左列事项：

一、关于运输价目之拟订事项。

二、关于货物之登记与报运事项。

三、关于客货之招徕事项。

四、关于沿线经济之设想事项。

第五条 总务组掌理左列事项：

① 原载交通部编：《交通法规汇编补刊》，1940 年出版。

一、关于文书之撰拟缮校收发及保管事项。

二、关于印信之典守事项。

三、关于现金之出纳及保管事项。

四、关于人事庶务及不属其他各组事项。

第六条　管理所设所长1人，由部长派充，秉承公路总管理处之命综理所务，并监督指挥所属职员。

第七条　管理所设副所长1人至2人，由部长派充，襄助所长办理所务，视路段增加得酌量添设。

第八条　管理所设稽核1人，办理各路业务站务运输等各项稽核事宜，并得随事务之繁简增设帮核襄助之。

第九条　管理所各组设主任组员1人，由所长遴员，呈请公路总管理处转呈部长派充，承所长副所长之命办理各组事务。

第十条　管理所设会计员1人,助理会计员1人至2人,受所长副所长之监督,办理会计事宜。

第十一条　管理所设技术员2人至4人,事务员8人至12人,雇员6人至9人,均由所长派充,呈请公路总管理处呈部核准备案。会计人员依照《交通部附属机关会计人员任用章程》任用之。

第十二条　管理所于冲要地点，得呈准设立办事处、驿站及仓库。其组织另订之。

第十三条　管理所办事细则另订之。

第十四条　本规程自公布日施行。

2. 交通部为成立驿运总管理处致重庆市政府公函（1940年8月10日）

案准运输统制局二十九年八月三十一日渝统指字第〇〇〇六五一号公函，以驿运会议主席团报告书件，业奉委座未梗侍秘渝代电准予照办，并奉军事委员会未世辰统驿代电指示原则，限令立即筹办，克日实施，各等因。依照决定原则，本部之下设驿运管理总处，主管全国驿运行政之指导监督事宜。遵经令派王国华代理本部驿运总管理处处长，于九月一日组织成立，在重庆牛角沱桂花村十八号开始办公。除呈报并分行外，相应函达，即希查照为荷！

此致

重庆市政府

部长　张嘉璈

3. 交通部驿运总管理处组织规程[①]（1940 年 10 月 23 日）

第一条　交通部为管理全国驿运事业，设置驿运总管理处。

第二条　本处设左列各组室：

一、总务组。

二、管理组。

三、会计室。

第三条　总务组分文书、事务两课，其职掌如左：

一、文书课职掌：

（一）文书之撰拟、缮校、收发、保管及印信典守事项。

（二）人员之任免、考核、登记事项。

（三）报告之编制事项。

二、事务课职掌：

（一）款项之核计、出纳、保管事项。

（二）员工福利事项。

（三）庶务、采购及其他不属于各课事项。

第四条　管理组分运输、业务、考核、技术四课，其职掌如左：

一、运输课职掌：

（一）运输路线之调查、选定、调查事项。

（二）运输计划之审查编拟事项。

（三）夫马车船之调查、征集、登记、编配、管理事项。

（四）运输报表之拟订及联运之筹办事项。

（五）其他有关运输事项。

二、业务课职掌：

（一）业务之调查、计划、推行、调整事项。

（二）运价力价之厘订、调查事项。

（三）业务章则之厘订、审核、汇编事项。

（四）业务之拓展推进事项。

（五）其他有关业务事项。

三、考核课职掌：

（一）驿运工作之考核及训练事项。

（二）力价支付之考核事项。

---

① 原载《行政院公报》渝字第 3 卷第 21 号。

（三）各项设备与运输业务配合之考核事项。

（四）货运表册票据之考核事项。

（五）其他有关考核事项。

四、技术课职掌：

（一）运输工具及站房仓库之设计建造事项。

（二）材料之购运、配发、稽核、保管事项。

（三）驿运之改善维持事项。

（四）通讯之计划、设备事项。

（五）其他有关技术事项。

第五条　会计室分综核、簿记两课，其职掌如左：

一、综核课职掌：

（一）资本支出之审核事项。

（二）业务收支之审核事项。

（三）款项之请领、缴解、划拨、检查事项。

（四）账簿单据表报之审核检查事项。

（五）其他有关账务之审核事项。

二、簿记课职掌：

（一）预算决算之审核编拟事项。

（二）账册单据之登记、制报、保管事项。

（三）票证之制发、验印、保管事项。

（四）会计章则之审订事项。

（五）有关统计事项。

第六条　本处设处长1人，承交通部部长之命综理处务，副处长1人，襄理处务。

第七条　本处设组长2人，承处长副处长之命，分掌总务及管理两组事宜。

第八条　本会设秘书2人，课长8人，课员26人至32人，办事员20人至24人，电务员2至4人，承主管长官之命办理各项事务。

第九条　本处设督察8人至10人，承处长之命督察业务有关事项。

第十条　本处为推行省际联运，得于各主要干线设主任1人，副主任1人至2人，由各总所所长兼任之。

第十一条　本处处长由部呈请简派；副处长由部派充；秘书组长课长督察由处长遴员，呈部派充；课员办事员电务员由处长派充，呈部备案。

第十二条　本处视事务之繁简，得酌用实习生及雇员。

第十三条　本处会计室设主任1人，依照《交通部附属机关会计人员暂行规程》任用之。

第十四条　本处视事实需要，得设设计委员会，办理驿运设计事宜，并于适当地点设立板车制造厂及木船制造厂，分别办理造车船事宜。其组织另定之。

第十五条　本处办事细则由交通部定之。

第十六条　本规程自公布日施行。

4. 中华民国水陆驿运载货通则①（1941 年 1 月 9 日）

第一章　总　纲

第一条　中华民国驿运机关办理人力、兽力、板车或木船货物运输，悉依本通则之规定办理。

本通则于货物联运，除另有规定外，亦适用之。

本通则所驿运机关，系指中央及各省主办之水陆驿运干支线段而言。

第二条　各驿运机关应在各驿站备有或揭示下列各款规章表册，俾便众览，其条文有已修改者，应随时修改；其已失效者，应随时撤除之：

一、载货通则。

二、货物分等表。

三、载货附则暨运价表及各种杂费表。

四、其他公众须知之有关货运各项规章表册。

第三条　货商对于驿运货物规章及运价等项，如有不甚明了之处，得随时请求驿运机关解释。

第四条　各驿运机关员工与货商间，概不得授受馈赠。员工对待货商，如有侮慢、留难、疏忽或勒索情事，货商可据实报告所属驿运机关或驿运总管理处，以便究办。

第二章　驿运机关与货主之责任

第五条　驿运机关之责任　凡驿运机关承运之货物，除本通则第七条所规定者外，在本通则第八条规定之期限内，倘有损失遗失，概由驿运机关照章赔偿。

第六条　不负赔偿责任之货物　凡下列各种货物托由驿运机关运输者，应由货商负责，倘有损失遗失，驿运机关不负赔偿之责任。

一、禽畜、水产、昆虫及植物，人要饲养或灌溉等类货物。

二、贵重货物。

① 本通则系由交通部公布，原载中央训练团编印：《现行法规选辑》下册，1943 年出版。

三、军械及危险货物，但煤油、汽油、酒精、烧碱、硫化钠、电影片、爆竹焰火、火柴及其他另有规定之危险货物，不在此限。

四、转账、减价或免费运输，而无现款运费收入之货物。

五、驿运机关认为有特殊困难，经呈明交通部核准暂不负赔偿责任之货物。

第七条　不负赔偿责任之损失　凡驿运机关运输之货物，其损坏遗失之原因，为下列规定之一者，驿运机关不予赔偿。

一、凡货物因天灾、战争或其他不可抗之事故致受损失者。

二、凡货物因其性质状况而发生自然腐化，或自然缩减，或自然燃烧，或虫鼠啮伤，致受损失者。

三、凡货物因货主包装不固，或填报不实，或自行装载不善，或货物包皮自封虽属完好而内容短少不符，或货主其他过失，致受损害者。

四、凡货物因运输迟延，致低减其时价，或影响其交易者。

第八条　驿运机关之负责期限　驿运机关对于运输之货物，其负责期限，自接收货物，并在托运单上加盖"并作存站收据"戳记之时起，或如货物存放托运人自有堆栈，自托运人将货物交运并取得货票之时起，至运抵到达站经收货人提出货物并在货票上加盖印章，注明收到时刻之时为止。

第九条　货主之负责　凡托运之货物，如因自然燃烧，或因货主包装不固，或因货主其他过失，以致损害他人货物或驿运机关财产者，应由货主负一切赔偿之责任。

各驿运货场或仓库内，绝对禁止吸烟，或其他易肇火灾或损货物之行为，如货主违禁肇事者，应由货主负损害赔偿之责任。

凡发生对于驿运机关或受损害之其他货主，应负损害赔偿之责任时，其赔偿标准，如驿运机关已有规定者，应照规定办理；如驿运机关未经规定者，临时估定之。

第十条　税捐之缴纳　托运货物在运输途中应缴之地方税捐，应由托运人自行负担。但托运人得委托驿运机关代向收税机关缴纳之，驿运机关仅取百分之五手续费，此项税款及手续费，托运人须于起运时交付起运站，并在货票上注明代收税款数目。如在税款代收以后，货物运到以前，税率发生变更，所付税款不足完税时，驿运机关得代为预垫，所垫税款应由到达站向收货人凭税票结算补缴，始得提货。

第三章　货物运价及其他费用

第十一条　货物之分等　凡驿运机关运输之货物，除另有规定者外，分为三等，一律载于本通则所附之货物分等表。

凡货物在分等表内，如有两种或三种等级同可适用时，除有显著之区别，可就货物名称上确定其适当之等级者外，应按较低之等级计算运费。但事后仍须呈请驿运总管理处转呈交通部核定。

第十二条 分等运价比例 驿运货物一、二、三等运价比例，规定为 200 ∶ 150 ∶ 100。

第十三条 货物运价 驿运货物运价，除定有特价及另有规定者外，各驿运机关应按照货物分等表所定等级及划一分等运价比例，并依据当地驿运成本实际情形，分别规定并分期修订之。所有一切运价及特价，均须呈请驿运总管理处转呈交通部备案。

第十四条 权度标准 驿运机关所用之权度，以公用制为标准，其与市制权度之比较如下：

一、每公里即 1000 公尺；合 3000 市尺；每公尺合 3 市尺。

二、每公吨即 1000 公斤；合 2000 市斤；每公斤合 2 市斤。

第十五条 运费之计算标准 凡驿运货物之运费，应按照下列规定计算之。

一、里程单位及起码里程。驿运货物，以公里为单位计算里程。尾数不及 1 公里者，亦作 1 公里计算，其起码里程规定为 20 公里。如遇特殊情形，必须在两站间卸货者，除水运外，其里程应算至前方站。

二、重量单位及起码重量。驿运货物以"10 公斤"为单位计算重量，尾数不足 10 公斤者，亦作 10 公斤计算。其起码重量规定为 10 公斤。

三、起码运费及运费尾数。驿运货物之起码运费，每一货票核收国币 4 元。起码运费为最低运费，不得以任何计算方法再予折减。运费之尾数不足国币 1 角者，亦作国币 1 角计算。

四、运费之加成或减成。运费如有加成或减成时，应先照运价计算运费，然后分别加成或减成，并再将尾数之不足 1 角者收整为 1 角。

五、运费之比较。凡托运之货物，如有两种或两种以上之计算运费方法，同时适用时，驿运机关应告明货商，按照计算运费最少方法托运之。

第十六条 轻笨货物费之计算 凡货物分等表内所列之轻笨货物（见货物分等表附表），应照实在重量，加 30%计算运费。

轻笨货物之实在重量如不足起码重量 10 公斤时，应先将实在重量加 30%。加成后，如仍不足起码重量时，应按起码重量计算运费。加成后如已超过起码重量时，其尾数不足 10 公斤者，亦作 10 公斤计算运费。

第十七条 混合托运货物费之计算 凡运费"货物托运单"内，以两种或两种以上之货物混合托运时，（经货物分等表内所列定有等级之每一货物名称为一种货物），其运费应照其中最高之等级，按全部货物重量计算运费。

但货物之性质形状重量或体积可相侵害者，不得混合托运。

凡轻笨货物与普通货物混合托运时，应全部作为轻笨货物，按照本条第一项及前条之规定办理。

第十八条 货运杂费 凡托运之货物，有下列各款之一或一款以上之情形者，除另行规定免收者外，驿运机关应按照各该款之规定核收费用，并准适用本通则第十五条第一项第二款之规定。但每种杂数之尾数不足国币 1 角者，亦作国币 1 角计算。核收时，除应填入“货票”者外，并分别填发杂费收据。

一、装费　货物由驿运机关装卸夫装入车船者，应核收卸费。其费率由各驿运机关另定，呈由驿运总管理处转呈交通部备案。

二、卸费　货物由驿运机关装卸夫卸下车船时，应核收卸费。其费率由各驿运机关另定，呈由驿运总管理处转呈交通部备案。

三、保管费　货物由驿运机关所设仓库货棚或货物保管者，在下列规定时间内，每 24 小时或不足 24 小时以 24 小时论，应核收保管费。其费率由各驿运机关另定，呈驿运总管理处转呈交通部备案。

（一）货物托运后，超过 28 小时，尚未送站或送站未齐者，其托运之全部货物，自超过 28 小时之时起，至送齐之时止。

（二）货物取消托运时，自承运之时起，至搬出完毕之时止。

（三）货物运抵到达站，超过所发通知单送达后三日仍未提出，或尚未提出完毕者，其全部或未提出部分，自超过 24 小时起，至提完毕之时止。

（四）其他另有规定者。

四、检查费　货物在驿运机关负责期限内，货主请求予检查者，驿运机关对于检查部分之货物，应核收检查费。其费率每货物 10 公斤，核收国币 5 分。

五、无票领物费　货商不能将“货票”交出，请以商号保证领物者，驿运机关应核收无票物费，其费率每一“货票”，运量满 10 公吨以上者，核佃币 4 元，运量不满 10 公吨者，核收国币 2 元。但“货票”系因驿运机关代递达到者，应免则此项费用。

六、接送费　驿站替托运人在驿站与存货地点间接送货物时，得核收接送费。其费率由驿运机关另定，呈驿运总管理处转呈交通部备案。

七、变更费　托运人按照本通则第四十八条之规定，请求运输变更者，驿运机关应核收变更费。其费率每一“托运单”之货物，每变更一次，核收国币 2 元。

八、其他杂费　其他各种杂费另有规定者。

第十九条　运费之交付　凡驿运机关运输之货物，所有运费及杂费，除另有规定者外，一律先付，不办到付、记账及保付（即由货商觅具殷实商号担保于货物运到后交付者）。但存付（即由货商预交之存款内扣付者）办法，得酌量情形办理之。

第二十条　运费杂费之退还或补收　驿运机关对于运费及 / 或杂费[①]，如发现溢收或短收时，应由驿运站迅速退还或补收之。

驿站退还运费及 / 或杂费时，除另有规定者外，须填发“运费杂费订正单”。倘遇驿站当日

① “运费及 / 或杂费”，意即“运费及杂费或杂费”。

现款不足，得通知货商于次日或数日内补领。其应补收之运费或杂费，除另有规定者外，亦须填发“运费杂费订正单”，由货主负责迅即补足。

凡驿运机关对于运费及或杂费如有溢收，经货主发现者，应自“货票”填发之日起算，于六个月内向驿站请求退还之。逾期无效。

第二十一条 运费杂费之缴抵 驿运机关对于短欠运费及/或杂费之货物，得全部扣留或扣留其一部分，以待清付。倘货主自“货票”填发之日起算，于六个月内未能清付，驿运机关得将该项货物拍卖或以其他方法办理之。

第四章 货物之托运

第二十二条 托运之限制 凡驿运机关因政府法令、货物性质、运输工具或设备之缺欠或其他正常原因不便承运时，无论在货物分等表上已否列入，均得不受理托运或延运受理托运。

第二十三条 货物之包装 凡托运之货物，用箱桶护筐篓袋等装货容器或以其他方法所包装者，均应由托运人将其包装严密牢固，以防损坏或遗失。

第二十四条 货物之标志 凡托运之货物，应于托运人于包装显明之处系贴货物标签，记明货名、件数、托运站、到达站、托运人及收货人等项，以便识别。如货件上原有失效之标志，应由托运人设法除去之，始得托运。

第二十五条 易破货物之托运 凡易破货物,应由托运人于每件货物上明显之处标明“易破”或类似之字样，始得托运。

第二十六条 危险货物之托运 凡系危险物,应由托运人按照货物分等,并于“货物托运单”上附记栏内注明，始得托运。

第二十七条 违禁货物不得托运 凡违禁货物，不得托运。但托运人持有该管官厅所发之护照，并于“货物托运单”上附记栏内注明者，始得托运。

第二十八条 填具托运单 凡托运人托运货物,须填具驿站所备之“托运单”一式二份（驿业一），并署名盖章。如须查验有关证明单据，并将单据号数日期等项注明“托运单”内。随将货物送交驿站仓库或指定堆栈，以便检验接收起运。如托运人不便将货物送站，请求由自备货栈装载起运时，须预先在“托运单”内注明，站长得酌量情形，派员前往查验过磅，再接收起运。但托运人自备货栈，离站以不超过1公里，并便于查验及起运为限。

第五章 货物之承运

第二十九条 查验 凡经托运人填具“托运单”请求运输之货物，驿站必须分别按照本通则第二十三条至二十八条各条之规定逐件施以查验。并将附缴各种有关单据详加查核。如有不全，应由托运人加以更正或整理，始予承运，但货物因包装或其他原因不便逐件查验，经托运人声明内容，并无捏报者，亦得迳予承运。

第三十条　过磅　凡托运货物以物以查验妥善后，应即由过磅员逐件过磅，将各件实在重量，用显明颜色注明于各件包装上，并填入“过磅单”（驿业二），加盖名章，过磅名单，过磅单用毕，须附贴于托运单副张上，以备查考。

凡包装一致之货物，得抽若干件过磅，求得每件之平均重量以推算其全部重量。其包装不一致者，应一律过磅。

第三十一条　承运　凡送站托运之货物经过磅完毕后，应由过磅员根据“过磅单”将共计实重连同送站时刻及存仓号信码填入“托运单”加盖名章，并在托运单正张加盖“并作存站收据”戳记，交托运人收执，即为承运，驿站开始负责。

如托运之货物存放托运人自有货栈时，经派员查验，并用自带秤过磅完毕后，除照本条前项前半段之规定办理外，应在托运单正张加盖“货物存放托运人堆栈，经查验过磅后，不得变更，站方不负保管责任”戳记，交托运人收执。俟正式接收起运，并填发“货单”（驿业三）后，始为承运，开始负责。在正式起运以前，如托运人变更托运货物，即以取消托运论。

第三十二条　配运之顺序　凡经办理托运手续之货物，应由驿运机关按照所有运输工具之运输量，按照配运货物分类百分率及托运号数之先后次序，配拨夫马车船载运。配运货物分类百分率规定如左：

甲类　包括有关抗战物资，掉换外汇之进出口货物，占运输工具总运量65%。

乙类　包括人民生活必需品，占运输工具总运量24%。

丙类　包括人民生活日用品，占运输工具总量10%。

丁类　包括各项非生活日用品，占运输工具总量1%。

前项各款规定各类配运比率，如遇某类待运货物不足规定运量之百分比时，得以次类待运货物补之。

但在军事紧急时期，驿运机关应将所有运输工具完全运送军用物品。

第三十三条　派运之通知　驿站对于托运货物，每次配运妥当后，应即发出“派运通知单”（驿业四），通知托运人到站办理起运手续，同时并将配运先后次序及货名数量等项代表公布之。

第三十四条　货票之填发　托运人于接到“派运通知单”后，应将托运单连同各种有关单据，持赴起运站照章算清运费杂费，并向指定收款地方缴纳之。运杂费缴清后，驿站应即填发“货票”（驿业五），交托运人邮寄收货人，凭向到达站提领货物。如托运货物不能一次运完时，得在“托运单”内注明已经派运数量，发还托运人收执。

如托运货物系存放托运人自有货栈时，托运人于接到“派运通知单”时，应即赴站将运费算明缴清，换取货票，然后由驿站派员率领应需运输工具随同托运人前往存货地址，先将货物复查并复磅，如无变更即行载运。

第三十五条 货物之押运 凡驿运机关负责运输之货物，均由驿运机关派员押运。除有特殊情形者外，无须由托运人派人押运。

凡驿运机关不负赔偿责任之货物，得由托运人派人随行押运。其未经派人押运者，驿运机关应仍照常派员押运，但不负赔偿之责。

第三十六条 押运人应遵守之事项 托运人所派押运人，应遵守驿运规章，听从驿运员司指挥。在货物停放地点，不得吸烟及携带灯烛等物。

第三十七条 货物之检查 凡驿运机关运输之货物，在负责期限内，如由驿运机关发现损破或遗失时，应通知货主会同检查，遇必要时，驿运机关得迳行施以检查，将检查结果，通知货主。概不核收检查费。

货主对于在驿运机关负责期限内之货物，如认为有损坏或遗失之虞时，得请求驿运机关予以检查。如检查结果，货物并无损坏或遗失，或其责任不在驿运机关者，应按照本通则第十八条第一项第四款之规定核收检查费。但其责任在驿运机关者，应免收此项费用。

检查货物时，应视需要情形，施行查视货名、包装、标志、封志、查点件数、复磅或其他各种手续。

第三十八条 货物之复查 凡货物运抵到达站或在中转站，驿运机关认为有必要或可疑时，得将货物查验,或复磅,或查对货名等级,或复核运费杂费。如有不符,应由规定之驿站照章订正。补收或退还运费及/或杂费。如有捏报情事，应按照本通则第四十三条之规定办理之。但货物之重量与“货票”所填相差不超过百分之三，或系重量自然缩减，但仍以“货票”所填之重量为准。

第六章 货物之提收

第三十九条 货物运到之通知 凡同一货票起运之货物，先后运抵到达站时，驿站应就可能范围内以“货物到达通知单”（驿运九）或其他迅速之方法随时通知收货人，限于三日内至站办理提货手续。倘通知不理或无法通知时其保管费等，仍应照章核收。

第四十条 货物之提取 货物运抵到达站，收货人必须将“货票”交出，并在“货票”上签名或盖章，交到达站收回，并补缴应补车费杂费及垫款后，始得提取货物。凡货物经货主提出时，驿站所负责任即为终了。

收货人如将“货票”遗失或“货票”尚未寄到而欲提取货物者，应觅妥实商号，填具驿站所备之“无票领物保证书”，并按照本通则第十八条第一项第五款之规定缴纳无票领物费。

收货人务将“货票”妥为保存，尚有遗失，被他人冒取货物，驿运机关不负责任。收货人于提货之后，如将“货票”觅得或寄到交还到达站者，其已缴纳之无票领物费概不退还。

第四十一条 无人认领或收货人拒绝收受之货物 凡货物运抵到达站后，无人认领或收货人拒绝收受时，驿站应将该项货物堆存保管，核收保管费，并按照下列规定分别办理之：

一、凡货物运抵到达站，经过一月尚无人认领或收货人仍拒绝收受者，到达站应即据情通知托运人，询问关于该项货物之处置方法。但生活、易腐、易破或价值特廉，驿站认为不足保证其应纳各项费用之货物，驿运机关得酌量情形随时将其拍卖，保存价金。

凡在上开通知发出以后，托运人之答复尚未接到以前，如收货人前来提货时，到达站仍将原货照单交付收货人，一面并再通知托运人。

二、凡货物运抵到达站，自“货票”填发之日起算，经过六个月尚无人认领或收货人仍拒绝收受，而托运人亦无相当处置方法答复者，驿运机关得将该项货物拍卖，保存价金。

三、凡货物须拍卖保存价金时，驿运机关应于可能范围内通知货主。

第四十二条　货物拍卖所得款项之处理　凡货物经驿运机关拍卖后，其所得之款，除扣付拍卖费用、驿运机关垫款、运费及或杂费外，如有余款，驿运机关应代为保存。其保存期间，自“货票”填发之日起算，定为一年。在该期间内，货主得觅其殷实商保，并填具收条，向驿站领取之，如逾期不领，即为驿运机关所有。倘拍卖所得之款不足扣付一切费用时，仍向货主追取之。

第七章　捏报及私运货物之处理

第四十三条　货物之捏报　凡托运之货物，驿运机关如查出货主有捏报情事，应按照下列规定分别办理之：

一、如查有等级或运价略高之货物捏报为较低之货物者，该全部货物之运费，应照该等级或运价较高货物之运价，计算补收，并加收10倍运费。

二、如查有等级或运价较高之危险货物捏报为较低之普通货物者，该危险物部分之运费，应照该危险货物中等级或运价较高货物之运价计算另收，并加收15倍运费。

凡捏报货物运价之补收，概由起运站至到达站之总里程计算之。

第四十四条　货物之私运　凡未经驿站起票而私运之货物，一经查出，应照下列规定分别办理之：

一、如系普通货物，应照所定之运价核收运费，并加收10倍运费。

二、如系危险货物，应照所定之运价核收运费，并加收15倍运费。

三、上开第一项第（一）款或（二）款之私运货物，如无人认领时，应按照本通则第四十一条及第四十二条之规定办理之。

四、如系漏遗货物，除按照本条第一项第（一）款及第（二）款之规定征收运费外，并应将关系人连同货物一并送交当地主管官厅究办。

五、上开第一项第（一）款及第（四）款私运之货物，如遇其运费不足起码运费时，除应照起码运费计算外，其应加收之运费照起码运费核收。又各该项私运货物如应核收杂费时，并应另行照收。

六、如系违禁货物，除应将关系人连同货物，一并送交当地主管官厅究办外，应免收运杂各费。

凡私运货物运费之核收，概由起运站或夫马车船队出发至停运站之总里程计算之。

第四十五条　凡驿运机关之员工如与托运人勾结，或收受贿赂或其他不正当之利益，而捏报或私运货物者，除托运人依本通则之规定办理外，驿运机关之员工应移送法院依法论罪。

第八章　运输变更及换票

第四十六条　运输变更之请求及种类　凡托驿运人对于所托运之货物，如请求下列运输变更之一种或同时请求一种以上者均作为一次变更，须依照本通则第十八条第一项第七款之规定，缴纳变更费，请求变更运输时，应觅具殷实商保，并应具驿站所备之“运输变更请求书”，签盖与“托运单”上同一之签名或印章，交与起运站，经该站查核认可，即于照办。

一、取消托运。

二、运抵到达站后之返回原站（即运回原起运站）。

三、未载运前或运抵到达站后之变更到达站（如有必要，得同时请求变更收货人）。

四、停止交货。

五、解除停止交货。

六、变更收货人。

第四十七条　请求运输变更之限制　凡托运人向起运站请求运输变更时，应受下列规定之限制：

一、请求运输变更，不得有取巧之行为。

二、对于每一“托运单”上所填报货物之一部分，不得请求运输变更。

三、货物运抵到达站以后，业已交货者，不得再请求变更到达站或变更收货人。

第四十八条　运输变更运费之计算　凡托运人在起运站请求运输变更时，如系取消托运，其运费应全部免收或退还之。如系运回原站，其运费应按由原起运站至原到达站之运价及由原到达站至原起运站之运价，分别计算运费，以其合计之数，与原计运费比较差额补收之。如系变更到达站，其运费应分别按照下列规定计算之：

一、如在未载运前，请求变更到达站时，应按由起运站至新到达站之运价计算运费，与原计运费比较差额，补收或退还之。

二、如在运抵到达站后，请求变更到达站时，应按由起运站至原到达站之运价，及由原到达站至新到达站之运价，分别计算运费，以其合计之数，与原计运费比较差额补收之。

第四十九条　运费变更杂费之计算　凡托运人在起运站请求运输变更时，除原应核收之杂费外，并应另行计算下列杂费及因变更所发生之费用：

一、因变更所发生之装费及/或卸费。

二、取消托运时，自承运之时起至将货物拨出完毕之时止，其间之保管费。

但第一次取消托运，而不将货物搬出，并声明在24小时以内再行托运者，得免收保管费。但第二次取消托运，无论再行托运现否，须自原承运之时起，至将货物搬出完毕或再行托运之时止，核收保管费。

三、因处置停止交货之逾期、所发生费用。

第五十条　货物换票运输　凡收货人对于已运抵到达站之整船或整队板车货物，请求原船或原车不卸，换票运输至别站者，应于该项货船运抵到达站1小时以内，或未卸货以前，将“货票”交出，另照托运手续填具“托运单”，一并交与到达站。经该站查核认可，即另行填发由原到达站至新到达站之“货票”，照章核收运费及杂费，得免收或扣还在原到达站之卸费及装费，并免予卸船或卸车，仍利用原船或原车运输。此项换票运输，得接受本通则第三十五条所规定依照托运号数先后次序配运之限制，但不得为取巧之行为。

第九章　货物损失之赔偿

第五十一条　赔偿之请求　凡货物在驿运机关负责期限内，其全部或有一部分遇有损坏或遗失（凡货物如按应运抵到达站之时起，经过两个月仍未运到，而驿运机关亦不能确定该项货物之所在地时，亦以遗失论），除本通则第六条所规定之货物外，货主得凭“货票”，自其填发之日起算（如尚未填发“货票”，得凭“托运单”自承运之日起算），于六个月内向起运站或到达站请求赔偿。过期即不得行使赔偿申请权。

凡货主接到驿站货物损失通知单（驿业十）时，应于可能范围内到场，会同驿站检查货物之损坏或遗失情形，然后填具驿站所备之“货物损失赔偿声请书”（驿业十一左联），连同“货物价值证明单”“货名详细单”及“货单”等，一并交由驿站转呈该驿运机关查核办理；一方并先填发“赔偿声申请书收据”（驿业十一左联）交付赔偿申请人，以为核准后，领取损失赔偿之凭证，凡货物运抵到达站，如发现一部分损坏或遗失，经会同检查后，其受损失部分之货物，应由收货人先行提出，在“货票”（各货主联及到站联上）注明提出之货名件数及每件重量，并签名盖章，其“货票”仍归收货人持执。俟其填具“货物损失赔偿申请书”时，再同时交与驿站。但收货人不愿将该项未受损失部分之货物提出时，驿站应为保管，核取保管费。

第五十二条　赔偿之处理　凡货主按照本通则第五十一条之规定请求赔偿时，驿运机关应自收到“货物损失赔偿申请书”之日起，至多于两个月内，分别按照下列规定处理之：

一、凡驿运机关在未核定赔偿以前，如将遗失货物之全部或一部分查出者，应将该项货物完整交付赔偿申请人接收，以解除其全部分赔偿之责任。

二、凡损坏或遗失之货物，驿运机关如经核定应予赔偿时，得酌量情形，以全部或一部分品质相同之货物抵偿之，以免除其全部或一部分赔款之支付。

三、凡损坏或遗失之货物，驿运机关如经核定应予赔偿时，其赔偿之货物价值，以调查所得该项货物在起运站托运时同样货物之普通市价为查核之标准，惟不得超过“托运单”上所填托运时价值之额数。又“托运单”上虽经填明，然其实在价值仍须由赔偿申请人提出之单据证明之。其运费及杂费应一并予以退还,至一部分之损失,应照其对于全部货物之比例数予以赔偿。并退还其运费及杂费。赔款核准后，如无法通知赔款申请人，驿运机关应将原“货物损失赔偿申请书”所填之主要事项及核准赔款之额数,在起运站及到达站公告两个月。如逾期仍无人领取，驿运机关应代为保存。其保存期间，自“货票”填发之日起算（如尚未填发“货票”，则凭“托运单”自承运之日起算〈有关各种驿运单证格式原件阙如〉)，定为一年。在该项期间内，赔偿申请人得随时凭“赔偿申请书收据”，并填具领款及收据，向驿站领取之。如逾期不领，即归驿运机关所有。

第五十三条 赔偿后查出遗失货物之处理 驿运机关在支付赔款以后，如将遗失货物之全部或一部分查出，应即通知赔偿申请人，可将驿运机关已付赔款之全部或按比例之一部分退还，提取该项货物。如此项通知发出后，经过两个月仍不提取，该项货物即由驿运机关自决处理之。

第十章 附 则

第五十四条 各驿运机关得参照当地特殊情形，依本通则及载货程序订立细则，呈由驿运总管理处核准施行并转呈交通部备案。

第五十五条 自本通则施行之日起，所有以前交通部各车驮运输所公告之《联运货物暂行办法》、《板车联运货物简则》以及各省所颁有关驿运之载货办法，均废止之。

第五十六条 本通则自公布之日起施行。

5. 驿运车驮管理规则[①]（1941 年 8 月 14 日）

第一章 总 则

第一条 全国驿运车驮，无论公营私营，除另有规定外，悉依本规则之规定管理之。

第二条 本规则所称“车驮”之范围暂定如左：

① 原载《资源委员会公报》1941 年，第 1 卷第 5 期。

车：指以营运为目的之各式人力兽力车辆。

驮：指以营运为目的之驮运骡马驴牛及骆驼。

凡以营运为目的之挑夫背夫及船筏，均不适用本规则之规定。

第二章　牌　照

第三条　公营或私营驿运车驮，除行驶公路之车辆另有规定外，应一律向主管驿运机关申请登记，并领取驿运执照一张及每车驮号牌一面，方准行驶。但车驮所有人或代理人已在驿运机关申请登记征用，并领有征雇登记征者，在征用期间，应由征用机关负责取号牌，并适用机关自领之同一执照。

第四条　凡行驶公路之驿运车辆，仍由公路管理机关发给行车执照及号牌，但车辆所有人或代理人应先向主管驿运机关请领驿运执照，方得核发。

上项号牌依照本规则所定之式样制定，发给时并将其号数填注于驿运执照内。

第五条　行驶公路之驿运车辆数额，由主管驿运机关商同公路管理机关酌定之。

公路管理机关凭驿运执照所发驿运车之行车执照及号牌，随时通知主管驿运机关备查。

第六条　车驮行驶线路跨越两省或两省以上者，其驿运执照及号牌除公路车辆号牌外，由交通部驿运总管理处制造核发，车驮行驶线路不出省境范围者，其驿运执照及号牌除公路车辆号牌外，由主管省驿运管理处制定核发。

第七条　号牌两端应冠以“驿”字及跨越省份或所属省份之简称。除公路车辆号牌之中央上部加盖公路管理机关之火印外，并于中央上部加盖“交驿总处”或“△省驿处”字样之□形火印，以资查考。

第八条　驿运执照及号牌得由主管制发机关酌收工料费。其费率由主管机关另订之。

第九条　驿运执照每年度换发一次。初领执照至换发期间不满一年者，以一年论。凡车驮所有人至换发执照期间，应呈缴旧照，照章备费向原登记机关换领新照。惟号牌仍继续有效。

第十条　领照车驮如改变行驶路线，而不出原定省际或省内之范围时，如属临时性质，应向原发证机关报告备案；如属长期性质，应将原照送请登记机关加以改正，以资查考。

第十一条　原领省内驿运牌照之车驮，如须跨省行驶时，应换领省际驿运牌照，并将原领省内牌照缴还原登记机关注销。

第十二条　原领其省际或省内驿运牌照之车驮，如须改变行驶其他省际或省内之路线，应换领其他省际或省内之驿运牌照，并将原领牌照缴还原登记机关注销。

第十三条　牌照如有遗失或损坏不能辨认时，车驮所有人或代理人应即照章备费换领新牌照。

第十四条　驿运执照除机关请领者外，应由车驮所有人或代理人于车驮行驶时随身带，如遇检查应即交验。

第十五条　车辆号牌应钉挂车架左旁显明地点，驮兽号牌应悬挂头旁左侧之显明地点，以便查检。

第十六条　驿运牌照得由主管制发机关发交各驿运干支线重要站点，转发车驮所有人或代理人具领。其属未开办驿运之路线者，得由他线邻近驿运站转发或酌该管理站转发。

第十七条　驿运站如遇停止营运时，车驮所有人或代理人须将原领牌照缴还原登记机关注销。

第三章　养路费

第十八条　公营或私营驿运车驮，除请领牌照外，并须按照下列规定缴纳养路费：

公路养路费：应按照公路定章直接由公路管理机关征收之。

驿运养路费：由主管驿运机关拟定征收率，呈由驿运总管理处复核，转呈交通部核定公布后，由主管驿运机关征收之。

公路及驿路养路费，每年应税纳一次。其初次之征收，至第二年度不满一年者，按月计算之。

第十九条　车驮所有人或代理人对于前条规定之养路费如未照缴，主管机关不得发给执照及号牌。但车驮所有人或代理人已在驿运机关领有征雇登记者，在征雇期间，应由征用机关负责缴纳养路费。

第二十条　公路养路费须扫数转缴主管公路机关。驿路养路费须扫数转缴主管驿路机关。

第二十一条　各驿运站或管理站每次核发牌照及征收驿路养路费，应分别省际、省内造具报告，连同牌照费及养路费款项送呈交通部驿运总管理处或主管省驿运管理处，以备分别编制统计，核销牌照工料费并转缴养路费。

第二十二条　各省驿运管理处核发牌照及征收驿路养路费情形，应按月分别具报告送呈交通部驿运总管理处查考。

第四章　管理费

第二十三条　凡领取驿运执照之车驮在指定路线行驶营运时，得享受主管驿运机关之保护及驿站设备之便利。

第二十四条　主管驿运机关对于已领驿运执照之车驮得征纳管理费，以补助驿运管理经费。

第二十五条　驿运管理费按照车驮营运之运费加收，不得超过运费 5%。如有特殊情形须予提高者，必须呈由交通部核准方得增加。

第二十六条　驿运机关征收管理费应填发三联收据（格式附后）一联交缴款人，一联征收机关存查，一联报驿运总管理处或省驿运管理处核存。

上项三联收据由总处或省处印发之。

第五章　行　驶

第二十七条　车驮在公路或驿路行驶，均须紧靠路左，以便交错或避让。

第二十八条　车驮行驶应鱼贯前进，并彼此相隔相当距离，不得并排行驶或前后紧接，以免互撞危险。

第二十九条　车驮行驶不得在转弯上下坡或桥梁处停留，以免妨碍交通。

第三十条　车驮夜间行驶应点灯笼，以策安全。

第三十一条　车驮在公路行驶，如遇汽车迎面或跟踪而来，应即紧靠路左避让。

第三十二条　车驮回空行驶时，驿运机关得给予公平运费利用载运军品或物资，不得借故拒绝。

第六章　罚　则

第三十三条　凡驿运车驮所有人或代理人违犯左列各项之一者，处以10元以下1元以上之罚款。

一、牌照遗失匿不报请补发，擅自行驶营运者。

二、驿运执照除机关请领者外，未随身携带者。

三、号牌未照规定悬挂者。

四、号牌已损坏不能辨认而不换领新牌照者。

五、车驮停止营运，未将原领牌照缴销者。

六、货物装运不当，妨碍其他交通者。

七、违犯本规则第二十七至三十二条之规定者。

第三十四条　凡驿运车驮如有违犯左列各项之一者，处以20元以下5元以上之罚款；如已领牌照，并将该项牌照吊扣半个月至两个月。

一、车驮未领得执照及号牌而擅自行驶者。

二、将执照号牌私自过户者。

三、借用他人执照或号牌者。

四、将执照或号牌转借他人者。

五、因违反行驶规则致伤害人畜或财产者。

六、肇祸后希图逃避者。

七、原领牌照损坏，私自改制者。

八、伪造执照或号牌者。

第三十五条　凡车驮所有人同时违犯本章各条一款以上者，得分别按照各款之规定合并处罚。其有涉及刑事者，呈送司法机关究办。

第三十六条　凡罚金判定后，限十日内缴纳。如过期不缴者，得将牌照扣留，俟缴清后发还。

第三十七条　本章各条规定，由主管驿运机关所派暂督察视察及各驿运段站及管理站负责人员执行监督之，并随时将处理情形分别呈报主管驿运总管理处或省驿运管理处查核。

第七章　公运车驮

第三十八条　物资或公运机关自备之驿运车驮，应用于部省已开办之驿运线路者，以委托驿运机关代为管理为原则，驿运机关对于代管驿运车驮，应尽量运输原机关之物资。除利用回空或剩余工具外，不得运输其他公私物资。

第三十九条　物资或公用机关自备之驿运车驮。用于部省已开办驿运线路者，无论委托驿运机关代为管理或自行管理，除仍应依本规则第二至四章各规定请领牌照及缴纳养路费管理费外，并以运送本机关物资为限，不得营运其他公私物资。

第四十条　物资或公运机关自备之驿运车驮，应用于部省未开办驿运之线路者，得由部省委托兼办其他公私物资运输，以资利用回空或剩余工具。但仍应依照本规则第二至四章各规定，请领牌照并缴纳养路费及管理费。

第四十一条　部省所办驿运线路如遇军运特别紧急时，得征雇各物资或公运机关所有之车驮。其征雇办法按照征雇民间车驮办法办理之。

第八章　附　则

第四十二条　本规则施行以后各省交通管理机关现行驿运管理规章应即废止。如有特殊情形，得自订附则，仍须报请交通部核准后方可发生效力。

第四十三条　本规则自公布日施行。

附牌照式样图、三联收据式样〈略〉

6. 各机关办理驿运联系办法[①]（1941 年 8 月 30 日）

一、全国各机关自备人力兽力车辆或驮兽办理驿运时，悉依本办法之规定办理之。

二、各机关运输物资，如经过已办驿运之路线，以委托主管驿运机关代为运送为原则，非有特殊情形不得自办驿运，以免分散人力财力物力，减低运输效率。

三、各机关托运有关民食或换取外汇之物资，驿运机关应予优先起运，但不得先于紧急军运。如有原运输能力不足适应需要时，应设法增加工具。

四、各机关为便于物资之迅速运输起见，得以贷款方式商请驿运机关增加工具，此项工具应专运贷款机关之物资。但得利用其回空或剩余力量运输其他物资。

五、各机关如有特殊情形，必须在已办驿运之路线自办驿运者，应申叙理由，并按照《驿运车驮管理规则》之规定，向主管驿运机关请领驿运牌照，并缴纳一切规定之费用。

六、各机关办理驿运如须征雇民间工具时，其所付力价或租价，不得超过驿运机关所规定之力价或租价。

七、已办驿运之路线所有驿站之设备（包括站房仓库及通讯设备等），应尽量供给各机关利用，并酌收费用。

八、各机关办理驿运，对于沿线自备驮马车夫之照料，货物之装卸或中转，得商同主管驿运机关委托沿线驿运站代办。

九、各机关在未办驿运之路线办理驿运者，按照《驿运车驮管理规则》之规定，向主管驿运机关请领驿运牌照。

十、未办驿运之路线业经核定某机关办理，其他机关不得任意在同一路线办理驿运，其物资应委托原办驿运机关代运。如有下列情事之一者，不在此限，但仍应依照本办法其他各项规定办理之。

（一）原办驿运机关因本身任务关系未能兼运其他物资者。

（二）原办驿运机关因限于人力财力无法增加运量者。

（三）其他机关因其物资之特殊性必须自办驿运者。

十一、各机关同时在同一路线办理驿运时，仍以合资设置驿站仓库及通讯等设备，并各站联合办公为原则。

十二、本办法自公布之日施行。

---

① 本办法由行政院公布施行，原载《资源委员会公报》1941 年第 17 卷第 5 期。

二、概 况

1. 泸昆驿运线之概况[①]（1941 年）

上年七月开全国驿运会议后，树仁即于八月二日飞昆，开始筹备泸昆驿运干线。九月一日，开始运输，数月以来，差免陨越，特将本线开办以后概况分述如后：

组织

本线长 910 公里，设总段二，由泸县蓝田坝至威宁为蓝威总段，由威宁至昆明为威昆总段，每总段下设三分段。全线共拟设 45 站，因板车在崇山中，每日不过行 20 公里，故设站不得不较多也。以期争取时间，争待开始抢运物资，特先于昆明、易隆、曲靖、宜威、哲觉、威宁、赫章、毕竟、赤水河、叙永、蓝田坝等 12 重要处所设站。嗣以贵州境内，人烟稀少，食宿困难，复于上述各站间增设大板桥、戛乐、渣格、大水、韭菜冲、岩格青、马鞍山、老雅营等 8 小站，赶建车棚、牛马厩及食宿栈，以供人、畜、车货安顿之用。

规章

因泸昆驿运，实系初创时期，业务非常繁杂，对于处站内外勤人员工作，及业务运输，均经订定规章，颁发施行，其重要者，有（一）货物收运办法，（二）牛马承拖板车运货管理规则，（三）站长须知，（四）押运物资办法，（五）押运司机须知，（六）业务工作摘要等数种。此外如独立会计制度之规章表簿，各站日报表，收发物单表册票据等，亦经拟定格式，印发使用。

造车

开办之初，原本请求照两端站每日能对开 10 公吨之运量制造车辆，预计每日约可载重 400 至 500 公斤，全程 90 天一往返，连备修车在内，约共需板车 2000 辆，始足资周转，施奉批准 1200 辆除饬接收中央机厂定造铁架胶轮马拖车 200 辆先行开始运物资外，并饬自制 1000 辆，以足 1200 辆之数。查 1200 辆板车仅敷两端站每日对开各四公运之用，估计全月两端站最大运量，可达 120 吨，当时中央机厂应拨之板车 200 辆，被该厂售出 60 辆，故仅收 140 辆，为补足 200 辆之数，经向昆华煤铁公司购进胶轮板车 43 辆，又向永记木作定制 17 辆，两共 60 辆，始凑足接收之 200 辆。除当时即以此 200 辆先行运输物资外，并即与永记木作，信谊车行，福利铁工厂订定合同，包制牛马两拖之板车 1000 辆。经四个月之督制，与陆续交货，现已制齐 543 辆。关于本线板车车轮部分，初由木制之十字轮包以胶胎，复由十字而六辐，复由六辐而改为实心，近复鉴于改善之实心木轮，因本身旧胶胎，不能耐重压力，与石渣路面，两硬瓦相磨擦，致易损坏，经研究结果，仍以打气轮为坚固耐用，现决定将本线板车，全部改装气胎胶轮，俾能持久耐用，

① 原载《驿运月刊》第 2 卷第 2、3 期。

免在沿途修理。再本线为增高运量，并将昆市各商有胶轮板车，招雇担任本线抢运物资，截至现在为止，已有150余辆，在路行驶。

修车

本线鉴于板车行驶长途，难免损坏，特在昆明，威宁，蓝田坝3大站，各设修运厂1所，派员管理，中间各站亦预备修车器材，并招雇木匠小工各1人，以备车辆过站，遇有损坏，立即修好，随队前进。

动力

本线马车除中央机厂制造之铁架须用马拉者外，其余定制马车，用牛拖或马拉均可。惟因年前十至十二月间，沿途适患牛瘟，在此数月间，沿途乡民牛头，死亡率极大，在2000只以上，故牛拖各车均行中止雇牛拖运。现本线承运者，多系用马车临时改为牛马两用，各该马户，均与本线订有特约，常川在本线承拖马车，担任抢运。同时本线为广泛招来牛马帮承拖起见，另订牛马管理及揽运办法，普通招致沿线牛马帮承拖，现经遵章申请登记者，尚属踊跃。

押运

马车出发，均经编队，每队10辆，派押运司事1员押运，并详定押运规则，押运人员奖惩，查蔡请候办法，以资警励，并每日由押运员填具日报表寄出，以便随时明了车辆动态，及有无其他事故。

运价

本线为国营交通机关，旨在抢运公物，对于收取货，经系本“量出为入”之原则，使收支得成正比，国家可免赔累，确收抢运之功，惟驿运须设备周密，例如保护货物安全，人畜健康等，在□款，故收取运费，不得不略形高昂。以现在实际支出估计，每吨公里，约需费3.3224元，每公吨蓝昆间单程，约需费3023.35，惟按诸惯例，由泸县蓝田坝入至昆明物资，支给之运价，均极低微，每公吨尚不及2000元，各公私运输机关，为免除回运赔累，多将由昆运泸盐价提高，藉资挹注，本线为驿运机关，动力仰赖民间兽力，支给牛马户之力价，无论往返，均系一律，不分轩轻，故为免除回运钜大损失，亦不得不增收由昆请运盐价，藉得挹注，现本线对由昆运蓝货物运价，每公吨收费3700元，对由蓝昆之贸易委员会复兴公司桐油，每吨公里特订收费2.06元合每公吨1884.9元。

运量

本线于上年九月一日，即行以接收之板车140辆，开始运输，随后逐月以补购及装成之车辆，渐渐加入抢运物资，每辆板车载重400至450公斤，每月运量因板车系逐月增添，并非开运即有1200辆，故运量系随制成车辆之多寡而定，复因各该车辆，均系由昆明起运，平均经50余日，始能离泸县蓝田坝返昆，故由蓝运至昆货物至十月份始有运量。

购药

为维护全线员工健康，藉以增加工作效率起见，在雨季将届之前，特购配必需药品多种，配装急救药箱，分发各站应用，并于昆明，毕节，蓝田坝各大站，特设医师各 1 员，随时应诊。

通讯

查泸昆沿线，现仍用旱班通信，传递迟缓，误时误事，同时商电局亦未尝普遍设置，本线为联贯消息，利于指挥起见，经呈准在昆明，威宁，蓝田坝 3 处，各设无线电电台 1 座，并聘请台长及报务员，专负本线与各大站间电讯联络之责，现昆明及威宁蓝田坝 3 处电台，均已正式成立通报。

刊物

为使本线同僚明全线规章，法令，运业概况，兴革事宜，并激发工作兴趣，俾能奉公守法起见，特按月编印《泸昆驿运月刊》，专供本线同僚阅览，现已编印至第五期。

2. 川黔驿运线之概况（节选）①（1941 年）

一、引言

贵州古称山国，交通不便，自抗战以来，地位日形重要。公路建设，经中央及地方当局之积极努力，与川湘滇黔诸省，次第贯通，成为后方交通之一大动脉。民国二十七年十月武汉撤守，军事方面转入山地作战，黔省当西南各省要冲，关于军公商用重要物资器材之疏运，大都取道于此，胥赖于公路运输，力量已感不足；加以海口封锁，汽车及油料配件来源，日益缺乏，为解决当前困难及未雨绸缪起见，将固有人力兽力运输工具集中管理，并制造新工具，加强运输力量，实为当务之急，于是川黔运输事业，因之产生。惟开创之初，车驮运输、尚系分途举办，兹将沿革略述于次。

（一）车驮分运时期

1. 驮运　民国二十七年十月中央召集全国公路水道交通会议，议决利用全国人力兽力增进货运，由交通部专有机关赶速办理。同年十二月一日，成立驮运管理所，开办各勘定线驮运业务，翌年三月设贵阳办事处，办理川黔滇线驮马运输，乃先后开辟贵阳、乌江、遵义、桐梓、铜仁、松坎、綦江、海棠溪、独山、都匀、六寨、镇远等站，同年六月份各站开始运输，综计自二十八年六月起自二十九年二月底该处结束之日止，共运货物 946 吨零 7 公斤。

2. 车运　民国二十八年一月前西南公路运输管理局局长薛次莘鉴于抗战时期后方交通之重要，为节省外汇暨补助汽车运输之不足起见，拟具建造板车计划，呈请交通部在美代购板车轮胎 5000 套，一面派员押运载重板车 10 辆试行渝筑间，结果甚为圆满。因于同年三月，招商承造板车 2400 辆。四月设板车管理处于贵阳专司板车营运事宜，先从川黔线勘测开办，计由重庆

① 原载《驿运月刊》1941 年第 S 期。

海棠溪至贵阳488公里，平均每10公里1站，共计48站，划分3段管辖。站址勘定后，一面租用民房先后办公，一面租购地皮计划建筑站屋。至款项来源，则由西南公路局与中央交农四行联合办事处洽商贷款160万元，专储蓄备用。七月所造板车完成一部分，运夫亦经在川招雇编成队即于是月下旬开始运输，第一次车系由海棠溪站出发。八日西南公路局裁撤，板车管理处移归川桂公路运输局管辖，仍本以前计划继续进行，板车贷款，由川桂公路局与行继续洽商，于十日签订合约，实借到110万元，全数拨交板车管理处作为开办及建设经费，各站站屋，亦即开始兴工，同时在美所购轮胎，抢运进口800套，所造板车，因得赶速装配出厂运用，运量日见增加。其时承运之货，由渝至筑为贸易委员会桐油及贵阳盐务处花盐，由筑至渝则为工矿调整处五金器材及农本局棉纱等，均系长途直达运输，计自二十八年七月起至二十九年二月底该处结束之日止，共运货物419吨444公斤。

上述由二十八年三月至二十九年二月，历时一年，为驮运管理所贵阳办事处及西南公路局板车管理处分别组设时期，板车管理处以自有之板车工具，招雇民夫担任人力驮运，驮运管理所则就原有驮马招揽运用，担任兽力运输，分管并进。其间板车管理处为加强运输力量，拟开辟綦江及蒲河水运。派员调查，拟具造船及营运计划，旋以该处奉令结束，移归川黔车驮运输所接办，此本线驿运初期之大概情形也。

（二）车驮运输合并时期

二十九年三月，公路运输总局为加强驿运，将原有机构予以调整，撤销驮运管理所，各线设立车驮运输所。川黔车驮运输所，即由前驮运管理所贵阳办事处及前川桂公路局板车管理处合并改组成立，原有段站，一仍旧制，惟积极于招徕营业及充实各站设备。其时业经开运者，计有下列各线：

1. 筑渝线：由重庆至贵阳，办理车驮及有关水道联运业务；

2. 筑三线：由贵阳经马场坪都匀至三合，办理驮运及夫运；

3. 筑六线：由贵阳至六寨，办理驮运；

4. 筑镇线：由贵阳至镇远，办理驮运；

5. 筑昆线：由贵阳至昆明，办理驮运；

6. 蒲河线：由綦江至丛林沟，办理水运及车运；

以上各线运量，逐渐增加，最高每月运量为1400余吨，综计自二十九年三月起至十二月底止货运总数为7619吨零88公斤，总计1134088533延吨公里。

（三）川黔驿运干线之设立

二十九年七月全国驿运会议闭幕后，大部根据会议决策设立驿运总管理处将公路运输总局所属驿运部分移归管辖，积极推进，川黔车驮运输所仍本以前计划秉承总处办理。本年一月奉令改组为川黔驿运干线，举凡设备、增置、业务之改善，章则的更订，均由驿运总管理处统筹办理令饬遵行，本线业务，亦蒸蒸日上。计自本年一月至七月，货运总数为10793吨851公斤，总计 1534873104 延吨公里，较之前两期所运货物总量，超过 1800 余吨，而时间则仅及 1/3。

二、本线业务概况

（一）营运路线

本路线系由川黔车驮运输所改组，营业路线，与前川黔车驮运输所时期，无甚差异，现可列举者，为 1. 马场坪站与黔桂干线衔接，两线联运，业已开办；2. 由贵阳至三合增办板车运输；3. 六寨站在黔桂辖线内，经予撤销；4. 镇远站营业精淡，且大部指定由黔省驿运处开办筑晃支线，已无设立之必要，故予裁撤；5. 昆明线驮运停顿，该处临时站亦经撤销；6. 由重庆至泸县，承运大批出口桐油，用木船装运，经在该处设立临时收货站照料一切；7. 蒲河线由万盛场至南川，因承运大批军粮，增设站点；8. 由独山至贵阳，因城塞局与本线订约交运兵工器材及贵州邮政局存站邮包急待疏运，该处设立临时营业站。兹将最近本线最近营业路线及其里程，列举于左：

1. 由海棠溪经由贵阳至马场坪，沿川黔公路，全程 603 公里；

2. 由马场坪至三合，沿贵州省公路，全程 123 公里；

3. 由马场坪至独山，沿黔桂公路，全程 115 公里；

4. 由重庆至盖石洞，沿长江綦江松坎河水道，全程 283 公里；

5. 由盖石洞至万盛场，沿松坎河水道，全程 60 公里；

6. 由万盛场至南川，沿川湘公路，全程 51 公里；

7. 由重庆经江津至泸县沿长江水道，全程 276 公里。

以上各县，陆运共为 893 公里，水运共为 619 公里，总计为 1512 公里。

（二）运输工具

本线运输工具可按车船夫马四种分述于次：

1. 板车　本线原批自造板车 2400 辆，嗣以交通部在美所购轮胎 5000 套，仅运进 800 套，致使原有造车计划无法实现。经多方搜购，拟造成 600 辆，又于上年六月在渝市民与工厂内被炸损失 800 余辆，实仅收用 509 辆，旋复由本线北渡管理所自造 100 辆，已完成 84 辆，故本线现有胶轮板车为 593 辆，每辆载重 500 公斤。由交通部黔中机器厂代造 1000 辆，为胶轮板车，已接收运用者 316 辆，每辆载重 400 公斤。上项板车，以胶轮较为适用，且使用时期较久，然以轮胎搜购不易，成本太高，不得不有赖于胶缘板车之辅助。最近本线计划制造马拉胶轮板车，已制成 1 辆，俟在渝筑间试驶合用即继续大批制造，以节人力。

2. 木船　本线现有木船 102 艘，计 30 吨及 24 吨各 2 艘，为交通部汉口航政局所造，又自造 14 吨及 12 吨船各 30 艘，在长江綦江蒲河间航行。5 吨及 6 吨船各 4 艘，3 吨船 30 艘，在松坎至盖石洞间航行。近为调整运输完成水陆联运起见，拟添造 3 吨船 170 艘，6 吨船 114 艘，分配于松坎至綦江间航行，已拟具计划呈核。

3. 肩夫　此项肩夫，在三合至马场坪段内，曾经大批雇用，如遇农隙，最多可至 3000 名，以苗夷为多。盖苗民躯干强建，能耐劳苦，而翻越山路，如履平地，其肩运方法，或用肩挑，或用背驮，每人可负重40公斤，日行30公里。惟于招雇之初，须借当地政府助力，广为宣传，使其明了自己任务，又力资一项，须随到随发，决不可少事稽延，至失信仰。如能善为编练，在农事余间，使其从事劳作，而又不妨役政，实为驿运劲旅。

4. 驮马　黔省驮马，各立帮户，派别纷歧，向无统率，平时载货，或由马户自行接洽，但匹数零星，或由马哥头承揽发运，可以结合成帮，货价较有保证。然彼辈每于货运繁忙时，乘机涨价，若不厉行统制，极难令其就范。现由本线可以随时雇用者约四五百匹，忙时可至千余匹，每匹载重80公斤，日行40公里。据调查所得，黔马生殖不繁，加以马种选择不良，保养欠周，生产率小，死亡率大，如不积极设法改良，恐马种日趋劣小，对于国计民生，均有影响，此则希望主持牧政者注意及之也。

（三）设备

1. 驿站　本线渝筑间驿站、房屋现已陆续完成，每站一律设有办公室、存车间、运夫宿舍及运夫厨房。各营业站均另设有仓库及员工宿舍。运夫宿舍内备有木床、棉被、草垫，厨房则有餐具等，以备员夫炊事歇宿之用，由各站员工负责经营，订有保证使用办法通饬遵行。水运段及筑三筑马间各站，尚多租用民房，现正计划分别兴建。至各站马厩，拟于将来驮马实行统制后，即行添建，以便管理。

2. 修理所　现在北渡设有修理所，内分修车、修船两部分，可以自造板车。各中转站及营业较繁之站，如万盛场松坎遵义贵阳，则设修理分所，担任车船修理工作，现已次第筹设，分别开工。各段间拟择要设立保养站，因经费支绌，技工招雇不易，尚未举办。

3. 电讯　本线绵长至千余公里，通讯极不方便，每遇紧急事故，不特本处与各段站间消息迟滞，即段与站间亦呼应不灵。总处有鉴及此，因有全国驿运无线电通讯网计划之颁行，本线现已设立者，有海棠溪、松坎、遵义、贵阳、四台，将来拟于綦江、东溪、马场坪、三合各增设一台，则情报联络更为便利矣。

4. 医务　医务直接关系员夫健康，间接影响工作效率，亟应充实设备，俾臻完善。本线原有在业务发展至相当程度后，于各大站设立诊疗所之计划，现与沿线各卫生院所商洽代办诊务，随到随诊，尚无不便。其有院所狭小不难留住者，则自设病房，收容病夫，给以医药食宿等项之便利，使其安心服役。将来业务发展，经费略形充裕，即按原定计划，次第施行。

（四）货运

本线主要货运，输出为钨锑、桐油，输入为五金器材、汽油，其他重要物资，如食盐、煤焦、滑石、邮包、军米、棉纱、文化用品、生铁等为数亦夥。按本年一至七月总运量平均核计，每月约为1500吨，如运输工具及力夫来源不虞缺乏，每月平均可至2000吨以上。本来营运目的，在使往返货载与工具配合，无放空回空或停留情形，保持货运与工具之平衡发展。不过在事实上，因天灾事变，或气候寒暑雨雪及河道水势涨落之关系，各种工具，在一定区段内不能如期到达，则难免有停滞虚糜之患；车队运夫募自农村，来去自由，无军事管理之强制力，在农隙时夫队增多，迨农忙时则遽行减少，不能保持永恒固定状态；沿线物价，有涨无跌，运夫迫于生计，易受外界引诱，相率私逃；驮马未经统制，一遇货运繁忙，即难令其就范；货物来源并无定准，忽繁忽简，捉摸不定，有时将工具调配妥当，而某方货物忽告中断；车船例有停修时期，现在将工具未充车船进厂修理，或中途损毁，即感调度不灵；新造胶缘板车载重不足400公斤，构造方面，尚须改良，往往装货出发，未及半途，即行损坏，掉换修理，延误运限，糜费不赀；资金不足，周转欠灵，遇有大宗货运，须先垫付钜款，既无充足之周转金可资挹注，营业方面，即感无法进展。有此数种原因，故于工具之调度与货载之配合，颇难达到预期之目的。兹将本线同有工具配备情形，列述于次：

1. 贵阳到松坎间系用车运，如货运繁忙车辆不足，则雇用驮马协助。由松坎至海棠溪，以利用水运为原则，货到松坎，交本处3吨船运至羊蹄洞。该洞长约2华里，乱石嶙峋，河流浅急，不能通航，货物卸载后，须用力夫搬运过洞，再交本处5吨或6吨船运至盖石洞，不足时加雇商船。最近盖石洞水闸完成，可直放綦江换装12吨或14吨船运往重庆；在水涨时，12吨及14吨亦可上达盖石洞，无须在綦江转，此段如本处船只不敷，亦即加雇商船补助。

2. 蒲河线自鲁峡洞以上（在蒲河站上游距站约2华里）本处12及14吨船不能到达，须用民船接运，凡由南川、丛林沟、万盛场起运之货（南川至万盛场用车运）在三元桥装民船至鲁峡洞，该洞滩恶，与羊蹄洞相若，船行至此卸载，搬运过洞，至蒲河站交本处12、14吨船装载下驶；在枯水时期鲁峡洞以上不能通航，则由万盛场用板车接运至蒲河再交船运。运自綦江以上，松坎蒲河两线，河身宽窄不一，滩险无虑百数，沿线设有水闸水堰，航行至此，须俟开闸，始能通行。每遇山洪暴涨或河水枯落时，航行即告停顿。导淮委员会綦江工程处现在积极疏建，较之昔年，固已便利多矣。

3. 贵阳至马场坪及马场坪至三合，均系车马搭配运输，如货运繁忙，则招肩夫协助，此段途距较近，货物来源亦较有定准，支配调度尚易为力。

复次，关于运价及力费方面，亦应附带陈述。本线现行板车基本运价，每吨公里，一等3.8元，二等3.3元，三等2.8元，近以力价增高，不敷成本甚钜，正在核拟改订。平时所运货物，多为军公用品，均订有专价，限期运竣，如须放空行驶者，则将回空费用包括在内；惟物价变动过速，往往有合约签订甫经开运，而力费即须增加，甚至有如限运完，而力费已增加数次者，以此亏损不少。现虽极力将订约限期缩短，或于限期内增加工具提前赶完毕，然事实上窒碍重重，终难如愿以偿，此种情形，恐近来主办国营交通事业者，均有同感也。

（五）客运

重庆海棠溪至南温泉一段，全程为18公里，为陪都市郊交通要线。总处鉴于原有汽车运输，供不应求，为便利行旅起见，饬令泸县车船制造厂，赶造双轮单马客车及四轮双马客车各2辆，交由本线试行营业，标价规定按中国运输公司现行客票价目加20%计算，设备方面，暂在海南两地汽车站附近，各设客站一，马厩一，车场一。业经拟具营业计划人开办经常两费概算，呈奉核准，所有站址一经觅定，一俟车马齐备，即行定期开始营业。

3. 川陕驿运线之概况（节选）（1941 年）

一、引言

（一）路线：川陕驿运干线，陆程长为 713 公里，水程长 400 公里，划分为宝广（宝鸡至广元）、天双（天水至双石铺）两总段暨广白支段（广元至徽县白水江），广白段为嘉陵江上游，水量极浅，枯水时期，航行甚苦，故水运现尚仅为广元至阳平关一段 185 公里。

（二）运量：本线于去岁十月中旬开始运输，第一月运量不满 300 吨，约为 5 万余延吨公里，往后渐渐增加，最近运量每月平均可过 5000 吨，约合 162 万余延吨公里，往后如无重大变故，运量不致减少。

（三）运具：驿运工具大都受地理道途限制而演变，戈壁千里惟骆驼能任重，陕豫平旷则大车可畅行，西南多山宜于驮载，蜀道崎岖挑不如背，是皆环境使然也。本线管辖川陕公路，故运具以民间骡马胶轮大车为多，人力胶轮小车次之，驮骡数量亦大。开运之始，仅有大车 500 余辆，小车 200 余辆，嗣后日见增多，现大车达 2600 余辆，小车 1000 余辆。最近本处自制之木船 50 只，已先后下水，部拨之胶轮板车 800 余辆，亦陆续起运，本线在运具方面，不感缺乏。

二、川陕线之管理〈略〉

三、川陕线之业务

（一）运价：驿运价以直接成本之大小为转移。而直接成本之大小，则视一般物价之高低而定，故驿运运价可谓全由物价而来，米麦涨则人工贵，豆料涨则骡马运力昂，是皆经济旋律，绝非统制所能奏效，或谓食料之贵，运输困难有以致之。诚然，但运输之困难，亦可谓因工料贵有以致之，因果相乘，综复错杂，决食片断解应所可判言。故本处于运价之厘定，以现实物情为准循，对军品运输主张赔损，对公物运输主张维持成本，对商品运输主张有盈利给补军运损失，正当应得利润必须维护，不正当非法勒索必须取缔。不强人所难，演至人兽鸟散，民力潜藏。

（二）军运：本线军运每月平均在 800 吨以上，开运之初，因车辆不多极感困难，应付之苦不可形容。迩来运量大增，运力充足，应付已不若前之困难。是以暗盘运价与军运补贴，亦逐渐减少，将来或可至于全免。

（三）公运：本线公品运输以邮件、电料、交通器材、食碱、茶叶、桐油、羊毛、钨砂等为大宗，其运量以视嘉陵江水运情形为转移。年来嘉陵江航路失修，航运不畅，枯水时期上水更难，因之本线南运多北运少，南北运量不易求得平衡，南行运价高，北行运价低，种因于此。

（四）商运：商品南运以棉花为大宗，药材百货甚少，北运以烟叶、纸张、糖、药材为多，百货亦少，商品之消长以商情为推移。近来汇兑困难，税务纷歧，是亦阻滞商运之一原因。

（五）军运补赔：军运价低，商品运价高，是以车户运夫多规避军运而趋商运，本线开办之初，军品几至无法运出。嗣后迭经研究，将现有车辆分成摊派军运，凡摊派军品车辆，可另得军运补贴，其综合所得运费可与商运相等，而是项补贴即由担运商品之车辆所出。换言之，即将军品运价与商品运价相加而平分之，使运户不致规避军运。办理以来，尚称顺利。惟本处为消除隔膜免兹误会起见，将是项补贴收支手续，悉归之于车业公会办理，本处催处于监督地位，迩来车辆日增，是项补贴亦递减，将来军品运价如以稍增，则补贴或可全免。

（六）运价暗盘：去年冬季，物价日在增长，不及累月，即增高至一倍以上，于是一般车户感于成本之不足，咸私提暗盘，本处虽有所闻，但亦限于事实不便取缔，盖因本处厘定之运价，必至相当时日方可改定，决不能追逐物价，三日一易，而增市面之不安。且暗盘之消长，与运力大小物价趋势有关，近日运力大增，物价稍稳，暗盘已渐渐降落，与本处厘定之运价，相差极微。

（七）办理负责押运：本总宝广总段货运极旺，惟车户良莠不齐，常有中途弃货、拐货、剽盗情事，商人苦之，损害运务，莫此为甚。本线累思有以改善，经于前月试办押运。成绩甚佳，近各转运商行连署请求，派员押运，办理之后，弃货已绝，商人称快。

（八）办理公段运输：车驮运输已采用分段接运为宜，兹可略举几项优点：

1. 不能致运之运输工具可利用。

2. 紧急军运车辆集中容易。

3. 运具在中途损坏出事救济容易。

4. 货物车辆管理确实。

5. 人兽食料可随车带载。

6. 雨雪季候可减少损失。

7. 人兽工具修养机会增多。

8. 运具调度灵敏。

9. 迎合运夫心理。

10. 牲兽与气候适合。

以上十项俱是优点，在创办之初，坏处亦不可免。

1. 货运不能平衡时，运具受停空回空等损失。

2. 站务人员须增多，业务费扩大。

3. 货物多装卸，损坏程度增大。

4. 装卸费时，增多停空损失。

5. 增多设备费。

6. 货物漏耗坏等责任查究困难。

本处现正办理分段运输，由宝鸡至双石铺与轻便铁道联运，双石铺至阳平关一段，由本处自有牛车接运，阳平关至广元水运段，由本处自制木船接运，试办期中未敢言必然，办理分段运输系车驮运输进步工作即有挫顿，亦须改善求进。

（九）粮宿站：食宿店之设备，为驿运要政，但亦为办理驿运之最困难工作。盖驿运行驶，道途大都人烟稀少，甚且绝无人烟，如粮由夫畜自带，则运量减低，或且无运力可言，如运粮先储，则此等地方最易为匪徒光顾，非唯安全堪虑，且耗费亦不赀，困难实甚。本处情形较好，但试办结果，成效亦不佳：一因办理食宿人员，必须遴选年事稍高，方能居处僻乡，耐性株守，而年事高者，则多家室累累，侵占私润，考核不易；二因夫畜过往停歇时间性极无把握，如炊成以待，则糜费腐败难免，如随到随炊则又耽误行程，诚所谓两难也。至于货款特约办法，本线亦曾尝试，困难类同，夫畜不易受惠，现本处拟不办食宿店，改办粮宿站，储粮以待，凭券发粮，车队行驶，炊夫前行，前途无站，后站给粮，于是夫畜无赶程之苦，无勒索剥削之虑，而本处亦减少诸多损耗。

四、今后计划〈略〉

4. 加强川陕川湘两线运输能力[①]（1941年）

一、前言　川陕川湘两线的运输，以水运为主体。川陕线是利用嘉陵江来运输，使着重庆和西北衔接的广元有直接的联系，打通了驿运的脉络；我们赖着这条便利而且经济的水路，不仅在军事政治方面得着不少的帮助，而且在我们对俄贸易工作上，更发生了很大的作用。川湘线是利用着乌江回水和沅江的水运，虽然中间有龙潭龚滩间陆运中转的烦难。但是计划得当，管理有了方法，仍不难达到畅运的目的。是本线在沙宜未收复以前，中枢和西南的沟通，实具有很大的价值！所以两线在目前的抗建工作上，所负的使命极大！

二、运输机构　川陕川湘两线运输的重要全国人士所注视，办理川陕川湘两线运输的机关，原来是招商民生合办川陕川湘水陆联运总管理处负责，后来因为加强组织，增进两线运输能力的关系，曾于本年一月十五日奉了交通部的命令，改组为交通部特许川陕川湘水陆联运处，而由驿运总管理处招商和民生公司三部分联合组织成立这个机构。内部设理事会，置理事9人，理事会之下，设经理处、置营业、运输、总务、会计四组；外部分设川陕川湘两总段，川陕总段下设二分段（包括重庆南充及南充广元两段），川湘总段下设三分段（包括重庆至彭水，彭水至龚滩龙潭以及龙潭至常德三段），一切都照着驿运编制和管理的方法，办理水陆联运的业务，隶属于交通部，这样不仅是组织一统，达到行政和业务的配合，同时事业的方针，也能吻合着抗战环境的需要，所以联运处的改组，已由半商行为的活动，转入正式国家事业的机体，它的目的当然不仅仅是为着某一个集团的生活，或者偏狭营利的维系，而是加重了它在这国家时代巨轮的前面，达到它应尽最大的任务。

---

① 原载《驿运月刊》1941年第1卷第2期。

三、运输情况 川陕线水道运输的范围，限于重庆广元间，长约740公里，照线路的名称来说，应当延长到陕西省的阳平关，或者白水镇，其不如此划分的原因：以渝广两端，是南北物资的集散地，若能把这段运输能力加强，已是尽到了接通川陕间货运的作用，而且阳平关白水镇间的水运，已有川陕车驮所计划办理，用不着再申展到上游，免去重复设置和加重管理上的烦难，除开这个干线外，并利用涪江的运输，沟通了重庆绵阳间（长约336公里）的联络，以辅川陕间运能的不及。

川湘线的运输，不似嘉陵江仅仅是单纯的水运，而是兼具着水陆接运的烦难，全线的范围，跨越了川湘两省，长约1000公里以上，除开了重庆涪陵彭水龚滩和龙潭沅陵常德间的乌江酉水沅江运输外，中间还有龚滩龙潭和龚滩沿河秀山茶洞永绥到保靖间的木船和夫运。虽然中间接运频繁，管理上感觉不便，但是加强了彭水到龙潭间一段的辅运能力不少。近以六战区专运军品关系，为加强公物疏运起见，现另辟了沅陵经辰溪襄阳铜仁江口、闵家场施南至沿河循乌江至重庆一线，现正试运期中，这条新线，虽然有些迂回，但是在酉阳龚滩间雇夫的困难和公路兴筑未解以前亦算是川湘线中最有力的一条。

两线的运输，自上年（二十九年）八月间联运处成立，九月二日开始运输，所有军品物资数量很大，川陕线方面，总计运量平均每月在500吨以上，承运的物资，有子弹、桐油、钨锡、棉线、燃料、煤炭、药材及羊毛等物。至涪江的辅运，照汉口航政局造船处三十年度拟造的船只150艘，合1550吨恰能配合粮食管理局运米的计划，不过应设法赶工完成这批船只，现已由川江造船处正积极进行中。

川湘线运输，在目前的情况，比较川陕线还要重要和繁忙，如湘米运川，川盐济湘为现在首要工作。同时，公物方面的锌砂、油料、电磁、水泥、硫磺、药材等物资的运转工作，也在积极的担负着。照现在月运600吨以上的运量，仅以米盐两项而论，也距着需要运量还远，有待积极加强运能的必要。兹将两线在本年一、二、三三个月当中运输的数量列表于左：

线别	运输数量（吨）					
	起运			到运		
川陕线	一月	二月	三月	一月	二月	三月
	291.375	69.393	38.00	104.024	39.0365	285.132
川湘线	一月	二月	三月	一月	二月	三月
	391.312	870.013	343.124	57.142	214.687	58.731

四、加强运能计划 川陕川湘两线运输，因着天然地形的限制和工具的缺乏，以及管制机关缺乏合理的管理等等原因，遂形成了各运输机关互争竞运，影响整个运输效能极大；尤其是川湘线的龙潭龚滩黔江彭水间的接运方面，若是无法解决，则全线的整个运输，即成了问题。同时川陕线嘉陵江的船只若是管制不得当而没有合理的支配，都能影响到全部军品和公商物资的运输。我们为着支撑抗建的力量，就不能不从加强两线运输能力着手。加强计划的内容，分别说明于左：

川陕线

川陕线嘉陵江上下行的军品和物资的数量，因着抗战力量的加强，它的运输能力，也随着时代的使命，增加到数十百倍，运输的物资，除开主要军品和普通商货不计外，仅川陕川湘水陆联运处最近负责洽运的公商物资，每年往返于重庆广元间上下行及中途转运的数量，约在51000吨以上。嘉陵江全流的船只,约有900艘。以渝广间中小水的上下行船只周转的能力计算，全年可有57000吨的运输能力。但是以该江运输的繁忙，上述的船只，事实上实难得全部利用，纵然能以办到，其发生的结果，不仅影响到其他部分利用船只的机会，同时货物的回空和管理方面都成为问题，我们为了减少无谓的击折，计划方面，采左列办法：

（一）运行方法：原来重庆广元间的船只，是重庆到南充和南充到广元分段运行的，因为嘉陵江上下游的河身水位状况不同，因此使船只的构造和船夫认识航道的生疏方面，就天然决定了它行驶的范围，所以过去运行的方法，习惯上已分得很合理的。后来因为政府迁渝，重庆顿成了西北西南转运的枢纽。因为物资往返的频繁，全江运输，在军事机关控制下，就把这条江分段运输，硬变成了直达的通行。这种航行方法，不仅使船只失吉的事情发生得太多，同时保合帮和广元帮船户都互相嫉妒运载,影响到船只的周转能力。我们为免除这些困难,运行的计划，仍然把它恢复渝南间和南广间两段的接运方式，一来可以减少船只的失吉率；二来便利了我们征雇船只，可以减除船只不够周转的病源。

（二）征雇船只：嘉陵江全部船只，可以用的充其量不过1000只。都是在四川省船舶总队部控制之下，目的在根据需船机关来分配应用。这是战时的一种管制方法，在政府运输物资，于征调船只的时候，不感觉困难，管理已觉得很周到，同时，又有上下水运价的规订，不许随便增长水脚，但是事实告诉我们，船户不因着严格的控制而不逃飞（船夫逃走意）不隐避；不因着有固定的运率而不随便涨价（因为生活的高涨，中途船户开销很大，到了目的地，就要破产，卖了船来赔补）。这些都是事实，所以我们征雇船只，我以为控制船只除紧急的军事用船外，都嫌有点多余，结果好了不劳而获的中间人，苦了直接出血汗的船户船夫，所以我们征雇船只，应采自由的租雇方式。设法减少两端和中途的停息时间，加强船只的周转能力。运价以适合船户生活的水准，剔除削剥船户的种种苛索，这样来征雇船只，自然感到便利。

（三）运输数量：我们计划渝广间分为两段运行，照中小水上下行船只的周转，每月可达1000吨以上的运输能力。计需6、12、15、24吨级木船420艘。照嘉陵江现有木船总数，约有900艘，计算这与1000吨以上计划运量之需求，尚有余裕，倘回空物资，果有把握，运输能力之加强，更无问题。

川湘线

川湘线的运输，在武汉沦陷的前后，还没有那么重要，后来因为沙宜失陷，湘江和长江直接的联系断绝，所有福建广东浙江和广西运到四川来的物资，虽然可由衡阳经桂林贵阳到重庆，但是吉折的烦难很多，而运费和时间上，都感到不经济。所以川湘线的作用，日渐显其重要性，目前所有军品，公商物资的疏运，极其频繁。同时，它中间水陆接转的困难，和各运输机关的争运等关系，都是该线运输症结所在，我们的调整计划分左列四点：

（一）运输数量：过去每月运量约600吨，现拟增加至1000吨，以运湘米入川，川盐济湘为主要任务。配运数量，暂定米盐占70%，军品、钨砂、油料及有关建筑材料等公物占30%。

（二）接运方法：全线接运，分主干及辅运两路，前者由常德或沅陵间北行，循沅酉两水用木船运至龙潭，由龙潭中转，利用板车、汽车兼运黔江（运输第六战区军米700吨，至黔江转运恩施），卸空至郁山镇接运湘岸食盐，由郁山镇经彭水至涪陵间，用木船来往衔接涪陵至重庆间为长江航线，民生公司轮运频繁，月运千吨以上，绝无问题。辅运线有二：一由龙潭至龚滩，由力夫负运。一由保靖起，船运永绥至茶洞，换夫运经秀山至沿河，再转船运龚滩，两线即以此为中转，再用木船循乌江经涪陵船运重庆，每月共计辅运能力为300吨运输公物。

（三）配置工具：全线工具缺乏，不敷应用，照千吨运输计划：1. 木船——乌江船只有14吨级者30帮（每帮8只），计240只（合3360吨），杂货船8吨级者300只（合2400吨），总计共有木船540只（合5760吨），照计划运量，足敷分配，所成问题者，船夫纤夫之缺乏。若照龙潭川盐运输处之计划，果能于涪陵彭水两地征雇免役壮丁3600名，增加拉纤能力，则乌江船只，自无问题，现由该处积极筹进中。沅江酉水船只，在常德沅陵保靖间，拟增15吨级者100只（合1500吨），沅江以上之里耶龙潭间，以水小流急，拟增添2吨级者400只（合800吨），彭水郁山镇之郁江，拟增添2吨级者30只（合60吨），保靖永绥茶洞间，拟共增2吨级者40只（合80吨），照现有船只情形除长江船只不需增加外，沅江酉水郁江三游中，需添置2、5、15吨级木船570只，计2440吨。除将原有船只尽量利用外，一面由交通部货款增造（现已完成2、5吨经者54艘）新船，一面由川陕川湘联运处拨款收买民间废船只，加以修葺。2. 力夫——龙潭龚滩间川盐运输处，经常雇有力夫约4000人，以月运200吨计算，需力只2500人，无需增加。沿河秀山月运100吨计算，需征夫700人，秀山茶洞间，月运100吨，需力夫700人，3. 汽车及板车——照计划需汽车40辆，板车750辆，除板车由驿运总管理处调拨外，汽车部分，拟由中国运输公司筹拨接运，所需燃料，拟由第六战区供应酒精。

（四）管制方面：川湘线运输频繁，以各机关互相竞运影响运输效能极大，第六战区长官部曾以购运军粮关系，召集军政有关机关（包括交通部、川陕川湘水陆联运处、财政部、盐务分处、第六战区兵站总监部、运输统制局、兵工署、资源委员会、第二十集团军总司令部、水上警察局、县商会及民船公会等13单位机关在内），商讨加强粮油军品及公物运输法，经于本年二月一日成立第六战区运输联合办事处，由各有关机关参加组织，直接受运输总司令部之指挥，负控制木船，征调民夫及统筹运输之责。经分别规定沅酉两水范围，由交通部川陕川湘水陆联运处主办，永绥龙潭龚滩彭水涪陵间，由川盐运输处主办，黔江由兵站主办，并于各冲要地点，设立民船登记处，由各负责机关直接办理，以分工合作，统一协调之精神，谋该线运输能力之加强与持久。

5. 四川省驿运之概况（节录）[①]（1941年）

一、引言

自抗战军兴，我国重要交通路线，相继沦陷，后方主要运输，端赖公路汽车，惟有敌寇封销之下，油料零件，供应艰难，去秋后以滇越滇缅两路之阻塞，来源更少，致汽车亦不能为普遍之利用，运输问题，遽成抗建之难关。赖我领袖，殚精擘划，根据自力更生国策提示以科学的方法办理驿站递运，以谋挽救，运输前途乃见曙光。二十九年七月十五日，全国驿运会议，开于陪都，决议由交通部成立驿运总管理处，各省省政府成立驿运管理处，主持其事，筑山奉派兼任本省驿运管理处处长，川黔车驮运输所主任张冲霄兼任副处长，张副处长于同年九月二十一日由渝抵蓉，经旬日之商讨筹备，本处即于十月一日正式成立。川省为复兴根据地，驿运使命，尤为重大，本处同仁，夙夜警惕，努力工作，虽于环境与经费，未克达到预定计划，但同心同德，无日不在困苦中前进，计开办路线已达25535公里，自上年开办至本年六月底止已运出军商货品军米工粮等12789吨2947776延吨公里，货物之平均行驶，里程约为230公里，兹将本处自成立以来营运情形，及将来计划，略述梗概，以告当世之关心驿政者，并就质于运输专家。

二、营运概况

（一）运输部分

1. 筹设路线　本处各驿运支线，第以适应抗战之需要而设，并斟酌缓急而确定开辟之先后，现今已行开办者为计：

（1）奉建线　由四川之奉节至湖北之建始，计长105公里，二十九年十月成立，分设奉节、巫山、建始三段，及大溪、王家沟、庙宇坛、沙坝、天鹅池、陇里、建始等7站，旋延展至鄂省之恩施，增设白杨坪、民兴镇、龙凤坝等3站，共长165公里，为本处开辟之第一线。该线自大溪至建始一段，完全为崎岖山道，仅能行驶背挑之力夫与驮运之驮马。力夫每人负重约30公斤，驮马约60公斤，一日行25公里左右。力夫系由奉节等县征调，初时因选择不严，素质太劣，又以沿途食宿不便，时有逃亡情事，运输颇受影响。嗣经该线排除万难力谋改善，逃亡之风得以渐戢，运输亦因以畅旺。因该线纯以军运为主，又复接近战区，为便于指挥调度管理计，已奉令于本年六月初移交第六战区接办。

（2）新渝线　由新都沿沱江而下至泸县入长江而达重庆，共长816公里，于二十九年十月成立，分设新都、金堂、内江、泸县、重庆5段及新都、赵镇、内江、泸县、重庆等5站。该线沱江一段，航路滩险颇多，水枯时仅可行驶载重6公吨至15公吨之木船，夏季水涨，可行驶30吨之木船，逆流每日行15至20公里，顺流日可行40到50公里，过泸县入长江后则木船航运决无问题。自成立迄今，虽征雇船只困难丛生，然托运之食粮，源源输出，未尝稍有间断，

① 原载《驿运月刊》1941年第S期。

对于接济军粮民食，贡献不少，今后欲谋发展该线之运输，应从统制工粮着手。

（3）渝广线　由重庆至川北之广元，共长1127公里，分水运与陆运两段。陆运由成都沿川陕公路至广元，计长357公里，分设成都、绵阳、广元三段，及成都、新都、绵阳、剑阁、广元五站。道路大致平坦，最大坡道为19%。水路由成都顺岷江而下，至宜宾入长江，直入重庆，长770公里。全线纵贯川省南北，为川陕滇黔运输之大动脉，极为重要。本年初，适因新津特种工程紧急需要大量工粮，该线遂于一月成立。开运以来，对于调剂民用，运输工粮，著有相当成绩。目前正筹办负责运输及与川陕干线商办联运事宜。至水运方面，仅设成都东门一站，近正试航中，并一面设法筹备正式开运。日后如能对民间工具加以统制及增造自备工具，则其发展，可立而待也。

（4）川西线　以新津为中心，东北自郫县经成都、双流至新津，长78公里；西北自温江经双流至新津，长50公里，北自崇庆至新津，长40公里；共长为263公里。分设郫县、温江、崇庆、邛崃、蒲江五段；及郫县、温江、崇庆、邛崃、蒲江、新津六站。该线系专为运输新津特种工程处急需工粮而设，于三十年一月十五日成立，工粮运竣，旋于同年四月撤销。

（5）渠万线　由渠县至万县，共长224公里，分设渠县、大竹、梁山、万县四站，及渠县、大竹、袁坝驿、沙河铺、梁山、分水、沙河子、万县等八站。于二月正式成立，开始运输。工具方面，由驿运总处拨借胶缘人力板车二百辆，因系自备板车，对于管理，均较其他各线稍易。

2. 筹造工具　办理驿运“工具”及“动力”缺一不可，尤以“工具”一项，为发展之先决条件。因如有充分之工具，则动力一项，较易筹办也。兹将筹拨工具情形分述如后：

（1）驿运总处拨租胶缘人力板车200辆经过及使用情形：本处因鉴于自备工具之重要，曾于本年一月，渠万支线未开运以前，商请驿运总处由泸州板车制造厂拨交胶缘人力板车200辆，以资应用，每辆规定载重为400公斤。惟是项车辆，因非汽轮行驶时震动较大易于损坏，修理费亦较重。为补救损失与彻底改善以维运输计，刻正研究改进中。

（2）四川粮食购运处预付运费60万元，作购胶轮人力板车200辆至250辆之经过：本处因鉴于拨交之胶缘板车损坏过甚，影响运输，遂又于本年四月间，商由四川粮食购运处，预付运费60万元，作订购胶轮人力板车200辆至250辆之用。旋即于重庆交通板车制造厂，造订100辆，于本年五月，交渠万支线使用。每辆规定载重量为600公斤。试用结果，尚属圆满。嗣于五月十七日，又向该厂订购载重1公吨之胶轮人力板车100辆，拟拨交渝广支线使用。

3. 运输情形　本处因筹备仓促，及经费支绌，致第一期开办各线，对于运输工具与动力，未能充分准备；仅按事实之需要，临时向民间征雇。兹将过去各线征雇工具动力及其运输情形述列于下：

（1）奉建　该线商定每月征调力夫1800人。自三十年一月起，至五月底该线移交第六战区时止，共计征调力夫7955人。每月平均于1591人。又临时雇用驮马376匹，及人力胶车12辆。共计载运658公吨529公斤，计84101延吨公里。平均每公吨运行约127公里。

（2）新渝　自三十年一月起至六月底止，前后共征雇木船666艘，每船船夫平均约12人（该线运输多为顺流），共约7992人。每月雇用平均约111艘，计1332人。共计载运约2199公吨68公斤，计1240820延吨公里。平均每公吨运行约564公里。

（3）渝广　自三十年一月起至六月止，共雇用胶轮人力板车2487辆，平均每月约415辆；胶轮兽力板车615辆，平均约103辆；人力车1448辆，平均每月约241辆。运夫共计约14861人，骡马1210匹，共计载运3565公吨716公斤，计5280971延吨公里，平均每公吨约运行149公里。

（4）川西　自开办迄结束共4个月，计雇用板车1306辆，独轮车19840辆，竹木筏336只；共计运夫约27378人，载运3493422公吨，计156481延吨公里，平均每公吨运行45公里。

（5）渠万　三十年二月拨给该线胶缘人力板车200辆，五月拨给胶轮板车50辆，六月以拨给50辆，二月因所拨给胶缘板车须待装订曾暂租人力车40辆（为期一月），以助运输，共载运1589公吨625公斤，计85284延吨公里，平均每公吨运行54公里。

为便于明了各线实际情形起见，特列表于后。〈表一、表二均从略〉

4.困难问题　办理驿运以工具动力干部人员通讯设备为四大要素。本处自开办以来，对于上述各项每感缺乏，因而发生诸多困难。

（1）工具　各线所需工具，大部分系同民间征雇，自备工具甚少：而征雇之工具，又多制造不良，或配件不全，或无防雨设备，不适于用。有时工具所有人居奇操纵，以射厚利，故每遇征雇，辄属供不应求。

（2）动力　欲发挥驿运之效能，端赖广大之人力及兽力。遵照领袖所指示，按半义务性质，征雇夫马，使之服役，极难办到，即按雇佣性质，亦多观望趑趄。幸或征雇前来，而值此抗建时期，各方需要人力至急，或被利诱，或被威胁，时有潜逃情事，所余者率多体弱力小难以胜任。动力既属缺乏，运输效能遂不能尽量发挥。

（3）干部人员　驿运事业，方在初办，事前未能储训健全之干部人才，管理调度

（4）通讯设备　运输之能事在于调度之敏捷与情报之灵通。现各线通讯，只赖邮局寄递。消息迟缓，调度随以稽延，运输亦因之不能迅速。

（二）业务部分

1.奉建支线　该线虽属本处，实际由驿运总处指挥，其主要业务为运输军粮。方向自北而南。初定月运×万小包，嗣减为×万5000小包。运价力价，均由驿运总处与军方商定。运雇因力价不敷生活，时有逃亡。军粮而外，南下货有食盐，北上货有铁矿等，均待运至急，因军方限制，不能揽运。致运货收入不敷维持员工开支。其积累亏损，已商总处设法。该线自开办迄移交，共运出756吨229公斤，计91815延吨公里。

2.新渝支线　该线全为水道，其主要业务，为运输事公食米。船舶征自民间，配运管理，虽多困难而均能安全到达。折耗约1%，在水运中为最少。该线运输食米，系半养性质，员工开支，未计入运输成本；亦未收取管理费。自二十九年十月成立迄三二年六月共运出军公食米338428

公斤，计 2083225 延吨公里。

3. 渝广水陆联运线　该线陆运方面，除转运特种工程委员会工粮外，对于调剂民食及军运，均有相当成绩。水运方面成效尚未十分显著，目前正在积极推进。其运费除付力价外，差可自给，该线自成立迄六月底，共运出军商品 3565 吨 716 公斤，计 520971 延吨公里。

4. 川西支线　该线主要业务，为供应特种工程委员会之工米，运输时间约达三月工粮，赖以源源接济，该线自成立至撤销共运出工粮 3493 吨 422 公斤，计 156481 延吨公里。

5. 渠万支线　该线于民国三十年二月成立，其主要业务，为输运四川粮食购运处粮食，自梁山至万县，自大竹至渠县。回程货则为万县至梁山之食盐与军品，盐月约百余吨，军品无定量。此外大竹县至渠县尚有麻布麻袋，以车辆无多，尚未招来承运。该线自二月至六月共运出公商品 1589 吨 625 公斤，计 85284 延吨公里。

总计本处所辖各线自开始运输至本年六月底止共运出军品公商品，12789 吨共计 2947776 延吨公里。

6. 困难问题

（1）本处成立不久，调查工作未能详尽，而各线沿途除食米外既乏大宗物产，一般经济状况，亦未能与驿运相配合；因而招来固定大批运输，实属困难。复以工具之缺乏，货物之不能对流，供应难期适应。以致营业遭受阻碍。

（2）驿运运价之成本，以力价为基准，力价又视物价而变化。各地物价不同，力价一日数变，订定运价失所根据。既不能因物价力价之高涨随时改订，复须顾及运输成本，故运价力价之调整，实难适应当前之环境。

三、未来之展望〈略〉

6.1938 年秋至 1941 年冬驿运概况[①]（1942 年）

一、萌芽时间之驿运

本部举办驿运，迭经排除万难，努力迈进，三年以来，驿运事业，由萌芽而趋于发展渐至成熟阶段，现在重要驿路几遍全国，成效可期。兹将办理经过分述于左：

二十七年秋行政院召集公路水道交通会议，决定利用人力兽力，增强运输力量，经本部拟具计划及组织纲要，呈奉行政院次年二月二十二日第三九〇次会议决议通过，准予设立驿运管理所，主办驿运事宜。彼时适值广州失守，粤汉铁路中断，国内物质之输运，均以昆明为枢纽，单恃汽车运输，力有不逮。本部有鉴于此，故先从叙（府）昆（明）大道着手，办理驿运，以资补助，经短期筹备，即于二十八年二月四日开始运输，由叙载运桐油、五子至昆，回程装运

① 原载《最近之交通》第六章《驿运》。

军公器材，办理以来，成效尚未大著。同时以事实需要，并筹辟渝筑（重庆至贵阳）、筑晃（贵阳至晃县）、筑六（贵阳至六寨）、柳三（柳州至三合）等线，先后于同年五六月间分别开运，至此营运路线计已达2900余公里，截至是年底，经运物资达7900余吨。

二、扩展时间之驿运

驿运系我国自力运输主要部门，以过去运量计，节省外汇消耗，为数至钜。驿运成效既宏，本部遂谋普及扩展，一面则将原有机构予以调整加强，于二十九年一月成立车驮运输所8所，直录于本部公路运输总局。复以驿运工具极感缺乏，除货款民间奖励制造外，为适应需要，成立板车制造厂于泸县，以期于最短期间，完成5000辆板车制造计划，以便分拨应用；并疏浚叙府盐津间之关河险滩，俾便利用水道运输，以缩短叙昆间车驮行程，减轻运输成本。此项艰巨工作，历时半载，始告完成。同年七月间复奉委员长谕召开驿运会议于陪都，决定今后办理驿运扩大计划，并成立驿运总管理处，直录于本部，综管全国驿运事宜，运驿基础，得以成立。截至同年八月底，已开运各线沿线设备亦大部完成，经运物资计达12800余吨，路线展长至7100公里。兹将各线名称等表列于左：

线别	起讫地点	公里	使用工具	备注
兰猩线	兰州—猩猩峡	1171	驼马胶轮大车	已开运
汉渝线	汉中—重庆	800	驼马板车	因公路破坏停办
泸昆线	泸州—昆明	976	板车	已开运
川陕线	宝鸡—成都	890	板车	已开运
川康滇线	泸定—昆明	1300	夫驮板车	正在筹备
	西昌—乐山			
桂黔线	柳州—三合	522	木船	已开运
	河池—岳墟	486	板车	因越局变化停办
川黔线	重庆—贵阳	488	板车驮马	已开运
滇越线	昆明—老街	476	板车驮马	因越局变化停办

三、成熟时期之驿运

自全国驿运会议议决由交通部设立驿运总管理处，在各省设立驿运管理处之初，大概规定干线由中央主办，支线由地方主办。现在各省驿运管理处已成立者，有四川、陕西、甘肃、河南、湖南、湖北、云南、广东、江西、浙江、福建、安徽、宁夏等14省。尚在筹备中者，有贵州、西康两省；干线之扩充及增设者，原有陕甘、川陕、川黔、川鄂、泸昆、黔桂、叙昆及川陕、川湘水陆联运线共8路。三十年七月间，川鄂线因承运军粮任务终了，移交第六战区接办；黔桂线因黔桂铁路通车至金城江后，已失重要性，乃将该线裁撤，仍将该线金城江至马场坪一段保留，并入川黔干线以与铁路联接。九月间复将川陕、川湘水陆联运线改组分设川湘联运处及嘉陵江运输处以增强运输能力。现在干线实为7路：

（一）陕甘线　由天水经兰州至猩猩狭延长至哈密，接通国际运输。

（二）川陕线　由天水至广元。

（三）嘉陵江水运线　由广元至重庆。

（四）川湘水陆联运线　由重庆经涪陵、沅陵、常德至衡阳。

（五）川黔线　由金城江至重庆。

（六）泸昆线　由昆明至泸县。

（七）叙昆线　由昆明至叙府。

综计七线共长约9000公里，支线已开办者，约27000余公里，三十一年度拟增辟关联国际运输之乐山至祥云线计长1034公里，并开辟各省办支路线5000公里。

（一）运量方面：

1. 干线　自开办以来至三十一年八月底止，共128417吨，其中4/10为商货，5/10为公物，1/10为军品。

2. 支线　自开办以来至三十一年八月底止，共395178吨，其中8/10为商货，1/10为公物，1/10为军品。

（二）设备方面：

三十一年度拟加强川湖（彭水至龙潭）、泸昆（泸县至昆明）、川黔（重庆至贵阳）、陕甘（兰州至猩猩狭）四驿线。

（三）工具方面：

已发动民夫393283人，驮兽（包括骡、驴、马、骆驼等）63542头，自备板车8200余辆，租用民间各式车辆（包括胶轮板车、铁轮大车、单双手车及牛车等）59000余辆，木船2万余艘，竹木皮筏约1000只，自备木船约200余艘，三十一年度拟增置胶轮板车4000辆，分配新辟及已辟各路线。

驿运路线大都在交通极其不便及人烟较为稀少之处，故办理之不易实较任何运输为甚，现在推行驿运最大之困难，尚在动力之缺乏，不但牲畜不多，各地强壮运夫亦以兵役、农事及各项建设所需人工过多之关系，征求极感困难，今后尚须加强宣传，使人民能踵踵参加，各方能充分协助，俾能发动大量人力，实为今后推动驿运当务之急也。兹将抗战以来，驿运状况统计如后：

根据三十年十二月统计，路线方面之里程，除已经开辟，旋以任务完毕结束者不计外，总共现有路线里程计中央经办之干线为9213公里，各省经办支线计福建省1959公里（此仅系该省驿运处管辖之线路里程，省方运输公司经营驿线未计在内），浙江省4838公里，江西省4881公里，安徽省1421公里，云南省1222公里，广西省5053公里，甘肃省2350公里，湖南省1571公里，河南省930公里，陕西省1078公里，四川省2167公里，广东省386公里，统计全国现有干支线里程为37069公里。

7. 全国驿运工作之展望（节录）①（1943年5月3日）

一、全国驿运概况

（一）关于干线分处者　本部直辖各驿运干线，原有川陕、陕甘、甘新、泸昆、中印、新疆等7个分处，除中印线奉令结束，新疆线正在筹办尚未开运外，现办运输业务者有5个分处。所辖之驿运路线共有8197公里。所用工具计民夫26000人，骡马驼兽20000匹，板车15500辆，木船200艘。

5个分处之运输能力，三十一年度全年共运货115000吨，计36000000延吨公里，平均每月约运货1万吨，计3000000延吨公里。本年三个月之运量如下：

一月份　13000吨　3500000延吨公里

二月份　11000吨　3100000延吨公里

三月份　14000吨　4000000延吨公里

驿运运输速度较慢，每吨货一个月内约运100公里之运程，即每月可运10公里。

各分处去年全年营业收入为122000000元，支出为120000000元。

（二）关于支线省处者　除本部直辖之干线分处外，支线方面，每省设有省驿运管理处，直录于省政府，受本部之监督指导，共有16个省处，驿运路线计33226公里。分述如下：

1. 西南——有四川、贵州、云南、西康4省驿运管理处。

2. 西北——有陕西、甘肃、青海3省驿运管理处。

3. 东南——有浙江、福建、江西、湖南、广东、广西6省驿运管理处。

4. 中原——有河南、安徽、湖北3省驿运管理处。

以上除贵州、湖北两省处已并入建设厅及湖南、安徽两省处改隶建设厅外，其余均仍直属省府，依照省驿运管理处组织规程之规定，省处处长由建设厅厅长兼任或派员专任，现由建设厅厅长兼任处长者有四川、甘肃、云南、广西、浙江、江西等6省，专任处长者有陕西、湖南、青海、西康、河南、广东、福建、安徽等8省，又依照组织规程，重要省份本部加派副处长1人，现已派有副处长之省份，有甘肃、陕西、四川、浙江、江西、广东、云南7省。

各省处所用驿运工具，尚无精确之统计，因各省驿运工作进度，情况颇不一致。概括言之，东南各省之驿运主要工具为木船，大概每省有8000至13000只木船。西北各省则重陆运，主要工具为车驮，以陕西、甘肃两省言，每省约有胶轮大车3000至6000辆，铁轮马车6万至10万辆，骆驼与骡马毛驴，据甘肃最近调查有100万头。

各省驿运量，本处根据比较完善之9个省处之报告，三十一年度总运量为1240000吨，的为141000000延吨公里。

① 原载《交通建设》1943年第1卷第8期。

二、驿运运量比较

驿运在我国战时运输上之重要性，究竟如何？应从事实上以求证明，即将驿运运量与同时之他种运输量加以比较，而估定其价值。

（一）干线驿运与干线公路运量之比较

公路运量据本部统计处之统计，本年一月份为10000吨，计4800000延吨公里，二月份为13000吨，计5250000延吨公里。平均计之，每月为1万吨，500万延吨公里，每吨货一个月内在公路上约运500公里之运程，即每日可运17公里。

驿运运量根据本处统计，一月份为13000吨，计3500000延吨公里，二月份10000吨，计3100000延吨公里。平均计之，每月为1万吨，惟吨公里则为300万，即每吨货平均一个月能运300公里之运程。是公路与驿运之运量、吨位相等，汽车快，每月能运500公里远，驿运慢，每月能运300公里远。

（二）驿运干线（分处）与驿运支线（省处）运量之比较

陕西省最近驿运量，每月公商运输为2万余吨，军运为1万余吨，平均每月在3万吨以上。东南各省，每省平均约有木船1万艘，每艘平均载货10吨，每月运程平均100公里，则每月有1000万延吨公里之运能。但五个干线运量之总计，每月仅有1万余吨，300万延吨公里，仅及西北或东南各省1/3，故干线运量实远逊于支线。

（三）各省驿运与各铁路运量之比较

铁路货运本年一月份本部统计，陇海路60000吨，湘桂路36000吨，粤汉路24000吨，平均运程约为150公里，即有400万至1000万延吨公里之运能，与驿运之每省1000万延吨公里比较，可证各省驿运运输能力，等于一条铁路。

（四）西北兽力马车与汽车运能之比较

西北运量最大者，为改良马车，所用之轮轴与轮胎皆为汽车之废料，载重1吨至2吨，所用骡马1匹至4匹，每日运程30公里。汽车每辆载重3吨，每日运程150公里。以此比较，马车10辆等于汽车1辆。马车构造简单，不易抛锚，实际行驶效率有90%，即100辆中有90辆在路行驶；而汽车之行驶效率，最低为10%，最高亦仅50%，平均在30%左右。故并行驶效率而论，马车3辆即可等于汽车1辆。饲马草料沿途就地可以供给，而汽车则须自带汽油，汽车之运输力量，除去应携油量，实际上仅等于2辆马车。

三、西北驿站工程概况

西北驿站工程，本年一月奉令限本年六月前完成，工程内容为自重庆至新疆哈密，3000余公里之途程中，每30公里设一旅客食宿供应站。自重庆沿嘉陵江经广元兰州至酒泉为一段，每日供应30人至50人，自酒泉至哈密为一段，每日供应120人。一月底本处根据初步调查，将全部计划预算完成，重庆至广元之水运，食宿利用船只，自广元起陆运于哈密2300余公里，计设站79个，凿井6眼，经费需1万万2千万元，经行政院审查会议减为6千万，最后核定数为3千万元，至四月初始将计划正式核定，领到第一批工款后，炳训即亲往兰州督办，现全部工程分为四段，自哈密至猩猩峡，委托新疆省府办理，自猩猩峡至兰州，由杨子建筑公司及泰山实业公司承办，自兰州至徽县，由富国工程公司承办，自徽县至广元，由中国工程公司承办。工程本身并无困难，材料工人运到工地后，两个月即可完工。西北建筑成本约为战前之60倍，全部工程仅有战前50万元之量。困难处即在工程不大，而散布于2000余公里之长路线上，分为80个单位；酒泉以西，粮食水及木料，皆自数百公里外运去，故运输问题颇为严重，工程管理费用亦因之而高，加以现时沿途治安，使公路交通不能畅通，故深受影响，工人材料何时以运齐，难以预计，现惟有以最大努力，拼命冒险起做，以期早日完工。

四、目前驿运的三大问题

目前驿运方面的三个重要问题，亦可谓为驿运方面之极大难关，关系抗战，关系人民生活，亦关系人民对政府之信仰，部长对此曾有剀切指示，故最近数月来，本处集中精神，秉承部长意旨，以谋解决之途。现若干已获解决，若干尚待努力。所谓三大问题者为管理费问题，军运运价问题，及驿运政策问题。

（一）各省驿运管理费之取消

驿运管理费之征收，已有二年余历史，其根据为二十九年驿运大会之决议案，此种管理费之性质，究为行政费或运输业务费，不但无明确规定，而两年来征收章程，亦付阙如。如征收管理费后，确能办理运输服务，则收5%，自不为多。然实行结果，各省将征收管理费之手段，视为目的，并不以管理费用于办理运输业务，甚或行政管理亦未办理，浸假为征收而征收！流弊所至，诽言四起，对于驿运之推行，不但无帮助，甚且有妨碍。去年九月本部奉令取消，十一月本部直辖各分处先行取消，同时令各省处作取消准备。惟因各省经费无着，且原定取消办法，不能适用于各省，对于取消后之经费及业务方计，均无具体规定。本年以来，承部长指示，关系人民痛苦的事，应尽先起办，经详加研究，拟订彻底取消驿运管理费办法，呈行政院经三月九日六〇四次院会通过，其要点为：1. 驿运行政与驿运营运经费及工作均予明确划分。2. 各省驿运行政经费应列入省概算按月拨付，未列入省预算或不足者，在省准备金或建设事业费项下匀支。3. 驿运营运经费应自给自足。4. 驿运路线之调查开辟等建设事业费，得编省单位预算。以上办法，由行政院电令各省于本年四月一日起实行，将管理费及类似管理费名目之费用，一律停征。现据报告，提前取消者有江西、陕西、福建等省，请求暂缓者有浙江、湖南二省，甘肃省于炳训去兰州后亦经商定实施办法，最近期间即可取消，其他各省原未征收者，有四川、贵州、云南、湖北等省，已征收取消后有困难者，另派员前往为之解决，当不难达到各省一律取消之目的。

（二）军运运价之调整

驿运之举办，原以办理军运为主，抗战时期军事第一，担负军运，实义不容辞。二年以来，军事方面，以为驿运机关专门承办商运，而不愿办军运；民众方面，则以军队封扣车船民夫，付费不足维持其生活，驿运机关不能为之解除痛苦。办驿运者处此两种不谅解之情况下，事业上所受之影响极大。其症结所在，因军政部所订之军事给予标准太低，且全国分区太广，按日计算租金，不管运程，不计运本，此项标准系于抗战前订定，二十九年修改一次，三十年十一月又修改一次，最近拟再修改，动议已有半年，当时拟改之标准，约等于商运运价 60%，但至今日运本又涨，虽经修改，亦仅等于商运 25%，仍不足维持车船夫马之最低生活。驿运担负军运运量极大，据运输会议估计，即照拟定之标准调整，虽增加到现行运价 25%，已需增加预算 30 万万元以上，其中军粮运输须增 16 万万元（原预算列 15 万万元），军政部须增 7 万万 8 千万元（原预算列 6 万万 3 千万元），航委会须增 1 万万 6 千万余元（原预算列 2 万万 4 千万元），后勤部应增数字尚未送到。如援照汽车军运按三等商运价计算，则需增加预算 100 余万万元。故军运问题，实为驿运最严重之问题。有若干省驿运处在管理费之外，加收 2% 至 10% 的军运补贴，军队雇用马车，照军事给予标准日给租金 18 元，实际每车人马消费至少 130 元，此项差额，完全由驿运机关负担，不得不分摊于其他商运运费中，如此显与限价政策相违背，驿运机关征收 2%，人民负担则何止 20%。但如不摊派，则无其他善法，否则祇有由军队自行征扣工具，对于运输秩序影响甚大。此问题之解决，现正由本处商请军委会运输会议研究中，解决之原则为：1. 军运损失全体人民平均分担，勿使车船户或行军沿途少数人去负担。2. 确定军品种类之限制。3. 确定军品交运之手续。4. 划分军运为“战区前方抢运”“调防军运”及“经常军运”等三种，分别厘定其所需工具及给费办法。5. 军运运费之直接拨付，照公路办法，由国库直接拨付运输机关。

（三）驿运政策之确立

关于今后驿运政策之确立，经拟订《推进各省驿运工作纲要》送呈部长核定，其中一部分已论及今后之驿运政策，业奉批准，若干问题之技术方面，尚在研究编拟中，简要述之如次：

1. 驿政重于驿运——驿政为驿运行政，驿运为驿运营业与运输。公路及铁路之行政与业务合一，均由本部及直辖机关主办。驿运则为人民的运输，政府所制备之工具有限，必须将民间之运输力量，加以发动组织管理，使之为国家服务，此为与公铁路根本不同之点。政府所办之驿运行政，即如何配合政治力量，推行合理政策，发动人民，组织人民，使蕴藏民间之伟大输力，从事运输工作。驿政为驿运之基本，驿政失败，驿运不能成功，所以说“驿政重于驿运”。

2. 人民共营重于政府专营——驿运既为人民之运输，政府即应运用奖诱方法，配合政治，利用乡镇保甲机构或合作社之组织，使人民组织起来，共同为运输服务，俾力量集中，运能增强。政府专营，工具有限，力量甚小管理困难，成本极高。专营应限于特种路线，办理特种运输，并为人民之示范，驿运实无政府独占专营之必要与可能，故人民之共营应重于政府之专营。

3.〈略〉

4. 奖励扶助重于管制——过去驿运管制，多主张全面彻底的管制，以“统收统运”为目标。结果，此种管制仅属理论，而不能见诸实现，且扰民太甚，流弊极多。今后之管制在纵的方面，应有限度，横的方面，应有范围；尤应先以奖励扶助之方法，解除人民痛苦及困难，使人民乐于参加驿运服务，再逐渐加以合理之管制。凡足以减低运量，提高运输成本之强迫管制方法，应完全避免。而后民间输力，始能普遍发动，驿运工作始可大量发展。故奖励扶助实重于管制，并应先于管制。〈后略〉

8. 水陆驿运管理规则[①]（1943年12月30日）

第一条　全国水陆驿运之管理，除法令别有规定外，依本规则之规定。

第二条　本规则所称水陆驿运动力及工具之范围如左：

一、以营运为目的之各式人力兽力车辆；

二、以营（运）为目的利用风帆橹棹为主要动力之船筏；

三、以营运为目的之骡马驴牛及骆驼。

第三条　本规则所称驿运主管机关，为驿运行政机关或经委托办理驿运行政之驿运业务机关。

第四条　水陆驿运动力及工具除依法令由航政机关主管者外，应一律向该管区域之驿运主管机关声请登记检验。

第五条　凡经驿运主管机关登记检验合格之水陆驿运动力及工具，均免费发给牌照。其牌照式样另定之。

第六条　凡经驿运主管或航政机关登记检验合格，而领有证件之水陆驿运动力及工具，必要时得由各驿运主管机关按照事实需要与便利，编组成队，委派各级队长，并加以适当之训练，其编队办法另定之。

第七条　凡经编组之水陆驿运动力及工具，得享受左列各款利益：

一、分配物资承运；

二、利用驿运机关运输上之各种设备；

三、收受规定运价；

四、货款添置或修理工具；

五、享受驿运机关规定之福利。

第八条　凡经编组之水陆驿运动力及工具，应遵守驿运法令，服从驿运机关之指挥调度。

第九条　水陆驿运动力及工具到达目的地卸载后，应向当地驿运主管机关报到。如无物资交通时，应即发给准行证，俾得自行揽运，不得留难。准行证式样另定之。

① 本规则由行政院训令发布。

第十条　凡军公商品物资机关或商号，需用水陆驿运动力或工具时，应向驿运主管机关申请雇用，不得迳行封扣。其有自行雇用者，应向驿运机关登记。

第十一条　水陆驿运运价力价，除应会商航政机关者外，由驿运主管机关拟定后，呈准公布施行。托运人及承运人均应遵守，不得自行抬高或抑低。

第十二条　各物资机关自备水陆驿运工具，应将工具种类、数目送由驿运主管机关备查。前项自备工具，限于运输自有物资，如兼营业时，应受驿运主管机关之管理。

第十三条　水陆驿运运输商行如确实自备有水陆驿运动力或工具者，除依法令由航政机关主管者外，应向该管区域之驿运主管机关申请登记核发营业证后，始准营业。前项经核准营业之运输商行应受驿运主管机关之监督管理。

第十四条　各驿运主管机关得就各地情形订定施行细则呈准施行。

第十五条　本规则自公布之日施行。

9. 奖励民营驿运事业办法[①]（1943年12月30日）

第一条　人民办理驿运事业经向当地驿运主管机关声请认可依本办法之规定奖励之。

第二条　各驿运主管机关沿线原有之食宿设备暨停车篷牲畜等厩得免费或收最低费用供给营驿运利用或代向当地餐馆宿店商订特约食宿站。

第三条　驿运主管机关关于沿线地点办理合作社者准由民营驿运参加依法享受平价物品之供应。

第四条　驿运主管机关沿线所设之诊疗所或特约医生及兽医室应准民营驿运利用酌收最低费用。

第五条　驿运主管机关沿线原有之通讯设备得供民营驿运利用酌收最低费用。

第六条　民营驿运工具如有损坏得请由驿运主管机关所设之车船修理场所代为修理其工料费用应按成本核收。

第七条　民营驿运如因货源缺乏而致工具装载不足或放空行驶时得请由驿运主管机关向物资机关代为招揽货物运输。

第八条　民营驿运如因货源缺乏□致工具装载不足或放空行驶时得请由驿运主管机关向物资机关代为招揽货物运输。

第九条　民营驿运于运输途中得请由驿运主管机关代办关卡税局等报验手续。

第十条　各驿运主管机关得就各地情形订定施行细则呈准施行。

第十一条　本办法自公布之日施行。

① 本办法由行政院1943年12月30日训令发。

10. 四年驿运概况（节录）[1]（1943年）

〈前略〉

一、黯淡时期之驿运

交通部于二十七年十二月间根据全国公路水道交通会议关于利用人力兽力以增加运输力量的议决案，筹备成立驮运管理所，办理人力兽力的运输业务，这是驿运的萌芽时期，那时办理的困难情形综括的说起来至少有下述几点：

（一）员司缺乏训练　驿运开始办理之初，一般中下级员司，因缺乏训练关系，纵或具有运输上的常识与经验，也不足以应付手续繁杂的驮运业务。

（二）缺乏经验　办理任何事业，经验最为重要，驮运事业既是首次由政府来经营办理，对于一切鉴定的方法，虽经上层若心孤诣，缜密策划，无如缺乏实际经验，很多地方，仍有待于脚踏实地去试验，困难的遭遇，因而随时皆是。

（三）缺乏经费　业务机关，尤其是运输机构，必须有充裕的经费，灵活周转，才能尽量发挥它的效能。驮运时期，因为经费缺乏，周转欠灵，于是不得不藉预收运费一途来期求弥补。不料物价日渐上涨，人夫驮兽力价随之增高，已收的运费，连最低的成本也不能够维持，一方面又不能再向托运人增收，因此货物在运输中途都渐渐积滞，没有办法疏运。这样一来，货物不能预期到达，致遭托运人之责难，而驿运的信誉也受到重大的损失。

（四）缺乏行政制度　那时办理驮运，一切规章均付阙如，因此增加业务上的困难很多，如当时叙昆线办理工具管制，因为驿运行政制度的未及树立，以致纠纷多时不能解决。

（五）缺乏运输制度　第一，其时所选择的驮运路线系叙昆大道，该线该线道路绵长，山岭重叠，运行困难，且只能通行人夫驮兽，就地理上言之，实非初办驿运之一良好试运线；第二，其时系采取直达运输制度，线长达900公里，沿途又无适当设备，管理方面，最成困难。最初又无押运制度，运夫于中途弃货而逃者，屡见不鲜，收拾困难，纠纷益加增多。

嗣后因鉴于以往失败之点，乃找出症结所在，如以研究，妥筹善策，做初步的改革，举其重要者数端如下：

（一）调整机构　将驮运管理所之中间承转机关撤销，如驮运分所如黔桂、川黔、叙昆等改组为车驮运输所，统行直接隶属于公路总局，总局之内于业务组设置辅运课，专司监督策划之责。

（二）节约人力兽力提倡板车运输　人夫肩挑运输，运量至属有限，计最高者，不过40公斤，若运输4吨货物，就需要人夫100名，人力的消耗既属很大，管理方面也极感困难，反之，若以通当载重500公斤之胶轮板车载运，祇需要板车8辆，人夫16旬即可，运能既增大数倍，管理也更较容易。经一面积极提倡，以期节约人力兽力，并一面由公家筹设板车制造厂，以大量添置板车，增强运输力量。

---

① 原载《交通建设》1943年第1卷第8期。

（三）提倡配合运输试办綦江水运　其时个人认为办理驮运，不仅应尽量提倡板车运输，以节约人力兽力的消耗，尤应本因地制宜原则办理配合运输，使运能更进一步的增强。最初试办川黔线北段的綦江水运，自重庆起到松坎止，此段为水运，由松坎至贵阳则系陆运，陆运配备板车行驶，水运酌置木船航行，试运结果，情形很好，运能方面比较单用板车循公路直重庆既增高不少，并且所费经济，管理亦甚便利。

（四）提倡客运筹备营业所　配合运输计划的另一部分为市郊客运马车，使贫乏之汽车得尽量行驶长途。又为提倡车驮运输，广揽货运，使各线办理联运起见，尤宜于各大都市普设营业所，便利托运人的问讯及代办托运手续。惟在此时期，虽经极力提倡，但因一般人士对于马车及营业所之业务咸抱怀疑，一时尚未能实现。

二、扩张时期之驿运

前述之初期驿运，因员司缺乏经验与训练，一切基本条件亦未具备，匆促中开运，以致货物中途积滞，或至遗失，无日不受各方责难，嗣经不断之努力研究及试验，始渐渐踏入正轨。二十九年七月间，委座召开全国驿运大会，驿政制度，至是遂树立基础，黯淡的驿运，乃进入发扬光大时期。

（一）初期社会人士对驿运之观念

当驿运事业扩展之初，一般社会人士对于驿运功能看法如何，见仁见智，各有不同，约别之可分三类：第一为驿运担忧者，此派人士因鉴于以往办理驿运的种种困难若再推广于全国，则将来遭受更严重之失败，必无疑，友好者颇为本人事业前途担忧；第二为极度热心而乐观者，此派人士立论以为我国素以无限人力自夸，民间驿运工具蕴藏极夥，果能发动运用，不唯可以补助新式运输之不足，兼可节省外汇，繁荣农村经济，与战时全国总动员之意义，亦属符合，故对于驿运的发展，极抱乐观，而尽力协助；第三则为轻视驿运者，此派人士认为驿运载量有限，运行迟缓，效用极微，故对驿运事业之推动，不甚注重。总之，驿运在扩张初期，一般社会人士皆热烈赞助，惟对驿运尚无正确的认识，使办理驿运者，直接间接皆受其莫大影响。

（二）驿运总管理处成立时期之艰苦奋斗

1. 布置全国驿运干线支线——驿运总管理处在全国注目情形之下产生，责任重大，而未来的任务，更极其艰难，筹备之初，同仁小心翼翼，不分昼夜，埋头苦干，因过去无成规可循，感到百端待举，最急要者为全国驿运路线之订定。经根据当时环境需要情形，定其主干，布其分枝，以期适合需要，其关系国际及跨省运输者由中央办理，其他与主要路线相联系的路线则由各省去办。并规定第一期完成干线，第二期完成重要支线，第三期完成其他支线。

2. 订定各项驿运规章以树立驿运行政制度——关于组织方面者订有：（1）驿运总管理处组织规程；（2）省驿运管理处组织通则；（3）驿运段站组织通则。关于运输方面者订有：（1）驿运行车通则；（2）驿运行船通则；（3）驿运夫马运行通则；（4）驿运夫马车船调度通则；（5）驿运货物押运规则等。关于业务方面者订有：（1）水陆驿站载货程序；（2）水陆驿运载货通则；

（3）驿运货物分等表；（4）水陆驿运货物联运通则等。关于管理方面者订有：（1）驿运车驮管理规则；（2）驿运夫马车船征雇通则；（3）驿站工人免役办法；（4）全国驿站仓库管理规则等。其他并先后订定各项单行办法，营运表格报单等，均为确立行政制度，规定办事方法，使各级员司，得以划一步骤，循序踏进，收事半功倍之效。

3. 宽筹经费避免预收运费——因鉴于以往驮运时期经费缺乏预收运费之恶果，实为驮运予社会人士以极坏印象之主因，故积极宽筹经费，务使能周转灵活，以免影响业务推进。

4. 赶制工具补实设备——各线之运输工具原以征雇民间者为主，但各线货运情形繁简互有不同，民间固有工具多少亦有差异，供求关系，不尽相合。为适应需要起见，故必自制工具为之调剂，方克有济。经审度各线货运情形及可能征雇运用之民间工具状况，增制各式工具，酌量分配使用，同时并调查各线沿途情形，及运行上之需要，权衡财力，订定计划，逐步充实其设备，以加强运输效率。

5. 规定业务重心——军运：如四川省之万（县）恩（施）线及奉（节）建（始）支线，皆规定以军运为主，并拨款整修万县恩施间驿道，以便利人夫驮兽运行；粮运：如四川省西部之各支线，均系规定以粮运为主，协助粮食征实政策之推行，而利军糈民食；国际运输：如西北之陕甘线、甘新线，出口以运输羊毛钨砂等为主，人口则以运输油料弹械等为主；其他公运；邮运。

6. 训练业务人员——根据驿运计划之推展，所需中下级干部，为数甚多，并因鉴于以往驮运时期，员司悉皆缺乏训练，业务进行，不无影响，爰估计需要，筹办驿运业务人员训练班附属于交通部交通技术人员训练所，训练中下级干部人员；并举办押运员训练班，完全招收荣誉军人，使彼等在后方仍有报国效劳之机会。一面拟订驿运业务人员训练纲要，分饬各省驿运管理处，各按需要情形，办理训练班，以训练各级驿运干部。

三、成长时期之驿运

自驿运总管理处成立后，瞬即三年，在此艰苦之过程中，一面根据过去失败之经验，一面秉承长官之指导，痛定思痛，不务矜夸，逐步研究，随时改进，各界对驿运之信任，遂得日益增加，驿运基础于焉奠立，要皆同仁数年来艰苦努力之结果。兹分述如后：

（一）从纷乱中理出系统

1. 驿政制度的确立　驿运初办之时，行政与业务未曾显明划分，政府责成自足自给，驿运行政经费无着，各省乃不得不征收管理费，以至为各方所诟病。本年经彻底取消管理费后，同时将驿运行政与驿运营业之工作及经费，均予明确划分，行政经费列入省概算按月发给，营业经费力求自给自足。前者为国家之行政（驿政），后者为公营运输事业（驿运），系统分明，性质互异，驿政制度，因而确立。

2. 运输制度之纳入正轨　诸如驿运路线之选择，配合运输之实施，直达运输，分段运输之采择，工具之征集配备与调度，车船之保养整修与增制，线路需要之设备等等，均经不断研究次第纳入正轨。

（二）从理想到实践

当驿运举办之初，因远无成规可循，近乏借镜可资，一切皆须凭诸理想，付以绝大之努力，以求其实现，举其大者如：

1. 旅客运输——初由重庆市上清寺至化龙桥一线之试验，现已扩展至城区及市郊之歌乐山，业务日臻发达。近且办理由渝至成都之长途客运，以补助汽车之不足，而为社会人士所赞许。

2. 配合运输——初由川黔线綦江水运段开始，继则扩展至川湘川陕水陆联运，于兹收沏更著，现全国各线莫不以此种运输制度之实施为最经济，管理既属便利，运能复可增高。

3. 节约人力——初由单纯人力之利用，如肩挑背负，进而为人力板车之利用，复由人力板车，进而改为兽力板车之运输，更由小型板车载重三四百公斤者，改良为巨型板车，载重可达一吨至两吨，不仅人力之撙节为数可观，即运量方面，较方单纯人力运输，又何止增大数十倍！

4. 水道运输——驿运办理之初，一般人对于驿运之认识，均从马字旁着眼，来作狭义解释，因囿于此种观念，所以以为驿运范围。只能及于便道及公路之陆运，殊不知千余年来凡属人力兽力及水路陆路之运输工具，皆属驿站之范围，嗣经积极倡导开辟，目前均已认为水道运输为驿运之重要运输线。其可以利用者，悉皆次第举办营运，予以利用矣。

5. 负责联运——驿运原以管理困难，一切行政运输制度亦未臻完善，对于联运，未能及早举办。现今已由于客观之需要，与驿运本身基础之加强，渐次推行此种制度。最近更因协助限政之实施，湘、桂、粤、赣四省，并已举办省际间之货物负责联运。

（三）从干线扩大至全国驿运网

驮运时期所办之驿运路线仅限于少数之干线，今则不惟干线之里程增加至 8648 公里，且扩展至全国各省，计浙、皖、赣、湘、鄂、闽、粤、桂、川、滇、黔、康、陕、甘、新、青等 16 省，里程达 33200 余公里，干支分布，水陆纵横，脉络贯通，自成交通线网蔚为壮观。

（四）从国内运输展长至国外运输

由于环境需要，驿运运输路线之范围，已由国内而展长至国外。例如三十一年四月间拟定举办之保山至八莫干线及腾冲至密支那之中印干线，虽因西南战局转变，未能如期开办营运，而驿运之重要性及其任务之繁重，于此可见矣。近拟勘查之新印驿运线，亦其一例也。

〈后略〉

11. 陪都驿运概况[1]（1945年12月）

一、驿运机构

民国二十九年七月，全国驿运会议之后，交通部遵照蒋院长倡导驿运之训词，与驿运大会之决策，成立驿运管理处，一方积极筹辟国际运输干线，一方督促各省筹办必要支线，以期完成全国驿运线，年来驿运规模大致具备，藉补新式工具运输之不足。

驿运机构，分行政与营业两种，驿运行政机构，在中央为交通部驿运总管理处，在省为驿运管理处，经已成立者计有四川湘鄂等。营业机构方面，在中央有各干线管理局，在各省为驿运处，所属之驿运线段，或驿运区段。

截至三十一年底止，全国水陆驿运干支线路，长凡5万公里，普及川、康、滇、黔、陕、甘、豫、宁、湘、鄂、桂、粤、赣、闽、浙、皖等16省，其中陆路占60%，水道在40%，干线部分计有7线，总长10459公里，均由交通部自办，支线部分计有193线，总长30480公里，由各省驿运管理处管理。

二、陪都驿运

川省驿运为适应抗战需要而生产，亦为新兴交通事业，年来战局转移，滇缅一度道阻。使命益愈重大，中央迭令加强工作效能，以期前方军需及后方物资民食，得以供应无间，并为责成起见，二十九年十月川省即奉令组办川省驿运管理处，先后开辟奉建支线（由本省奉节至湖北建始并延展至恩施），长165公里，渝广水陆联运线（由重庆沿沱江流域经成都至广元），长1127公里。新渝水运支线（由新都经内江泸县至重庆）长816公里。渠万支线（由渠县至万县），长224公里，川西支线（以新津为中心，分至邛崃蒲江崇庆郫县温县等县），长263公里。各线共长2595公里。奉节线于三十一年八月移交××××战区司令部接办，川西支线，以任务完成结束，其余渝广新渝渠万三线，仍经常办理营运，两年来共支物资3885571公吨，货品7544830公吨，粮食12408934公吨，至三十一年下期，移交交通部川陕驿运管理处办理。

至渝赴省外线，三十三年已有川滇线泸州至昆明1012公里。川黔线有渝盖、盖桐、桐筑、筑三、马金、长三、遵思等7段，运输工具如驮马、木船、胶轮车等，均将大量制配，沿线向民间征用之驮马，均接市价付给运费，最近为求易于管理起见，将实行民运工具总登记，以规定适当之运费，目前该线运输数量，每月计达3000余万吨，且多为公物。川陕线驿运管理分处，在蓉成立，川省驿运管理处，除移交事宜业已办竣，该处辖渝广陆路330公里，成渝水路800余公里，渝广、成渝陆运已开始，将配备马车100余辆，每辆可载6人，成渝间7日可达。渝内段自三十一年十月开车以来，情形甚为良好，货运客运，均已举办，短期后又完成成渝全线之驿运工作设施，并将添设川中公路自流井至隆昌间之驿运。又重庆至广元线，暂侧重货运，而已备有骡车100余辆，运货运行李包裹，除陆运以外，又兼利用木船航行成渝一段，据交通部发表，

[1] 原载《陪都工商年鉴》第4章《驿运》。

以重庆为起讫点之驿运线，切至三十一年底已有 4 条：

干线名称	起止地点	公里数	附注
川黔	重庆—金城江	2045	有补助线八线
川陕	重庆—广元	1645	有补助线一线
川湘	沅陵—重庆	982	
嘉陵江	重庆—广元	740	

驿运总管理处又为加强川省驿运工作效率起见，拟订筹设川中驿运支线计划：（一）以威远为中心，分向内江、邓井关、贯井，开办盐运路线，以运输为主要业务。（二）工具来源，由泸县车船场借拨胶缘板车数十辆，先行开办，俟有成效后，再自行购买工具。（三）人才方面，调用奉建支线遣散之干部人员。

此外为加强川滇康三省边区运输起见，将决定筹办金沙江水陆联运，业经派员勘查并制订分段通航计划，限期完成，该江下游黄坪石角营改理滩工作，以使与陆运配合。该处现已派督察万宗组织试航队，由宜宾出发，溯江而上，至黄坪为止，试航成功，水陆联运，不久即开始。至国际线方面，交通部亦于三十一年八月奉令筹办中印驿运事宜，经成立中印驿运总理处，并组勘察队分两路考察实施。

第六章 铁 路

一、修筑綦江铁路

1. 行政院关于拨款修筑綦江铁路给交通部的训令（1940年4月17日）

案奉国防最高委员会二十九年四月十五日国机字第九〇七〇号训令开：

案据国防工业委员会本年四月五日呈称：查由綦江三溪修至江岸之铁路，关系煤铁运输与国防工业建设，至为重要。前经拟具节略请鉴核，奉谕已函送交通部查照办理在案。嗣经交通部派员前往踏勘，决定采用珞璜、崇兴、五岔、广兴、綦江、三溪线，约长85公里。关于铁路轨制，无论采用标准路轨与1公尺轨制，均有现成材料在湘桂一带可以利用。为求运量充足起见，已经本会议定采用标准轨制，惟仍由交通部、兵工署详细研究，以期万全。全部计划经费另案呈核。惟该路既势在必修，为迅速施工计，拟请先批发国币200万元，供路线测量及路轨车辆等赶速内运之用，以紧急命令支付，以应急需。等情。据此，查所请拨发国币200万元一节，应准照办。除饬交通部编制计划及预算呈送该院核定，迅速兴工，并指令知照外，合亟令仰遵照，并转饬财政部迅速拨发具领为要。此令。等因。奉此，自应照办。除以紧急命令饬财政部令库迅予照数拨交该部应用，并函复国防最高委员会秘书厅查照转陈外，合行令仰知照，并仰迅速编具工程计划及经费概算，呈候核转，此令。

院长 蒋中正

2. 交通部为上报修筑綦江铁路计划致行政院呈文（抄件）（1942年3月21日）

案奉钧院本年三月六日顺肆字第三九五一四号训令，以据经济军政两部会呈，大渡口钢铁厂原料运输，水运不能胜任，修筑铁路为唯一有效办法。所需路轨、车皮，可由钢铁厂制造，列入三十二年度预算；机车亦可由该厂拨用。现仅须本部建筑路基，以利运输，而应国防需要，饬即迅速核办具报。等因。遵查该项铁路线之修筑，筹划已久，本部经于二十九年五月间，设立綦江铁路工程处，办理其事。路线早经勘选蒇事，工程亦可随时实施，只以钢轨车辆问题未获解决，迄当不克动工。现钢铁厂既可供应，则路基修筑，自可积极进行，谨将修筑该路重要各点分陈如次：

一、工款方面：全线工程估计需款153554300元，若连同钢轨及配件计算，应为218054300元。按该路需款数额，系照现时实际情形估列。以年来物价变动甚钜，例如土方在二十九年每方约计1元8角，现进则需11元；软石每方约计3元6角，现时则需20元；坚石每方约计7元6角，现时则需54元。其他工料价值，亦莫不增涨甚钜。又该路在二十九年筹办时，所需钢轨车辆，拟由各路调拨，不需现款支付。嗣因运输受阻，致未克由衡阳运出，现时虽可由大渡钢铁厂分别制配，但工料各项，均须现款支付。此两者实为构成此次估列数额之原因。现在工款如奉核定，自宜极早施工，庶该路可早供应用，经费亦多所樽节。

二、期限方面：估计猫儿沱至三溪全线工程，如工款按期充分拨发，集中人力物力，同时趱赶，可按原会呈所称期限，于一年半内如期完成。

查该路为争取时间、节省工费起见，自应以全线施工分头并进为宜，估计本年度自四月份起，全年九个月，应需工款数额为8940万元。第一个月以须筹备各项工具器材，并招雇工人等费用较多，需款1500万元。余数则于五至十二各月份，平均支配拨用，计每月930万元。如蒙核准，拟请以紧急命令饬拨四五两月工款共2430万元，俾可即时兴工。所拟是否有当，理合检同綦江铁路工程计划、工程总概算表，及三十一年工程概算表〈略〉各一份，备文呈复，仰祈鉴核示遵。谨呈行政院

附呈工程计划一份概算表各一份

綦江铁路工程计划

查綦江铁路起自重庆上游綦江口之猫儿沱对岸适为成渝铁路之江口车站，循长江下驶，则为大渡口钢铁厂，再下即为重庆，该处水势，极为平稳，且不淤渍，故适宜设置码头，即设置铁路列车渡江轮渡，亦属可能，兼以地势平坦，便于发展，故选作起点车站，最为相宜。路线经测勘者凡四，其中循綦江而上之一线，天然坡度，颇适合于铁路，工程亦较其他三线为省。自猫儿沱起，经庙基场、墨斗沱、贯嗣场、夏坝、广兴场、北渡、

綦江县城、转口，而达三溪，全线长985.5公里。拟全线同时趱赶，准于一年半内全线通车。

一、全线工程数量及工作工数时期如下表

工程名称	数量	一年半完成实际工作天数	每日约需工人数量	附记
土方	2236000立公方	400	5750	所有工程均可发包
软石	396000立公方	400	1500	
坚石	891000立公方	400	6600	
御土墙	20000立公方	300	930	
护坡	6000立公方	300	600	
改河	15000立公方	100	300	
大桥	13座	400	2500	
小桥	23座	400	1250	
涵洞	270座	400	560	
车站	10处			
修理厂	1处			
车房	2处			
码头	1处			
购地	49000公亩			
迁坟	4800座			
迁屋	2100间			
共计需要工人：18000人				

二、需要材料数量如下表

材料名称	数量	附记
水泥	22000桶	可在重庆采购
枕木	160000根	可用杠木锯制
轨料	100公里	大渡口钢铁厂供给
机车	5辆	大渡口钢铁厂存有机车
车辆	50辆	大渡口钢铁厂已有20辆余并可自制
钢料	100吨	可在重庆采购
炸药	200吨	同上
其他	400吨	同上

交通部綦江铁路工程总概算表

会计门类	名称	说明	款项（元）
C1	总务	按各项工程费用总数约5%计	10400000

续表

会计门类	名称	说明	款项（元）
C2	筹办	测量费及购置仪器	300000
C3	购地	49000 公亩每公亩均价 100 元	4900000
	房屋迁移	土房 600 间每间迁移费 250 元	150000
		砖房 1500 间每间迁移费 400 元	600000
	坟墓迁移	土坟 4000 座每座迁移费 40 元	160000
		砖坟 800 座每座迁移费 80 元	64000
C4	路基	土方 2236000 立公方每公方 11 元	24596000
		软石 396000 立公方每公方 30 元	11880000
		硬石 891000 立公方每公方 54 元	48114000
		御土墙 20000 立公方每公方 160 元	3200000
		乾砌片石护坡 6000 立公方每公方 100 元	600000
		改移河道及公路 15000 立公方每公方 20 元	300000
C6	桥工	大桥 13 座共 53740 立公方每公方 280 元	15047200
		小桥 23 座共 20420 立公方每公方 250 元	5105000
		涵洞 270 座共 13830 立公方每公方 170 元	2351100
C7	路线保卫	路线共长 85.5 公里每公里 3000 元	256500
C8	电讯	电话 85.5 公里及无线电报机	600000
C9	枕木	160000 根每根 25 元	4000000
	铺道碴	100000 公方每方 60 元	6000000
	铺轨	车站道岔在内共 100 公里每公里铺轨费 2000 元 钢轨及配件 4000 吨每吨运费 50 元	400000
	钢轨	35 磅钢轨 3500 吨每吨 15000 元 又配件 500 吨每吨 24000 元	64500000
C10	号志及转撤器	车站及码头 11 处每处 100111 元	1100000
C11	车站及房屋	车站 10 处（房屋站台煤台及水台等）每处平均 250000 元	2500000
		道班房 17 座每 9000 元	153000
C12	修理厂及车房	修理厂 1 座车房 2 座及修理机具设备	2000000
C14	建筑机件	开山机土斗车轻便轨抽水机及起重机等	2000000
C15	机车车辆	机车 5 辆由大渡口钢铁厂拨用，只估修理费及运费（由大渡口钢铁厂运至本路码头）	1100000
		货车 20 辆由大渡口钢铁厂拨用，估修理费及运费	200000
		货车 30 辆拟由衡阳存车拆卸运至大渡口钢铁厂装配，估计运费及拆装工料费	1500000
C16	维持费	每公里 5000 元 85.5 公里共计	427500
C17	码头	码头 1 处及趸船设备	2500000
C19	利息	建筑时透支利息	1000000

续表

会计门类	名称	说明	款项（元）
C20	汇费	由重庆汇至工地用款汇费约计 50000 元	共计 153554300
总计			218054300

附注：1. 表内钢轨及配件 64500000 元应由大渡口钢铁厂供给，并按照经济、军政两部原呈列入三十二年度预算；

2. 原奉拨发建设专款 200000 元。自二十九年五月起，所有路线测勘费，衡阳运机车车辆、钢轨等料运费、修理费及总务费，并待命施工期间内各项开支均在该项专款内另案列销，不再列入本表。

3. 行政院为抄发《修筑綦江铁路工程计划及工款概算案审查纪录》给交通部的训令（抄件）（1942 年 4 月 10 日）

前据该部呈复拟具修筑綦江铁路工程计划及工款概算一案，经召集有关部会审查，并提出本院第五五八次会议决议：交主管部研究分段建筑办法，除分会外，合行抄发审查纪录，令仰遵照办理具报。此令。

计抄发修筑綦江铁路工程计划及工款概算案审查会纪录一份

修筑綦江铁路工程计划及工款概算案审查纪录

一、主席报告：上次院会讨论本案时，各方提出问题四项：(一) 该路全长不及百公里，而工款部分即需 15000 余万元，为数是否过钜。(二) 铁路与綦江水道平行，如尽量利用水道，则该路是否可毋庸建筑。(三) 该路除为钢铁厂运输原料外，其经济价值究若何。(四) 当时钢铁厂何以不设于綦江。此四问题当时因无原设计人在席说明，爰经决定交付审查，现请各主管方面逐项说明，用备下次院会参考。

二、兵工署杨司长继曾报告：第一项，经费问题，请交通部代表报告。第二项，利用水运是否即可不造铁路，此则须视水道运量之大小为断。按大渡口钢铁厂 2 座化铁炉同时开工，日需矿砂煤焦至少 400 吨，而綦江水道每年除洪水初发及枯水时期不能通航外，其适航时期不过六个月，每月运量不过 8 千吨至 9 千吨，每日当不足 300 吨，仅及钢铁厂全年需要量 1/3 强，自非另筑铁路不可。第三项，就经济价值言，南川煤质多硫磺，不宜炼焦，但适于普通炉灶之用。日前因运输阻碍，积存矿场者已逾 2 万吨，若辅以陆运则可济重庆之煤荒，此其一；现在水运全程每吨需费300元，若铁路完成，最多仅需100元，每年以运20万吨计，可省运费4000万元，此其二；水运经常需船1000只，每船水手六七人，即需消耗工人六七千，亦是影响物价之高涨，此其三；铁路可与川黔公路联运，节省汽车消耗，此其四。第四项，钢铁厂址问题，綦江水运每船不能超过10吨，而钢铁厂机器即就零件言，每件重量恒在20吨以上，故当时设计实无以厂就矿，移设綦江之可能。现大渡口厂机器装置仅及一半，拟以出产生铁为主，以供各兵工厂之用，将来铁路通车，再将炼钢部分设于綦江，分工合作。此外，当须附带报告者，即钢轨问题。倘该路决定兴筑，则自七月一日起，厂方即开始制造，至明年六月底止，可成轨条4000吨，配件500吨，总载重量为490吨。机车大者3辆，小者7辆，勉足应用。将来铁路运量，每日可过600吨。

三、交通部杨司长承训报告：经费概算除钢轨配件外估计约需15300余万元，此实因目前人工食粮昂贵之故。兹试就土石方而论，约共350万公方。坚石每方55元、软石30元、土方11元，三者合计，即需8400余万元。又坚石每方54元，系以人工火药材料及包工费合计，亦无浮滥。其他桥梁、电讯、枕木、车站、机房、码头等费，均系必要支出，殊难核减。钢轨3500吨，每吨15000元；配件500吨，每吨24000元，共计6450万元，系照兵工署分售各兵工厂之定价计算。查二年以前，路基工款原估2500万元，今已6倍，若照市价，自已不止此数。因铁路工程数量既大，并能按期付款，故价可稍低也。大渡口厂为国内唯一设备完善之钢铁及机器厂，目前钢轨产量每日可过10吨。若铁路通达，料源畅旺，自可比例增加。西南各省之经济建设必赖铁路以趋繁荣，而铁路敷设则需自制钢轨，原料尤赖綦江铁路之转输，故其经济价值实至宏大。又该厂现存机车9辆，牵引力总计为620吨，除去停修者外，实可用者至少尚有400吨。车皮29辆，总载重量共为490吨。今以400吨计，使与机车相配合，其与目前厂方需要相近。他日厂中需料增加，当可自造货车，并以汽车内燃机改制机车以补足之。

四、水委会薛主任委员报告：綦江全部渠化工程计划建闸坝20座，现已完成者7座，即将完成者2座，其下游自三溪至江口拟即动工者7座，预计每座建筑经费500万元，共需3500万元。此项闸坝完成后，水源可达15公尺，适航30吨木船。船只过闸，于一小时内可过6船，每日以10小时计，共过60船，得1800吨。将来设备加强，夜间通航则日夜可运3600吨。惟此项工程，本年度预算仅列经费1800万元，尚不能完成4座，如继续施工自今秋以后，尚需二个月枯水时期，至三十三年五月间方可完成。上述吨数系据导淮会报告，与杨司长所言者不无出入，本人接任未久，对于实际情形尚难确切明了也。

五、经济部庄司长智焕报告：钢铁厂迁建委员会系由军政经济两部派员合组，当时决定设厂于大渡口，实因机器不能再向上游搬运。该厂现受原料运输之限制，不能尽量生产，殊为可惜。

六、交通部卢次长报告：綦江运输水陆均正需要，水道工程需分期进行，不若铁路之可赶速完成。且在水道施工期间，船行不畅，故尤需要铁路以维持运输。铁道之需要不仅在兵工方面，即粮煤运输亦唯以此是赖。将来铁道完成，则南川之煤，綦江之粮均可供销重庆。现黔桂路已向贵阳展筑中，若渝筑之间亦以自制之轨敷设铁路，则西南交通立将改观，此其影响于经建者实钜。又预算方面，依照过去经验，常因经费不继，致工程进度难如预期，现当争取时间起见，所估费额似不应过于紧缩，以免影响赶工。全部预算2万万余元，虽觉为数颇巨，然以产钢价值计，每年2万吨，每吨市价2万元，可售6万万元，其中纯益已不在少矣。

七、财政部俞次长报告：财政部对于预算外之支出希望愈少愈好，本年度预算已列173万万元，而追加案仍不断提出，国库筹维深感困难。且仰光陷落，钞券来源已成问题，故非迫切之事业，务祈以缓办为宜。财政部对于本案并无成见，中央如认此举势在必行，财政部自不得不勉力筹款应付也。

审查意见：查綦江铁路前奉委座决定兴筑，嗣因种种关系，迄未积极进行。最近复奉谕赶造，爰由主管部计划办理。钢铁为兵工及一切经济建设之基本原料，外洋来源既告断绝，自应及时自谋增产，以应需要。綦江铁路为钢铁增进之主要动脉，似宜克期建造，以奠钢铁自给之始基。目前政府度支浩繁，凡非急需之支出，虽一二元亦应节省；但若为抗战所必需无可节省者，则虽数万万之钜，似亦非办不可，且以速办得计。綦江铁路概算2万万余元，其中6000余万元为购轨经费，亦即钢铁厂之收入。其余工款部分，则随物价以俱涨。若建筑工程一再迁延，则其高涨程度，殆难设想。究其结果，仍必出于建筑之一途，而时间之损失已无挽回之方矣。为争取时间计，拟请院会准予照案核定拨款兴筑，俾钢铁增产计划得以早日实现，抗战前途实深利赖。

4. 綦江铁路工程处总报告（1945年12月31日）

一、修筑缘起

本路初议修筑，远在二十九年四月，奉行政院阳字七八七七号训令，奉国防最高委员会同年四月十五日国机字第九〇六〇号训令，根据国防工业委员会之呈请，以綦江上游南桐及赶水附近煤焦铁矿蕴藏极丰，徒以綦江水道运输困难，致军政、经济两部合辨之大渡口钢铁厂所需煤焦铁砂等项原料供应，不能适合需要，产量减低，费用虚耗，必须修筑自矿区通至长江边之铁路，并须需要标准轨制，经予核准，并以紧急命令支付工款200万元，饬令筹备兴工，乃即设厂办理。原议利用浙赣铁路拆除后，存湘桂铁路之钢轨机车车辆，由衡阳水运入川，以资建筑。讵甫经进行，便值宜昌失陷，不克内运暂告停顿，仅将路线勘测竣事。决定自江津县属綦江与扬子江交会处江口场东首之猫儿沱起，经仁沱、庙基、墨斗沱、水庙沱、贾嗣场、五岔、夏坝、广兴场、北渡等处入綦江县境，经转口至三溪场止，全长85公里。迨三十一年五月复奉行政院顺肆字第三九五号训令，以据军政、经济两部会呈请修筑，并以所需路轨车皮可由大渡口钢铁厂制造，机车亦可由该厂拨用，仅须交通部建筑路基。旋又奉院令顺肆字第六四三〇号训令，以经第五五八次院会议决分段建筑，于三十一年五月开始筹备兴工。

二、机构组织

本路线甚短，需用员工本可减少，惟以整个机构必须健全，又以赶工关系，不能不适符应用。但为节省公币计，仍力谋紧缩。原奉令规定全路员司为自312人至516人，经以仅先筑猫五段，遂只半数，设总务、工务、运输、会计四课，人事、稽核两室，并分设工务总段、警察大队（稽核系由本部财务司派驻路稽核，设稽核室，审核收支各事，嗣于三十三年裁撤警察大队，本隶属于军委会交通警备司令部，同年改组，转隶军委会交通巡察处）。总务课下设文书、事务、材料、地亩、医务各股及各诊疗所，并设征地事务所，于征购用地完毕即行撤销。工务下设工事、设计、电讯三股暨材料厂。运输课下设机工、运转、计核三股，并兼机厂工作。会计课下设簿记、综核、出纳三股，分掌各该管理事务。全路员司最多时为224人，最少时为164人，巡警35人，技工及工役190人。

三、地亩征购

本路征购沿线应用地亩，悉按照铁路用地土地征用法规办理，所有征收土地施行细则、地价分等及地亩价格暨附着物补偿迁移各费等，均事先经呈由交通部转呈行政院核定，转咨四川省政府饬知县政府布告施行。其最高价每旧亩仅400元，因系根据5年平均地价及按照成渝铁路征用地价10倍计算，但与实际地方市价相差甚远。本路因受预算限制，未能改增，乃经派员与地方政府及沿线人士，剀切说明本路为兵工钢铁原料运输铁路，攸关抗战大计，地方利益，一方面于测定路线时极力避免拆除房屋，迁移坟墓，并设法尽量减少用地，地方民众亦深明大义乐于向江津氏人张宝三献地47.71公亩。故征时工作进行极为顺利。猫五段自三十一年六月起开始征购，同年十月底即行完竣。五三段各用地则以经费关系，不能同时举办，延至三十二年五月始行继续丈购，同年十月完毕。惟当时綦江县地方人士及各业主曾有一度非难请由綦江县参议会至部请愿，各业主对于领价亦多存观望，不肯具领。嗣又由本路派员会同地方耆绅，剀切晓喻，即获谅解，接受地价。仅有少数业主已外出，未能具领，但为数甚微。此项应发未领之地价，经分别函送江津綦江两县府保存代发。本路对于用地力求樽节，丈测力求准确，发价等手续则力求简捷，故全部征地事宜得于短期间完成，且较原预算节省甚多，总计全线自江津县属猫儿沱起至綦江县属三溪止，计84公里，共征购应用地4641146公亩，合755395旧亩。

四、工作概况

本路猫儿沱至五岔一段，路轨工程均完成，分列如次：

（一）测量

本路路线系沿綦江水道之东岸，丘陵起伏殊钜，故坡度湾道较多，悉按规定最大坡度为15%，最锐湾道为7度，轨距则采用标准轨制。

（二）路基

猫儿沱至五岔全段路基土石方计土方81余万立方公尺，石方75万立方公尺，两共156万余立方公尺。每公里平均约合41000余方。

（三）桥涵

全段涵渠155座及小桥8座，计桥长144公尺，砌石1万余立方公尺。又大桥5座，其中江口、三溪子2大桥系用木架桁梁，计桥面共长155公尺。真武、青泊、贾嗣3大桥，则采用钢筋水泥丁字梁桥面，计共长200公尺，均已全部竣工。

（四）堤垣

沿线堤垣砌筑石方，全线计5800余立方公尺。

（五）轨道

大渡口钢铁厂共拨到钢轨计85磅重轨3公里、35磅轻轨43公里，其中重轨3公里及轻轨17公里，则系该厂根据原议无价供拨，余35磅轻轨26公里，则系拨款制交。惟此项钢轨长短不一，自4公尺许至9公尺许不等，大部均为5公尺左右，故铺设时不特费工具，亦使用枕木甚多。

（六）车站及房屋

全段有车站6处，票房及司台均已建筑，其中墨斗及贾嗣桥2站，因地势关系，票房系两层楼房，故已包括有站长及站员宿舍。另在猫儿沱车站，建筑职工临时宿舍6幢、道班房1座，其他员工宿舍及道班房以工款支绌，造价奇昂，不如租赁民房，反较经济，故暂缓建，似可俟营业发达逐渐建筑之也。

（七）电讯设备

猫五段之电讯设备，总长50公里，已设有17号铜线2对，各车站间及办公处所直达及区间电话可以通讯。惟电报机以路线甚短，拟暂缓设。

（八）给水设备

在猫儿沱、庙基及贾嗣桥三车站，均已设有给水设备，以备机车上水之用。猫儿沱站则用蒸汽水唧，余均用人力水唧。

（九）隧道

在五岔至三溪段内，因三十三年度预算内本列有五三段一部分工款，故经将工程较为艰巨之77公尺长隧道一处开凿完竣。

（十）机厂设备

为便利装配机车车辆及修养制造工作计，故在猫儿沱车站建设机器房及存车厂各1座，购装应用机器。目前厂中设备，动力方面，则有60马力卧式锅炉及10匹马力蒸汽机各1具，另装设动力及发光设备，计60kVA交流及10kW直流发电机各1具。机器方面，则有镟床3部，钻床2部，铣床、刨床、螺丝床、沙轮机各1具，另工作台1座。锻工、木工设备亦已大致敷用，惟尚有龙门刨及车床等，则拟俟扩充时，再为装设。又翻砂设备尚待补充。

（十一）机车车辆

查机车车辆，本应由大渡口厂供拨，嗣以该厂之机车0-4-0式仅有6辆，06-0式虽有3辆，然锅炉已经拆卸移作别用，无法供拨。且该项机车轴重较重，不能适用行驰于35磅轻轨之上，而货车亦仅20余辆，不能分拨。乃经呈准交通部由桂林存车整理委员会拨给各路后撤存放湘桂铁路之轻型机车6辆，及10吨货车200辆，并即由整理委员会代为修整拆卸，由桂林、黔桂两路运至独山，再用拖车运至綦江，藉水道运抵本路。嗣因经费关系，仅运到机车3辆、货车20辆，便奉命结束，不能续运。继则桂柳相继沦陷，已无法抢运，故又经呈准由陇海铁路就各路存车中，拨给15吨货车19辆、20吨者25辆，共计44辆，计785吨。亦请由该路代为拆卸，运至宝鸡，再用卡车运至广元，改由嘉陵江水道转运重庆，换载运至本路。惟以运价一再调整，与预算相差数倍，故只能运到20辆，尚待装配，余则存宝鸡待运中。现在由桂林运来之机车3辆，已悉装配完成。目前计有机车3辆、能容载12吨半货车18辆、客车2辆，勉强可以应付运用。其余车辆，须俟有款，方能运装补充。

五、材料购运

查铁路材料大都系属舶来，在抗战期间所有建筑各新路如叙昆、滇缅，则当时可以取给于越南及缅甸。黔桂、宝天则原有湘黔及陇海之器材可资挪拨。惟本路系在川省腹地，且在抗战第5年开始建筑，外洋材料既无法运入，而与国内各铁路亦不相联，无法移拨。只得设法搜购，困难万状。经采取下列各办法，以应急需：（一）向其他铁路机关商请价让；（二）尽量搜购国产替代；（三）搜集旧废各料加以改造利用；（四）力求樽节使用，并设法替代所有一部分用品。如测绘仪器用具以及开山所需有8角钢等，则请由叙昆、陇海两路价让。洋灰、炸药、木料、枕木以及一部分钢铁等，则均就地购置。钢轨及配件，均由大渡口钢铁厂制供。机器设备，则系由经济部工矿调整处介绍选购两停工机器厂之各项应需机器，凑合应用。机车车辆，则系呈请交通部核准，由桂林存车委员会及陇海铁路就各路后撤存储之机车车辆中拨给（见机车车辆）。只以适在抗战时期，物价波动甚烈，本路所需铁路五金、建筑材料及木料尤见跳涨，影响工程殊巨。

总计本路自开始筹备迄完工为止，共购材料连同运费等在内，计值5亿4645万5318元8角8分；由本部存车整理会暨陇海铁路拨给后撤机车车辆及一部分器材，计值7349万3197元4角1分；又大渡口钢铁厂迁建委员会无价供拨旧重轨3公里、35磅新轨17公里暨一部分转撤器材等，共值1亿4972万1330元，总共材料得值7亿6966万9846元2角9分正。

已移交军政部、兵工署、经济部资源委员会大渡口钢铁厂迁建委员会、綦江铁路局之存库材料，总值计为1亿8180万5453元6角6分正。

六、经费情形

本路二十九年五月，初次估编概算全路工款，除机车车辆、钢轨系由他路拨用编列运杂各费外，仅为国币2864万元，当时曾奉拨发筹办费用国币200万元，嗣即停顿保管。三十一年三月重又估计全路工款已为国币1亿5355万4300元，连同钢轨制造费应为2亿1805万4300元。工款一项增高5倍有奇，当时以需款较巨，奉饬分段建筑，先筑猫五段。该段工款依最低估计为6254万7800元，连同钢轨制造费，应为7484万7800元。因时届四月，工程不能于年内完竣，故奉核准拨发四月至十二月工款数额国币4500万元。原拟以一年之时间修通段，并于三十二年度继续展筑至三溪为止，以期全线完成。惟三十一年应拨工款未能拨齐，而三十二年度又仅奉核定工款1亿1千万元，按当时工资物价增长情形，不敷甚巨。无法完成全线工程。故只有按照核定款额酌为分配，将猫五段各项主要工程及五三段之征购地亩及隧道工程提前办理。至六月间以工料价格迭次激增，原定工款不敷殊巨，经按当时工料物价切实重编全路工程概算，连同钢轨制造费计，共需国币7亿零1280万零900元。除奉核拨工款外，完成全路各项工程尚差国币5亿4428万零900元。乃三十三年度仍仅核发工款国币1亿元，相差悬殊，故除五三段隧道工程仍予完成外，余均用以赶办猫五段未完工程。原拟于五月底完工，乃工料米价不断暴涨，至五月间工款亦罄，不能完成。经即编具追加概算呈部核示，旋奉令停工疏散结束保管。方办理正将就绪，而九月间又转奉院指令义肆字第一七七八二号，以关系国防工业及经济建设，仍应将猫五段继续完成，并准予追加工款，连同钢轨制造费共计国币3亿9403万4600元。内钢轨制造费约占3/4，工款约占1/4，但直至年终，始奉拨发，相差数月，工料价格又多波动，原列总务及工料等贵，复感不敷。故于本年一月另行呈请追加工款9279万元，迨至四月始由行政院召集审查会审查，在此数月间，物价增长益巨，追加数字又已不敷。经决定，按照三月物价重行估计案，再请追加工款，共计1亿5954万1632元，并由院令限大渡口钢铁厂于六月底前将轨料全部交。八月底猫五段全线完成通车。讵应用工款迟至六月始奉拨发，而工费运价一再调整增加；再则所有就需轨料，延至九月下旬始拨齐，致工期展延，工款无着，又在八月中转奉院令，员工待遇重行调整，相差益钜，故经再呈请追加。九十两月分经费7000万元，由部先行垫拨始获，于十月下旬将全线轨道铺设完竣。

结论

本路路线甚短，全部工程原定一年便可完成通车，但以历年奉拨之工款并非按照工程实际需用预算拨发，乃系上峰核定之数，或工款与工程不相配合，工作与计划亦遂脱节，只能就款计工，无法依照原定工程计划进度实施，工期亦遂一再延误。

再则本路系在川省腹地，又在抗战后第五年方开始建筑，所有筑铁路材料本都皆属舶来，无法运入，亦无其他铁路可以连接，调拨毫无凭藉。虽一钉一木之微，均须搜购。虽经商叙昆、陇海及交通部材料厂价拨若干，然为数甚微，故都就地购置，设法替代或利用旧料，又须运至工地，困难重重。再加以频年物价日在腾涨，漫无止境，原估预算本系按照当时物价人工造编，不能臆测增加，致款方未拨发，物价、运费已逾倍蓰，虽迭经追加，仍难呈期延误亦一因也。

曾因工款告竭，一度奉令停工结束，停顿几将十月，虚间甚久。工期既一再延误，工款乃因之屡增，总务费用亦不无增多。而钢轨材料迟延直至本年九月方告拨齐，致此段线路完成之期，竟逾三载。种种原因，自虽缕述。

关于工程单价，本路以经费属核定，只有就款计工，不得不力求樽节紧缩。本采用包工制度及滇缅、叙昆等路之米价调整办法，然以正值抗战时期，包商所用工人大都只能雇用乙级壮丁，有则仅用老弱充数，工作效能减退，工期虚縻，费用更增。虽经按米价增长调整，仍多赔累及纠纷各事。故自三十三年起，对于车辆及机厂房屋大桥混凝土钢梁等即废弃米价调整办法，一部分改由本路雇工自办，一部分采用包工发判，工程进度反较迅速，工费亦反较省。总计自三十一年迄今至工时止，所有各项工程平均单价似尚较他路为低，总计本路自二十九年奉命筹备三十一年开始直至本年完工止，共领工款 8 亿 8057 万 6232 元，内钢轨及配件制造费暨运费共计 3 亿 1320 万零 5150 元，〈以下残缺〉

二、兴筑成渝铁路

1. 成渝铁路工程局就奉令成立事致重庆市政府公函（1936 年 7 月 22 日）

案查本局前奉铁道部六月二日总字第五五五号令开：

兹派邓益光为成渝铁路工程局局长兼总工程师，陈祖贻为成渝铁路工程局副局长兼副总工程师。此令。等因。益光等遵于六月二日在京先行就职，并于六月八日在重庆新街口美丰银行五楼设工程局，开始办公。经分别呈报在案兹复奉铁道部新路建设委员会七月二日在新秘字第五四八号指令，转发木质关防一颗，文曰“铁道部成渝铁路工程局关防”，又角质小章一颗，文曰“铁道部成渝铁路工程局局长之章”下局，除于七月二十日敬谨启用并呈报暨分函外，相应函达，即希查照为荷。此致

重庆市政府

局长　邓益光

2. 征收成渝铁路用地委员会办事处组织大纲（1937年6月）

第一条　四川省政府为征收成渝铁路用地，设置征收成渝铁路用地委员会办事处（以下简称本处）。

第二条　本处直隶于四川省政府。

第三条　本处于沿线铁路各县设置分办事处，其组织章程另定之。

第四条　本处由四川省政府刊发木质关防一颗，文曰“征收成渝铁路用地委员会办事处关防”，以资信守。

第五条　本处委员以民政、财政、建设各厅厅长暨地政委员会常务委员，成渝铁路工程局局长兼任，均得派员代行其职权，并以地政委员会常委为处长，综理全处事宜。对外行文处长及委员均须署名。

第六条　本处设秘书1人，承处长之命，综核全处文件及办理处长特交事项。

第七条　本处设组长3人、组员若干，各承长官之命，分掌所管事务。前项所列职员，得由民政厅、财政厅、建设厅、地政委员会及成渝铁路工程局就所属职员派充。

第八条　各组分掌事务如左：

一、第一组　办理文书、统计、庶务及不属各组事项。

二、第二组　办理调查、清丈、核价事项。

三、第三组　办理登记、免粮、会计及发给地价事项。

第九条　本处为缮校文件及助理事务，得酌用雇员若干人。

第十条　被征用之地价，其付给办法另订之。

第十一条　本处办理征收土地完竣时撤销。

第十二条　本处办事细则另订之。

第十三条　本大纲如有未尽事宜，得呈请修改之。

第十四条　本大纲自公布之日施行。

3. 征收成渝铁路用地委员会办事处办事细则（1937年6月）

第一章　总　则

第一条　本细则依据征收成渝铁路用地委员会办事处组织大纲第十二条之规定订定之。

第二条　本处职员处理事务，除遵照有关法令外，依本细则办理。

第二章 职 责

第三条 处长指挥监督各职员及所辖各县分办事处。

第四条 秘书承处长之命，办理机要及特交事项，并审核文稿。

第五条 组长组员各承长官之命，分任所管事务，雇员专司缮录校对文件，或长官办事文件。

第六条 各组之职掌如左：

甲、第一组

（一）关于文书收发，印信典守文卷保管事项。

（二）关于庶务事项。

（三）关于撰拟报告及统计事项。

（四）不属其他各组事项。

乙、第二组

（一）关于土地定级，及附着物调查事项。

（二）关于清丈一切事项。

（三）关于土地占价一切事项。

（四）关于图籍表册之编制审查事项。

丙、第三组

（一）关于登记公告一切事项。

（二）关于免粮事项。

（三）关于本处之会计事项。

（四）关于发给地价事项。

第七条 各组事务互有关联者，应会商办理，若意见不同时报请处长核夺。

第三章 办事程序

第八条 凡收到文电，由收发员摘由编号，填注日期，遇紧要文电，应先行提送外，余分由各组负责办理。

第九条 各组承办文件，由承办人盖章，送主管组长核阅后送秘书复核，转呈处长判行，缮发后原稿归档。

第十条 外勤人员，须将逐日所办事件，以书面详为报告。

第十一条 本处置日记簿一本，逐日记载所办事件。

第十二条 本处办公时间，临时酌定之。

第十三条 本处职员因病或因事请假，须由秘书呈由处长核准。

第十四条 第六条乙丙两组所掌事务其处理规则另定之。

第四章　附　则

第十五条　本细则如有未尽事宜，得由处长修改之。

第十六条　本细则自公布之日起实行。

4.成渝铁路工程局工程招标章程（1937年）

一、本工程之详细施工地点及工作范围载本工程说明书。

二、凡经在铁道部或本局登记取得铁道部包工认可执证者，均得投标。凡欲投标而未经登记者应先向本局工务课领取登记声请书，遵照铁道部包工登记规程办理登记手续，领得铁道部包工认可执证，方准领取本工程之标单等件。

三、凡欲领取本工程之图样说明书、规范书、包工章程、招标章程及空白标单者须向本局工务课或须本局邮寄者每分　元，无论投标或得标与否，所缴之图说费概不发还。

四、投标人应详细审阅上述规章图说，并亲自前往本工程之地段详细察勘，察勘时得请求本局该管工段，派人领导。投标人必须对于本工程之全部工作及当地情形完全明了，然后切实估价投标。

五、投标人依照图说规章，将所有完成本工程各项工作之一切费用，逐项估计齐全后，须用向本局领到之空白标单，依式填写。字体应端正清晰，价格数字，概用大写。投标人并须在标单上，亲自签名盖章。倘用他种标单，及填写违式，或填写不全，或数目不符者，概作无效。

六、本标内如附有空白之“承包人自备工作机具表”，投标人须将承办本工程时所拟自备工作机具之名称、数量、牌号、能力等项填入该表，连同标单，一并投送本局。

七、投标人除遵照本局图样说明书估价投标外，并得建议其他建造方法。但须将建议之比较计划，详绘图样，拟具说明，开列机具，逐项估价，签名盖章，附入标函，一并投送本局。

八、投标人须将标单及附件装入向本局领到之标函封袋。将上下封口，用火漆封固，加盖火漆印记，并于背面写明投承第几号工程标函字样，妥送本局掣取收据。但亦得用挂号信，或用航空快信，寄送本局。

九、投标人须于开标期前三天，向本局会计课缴纳投标押款法币　万　千　百元，掣回正副收据各一张，以副收据附入标函之内。得标者可将此款移作承包押款之一部分，不得标者于标函选定后，凭正收据无息领回。

十、投标人必须确系曾在铁道部或本局登记，持有包工认可执证之原人，倘有化名顶替，或其他串谋欺诈情事，一经查出，该项标函，概作无效。本局并得将该投标人已缴之投标押款没收之。

十一、本标标函须于民国二十年　月　正午十二时以前投到。过时不收，如挂号信或航空快递寄者，投标人须预计邮程，迟到者无效。

十二、本标定于民国二十年　月　日下午三时在本局当众开标。投标人得于开标时凭验投标押款正收据入场列席参观，但每标以二人为限。

十三、得标者为担保切实遵守合同及图说规章依期完成本工程之各项工作起见除须觅一般实商号经工程认可者作为合同保证人外，并应向本局缴纳承包押款。其数目按承包总额10%计算，以四舍五进至百元单位为率。

十四、得标者须于本局通知当选十日内，觅同保证人亲至本局缴纳承包押款，签订合同。倘逾期不到，本局认为该投标人自行放弃。得取消其得标权利，并没收其投标押款。

十五、得标者于签订合同后，即为本工程之承包人。应立即遵照图说及其附件进行工作。不得藉口因事前未尽明了，或察勘未周，或估价时将某项工料遗漏等情，有所争辩，希图加价。即使将来发生任何意外情事，致工资料价运费税率等，有何变化，亦不得藉口要求加价或津贴。

十六、本局对于各标有绝对处置选择之权。并不限定选取标价最廉者，遇必要时，本局得将本标分成数部分，分交数家承办，或划归本局自办。或将所有标函，完全取消之，取消后，或另行招标，或改归本局自办。无论采取何项处置。本局概不负说明理由之义务。

5. 成渝铁路与四川经济[①]（1937年）

众目渴望之成渝铁路，业于今年四月开工修筑，预计二年半完成，全线通车。一年半由重庆修至内江，则渝内段则先营业。该路路线，由重庆之菜元坝，经九龙铺、小沱、铜罐驿、沿长江北岸而达江津，再由白沙东北行，经永川、荣昌、隆昌于稗木镇、沱江镇而达内江，再沿沱江镇西岸，经资中、资阳、简阳、赵家渡而达成都。全线共长530余公里。两端接连本省之两大都市，沿线所经重要县境，计有20县。以形势言，成渝铁路构贯本省腹地。其西端北接川陕公路，西接成雅公路，南接成嘉公路及岷江上游，其东端北连嘉陵江，东通扬子江，南接渝松公路，构成川省交通之总枢纽，川省经济之大动脉，影响所及，岂仅该路沿线各地而已！兹据该路之工程设计，试简略估计其运输能力，当知成渝铁路在运输上之贡献为何如也。成渝铁路经几度之测量，再三的研究，始确定现在之路线。以言曲线，其最锐者为5度（半径229公尺），此种曲线仅有8个，散见于江津重庆之间；其次锐者为4度（半径286公尺），全线共有35个，散见于重庆简阳之间，其余曲线皆在3度或3度以下（半径等于或小于382公尺）。以言坡度，全线最陡坡度为1%。在山岭崎岖之地带，而能测得若是之优良路线，实为始料所未及，此不

① 原载《四川公路季刊》第15期。

得不归功于成渝之测量队也。又闻该路钢轨重量定为每公尺 30 公斤（约合 60 英磅）及 35 公斤（约合 70 英磅）2 种。标准长度为 12 公尺。各桥梁之载重为古柏氏 E35 级。由此观之，则成渝铁路之旅客列车，除渝津段外，其最低速度，不能少于每小时 50 公里，成渝间约需 12 小时（各站停留时间在内），成渝间来往旅客，可朝发夕至。货物列车之速度，最低亦不能少于 32 公里，由重庆至成都，或由成都至重庆之货物，连掉换机车，改组列车及错车避车之时，运输较成渝公路约快 24 小时，较水道下水约快两星期，上水约快两个月。成渝铁路路线建筑完竣，行车设备齐全后，若能有 6 万吨牵引力之各种机车，4 万吨吨位之各种货车，200 辆各种客车，则成渝间每日能开特别快车来往各 1 次，直达旅客列车来往各 2 次，成内间及渝内间，每日能开区间客车或混合列车来往各 1 次，货物列车来往各 8 次。

成渝铁路每日之旅客及混合列车，若尽量载运，每日能载旅客至少 25000 余人。每日之混合及货物列车，若尽量载运货物至少 25000 余吨，故以运量言旅客能超过成渝公路及沱江、岷江约 20 倍，货物能超过约 200 倍，且将来成渝铁路之运价比照中国各铁路，预为假定比现在成渝公路之运价至少可低 4 倍，比现在沱江、岷江之水脚，由渝至蓉至少可低 3 倍，由蓉至渝至少可低 1/4。成渝铁路之重要若是，其与四川经济之关系，当非浅鲜。兹以限于篇幅，简略述之，聊供留心川省经济者之参考焉。

一、成渝铁路与川省农业之关系

四川土质肥沃，气候温和，业农最宜。全省主要农产物之面积，约有 12000 余万亩，平均每年产量 22100 万担。农业经济在本省实占重要位置，然以过去政治紊乱，连年内战，苛杂之剥削，土匪之滋扰，使农村根本破产；更以种植方法，如种籽、施肥、灌溉、除害、收获、储藏等等，皆墨守土法，不知用科学方法，力求改进，以致农产面积虽广，而产量渐减。尤以稻子一项、每亩产量，较诸其他产米各省为最小。故丰年仅足自给，荒年则生恐慌。救济之道，除绥靖地方，减少捐税，改良种植外，更赖便利之运输，藉以大量的廉价的输入改良种子，新式农具，丰年赖便利之运输，互通有无，使粮价平衡，无甲地“谷贱伤农”，乙地“奇货可居”之弊，荒年赖便利之运输，迅速救济，庶不致使灾区嗷嗷待哺之口，久望而米不至也。成渝铁路所经各地，率皆土地肥沃，气候适宜之区，农产特别发达，著名之产米县份。如江津，永川，资中，资阳，简阳，新津，金堂，新都，新繁，华阳，成都等县皆在成渝铁路之沿线或附近，该路通车后，米粮之产销，必较前发达可知，又如成都与重庆两市之米价，每斗常差至 1 元以上，成渝铁路通车后，则成都盆地之大量产米，即可迅速的廉价的运至重庆，平衡米价。

四川之主要农产，产量甚微，已如上述。农民生活，大半依农业副产品，勉强维持。查本省输出品中。如蚕丝、桐油、药材、烟叶、牛皮、羊皮、羊毛、猪鬃等农业副产品，每年约计 3000 余万两，占全省输出品 92%，其在本省农业经济上之地位，于此可知。唯近五年来，各种副产品之输出量，逐年锐减，令人生忧，考其原因，不外出品不良，捐税苛重，运输不便诸大端，成渝铁路通车后，与本省农业副产之输出，有无补益，兹择要述之如左：

（一）药材：四川为全国之主要产药区，每年产量约900万斤，合4500吨，每年输出总值，在最近十年内，以民九之1千万元为最高，民二十二年之370万元为最低，去年总值为500余万元，川省产药区域甚广。尤以中坝、灌县、雅安一带，所产种类，产量亦最大，除中坝、雅安出品，以距成渝路线稍远，且各有水道直达重庆，恐难利用成渝铁路运输外，灌县出品，每年出口约160余万斤（合800吨），运至成都后，可由铁路直达重庆，需时既少，运费亦廉，将来松茂区之药材出口贸易，势必发达。

（二）烟叶：四川烟叶，本质甚佳、香味浓厚，可作雪加之用。产区以郫县、金堂、新都、什邡为主，新繁、崇宁、青神、灌县、夹江次之，以上各地平均年产60余万担合3万吨，约一半行销本省，一半行销外省。以上各产地中，除青神、夹江两处外，其他产地之烟叶，皆可利用成渝铁路之运输，扩大销场，增加输出，即制烟工厂，精工制造纸烟及雪加，将来不特可以抵制进口纸烟，每年可减少入超500余万元（按二十五年纸烟进口总值为508720478元）且可出口行销他省，希望颇大。

（三）猪鬃：据中央农业实验所估计，全川养猪约2400万头，以每年宰杀一半，每头产鬃4两计，每年当产猪鬃3万担以上。唯以产鬃未能尽量搜集，加以本省亦自用一部外，每年出口平均18000余担，价值190余万两，以价值言，占全省出口货之第5位。且川鬃品质甲于全国，而白鬃称为世界第一，故猪鬃一项，实为本省农业副产中之甚有希望者，唯年来出口数量，逐年递减，前途堪虞。考其原因，亦不外运输需时过久，贻误行市，运费负担太重，难与外货竞争，有以致之，成渝铁路通车后，则此困难问题，皆可迎刃而解，查全川产鬃较著之县，计有100县，其中可以利用成渝铁路解决此项运输问题者，至少有31县。

其他如羊皮、羊毛、牛皮、兔皮、鸭毛等，在本省农业经济中，亦占重要地位，且以产地及销场言，多半须经成渝铁路运抵重庆，然后出口。总之，本省出口之农业副产，其重要者，除蚕丝、桐油或以产地较成渝铁路线较远，或以运输方向不同故，不能利用铁路之优良运输外，在成渝铁路通车后，皆有发达希望，于本省之整个农业经济，必有补益。

二、成渝铁路与川省工业之关系

四川地大物博，原料丰富，且人口众多，工资低廉，销费力大，更以与各省高山隔绝，不特舶来品不易在川中畅销，即上海之工业品运至四川后，其成本几增2倍有余。以此观之，本省有低廉之工资，丰富之原料，广大之市场，又不受外来工业品之竞争，则工业发达条件，似已具备，各种工业，似应早有规模。然事实上则适得其反。川省经济尚在手工业时期，机械乃大量生产，虽在号称“小上海”之重庆，亦遍觅无有。考其原因，不外交通不便，有以致之。如川东之煤不能运达成都，则成都之工业燃料大感困难，川西之原料不能运达重庆，则重庆之工业原料亦成问题，故本省原料虽属丰富，然以运输不便，运价太昂，不能互通有无，机械工业创办维艰。本省销场固属广大，然以交通不便，制造品运输需时过久。运费负担过重，工场出品不能迅速销售，且成本因运费增大，获利甚微，大量生产之工业，即无法维持。更以机械输入，异常困难，运费之昂，尤为惊人，此亦川省工业不能发达之一因也。成渝铁路通车后，前述困难，当可减少大半，尤以成渝沿线各地，便利更多，最低限度，沱江流域之工业，可以日渐繁荣，如内之造糖工业、隆、荣、内、津之夏布工业，富荣、简阳之制盐工业，已有相当基础，发达更易，其他新兴工业，亦必雨后春笋，逐渐萌芽，可为预卜。

或谓川省进口货物，类皆工业制造品，成渝铁路一旦通车，以运输迅速，运费低廉，故外来之洋货，及苏杂货，必较前激增，侵占市场，川省之机械工业，不特难以发达，即现有之手工业，亦恐破产，此种顾虑，不为无理，唯外货之来也，其由于交通便利者少，而由于本省无现代工业者多，盖就经济原理言之，有需要必有供给，供给之寻求需要，如水之就下，无孔不入，如甘肃、青海交通可谓不便，然日本货亦光临焉。本省地处偏僻，交通滞塞，外货似难输入，然据民十七年至民二十一年之海关贸易册统计，五年间每年进口货物总值，平均有5000余万两，即以棉纱一项而言，五年间每年平均总值即有2900余万两，此无他，本省棉产既少，又乏大规模之纺纱厂故也。本省如能一方改良棉种，一方在涪江流域适于种棉之区，推广棉田，并在重庆设立大量生产之纺纱厂，织布厂，则利用省内之迅速廉价之运输，可以遍销全省，外纱疋头自不能侵入矣，近闻四川省政府之三年建设计划中，有提倡成渝铁路沿线工业一项，拟积极的利用铁路，发展工业，实为上策。抑有言者，我国铁路运价，有优等与普通之别，寓有保护国货之意；且铁路沿线之本国新兴工业，铁路常对其出品，制定特价，以示提倡，成渝铁路通车营业后，对于本省之重要工业，大宗出产，一本保护提倡之旨，予以优待亦意中事耳。

三、成渝铁路与川省矿业之关系

四川矿产，埋藏甚富金、银、铜、铁煤石油等，无一无之，独就矿产中之最要者。煤铁而言，即可知四川之矿在全国中，其地位之重要也。据谭锡畴先生之估计，全国煤之储量，山西第一，陕西第二,四川则居第三，全省蕴藏之煤共计有987400万吨。至于四川之铁，只綦江一处。据李贤诚先生之调查，估计，铁之储量即有2250余万吨，除去历年采掘之700余万吨尚余1480余万吨，再除去开采及运输之损失可得净矿八成，约1200万吨，其他产铁之区，如荥经、威远、广元等处之埋藏量，因无精确调查，尚未计入。唯以矿产品，体质笨重，运输困难，且本身价值甚低，不能负担昂贵之运价，故掘出之矿，不能远销，因之本省各矿，率皆用土法开掘，仅供附近各地之需要而已（金、银、铜，以体积较小，运费负担力亦大，行销较远），今欲大量开发资源，非先建筑铁路不可，然则成渝铁路之兴筑，与四川矿业之开发，究有若何补益？

查成渝铁路各地，除煤矿而外，尚未发一其他矿产，兹据地质调查所之调查，将成渝沿线各地之煤矿，列表如下：

县属	出煤地点	储藏量
江北县	木洞子	662百万吨
江北县	龙王洞	203百万吨
江北巴县	观音峡白市驿	188百万吨

续表

县属	出煤地点	储藏量
巴县	唐家沱	2098 百万吨
巴县	来凤驿走马冈	41 百万吨
永川县	盐井溪	178 百万吨
荣昌县	龙兴寺沟	未明
荣昌县	蒙自桥	未明
隆昌县	石燕桥	1.3 百万吨
简阳县	龙泉驿	94 百万吨
共计 34653 百万吨		

由上表可知成渝铁路沿线之煤矿，其储量除荣昌之兴寺沟及蒙自桥两处不计外，共有 24 亿 6530 万吨，约占全省储煤量 35%强，惟再观下表，则知各矿产量。实属有限，其重要原因，当以运输困难，产煤不能远销，故不能大量开采也。

产煤区域	最近产量（每年）
江北巴县一带	228133 公吨
永川之盐井溪	3000 公吨
荣昌各矿	1080 公吨
隆昌之石燕桥	12567 公吨
简阳之龙泉驿	尚未开采
共计	244780 公吨

成渝铁路通车后，重庆、隆昌一带之煤，定可畅销内江至成都各地，兹以中国各铁路之煤炭运价，预测成渝铁路之煤炭运价，若由重庆运煤至成都，每吨运费大约不能超出 10 元。再以每吨成本以 3 元计，及装车前，卸车后之搬运费以 2 元计，是重庆之煤运至成都，每吨如能售 15 元以上，即可获利（现在成都之烟煤，整售每吨二十七八元，零售约 30 元），若由隆昌运煤至成都，每吨运费较重庆之煤，尚可减少 3 元，其在成都之市价，若能在 12 元以上，即有利可图。故成渝铁路通车后重庆，隆昌之煤，定可西行无阻，大量销售渝、隆一带之煤矿，必蒸蒸日上，可为预卜，而尤以隆昌石燕桥煤矿希望最大。盖据重庆中国银行之调查，该矿煤层较厚，炼质亦较佳，且距燃料缺乏之川西亦较隆昌以东诸矿为近耳。

四、成渝铁路与川省商业之关系

本省因工业尚未发达、地矿未曾开发，农业亦极不振，故商业无法繁盛，更以交通不便，金融沽渴，各地商业纷纷破产，大有岌岌不可终日之势，查川省商业以土产出口为主，然年来出口贸易每年锐减，试观下表，可知梗概：

年份	出口总额	备考
二十年	54000000 元	全川总计
二一年	37500000 元	同上
二二年	20900000 元	同上
二三年	17260753 元	单以重庆计
二四年	15137043 元	同上
二五年	14113634 元	同上

成渝铁路通车后，本省农，工，矿业既可有相当之发展，则全省商业之繁荣，亦大随之，而尤以出口商最有希望，不特此也，成渝铁路接连重庆成都两大商业繁盛之地，待通车后，成渝两地之交易。不特因运价低廉获利较易，且因运输迅速，成交较快，金融可望敏捷的流通，货币之效用，可民较前增长，则商业自可活动矣。

6. 成渝铁路筹备之经过[①]（1937 年）

川省铁路现在虽在萌芽，而动机实远在三十年前。当前清光绪末年，各省组织铁路公司之时，川路公司曾经聘请胡栋朝先生来川预测过一条路线。不久辛亥反正，国内政治不能即复常轨，修路计划当然不能进行。民国二年，北京政府实行铁路国有政策，签订汉粤川铁路大借款，湘鄂段由英国投资，汉宜段由德国投资，宜夔段由法国投资，皆已开始测勘筹备。民国三年，欧战发生，各段工程先后停顿。夔成段虽曾经宜夔总工程师美人伦多夫君一度测勘，但亦与他各段同其命运。欧战告终，各国财政纷乱，自顾不暇，无力向外投资。其后十几年中，内争不已，不惟新路无法进行，即旧有已成各路亦皆横遭破坏，濒于破产。直至国民政府成立，统一完成，政府始克规定经济建设计划，渐次推行。同时欧美各国经济状况渐复原状，对华投资亦日见踊跃，中国铁路，至此始入复兴时期。

近几年来，东南之浙、赣、湘、皖，西北之山、陕各省，新修、展修之路已经布置就绪，第二步即到西南。二十四年冬，五中全会通过国内提前兴修铁路干线之中，成渝即为其一。铁道部新路建设委员会成立，遵照五中全会决议案，首先筹备修筑成渝。二十五年三月，即派遣勘查队入川，一面由京组织测量队八队，随于五月间来川，开始初测及定测工作，十一月间即已完竣。距五中全会决议仅及一年。政府对于成渝如此积极如此重视者，实因成都为西南铁路网之中心点，西北经宝成线可通陕甘，西南由川黔线可通云贵，东南经湘黔线可分道通过广州、上海。川省物产富饶，成渝路线所经又为繁盛之区，亦即西南铁路网之干脉，全线完成，不惟

① 该件为成都铁路局局长邓益光在重庆市府学术研究会讲演内记录稿，标题为原有。

川省实业得以发展，即全国国防亦赖以巩固。

成渝线既为国有干线，何以又归川黔铁路公司承办，此中有一重大原因。现在国内铁路同时并举，资金缺乏，政府最大之任务莫过于提倡国人对本国建设投资，并在平等条件不丧国权范围内，利用外资。此次成渝借款，政府为实行其建设之政策及避免政治关系，不愿由政府出面。而法国正当商人，亦以不涉政治范围，于投资比较有利，政府乃将特许权畀川黔公司。所谓特许权者，系准公司集资修筑铁路，一切工程标准及营业办法，均照部定章程办理，完工之后，许其营业三十年，以为报酬。是成渝铁路名为商办，实在仍是国有。且公司所谓商股者，实大半均属国家银行，尚有部股省股。一切施工营业，仍受政府监督，并非少数商人单纯以牟利为目的之企业也。

关于工程方面，已开工者，有沱江大桥、九龙坡码头、第一总段之土石方工程、第一、二总段之隧道及石桥涵洞工程，自此以上，除少数零星工程外，大部尚未动工。自去年十一月定线测量完竣，迄今已逾半载，成绩不过如此，当然不能使人满意。不过川省有一种特殊情形，即枯水时期不能运料，洪水时期桥梁不能施工，当测量竣事时，正当冬季，大部分材料工具，尚未能运到，动工自多困难。春融之后，各地无知乡民，对于征用土地又多有误会，亦使工事未能顺利进行。若在其他各路遇有延误，稍稍赶工即可弥补。独在四川，偶因细故迁延，时期错过，往往即须停工数月之久。此中无形损失，恐尚有外界人多不及知者。至关于工程设计，当时因借款购料关系，所有各种桥梁涵洞，采用外国钢料甚多，工程预算系按当时市价核实估计，毫无余裕。现因欧洲钢料缺乏，市价腾贵，超过从前市价 1 倍至 3 倍，且因其他未及预料增加之数，超出原预算甚巨。工程设计，势又不能不稍变更，除基本工程如路线坡度、桥梁、钢轨仍须维持标准外，其他各项设施不得不因陋就简，期能早日完成。好在此路通车之后，营业发达可以预期，将来仍可随时逐渐改良，俾能臻于尽美尽善也。

7. 行政院为准发成渝铁路工程局地产出租暂行规则给重庆市政府训令（1941 年 5 月）

据交通部本年二月八日财产字三四三九号呈称：

案查二十九年九月间，据川黔铁路公司呈，以成渝铁路全线用地计有 5 万余旧亩，现在征购发价手续大致完毕，除已竣工及开工所占用者外，约计可以耕种地亩有 3 万余旧亩现尚由原业户自行耕种，并未缴租。为巩固产权增裕收入计，拟具地产出租暂行规则，呈核到部。当以所拟条文，对于原业户虽有优先权利，惟尚有应行修改之处，饬令该公司重加修正。于同年十一月由部检同修正规则咨准四川省政府，咨复同意，并通饬成渝沿线各县政府协助各在案。

嗣据成渝铁路沿线农民以该路局不应强迫征租等情，纷呈前来。复经饬据该铁路公司呈，略称：川中谷价近来激增甚巨，原业户按照原订租率折合国币交租，负担过重。为减轻原佃户负担，并适应目前环境起见，由成渝铁路局长亲往成都面商省府，参照主管厅局之意见再加修正，以示优惠。且该路局以各项征租手续及机关均已完备，迄今尚如再不速办，则损失愈多，进行益增困难，待修正规则，早日公布施行。兹为免转辗稽延起见，经已先行公布，转行合并陈，等语。附呈修正规则一份，备文呈请鉴核备案，实为公便。等情。据此，应准备案。除指令并令知内政部及四川省政府外，合行抄发原件，令仰知照。此令。

附抄发原规则一份〈略〉

院长　蒋中正

8. 成渝铁路工程局关于征购和出租工程用地的说明（稿）（1942年）

一、购地经过

本路于二十五年冬定线测量完竣后，关于征地给价问题，当由前铁道部四川省政府及川黔铁路公司数度磋商，并未按照当时国营各路最高地价每亩为20元，而改为每亩平均必45元计算，所有河川公地及无收益之荒丘，亦均照数给价。经议定后，即于二十六年夏筹设征收成渝铁路用地委员会于成都，由省府各厅长及本路局长任委员，指定民政厅长为主任委员，主持审核、评价、发价、免粮等事宜，根据本路需地范围，绘图送核，由会按民地肥瘠情形，再行统筹核定价格等级，至公库应得之河川公地款额，悉数损贴在内，以资体恤。核计上等稻田业主每亩价约近百元之谱，虽不能及当时一般买卖市价，但亦相差不多。二十七年开始发价时，由征地委员会通饬沿线所经市县政府，布告被征业主前来具领，同时办理立契免粮手续。间有很少数地主不愿领价，意图阻挠幸免，实则反致自误。按本路于开始发价时，即将全部地价扫解清楚，其未领部分之款项，经由会一再催领，后提存省库，故依法不论业主具领地价与否，本路已取得管业之全权。

二、工程紧缩原因及情形

本路所需钢铁材料，因借款合同关系，全部购自法国，自外洋抵沪后，以长江为输入孔道，乃设运输所于上海。二十六年春，工程与运料同时并进，不意甫及半年而“七七事变”发生，转瞬复有“八一三”之沪战，即将运转所移设香港及汉口。使材料改由粤汉铁路转运到渝。布置未久，而武汉撤退，为鉴于后方铁路之需要，仍不避艰难，分设运输所于海防、昆明等处，将材料自香港水道至海防，经滇越铁路抵昆明，换卡车转渝。运量虽极薄弱，费用亦复增高，亦在所不惜。乃二十九年海防复陷，在此唯一之水道国际运输线亦遭断绝，不得已乃将工程予以紧缩进行。在二十七年时，已将渝内段桥梁、涵洞、隧道等工程次第完成，复致力于路基、土石方之筑造。当时筹备拟在战后一年半内可以实行通车，迨武汉陷落，战争转趋严重，胜利和平之希望似非短期所能实现，爰将新工再度紧缩，则着手于修养工作。盖本路已成工程为数甚多，倘不予保管修养，势将全功尽弃，抑且因而影响战后之复工。为筹划是项支出，乃有出租地亩藉资挹注事实。

三、地亩出租理由

本路已成工程必须保养之重要性既如上述，则需用款项当为必然之事实。鉴于地亩之产权可资收益，且为平衡已经动工之土地空置及未经动工之地段仍为业主无价耕作之不平等状态起见，爰于二十九年间仿照各路成例，以暂时不用之地，拨租耕种，拟具合理之办法，呈由交通部转奉院令核准施行，并由部咨请四川省政府通饬沿线市县政府布告，周知各在案。是项租地办法，原业主有优先承租权利，经布告后二个月不来投佃者，得予撤销，准由其他人员承租。具见本路系依照习惯及事实之合理办法以期兼筹并顾。

四、本路对议案应行申述各点

（一）本路所拟地亩纳租办法，其应纳租额较一般佃农缴给业主者为低，且原业主既已领得地价，丧失产权，若任其无价耕种，复无纳税义务，而坐享净利，于理似非所宜。

（二）原议案有谓继续占用田指为征用范围一语，似不相符。查本路用地，全系价购，并非无偿征用，且有图有界，决不能溢出范围。故开始即非占用。现更继续占用之事实，是节或系出自被征购而不甘投佃地主之蒙词。

（三）本路于九龙坡地段，曾有转租军事委员会特务团及本路自办农场各一处，上项两处地亩总计约为 80 亩之谱，均属本路用地范围，抑且迭经公告原业主投佃，延至三年之久，未据遵办，嗣准军委会办公厅函商租用，当将小岩头部分地亩予以租给。至自办农场之原因，为遵政府提倡公务员自谋垦植之法令，爰于上年夏在曾家湾地方，利用该原业等，不遵投佃之地约 40 亩，试办农场。在办理伊始，复经先行通告在案。讵知上年初冬，忽有原业主在本路农场内毁坏青苗作物并及堤界，本路常以诉诸重庆法院，经判处原业主相当罪行有案，此为是项事实经过之大略情形。

总上所述，本路一切购地出租等情形，均按法令程序办理，至保养工程，系维人力，尤具苦心，深冀胜利来临，俾伟大交通事业得迅速复兴。

9. 成渝铁路的过去（1945 年）

一、地方当局的单独发动和设计

发动成渝铁路的兴筑，说得远一点，我们可以追溯到川汉铁路。这在清末四川第一条发动修筑的铁路，这在辛亥革命史上留下光辉一页的铁路。我们都知道，川汉路的“保路事件”是间接帮助了武昌起义的一举而成功。辛亥革命成功，清廷推翻后，“保路事件”也随之成为过去，当时继起的争论，是筑路程序先后的问题。原来川汉路的全线是从成都到汉口，有一派主张先修重庆到汉口段（渝汉段），另一派主张先修成都到重庆段（成渝段）。前者认为只有先筑成四川对外的铁路，才能顺利展开四川内部铁路的建设；后者认为成渝段的重要性大于对外的铁路。双方争持不下，川汉路就在这个争持中被搁置下来，可是成渝路的重要性却在这一次争论中第一次被人们提出和重视。

兴筑成渝铁路的比较具体的提出，是在民国二十一年。四川督军周道刚是促成发动兴筑的有力因素。经他奔走接洽，才商定由当时驻在成渝两地的二十四和二十一两军成立筹备处负责筹备，并请周氏全权办理一切。周氏接办后，就亲自到江南考察，并聘请了蓝子玉为总工程师，入川测勘路线。重庆到内江一段，就在当年勘测完竣。第二年（二十二年）九月，筹备处又详细的议定了建筑办法大纲，这个计划的大要是：

（一）路线　依据重庆到成都的东大路旧道，而以不占用已成的成渝公路为原则。

（二）工程标准　采用广距重轨（轨重每码60磅以上，轨间距尺又八半）。

（三）经费　假定每公里工程费需国币80万元（以每公里需费2万美金计，每1美金合国币4元）；路线全长500公里（实际只有480余公里），工程费共需4000万元。尚有沿线共需征土地47000余亩，平均每亩地价80元，约400万元。工程费和地价合计4500万元。

筹措方法，本省资本负担1/3（1500万元），其余利用外资。本省资本，除地价400万元，采用铁路公债或股票方式筹集外，所余1000万元，由田赋附征中负担4/10（400万元），进出口货物或商业上负担6/10（600万元）。

建筑办法刚决定，全部路线也踏勘完毕，不幸二十二年年底，二十一与二十四两军内战发生，于是各项工作都与陷于停顿。

等到二十一与二十四军两军战事结束，四川善后督办刘湘进入成都，成渝路的建筑再被提出。因为建筑费筹集不易，所以决定除了地价外，工程费用完全利用外资。原来在民国二年，北京政府所签订的汉、粤、川铁路大借款中，夔成段（奉节至成都）已决定由法国投资，现在成渝路的兴筑，要利用外资就要由法国投资了。经过几次磋商，二十三年七月，四川善后督办公署代表周见三，高泳修和法国实业自组团法国巴黎解土曼街二十七号代表柯米斯基在成都签订了合同草约三十八条，主要内容是：

（一）铁路主权　“成渝铁路一切主权完全属于甲方四川善后督办公署，以下均同，所有关于此路建筑工程由乙方（法国实业自组团，以下均同）负责承办”（合同草约第二条）。

（二）建筑费用和清偿办法　“本路所需之土地，无论直接间接，由甲方供给之”（合同草约第二十条）。

“甲方负责交付建筑铁路全部经费，其总额不得出于中国国币3000万元”（合同草约第三条）。

"甲方委妥实银行经乙方同意后，向乙方担保全部建筑经费"（合同草约第六条）。

"建筑成渝铁路所需经费，除以甲方在建筑工程进行期内所有交付之年金支付外，其不足之额，作为甲方对乙方之欠资。此项欠资，自成渝铁路全部建筑工程完成之日起，由甲方在十五年内付清，并按每月欠资余额，约予年息6厘。甲方付与银行之年金，按月尽收得之数拨交，但每年半年所交之总额，不得出于150万元。甲方应付之利息，于每年六月底，十二月底，各结算一次，此项利息，仍包括在年金300万元以内"（合同草约第四条）。

"甲方所负乙方之欠资，应按照第四条办理。至本路正式营业，每年所得收入，除正式开交外，如有盈余时，以50%付给乙方，作为提前偿付欠资之用"（合同草约第三十一条）。

（三）建筑期限　自开工之日起，限定三年以内全路通车，届四年，所有全路一切建筑工程须一律完竣。（合同草约第十条）。

当时并商定，合同草约由善后督办公署转呈国民政府批准立案后，方为有效。

二、中央和地方的统筹举办

二十四年蒋委员长入川，认为四川是民族复兴的根据地，发展四川的交通是刻不容缓的工作，所以又注意到成渝铁路。这年冬天，五中全会所通过的国内提前兴修的铁路干线中，成渝路也是其中之一。铁道部为了执行五中全会的决议案，特别成立了新路建设委员会，最先就计划继续修筑成渝铁路。成渝路的兴筑，到了这个时候，已经被全国所重视，而进入中央和地方统筹举办的阶段。

（一）勘测路线和成立成渝铁路工程局

川省当局从前所测就的草图和各种附带表册在二十四年十月呈寄铁道部后，二十五年三月，铁道部就派遣勘查队入川，五月又组织了八队测量队，入川帮同工作。为了工程实施的统一，六月又由铁道部命令成立成渝铁路工程局，全权负责工程设施，邓益光和陈祖贻分任正副局长。在勘查、测量队的积极工作下，全部勘测工作在当年十一月就完成。

全部勘测完毕后，就要决定路线。当时计划中的路线有三条：1. 北道从重庆溯嘉陵江而上到合川，经遂宁到成都。2. 南道（1）由巴县经璧山、永川、荣昌、隆昌、内江、简阳、到成都。3. 南道（2）由巴县经江津、永川、大足、荣昌、隆昌、内江、资中、资阳、简阳、金堂、新都、华阳到成都。

这三条路线中，南道（1）是捷径，在经济上价值最大。这条路是东大路的旧道，也就是从前筹备处所拟定的路线；可是一开始就要经过青木关大山，到了最后还要通过龙泉驿大山，这两处大山增加了工程进行的困难。为了避免这两处大山，决定采取最后一条南道（2）。

（二）筹措建筑费和组织川黔铁路公司

建筑费的筹措实在是这一个阶段中最重要的课题。二十五年一月，当时建设厅长卢作孚到南京和铁道部商量，打算由中央发行成渝铁路公债5000万元，公债基金中央和省府平均分担。后来卢氏还顺道到上海，和中国建设银公司总经理宋子良接洽投资；宋氏对原则表示接受，派人到渝继续洽商；一面铁道部在上海也和该公司洽商。到了四月，决定建筑费完全由该公司投资，用川省四月一日发行的善后公债和铁道部发行第三期公债的一部分，以及铁路完成后的收入作为担保。

上面的两次计划，都是采用借款的方式，在这一种方式下经营铁路，当时的估计，七年内不会有盈余。二十五年五月中国建设银公司协理刘景山飞渝和川省当局洽商，最后决定组织公私合营的川黔铁路股份有限公司，公司的资本构成在同月二十一日行政院核定的公司组织章程第五条中明白规定："公司股本总额为2000万元，分为20万股，每股100元，先招半数，其余半数由理事会议决定期募集。又铁道部及四川省政府为提倡起见，各认22500股，其余55000股，中国建设银公司另行募集，于认股时一次全数缴足"。

经半年的筹备，二十六年一月公司股本已招足半数，依法成立公司，由创立会通过组织章程，推选理事及监察人，设立总办事处于上海，公司的章程和理事监察人名单，经三月九日行政院会议通过，向中央政治会议备案。

公司章程共45条，其要点如下：

1. 公司名称　"本公司定名为川黔铁路特许股份有限公司"（第一条）。

2. 公司业务　"（1）经铁道部核准先行建筑及经营自成都至重庆之铁路干线，自内江至自流井之支线及其他应需之线。（2）经铁道部核准建筑及经营其他铁路路线。（3）除经营铁道部所规定之附属营业外，经政府许可亦得经营其他附带有关事业。公司办理各项事业时，得另设专管机关，其组织由理事会另定之"（第三条）。

3. 营业期间　"选定之路线，经铁道部核准，得分期建筑。其营业期间，每一路线工程告竣之日起，定为30年，满期时得呈请铁道部核准延长之"（第四条）。

4. 资本　"总额定为国币2000万元，分为20万股。每股100元，铁道部及四川省政府为提倡起见，各认45000股作为官股；其余11万股，中国建设银公司另行募集，作为商股，每股票价于认股时先缴半数，其余半数由理事会议决定期收足"（第七条）。

5. 组织　"设理事17人，除总理为当然理事外，由铁道部指派理事2人，财政部指派理事1人，四川省政府指派理事3人，其余理事11人，由商股于开股东会时在100股以上之股东中选任之。为发展营业，延长路线，自四川省通达他省，须增加资本时，理事人数得此例增加之"（第二十二条）。

"监察3人，由铁道部指派1人，四川省政府指派1人，其余1人为商股，于开股东会时在100股以上之商股股东中选任之"（第二十三条）。

"常务理事5人，理事长1人，常务理事由理事互选，理事长由常务理事互选"（第二十四条）。

"总经理，协理各1人，由理事会聘任之"（第二十八条）。

理事，监察人，常务理事，理事长和总经理的名单是：

（1）理事　官股——张公权（财政部指派）、曾养甫、邓益光（铁道部指派）、刘航琛、甘绩镛、卢作孚（川省府指派）。

商股——汪楞伯、周作民、徐新六、胡笔江、宋子安、刘竹君、叶琢堂、徐子青、蒋逵、李石曾、杨介眉。

（2）监察人　官股——杜镇远（铁道部指派）、邓汉祥（川省府指派）。商股——吴蕴斋。

（3）常务理事　曾养甫、李石曾、宋子安、卢作孚、刘竹君。

（4）理事长　曾养甫。

（5）总经理　曾养甫。

在川黔铁路公司招股筹备期间，铁路勘测工程正在积极进行，现在需要金钱的支出。二十五年八月，工程局要求认股各方先缴400万元，备工程进行时的需要。分担比例是：中国建设银公司200万元，铁道部100万元，四川省政府100万元。

四川省政府的摊额100万元，由建设厅向渝金融界接洽，借款115万元，用成渝铁路股票100万元和二十五年建设公债180万元作抵。借款从九月份起，每半月一期，分六期平均在上海付款。借款期限六个月，从二十六年起，每半月一期，也分六期还清本息。每百元每月利息1元5角。各行庄分担借款额：中国银行15万元，中国农民银行15万元，金城银行15万元，聚兴诚、川康、川盐、重庆、商业、江海等银行各65000元，建设银行4万元，钱业公会14万元。

三、逐段开工兴筑——陆续停工

在上一个阶段中，路线已经决定，建筑费也有了着落，现在就要统一组织，购买材料，采办枕木，征收土地，着手建筑这条横贯四川东西部的大动脉了。

（一）川黔铁路公司接收成渝铁路工程局

为了统一组织，上年成立的成渝铁路工程局，铁道部命令从二十六年一月十五日起直接受川黔铁路公司的管辖。川黔铁路公司现在是工程上，经济上实际负责修筑成渝路的主体了。

根据川黔铁路公司章程第四条第二项的规定，另外详细订定了成渝铁路工程局组织规程二十一条。第二条中明白规定工程局的职权是“掌理自成都至重庆之干支各线之测勘建筑设备会计及其他附属事项。在工程时期为事务上之便利起见，已成之段行车营业，暂由工程局兼营，全线完成后交由管理局管理”。第三条中规定工程局的组织是：下设“1. 总务课；2. 设计课；3. 工务课；4. 机务课机器厂；5. 总稽核；6. 会计课；7. 材料课材料厂；8. 地亩课；9. 各工务总段各工务分段；10. 运输事务所。因全路保安之需要，得由局长陈请总经理提出理事会通过后，设置警务段及分段”。工程局的职员，第十三条中规定：“局长兼总工程师1人，副局长兼副总工程师1人，总稽核1人，专员2人，正工程师若干人，副工程师若干人，帮工程师若干人，总段工程师由正工程师兼任，分段工程师由副工程师及帮工程师兼任，课长每课1人，厂长每厂1人，所长每所1人，股长每股1人，医师若干人，警务长1人，警务段长每段1人，课员、工务员、工务佐理员、工程实习生、事务员、司事各若干人。”至于局长和副局长仍是邓益光和陈祖贻。

（二）法银行团的加入投资和向法订购材料

在前面，人们已提到川省地方当局和法银行团曾商讨投资成渝路，并且还签订了一纸合同草约。川黔铁路公司成立后，就再和法银行团继续谈判，决定由川黔公司向法国中法工商银行借款3450万元，全部用来在法购买材料。初步洽定后，铁道部和川黔铁路公司派刘城为代表，赵法接洽一切,二十六年五月在法国正式签字。同时并在巴黎成立购料处,在上海设运输事务所,专门处理材料的购买和运输事务。第一批材料提前在这一年四月运抵沪。

（三）筹设四川采木公司采办枕木

成渝铁路所需器材既已向法订购，而枕木一项则决定采用国内木材。天全、理番一带盛产木材,先派员采取木材运沪,经交通大学试验可用作枕木。于是二十六年五月川黔公司联合铁道、实业二部，四川省政府，和中国建设银公司筹设四川采木公司。资本额拟定为200万元，分为2万股，每股100元，由铁道、实业两部和四川省政府各认股20万元，再在上海、四川分别招募商股70万元,上海方面由中国建设银公司和川黔铁路公司分担。当时计划在江津设立锯木厂。接着，抗战发生，采木公司和锯木厂都没有实现。

（四）征购沿线的土地

铁路全线需要的土地共52000亩,由工程局请省府征购。省府决定征购步骤:1.圈地,2.登记,3.免粮,4.审查各县地价,5.核定地价,6.发给地价。应征土地的田赋，二十六年起就开始豁免。

二十六年五月省府和铁路工程局洽商组织征收成渝路购地委员会，由民政、财政、建设各厅厅长,地政委员会常务委员和成渝铁路工程局长分任委员,直隶于省府,全权办理购地的事务。在成都设总办事处，稽祖佑、何北衡分任正副主任委员，沿线各县设分办事处，县长和征收局长任正副主任。

关于征购土地的价格，最初决定田每亩20元，土每亩10元，荒地每亩5元，房地产照市价折旧计算。付款办法是30元以下付现，30元以上酌付地价券。后来地主都认为地价太低，再改为依照自二十一年至二十五年的平均价格为收购价格。

征购土地，因为要配合开工，就先从巴县开始。在十二十六年内，巴县、江津、永川、隆昌、荣昌和内江都先后完成，简阳、金堂、新都、华阳、成都也在二十七年内分别完成。

同时,在施工时候难免要在征收土地界线以外,采运或堆积石料,致损害地上作物和建筑物,购地委员会决定由直接取用工作人给与权利关系人相当的补偿。

（五）铁路和公路互相交叉地区的处理

铁路线的永川至简阳一段，和公路线重复交叉的地区很多，淮州至赵家渡一段的铁路线几乎全部占用公路线，这几个地区决定由公路局让与铁路工程局，由铁路工程局补偿公路局损失费60万元。30万元分期用现金支付，其余30万元，用法国出品的车辆或其他器材作价支付。公路局得到的补偿费，就用来整理成渝北线——从成都经简阳、遂宁、潼南、铜梁、璧山到重庆的公路线。

（六）公段开工——陆续停工的经过

照原定计划，二十五年冬定测工作完毕后，就开始土石方工程，后来改定在二十六年一月分七段开工，每段所需工人八万名也已招募，但因：1.工程局中途改隶川黔公司，2.川河水枯材料无法运川，3.购地工作受地方势力阻碍，不能尽先完成，又延期到五月一日，仍旧不能如期全线开工。

成渝路全线最先开工的是重庆车站和九龙坡码头，这由华西建筑公司投标承包，在二十六年三月十五日动工。其次是第一总段的土石方工程和内江木镇的沱江大桥，分别在四月中旬开工。在五月中陆续开工的有第一、二总段的隧道及石桥涵洞工程。到“七七事变”前已经开工的土石方工程，还有第三、四、五总段。抗战发生后，中央要求积极赶修，提早在一年内完成，但是因材料的缺乏和运输的困难，到二十七年春，川黔公司当局已经觉得全线通车的希望很难实现，想先完成渝内段，逐段通车，开始采取紧缩政策，拟定五个原则：

1. 尽现有资金，在二十七年底以前完成已经开工之各项工程，以免受可能之损失。

2. 完成用地收买及地价发给，俾免积极兴工时再发生纠纷，致使工期延误。

3. 再行紧缩公司及路局开支，以适合施行是项紧缩工程计划为度。

4. 上述三项原则进行，预计至九月底止，共需现金 1450 万元（法国料价及现已付出 200 万元在外），除已收股本 1000 万元及借款现金部分 200 万元外，尚短 200 万元（即等于第二项原则应发给之地价），应即向官商各股比例收缴。

5. 核准完成渝内段工程计划，确定逐段通车原则，以谋便利地方。

到了二十七年底武汉沦陷后，不但材料的来源和运输愈加困难，就是资金也成问题，于是各段陆续开始停工。

四、新工全部停顿以来

三十年太平洋战争爆发，本来已经由法国运到香港的几千吨钢轨来不及运入国内，全部随香港陷入敌手，于是逐段通车的希望也完全断绝，新工只得全部停顿。从此铁路工程局的主要工作，只是养路工程，保护和维持这些已成和未成的工程。

今天，我们旅行在重庆到内江道上，旅途中可以看到许多大小桥梁和隧道，在木镇横渡沱江时，还可以看到屹立在江中的桥墩，这些都就是从二十六年到三十年这五年中，工程进行的成绩。如果我们要明了这些成绩的具体数字，后面的成渝铁路工程局进行月报表可以详细的告诉我们。

成渝铁路工程局工程进行月报

（三十一年七月三十一日）

工程概况	工程数量	单位	占全部工程百分率	累计完成数量	百分率	附记
土方	12050000	立方尺	14.90	2457000	3.23	
松石方	4016000	立方尺	8.00	915000	2.70	
坚石方	8032000	立方尺	24.00	1653000	6.90	
卸土墙	300000	立方尺	3.71	63000	0.78	
护坡	200000	立方尺	1.50	35000	0.26	
沟渠	100000	立方尺	0.24	25000	0.06	
道路	5000	公尺	0.24	1000	0.03	
隧道	2345	公尺	1653	3.27		

续表

工程概况	工程数量	单位	占全部工程百分率	累计完成数量	百分率	附记
大桥桥座	207	孔数	1.55	124	0.92	
桥面	3500	公尺	6.90	1839	3.68	
小桥桥座	373	孔数	0.95	183	0.45	
桥面	1400	公尺	1.74	720	0.90	
水沟涵管	1122	座	1.65	760	1.12	
路线保卫	530	公里	0.07	284	0.35	
电报	530	公里	0.80			
电话	530	公里	0.50	284	0.28	正线长530公里，岔道约50公里，合计580公里
铺轨	580	公里	3.60			
铺碴	580	公里	1.73			
岔道	42	处	0.30			
号志	42	站	0.05			
站房一等站	4	站	0.30			
二等站	2	站	0.10			
三等站	14	站	0.17			
四等站	21	站	0.16			
仓库	12	所	0.24			
道班房	40	所	0.05			
站台	42	站	0.52			
机车房	5	所	0.10			
转车设备	5	处	0.01			
给水设备	12	处	0.15			
煤台	12	处	0.20			
机厂	5	处	0.24			
码头	2	处	0.15	1	0.07	
总计				80%	24.90	

对于上面的表，我们还应该有三点说明：（一）这表虽然是表示三十一年七月底的工程进行状况，因为这时新工已全部停工，我们在前面已有说明，所以足可以表示成渝铁路已完工部分的一般情形。

（二）表中的百分率，并不单单依照数量计算，同时还包括工程进行难易的程度。

（三）最后一项百分率的总计只有80%，其余的20是因为根据交通部规定，施工前的筹备工程（路线勘测和土地购买）占全部工程的20%，加上这20，恰恰是100。所以同理，我们也可以说成渝线路的完成部分已占全部工程的44.9%了。

三十三年夏天，讨论中央归还四川的谷款用途时，续成渝铁路的呼声叫得很响亮，这一条半途而废的铁道，又被人们从记忆中拉出来了。据今年七月二十一日中央日报的消息，川黔铁路公司负责人刘景山已在美国和原投资成渝铁路的法国银行团代表接洽，等到战后长江航运恢复后，材料立即可以运来，一年内可以完成，交通部已在筹备复工中。

五、过去的教训

历史是忠实而公平的，人类虚心接受历史的教训，这是最聪明的举动。从上述成渝铁路的兴筑经过中，指出我们可以学习的教训，这是我们在本文临时想大胆尝试的工作。

第一，从民国元年首先兴筑成渝铁路的提出，到今天已有三十四个年头了；在这三十四年中，不能完成这全长580公里的铁路线，固然有着许多致命的客观原因，可是主观上努力的不够，也是不能忽略的。进一步分析主观努力不够的原因，我们认为由于：(一）对成渝路的认识不够，(二）对兴筑铁路的态度不正确。

先说，对成渝路的认识不够。在民初川汉铁路建筑程序先后的争论中，有一部分人虽然已提出成渝段的重要性，可是这一种认识是相当含糊的，或者更确切地说，他们对于整个铁道交通重要性的认识，毋宁是对于自身利益的认识更恰当些。民国二十一年地方当局的再度提出，对成渝路在四川的重要性，可以说已有进一步的认识，但是成渝路对全国重要性是茫然的。二十五年中央和地方统筹举办后，才开始认识成渝路在全国的重要性——认为是西南和西北铁路交通的连络线，可是这认识也仅至于此，所以到抗战发生后的艰苦阶段，成渝路又被搁置下来了。我们都知道在抗战中我们完成了湘桂路和黔桂路的大部，还延伸了陇海路，可是成渝路终被搁置的事实，这无可讳言的是大家认为成渝路的重要性较次一等的结果。

在这里我们不想分析成渝路和湘桂路、黔桂路或宝天路（陇海路的延伸部分）的重要性的等次，不过鉴于过去的教训，我们愿意指出成渝路的重要性，表示我们对于完成这条铁路的期望的深切。

成渝路在地图上看只是四川内部的一条路，可是实际上它是全国铁路网中重要的一节，这在前面我们已提到。更具体的说，以成渝路为中心，向西北筑成都到宝鸡线，可以到陕西；向西南，由川黔线可以通云贵和两广。成渝路可以把西北和西南紧紧的联在一起。再向东南，经川汉路，把四川盆地带出了三峡的天险——当然Y、V、A.如果成功，它会更圆满完成这一任务。论者都在主张用铁路来打开四川的每面大门。我们也承认四川对外铁路的重要，可是如果只有四川对外的铁路，没有横贯四川内部的成渝路，只是把大门打开，仍旧不能登堂入室的。就是Y、V、A.成功，四川盆地内部也要有一条横贯盆地的成渝路，使Y、V、A.更能发挥它功用。

单从交通一点来认识成渝路，当然是不够的，如果这样，我们仍囿于过去的错误。我们还得认识交通线对于它沿线地区经济发展的结果，同时还承认铁路的完成可以帮助这一个地区的经济更向前发展，我想对于这一点因果关系，我们是决不会再有怀疑的了。那么，让我们再回头来看成渝路所通过地区的经济发展情形。

打开四川的地图，我们可以立刻在四川中心找到成渝路所通过的地区，——这区域不但在地图上是四川的心脏，在经济发展上更是四川的心脏。这是四川物产最富饶，农、工、商业最发达的地区。从成都开始说起，成都平原是四川的谷仓和手工业中心；向东的沱江流域是四川的糖业和酒精业中心；再向东的荣昌隆昌是四川麻纺织业的中心；到了终点的重庆，依凭嘉陵江和长江，它是四川工商业的心脏，战时迁川的工厂集中在重庆，尤其增加了它工业上的比重。还有支线到达的自流井，是四川的盐仓和盐碱工业的中心。其他沿线还有许多有价值的煤铁矿，最近又发现了石油，这一地区中又可以建立小规模的重工业。这些农、工、商业的发展已经很早就迫切需要有一条铁路来联络活动的了；当然成渝路的完成可以使这一地区中农、工、商业更合理和更快速的发展。

四川支持八年抗战的辉煌成绩，使我们深刻的认识了四川在全国的重要性。现在抗战胜利结束，我们着手建设新中国，我想再也不会忘记建设新四川，从我们上面的分析，成渝路在四川经济发展中将担当这样重大的任务，在四川经济建设中占这样重要的地位！所以，我们认为成渝路的完成，不但关系四川，而且关系整个中国；这条路的继续兴修，不但是四川单独的课题，而且是整个中国的课题。这是我们对于成渝铁路必须再认识的。

其次说到对于兴筑成渝路的态度。这是和上述对成渝路的认识有密切关系的。在前面我们曾说过先提出成渝路的重要性时，他们对于自身的利益比成渝路的重要性更认识得清楚，所以到最后没有下文的结束，这原是不足怪的。就是在二十一年以后几度的提出兴修，因为对于这条铁路的重要性的认识是如此含糊，自然对于兴筑这路的态度不会十分积极的。武汉沦陷后，固然环境非常艰苦，可是要继续完成成渝路也未始不可，这在前面我们已提到过。甚至后来运到香港材料也没有快捷抢运进来，忍陷敌手，这都可以充分的说明兴筑成渝铁路态度的不积极。

说到这里，我们也不得不对铁路建筑费的筹措说几句话。民国二十五年川黔铁路公司的组织，主要任务是建筑成渝路，据当时估计完成这路的建筑费要5000余万元，公司自己的资本是2000万元，不足之数，再由公司向法国借款3450万元购买材料。武汉沦陷后，川黔公司的资本已用完，法国材料不能来，于是工程就被迫停顿；我们要问川黔公司这时为什么不再增加资本？如果公司资力已竭，政府为什么不给与帮助？我们并不反对用官商合办方式来经营经济建设，可是当官商合营的组织财力不足时，政府要尽量给与支援；到必要时，我们不反对完全收归公营。对于利用外资，我们也极端赞成，可是如果外资一时不能来，我们要立刻自力更生来完成，不能呆等，延缓我们的经济建设。

最后，我们要分析上面提到使成渝路半途而废的客观原因。四川民国以来扰攘不安，抗战前政治局势刚安定，对外的抗战便爆发，一言以蔽之就是没有一个和平良好的政治环境；国内的经济建设不能顺利，也未始不是这原因。所以和平良好的政治环境，是经济建设的前提。

第七章　邮　电

一、管制、管理法规

1. 交通部为规定内地与香港往来电报避免无线电传递补救办法致重庆市政府公函（1939年1月6日）

查自广州失陷，粤港间电线阻断后，所有内地与香港往来电报，即以经无线电传递为正常路由。如所发电报必须避免经无线电传递者，自应另定方法，以资救济。兹经本部规定《内地与香港往来电报避免无线电传递补救办法》如下：

一、绕道滇缅陆线及印度香港间水线传递此项电报，因须经外国电局转递，故须按照国际电报办法办理。寻常电每字收费3.85元、官电每字收费2.3元（报价如有更改可向电局询问）。惟电文如用洋文暗语（即以五个字母为一组之密码），可照6折减价计费，其电底上并须由发报人注明 Via Bharmor and Madras（即经八募及马德拉斯传递）之路由标识，以便电局照办。

二、现在重庆昆明俱有航空邮递可通香港，故渝昆二地与香港往来之电报，如机密性重于时间性者，可由发电人尽量利用航空快信，自行改作代电发寄。

三、内地（指重庆昆明以外各处，下仿此）发往香港电报，其机密性重于时间性者，可由发电人自行注明“航转”字样，交电局经有线电递至重庆或昆明后，改用航空快信转寄香港中国电报局投送。其由香港发至内地之电报，亦可由发电人注明“航转”字样，交港电局用航空快信邮寄昆明或重庆电局，再经有线电拍至内地（内地与香港往来电报航转办法另抄附后）。

以上办法除通饬各地电局递照外，相应函请查照，并饬属知照，以备采择。再现在发港电报，实以经无线电传递最为迅捷省费，倘能采用特别密码，似亦足以防免泄漏。关于密码之编制，

闻军委会及资源委员会均经研究得有周妥方法，似可商洽采用。当否，敬请一并察照办理为荷。此致

重庆市政府

附内地与香港往来电报航转办法一份

部长　张嘉璈

内地与香港往来电报航转办法

一、内地（指重庆昆明以外各地，下仿此）发往香港之电报，其机密性重于时间性者，得由发电人在电底上注明“航转”字样，交当地电局用有线电拍至重庆或昆明电局，改用航空快信转寄香港中国电报局按址投送。

二、香港发至内地之电报，亦得由发电人注明“航转”字样，交香港电局用航空快信寄至昆明或重庆电局，再用有线电拍转内地电局投送。

三、指定重庆、昆明二地电局为航转电报之总汇地电局，将来航空邮路如有变更，该项总汇地电局另行指定之。

四、航转电报由内地发往香港者，应由发报局在备注栏内加注英文业务标识如下：____（总汇局名缩称例如昆明为KM）to HK by airmail，其由香港发往内地者应由港局加注英文业务标识如下：HK to____（总汇局名缩称）by airmail。

五、总汇地电局及香港局，应各指定可靠人员负责办理航转电报之封寄收转等事务。

六、航转电报不得经无线电传递，倘遇有线电阻断，无路可通时，应俟线路修通时再发。

七、航转电报仍照无线电经转内地与香港往来电报价目收费，其航空邮资，由总汇地电局及香港局支报。

八、航转电报如因航空邮路或电报线路发生故障，以致迟延失误，电局及航空公司均不负责。

2.行政院关于抄发《取缔中外商行拍发密电办法》给重庆市政府训令（1940年1月16日）

案准军事委员会本年一月九日渝办检字第二号密函开：

查抗战期间，关于限制国内外商行拍发密电办法，尚无适当规定，兹经本会会同交通外交两部，商订取缔中外商行拍发密电办法八项，以资周密。除通令本会各部属遵办外，相应检同

该办法，函请贵院查照通饬全国一体遵照施行，并希见复为荷。等由。准此，除分令并函复外，合行抄发原办法，令仰遵照，并转饬所属一体遵照。此令。

附抄发取缔中外商行拍发密电办法一份

院长　蒋中正

交通部部长　张嘉璈

取缔中外商行拍发密电办法

一、各种私务电报（简称商电），必须由发报人于电报纸下端书明姓名、详细住址、职业或服务机关名称及所在地点。

二、商行发电，应在电报纸上加盖正式店戳，及负责人名章。私人或住户发电，应在电报纸上加盖发电人名章。

三、银行或其他重要商行，因业务关系，有拍发密码电报必要者，应先由商会具函向电局声明，负责保证。又外国侨民或商行有拍发密电必要者，应先由主管领事具函向电报局声明，负责保证，由电局填给“拍发密电许可证”，交该银行与外侨商行收执，并于每次拍发密电时，送局查验，以便放行。惟检查员或电局认为必要时，仍得要求将密码本交出检查。

四、凡未领“拍发密电许可证”之中外人民商行，因正当事由拍发国内外密电，均应将密码所代字句另纸录出，连同密码本送交检查员或电局检查。

五、国内外各处发来之密码商电，检查员或电局认为必要时，应由收报人将密码本交检。

六、密码商电之发报人或收报人，对于上述办法如不遵办，电局得拒收或扣送其电报。

七、中外人民商行往来电文，暂可不加限制，惟遇有不常通用之外国文电报，得于必要时令收发电人译成在中国转为通行之外国文，由检查员或电局审核准予收发。

上项办法自二十九年二月一日起实行。

3. 行政院关于修正公布《邮局自备运邮汽车通行各省市公路办法》给重庆市政府训令（1940年7月23日）

查邮局自备运邮汽车通行各省市公路办法，现经修正公布，应即通饬施行。除分令外，合行抄发修正办法，令仰知照，并转饬知照。此令。

计抄发邮局自备运邮汽车通行各省市公路办法一份

院长　蒋中正

邮局自备运邮汽车通行各省市公路办法

第一条　邮局自备运邮汽车通行各省市公路者，均须领挂交通部汽车牌照管理所制发之“国邮”字号牌、行车执照及邮车养路津贴缴讫证。号牌应钉于邮车前后两端指定之显明处所，行车执照随车携带，缴讫证粘贴于车前玻璃窗左上方。

第二条　各地邮局自备运邮汽车，应向交通部指定之当地经发汽车牌照机关，领取交通部汽车牌照管理所制发之汽车申请登记检验书，依式填写清楚，以该管邮政管理局名义，申请免费检验登记。由经发牌照机关迳行通知当地邮局，约时驶车前往，按章迅速检验合格后，当场发给牌照。邮局新购邮车入口时，应向交通部汽车牌照管理所所设之国境管理机关申请免费检验登记，按章领取牌照，方得驶往服务区域。

第三条　已领牌照及贴有本季邮车养路津贴缴讫证之邮车，得行驶于全国各省市公路。各省市车捐征收机关或交通管理机关，不得另征任何税捐或养路费，以及其他任何类似费用。

第四条　交通部汽车牌照管理所订制邮局自备运邮汽车牌照之费用，由各邮局于领取时，按照汽车管理规则规定数目付给之。

第五条　邮局自备运邮汽车在全国省市公路行驶者，由邮局津贴公路桥梁渡船（人力或□□□）一切修养费用，每辆每季30元。在市区内行驶者每辆每季津贴12元，按季由各邮局迳付当地省市车捐征收机关，免费领取缴讫证。半吨小型运邮汽车，按上列津贴数目减半缴纳。各种机器脚踏车，均按上列津贴数目1/3缴纳。

第六条　公路机关对于邮政运邮汽车，应予以充分协助及便利。

第七条　邮局运邮汽车之驾驶人及技工，应分别照章考领汽车牌照管理所制发之统一执照后，方得执行职务。

第八条　邮局运邮汽车无论自备或租用，通行各省市公路时，除本办法另有规定外，在不背邮政法原则下，应遵守汽车管理规则、汽车驾驶人管理规则及汽车技工管理规则。

第九条　长途汽车或营业运货汽车由邮局租用者，如租期在三个月以上，照邮车例免纳养路费，由邮局发给证书证明。

第十条　本办法自公布之日施行。

4. 重庆与各省会及军事重点通邮情形表（1940 年 9 月 24 日）

寄达地方	直接通邮或转递地方	邮运工具
成都	直达	邮政汽车
阆中	南充转	汽船运至合川转发旱班邮差
西昌	成都转	邮政汽车运至成都转发旱班邮差
万县	直达	轮船
黔江	彭水转	公路局汽车带运，无公路局汽车时用旱班邮差
康定	成都转	邮政汽车运至成都转发旱班邮差
贵阳	直达	邮政汽车
昆明	同上	同上
泰和	吉安转	中间柳州至耒阳一段由大车运递，其余两端由邮政汽车运递
柳州	直达	邮政汽车取道贵阳
桂林	同上	邮政汽车取道贵阳至柳州转湘桂铁路
芷江	贵阳转	邮政汽车运至马场坪转发公路局汽车，无公路局汽车转发旱班邮差
沅陵	同上	同上
长沙	直达	邮政汽车运至柳州交火车再经湘潭转公路局汽车或旱班邮差
衡阳	同上	邮政汽车运至柳州转发火车
耒阳	衡阳转	同上
曲江	直达	同上
襄阳	巴东转	轮船运至巴东发交旱班邮差
上饶	鹰潭转	邮政汽车运至鹰潭转发火车
南平	吉安转	邮政汽车直运或运至鹰潭转发火车经江山转
永安	同上	同上
金华	直达	邮政汽车运至鹰潭转发火车
永康	金华转	同上
屯溪	同上	邮政汽车运至鹰潭转火车经兰溪交公路汽车
恩施	巴东转	轮船运至巴东转发公路汽车，无公路汽车时交旱班邮差，如无直达巴东轮船则由轮船运至万县发旱班邮差经利川转运
巴东	直达	轮船
老河口	巴东转	轮船运至巴东发交旱班邮差
五原	宁夏转	照宁夏条运至宁夏后交旱班邮差
樊城	同上	同上
南阳	成都转	邮政汽车运至宝鸡转发火车，其中华阴至□□镇一段旱班邮差衔接
洛阳	西京转	同上
西京	直达	邮政汽车运至宝鸡转发火车
南郑	同上	邮政汽车

续表

寄达地方	直接通邮或转递地方	邮运工具
兴集	西京转	
兰州	直达	邮政汽车运至宝鸡转交火车，经西京发西北公路汽车
西宁	兰州转	照前条运至兰州发早班邮差，每逢星期二、日兼用西北公路局汽车运递
宁夏	同上	运至西京运交公路汽车
迪化	直达	运至兰州交双马差昼夜兼程递至猩猩峡，再由汽车运至迪化，逢星期五、六两日自兰州至酒泉一线用西北公电局汽车运送

附注：

（一）公路局汽车带运邮件，常有限制，具仅以信函及明信片等轻类邮件为限，如遇公路局汽车无法尽量载运时，则由旱班邮差运递。

（二）表内所列之地运输工具，系以运载信函明信片等轻类邮件为主，至书籍印刷物及包裹等重类邮件，系按运输能力随时限制或暂停收寄。

（三）凡公路通达各地往来邮件，依法原应由公路局汽车负责尽量尽速带运，惟自军兴以来，各公路局汽车，多因运输困难，限制带运邮件之数量，邮局为免邮件迟误，并补助公路汽车运量之不足起见，在各重要公路干线上自置邮车协运，近又因汽油来源阻断，颇难维持，将来公路汽车运量改进时，当仍交公路汽车载运。

5. 行政院为检发《各机关领用空白自用密本规则》给重庆市政府训令（1941年12月4日）

案准军事委员会密字第二九〇一号公函开：

查自抗战军兴以来，各机关部队军讯频繁，本会为求通讯严密计，经已禁用明码本编制之密本，并饬由办公厅机要室专印自用密本一种以供各机关部队编制自用密本之需。惟迩未请领此项密本之单位日益增多，以致编印本乃供不应求，而各单位所需密本实属必要，长此以往势必影响军讯。为顾及事实起见，嗣后本会编发此项密本以各军事机关部队为限！所有行政机关需用之自用密本拟请贵院统筹编发以资补救。等由。准此，自应照办。除函复外，合行检发领用此项密本规则一份，令仰知照。此令。

附检发各机关领用空白自用密本规则一份

院长　蒋中正

各机关领用空白自用密本规则

第一条 本院为防止泄漏电讯机密起见，特编印空白自用密本一种专供本院所属各部会署暨各省省政府备价具领，以便编发与其附属各机关相互通讯。

第二条 各机关领用密本数量按附属机关之多寡详列表册（各部会署以直辖附属机关为单位，各省府以县为单位），由各机关备文呈请本院核发。

第三条 各机关领用空白自用密本，每册应缴印刷材料费国币1元，于具领时缴呈（该项材料费根据材料价格涨落每半年修订一次）。

第四条 各机关领到自用密本应自行编制角码及横直码，分发所属机关应用，并为拍发无线电时保持电讯机密起见，应附发加码表备用。

第五条 自用密本使用期限，每种定为两个月，如使用期满或遇有遗失，应即随时作废，换发新本。同时须由分发机关将废本收还销毁。

第六条 各机关每两个月请领密本一次，若遇遗失可随时增领一次。

第七条 各机关请领自用密本，应具备印信，派员来院具领（各省省政府由驻渝办事处派员具领）。

6. 行政院为抄发《修正各机关参加邮电检查工作办法》给重庆市政府训令（1942年3月27日）

案准军事委员会三十一年三月渝办检三描字第九七二四号公函开：

案据本会办公厅特检处报称：查各地党政军机关派员参加本处邮电检查工作施行以来，不惟收效甚微，且受牵制，其原因即为各派遣机关及参加人员，未按照本会前颁之各机关参加邮电检查工作办法办理，参加人员多以其兼职，平日对工作敷衍塞责，仅负其名，其或有月余不到公者。其不服从所长指挥违犯服务细则之事件更属层出不穷。至如原派机关之调动亦甚频繁，常有两月之内更调数次者。似此即任何工作，亦难期良好，非但邮电检查也。本处工作受此影响，实非浅鲜。前颁之《暂定各机关参加邮电检查工作办法》，亦尚有不合现在需要之处，特予修正附呈鉴核，重行颁布，分别函令各机关知照办理等情。据此，查该处所称确系事实，各派遣机关参加人员应依法参加检查，不能有所逾越。该项修正办法，核尚可行，除分别函令颁行，并将前颁之本会办公厅特检处《暂定各机关参加邮电检查工作办法》取消外，相应照抄该项修正办法一份，随文送请贵院查照转饬各省政府知照办理。等由。准此，除分行并函复外，合行抄发《修正各机关参加邮电检查工作办法》，令仰遵照办理。此令。

计抄发修正各机关参加邮电检查工作办法一份

院长 蒋中正

修正各机关参加邮电检查工作办法

一、军事委员会办公厅特检处（以下简称特检处）为适应事实需要，增进邮电检查工作效率，特规定本办法。

二、本办法适用于各机关之所有参加检查人员。

三、凡不在特检处支薪者，统称参加人员。

四、中央及军事委员会两调查统计局，及各该邮电检查所所在地之最高党政军机关，在工作上需要联系时，于征得特检处同意后，可派员参加检查。

五、各机关参加人员，不得超过规定各该所需要额1/3。

六、规定参加人员最短服务期为六个月，在此期内，如非特殊原因，及原派机关有移动或裁撤时，不得调离或另派员递替，否则当予拒绝参加工作。

七、各机关派遣参加人员，须先将履历像片赍由各该所报经特检处批准，方得开始工作。若逾两周不报到时，得予除名，拒绝再请参加。

八、参加人员须绝对服从所长指挥，如有不服指挥或违犯服务细则之行为者，当函请原派机关改派或拒绝参加。

九、在服务期内，如考查未参加人员成绩优异堪能久任检查者，得由原派机关征求同意，改由特检处支薪，以资养成检查技术人才。

十、在服务期内，如考查参加人员有能力薄弱、不堪胜任或敷衍塞责、有犯规则时，得函原派机关调回。

十一、各机关在派遣参加检查人员之前，应先考核其能力学识能否胜任，以重工作。尤须专任不得兼职，否则即予拒绝或函请调回改派。

十二、特检处已施行之“工作人员惩奖条例”，得全部施行于所有参加人员。

十三、本办法如有未尽事宜得随时呈请修改之。

十四、本办法自呈准之日起公布施行。

7.行政院关于太平洋战争爆发后寄往欧美航空函件办法致重庆市政府代电（1942年4月17日）

重庆市政府：据交通部代电称：案据邮政总局报称：查自太平洋战争发生以来，美国泛美航空公司香港至旧金山航空线停航，我国寄往欧美航空函件不得不改道运递。原仅可由我国渝加航空线，经由缅甸运至印度加尔各答，再由英国海外航空线，自加尔各答经由非洲开罗，运至南非洲德尔班，再改由普通邮路继续接运。嗣以英国海外航空公司开办非洲开罗至非洲拉哥斯航空线与泛美航空公司之欧美航空线衔接，当将前项航空函件改由拉哥斯转递，以期迅速。嗣准印度邮政电知，以开罗至拉哥斯段飞机运量有限，所有寄往欧美航邮，仍须改发德尔班，等由。当以国际航邮首重迅速寄递，如仅由航空运至德尔班为止，则仍不免延迟。经与印度邮政切实电商，旋准电复，我国政府机关寄往欧美各国航空函件，如经清晰注明：Chinese government airmail 字样，可由英国海外航空线飞机，自印度加尔各答经埃及及开罗，运至非洲拉哥斯，再由泛美航空线飞机接运。惟非属政府机关交寄之航空函件或私人交寄者，因限于运量，仅可由航空运至南非洲德尔班为止，再由普通邮路运递，等由。准此，嗣后我国政府各机关交寄欧美之航空函件，其性质重要者，可送交外交部总务司文书科汇封外（见本部三十一年三月十四日第四四零四号寒代电），其余函件如须全程由航空寄递，应于封面上用红笔清晰注明："Chinese government airmail"字样，并加注原寄机关名称，纳足普通及航空邮资，即可照寄。除通饬所属各局遵办外，报请鉴核，等情。据此，理合电请鉴核，分别通知各机关查照办理，等情到院。除分行并电复外，特电知照。行政院。篠四。印。

8. 行政院关于中英间互换外交专邮办法给重庆市政府的训令（1942年6月）

据交通部本月四日邮字第五八九号代电称：查中英间互换外交专邮袋，并经我国驻英大使馆与美国邮政商妥，即可开始寄递。是项外交专袋之最高重量以不超过30公斤为限，先由航空经加尔各答寄至南非洲德尔班，再由普通邮路寄达英国。邮袋签牌上应详细注明"BY B.O.A. C. UP TO DURBAN VIA CALCUTTA AND ONWORD BY SURFACE TRAN SPORT"此项办法，已与外交部商定，除分呈军事委员会外，理合电请鉴核。等情。除分行外合行令仰知照转饬知照。此令。

院长　蒋中正

9. 行政院为检发《非常时期拍发密电限制办法》和《拍发密电许可证发给办法》致重庆市政府代电（1942年11月11日）

重庆市政府：案准军事委员会渝办检三字第一二七六四号函开：案据本会办公厅特检处呈称：抗战时期通讯亟应管制，嗣后拍发密电，似宜严予规定，以防机密外泄。经拟订拍发密电限制办法及拍发密电许可证发给办法，已会同有关机关修正，谨检同该两项办法随文附呈鉴核公布施行，等情。据此，查所拟各条，核尚可行，相应检同该项办法函请查照，并转饬所属知照，等由。准此，除分电外，合行检发该两项办法各一份，电仰知照，并饬属知照。行政院。真机。

附非常时期拍发密电限制办法、拍发密电许可证发给办法各一份

非常时期拍发密电限制办法

第一条　非常时期拍发密电，除军电、官电外，应向军事委员会领取拍发密电许可证，方可拍发。其许可证发给办法另订之。

第二条　凡持有拍发密电许可证，向电报局拍发密电者，概须依照电检规则接受检查。

第三条　军电、官电得不需许可证拍发密电，但须依照本会办制渝字第三六八七号密令颁布电信监察及防谍实施细则第六章第四十二条之规定接受检查。

第四条　凡驻在中国之外交使领馆，均可拍发密电。惟须具有各该国使领馆印签字，证明确属外交文件，方准拍发，并免检查。

第五条　各机关经呈准设置军专用电台者，得拍发密电，但须依照本会办制渝字第三六八七号密令颁布无线电台检查办法之规定，接受检查。

第六条　应受检查之密电，电局应协助检查。

第七条　本办法自颁布之日起发生效力。

拍发密电许可证发给办法

第一条　本办法依据非常时期限制拍发密电办法第一条之规定订定之。

第二条　凡申请发给拍发密电许可证者，均依本办法之规定办理之。

第三条　凡申请发给拍发密电许可证时，应先具备公函声叙理由，检同密本向当地电局申请发给。惟申请拍发洋文密语电报者，其密本以英、美等国著名流行之商用密本为限，并应于申请书内注明密本名称、发行书局及出版年份等项，但勿庸将密本检送。

第四条　电局据申请发给拍发密电许可证后，即将原函及密电本送交当地邮电检查所详细审查，认为理由正当，再行呈请军事委员会办公厅特检处核准填发。当地如未设邮电检查所，可迳行呈请该处核准填发。

第五条　拍发密电许可证如有遗失，应将遗失时间、地点及原因，备函报请电局注销，并申请补发。

第六条　本办法如有未尽事宜，得由军事委员会办公厅特检处会同交通部随时修正之。

10. 行政院为抄发《非常时期邮电使用文字种类限制办法》给重庆市政府的训令（1942年11月6日）

案准军事委员会本年十月三十日渝办检三字以第一二七六一号公函开：

案据本会办公厅特检处呈，以我国邮电现用文字种类加以限制，外国文字任意采用，致不法之徒往往利用为通讯工具，传递消息，泄漏机密，其影响抗战至巨。嗣后邮电文字种类似应严加限制，以资防范。经拟订限制办法四条，并会同有关机关修正，谨检同该项办法随文附呈鉴核，公布施行，等情。据此，核其所拟各条均尚可行，除由本会办公厅检附该项办法函送贵院外交、军政、财政、交通四部查照外，相应检同该项办法一份，随函送请贵院查照，并转饬所属知照为荷。等由。准此，除分行外，合行抄发原附件，令仰知照，并转饬所属知照。此令。

计抄发非常时期邮电使用文字种类限制办法一份

院长　蒋中正

非常时期邮电使用文字种类限制办法

第一条　中华民国境内邮件通用文字，暂以中（包括蒙、藏、回文字）、英、苏、法、荷兰等国文字及拉丁文为限。电报明码使用文字，以中、英、苏、法四国文字为限。其他各国文字，一律禁止使用。

第二条　中华民国人民所发邮件，以使用中国文字为原则，但有生长外国不通中国文字者，得使用第一条规定之外国文字。

第三条　外国过境之邮件或电报所用文字，不受本办法之限制，但属于敌国之邮电，不论何种文字，均应扣留之。

第四条　本办法自公布之日起发生效力。

11. 行政院为抄发《军事委员会统制重庆卫戍区军用与专用无线电台办法》给重庆市政府的训令（1942年12月19日）

案奉国民政府本年十二月十二日渝文字第一〇五八号训令开：

据本府文官处签呈称：准国防最高委员会秘书厅本年十二月五日国纪字第三一二〇三号函开：准军事委员会本年十二月一日办二通渝字第五九〇三号函称：查本会于三十年七月曾颁订陪都军用与专用电台限制办法一种，兹以该项办法限制范围，应予扩大，业经另订军事委员会统制、重庆卫戍区军用与专用无线电台办法，于本月二十六日以办二通渝字第五七八一号训令颁布施行，所有陪都军用与专用电台限制办法同时废止。检附统制重庆卫戍区军用与专用无线电台办法函请查照，转陈备案。等由。到厅。经陈奉批：准予备案。相应抄同原送办法函请查照，转陈饬知，等由；理合签请鉴核，等情。为此，除饬复并分令外，合行抄发原附办法，令仰该院知照，并转饬知照。此令。等因。奉此，除分行外，合行抄发原附办法，令仰知照。此令。

计抄发原附军事委员会统制重庆卫戍区军用与专用无线电台办法全份

院长　蒋中正

军事委员会统制重庆卫戍区军用与专用无线电台办法

一、军事委员会（以下简称本会）为统制重庆卫戍区军用与专用无线电台起见，特制定本办法。

二、凡在重庆卫戍区内架设之军用与专用无线电台（以下简称各电台），不论其已否领有军政部登记证或交通部执照，均须受本办法之统制。

三、各电台于本办法颁布之后，应立即依式填具请领许可证登记表，向重庆卫戍总司令部申请登记。其有延不登记者，即予以取缔。

四、重庆卫戍总司令部接到上项登记表后，应即派员前往各该电台细密检查，并逐项签注意见，呈会核办。

五、本会收到上项登记表后，分别发交军政部或交通部审核，本会复审。其合格准予设立者，即由本会颁发许可证，仍交重庆卫戍总司令部转发。其不合格者，一概不准设立。

六、国营电台及军舰电台、空军航行电台、船舶飞机上所设之航行电台，情形特殊，可以不必填送请领许可证登记表申请登记，但对于重庆卫戍总司令部有所查询时，应负责据实签复。

七、随军过境之军用电台，在重庆卫戍区内，架设通报在三日以内者，应于架设之前，报请重庆卫戍总司令部或其分区司令部备案。超过三日以上者，则按照第三条之规定申请登记领证。

八、党政军机关部（或与部相等之机关）以下单位所属电台，除中央通讯社、国家银行、邮政汇业总局、航空公司及轮船公司等所属电台得按照规定手续呈请设立外，其余一律不准在重庆卫戍区内架设。

九、部队电台，除陆军通讯兵团编制内之各电班及担任陪都或重庆卫戍防务部队编制内之电台班外，其余一律不准在重庆卫戍区内架设。

十、党政军各级办事处，概不准在重庆卫戍区内架设电台。

十一、嗣后在重庆卫戍区内，如无战事上之需要，或其通信地点为陪都各电台及电报局连络范围以内者，一律不准新设或增设电台。其有新设或增设之必要者，应声述理由，并按照第三条之规定，申请登记领证。

十二、凡在陪都市区之内新设或增设电台者，概依下列规定之地址架设。

（一）发射机电力在200瓦特以上者，其设置地点，应在下土湾、茶亭、复兴关及黄沙溪以西。

（二）化龙桥以东、上清寺以西、复兴关以东、两路口以西，为局机台架设区域，其附近500公尺以内，绝对禁止立发射处。

十三、各电台于彼此发生干扰时，应各自在技术设法避免，如仍无效，以设立在后者迁让，其移地点，以不再干扰其他电台为原则。

十四、各军用电台，除属于本会各直属机关及通信兵团各电台班外，其余电台之人事、经费、机件，应造具表册，报请军政部登记备查。非经军政部核准，不得稍有异动。

十五、现已设立而应予裁撤之各军用电台，所有人员、经费、机件等项，概由军政部接收。

十六、各专用电台所有电信工作人员，限三个月内一律向交通部请领服务登记证。嗣后未领证者，不得录用，已领证者，非经交通部之核准，不得擅自进退。

十七、交通部对于现已设立之专用电台，于必要时，得呈请接收管理。

十八、各军用电台除任务特殊（谍报、特务、防空、航空及担任海军通信上之任务者）有自行成立通信网之必要外，其余电台之联络地点时间及报务，均由军令部（通信兵指挥部）统一支配之。

十九、各专用电台应将每月报务次数及通报时间，于次月十日以前填表送由交通部审核。交通部得令其于空余时间为其他机关通报，各台不得推诿拒绝。

二十、军令部（通信兵指挥部）及交通部对于未设电台或已设电台而被撤销之各级机关、部队之重要报务，仍应设法维持。

二一、各电台许可证在尚未领到以前，绝对不准架设通报。

二二、各电台许可证内所列各项，如有异动，应立即呈报重庆卫戍总司令部转报本会备查，并由重庆卫戍总司令部转报本会备查，并由重庆卫戍总司令部分函有关各机关查照。

二三、各电台许可证必须妥为保管，因故遗失时，应立即登报声明作废，检同报纸向重庆卫戍总司令部申请转报本会补发新证。

二四、各电台许可证于电台离境或撤销时，应即缴送重庆卫戍总司令部转呈本会注明。

二五、本会对于已经领有许可证之各电台，认为有改正其机件内部之设备，或令其担任特种通信任务，或令其迁移地址，或令其暂时停止工作，或令其与其他电台合作，应绝对遵照办理，不得托故推诿。

二六、本会颁布之各军用无线电台队班，应注意事项，不论其为军用或专用电台，均应一律遵守。

二七、各电台如有妨害治安或违反本办法之规定时，应由重庆卫戍总司令部负责检举呈报本会，视其情节轻重，分别依法惩罚。

二八、各电台之经常检查事宜，由重庆卫戍总司令部专负其责，必要时得呈请本会派员及邀请军令部、军政部、交通部派员协助之。

二九、本办法自公布之日施行。

12. 行政院关于抄发《邮寄密电限制办法》给重庆市政府训令（1943年7月6日）

准军事委员会本年六月二十七日渝办检三字第零三九七号函：

据本会办公厅特检处拟定邮寄密电限制办法两项，并经办公厅函商交通部，准饬各地邮电两局协助实施，检同该项办法请查照转饬，等由，附邮寄密电限制办法一份。准此，除分行外，合行抄发原办法，令仰知照并转饬知照。此令。

抄发邮寄密电限制办法一份

院长　蒋中正

邮寄密电限制办法

一、信件内不得夹寄密码电报，否则如经发觉，即视同秘密通讯，予以扣留。但各机关有时因特殊情形，其密电必须邮寄者，应在信内附一图记完备之正式公文，向收件人说明内密电几件（限于用官军电纸书写者）及邮寄原因，并在信封面加注“内附密电几件”字样，方可放行。否则亦予扣留。

二、凡邮转密电，须由电局送由邮电检查人员检查盖章后，始得付邮。如经邮转电局检查员检查者，应由电局在报头上注明“检查讫”字样，否则如经检查发觉，即予退还或扣留。

13. 行政院关于抄发《拍发官电须知》给重庆市政府的训令（1943年8月8日）

案据行政效率促进委员会签呈以官电拥护，影响电讯极巨，经详加研究，拟定“拍发官电须知”提交七月十五日委员会议，除制印官电纸机关由主管部核办外，决议原案修正通过请通令施行。等情。据此，当经提出本院第四二五次院会决议：“通过”。除饬交通部遵照办理并分令外，合亟抄发该项须知，令仰遵照并转饬所属一体遵照。此令。

附抄发拍发官电须知一份

院长　孔祥熙

拍发官电须知

一、关于撰拟电稿应注意事项：

（一）拟稿前应注意事件之时间性及收发地间之交通现状，决定应否拍发电报及应否加注“急”“特急”等字样或其他航递等通讯方法。

（二）撰拟电稿应力求简明，一切不必要之字句，务须避免。

（三）各机关请示或报告事项，不得无故越级电呈，免致紊乱重复。

（四）收电上分别衔名之机关遇有相互商办时，应仅申叙某人（或某机关）某电已据分呈或分电计达或摘叙事由，不得直录原电。

（五）关于加注急电标识之规定。

1. 普通电不得加注“急”字。

2.“急”电以重要而时间性短促之事件为限，不得任意拍发。

3.“特急”电非极端严重迫切之事件，不得拍发。

4.“提前即到”电，除高级军事长官所发有关戎机之军电外，其他机关非万不得已时，不得拍发。

（六）“急”“特急”“提前即到”电只叙要旨或办法，如须申叙理由，应另发普通电或代电。

（七）每份官电电文字数除普通电外，

1.“急”电不得超过400字。

2.“特急”不得超过300字。

3.“提前即到”电不得超过200字。

（八）最机密之电报必须交有线电拍发者，应于电底上书明“有线电发”字样。

二、关于译发电报应注意事项：

（一）密码务须缮写清楚，不得潦草。

（二）电文首尾地址衔名，应用官电话码。但收报地址衔名有挂号者，应用挂号（官电语码本另编刊行）。

（三）电文中公牍用语，应尽量采用官电语码。

（四）同文电报，应照同文电报发寄办法办理。

（五）两个以上之收电人或机关在同一地点者，应于电上加列衔名，并与官电纸纳费标识栏内，注明分送份数，毋庸分电。但有特殊情形者，不在此限。

（六）译电人员对于电稿引用之“急”“特急”等字样，认为不切合实际需要时，得商请改正。

（七）译电人员发见官电中涉及私事，应作为私电呈明主管长官核示，其有隐匿不报者，一经查实应予处分。

（八）已经作废之密电本，绝对禁止使用。

（九）送发电报时间务求分散，不得汇送，以免局台报务拥挤积压。

三、关于官电纸管理及使用应注意事项：

（一）拍发官电应用定式，官电纸盖有制印机关之印信及主管长官官章。官电纸式样列后。

（二）各机关官电纸应指定人员负责管理及编号，并盖管理员、领用员及译电员私章。

（三）官电纸发给时，管理员应填明领用机关或领用人之职位、姓名。

（四）官电纸编号时，管理员应填明起讫有效期限，最长不得超逾一年。期满未用之官电纸应即缴回。

（五）官电纸非经主管长官核准，不得发给管理员。如有擅自发给情事一经查实应予处分。

（六）官电纸非因公务不得使用，领用人如有擅发私电情事，一经查实应予处分。出差人员领用官电纸，公毕应即缴销。

（七）机关裁并时余存之官电纸，应即作废。由其上级机关制发者，并应缴回。

（八）过期或失效之官电纸，绝对禁止使用。

四、关于电报局台应注意事项：

（一）官电纸有下列情形之一者，电局台得拒绝拍发其电报或洽商更正：

1. 格式或制印机关不合规定。

2 漏盖印信或关防即主管长官官章或名章。

3. 未经管理员编号盖章及填明有效期限。

4. 发电日期已逾官电纸有效期限。

5. 发电之机关名称或领用人职位姓名，与官电纸上发给机关所填不符。

（二）电底字码缮写不清者，得洽商缮正。

（三）发电机关不按定章缴付报费经承发局台呈准交通部限期催缴仍不照办时，得停收其记账电报。但付款者，不在此限。

同文电报发寄办法

一、同一电文之电报发寄数个收报地处者（例如一电同时发寄上海、北平、汉口等处），名曰同文电报。

二、同文电报收报地名不得达列一起，每电只能书写一个收报地名，即发寄若干地处者，应分为若干份。

三、同文电报交电报局发寄时，各份中只须有一份全录电文，其余各份得在电底上分别书明收发地名及收报人姓名、住址，并注明“电文同第某号致某处电”务须全录电文（例如上海吴市长勋鉴—电文同第某号致汉口张市长电……）。

四、凡系通电而欲收报人知悉者，应于每份收报地名之前加注纳费业务标识“通电”或“Circular”字样（例如“通电南京国民政府主席”钧鉴）。

五、非通电而欲使收报人知悉该电同时并发致某处某人者，应在电文内叙明“除分电某处某人外”等字样。

六、一电致数人在同一地方者（例如南京国民政府主席林行政院孔院长），应仍照分送电报办法注明“抄送若干份”字样，毋须照同文电报分作数份发寄。

七、本办法由交通部呈请行政院转呈国民政府通饬遵行。

14. 行政院为转发寄交驻印军邮件办法给重庆市政府的训令（1943年9月28日）

案准军事委员会本年九月邮字第五零一三六号函开：

查由国内寄交驻印我军邮件，前经本会规定暂以信函明信片及公文之附件为限，兹据本会后方勤务部报称，为适应事实需要起见，拟将寄印我军邮件范围略予扩充，对于寄交驻印我军书报亦酌量收寄，藉以充驻印我军文化食粮。惟印度环境特殊，书报之寄递必须特别慎重，庶免引起枝节，而中印间空运载量有限，对于收寄数量，亦宜酌加限制。爰给洽定办法如下：（一）所有寄交驻印我军第一类新闻纸及重不逾100公分之书籍印刷物（单本寄递者得宽限至300公分），可准收寄。（二）前项新闻纸及书刊统应交本会政治部审查，如属合格，即于逐件加盖该部审查章后，由该部汇总交东川邮政管理局寄发。（三）所需包扎费、邮费、运费，由寄发单位自备。（四）目前交寄总重量，每日暂以10公斤为限，嗣后如情形许可，再行酌量放宽，等情，据此，经核尚属可行，业经准予照办。除分令本会所属驻渝各机关外，相应函达即希查照，并转饬知照为荷。

等由。准此，除分行外，合行令仰知照。此令。

院长　蒋中正

15. 关于抄发管理政务电讯办法给重庆市政府的训令（1944年5月17日）

兹为增进政讯机密，防止流弊，特认定管理政务电讯办法暨审核密码规则各一份，随令抄发，仰即遵办，并密饬所属遵照为要。此令。

附发管理政务电讯办法暨审核密码规则各一份

院长　蒋中正

行政院管理政务电讯办法

一、行政院（以下简称本院）为确保政讯机密，防止流弊起见，特制定管理政务电讯办法。凡政务电讯之传递，除别有规定外，悉依本办法办理。

二、本院所属各机关（以下简称各机关）及其所设各专用无线电台（以下简称各专用电台），应用密码本、密码表、密码机及代字等（以下简称密码），除由本院统筹编发外，其自行编制者，须送由本院政务电讯管理处审核，合格后始准使用。其审核办法另定之。

三、本院政务电讯管理处得随时派员至各机关考核密码实际使用情形，或至各专用电台抽查报底。

四、各机关自编通用密码使用时期，除予审核时核定外，必要时得随时令饬停止使用。

五、处理属最机密之政务电报，应在印电纸左角标明“有线电发”字样，送交国营电讯机关，经由有线电路拍发。此项电报如有线电路发生障碍，可由无线电路拍发时，国营电讯机关应通知发报机关，加用无线电密码表拍发，或仍俟有线电路通达后再发。

六、各机关译电工作人员应受本院政务电讯管理处之督导。

七、凡经本院政务电讯管理处收发之政务电讯，若认为有查阅电文之必要时，该处得随时向各收发报机关译对原文。

八、交通部于核准各机关设置专用电台时，应同时通知本院政务电讯管理处备查。

九、交通部对于各机关专用电台之移动或撤销，应随时通知本院政务电讯管理处备查。

十、各机关应用密码未按规定办理，经本院政务电讯管理处查明属实者，应呈院议处。

十一、本办法如有未尽事宜，得随时修正之。

十二、本办法自核准之日施行。

行政院审核密码规则

一、本规则依本院管理政务电讯办法第二条规定制定之。

二、本规则所称密码，包括密码本、密码表、密码机及代字等通信所用密件而言。

三、本院所属各机关及其所设各专用电台自编密码，应送由本院政务电讯管理处审查。在未经审查核定以前，不得付印使用。

四、各机关及各专用电台请求审查密码时，应填具申请书检同原密码及其附件（如横直角码表加码表变码表变码表通用表等）一并送审。

五、凡向本院价领空白密码本而请求审查自编之横直码时，除缴送横直角码表外，并应附送预备填用之密本一册。

六、密码经本院政务电讯管理处审查后，应造具密码审查表，呈由本院核定，发给核定书。

七、各机关及各专用电台得按照核定书之规定，自行印制密码，注明核定书字号，分发使用，但不得超越核定书核定范围。

八、各机关发往国外电信应用之密码，应送由外交部审核，但必要时，本院政务电讯管理处得随时复审之。

九、违反本规则之规定者，按照情节之轻重，惩罚其译电主管人员。

十、本规则如有未尽事宜，得随时修正之。

二、概　况

1. 抗日战争时期的邮政[①]（1943年）

一、战前之准备

邮政工作，首重邮件之疏运，而运递邮件，按照各国成例，原系委托运输机关办理，邮局并不自置交通工具。自倭寇谋我日亟，中日不免一战，以第一次欧战德国动员平均每天开用军车3600余次之经验，吾人深知开战之后，即使原来交通干线能以维持，而动员之初，军运频繁，或不暇顾及邮运，邮局必须起而自谋，于是分批预购汽车300辆，起初分配在各交通冲要地点；旋在成渝公路、湘黔公路行驶，嗣于民国二十七八年陆续添购，截至最近止，共有380余辆，除行驶市区及常川修理者外，其在各公路长川运邮者约200辆，其他运输工具如：胶轮板车及自行车等亦经分别购置，分配于内地平坦路线协运。抗战以来，邮政交通得以照常维持尚少阻滞者，实赖战前对于运输工具略有准备之故。

二、战时邮政第一期——战区邮务之维持

"七七事变"发生之后，华北各邮局正在准备应付新环境；而"八一三"战事爆发，上海为商业中心亦系邮递枢纽，上海一有战事，长江一带邮运即受影响。当时邮局紧急工作，厥为采取非常时期之措施，以应战时需要，俾前后方邮政通不致因战事关系发生阻隔。兹分述如下：

（一）充实邮运

淞沪战事发生后，京沪及京杭铁路均告阻断，邮局即照以上所说组织汽车邮运，循公邮直达首都疏运邮件，一面另用汽船拖带木船装载重件，包裹由松江循运河以达苏州、无锡、镇江各地再交火车接运。未几苏锡沦陷，乃改由南通、天生港运至扬州转递。嗣后南京失守，邮件运输顿感困难。盖出省孔道只有粤汉、浙赣两路，而两路运输拥挤邮件容间有限，除充分利用外，另在粤省组织民船，湘省组织汽车及小轮邮班直达武汉，以补孔道邮运之不足，而浙赣拆轫，于是又改汽车木船水陆联运方法，分由永嘉鄞县两路运载大量邮件，一面利用汉口至香港航空线，带运后方与上海及沿海各地往来之航空邮件。因有以上种种方法，是以至"八一三"事变起至保卫大武汉时期止，前后方水陆空三方面邮政交通仍得照常维持。

（二）加强机构

民众在流亡之际，所赖以互相联络与慰藉者，厥惟通讯。是以战事波及之守，社会对于邮

① 原载《最近之交通》第8章《邮政》。

政之需要，实倍切于平时。邮政员工自愿不避艰险，竭力撑持，至于最后一分钟为止。即系非至当地机关与军警全数迁移，决不撤退，即使撤退，亦应迁至附近安全地点暂避，以便相机恢复工作。所有管理局，业经沦陷之邮区其内地局所或拨归邻区管理，或选择内地局所中之交通便利地点，设立管理局办事处，指挥各该区内各地完成邮局之事务。计先后设立是项办事处者有浙江、河南、广东、湖北四区；浙江办事处原设金华，嗣迁丽水，最近改设松阳，现在洛阳，其管理会计之机构,因上次战事紧张,迁往泸县,现时尚在该处。广东办事处原设广宁,嗣迁遂溪,现在曲江,中间一度曾迁连县。此外,上次福州失陷后,曾在闽北之沙县设立福建管理局办事处,以备指挥该省完整地段之邮务,未几福州克复,该办事处即已撤销。又安徽邮区完整地方各局所,原归河南办事处兼管，现因事务繁忙，为加强管理起见，决定在安徽立煌地方设立安徽管理局办事处,指挥各该地方及鄂境边区之邮务,现时正在筹设中。因有此项办事处之设立,各战区完,除行驶市所，虽与其管理局失却联络，而对于邮票之供给、公款之救济、工作之指示，得各订行处代行，尚见便利。

（三）办理军邮

战事开始，部队移动，瞬息万变，各地邮局系静的机器，而部队系随时移动的团体，是以普通邮局对于前线作战部队官兵与后方亲属通信汇款寄物等事，不甚适用，必须在前线各地设立军邮机构，随军转移，以应作战官兵通讯之需要。其设置区域，起始仅及于晋、冀、鲁、浙诸邮区。嗣因战事转移,逐渐推广,加以最近一年为防止邮车私起见,所有沿途检查邮车之工作,亦拨归军邮人员办理。现时除甘肃、宁夏、青海、新疆等省及沦陷区外，所有后方各省各战区均有军邮机构，计共有总视察段 13 个，军邮业务局 200 余处，办理军邮人员 500 余人，年需经费约 300 万元。

三、战时邮政第二期——后方邮务之扩展

广州及武汉陷落，全国各地机关民众，先后撤至西南西北各省，于是后方各地邮递需要，顿形迫切。同时物价高昂，邮运成本增加甚巨，加以员工生活艰困，急待救济，邮政经济，骤增重大担负，颇感不易维持。故一面勉励员工加紧工作，加强邮运，扩充业务，一面另筹调整经济，安定人心之办法。以应环境之需要。此一时期之重要工作，可分下列五点：

（一）后方局所之添设

邮政局所向斟酌地方需要情形，分别设置，西南、西北各省文化落后，邮政机构亦较简单。抗战以来各地人口增多，机关林立，建设猛晋，教育、文化以及工商业均日趋繁盛，邮政业务亦随之进展，原有机构，不能应付新环境之需要，或须加强，或须另设。均经时分别办理，计先后在川、滇、黔、桂、陕、甘、新七省，及湘、鄂、豫、皖、闽、粤、浙、赣八省完整区域，共增设邮政局所 7700 余处，现时仍在继续添设，以期适合环境，便利通信。

（二）通海邮路之增辟

自广州弃守，武汉沦陷，粤汉铁路阻断以后，邮局最重要措施，厥为通海邮路之辟划，盖无有国际间吞吐孔道，则邮政作用将极狭隘，虽广设局所，亦属无补。故一向随战事转移，尽心辟划先后设置以资替换之通海邮路，不下10数条，其中较为重要者，起初有东西两条干线，东线经衡阳（最初由宜昌）、吉安、鹰潭、金华至鄞县与永嘉出口，西线由昆明循滇越铁路至海防出口，此外添辟遂溪至广州湾、镇南关至海防及福建三江口或三都至上海等线，其后又有曲江至沙鱼涌，曲江至芦苞至广州，梧州经水东至香港，梧州经阳江或新昌至厦门之水陆联运汽车班，及昆明循滇缅公路而至腊戍之邮运汽车班，是以出海邮件尚能畅通无阻。惟自二十九年六月越南发生事变，及上年四月鄞县永嘉失陷以后，上述东西两干线均已阻断，其余各线则因最近敌方对我加紧封锁，除曲江至厦门之水陆联运汽车班及昆腊汽车班外，余均或已停顿，或限于运量及海面风向之故，通滞不定，故出海邮件之疏运，颇感困难。现时正在随时留意，依时局之转变，相增辟，幸而出海邮件除水陆联运外，尚有航空邮班可通，即如渝加、渝哈等线均可带运邮件，尚属妥稳迅捷，一面正在试办新疆、印度间之邮运。

（三）业务人员之育储

邮局人员之配备，原仅恰敷需要，战事西移，后方业务剧增，同时复竭力推进储汇办理节约储蓄，及华侨汇款事务，一时处处感觉人手缺乏，于是一面设法将沦陷区内资深干员抽调后方服务，一面按公务情形在各区招考服务员佐及信差等，分别加以训练后，派任职务。其奈生活高贵，邮局之待遇不足以诱致投考者之踊跃参加，故数十次之招考方得员工11600余人（沦陷各区则减少700余人）。截至现时止，全国各区统计共有员工38906人，较之战前增加10898人，以之应付目前业务，仍有捉襟见肘之象。

（四）邮政资费之增加

最近两年物价飞涨，邮政开支增加甚巨，其中尤以运输成本加得最多，有多至数十倍及数百倍者，例如重庆寄上海信件，战前交长江轮船带运，每公斤邮局交付运费国币7分，嗣经由缅甸及新加坡邮政转递，按照国际公约之规定，须以外汇（金佛郎）向该两邮政交付转运费，每公斤所需运输成本（所谓运输成本者，仅指邮局付出之费用而言，办事员工之薪水及管理费用，尚未计入），计达国币43.18元之多。详细数目如下：1.重庆经由昆明至缅境腊戍，用邮局自备汽车运输，计6.4元；2.腊戍至仰光须付缅甸邮政陆路转运费60金佛郎，按1金佛郎折合国币6元计算，计国币3.6元；3.仰光至新加坡须付海路转运经费计2金佛郎33生丁姆，合国币30.98元；4.新加坡至上海，须向新加坡邮政交付海路转运费，计3金佛郎20生丁姆，合国币19.2元。以上共出国币43.18元，与战前每公斤国币7分比较，计增加600余倍。即后方各地互寄之邮件，其运费之增加率，平均亦在10倍以上。缘抗战以前，依照交通部公布之“长途汽车代运邮件规则”规定，对于重类邮件如书籍印刷物等，由长途汽车运递，每公斤每经100公里付酬金1分，轻件如信函明信片等免费。抗战以来，各地公商汽车，因成本加重，客货拥挤，多不带运邮件或增高酬金。兹再举例如下：重庆寄贵阳重件，距离488公里，战前交长途汽车带运其酬金约1角余，现改驮运，每公斤运费1.55元，约增14倍。成都至宝鸡，距离825公里，战前汽车带运约 0.18 元，现由驮运计 1.7 元，如由汽车运递需 1.82 元，约增 9 倍以上。是就邮局付出之运费而言，至若器材物料，亦均增加。例如吨半道奇汽车，战前每辆售价合国币 3500 元，现售美金 1800 元，折合国币约 4 万元，增加 10 倍。汽油每加仑战前 1.2 元，现合 30 余元（系各地平均售价），约增 30 倍。此外各项邮用物品，一切设备以及员工薪津，无不因物价剧涨，开支浩繁，在在需费甚巨。而邮政资费，尚系民国二十一年所订（印刷物资费，自民国元年以后，并未修改），在二十九年九月以前，每封重不逾 20 公分之信函收费 5 分，平均每公斤约可收费 3.4 元，二十九年九月以后每封增为 8 分，每公斤约计 5.4 元，重件印刷物等二十九年九月以前，每公斤 7 分半，二十九年九月以后，增为 1.2 元，至三十年十一月又一次增加，惟与以上付出之运费，仍不能比较，所以最近数年中邮局亏累甚巨，截至现时止，将近 1 万万元。此外尚欠联邮各国之运费金佛郎 400 余万，折合国币 2400 余万元（战前仅合国币 400 万元），不得不酌加邮费，俾减轻亏损，现已呈请政府核办之中。

（五）员工生活之救济

近数年来，各地物价逐步上涨，生活必需物品有涨至 10 余倍或 20 余倍不等，邮政员工以力夫、邮差、信差、邮务佐、乙等邮务员为多，其入局之起首薪水，每月原仅 20 元至 40 元不等，甲等邮务员（即高等考试及格人员等于荐任职）为少，其起首薪水亦仅 100 元，是项月薪，因物价高涨非仅不足以赡养眷属，即维持本身生活，亦有不敷之感，以致已入局人员，有弃职而去，别谋生计，或改营商业者。邮局招考人员，则报名人数不多，亦有不愿投考者，因而不能录取足额。即录取者，程度亦较前为低，邮政业务，大受影响。为使员工安心服务及业务不致停滞起见，对于员工生活自须设法救济，惟邮政局所，普遍全国各地，物价不同，生活情形各異，故救济办法亦以各地米价物价为标准，而采作食米平粜生活补助费两办法。食米平粜办法原系按照市上米价核发米贴，为数颇大，自二十九年十一月份起，改照行政院所颁“非常时期改善公务员生活办法”加以调整。试以重庆邮局为例，如邮差有配偶及子或女一人，除得购平价米 6 市斗外，每月所得薪津及生活补助费共为 106.5 元，尚须除去平价米基价 36 元（每一市斗 6 元）实得 75.5 元，甲等邮务员有家属 5 人者，每月实得薪津 168 元，是项实得薪津尚须扣除所得税等等，核之现时生活情形，仍甚困苦。

兹将抗战前后邮政情况统计如下（统计数字算至三十一年三月止）：

战前邮政局所共 72690 处，现有 71152 处，计减 1538 处，因抗战以来，虽经增设 15800 处，而各沦陷区停办者，计 9835 处之多，故全国合计较战前之数字仍见减少。邮差邮路，战前共长 584816 公里，现时为 587354 公里，计增 2538 公里。

2. 战前和战时的电信建设概况[①]（1943 年）

一、电报电话线路——在有线电报电话上，线路为通讯之惟一重要工具，须求其路长，而兼能普及于全国各处。在民国二十六年七七事变以前，统计全国各处，共有电报线路 95000 余公里，长途电话线路 53000 余公里。抗战以来，形势变迁，一部分已经沦陷及被毁，一部分因环境上已不需要而拆除，原有线路之减少颇多，计电报线达 45000 公里，电话线达 23000 余公里。同时为开发大后方并适应环境上需要起见，不断努力增设，截至现在，电报线方面新建设者计 45000 余公里，电话线方面新建设者计达 25000 余公里。是以战前与现在比较，电报线仍能维持原有公里之长度，并未减少。电话线则已增加 2000 余公里，现正在赶设之报话线不久即可完成者，亦有数千公里。

二、所装机器数量——电报上所用之机器，分为有线电机与无线电机两大类。有线电机在抗战以前全国大小各局装用者，计韦士登与克利特等自动快机共 118 部，莫尔斯等人工机共 1598 部，截至现在，大小各局装用之自动快机已达 140 余部，人工机则为 1200 余部，人工机数量，虽较减少，但自动机数量，则较战前增加颇多，是以有线电通讯效率上，非但并无减低，并得提高颇多。无线电报与电话上，在战前共有 10 千瓦至 20 千瓦之大电力机 2 部，1 千瓦至 4 千瓦之电力机 15 部，50 瓦至 750 瓦之电力机 131 部，5 瓦至 40 瓦之电力机 23 部，大小合计为 171 部。五年来随着事实上之需要，努力扩增，现在已有 10 千瓦至 20 千瓦之大电力机 3 部，1 千瓦至 4 千瓦之电力机 25 部，50 瓦至 750 瓦之电力机 142 部，5 瓦至 40 瓦之小电力机 78 部，大小合计为 248 部，较之战前，已增加 45% 以上。在机器之质与量两方上，俱有增加，在通讯效率上，当亦同样增高。载波电话机，战前仅有单路者 4 副，现在则有单路者 18 副，三路者 4 副，此外尚有三路者 2 副及单路者 15 副，正在筹备装设之中。此项机器，较战前约增 8 倍以上，是为各项机器中增加数量最高者。

三、局台站数量——在抗战以前，全至现在，已达 1100 多处，已赶上抗战以前原有之数量。国际无线方面，上海国际无线电台，上海沦陷后于民国二十七年一月起被迫停止，但成都国际无线电台即起而接替，担负其国际通讯任务，不久复在昆明设立国际无线电支台。现更在南郑筹设国际通讯上之大电台 1 处，以备不时之需用。至市内电话之繁荣与否，全依当地商业繁荣程度为标准。战前市内电话局所，原有 30 余处，乃自北平、天津、南京、上海、武汉、青岛、烟台、吴县……等处相继沦陷后，商业繁盛地区，遽形减少，在大后方需要设立之处所不多，现在仅有 12 处，尚有数处，则正在建设之中。是以市内电话一项，在数量上低落甚多，一时亦不易恢复，且在环境上盱衡缓急，一时尚无恢复原有数量之必要，惟长途电话服务站，战前仅有 11 处，现在已达 40 余处，较抗战前约增 3 倍余之多。

四、业务概况——在战前五十余年业务状况，随着历史之进展，逐年递增。在民国二十五

① 节选自陶凤山著：《电信建设之方针》。

年间统计国内电报共约530余万次，约计2万万字，其中官军电报约占63%，商电约37%。抗战以后，因军事紧急，商业停顿，是以官军电报增多，同时商电低落，在二十六年至二十八年之间，均系此种现象，其中最高之比例，官军电报约占达77%，商电仅占23%。嗣经呈请设法整顿限制，此项趋势，始见停止，渐复正常比例，在民国三十年内统计各种电报总数，约为700万次，计达3万万字，其中官军电报约占66%，商电约占34%，在总字数上比较战前统计，已增加1万万字，即增加率为50%。故在有线电报业务上，非但未受战事影响而减少，反能进展至多。国际电报方面，在民国二十五年间全国各处与国外往来之无线电报，约计970万字，抗战以后年有激增，去年间之统计，约及1900万字，较之抗战以前，已增加一倍以上。长途电话方面，在民国二十六年间之统计，约及250万次，此后亦年有增加，去年间之统计，约及340万次，增加之比例率亦颇巨。惟市内电话一项，因现有繁盛之都市商埠，甚少业务上不免大见低落。

五、职工人数——在抗战以前，全国电信各机关从业员工，共计17500余人，年来随着工作上之需要，逐渐递增，至去年底统计，则为29600余人，不但员工人数增加，一般技术水准，提高尤多。

六、报话费比较——在抗战以前，电报纳费，华文每字本省7分，出省1角，密语及洋文加倍计费，在当时各项物质上比较，已属最低廉者，抗战以后，因各项物价增加过多，成本指数过高，乃亦略予增加，至本年三月份起，始增为华文每字本省内4角，出省6角，密语及洋文加倍计算，电话纳费之增加，与电报纳费之比数相似。按之市上物价，即使以药品5金等价格特殊高贵者不计外，其他大众日常需用之粮食衣料物品等项，其增加指数，平均俱已超出450倍以上，故电报电话价格，仍为各项物价中之最特殊低廉者。

以上各点，为过去电信建设上之各项简略情形，检讨已往，亦可以看出抗战以来电信建设上之趋势，以及有无线电报电话在国防军事政治民众通讯上之效能贡献，有以察出今后如何分配建设之途径也。

3.1944年邮电工作概况[①]（1945年1月29日）

一、建设方面

上年度我国陆上的封锁尚未打开，物资的缺乏和运输的困难愈趋愈厉，同时因为物价波动的关系，一切经费的预算，都与实际需要相去甚远。不过我们一查邮政方面如添设局所，增辟邮路，加强军邮等建设性工作，以及电政方面，如增设修整长途电话及有线电报线路机件，增

① 节选自赵曾珏在交通部国父纪念周报告《三十三年度邮电工作概况》，原载1945年出版的《交通建设》。

设无线电台，及扩充市内电话等各项工程，统能达到年度计划或调整计划规定的进度。略举数字来讲：上年度添设邮局、邮政代办所、信柜、邮站、邮票代售处等共计2500余处，超过预定计划100余处。增辟邮差邮路22000余公里，超过预定计划11000余公里，军邮方面除增设军邮局28局，军邮派出所36所，军邮联络站3站，军邮收集所1所外，凡我印缅远征军所至之处无不有军邮局之设，而自蒋主席号召全国智识青年从军后，所有各知识青年志愿军训练营中，亦经一律配设军邮局。电信线路及机件工程方面，上年度共增设长途电话计划线1700余公里，军方交办长途电话线1100余公里。修整旧电话线8600余公里，装置完成载波电话电路28路，增设电报计划线660公里，军方交办电报线600余公里，修整旧电报线1600余公里，装置完成快机电报电路11路，载波电报电路2路。此外又添装完成无线电台29座，其中有4千瓦电力者1座，3千瓦电力者2座，1.5千瓦电力者5座，所以该29座电台之电力合计有19360瓦。又对于市内电话机件亦在万分缺乏困难中扩充重庆局自动式300号，磁石式300号，及万县局磁石式100号，共计700号。以上数字均能达到调整计划之目标，本来已是不易，但在电信建设方面，还有几件大事，值得特别提出报告。一件是上年一月本部奉军委会命令，办理成都及附近各县飞机场电信网工程，限三月底完成，当经拨料派员，尽力赶办全部线路共长462公里，竟于三月二十九日完成，交与美军使用。还有一件是上年三月间奉委员长手令，限九月底以前将兰州迪化间的有线电报电路修通，也经本部努力赶办，分段同时兴工，全线2989公里，得于九月十八日修竣，随即开放兰州迪化间快机电路直达通报。此外如美国军部请设昆明区飞机场通信网521公里之如期完成，以及滇西国军出击时，保山至腾冲龙陵等地之报话线路，随军抢修，迅速恢复，这一类工作还有多起，而截至目前正在进行中的，则有沿中印公路昆明畹町及腾冲间赶架长途电话线，以及在重庆装设7.5千瓦无线电台，以便与美国开放直达无线电话等工程，其意义之重大，自都无须细说。

二、改进方面

在邮电业务改进方面，上年所做的事情也是不少，现在只能捡几件最有意义的说一说。一曰促进邮电合作。自上年订定邮局电司兼办电信及邮务办法后，现在邮局实行兼办报话者已有37局，电局兼办邮务者已有8局。二曰拟订邮电技术标准及复员复兴计划草案。综计上年内经邮电技术标准设计委员会拟订之草案，有邮务技术标准10种，邮政服务标准6种，电信技术标准12种，电信服务标准7种，邮电复员计划纲要，及战后五年邮政及电信建设计划草案各1种。三曰恢复中苏及中印间国际邮政包裹。查自海路阻塞，国际往来之邮政包裹即已无从邮寄，惟上年八月间经商得苏联及印度邮政当局同意，恢复新疆通苏联及新疆通印度互寄之包裹业务，其新印一线，并可经由印度转递英美等国包裹。四曰推广邮政储汇及简易寿险。综计上年内全国邮局及储金汇业局增收邮政储金及各种储券21亿2千余万元，超过年度计划预定目标14亿余万元，承汇国内汇款224亿余元，超过预定计划189亿余元，增订简易人寿保险契约117000余件，超过预定目标1万余件，除简易寿险外，其他两项成绩分别为三十二年之2倍或3倍。

五日磋商修订中美马凯无线电报务合同。查该合同将于三十四年六月满期，本部因认为其内容条款有修改之必要，故经依照合同规定，于三十三年六月先期一年通知马凯公司，谓该合同期限届满之日应即废止，并请指派代表来部磋商修订新合同，业经该公司指定代表来部商洽二次，尚待续商中。六日决定不再续发外国电报公司水线登陆执照，查大东大北太平洋三外国电报公司前领之水线登陆执照，于三三年年度期满，各该公司曾按照规定事先来部申请续发执照。当经本部详细研究，并商征交部同意后，决定分别答复，不再续发水线登陆执照。惟仍原俟情势好转时洽商平等互惠之合作办法，本案并已呈准行政院备案。七日成立各区电信管理局。本部为健全电信管理机构起见，经公布各区电信管理局组织规程，将全国电信区划为五区，分别成立第一二三四五区电信管理局，所有以前之各省电信管理局及长途电话工务处，一律裁撤并于新管理局内。

三、维持方面

最后我们要谈一谈邮电事业苦撑维护的情形。依据国民政府主计处统计局所编趸售物价指数表，以民国二十六年上半年之物价为100，到三十三年一月份之物价为21000，即较战前提高210倍，追至三十三年八月，物价指数更高涨至49000，即之490倍。但是邮政及电报资费，在三十三年内均仅于三月一日起调整一次。计普通邮资自每封1元增至2元，寻常电报价目自每字2元增至4元，统统都是战前原价之40倍。诸位试想现时的物价及各种公用事业的收费，那里还有只等于战前40倍的东西。因此邮电事业的收费，本已低于成本。更加自上年四五月间豫湘战事发生以后，邮政包裹及电信商电业务首先遭受重大打击，营业收入锐减，同时因战区邮电局所撤退，抢运器材，疏散员工，以及移转报话中心等均需巨款，支出剧增，经费方面委属无法维持。不得已迭经本部迫切呈请行政院准由国库补助，结果邮政方面于上年九月间奉准拨发紧急补助费计5160万元。电信方面于上年五月及十一月两次奉准拨发补助商电损失及员工待命薪津共计2亿6400万元。但查三十三年度邮政营业收支情形共计亏损7亿8300万元。上述5160万元之补助，自属相差甚远，而且预计三十四年度一二三月份之邮政营业收入，平均每月为1亿3200万元，支出则需3亿2400万元，每月不敷1亿9200万元，自惟有仍请行政院准由国库贴补，或准调整资费俾资自给。至于电信经费，综计三十三年内除本国库补助外，仍属不敷2亿9200余万元，自三十四年度起，预计每月不敷约2亿2700万元亦一并呈请行政院补助，或准提高电报电话价目，以资维持。

4. 陪都邮政[①]（1945年12月）

第一节 邮政之组织及业务

我国邮政，创办于民国纪元前十五年，当时系由海关兼办，隶属于总理各国事务衙门。总理各国事务衙门改外务部后，又改隶外务部。光绪三十二年，成立邮传部，设邮政司，综理一切邮务事宜，而与海关划分。民国成立，邮传部改为交通部，仍设邮政司。其间几经更迭，迄民国十六年，国民政府于交通部内设邮政司，部外设邮政总局。北平克复后，将前北京邮政总局移上海，随复移南京，合并为一，而将内部邮政司取消，此制沿袭至今。总局之下，将全国划为若干邮区，每区设管理局一处，一等二等三等邮局及其他邮政机构若干处。战前全国共有24邮区，现邮区随战事而时有变更，其数目殊非固定。邮政业务外，另设储金汇业局1处。邮汇之创办，发轫于民国八年，十九年始正式成局掌管全国储金汇兑业务。

组织业务

一、邮政总局，邮政总局设于首都，直隶于交通部，办理全国一切邮政事务。内分秘书室、总务处考绩处、会计处、联邮处、供应处、视察室等8部分，分别主管事务。

二、邮政储金汇业局，邮政储金汇业局直属于邮政总局，管理全国储金汇兑业务，内分总务、营业、会计、储金、汇兑、保险6处，并在各重要地区设立分局

三、邮政管理局，参酌行政区域及交通情形，将全国划分为东川、西川、陕西、甘肃、新疆、贵州、云南、广西、广东、江西、湖北、湖南、福建、浙江、江苏、上海、安徽、河南、河北、北平、山东、山西22邮区。

四、邮政业务分专营兼营代理3种：（一）专营业务如信函、明信片、挂号、快递、平快邮件之寄递；（二）兼营业务如办理储金汇兑，简易人寿保险，及寄递包裹新闻纸书籍印刷物等等；（三）代理业务如代理公库，代售印花税票，代办邮转电报，代购书籍刊物等等。全国各局（办整区在内）每年平均收寄信函约6万万件，每人每年寄信约占1.37封。

重庆市之邮局，隶属东川邮务管理局，战时业务之繁忙，为全国之冠，至寄递邮件种类，及收费加价等，则全国一律，由政府公布施行。

第二节 陪都邮政各局所

重庆邮务由东川邮务管理局总管下，设有支局16处，另有乡村代办处，及邮箱邮筒，以为补助，兹将各局所地址列下：

---

① 原载《陪都工商年鉴》第7章《邮政》。

局名	地址	电话
东川邮务管理局	太平门	4901
一支局	陕西路	4903
二支局	民权路	2903
三支局	民生路	2080
四支局	林森路	3909
五支局	上清寺	2968
六支局	段牌坊	2207
七支局	中正路	
八支局	龙门浩上新街（南岸）	
九支局	菜园坝	
十支局	弹子石	
十一支局	海棠溪	
十二支局	观音岩	
十三支局	江北正街	
十四支局	大溪沟	
十五支局	玄坛庙	
十六支局	陈家馆（江北）	

此外如沙坪坝、小龙坎、山洞、黄角椏、磁器口、化龙桥、南温泉、歌乐山等处均有邮局。

第三节 各类邮件

非常时期邮件之资费价左列之规定

资费种类	计算标准	就地投送	各局互寄
信函类	每重 20 公分或其畸零之数	1 元	2 元
明信片	单	6 角	1 元
	双	1 元 2 角	2 元
新闻第一类（平常）	每束一张或数张	每重 100 公分 2 角	每重 50 公分 2 角
新闻第二类（立卷）	每束一张或数张每次交寄总重按六折收费	每重 100 公分 2 角	每重 50 公分 2 角
新闻第三类（总包）	每份每重 100 公分或其畸零之数		4 分
客籍印刷物贸易契等类	每重 100 公分或其畸零之数	4 角	6 角
所用印有点痕或凸出字样交件	每重 1 公斤或其畸零之数	6 角	1 元
商务传单	每 50 张或 50 张以内	2 角	2 元加印刷费
货样	每重 100 公分或其畸零之数	6 角	1 元 4 角
挂号函件	每件除普通餐费外另加	3 元	3 元

续表

资费种类	计算标准	就地投送	各局互寄
快递挂号函件	每件除普通资费外另加	4元	4元
平快函件	每件除普通资费外另加	2元	2元

三、东川邮政

1. 西密司为上报东川邮路概况致邮政总局公函[①]（1937年11月15日）

接奉钧局二十六年十一月九日汉字第四号半公通函祗悉。查本区所有已成未成新旧各公路，除川黔川湘两全线及川鄂线之渠县至万县一段之里程，业经测量准确迄无变更外；其余不过仅有路基，尚未修筑完竣，其里程亦未经测量。兹仅备具本区已成未成各公路路线图及业经测量明确之里程表各一纸，随函附上，敬祈督收。再本函及附件抄张均已另寄汉口考绩处李处长备用，各并陈明。

此上

邮政总局局长郭

附二件

西密司

东川邮区公路里程表

站名		公里	余详
川黔路	木镇至隆昌	29.925	运邮
	隆昌至安富镇	22.711	
	安富镇至荣昌	13.039	
	荣昌至永川	38.580	

① 西密司为当时在东川邮政机构工作的外籍工作人员名字的译音。本件写作月份因原档案字迹不清故无法注明。

续表

站名		公里	余详
	永川至来凤驿	37.844	
	来凤驿至璧山	19.240	
	璧山至重庆	68.936	
	重庆至綦江	84.000	
	綦江至东溪场	50.000	
	东溪场至松坎	62.000	
	共计	426.275	
川湘路	重庆至綦江	84.00	运邮
	綦江至南平镇	71.90	
	南平镇至南川	16.20	
	南川至彭水	222.40	路坏不能行车，日内即将通车
	彭水至郁山镇	55.00	
	郁山镇至黔江	75.24	
	黔江至酉阳	111.03	运邮
	酉阳至龙潭	58.84	
	龙潭至秀山	46.82	
	秀山至茶洞	49.54	
	共计	790.97	
川鄂路	渠县至大竹	51.33	未通车
	大竹至梁山	80.75	
	梁山至分水场	55.00	运邮
	分水场至万县	34.00	
	共计	221.08	

2. 东川邮政管理局1940年工作概况（1941年）

东川邮区地处边陲，在抗战以前，邮务并不十分发达，较之沿海及其他交通利便之区，殊瞠乎其后。自国府西迁，机关学校工厂以及一般民众纷纷入川，向之穷乡僻壤皆骤臻繁荣，同时西南国际路线亦次第开辟，昔日边区蔚成后方重心，邮务之发达，遂有一日千里之势。本局爰在邮政设施方面不断改进扩充，以应时势之需要。时至今日，本区业务之盛，局所之多，邮路之密，已凌焉多数邮区而上。在二十九年度之始，本局曾悬添设局所，改进邮运，扩展业务，充实人手诸端为预定目标。经全体从业人员之努力，幸得排解困难，达成预期目的。兹将办理情形分述如次：

一、局所之添设

邮政局所之添设完全以适应地方需要为主旨。抗战以还，本区各地，或因户口增加，或因机关学校工厂之迁设，向之荒村僻隅，顿成闹市要区，地方之发达，与其对邮政之需求适成正比。经本局悉心考察，斟酌地方需要，随时添设局所，或就原有局所加以扩充。计二十六年抗战之初，本区仅有邮局87局，代办所560所，截至二十八年终，已陆续增至147局，738所。二十九年度中，经派视察员调查各地实况，就其需要继续添设局所，全年计共添设19局，157所。对于旧有之邮局，复经按其需要，增添人手，改升等级，以资扩充。此外，并曾添设村镇信柜133，代售邮票处5。在此尽量扩充局所之际。如局屋之觅致，代办人之选择，颇费周章，固无待言。而邮局工作人员之缺乏，尤为最大困难。幸皆已设法解决，未致影响预定计划进行。复次，因敌机常来肆扰，本局为预防各局因被炸而致档案损失或公务停顿计，经令饬各局预备办公房屋，以为储存档案及被炸后迁往办公之用。故敌机虽到处为虐，毁坏局房多处，当地邮务仍能照常进行。

二、邮运之改进

抗战期间，因人力及运输工具与燃料之缺乏，运输问题，最难解决。本局在二十九年度之初即预定不顾任何可困难，改进邮运，藉对一般运输问题亦有所贡献。随局所之添设即陆续开辟步差邮路，以前偏僻之区不通邮路者，皆已尽量罗入邮路网内，复就旧有邮路加以改进，如间日班或三四日班之改为逐日班，逐日班之改为昼夜兼程班，单班之改为双班皆是。二十九年度中凡增辟干路8条，支路4条，辅助邮路13条，并改进干路46条，支路16条。以里程言，干路增加5668公里，支路及辅助邮路则分别增加772及477公里。渝昆渝蓉公路为沟通西南与西北之主要路线，邮局自办运邮汽车行驶此线已历数年，班期准确迅速，颇著成绩。惟依据经验，汽车如仿照驿运办法，分段行驶，更能准班，并易管理。故自二十九年五月起渝蓉段信班邮车亦仿渝昆线办法分段行驶，中途设管理站，严密监督，得以提高效率不少。渝蓉线重庆至木镇一段，更自二十九年十月十日起开办夜班邮，与蓉段昼班车衔接。自是以来，渝蓉间邮件一昼夜即可运到，较前约加速1倍。重庆至璧山与重庆至北碚间为迁建区域，重要机关甚多，为便利公文传递起见，本局特在渝璧间开专车1辆，渝碚间邮件则以快差在青木关地方与专车衔接。沿途邮件每日有渝蓉车及渝璧车带远，当日即可到达。对于渝蓉间重班邮件，本局则已置备板车数十辆协助运输。对重庆市各码头间邮件之驳运，除原有汽船1只外，又添置小汽艇1只，对市内各支局与管理局间邮件之交换，以及航空邮件之接运，则特置专车行驶。凡此种种。

皆邮局在运输困难情形之下，自行置备运输工具，以资改进邮运之实例。惟邮件之运递无远弗届，以邮局之力何能遍置运输工具，势须尽量利用其他一切可资利用之方法。例如川江短程航线年内颇多添辟，本局与各轮船公司订有带运邮件合同，他如木船板车骡马等项亦皆因地制宜加以利用。惟以轮船言，一般客货既属拥挤，轮只亦属有限，致搭载邮件常有困难。例如自宜昌撤守以后，本区与鄂西之连络，在军事意义上至为重要。除已将万县至恩施之步差邮运加强外，渝万一段则以交轮为速。但渝万间轮船不多，不免耽延。又如渝合间汽船亦不敷需要，民生公司常限制载邮，妨碍邮运颇大。至于各公路上之客货汽车更少接载邮件，设非邮局有自备汽车足资救济，则邮运之耽延殆难设想。就中有本局必须加以利用者，如川湘一线，惜该线路局车辆缺乏，班期未能十分一定，倘能确定班期，并增加带运邮件数量，则本区东南及鄂西湘西往来邮件，当可加速不少。

三、业务之扩展

鉴于节约储蓄之重要，二十九年度节以扩展节储业务为重要目标之一，预计于此年度内将储金业务推行于每一邮局，以各局人手不敷及经办人手保证不足等关系至十月份始克实现。其推销节约建国储蓄券之成绩颇有可观。因局所之加多，汇兑业务亦随之深入普遍。又因多数邮局提高等级，汇兑限额提高，此项业务颇有进展。至于一般业务因地方之繁荣，局所之增添，邮运之改进，几莫不有长足之进展，计本区收寄之普通邮件，挂号邮件，快递邮件较之二十八年度分别增加70%，66%，75%。惟包裹一项因道路梗阻，运输困难，以及其他战时之特殊原因，较之往年颇形减色。

四、人手之补充

在本区邮务积极扩展中，有一最大之困难，即人手之缺乏是也。举如邮局之开办，邮件之激增，储汇之推进，在在均须增加多数熟练人员，方能应付。本区在二十六年仅有职员273名，工役761名。嗣经陆续招补增加，至二十八年底，全区已有职员712名，工役1243名。然仍感不敷。故二十九年内又拟定添招计划，呈奉核准举行初级邮务员、邮务佐、信差各级考试。至二十九年底，全区职员增至974名，工役增至1727名。惟近年各种事业皆感需人，而人才异常缺乏，本局每次招考皆难足额。投考人员程度亦有江河日下之势。而女性职员，除少数例外，因体力关系，其工作成绩亦经证明较男性为低。且此项新招之男女人员，对于工作隔膜殊多，初尚难裨实用。尤以本区人员，经迭次招补，在比例上生手占绝大多数，工作效率因之颇受严重影响。本局本拟有先施训练再予录用之计划，惟每次招录人员，以之应付正式工作尚感不敷，实不遑从容训练。故此项训练计划，直至三十年度方克付诸实施。

本区二十九年度工作实施概况略如上述。其因熟练人手缺乏而影响原定计划之迅速有效实施者，殊不在少。此外，如敌机之时时肆扰，对于人员工作妨碍实多，御因电灯一时不能复明，工作亦横受阻碍。但本局仍督促员工延长办公时间，尽量将邮件赶封赶发，以求减免耽搁。再则当此军事时期，邮路常遭意外之阻断，致大批邮件囤积中途，不得不临时另觅路线绕道运输，匪特多靡运费，抑且不免重大之耽延，而尤以笨重邮件为然。至于邮政公用物品之供应亦感困难。各区应用公物，类如单册文具以及邮袋制服等项，数量甚巨，向恃上海供应处统筹供应。军兴以来，前后方道途梗阻，欲由上海将公物送交后方，困难重重，常有缓不济急之现象。迫不得已，则惟有视情形所需，就地制备，以资接济，并多采土产以资代用。惟其价值既不低廉，且因质料太劣，对工作效率，邮件安全，以及观瞻各方面皆足发生影响（例如单册纸质脆弱易坏，铅笔易断，则妨碍工作；如包封纸易烂，邮袋易破，则邮件易于受损；如信差制服易于脱色，则虽新若旧，有碍观瞻）。本局对此虽曾未雨绸缪。预计数年之需早为请领，以资储备，卒因运输困难，多数公件无从发运。其陆续运到者，殊不如预计之多，此亦一棘手之问题也。近年敌机时常袭渝，本管理局局房已屡濒危险，迭遭局部损坏，局房前面江边停泊之邮政铁质趸船且于二十九年十月中弹沉毁。本局预防局屋万一不幸被毁时，不致无地办公起见，曾奉准在南岸么塘地方公路之旁建修简单临时局房，以备不得已时疏散办公之用，藉维邮务进行于不坠。计于二十九年八月半间动工，三十年一月间完成。

东川邮政管理局之组织（二十九年）

东川邮政管理局设局长1人，承邮政总局局长之命，管理全区邮政事务，又设局长帮办一人协助局长管理全区事务。局长及局长帮办由邮政总局局长分别就相当资历之邮务长及副邮务长中遴选，呈请交通部派充之。

本局置下列各股，股以下分组办事，每股设股长1人综理全股事务，并于每股设主任股员1人协助之。每组设组长1人，组务特繁者并设监理员1人或2人助理之。

（一）本地业务股。

（二）内地业务股。

（三）总务股。

（四）会计股。

（五）运输股。

邮政人事制度

邮政人事制度实为一种文官制度，举凡人员之进退、班次晋级、增薪、奖惩、假期、以逮养老、抚恤，莫不订有详密之规章，按章处理蔚有法治之精神。兹试就班次及考试、薪级、成绩等第、奖惩。各项约略述之：

（一）班次及考试

1. 邮务长	资深副邮务长，才具优异，办事忠实者，得选任为邮务长。各级副邮务长，才具优异，办事忠实者，得酌量选拔派署邮务长。
2. 副邮务长	一等一级甲等邮务员，才具优异，办事忠实者，得选任为副邮务长。
3. 甲等邮务员	经高级邮务员考试及格，或乙等邮务员经乙等邮务员甄拔试验及格者，得任为甲等邮务员。
4. 乙等邮务员	经初级邮务员考试及格，或邮务佐经邮务佐甄拔试验及格者，得任为乙等邮务员。
5. 邮务佐	经邮务佐考试及格，或信差经信差甄拔试验及格者，得任为邮务佐。
6. 信差	须经信差考试及格。
7. 邮差及其他差役	须经甄别检验及格。
8. 技术人工	须经专门技术考验及格。

（二）薪级

邮务人员系按级叙薪，每晋一级即增薪一次，晋级增薪之迟速，则依其成绩等第而定，自十五个月晋升一次，以至二十四个月晋升一次不等（技术人工在某种阶段有三年增薪一次者）。

1. 邮务长	共三级，薪水700元起800元止。
2. 副邮务长	共三级，薪水550元起650元止。
3. 甲等邮务员	分三等共十五级（一等、二等各分六级。三等分三级），薪水100元起500元止。
4. 乙等邮务员	分三等共十五级（一等、二等各分六级。三等分三级），薪水40元起270元止。
5. 邮务佐	试用以上再分四等，连试用共15级（一等、二等各分三级。三等、四等各分四级）。薪水30元起138元止。
6. 信差	试用以上分十六级。薪水20.5元起82.5元止。
7. 邮差及其他差役	分九级，薪水17.5元起30.5元止。
8. 技术人工	〈略〉

（三）成绩等第

邮务员佐之成绩等第，应由主管人员经过审慎考虑报由管理局局长考核，每年分四季（即三六九十二月）呈报邮政总局核定备案，并应由主管人随时考察办事成绩之进退，倘应将等第予以升降，仍经上述程序办理。成绩等第分三等如下：

一等　服务成绩特别优异（每次晋级较二等速三个月）。

二等　服务成绩优异（每次晋级较三等速三个月）。

三等　服务成绩中常。

（四）奖惩

邮政人员之功过考核素极审慎，凡甲等邮务员及一等各级乙等邮务员之功过，均须由管理局局长呈报邮政总局核定，至于以次人员之功过，则由管理局局长核定之。

1. 功绩

一等功绩　提前九个月或一年加薪（视功绩之大小定为九月或一年）。

二等功绩　提前六个月加薪。

三等功绩　提前三个月加薪。

小功（限于差役）限年内汇集有三次时，记三等功绩一次。

传令嘉奖

2. 过失

一等过失　延缓九个月或一年加薪。

二等过失　延缓六个月加薪。

三等过失　延缓三个月加薪。

小过（限于差役）两年内积有三次时，记三等过失一次。

诰诫　一年内汇集有三次时，记三等过失一次。

警告　一年内汇集有三次时，诰诫一次。

东川邮区二十九年度之预算及决算

邮政整个预算、决算，由邮政总局办理，关于追加预算等，亦由邮政总局按各区情形统筹办理。兹将本区二十九年度预算（系二十七年底估计）及决算数字列下：

	决算（元）	预算（元）
邮政收入	3241200.00	6803697.00
邮政支出	1907600.00	5245589.37
储汇收入	357350.00	1566424.90
储汇支出	79900.00	108335.00

3. 东川邮政管理局概略（1941年12月8日）

一、沿革

公历一九〇〇年重庆海关在渝开始办理邮政官局，称为重庆邮界，拓展川黔两省及滇北各地邮务。一九〇一重庆邮局系官办外，各县亦须次第设立邮政代办所，由是逐年扩展，迨至一九一一年满清政府邮传部大臣盛宣怀奏准接管邮政，并设立邮政总局，重庆邮政始脱离海关，划归邮传部邮政总局管辖，独立经营。一九一四年邮政系统改组，重庆设立副邮界，归成都邮界管辖，重庆局改称一等邮局，同年副邮界撤销，省内各局统归成都四川管理局直辖。一九二三年四川全省划为东西两邮区，东川邮务管理局始于是年四月一日成立，以原重庆一等邮局改为管理局，管理东川邮区全区邮务。一九三一年当局改各区邮务管理局为邮政管理局，以迄于今。

二、组织

本局计分6股2室，其下共辖36组，另组织有设计考核委员会及购料委员会，附组织系统表［见附件（一）］。[①]

三、人事

（一）本区人事机构，原属于总务股之人事组，嗣于一九四六年三月一日始成立人事室，专办全区人事工作。

（二）本局邮政人事管理，当依照一九四三年前交通部颁布之邮政人事管理规则办理，附规则一册备阅［见附件（二）］。

（三）重庆为西南重镇，居水陆交通要冲，需用人员甚多，现时本局员工人数为1669名，将来业务扩展，当更需大量人手，方能应付。

四、局所与邮运

（一）局所：渝市除管理局外，计有支局17所，附设邮局2所，邮亭6处，代办所9处，邮票代售处62处，及邮筒52具，分布城区及南北两岸。

（二）邮运：

1. 航空邮路

本局为航空邮运中心局，过去水陆交通时有梗阻，各地邮件之运递，大部利用中国、中央两航空公司及可能利用之飞机带运，以故此间航空邮运颇繁。

2. 汽车邮路

本局为西南运输中心，邮件之经转极为繁忙，除渝蓉、渝筑两线用局有汽车间日运输外，并利用公私汽车公司代运渝市近郊各局及远至遂宁、达县、泸县、恩施等地沿途各局邮件。

3. 水上邮路

本局除自备有鸿骞汽船及小汽艇一艘及邮船及大小驳船运送港内来往邮件外，并与各轮船

---

① 本文所提附件（一）至附件（十五）均略。

公司订约利用轮船带运长江上下游及嘉陵江沿江各局经转各地邮件。

4. 步差邮路

渝市附近不通公路及轮船之偏僻乡镇，本局复组有邮差邮路，计渝至走马岗、土沱、桶井、公滩、广阳场、老厂、南龙乡及温泉场等八线，逐日行走联络。

5. 其他

渝市市区邮件之投递计有上午九及十二时，午后三及五时四班，由市区运送信差前往指定地段，并绕市一周接运各支局及邮亭邮件回局，本局为便利公众前曾利用汽车行动邮局经模范市场，中正路至嘉陵新村止，沿途收寄各类邮件，因业务欠佳，嗣乃于本年六月一日停止行驶。

五、财务概况

本局本年八、九、十，3个月全区收之损益概况详情附表［见附件（三）]。

六、业务概况

（一）包裹：包裹业务向为本区收入主要源泉之一，本局收寄包裹以药材为大宗，唯因运输工具缺乏，复因交通梗阻，收进之包裹交运困难，影响于业务之发展者至巨，兹附本年八、九、十、十一月包裹业务统计表［见附件（四）]。

（二）印刷及新闻纸：本局本年八至十一月印刷及新闻纸之收寄，经转及投递数字详情附表一份备阅［见附件（五）]。

（三）储金：本区储金业务近年来均有显著增加，至本年十月底止，计结存储户有37641户，附八、九、十月份储金业务表［见附件（六）]。

（四）汇兑：本区汇兑业务自一九四五、一九四六年复员以来，开发与汇兑数字渐减，本年六月以后，复因币制紊乱，影响业务发展至巨，附本年八、九、十，3个月汇兑业务表[见附件（七）]。

（五）寿险：普通寿险业务前已奉令停办，嗣开办一年定期寿险，仍以保额过低币值变动太巨，无法推动，附本年八、九、十，3个月业务表［见附件（八）]。

（六）代理业务：本区各局代售印花税票，代理国库。代收银行普存准备金。代发之武职人员恤金，代发退役俸，代兑小钞废钞。代兑法币等项，均系前政府规定办理，附代库局各表［见附件（九）］及代理业务概况表［见附件（十）]。

（七）集邮业务：本区集邮业务，自抗战时期以来，即已逐渐开展，各月售出数字均有增加，附详请表［见附件（十一）]。

（八）视察业务：本局视察室系于一九四六年六月成立，设主任视察员1人，本地视察员3人（内1人兼管信差业务），内地视察员8人，专案视察员2人，并辖本地邮务稽查23名，村镇邮务稽查9名，并设事务组及公众服务组，本市各支局及城市代办所每月由本地视察员2人至少查视一次，内地各级邮局及邮运系由内地视察员分段视察与督导，并规定上下半年度各普查一次，乡镇所柜及乡村邮运则分别由村镇邮务稽查办理。

（九）附本局本年八至十一月份收寄、经转及投递之各类函件详情表备阅［见附件（十二）]。

（十）附本市各支局近三月来业务概况表［见附件（十三）]。

（十一）附邮务帮办，财务帮办移管报告书各一份［见附件（十四）］。

（十二）本局各股、室、站等部门所造财产、物料、家具、档案等点交清册，计 14 册［见附件（十五）］。

说明：本报告书所述项系重庆本管理局范围，其他隶属本管理局之内地局并不包括在内。

东川邮政管理局局长 李渝生

四、重庆电信

1. 重庆电话局概况[①]（1938 年）

民国三年，重庆警察，以磁石式小交换机搭电话 10 余部，通各城门以维治安，是为重庆电话之发源。至十五年，重庆商埠督办署成立，接收办理，遂成立电话局于长安寺后街（距本局现址甚近）。陆续增配，至二十年市政府管辖时代，亦有磁石式小交换机 3 座，容量 100 余门，但因经费无着，修理乏人，故实际上装用者，仅七八十户而已。当十九年春，重庆市政府颇锐意各项市政建设，重庆电话亦于是时开始筹备，拨地建房屋，订购共电式总机及外线材料，于二十年十月，容量 3000 号实装 700 门之共电式电话通话，定名为重庆市电话总所，隶重庆市政府。二十三年，以用户骤增，不敷分配，又增订 720 号机件，二十四年夏，完成之，预定二十五年即须再行扩充，因经费无着，欠款未清，迄未能如愿。二十六年秋，改隶四川省政府。以国府有迁渝之拟议，遂先期派员赴汉粤港沪，订购济急材料。旋以战事紧急，国府迁渝，而订各件，亦先后到达。二十七年七月，奉四川省政府令，移交交通部接办，改名交通部重庆电话局，财力、物力、人力骤见增加。且本市人口亦因抗战而大量激增，形见规模日见宏大，业务愈趋发达。此本局历年之大概情形也。

本局局址在重庆城区中心之长安寺，占 170 方又有奇。南岸、江北及上清寺三处照环境之需要，各设分局。计总局装 3000 号容量，实装 1420 号之共电式总机 1 部，分 14 台。南岸、江北各装磁石式 50 门小交换机 1 座。上清寺装共电式小交换机 2 座，其一 50 门；其二 100 门，

① 本书编者判断此文大体写于 1938 年。

共计150门。总局用户约1380户，南岸40余户，江北30余户，上清寺凡130户，共1600户许。

本局在四川省政府管辖时代，收入约9000余元，而按月需归还债3000元，除维持材料月需数百元而外，每月开支实极有限。因经费之支绌，人力极感不足，交通部接办之后，令按三等电话局组织，设事务、工务两课及会计室，下设各股，由部调派技术员工数十名来局整顿，故营业与工事均大见进步。

本局之市话话务员之组织，目前当按前话所之办法，只设班长，由交换股主任直接指挥监督，于招考时，一律招收初中毕业之未婚女生，到局后即一律寄宿局中。故值班时间，每次只一小时至二小时，不致疲劳。每九日轮值夜班一次，次日八至十九时得出外息。每周授课十八小时，分英文、算术、珠算、簿记、用器画、应用文、服务须知诸课，由高级职员讲授之（前话所在每月经费内得开支百元作话员图书训练及体育费用，故可择聘所外教员一二人）。被单服装，概有规订，伙食由话员自行经理，藉以训练家事管理之一部分。

本局于交通部接办之后，人力、物力、财力，既均有增加，又兹首都函应：

一、彻底整理线路——前电所为财力所限，内外机件之线路因装置过久，受天时与火灾之影响，抑有欠良好之处，接转市话，尚可敷，转接长话后，声音甚差，应拨发大量材料，扩充之，整理之。

二、改善过江线路——南岸、江北之过江线路，原系采用架空飞线，数量既不敷用，每当洪水时期，即有船桅撞断而无法架设之虞（江水水流过激，洪水时不能工作），应拨发水底电缆以改善之。

三、训练技工——前话所之机工，知识与技能尚略有可取，线工则以组织不同，知识技能均相差颇远，故其待遇亦甚低微。接办后，线工之待遇有增，而知识与技能差欠，应同时均加以相当之训练。

四、增加机件——目前每一司机生，平均应付130户，益以附机及小交换机，实际须等于应付150户。本年八月最忙时，一小时中平均每座通话近500次，益以半数左右之未通通话，实感应付困难，贻误颇多。应速增加机座，而疏散之（扩充工程处已着手安装自动电话800号于纯阳洞，但目前困难，仍无法减少）。且迁渝机关，有增无已也。

五、加紧训练话员——四川语言之音调，原感生硬，调川服务之话员，又感语言隔阂，两者均觉未能尽善，应一律授以国语，并使其知任务之重大而引起其服务之兴趣，以增加工作之效率。

以上种只仅及荦荦大者，他如人事之调整、厂房之亟待修缮，及运动地点之待改进等等，均未详及焉。

2. 1937 年至 1942 年的重庆电话局[①]（1942 年 12 月）

一、沿革简述

重庆市内电话，滥觞于民国四年。后经市办及省办时期，至二十七年七月始由交通部接收办理，兹将沿革情形，列表于下：

阶段	创始年月	名称	概要	设备
滥觞	民国四年	重庆警察厅设电话于厅内	磁石式小交换机	以联络各城门关卡
公用时期	十五年	重庆电话所	重庆商埠督办公署接办旋随商埠公署改隶特别市政府，一度称特别市电话局	共有机关二十户十余号
地方办理时期	二十年十月十日	重庆电话总所	十九年市政府设立电话筹备处发行电话公债二十万元，建局屋于长安寺	七百门总机于二十年十月装竣，第二期增购七百二十门总机，于二十四年五月装竣
省办时期	二十六年八月	重庆市电话总所	四川省政府接收办理归省建设厅管辖	设备仍旧
交通部办时期	二十七年七月	交通部重庆电话局	交通部作价接收，设为三等电话局，另设市内电话扩充工程处，二十八年二月升为二等电话局，接收重庆市话扩充工程处，于局内设扩充工程组，于三十一年三月大部完成，三十一年九月升为一等电话局，三十二年一月一日奉令与电报局合并改称重庆电信局	二十八年四月成立新市区分局，自动总机一千号。三十年增装八百号于地下室，二十八年九月起接办重庆迁建区电话，设立分局九处。三十年十月开放城区地下室，自动总机计一千五百号

二、任务与方针

战时陪都电话局之迫切任务有二：（一）应付空袭，维护非常时期通讯，（二）平衡供求，适应用户装机要求。困难亦有二：（一）敌寇穷途，滥施轰炸，机线损毁日多，通讯备遭障碍，（二）器材不敷，原有扩充者，用于抢修救急，外国新购者限于交通困难，运输不易，以致量入为出，动酌掣肘，未能普遍供应公众需要。差幸宁汉撤退，首都电话局及武汉电话局曾将二局价值数百万元之主要机件器材，作有计划之拆卸，移转来渝，本局得以装置。

四年半来本局工作方针为（一）筹谋空袭安全，减少轰炸损失。（二）策动全体员工，维持战时通讯。（三）积极进行扩充，力谋供求平衡。具体言之，则有空袭时期之抢修，城区及新市区地下机键室之完成，地下线路之建设，以及扩充工程之推进，凡此工作，俱在敌机狂肆轰炸下进行，一面建设，一面破坏，艰苦情形，倍逾常恒，所幸现在各项设施，次第完竣，此后工务业务当可更期发展。

三、工程设备

本局接办本市电话之初，全局机械设备仅城区共电式交换机关 1400 号，南岸及江北磁石式交换机各 50 号。全部线路计有架空电缆心线长 1701.5 对公里，及裸线长 117．6 对公里，是时

① 原文载 1942 年出版之《交通建设》，作者黄如祖，原标题为《最近四年半来之重庆电话局概况》。

适逢军敌机关纷纷迁渝，需用电话至切，遂感供不应求，经四年半来本局努力扩充，现在工程设备等已完全改观、兹分述于后：

现在本局所辖分局共16所，分设于城区、新市区、南岸、江北及迁建区等处，其中城区及新市区两局为自动式，余均为磁石式，各局现有容量共计可装4370号的自动机约占全数75%强，各局机械设备情形如下表：

机械设备表

（三十一年十一月）

局别项目	歇马场	独石桥	北碚	城区	新市区	南岸	广黔支路	江北
机械容量	1500	1800	300	20	100	50	50	10
机械程式	西自动	美子机动	磁门自动机	磁门自动机	国司自机	磁石机	磁石机	磁石机

局别项目	相国寺	化龙桥	盘溪	沙坪坝	老鹰岩	歌乐山	赖家桥	青木关	共计
机械容量	100	100	100	20	50	50	20	100	4370
机械程式	磁石机	磁石机	磁石机	磁石机	磁石机	磁石机	磁石机	磁石机	

各局用户线路及局间中继线大部分为电缆，其心线长度共计6207.8对公里，约占全部线路长度86.5%，现在电缆心线已有82.7%，为地下线，此项地下线对于空袭损害可以减至最低限度，于通讯安全极为有利，至迁建区各局线路大都架设于山野间，线路少而长，故多用裸线，约占裸线47%，兹将各项线路长度列于下表。

线路长度表

（三十一年十一月）

单位：对公里

局别／项别		城区南岸江北各局	新市区分局	迁建区九局	共计	各项电线百分比
电缆心线	架空	454.08	198.20	372.26	1024.54	16.50
	地下	2033.55	3099.40	1.25	5134.20	82.70
	水底	49.15			49.15	0.80
	共计	2536.78	3297.60	373.51	6207.89	100.00
架空裸线		310.0	180.65	480.40	971.85	7
总计		2847.58	3478.25	853.91	179.74	

四、扩充工程

本局办理各项扩充工程设计之时注重二大原则：

（一）扩充建设，须适应战时需要，方求安全，藉免轰炸破坏。

（二）战时设施，必兼顾战后需要，力避粗滥，以节日常浪费。故于进行上，形成三种特点：1.计划较为庞大；2.现时需款较钜；3.完成需时较久。尤以历年渝市遭受空袭，情况惨烈，对于各项工作进行不无时间影响，然四年半以来，本局各项机械工程迭遭严重破坏，而本局尚能勉维通讯于不坠，并于机线方面尚多所增进者，扩工方面不断努力，实有以致之。

四年半来本局重要扩充工程约有下列弊端：

1. 设立上清寺分局——机线容量 150 号，二十七年九月完成，二十八年四月新市区自动分局成立后拆除，交换机系由前首都电话局拆运来渝者。

2. 设立新市区自动分局——机键容量 1000 号，外线 1300 号，二十八年四月十日完成启用，是项自动总机及话机，系前首都电话局拆运来渝者。现时估值约计国币 150 万元。

3. 扩建新市区地下自动机键室——容量 800 号，地下室于二十九年九月完成，工程费共约 3 万余元，机键于三十年六月装竣，三十一年十一月通话，亦系前首都电话局拆运来渝者，现时估值约计国币 120 万元。

4. 扩建新市区地下线路——全部暗渠长 11614 公尺，造价约计国币 74 万余元，二十九年十二月兴工、三十年三月至十月先后完成，地下电缆共长 19139 公尺，线条长度 8099.4 对公里，均已施放完竣，全部地下电缆估值 200 万元。

5. 建设城区地下自动机键室——机键容量 1500 号，装置经过七个月，三十年十月十六日启用，该项自动总机及话机系前武汉电话局拆运来渝者，现时估值约国币 220 余万元，地下室系于 ×× 街下山坡上凿山洞，四处用石墙及钢筋三合土拱顶，全部工程于二十九年二月开工，至三十年三月完成，造价约国币 40 万元，可容装总机 3000 号，内部尚有空气调节设备，正在装置中。

6. 建设城区地下线路——全部管道长 1842 公尺，暗渠长 5525 公尺，造价约计国币 425000 余元，三十一年三月完成地下电缆共长 9632 公尺，线条长度共 2053.6 对公里，均已施放完竣，全部地下电缆估值 100 余万元。

7. 设立迁建区分局 9 处——计化龙桥、沙坪坝、老鹰岩、歌乐山、赖家桥、青木关、歇马场、独石桥及北碚各 1 处，二十八年九月至十二月先后成立。

8. 加建新市区地下自动机键室——容量 1000 号，地下室在原有地下室之侧，于三十一年八月完成，工程费共约 22 万元，机键拟将现装在新市区分局内之 1000 号总机移装其中，现正筹备，不日即可开工。

9. 设立广黔路、相国寺及盘溪等地分局 3 处——南岸离海棠溪四公里半之广黔路分局，江北相国寺分局及沙坪坝对岸盘溪支局，均于三十一年内次第成立通话。

10. 施放嘉陵江过江水底电缆——嘉陵江过江水底电缆于二十八年七月完成。

11. 添设迁建区长途线——重庆与沙坪坝，青木关间各添设铜线一对，其他各分局间中继线亦添设一二对不等，均于三十一年十一月完成通话。

12. 其他机线扩充工程——随时视需要进行。

扩充工程历年经费表

年度	经费（元）	备注
二十七年	72249.07	城区1500号总机，新市区1800号总机均系前方局拆运来渝者，其价款未列入上数
二十八年	126434.73	
二十九年	449982.37	
三十年	3981319.06	
三十一年一月至十月	755101.92	
共计	4385087.15	

五、空袭与维护

四年半以来，渝市迭遭敌机空袭，滥施轰炸，本局原有机线设备本乏防空设置，每遇空袭，不特总机键室被炸堪虞，而外线电缆遍布全市街衢，尤难免大量炸损，影响通讯，本局应付空袭，循二大方针进行：

（一）积极进行机线安全设施。

（二）集中人力抢修被炸机线。

属于前者有1. 地下机键室之建筑装置。2. 地下电缆线路之建设等项，其进展情形，已见扩充工程一节。

关于抢修被炸机线一项，工作异常艰苦，盖敌机肆虐，灾区甚广，每次炸后，本局各处线路无不遭受惨重损害，甚有全部用户线路被炸不通者，然而本局用户之中，军政机关约占50%以上。其中有关防空军令等重要电话，更不容有所间断，故本局无不立时出动员工，漏夜抢修通话，四年半以来，差幸尚无贻误。

修理电缆工作本称艰难，而被炸以后之电缆，百孔千疮修理更属不易，尤以敌机空袭过频，每有方经修复之电缆又复被炸者，亦有尚未修复之电缆，又迭被再炸者。惟本局一本争取时间之要旨，随毁随修，绝不等待，绝不侥幸。故每年空袭开始以后，本局外线工作人员，不论昼夜晴雨，无不尽力以赴，其努力精神有足多者。

三十年新市区地下线路相继敷设完成，故是年空袭虽较二十九年为烈，而本局三十年度电缆损失，反远较二十九年为少，抢修速度亦较二十九年为高，据统计，三十年已完成之地下电缆被炸损坏者，仅占9‰，而架空电缆被炸坏者，占36%强，估计因地下电缆之完成而节省之电缆损失，其线条长度达1400公里，约值国币30余万元。又据统计，被炸用户在5天以内修复者，在城区方面，二十九年度仅占17%，三十年度则为58%，新市区方面，二十九年度仅占30%，三十年度则为52%，三十年空袭期过去以后，本局线路悉复旧观，且有扩充，地下线路之功效，至为显著，三十一年城区地下线路亦相继告成，今后空袭□□□□□□□□□□。

六、业务与财务

二十七年七月本局接办重庆电话之时，全市用户共计仅有1200户，经本局数年来积极扩充机线设备，发展业务，至二十九年五月初，全市用户即已较两年前增加800余户，到达2069户，嗣经二十九及三十两年剧烈空袭破坏，机关市民疏散，用户骤减，用户最少时期为三十年八月，仅余720户，本局仍一本初衷，再接再厉，补充扩设，不遗余力，至本年十二月用户已达2315户，较接初期之用户，已增加1100余户，较空袭最烈，用户最少时期，增加1595户，即现在用户为接收初期之1.93倍，为空袭最烈时期之3.22倍。

四年半以来，本局营业收入与营业支出均有递增，二十八年度以前收支尚能相抵，二十九年度则已亏损158000余元，三十年亏损140余万元，本年度上半年已亏损远490余万元，此实因年来物价工资，俱见飞涨，其增加数达非收入方面仅因业务扩充增加者所可比拟，本局办理电讯事业，旨在适应抗战需要，便利一般公用，而非以营利为目的，是以于此百端困难中，仍一本初衷，竭力维持也。

业务状况表

年度	时间	市内电话用户数	长途电话通话次数	营业收入（元）	营业支出（元）	备注
二十七年	七月至十二月	平均1200户		92034.15	73332.22	盈18701.93
二十八年	全年	低10月份1454户，高12月份1731户		375256.35	368379.42	盈6926.93
二十九年	全年	低12月份1302户，高5月份2068户	164410次	787408.75	946138.79	亏158730.04
三十年	全年	低6月份720户，高12月份1636户	196983次	1336307.60	2775780.65	亏1439472.45
三十一年	一月至六月	低1月份1743户，高6月份2138户	11946次	1903240.30	6906625.66	亏4997385.36
三十一年	七月至十二月	低7月份2153户，高12月份2315户				

七、结论

本局四年半来，在轰炸频仍物力艰窘中努力服务，未敢稍懈，现在检讨既往，对于各项工作所得引而述之者，约有下列数端：

（一）陪都为战时军政重心，本局执电话通讯总枢，四年半以来，虽在敌机强烈破坏之下，而军政通讯，尚无贻误，对于防空情报电话之传递，尤能始终及时达成任务，未贻全市数十万市民以意外损害。

（二）重庆原有电话机线设备均无防空措置，本局接办之初，深以一旦空袭破坏，全市电讯即将毁灭为虑，故经积极赶办空防安全设备，陆续完成地下机键室及地下电缆之装置，不特今后空袭可告无虑，对于空袭时所不可避免之损失减免尤多。

（三）重庆电话原用人工接线，使用不便，用户颇多责难，四年半以来，本局利用南京及武汉拆下之自动机键，积极装置，现在重庆城区及新市区电话，已全用自动机接线，即以全部辖区而论，自动机亦已占75%。

（四）本局接办重庆电话之初，全市仅有电话机线设备1500号，且均已装置额满，即军政机关亦无法添装，四年半来，本局机线设备，除将所遭空袭损失全部补充外，当有大量增加，计现时机械容量为本局接收初期之2.92倍，现时线路长度为接收初期之3.95倍，故本局电话用户虽已增至2300余户，而剩余容量尚多，如撙节使用，尚可勉维抗战时期重要军政机关之需要。

惟是电信事业，平时重在公用，战时关系军政者尤为重大，本局数年来辛勤所获，殊未敢引以自满，而服务诸端，仍有待积极改进，所幸基础即立，将来施展较易为力，自当益加淬励，努力迈进，以达成抗战期中电信服务之使命也。

3. 重庆电信概况[①]（1943年5月17日）

一、报话合一的组织

重庆电信就业务性质言，可分为电报与电话二个部门，原由重庆电报局与重庆电话局分别主持，自本年一月一日起遵部座令，将报话二局合并为重庆电信局，综理重庆电信业务，内部组织由报务课主办电报业务、材料、人事、总务及会计事项，则分别由工务课、营业课、材料课、人事室、总务课及会计课综合办理，此项组织与本部其他电报局兼办电话业务者，其精神颇有不同，因后者报话双方各有其工务、营业、材料等机构，虽在一局之内，而对于类似工作仍属分别办理也，本局因组织之变更，故对于此新组织之运用情形，曾加以注意，数月未感觉人，物，事之处理方面，颇收调盈济虚，指挥灵活之效。

二、最近几项业务数字

重庆为战时首都，故各种电信业务之繁忙冠于全国，最近每月电报收发次数约达45万余次，内有线电报约占80%，无线电报约占20%，每月接通之长途电话来话去话及转话约计58000次，市内电话用户约计2450户，内自动电话用户约占77%，营业收入方面每月应收，国内及国际电报费约计600余万元，内国际报费约34%，每月应收长途及市内电话费约计130余万元，内长途费约占75%。

三、空袭无虞的工务设施

重庆为敌机空袭之重大目标，过去曾有三年遭受惨烈的袭击，在民国二十七八年之交，重庆的电信设备可说完全暴露空袭威胁之下，设不幸而弹中，重庆的电话电报很有被毁中辍之虞，幸经前电报局及电话局同人于空频仍之下，各就本位努力改造或建设种种工务设备，先后达到空袭无虞的境地，现在雾季虽过，警报既鸣，而吾人已不若前此之惶惶然，惟恐机线之或被炸中矣。

① 该文为黄如祖在交通部“国父纪念周”上所作的报告，原载《交通建设》1943年第1卷第7期。

重庆电信局之报房为电报吞吐之总汇，不特电报收发机器集中于此，有关人员工作于是者且超过 500 人，此项报房现设置于郊外庞大的天然岩洞之内，空袭时仍可照常工作，国内外大型无线电发讯机及收报机亦装设于近郊特辟之防空洞中，不虞空袭破坏，此项设施实为本局维持陪都报务之保证。

重庆城区及新市区各有自动电话总机室 1 所，分别及共同担负本市电话通讯。此项总机，限于线路设备，必须设置于电话中心地点，系属无法疏散下乡者，本局爰于城中心区特辟地下室 1 所，装置 1500 门自动总机及应附设之测量及电力设备，此地下室之最大容量可设置自动总机 3000 门，内有空气调节设备，调节室内之温度及湿度，新市区方面亦有地下室 1 所，已装自动总机 800 门，尚有 1000 门自动总机原装于地面上者，现正在迁移入洞中。

四、簇新的电信业务——传真电报

重庆与美国洛杉矶间于去年十二月十五日开放中美无线电相片电报业务，本年四月十日重庆与昆明间复开放国内无线电真迹与相片电报业务，此项传真电报业务之开放，在我国电信史上或将为甚重要之一页，盖我国文字结构复杂，不若欧美文字可用少数字母联串拼成，故欧美电报，因打字电报机之发明应用，已可将电文直接收发，免去翻译符号之烦，而我国虽亦有打字电报机之应用，仍不能不以数码代文字，经转辗翻译始可收发，惟传真电报始足以解决我国电报问题，盖其真意义尚不仅在真迹或照片之传递，尤重要者，则我国电报所特有之文字困难问题，亦可迎刃而解也。

五、努力的目标与现实的困难

我们从事于重庆电信工作，窃曾自订同人努力之目标：一曰迅速准确的传递；二曰优美周到的服务。良以无论电报或电话，所以优于他种方法者，以其传递迅疾也，故在欧美各国，一纸电报之传递，仅需数十分钟至数小时之时间，每次长途电话之接通，数分钟内事耳，同时亦必具有极高度之准确性，始能取信于人，而免致贻误公私，至于员工对于用户之服务精神，尤为欧美电信从业人员所注意，因电信不仅为公用事业之一种，且为与公众接触特别密切之公用事业也。

惟是目标虽卑之而无高远，困难仍层见而迭出，困难之中，最感无法解决者，约有二端，一为物的贫乏，一为人的贫乏。

物的贫乏，即现有机线设备未能与现有业务需要相配合之谓，此种情形，使电报或电话之迅速传递为不可能。譬如由渝至蓉长途电话电路仅有 2 路，每小时仅可接来去电话约 16 次（每次 3 分钟），而事实上，在繁忙时间渝蓉双方用户互相叫接长途电话者，每小时约计 40 余次，由此可见渝蓉间长途电话自挂号至接通须等候至数小时之久者，实为当然之结果。又如各地电报机线，平时顺利通报时仅勉敷应用，每遇线路障碍，而电报积压随之。凡此种种，非将机线大量增加及调整，使能适应业务上之需要，无法达到迅速传递之目的。

人的贫乏，即工作员工质素低下之谓，结果人浮于事，而工作精神不振，工作效率不张，对于电信之传递遂难免错误百出，大背准确传递之旨，更遑论优美周到之服务。考所以造成员工质素低下之因，大抵战时生活费用高涨，而电信员工待遇菲薄，有以致之，因现在员工所得，仅勉敷一已衣食之所需，仰事俯蓄，形同梦想，遂使多年熟练之员工不得不弃其所学而为衣食奔走，造成电信人才流出现象。

六、结论

重庆地处首要，战时电信业务特别繁剧，据本年三月份统计，重庆发出国内电报字数占全国数字 8.5%，国际电报数字占全国数字 83.5%，重庆接通长途电话去话次数占全国总数 5.1%，市内电话用户数占全国总数 30%，报费话费全月收入占全国报话费收入总数 16.1%，而工作员佐人数亦占全国总数 6.5%，故重庆电信实为我全国电信极重要之一环，其服务成绩粗可为全国电信服务之尺度，而其困难之点要亦为全国电信症结之所在，幸各位长官与各位同人进而教之。

第八章 重庆市内交通

一、公共汽车

1. 重庆卫戍总司令部为公共汽车公司呈述有关事项致重庆市政府代电（1939年11月13日）

重庆市政府勋鉴：

查整理本市公共汽车业，于十月二十六日邀集各有关机关开会讨论，经将会议纪录电达查照，并分令遵办在案。兹据重庆市公共汽车公司十一月七日呈复，称：昨奉钧部巽字第二四八七号训令，除原文有案，邀免冗录外，后开：合亟令仰该公司即便遵照，分别办理，并限于十一月十五日以前完成具报为要。此令。等因，奉此。窃商公司对于此次商议整理公共汽车开会时，曾由出席人据情详陈利弊在卷。奉颁办法三项中之乙、丙两项在钧部暨宪警机关之维护，自应于弹压人员在场维护之下遵照办理，但办法甲项之设备候车栏及凭票上车等议实有缕陈从前试办结果，恳予详核，用符事实，而免纠纷之必要。查每车既额定乘客为30人，则每站已经购票之乘客凭票上车，适来车客满，当然不能再搭或不得尽搭，此等有票不能上车之乘客，其心理当较未买票者更为不满，势必骚动。在过去试行中，曾有朋凶殴辱捣毁器室之事件多起，不但商公司无法维持，即弹压人员亦爱莫能助。究其原因，实在于市区行车时间短促，站口又较长途者为密，在事先既不能预料来车之剩余客位，更不能俟车到时再点数卖票浪费时间，至于事后退票，则招怨尤大。而延长停车时间及减少站口，皆非市区公共汽车应有之现象，且失却公共汽车为平民节省时间之效用矣。在平时，商公司向以审度每日搭客多少之各个时段，而定调行车辆之数目，以救济此病。所不幸者，即在本年五三遭敌寇狂炸后，适商公司人工、材料两皆缺乏，新车又久滞国外未到，致不得已减站后，仍有拥挤现象。迨至七月以后，即渐次收到材料，修复旧车，更加新车11辆到渝，此类现象始不复见。商公司近复商得工务局派来指导人员同意，加车行驶第五路，商公司前在车多时行驶之旧路线，往来小什字、两路口间，以资调剂第一路中间各段站口候车之客人，于是除因人稀抽调一二车外，过街楼、曾家岩间经常有10至12辆车行驶。凡此种种，皆系事实，当在洞鉴之中。又查本市房屋尤以马路两旁之租价既昂，且不易觅得，商公司若欲每站佃屋一间，结果实为事实所不容许。即能勉强租得部分房屋，则在收支上已难平衡，势必增高成本，而牵涉票价，不但当局不容如此，且恐一般市民亦所非议者也，是应请予查核，曲谅苦衷，暂缓实施票上车之议。至若每站设候车栏事，商公司前亦遵命办理数次，结果均被捣毁无存。又按本市街路较他埠窄狭，左右人行道上设栏，则纵横占地不少，对于行人交通不无妨碍。本年六月，上城分局曾有将鱼市街候车栏勒令取去之举，其理由纯基于此。故关于此层，商公司已觉尚有提请考虑之必要。他如乘车不购车票、不守秩序，则曲在乘客，商公司售票人理直气壮，自当请其补票。纵有奸顽作梗，然有弹压人员之严厉执行，自无足虑。惟愿当局一贯派遣弹压人员，不令间断，则商公司及乘车市民皆感激无涯矣。综上各由，用特缕细陈恳体恤下情，免予设置候车栏及缓施凭票上车办法。除分呈外，理合呈请钧部核夺示遵，等情前来。查本部召集各有关机关商讨公共汽车各问题，原期解决各种困难，俾臻完善，该公司所派之代表，当时既不尽量发表意见，一味含糊表决，嗣经本部饬办之后，又复随意请求变通，殊属藐视功令。除批示申斥外，所称是否属实，即希贵府查明核办，迳行饬遵为荷。重庆卫戍总司令部。灰。巽一渝。印。

2. 军委会为严格执行《战时管制经售汽车公司商行及修理厂行暂行办法》致重庆市政府代电（1940年10月26日）

重庆市政府吴市长鉴：

据重庆卫戍总司令刘峙十月二十日巽一字第二九九一号呈称：据重庆公共汽车公司二十九年十月十一日呈称：查本市数月来迭遭空袭，损失惨重，自应乘此雾季加紧疏建工作。属公司虽于损失奇重之余，办惟有继续努力，以期达到所负之任务。惟零件车胎价值奇昂，加以商人囤积居奇，购配尤属不易，除由属公司尽力设法搜罗外，至高抬售价之商人，拟一方由属公司利诱速售，一方恳请钧部严加制裁，双管齐下，以求价值之平抑，而便材料之补充，等情。据此，查所称颇属实情，关于渝市之汽车零件，可否饬由交通部会同本部规定办法，予以统制之处，理合转呈钧会鉴核示遵，等情。据此，查统制汽车材料及零件等，业经国民政府颁布《战时管制经售汽车公司商行及修理厂行暂行办法》施行在案，毋庸另定统制办法。但为谋该办法之严密实施及执行便利，应由卫戍总司令部会同交通部、重庆市政府照该办法之规定，商定严格执行办法及负责机关，呈会核夺。除指令及分电交通部外，希即查照办理为要。蒋中正。寝。办二通渝。印。

3. 行政院为抄发《整理重庆市公共汽车方案》给重庆市政府的训令（1941年8月1日）

运输统制局本年七月真代电：

拟具整理重庆市公共汽车方案一案，经提本院第五二四次会议决议："通过。"除电复并分令财政部外，合行抄发原件，令仰知照。此令。

计抄发运输统制局代电及附件各一件

院长　蒋中正

抄原代电

行政院院长蒋、副院长孔钧鉴：

查重庆市公共汽车公司及迁建区运输，前以办理不善，经交通部拟具整理合并计划，呈奉钧院核准施行，并经钧院拨发官股150万元，饬令四联总处拨借300万元，作为接收迁建区资产、偿还公司短期债款及抢修车辆，购置油料配件，周转金之用，合在案。该部于三月一日成立迁建区运输办事处，直辖该部运输总局接办迁建运输事宜；并于五月一日组织公共汽车管理委员会，整顿公共汽车公司。原拟于七月一日将各该机构实行合并，成立新公司，继续进行，嗣以奉令将公路事务划归本局接办，该管理委员会乃于六月十四日结束，所有机构之合并、新公司之组织均未及办理。本局于七月一日接收该部公路机关，该重庆市公共汽车公司及迁建区运输办事处亦随同移转管辖。兹据该公司经理迭次呈请，略以每月亏蚀过巨，新添官股已经用罄，四联总处借款尚无眉目，现复无法维持，请求救济前来。查本局中心工作，原在增高干线公路之运输效率，该项市区交通，本应由市政府主持，惟以陪都交通观瞻所系，且以空袭时期，市民痛苦，本局亦难坐视，拟由本局代为整理两月，俾使粗具规模，仍交市政府接办，以免停顿。复查该公司内部情形过于复杂，亟宜改为官办，以便彻底整理，兹拟将迁建区运输办事处原有组织加以扩充，将该公司业务并入办理，应一切实施较易着手，谨拟具整理方案附呈钧核示遵。运输统制局主任何应钦。午真。渝统指车。印。

4. 军委会战时运输管理局为抄送《重庆市区交通改进办法》致重庆市政府公函（1945年6月19日）

查关于改进市区及公路交通管理一案，前经本局邀集贵府及有关各机关暨美军总部代表共同商讨分别议决办法，并由本局呈请核定公布各在案。兹奉军事委员会本年六月十九日办二通渝字第09100号令，以所呈办法核尚可行，准予实施。除分别函令外，仰遵照，等因，附发改进市区及公路交通管理办法及重庆市区交通改进办法各乙份，到局。相应将各该办法随函抄送，即希查照。关于重庆市区交通改进办法，并请主政为荷。此致。

重庆市政府

兼局长　俞飞鹏

重庆市区交通改进办法

一、市区人行道上一切障碍物及足以妨碍行人之情事，由市政府责成警察局负责取缔（石子、沙泥、水池、树贩、什物、招牌、广告、搁置之汽车、挑水行列、不适宜地点之壁报、临时街头成群聚集之行人，等等）。

二、全市交通纪律之维持，应由警察负其全责，惟须加以训练。

（一）指挥行车手势，一律改为双手平举式一种。

（二）遇有违章车辆，先用劝告，司机如不听从，应抄录车号，分别通知美军部、军政部或战时运输管理局查明取缔之。

（三）沿路人行道上及路上，如有聚集观望或临时发生情事足以妨碍交通者，须随时注意劝导。

三、由市政府（警察、工务两局）、卫戍总司令部（交通处）交通巡察处、战时运输管理局会同派员巡视全市，研究下列各项问题，提请市政府执行之：

（一）人行道之扩充及开辟；

（二）选定汽车停车地点与停车场；

（三）交通叉道警察岗台及军用堡垒是否仍有保留之必要；

（四）自来水给水站之数量及地点之改进；

（五）壁报张贴地点。

四、由市政府（警察局）、卫戍总司令部（交通处）、战时运输管理局定期派员检查全市汽车及司机牌照。

五、以上各点择要登报公告周知。

5. 重庆公共汽车概况（节录）（1944 年）

一、沿革

重庆市公共汽车创办于民国二十二年，资本 5 万元，购车 5 辆，行驶市内。二十九年，因受物价高涨影响，营业渐感困难，乃由重庆市政府加入官股，采官商合办方式，扩充股本为 300 万元。至三十年五月，又以迭遭轰炸，收入锐减，复由交通部增拨官股 150 万元，予以维持。同年八月始移交运输统制局接办，与交通部原设之迁建区运输办事处合并，组设重庆公共汽车管理处。三十年年终，公路事业改归交通部接管，本处亦随同转移，改隶公路总局。

二、组织

本处遵照颁布组织规程（另附），分设总务、业务、机务、会计四课暨警卫、稽查及人事两室；又另设南岸办事处，负责办理南岸各线客运业务。其现行组织系统附后（见附表一）〈略〉。

本处各部分人员配备，及本年各月份人数（见附表二及附表三）〈略〉。其任免升调奖惩办法，悉遵奉颁之各项人事法规分别办理。又现行薪津及各项待遇，暨历次变更情形（见附表四）〈略〉，亦系依照公路职员之薪级表（见附五）〈略〉及中央公务员役战时补助办法暨各项明令之规定，分别核给，并予随时调整。至现有员工教育程度、籍贯、年龄、性别以及工作年限等等，兹经分别统计附备参阅（见附表六至九）〈略〉。

三、业务

本处营业路线，可分为市区及郊外两部分。目前市区计有曾家岩至过街楼直达车，及上清寺至小什字与上清寺至都邮街两区间车。每日派车 28 至 30 辆，视实际需要情形，分派各线往返行驶。

郊外部分计分（一）渝碚线（重庆至北碚）；（二）两石线（两路口至石桥铺）；（三）两九线（两路口至九龙坡）；（四）海温线（海棠溪至南温泉）及海土线（海棠溪至土桥）。自十月二十三日起，本处票价调整之后，以各线乘客骤见减少，经即按照需要情形，改订行车时刻，目前各线每日开行直达及区间车次数如下：

<table>
<tr><th>区段</th><th>上行次数</th><th>下行次数</th><th>区段</th><th>上行次数</th><th>下行次数</th></tr>
<tr><td>两路口—北碚</td><td>2</td><td>2</td><td>青木关—北碚</td><td>3</td><td>3</td></tr>
<tr><td>两路口—青木关</td><td>3</td><td>3</td><td>歌乐山—青木关</td><td>2</td><td>2</td></tr>
<tr><td>七星岗—歌乐山</td><td>6</td><td>6</td><td>七星岗—山洞</td><td>6</td><td>6</td></tr>
<tr><td>七星岗—新桥</td><td>6</td><td>6</td><td>七星岗—高滩岩</td><td>2</td><td>2</td></tr>
<tr><td>七星岗—小龙坎</td><td colspan="5">（每日派车七辆，每隔二十分钟开行一次，如遇需要，并酌派驶七星岗至化龙桥及牛角沱至小龙坎区间车，以资疏运）</td></tr>
<tr><td>两路口—石桥铺</td><td>11</td><td>11</td><td>两路口—九龙坡</td><td>7</td><td>7</td></tr>
<tr><td>海棠溪—南温泉</td><td>10</td><td>10</td><td>海棠溪—土桥</td><td>4</td><td>4</td></tr>
<tr><td>海棠溪—西南新村</td><td>8</td><td>8</td><td></td><td></td><td></td></tr>
</table>

现行市区行车路线，系自本年十月二十三日起改订，票价亦予同时调整，每客改按40元计收。在未调整以前，市区乘客每日平均约4万余人，星期假日达5万余人。自改价后，即减至2万余人，郊区乘客更形减少。本处初以营业亏损过钜，原期票价调整之后，可资挹注，兹事实上所增票款，尚不及预计之半数、业务仍感不易维持。

本处现有客车计柴油车45辆，汽油车85辆，共计130辆。每日行驶数目，计市区30辆，渝碚、两九、两石各线20辆，南岸8辆，共58辆。预备车在外。惟本处车辆，多已行驶逾龄，加之配件困难，在上述客车130辆中，有万国牌车19辆，即以配件无法搜购，未能修复派用。此外尚有朋驰及道奇牌车15辆在厂打造车身，一时未能上路行驶。又司蒂别克客车3辆，以装配特殊，现尚存厂备驶渝歌间周末专车。故实际上可用之客车，不过93辆，而朋驰牌之柴油车，均属一九三六年出品，行驶过久，陈旧不堪，维持行车实感不易。本处除已向西南公路运输局换拨柴油车旧件一批，俾将现有之柴油车拼修补充藉维现状外，一面拟再另向西北公路运输局商拨旧车，留备市区乘客拥挤时，增派车辆，以利疏运。惟以整修需款，一时无力筹措，迄尚未能进行。又公路总局最近拟就中央信托局出售之货车内，拨让本处20辆，估计连同修造车身，共需1500万元之巨，均须立即付现，目前亦一无法着手洽办。兹将本年各月份营运统计列表附后（见附表十）〈略〉：

四、财务

本处以油料价格影响，营业收支，不能平衡，虽票价有时调整，但不能比照增加，日积月将，亏累深巨。计截至本年九月止，已达11070余万元。

年份	营业收入	营业支出	亏损
三十一年	.54.49	737.00	682.51
	33142	480811	447669
三十二年	751.00	1424.61	673.61
	133.338	147.647	14.309
三十三年	765.46	787.02	21.56
	287.879	376.611	88.732
共计	570.95	948.63	377.68
	454.360	565.070	110.710

目前票价虽自十月二十三日起奉令调整，市区每张改收40元，郊外每客座公里9元，比较三十年八月本处成立时，市区每张收费1元，增加40倍，郊外每客座公里3角，增加30倍。但当时柴油每吨售价6000元，目前已增至275800余元，增加46倍。当时酒精每加仑23.6元，目前已增至895元，增加38倍。故实际票价所增之数目，尚不能与油价抗衡。再目前本处市区行驶之车辆，1/3系为汽油车，运输成本较高，其比率尤不相同。且其他材料配件价格，有尚不仅增加三四十倍者，故营业收支仍属不易平衡（最近成本计算方式见附表十一）〈略〉，况本处负债累累，自从票价调整之后，各方催索、纷至沓来，日入区区，应付具穷，剧至日常零星料款，

亦且不能照付，而每月大宗之酒精柴油及材料价款，尤感无法张罗。

五、债务

本处各项负债，截至目前止，计达124190325.95元（见附表十二）〈略〉，内中交通银行透支借款2000万元、公路总局垫款5800余万元、其他短期债款4500余万元。

（一）交通银行透支借款　本处交行借款合约自本年六月间改订以后，透支额增至2000万元，按照合约规定，本处每日所收票款，除必须付现之开支外，应悉数存入透支往来户。备付油料等疑，以不超过2000万元为度。此项借款规定应自本年十二月份起，分六个月摊还，其透支额逐月缩减，至三十四年五月十八日止，应予全部清偿。按此项借款，原系备作购置油料周转之用，除关于分月摊还办法，现正呈请转商按照过去成案，改为到期后一次清偿外，兹将改订合约后透支户收支情形，列表如下：

月份	上月结透	本月存入	本月支出	本月底结透
6	690354578	2493512938	3289011232	1485852872
7	1485852872	2908411220	3129072419	1706514071
8	1706514071	2753133091	2914261766	1867642746
9	1867642746	2284793345	2312559414	1895408805

（二）公路总局垫款　本年一月份起酒精柴油及各项配件价格飞涨，而本处员工之公粮及生活补助费，又奉令改由营业基金项下列支，不再由政府分别补助，本处负担，更见沉重。综计本年一至九月份，营业亏损已达8800余万元，大部分系由公路总局勉为挪垫，数目过钜，牵累不堪，嗣幸由国库拨到周转金4000万元，经即以3000万元归还公路总局，余1000万元则以购买十月份上半月燃用之酒精。其后，以十月下半月酒精款无法照付，又请公路总局续垫1000万元，总计结算5800余万元。至国家总动员会议议决自七月份起，准予按照五月份以后酒精柴油价格之增加数，由政府予以补助办法，则以文书往返迄未奉拨。将来领到后，即将由公路总局扣偿垫款之一部分。此项补贴计七月份应领7436406.40元；八月份应领7556002.93元；九月份应领8051560.88元，合计23043970.21元。

（三）其他短期债款　本处以营业亏损过钜，东挪西借还在罗掘，截至本年十月份止，所欠各方短期债款，已达45641825.95元，内中或为现款垫借，或为拨料限期价偿，均待随时分别清理。

六、结论

本处办理渝市公共汽车，各项概况已如上述，虽勉强维持，而困难丛生，荆棘满途，随时均有被迫停顿之可能。以目前状况而论，应请解决者约有数端：

（一）确定维持方针　查本处票价之厘订，实以运输成本为根据，顾事实上估计成本，仅能以现行物价为标准，惟往往估计以后，呈请调整，文书往返，层转周折，比奉批准，物价□□□□□□□增加，原请增加票价数额，若复酌予核减，上下之间更觉悬殊。目前票价调整后，如油料价格再复上涨，本处营业收支势将又受影响。补救办法，拟请先行确定维持方针，如采用补贴办法，则请照以后运输成本之增加数，由国库彻底予以补助。倘以环境或其他关系未便实行，而陪都交通又须维持，则请准将票价按照成本随时调整。并为避免层转申请，多费周折起见，拟请明令公布，此后公共汽车票价，得照柴油酒精价格，随时比照调整，以利业务，而资维持。

（二）清理债务　本处积欠各项债务计达12400余万元，以目前营业收入维持现状已感不易，无余力偿还宿债，此项钜额债务，拟请专案清理，以免影响现行业务。

（三）拨款补充车辆　本处为设法补充车辆，经向各方分别接洽稍具眉目，惟以拼修等等，动需巨款，无法进行。目前急需者计有1.购置中央信托局拨让货车20辆，并打造车身价款共1500万元；2.拼修西南、西北拨让之柴油车工料费用，因车辆情形尚未细查，需费若干，仍待估计。惟以上两项用款，拟请准予指拨专款，以利赶修，而应需要。

（四）四联代办订料　目前订购各项材料，例需预付定金七八成，在三四个月后方能交货。本处周转金素感缺乏，对于此项订购方法，无法举办，修车工作极受影响。兹为补救起见，拟请四联总处准予代办订购材料，由本处随时以现款转请交货，以免资金冻结，而利运用。

（五）增加周转金　本处每月需用酒精约25000加仑，以目前每加仑895元计算，至少须预付2200余万元。又需用柴油约40吨，每月亦须1000余万元。至材料配件，经常多须随时采购，每月亦需1000万元。连同员工食米及办公需用等，每月至少需有5000万元之周转金，方敷可衍。本处前次奉拨之周转金4000万元，均已全部亏蚀，目前仅有交通银行透支借款2000万元作为油料配件，周转之需，所差过钜。除大宗订购材料，拟请照第四项办理外，并请国库拨发周转金5000万元，俾利周转，以维业务。

6.军委会战时运输管理局为检送公共汽车监理会会议记录及组织规程致重庆市政府代电（1945年8月15日）

重庆市政府公鉴：

查组织重庆公共汽车业务监理委员会一事，已于八月二日开第一次会议，相应检同会议记录及组织各一份，送请查照至。关于该会副主任委员一席，经决定请由贵市府担任，拟请将所派副主任委员一席姓名见示。再查议案第八件，增开下城公共汽车一案，应请特饬工务局，将下城马路从速修葺竣工，俾便增辟路线。该会第二次会议定本月十六日上午九时，在本局举行，并请转知贵代表准时出席为荷。战时运输管理局。未元。运业。附会议纪录及组织规程各一份。

重庆公共汽车业务监理委员会第一次会议记录

时间 八月二日上午九时

地点 战时运输管理局

出席 马毅（国民参政会） 梁培衍（财政部）

汤直夫（市党部） 孔英（卫戍总部）

蒋树芬（审计部） 邓卓哲 胡代（市政府）

龚学遂 马铎 王润生 何友益（战运局）

黄寿嵩（公共汽车处）

主席 龚副局长 纪录 查钰良

讨论事项

一、重庆公共汽车管理处黄处长报告公共汽车业务概况

（一）营业概况。

1. 郊外 自三十二年以来，郊外车次迄未减少，最近乘客拥挤原因系特约车及校车暨轮船班次减少所致，故本处车辆负荷加重。尤以七星岗至小龙坎一段乘客最多，本处虽曾在物质条件许可下尽量增加车辆，但仍感供不应求。

2. 市区 市区每日行驶客车35辆，曾家岩、上清寺及都邮街三站，平均约每隔三分钟开行一次。上清寺站以上午九时左右乘客最挤，都邮街站以晚上最挤，小什字则早晚均挤。市区来客拥挤，候车秩序恶劣，亦系一大原因。如秩序维持能予改进，候车时间可望减少。

（二）收支亏损情形

本处因受物价波动，油料、配件价格飞涨，票价不能随时比照调整，致营业收支不能平衡。本年一月份每车公里实际运输成本为402元，其中燃料费187元，约占全部成本46%。至五月份每车公里成本为920元，其中燃料费为652元，约占全部成本70%。燃料价格上涨实为本处亏损之主要原因。

（三）历年亏损原因

1. 目前油价及票价与三十年八月本处初接办时相较，计酒精涨254倍、代柴油涨250倍，而票价郊外仅涨47倍、市区仅涨60倍。

2. 本处以往调整票价，均按当时运输成本呈请调整，及奉批示则油价往往已增长甚多，运输成本又已提高，故票价历经调整，而亏损之情形依然存在。

3. 油价例于事后公布，所有价款均须分别追缴，致本处调整票价增加之收入常不足以偿付补缴油价之需，影响至大。

4. 本处员工之生活补助费及米代金，原均由政府拨发，自三十三年度起，一律改由本处直接负担，致本处负担加重。

（四）遵照大局规定标准，估计目前市区客票每张至少应为180元，郊外每客公里应为49元，始可勉敷成本。

（五）车辆情形

本处现有车120辆，能行驶者73辆，前次奉拨新车19辆，原定六月底即可装竣加入行驶，因改装车身所需之铁皮延至七月二日始由美方运昆，故装配日期因之延迟。现八辆已经装竣加入行驶，其余11辆可望于八月七日全部装竣。此项新车拟全部行驶市区，并拟俟市区新车增加后，抽出一部分旧车充实郊外班次，将来下城马路修好，并拟恢复班车行驶。最近又奉战运局令，拨给新车20辆，正派员赴泸接收中。

二、卫戍总部代表

（一）候车秩序紊乱，实因直达车与区间车车站未能分开所致，如能分开候车，秩序可较好。

（二）各车站稽查人员对待旅客态度傲慢，常起冲突，似应改善。

（三）上月份无票乘车案件总计共有160件。

（四）关于重庆交通上月份各有关机关开会拟成立督导组负责督导。

现监理会已成立，督导组是否需要，拟请在本会商决。

市政府代表：督导组管水上交通与监理会责职不同。

三、财政部代表

根据上次谈话会纪录，巴县公司及校车亦包括在监理范围之内，则将来监理会财务处理事项之对象，是否亦包括巴县公司及校车在内。

主席：公共汽车业务照理应由市政府办理，本局曾迭次请求市政府接收，迄未允接办。现巴县公司由市政府监督，校车则由军委会核发登记证分别管理，故情形至为复杂。将来特约商车及校车之贴补票系由公共汽车管理处转发，故巴县公司及校车之财务处理事项，亦在本会监理范围之内。将来本会拟每月开例会一次。

四、审计部、财政部、国民参政会代表

本部会不拟指派委员，惟开会时颇派代表到席。

主席：可照办。

五、讨论监理委员会组织规程草案

决议：修正通过。

六、公共汽车管理处黄处长

本处每月须用酒精25000加仑，以每加仑6000元计算需款15000万元，柴油月需40吨，每吨150万元，需款6000万元，两共需款21000万元，本处周转金约需3亿元，现本处向四联总处所领周转金仅5000万元，不敷实际需要甚巨。截至目前止，本处积欠战运局款项已达4亿余元，财政困难达于极点。

国民参政会代表

公共汽车亏累如以加价方式解决，恐将刺激物价，最好用贴补办法，一面并裁减冗员，节省器材，以减少支出。又每月贴补费似可呈请先期拨发，并请增加周转金数目，以利周转。

主席：关于公共汽车管理处亏累一事，行政院前开审查会时，曾称该处人员太多及管理办法不良，故经本局令饬该处裁减人员，已由该处裁减106人。各位如觉该处人员太多或管理不善，希指出何部分人员太多及何种管理不善，详细告知本局，以便办理。至于员工管理问题，拟于下次会议讨论。再，该处周转金不敷及贴补费发下过迟不能衔接情形，确甚严重。

七、公共汽车管理处黄处长：本处渝碚线各站站屋，多系前交通部迁建区办事处所建，当时仅作二三年之打算，构造至为简陋。今先后已逾五年，故多破烂，甚至已倾斜，亟待整修。

主席：站容整理需款若干希查照，以凭拨补。

八、公共汽车管理处黄处长：市政府曾据市参议会建议来函，请恢复下城公共汽车。因下城马路路面太坏，尚未修好，故未办理。惟将来本处新车增加后，究应恢复以前之特别快车，抑应增开过街楼经望龙门、储奇门至都邮街一线？两线不知以何者为宜，请各位不吝指教。

卫戍总部及市政府代表：似以增开过街楼经望龙门、储奇门至都邮街一线为宜。

主席：修葺下城马路可函请市政府从速办理。下次会议定本月十六日举行。

战时运输管理局重庆公共汽车业务监理委员会组织规程

（一）战时运输管理局为辅助重庆公共汽车业务并监督起见，设置重庆公共汽车业务监理委员会。

（二）本会由战时运输管理局、重庆市参议会、重庆市政府、重庆卫戍总司令部、重庆市党部分别指派委员会同组织之。

本会设主任委员1人，综理本会一切事宜，副主任委员1人，协助主任委员处理会务。由战时运输管理局代表担任主任委员，重庆市政府代表担任副主任委员。

（三）本会职掌如次：

1. 关于过去工作之检讨事项；

2. 关于将来业务进行之策划事项；

3. 关于财务处理之监督事项；

4. 关于改进管理之指导事项；

5. 关于其他关业务之指示事项。

（四）本会每月开例会一次，必要时得开临时会议，均由主任委员召集之。

（五）本会每次开会时，重庆公共汽车管理处得派员列席报告。如遇讨论事项与其他机关有关时，得邀请有关机关派遣代表共同商讨之。

（六）本会议决业务改进事项，由战时运输管理局及重庆市政府分别饬办。

（七）本规程自核准公布之日施行之。

7. 重庆公共汽车管理处工作概况（1945 年 11 月至 1946 年 1 月）

概述

重庆为战时大后方交通总汇之区，现值复员期内，人口荟萃数达一百二十余万，熙往攘来、肩摩毂击，而又限于地形，通衢较少，一般交通情形，较之国内其他各大城市倍极冲繁。本市公共汽车管理处实负维持市区郊外及南岸交通之重大使命，顾以囿于财力物力，筹划经营大非易易。管理处原隶交通部及前战时运输管理局，于三十四年十一月改隶重庆市政府。接办以来，明知任务艰巨，而凛于国都所在，中外观瞻攸系；且市郊两区交通直接间接均与复员运输所关，不得不于万分困难之中，力谋维持，并求改进，以应当前需要。兹将三月来工作概况分述如次：

一、关于经济方面　经费为事业之母，本处纯为公用事业，原无固定资金。所有经临各费，全恃车票售价以为挹注。而核计票价收入，平均每月约为 3 亿元，支出则达 4 亿 2 千万元，出入不敷，月计 1 亿 2 千万元，捉襟见肘概可想见。理财之道不外开源节流。开源舍车票加价而外别无他策。惟终于政府限制在国府未还都以前暂不加价，不得已，惟有尽量提高行车效率。故目前收入数字已达顶点，至于节流则减轻行车成本，惟现每月消耗油料配件总值约 3 亿元余则用于补充设备以及各项管理，费用均已紧缩至最低限度，实属减无可减。按本处票价规定市区为 150 元每延人公里 25 元，郊区 28 元，一般公路旅客运输每延人公里成本则为 55 元，实较本处增加 1 倍以上。闻目前上海公共汽车票价为 40 元及 80 元，以渝市油料较上海约高 15 倍而票价即以 40 元计，本市仅高 3 倍强。以此例彼，是本市票价应增五六百元方不亏蚀，而事实上假定本市票价增加至 250 元已可使收支平衡，足证本处于经济运用上已发挥最大效能。最近本处以亏耗太甚业务无法维持预算，至四月底止，除已领政府所拨补贴外，尚不敷 3 亿余万元，业已呈请市府转呈行政院如数补贴，正候核示中。

二、关于行车效率方面　本处现有客车共仅 140 余辆，现每日在路行驶者约达 100 辆，分布市区郊外及南岸各线。因此不得不将车辆勤加保养修理，迅速更替，总计能行驶车辆约占全部辆数 70%，其工作成绩为一般公路运输机关所不及，且平均每车每月行驶里程恒在 5000 公里以上，至少亦有 4000 公里。其行车效率亦较其他公路机关倍增。

三、关于燃料配件方面　本处行车需要油量为数极大，前战运局虽曾支助大量酒精，惟战运局本身供需浩繁，自不能长此源指济。而目前国内产量有限，外货存量亦少，顾求维持运力减轻成本，惟有向沪采购之一途。但现时运输又成问题，当此枯水时期，宜昌上游每月运输量只，及 100 吨，本处月需油料 180 吨，计汽油 140 吨，柴油 40 吨，转运艰难，缓急不济。至于零件之配备，则以租借法案分配材料早已用罄，而市上适用材料亦以车辆牌号年分之复杂，搜购既感困难，配备更属不易，凡此竭蹶情形，实非外界所能想像于万一。现正逐步力求解决办法。

四、关于策划安全方面　运输有安全、迅速、经济三要义，尤以旅客运输安全第一。本府接办以来即以此二语最勉全体员司，尤其行车员工及司机时刻注意重庆地形崎岖坡陡湾急、人口密集、车辆拥挤，尤以雨路湿滑，稍有疏虞，极易肇事。除于行车技术方面严密训练司机外，并提倡安全竞赛，发给安全奖金，提斯警戒不遗余力，故行车肇事事件日见减少，即以最近车辆靠右行驶以来亦颇平顺。

五、关于维持行车秩序方面　本处以便利市民为主旨，对于行车秩序固与市容及治安有关，自不得不加以维护，举凡站距之调整，牌志之设备，警稽之梭巡，莫不详密区划，使一般市民知所趋向适从，同时并致力于员工之训练，务能刻苦耐烦，态度和平，克尽服务社会天职，无如社会品类不齐，横逆之来，常出意外，虽多方委曲求全纠纷仍属难免，幸赖治安机关深谅本处困难，遇有冲突情事发生，随时协助力为排解，行车秩序得以日臻良好。

六、关于补充车辆方面　本处接收车辆共为 169 辆，就中包括卡车及救济车计 23 辆，实际只有客车 146 辆，均属行驶逾龄，破损不堪，且多有行驶近 10 年者。所辖路线，计市区上下城各线，郊区北至小龙坎、歌乐山、青木关、北碚各站；南至南温泉、土桥各站；又两路口至九龙坎及石桥铺等线。辖区广袤，实超过重庆市范围之外。而车辆窳旧，其不敷调配自不待言，虽集中全力尽量利用，终感不能适应需要，自非设法补充，不足以维现状。经叠向有关机关请予拨助新车。现已呈请市府转请交通部公路总局及善后救济总署请拨新车 50 辆，以维陪都交通，惟新车辆未拨到，因种种困难，深恐缓不济急，同时商请交通部就现有各路局可行驶车辆先拨本处数十辆以济急用，现正洽办中。

附言

综上所述，本处由于先天之不足，益以负荷之过量，困难重重，势所必然。三月以来秉承张市长之指示各界之督促，奋勉效命，昕夕匪懈，对于一应兴革以及不可克服之困难，均在一一设法解决之中。惟是当前亟务厥惟财源之增辟与油料器材车辆之补充，苟能宽以经费，假以时日，使本市交通事业发扬光大，日臻进境则幸甚矣。

8. 重庆市政府为检发《调整并加强汽车运输各业同业公会组织实施办法》给社会局的训令（1943年11月20日）

案准交通社会部本年九月十日组三字第五四七九八号代电开：

查汽车运输为战时交通重要工具，其有关各业同业公会之组织，亟应加强。尚未组织者，并应限期完成，以利管制，而宏效能。兹会订《调整并加强汽车运输各业同业公会组织实施办法》一种，除呈报行政院备案并分电外，相应检附该项办法电请查照转饬遵办，并将办理情形随时具报为荷。

此令

附抄发调整并加强运输各业同业公会组织实施办法一份

市长　贺耀祖

调整并加强汽车运输各业同业公会组织实施办法

一、有关汽车运输各业同业公会暂指定为下列三种：

（一）汽车运输商业公会——以运输货物或搭客为营业范围，并有汽车之公司行号或个人为会员。其以承揽运送为营业范围者，应加入承揽运送商业同业公会，不得为汽车业公会会员。

（二）五金电料商业同业公会——以买卖五金材料汽车配件及供给电气器具等业属之。

（三）植物油制炼工业同业公会——以机器或手工榨制及精炼植物油之工业属之。

又前项各业同业公会组织区域分别依照商业同业公会法第八条及工业同业公会法第六条之规定办理。但汽车业得经交通、社会两部之特准，依干线援用航商组织补充办法第三项之规定办理，并呈报行政院备案。

二、凡合于第一款资格之会员应将其工营商车之种类、牌号、辆数、载重、行驶路段及营业状况，分别向公会登记，并由同业公会审查合格后，发给会员证及会员车辆证。凡无会员车辆证者，一律不准行驶。

三、各地商车如由甲地驶往乙地，应向到达地点之同业公会报到。汽车业工会会员，应遵照政府规定价格营运公私货物，违者依法处罚。

同业公会理监事应负督促责。

四、第一项各业同业公会书记，应由公会所在地政府派遣。惟其全国联合会之书记，由社会部直接派遣之。

五、交通社会两部为督促实施起见，得派员分赴各地切实督导办理，商车指导委员会及各地分会应负责协助办理。

六、汽车运输之重要地区指定如下：

(一) 重庆；(二) 贵阳；(三) 柳州；(四) 桂林；(五) 昆明；(六) 衡阳；(七) 曲江；(八) 成都；(九) 宝鸡；(十) 西安；(十一) 兰州；(十二) 赣州；(十三) 永安；(十四) 泸州。

七、交通社会两部会电上列地区所属省市政府，检查有关第一项所列各业及其同业公会现状，迅电具报，并限二个月内将已有同业公会组织者，依照本要点内容规定，调整组织，促其健全，尚无同业公会组织者，限期成立，于两个月内详细具报备查。

八、俟上列各地同业公会组织健全后，再由交通社会两部会商，定期召集各该业全国联合会。

9. 重庆市汽车商业同业公会章程（1943 年）

第一章　总　则

第一条　本章则根据非常时期人民团体组织法商业同业公会法及商业同业公会法施行细则订定之。

第二条　本会定名为重庆汽车商业同业公会。

第三条　本会以维持增进同业之公共利益及矫正弊害为宗旨。

第四条　本会以重庆市行政区域为区域事务所，请必要时得于管理站酌设分事务所。

第二章　任　务

第五条　本会之任务如下：

一、办理有关会员业务上及其公共福利事宜。

二、关于会员经营汽车贸易运输之统制。

三、关于会员营业之指导研究、调查及统计。

四、办理合于第三条所提宗旨之其他事项。

兴办前项第一条事业时，应拟计划书，经会员全体 2/3 以上之同意，呈请主管官署核准。其变更时，亦同。第一项第二条之统制，全体会员同意，呈由主管官署核准后方得施行。

第三章　会　员

第六条　凡在本区域内经营汽车贸易或汽车运输同业之公司行号或工厂，除关系国防之公营事业或运令规定之团体专营事业外，均应依法加入本会为会员。

前项会员推派代表出席本会，称为会员代表。

第七条　本会每一会员均应推派代表 1 人，凡有 1 车至 4 车者规定代表人 1 人，以后每增拾车加派代表，由此类推。但多至不得超过 7 人，以会员行号之经理、主体人或店员为限。

第八条　本会会员代表以中华民国国籍，年在 20 岁以上者为限。

第九条　有下列各款情事之一者，不得为本会会员代表：

一、背叛国民政府，经判决确定或在通缉中者；

二、曾服公务而有贪污行为，经判决确定或在通缉中者；

三、夺公权者；

四、受破产之宣告尚未复权者；

五、无行为能力者；

六、吸食鸦片或其他代用品者。

第十条　会员举派代表时,应给以委托书并通知本会,撤换时亦同。但已当选为本会职员者，非有依法应解任之事由，不得撤换。

第十一条　会员代表均有表决权、选举权、被选举权,其表决权及选举权以其车辆单位计算。兹规定有 1 车至 4 车者为 1 权，以后每增 10 车增加 1 权，由此递增至 7 权为限。

会员代表因事不能出席会员大会时，得以书面委托其他会员代表代理之。

第十二条　会员非迁移其他区或废业或受永久停业之处分者，不得退会。

第十三条　会员代表有不正当行为，致妨害本会名誉信用者，得以会员大会之议决，通知原推派之会员撤换之。

第十四条　公司行号不依法加入本会或不缴纳会费或违背章程及决议者，得经理事会立议，予以警告。警告无效时，得按其情节轻重，依照商业同业公会法第十六条规定之程序，为下列之处分：

一、300 元以下之违约金。

二、有时间之停业。

三、永久停业。

前项第二款第三款之处分，非经主管官署之核准，不得为之。

第四章　组织及职权

第十五条　本会设理事 9 人，组织理事会；监事 3 人，组织监事会，均由会员大会就代表中无记名选举法选任之。

选举前项理事监事时，应另选候补理事 3 人、候补监事 1 人，遇有缺额，依次递补，以补前任任期为限。未递补前不得列席会议。

第十六条　当选理监事及候补理监事之名次，依票数之多寡为序。票数相等时，以抽签定之。

第十七条　理事会设常务理事 3 人，由理事会就理事中用无记名选举法互选之，以得票最多数者为当选。理事有缺额时，由理事补选之，其任期以补足前任任期为限。

第十八条　理事会就当选之常务理事中，用无记名单选任理事长 1 人，以得票满投票人之半数者，为当选。若一次不能选出时，就得票最多数之 2 人决选之。

第十九条　理事会之职权如下：

一、执行会员大会之议决案；

二、召集会员大会；

三、执行法令及本章程所规定之任务。

第二十条　常务理事之职权如下：

一、执行理事会议决案；

二、处理日常事务。

第二十一条　监事会之职权如下：

一、监察理事会执行会员大会之决议案；

二、审查理事会处理之会务；

三、稽查理事会之财政出入事项。

第二十二条　理事及监事之任期均为 4 年，每 2 年改选半数，不得连任。

前项第一节之改选，以抽签定之。但理监事人数为奇数时，留任者之人数得较改选者多 1 人。

第二十三条　理监事有下列情事之一者应即解任：

一、会员代表资格丧失者；

二、因不得已事故经会员大会议决准其辞职者；

三、旷废职务，经会员大会议决，令其退职者；

四、依商业同业公会法第四十三条解职者。

第二十四条　本会理监事均为名誉职。

第二十五条　本会事务所设书记 1 人，分设总务、财务、组训 3 股，每股各设主任 1 人，办事员若干人，分股办事。其办事细则另定之。分事务所设主任 1 人，办事员若干人，其办事细则另定之。

第五章　会　议

第二十六条　本会会员大会分定期会议及临时会议两种，均由理事会召集之。

定期会议每年开会两次，临时会议于理事会认为必要时或经会员代表 1/10 以上之请求或监事会函请召集时，召集之。

第二十七条　召集会员大会应于15日以前通知之，但有商业同业公会法第二十五第二十六条之情形，或因紧急事项召集临时会议者，不在此限。

第二十八条　本会会员大会开会时，由常务理事组织主席团轮流充任主席。

第二十九条　本会会员大会之决议以会员代表过半数之出席；出席代表过半数之同意行之。出席代表不满半数者，得行假决议，在3日内将其结果通告各代表，于一星期后二星期内，重行召集会员大会，以出席代表过半数之同意，对假决议行其决议。

第三十条　下列各事项之决议，以会员代表2/3以上之出席、出席代表2/3以上之同意行之。出席代表不满2/3者，得以出席代表2/3以上之同意行假决议，在3日内将其结果通告各代表，于一星期后二星期内，重行召集会员大会，以出席代表2/3以上之同意，对假决议行其决议。

一、变更章程；

二、会员之处分；

三、职员之解职；

四、清算人之选任及关于清算事项之决议。

第三十一条　本会会员代表人数超过300人以上时，会员大会得就地域之便利，先期分开预备会，依各预备会会员代表人数比例推选代表，合开代表大会行使会员大会之职权。

第三十二条　本会理事会每月至少开会一次，监事会每两月至少开会一次。

第三十三条　理事会开会时，须有理事过半数之出席，出席理事过半数之同意，方能决议，可否同数取决于理事长。

第三十四条　监事会开会时，须有监事过半数之出席，临时互推1人为主席，以出席监事过半数之同意，决议一切事项。

第三十五条　理事监事开会时不得委托代表出席。

第六章　经费及会计

第三十六条　本会经费分会费及事业费二种。

会员会费比例，视其车辆数目估计资本额之多少，为缴纳会费之标准，计分甲乙丙丁四等。甲等估计资本在200万元以上者，每月会费为600元。乙等估计资本在100万元以上，200万元以下者，每月会费为500元。丙等估计资本在50万元以上100万元以下者，每月会费为400元。丁等估计资本在25万元以上50万元以下者，每月会费为300元；不足25万元亦以25万元之规定缴收之。会员车辆资本估计，不计车名，依其年份定下列之标准：计一九三八年值10万元、一九三九年值15万元、一九四〇年值20万元、一九四一年值25万元。

会员缴纳会费时，得因业务关系，依其车辆行驶次数为标准，暂规定以每车行驶一次缴纳会费100元。市区内行驶客车，每车每月缴纳会费300元。前项会费之缴收，应于车辆行驶前一日将其行车辆数报会或分事务所登记，并将其应纳之会费如数清缴，掣换经社会局加盖印章之收据，其详细办法另订之。如有拖延少报情事，一经发觉，即按本章程第十四条规定之处分执行之。

第三十七条　会员退会时会费概不退还。

第三十八条　本会会费之预算决算，于每年年度终了一个月内，编制报告书提供监事会审核后，交会员大会通过，呈报主管官署并刊布之。

第三十九条　会计年度以每年一月一日始至同年十二月三十一日止。

第四十条　事业费之分担，每一会员至少1股至多不得超过50股。但必要时，得经会员大会议决增加之事业费总额及每股数额，由会员大会决议呈报主管官署核准。

第四十一条　前条之事业费，会员非退会时不得请求退还。其请求并须于年度终了时为之。

前项请求退还之事业费，其结算应以退股时本会事业之财产状况为准，请求退还之事业费，不问原出资之类别，均可以现金抵还。

退还事业费时，关于本会所兴办之事务有未了结者，于了结后计算，并分派其盈亏。

第四十二条　本会会员对于本会兴办事业之责任，得依兴办之决议于担任股额外，另负定额之保证责任，会员退还事业费后，经过一年始得解除其保证责任。

第四十三条　本会事业费之预算、决算依本章程第三十九条之程序办理。

第四十四条　本会呈报预算、决算时，须附财产目录、资产负债表、损益计算书及关于事业会务情况之报告。

第四十五条　本会事业费之总额及每股金额之变更或本会事业之停止，均由会员大会决议后，呈报主管官署核准。

事业停止后，所营事业之财产，由理事会照会员大会决议案负责办理清算。

第七章　附　则

第四十六条　本章程未规定之事项，悉依商业同业公会法、商业同业公会法施行细则办理之。

第四十七条　本章程如有未尽事宜，经会员大会决议呈准主管官署修改之。

10. 重庆市汽车商业同业公会 1944 年工作报告（节录）（1944 年）

一、组织

（一）会员单位

会务推行，首重组织。年来此项工作，会中同仁，莫不殚精擘划，积极开展，悉力策进，以求臻达理想鹄的，无忝厥职，并与业务上各有关机关经常保持密切联系彻底合作。凡未经入会同业，必须依法申请入会，领有会员证书及车辆行驶证，业务有关机关方以取得合法资格视之。因是会员数字增达 121 单位，收效颇著，良由本身不断求其努力，加紧工作，复得善自运用客观协助，所以致之。

（二）校车入会案

本市校车，为数甚多，售票搭客，纯系商业性质。本会为遵行“强制入会限制退会办法”，经呈奉社会局转下司法院诠释，应遵照商业同业公会法第十二条第一项规定加入公会。本会于奉令后，遵即饬其入会，以重功令，未见受理。嗣后呈请主管机关转属入会，并派员前往婉言劝导，均无结果。其违抗法令拒不入会，殊属不合。良以组织工作要皆顺利推进，惟此独未达成，本会诚引以为憾，刻仍正继续呈请处理中。

（三）组织渝蓉厂区商车运输总队

本业同仁，历来均系服务于抗建各种运务，惟团结尚待求其臻固，力量未尽发挥。值兹军事进入决定阶段，运务效率急宜加强，以期实际配合军事，同争胜利，完成使命，爰于三十三年春间，藉华西机场建修，各地商车多集中服务于一堂之时机，本会宣理事长在蓉与主管方面及成都、广元两地汽车公会协同进行筹组，乃于同年六月间成立，总队部设重庆、新桥、成都、广元等地各设一办事处，所辖车辆共有 416 辆，分为 7 个大队，公推本会宣理事长为总队长，成都汽车公会邓理事长为副总队长。该队工作进展甚速，主管当局极为重视。

（四）新桥分事务所裁撤

本会为加强会务推动，前于新桥、海棠溪两地各设一分事务所，嗣渝蓉厂区商车运输总队在新桥设立办事处，办理事务诸多相同。本会为节省经费及免机构重复起见，特于七月份起，将新桥分事务所予以裁撤，所遗工作托请该办事处代为办理。至海棠溪分事务所，迄仍存在。

（五）倡组全国汽车商业同业公会联合会

经本会积极发动后，陆续接到成都、昆明、贵阳、宝鸡、兰州、恩施等地汽车公会赞同函电，并敦促及早筹组。本会特具呈社会部请示，并经宣理事长、萧书记去部面洽一切，一俟奉到令示，即作进一步筹划，用期早观厥成。

（六）组织车队服务黔战军运

黔边战起，军事转繁，方人心震动，国军源源开赴驰援。本会鉴及战局如斯，增援贵速，应勿使国军徒步劳形，以免影响锐气，当即发动组织会员车辆，以集体行动参加军运。各会员咸以国家存亡关键，正适报国时会，风起云涌，响应号召，计共 86 辆，装载炮弹、部队，驰驶前往。西南公路峻岭丛山，路面坎坷，陡坡尤多，我会员戴月披星，栉风沐雨，昼夜奔赴，历尽千辛万险，车辆坏损不堪，终以能圆满达成任务，使国军威力得以服敌寇，肃清黔边兽迹，引为无上快慰。

（七）上书参政会建议改善商车管制办法

军兴以来，商车首先接受管制，惟政府所订法令规章，因时间环境迁异，多有不合于实际者。至管制机构叠床架屋，林立繁复，彼此牵涉，遇事不决，东推西支，商车难于应付，无所适从。本会特逢三十三年第三届参政会开会之际，就实际情况，应革时弊，会员要求，草陈建议书，吁请分别转请有关政府部门，切实办理。该书内列重要项目，计有 1. 统一管理机构；2. 简化手续；3. 改善燃料、轮胎、配件供应办法；4. 调整合理运费；5. 其他等项。

（八）组织车队赴梁万线担任美资接运

中美军事当局积极布署，以应付即将到来之大陆歼日工作，以是迩来内运物资，日益增加，战时运输管理局责成派车赴梁山机场担任是项任务。会员车辆经编组先期前往服务者，已有 15 辆，兹后运务趋繁时，或将增派车辆前往。

（九）华西各机场建修运务督导经过

对日全面反攻作战，及带给战祸予敌国本土，彻底毁灭其重要工业等，都皆以空军当其先，盟邦美国商决我政府同意，乃在华西一带，修建大规模机场数所，以资应用。发动民工数十万从事工作，惟限修日程促，搬运坚石及其他必需材料，用以人工负荷，恐一年时间亦难竣事。且数十万民工，担此工作，难以应付，势必疲于奔命，加重痛苦。综上之故，当局调集各地商车集中服务，本会会员车辆参与为数甚多。机场工程浩大，运务繁重，宣理事长亦应邀前往主持督导一切。当时以限期迫切，恐难如时完工，宣理事长特倡组临时性车队，集体工作，并以“英雄司机”“模范司机”“荣誉司机”等光荣头衔，鼓励各车努力服务，运量成绩逐日公布，且详订有奖励办法。自是以后，日夜只闻车声虎虎，疯狂奔驶，个人与个人比，小队与小队比，竞赛运动一经蔚成，每日统计运量竟远超出所预计者多多，故能在限期内提前 5 日完成光荣任务。惟车辆经过此番勇迈奋斗后，残缺坏损之重空前未有，当车队于完工纷纷驶向归途时，数十万民工，咸以感激光眼，满腔谢忱，停立于道旁，欢呼送行。此次重大任务之完成，当局对商车倍加赞许。本会宣理事长返渝，各地同业特赠以锦旗一面，上书“功在同业”四字。

二、训练方面

（一）会员训练

本业会员流动性太大，时东时西，天南地北，逐处奔驰，从不留停，以是开办训练班一事，经悬搁置。但训练一项，至关重要，乃采行个别或三五施予机会训练，如 10 人以上时，则举行临时座谈会，以由理监事书记等分别简扼讲述总理遗教，总裁言行，时事动态及授以业务上之必备常识。如此训练形式上虽与会员训练班有异，而实质上亦属以训练为目的，实可谓“途异归同”，无所轩轾。

（二）刊发《商车通讯》

由于会员系属流动，训练工作故以把握机会及座谈会等方式进行，收效虽颇称意，但究属难周，未达普遍。欲竟全功，尚待努力筹划，本会为谋补救起见，爰在本月内刊发“商车通讯”刊物一种，普遍分寄散处在各地之会员，内容着重精神训练，业务常识灌输，技术训练生活指导等等。是项刊物，即在补训练之不足，俾收宏大效果，用竟全功。

三、业务方面

（一）一年来会员业务概况

公路交通平时重要战时尤然。举凡兵员之输送、炮弹之运济、物资之流通、军需物品及被服等装运、国际贸易公物交换，咸皆以公路运输为主。年来本会会员离乡别井，抛妻弃子，仆仆风尘，天涯海角奔驶，每逢节令，亦因运务在外，不克博室家团聚之欢。处此世人目为凄苦之境况，我会员尤觉津津其乐，从不稍涉松懈怠惰，盖咸能深识事体，以挺担抗建各种运务为无上光荣之故耳。综计三十三年度共运军火 ×××××× 吨、军用粮盐被服 ×××× 吨、公货 ×××× 吨。

（二）运送远征军

军事当局为适应战局要求，加强战斗实力，彻底歼灭敌人起见，特号召有为青年，入伍远征，踊跃从戎，争先恐后，情况盛极一时。报名参与者，为数甚夥。旋须赴蓉乘机转飞国外接受训练。事不容缓，贵在神速，设令徒步去蓉，贻误戎机在所不免。本会会员鉴及于此，一如从军之踊跃，争相运送，车辆转动，日日不停，未几即已全部运竣，达成任务。

（三）运送从军知识青年

欲达抗战胜利，必须提高军队素质，俾能接受新式训练，使用新式武器，以期来日与盟军并肩击溃日寇，重建世界和平。蒋主席特发表文告，勉嘱党员团员学生及一般知识青年，以许身疆场，歼敌复土为已任，各地青年热烈响应，如澎湃潮踊，献身报国，以酬素志。我会员亦满怀热忱，出其所有车辆，往返奔驶，分别运送指定受训地点。

（四）运送航油

现代战争，首重空军，世人所知。近年来盟邦美国，在我国内建筑机场，经常出动，或助陈前线，或轰炸东北敌人经营之重工业，或远征日寇本土，任务日繁，所需航油益增，故运送此项油料，至关重大。本会会员不辞辛劳，无间风雨，彼来此去，相继运送，从未暂停，经常勤动，致使飞机出动，得以按照规定时间起飞，不致错过时刻，贻误戎机。

（五）各地机场接运

临此大反攻前夕，国外空运内地军火日增加多，麕集机场，亟待转运，此又为我会员增一任务，咸皆乐所从事，不嫌繁剧，加紧速度，一遇空运物资到达，即装车运出，驶向南北各地，甫经交卸，又急急转回。担任二次运务，来来去去，往返奔驰，盖因军火，均属贵速，稍迟即致误。

四、福利方面

（一）北运专案军品吁请发胎经过

军事当局卓见远谋，在河南战事未爆发前，即着手进行布署，用期痛惩来犯之敌，故斯时军火北运频繁，在渝车辆全部参加服务。西北公路素以难行见称，会员车辆急急奔驰，加紧速度运济军需，日夜不停载重往返，因是轮胎消耗之大，出诸意外，血本难维，损失惨重。本会特向有关当局发出紧急呼吁，迅予救济，以维军运。当蒙允许，凡由渝至广元担任北运军品达2次以上并由渝至蓉4次以上者，可照官价向汽车配件总库领轮胎1只备用。

（二）华西机场运务吁请救济轮胎配件经过

新津、邛崃、彭山、双流、广汉等县建筑机场，同时开工，规模之大，罕有伦比。全部工程厥以运务为最要，各地商车参与工作，以本会会同成都、泸县两地汽车公会协主其事，各地车辆，莫不努力从事。惟以机场附近汽车行道系属临时开辟，未臻精工，兼之数百辆车日夜不停行驶，故尔路面坏滥不堪，轮胎配件消耗特大，商车难以维持。本会等深恐影响工程，曾在蓉以急电分别呈请何总长、曾部长等，吁请设法救济。乃邀批准拨给大量轮胎配件，经本会会同蓉泸两公会负责人合理配给各车，始解除其困难。

（三）请求合理调整运价

查本业运价系由政府比照燃料价格所规定，惟此中燃料价格已连涨数次，而运价未蒙一次调整，支出驾车收入之上多多，成本实极难于维持，各会员连声叫苦。本会乃两次具呈交通部并国家总动员会议，申述困难实情，请速予改订运价，并一再前往面洽，均邀许可，当予重新调整公布实施。

（四）设立新桥商车服务处

本会会员恒皆集中郊区新桥一带，该地距城较远，并不繁盛，铺户稀落，以是食宿至感困难。本会有鉴及斯，并谋供给精神食粮，提倡有益身心之正当娱乐起见，特在新桥创设商车服务处一所，内设有寄宿舍、食堂、沐浴、理发、书报、浏览、俱乐部等部门，专为会员服务，咸皆称便。

（五）设备救济车

近来因军事方面反攻将临，积极布署，是以运务繁忙，前所未见。各会员车辆，载重驾驶，来来往往，常于途中机械突生故障，整修困难束手无策，致延时日，匪独会员业务遭蒙极大损失，且影响军运亦甚深重。本会特电请战时运输管理局准许设置救济车，经常出动巡视，担任救济抛锚车辆工作，既便会员业务，复利军运，公私两便。

（六）兴建修车厂

目前运务愈形繁重，每日出动车辆，辄皆为数甚夥，重车远行，高速飞驶，此一任务甫达，即又担任二次运务出发，甚少停歇，故尔车辆坏损时有所闻，常见不鲜。各会员苦以当前物价高腾，修车费用庞大，难胜负荷。本会特在新桥觅地自设修车厂一所，藉以解决各会员修车困难，俾符谋取福利之旨。

（七）5000公里官价购胎

商车担任运务，均属直接关连抗建，与军公车辆所负任务，殊无二致。而军公车享有种种优待补助，商车独无，实欠公平。本会曾一再呼吁，请予改善，蒙运务当局采纳，订定补助商车轮胎办法，凡承运军公物资行驶5000公里者，准许官价领购轮胎1只，藉资补充。

（八）历次运务本会吁请供胎经过

车辆之轮胎如人之手足，不容缺废，故极重要。方此物价高腾，轮胎市价上涨之速，竟将达20万元1只。各会员限于成本不敢问津，而政府供胎必须驶足5000公里方可。目前运务繁忙，轮胎爆破迭有发生，深感青黄不接，难乎为继。故本会于航油运汉中等地及西南紧急协运、万梁美资接运等重大运务，皆吁请有关机关准予额外领购价胎应用，以利务，用解商车困难。

（九）策动设立海棠溪俱乐部

本会鉴于海棠溪一带会员众多，该地机关林立，拥用员工亦复不少，乃由海棠溪分事务所，邀集会员及各机关负责人商议共同设一规模较大之俱乐部，经邀同意，等竣成立。

本会理监事名册

重庆市汽车商业同业公会理监事名册

职别	姓名	年龄	籍贯	备考
理事长	宣傅京	30	安徽	
常务理事	何子华	42	河北	
	王樾	36	江西	
理事	胡金山	43	湖北	
	赵大春	51	江苏	
	李子康	31	江苏	
	顾干臣	48	湖北	
	张明轩	36	山西	
	梁永恒	31	安徽	
常务监事	廖德杨	33	四川	
监事	冯金源	31	南京	
	高观起	36	湖北	
候补理事	张贞富	33	湖北	
	朱凤石	36	江苏	
候补监事	陈柏平	39	湖北	

本会事务所职员名册

重庆市汽车商业同业公会职员名册

职别	姓名	年龄	籍贯	备考
理事长	宣傅京	30	安徽	
书记	萧宇柱	26	重庆	
总务股主任	顾干臣	48	湖北	
财务股主任	何子华	42	河北	
组训股主任	胡金山	43	湖北	
总务股干事	黄灿	23	重庆	
组训股干事	简俊铭	25	四川	
财务股干事	戴芝富	34	安徽	
海棠溪分事务所主任	何子华	42	河北	
干事	朱孟宽	33	湖北	
	黄钺	51	安徽	

二、轮　渡

1. 重庆轮渡股份有限公司创立会议记录（1939年5月29日）

开会日期：民国二十八年五月二十九日。

开会地点：重庆莲花街华懋股份有限公司内。

到会股东：计71户，共1850股。

查本公司股东共76户，计2000股。

一、行礼如仪。

二、四川省政府建设厅代表范英士先生莅会监督。

三、公推股东何静源君主席。

四、主席报告本日到会股东户数股数已足，公司法第一百条之规定可以开会。

五、主席请各股东通过本公司章程。逐条朗读，讨论通过，如另文。

六、主席请各股东投票选举董事监察人，指定股东宋师度、徐修平两君检票。

七、投票结果如下：

董事

何静源君得 1145 权

康心之君得 1145 权

文化成君得 1120 权

黄次咸君得 1118 权

宁芷村君得 1082 权

汤壶峤君得 1082 权

李泽敷君得 1060 权

蒋相臣君得 1060 权

王海楼君得 1060 权

汪代玺君得 1060 权

另有董事 1 人，由四川省政府临时选派。

监察人

胡子昂君得 912 权

唐建章君得 910 权

另有监察人 1 人，由四川省政府临时选派。

八、散会

主席　何静源

四川省建设厅代表　范英士

2. 重庆轮渡股份有限公司章程（1939 年 5 月）

第一章　总　则

第一条　本公司依公司法股份有限公司之规定集资组成。定名为重庆轮渡股份有限公司。

第二条　本公司以经营轮渡便利本市及其附近江面交通为宗旨。

第三条　本公司经营轮渡业务种类如下：

一、横江渡

二、顺江渡

三、拖驳

四、应租

第四条 本公司设于重庆

第五条 本公司公告方法登载于重庆市之新闻纸。

第二章 股 份

第六条 本公司股本总额为国币20万元，以100元为1股，一次收足。

第七条 本公司股票为记名式，股东以中华民国国籍者为限。

第八条 股票如以法人堂记记名者，股东应将代表人姓名、住所函报本公司。有变更时亦同。

第九条 股东应将其印鉴函送本公司存证，凡领股息、红利及与本公司有用书面事件，概以此印鉴为凭，嗣后有变更时亦须函告本公司更改。

第十条 本公司股票得自由转让，但转让人须将股票缴还公司，并填明受让人姓名住址，过户，由本公司另换给新股票。因继承关系须换填姓名者，手续与前项同。

第十一条 如有遗失股票者，须向本公司声明，请补发股票。但须有2人以上之保证，并登报声明，3个月不发生纠纷，始行补给。

第十二条 凡换给或补给新股票，每张须收手续费1元。

第三章 股东会

第十三条 本公司每年于结账后一月内，召集股东会一次，但遇必要时，得依公司法之规定，召集临时股东会。

第十四条 股东会之决议，应有股份总数过半数者之出席，以出席人表决权之过半数行之。但关于变更章程，增减资本或解散合并之决议，须遵公司法第一百八十六条及二百零三条之规定，分别办理。

第十五条 本公司股东第1股有1表决权，但1股东而有11股以上者，从11股起，每2股有1表决权。30股以上之股东，概以20权为限。

第十六条 股东得委托其他股东代表到会，但须出具委托书，交由董事会存留为证。

第十七条 股东会主席由股东互推之。

第四章 董事会及监察人

第十八条 本公司设董事11人、监察人3人，凡本公司股东均得当选。

第十九条 董事任期为2年、监察人任期为1年，但得连选连任。

第二十条 董事会设董事长1人、常务董事2人，均由董事互选之。

第二十一条　董事会之职权如下：

一、对外代表公司；

二、经理人选任及解任；

三、召集股东会；

四、核定本公司出入款项及一切账据；

五、议决应兴应革事件；

六、视察营业状况；

七、监视执行议决。

第二十二条　董事会每月开会一次，如有紧急事项发生，得召集临时董事会。

第二十三条　监察人依据公司法第一百五十六条至第一百六十条之规定，行使其职权。

第五章　决算及盈余分配

第二十四条　本公司营业会计年度自每年一月一日起至十二月三十一日止，每一年度决算一次。

第二十五条　每年决算结有盈余，首提10%为公积金，次提所得税，再提周息1分为股息，其余作为百分分配如下：

一、特别公积金提15%。

二、职工红酬提20%。

三、股东红息提60%。

四、补助各项事业基金提5%。

第六章　职　员

第二十六条　本公司设经理1人，总理本公司营业事务。其任免由董事会议决行之。

第二十七条　本公司各部职员名额之增减，须应事务之需要，由经理提交董事会核定之。

第二十八条　经理薪金由董事会决定之，其余各职员薪金，经理核定报董事会备查。

第七章　附　则

第二十九条　本章程未尽事宜悉遵公司法及其他法令办理。

第三十条　本章程自经股东会议决呈请主管官署核准之日实行，修改时亦同。

发起人：

姓　名　　住　址
何静源　　重庆南岸汪山何宅
康心之　　重庆领事巷 10 号
文化成　　重庆三元庙 39 号
黄次咸　　重庆公园路青年会
宁芷邨　　重庆打铜街川康银行
汤壶峤　　重庆陕西街永美厚银号
李泽敷　　重庆白象街聚福洋行
蒋相臣　　重庆莲花街江海银行
王海楼　　重庆南岸汪家花园
汪代玺　　重庆南岸汪家花园
胡子昂　　重庆莲花街华懋公司
唐建章　　江北县弋阳观唐家院
何北衡　　重庆南岸汪家花园

3. 重庆轮渡股份有限公司董事监察人名单（1939 年 5 月）

职别	姓名	住址	股数	当选权数
董事	何静源	重庆南岸汪山何宅	10 股	1145 权
	康心之	重庆领事巷十号	10 股	1145 权
	文化成	重庆三元庙三十九号	24 股	1120 权
	黄次咸	重庆公园路青年会	5 股	1118 权
	宁芷邨	重庆打铜街川康银行	110 股	1082 权
	汤壶峤	重庆陕西街永美厚银号	10 股	1082 权
	李泽敷	重庆白象街聚福洋行	10 股	1060 权
	蒋相臣	重庆莲花街江海银行	10 股	1060 权
	王海楼	重庆南岸汪家花园	10 股	1060 权
	汪代玺	重庆南岸汪家花园	353 股	1060 权
监察人	胡子昂	重庆莲花街华懋公司	10 股	912 权
	唐建章	江北县弋阳观唐家院	6 股	910 权

4. 何静源等为发起组织轮渡公司请核准登记致重庆市社会局呈文（1940 年 1 月 24 日）

谨呈者：

商等遵照公司法股份有限公司之规定，在四川重庆市地方发起组织重庆轮渡股份有限公司，资本总额定为国币 20 万元，分为 2000 股，每股 100 元，一次缴足，曾经呈奉四川省建设厅批准备案，并派员莅创立会监督各在案。兹遵照公司法及公司登记规则之规定，备具各项文件及执照费等，呈请钧局察核，转呈经济部核准登记发给公司登记执照，不胜感激。谨呈

重庆市社会局

具呈人

重庆轮渡股份有限公司董事

何静源　康心之　文化成　黄次咸　宁芷邨

汤壶峤　李泽敷　蒋相臣　王海楼　汪代玺

监察人　胡子昂　唐建章

代理人

会计师　谢　霖　会计师　苏祖南

重庆状元桥街太华楼正则会计事务所

5. 交通部为准予《重庆市轮渡管理办法》备案致重庆市政府公函（1941 年 7 月 3 日）

准贵府本年六月二十七日市秘三字第一四一一〇号公函抄送重庆市轮渡管理办法嘱查照备案等由，准此。除存案备查并抄发汉口航政局知照外，相应函复查照为荷。

此致

重庆市政府

张嘉璈

重庆市轮渡管理办法

一、重庆市政府（以下简称本府）为策本市各航线轮渡之安全，订定本办法。

二、本市现有航线应设置渡轮及船趸之数量如下：

（一）经常航行者：

1. 储海线，由储奇门至海棠溪，设渡轮3艘（乘客少时2艘），趸船3艘。

2. 望龙线，由望龙门至上龙门浩，设渡轮3艘（乘客少时2艘），趸船2艘。

3. 嘉弹线，由嘉陵码头至弹子石，设渡轮2艘（乘客少时1艘），趸船2艘。

4. 朝野线，由朝天门至野猫溪，设渡轮1艘，趸船2艘。

5. 朝溉线，由朝天门至溉澜溪，设渡轮1艘，趸船2艘。

（二）枯水时停航者：

1. 南黄线，由南纪门至黄桷渡，设渡轮1艘，趸船2艘。

2. 嘉江线，由嘉陵码头至江北观阳门，设渡轮1艘，趸船2艘。

前项应设渡轮及趸船，数量非有重大事故呈经本府核准，不得减少或停航。

三、本府认为交通上有必要时，得于前条各线外，随时增加航线，其渡轮及趸船数量，以命令定之。

四、各渡轮安全设备，由工务局会商航政局设计，交轮渡公司照办，并按月由工务局免费检验一次，呈报本府备案。

五、各般线每日开航、停航，由工务局按季节规定时间，各渡轮应切实遵守，并于各趸船上将规定时间通告乘客。但遇有大雾或大风雨，渡轮大副认为航行有危险时，乘客不得强迫开航。如有强迫开航事情，由宪警严切制止。

六、各渡轮或趸船如有损坏，应即修理，并于修理期间另调船只补充。

七、各渡轮每次所载乘客，应严守航政局规定之数额，不得超过。遇乘客超过定额时，大副不得开航，如有强迫开航事情，由宪警严切制止。

八、乘客均应购票。服装整齐之军警，除整队由官长率领者得向售票处领取临时免费证外，应购半票。

九、售票处每次所售票数已达该次渡轮定额时，应即停售，俟该轮开航后，再售下次渡轮票。并在跳板上设木栏门，所有无票或超过定额之乘客，由宪警严切阻止其进入趸船。

十、各渡轮及售票处由工务、警察两局随时派便衣人员监视，其每次开航及售票是否超过定额，报各该局备查。

十一、各售票处应于附近搭盖临时棚屋，为尚待购票乘客栖息处所。

十二、各渡轮应按乘客定额，设置座位及救生工具。

十三、各渡轮两侧应悬挂布篷，其左右舷之栏杆高度应在2公尺以上。

十四、各趸船至岸边应分出入口，各置跳板，宽度在2公尺以上。厚度为8公分至10公分，跳板两旁并设扶栏。

十五、各渡轮及趸船上之职员，应佩带袖章，水手、夫役应佩带符号，以便稽考。并于渡轮及趸船上，分别将大副及管理员姓名通告乘客。

十六、各趸船上之力夫、小贩，不准进入渡轮，由警察勒令佩带袖章，以资识别。

十七、各渡轮趸船及码头之清洁，应由轮渡公司负责办理。

十八、各渡轮及趸船上于暑热时应设置茶缸，并备救急药品。

十九、轮渡公司如违反本办法之规定，由工务、警察两局视其情节，从严议处呈报本府核准施行。

二十、大副每次开航、售票员每次售票，如超过定额，除由轮渡公司予以撤职外，并由警察局科以逾额票价十倍之罚锾。

二十一、本办法自市政府公布之日施行，并请交通部、重庆卫戍总司令部及宪兵司令部备案。

6.重庆市工务局为报告重庆轮渡公司成立经过致市政府呈文（1941年7月4日）

案奉钧府本年六月十九日秘二字第一三三四九号训令，为据社会局呈送重庆轮渡公司申请核转登记文件请核示等情，饬将该公司成立经过、集股情形、内部组织及近年来营业概况查明呈复，等因。自应照办。查四川省政府于民国二十七拨款10万元创设轮渡，先成立筹备处着手试办，当明租赁民生公司民约轮及绥靖公署小轮1艘，于储海线试航，嗣于同年五月间，复由汉口购得小轮5艘，民约轮即行退租，同年十月正式成立"重庆轮渡股份有限公司"，为官商合办，股资共20万元。内官股5万元，商股15万元。二十九年初，又增商股20万元。公司组织，董事会下设经理，分业务、工务、会计、出纳四股。二十九年底止，公司有渡轮12艘（编为1至12号），内有购自旧货者，素质欠佳。其中第2、3、6、11、12号为铁壳，余均为木壳，于二十八年间经本局督促彻底加以修理后，各轮船身及机器均已略见良好，惟终以大半逾龄，不耐久航，经常能应渡者，多仅8艘。不敷之时，另行租用。至于航线解逐渐扩增，迄二十九年底止，计有南黄、储海、望龙、朝弹、朝野、朝溉、朝江共7线，内南黄、朝江两线于枯水时不能航驶。公司营业，二十七年度三个月（十月至十二月）总收入为54960.81元；支出为37873.36元，除渡轮等折旧外，计盈余8930元。二十八年度总收入为519297元，内客运收入为508385元；总支出为478302元，计盈余41974元。其乘客人数及航行次数列如下表（甲）。二十九年度全年总收入为166810036元，支出为163090363元，计盈余37196元。其乘客人数及航驶次数列表如（乙）。三十年一月至五月，营业亏损约10余万元。理合将轮渡公司成立经

过各情备文呈请鉴核。谨呈

市长吴

附呈甲乙表各一件

工务局局长　吴华甫

（甲）表

线别	航驶次数	乘客人数
储海线	14588	3760911
望龙线	16825	2041471
朝弹线	14488	1486074
朝江线	13975	509292
合计	59816	7797748

（乙）表

线别	航驶次数	乘客人数
朝弹线	17900	1879968
朝野线	9926	496344
望龙线	23823	3096913
储海线	36340	4360814
朝江线	5866	293331
南黄线	11833	591644
朝灌线	1015	50759
合计	106703	10769773

7. 重庆轮渡公司创办四年概况[①]（1943 年）

四川的航业历史，不久将有半世纪的记录，而重庆轮渡公司，今日方才度过他四周年的生辰，我们趁这个机会，来简单叙述几位创造航业人物的故事（详细事绩的叙述，属航业史的范围，非本文所能详）及本公司创办的意义和经过，想来不是一件无意义的事罢？

轮渡公司，确实至今仍然是一桩小事业，虽然他有八条航线，有十余条渡轮，每年载一千五六百万乘客过江，但是他只有注册资本 20 万元，实收资本 40 万元，现在几百万元几千万元资本的公司，到处皆是，这样一个 40 万元的东西，你能否认他是一个小公司么？他不惟

① 节选自张澍霖著《重庆的江上交通》，原载《西南实业通讯》第 3 卷第 1 期。

资本小，而且设备简陋，这也是真实情形，毫不带一点谦虚客气的意思，今日的重庆，为全国人才者荟萃之区，有以千数计算的人，曾经到过外国，有以万数计算的人，曾经到过其他繁盛通商口岸，乘过设备完善，船身宽大平稳，座位舒适宽敞的轮渡的，一定有人说，重庆轮渡公司的工具，未免太不充分；设备未免太简陋了？这些皆是事实，不必隐讳，也无法隐讳的。

重庆轮渡公司，是今日中国范围内唯一的轮渡公司，他是此次中日战争发生一年后方经何北衡、何静源先生等筹办起来的，当时只能就汉口与宜昌诸地市场上，现有的小轮及拖驳，酌量收费，实无合于川江航行之标准轮渡可资选购，各小轮拖驳，设计不同，机器式样，马力大小，皆不相同，其效率及平稳的程度，亦因之而差异亟大，管理经营，大费工夫，乘客观感，对之亦至为纷歧，但因按时修理，不顾支出之增加，务求常川保持安全行驶之目标，本身力量不敷时，并多租外轮，以资补充，四年以来，幸无重大意外事件发生，此则可告慰于本市市民者也。

重庆三面临江，渡江的交通工具，数千年来，袭用木船。川江滩多水急，不易控制，举国皆知。每当洪潮涌至，或沙水大发时，木船全船沉没之惨剧，每年必数十百次不等，宝贵生命之沦丧，财产之损失，不可胜计，夜间航行，更属危险万状。从社会效率，及人道主义的立场，均有开办输渡之必要，本公司之开办，实基于此项动机，因得主动机关之提倡，乘客之赞助及宽容，股东诸公之支持，职工之努力服务，四年以来，幸未甚辱使命，四年以来，搭载乘客总数，达六千万人以上，自从去年，望龙线，储海线，朝弹线，开办夜航以来，每日为重庆市添加六个钟头的办公时间，未敢自以为功，不过聊以答报，四年来继续照顾信任不衰之乘客诸公的盛意隆情于万一耳。

我在前面举出后方多数工业，只解决了一部分有无问题，并未解决好坏问题，我并不是想用来作藉口，以为轮渡公司应该故步自封，不求进步了，反之，我们在种种不利的条件之下，始终在要求进步，今天以后，更要特别努力，要求做到环境容许的尽美尽善的地步。我们在这四周年纪刊内，敬谨将轮渡公司的事实和困难，和盘托出，请求读者诸公指教。

前市政府吴市长国桢先生，航务局王局长道之先生对于轮渡公司曾有许多的指导，如其过去一年来轮渡公司有任何的成就，那皆是两位主管长官的指导之力，谨此志谢。

我们希望每天过江的6万乘客，招待不周时，格外宽容，服务不够时，勤加指教，公用事业，全要靠公众诚意合作，方能继续进步。我们希望500多位轮渡职工，从水手到大副，要切实遵照新近颁布的轮渡规则，各种轮渡手册，守着自己的岗位，忠诚服务。

过江黄鱼之多，足以威胁轮渡公司的生存，我们希望治安机关，加以取缔。

拉杂陈述，不过之处甚多，如承指教，极所欢迎！

丘吉尔先生在他一次有名的演说词中曾对美国朋友请求说“请给予我们以工具，以完成我们的工作吧”。我们敬谨仿照他的语法，向我们的政府及社会，发出请求，“请给予我们以时间与帮助，以完成我们的工作吧”。

8. 整理重庆市轮渡暂行办法（1939年5月29日）

一、渡 轮

（一）储奇门至南岸海棠溪一线（即储奇线），至低限度应经常设置渡轮2艘，相互往返。

（二）望龙门至南岸太平渡一线（即望太线），至低限度应经常设置渡轮1艘。

（三）嘉陵码头至南岸弹子石一线（即朝弹线），至低限度应经常设置渡轮1艘。

（四）嘉陵码头至江北嘴（即朝北线），至低限度应经常设置渡轮1艘。

（五）其他码头得随时考察交通之需要，设置渡轮。

以上规定之应设渡轮数量，非遇特别重大变故，呈经航务处核准，不得减少或停航。

（六）渡轮左右舷之栏杆过矮，应设法加高至4尺以上，以策安全。

（七）防水救护工具，每只渡轮应均依照乘客定额，设备完善。每轮并应加添救生筏4具，每具以能容20人者为限。

（八）轮渡公司对各码头附近之救生船及民船，应取得密切联系，俾遭受危险时，互相救助。

（九）各轮渡每次开行时间，应严照规定，不得延误。

（十）各轮渡每次渡江，应严照检定乘客，定额载客，不得超出，以保安全。

（十一）各轮渡应即筹开夜班，至迟应于六月一日开班，不得违误。

（十二）所有各线轮渡日夜班之规定设备，应由川江航务管理总处技术员免费每月施行检验一次，以策安全。

二、趸 船

（十三）现有轮渡趸船船身欠坚，且嫌狭小，致常有倾斜之象。应即更换另造容量较大之趸船，以能容纳多数乘客，并将内部分成四个待船室，以两室为第一批上船客人之处所，其余则为第一次售票满额剩下之乘客之待船室。

（十四）趸船售票，须按照各该渡轮法定乘客数量出售，不得超出。如遇超出定额，乘客应分配于第二次待船室输送过江，以维秩序。

（十五）趸船至岸边跳板，应分上下各别设置。跳板宽度应以2公尺以上为限，厚度以8公分至10公分为限，跳板两旁仍须装设扶栏，以防拥挤，发生不测。跳蹬亦须力求牢固，适合水势。

（十六）乘客上下趸船之入口出口自经规定以后，趸船员工应即随时督导，不得混淆。

三、船员及夫力等

（十七）各趸船上及渡轮上之行李工人，应由重庆轮渡公司分别清查登记，取保汇报航务处备查，并饬其迳向航务处呈请备案。遵照规定收费，穿着青色对襟短服，腕佩袖章，以资统制。

余则一律取缔。

（十八）各趸船渡轮水手等工人，应由轮渡公司统一制度服装、符号，以便稽考。

（十九）上下趸船及渡轮报贩，应由各趸船管理，先行登记，取保报由轮渡公司转报航务处备案，遵守一切规定，始准兜售，否则取缔。

（二十）秩序之维持，除由宪三团派宪兵、航务处派水上保安队协同负责外，加紧星期日、节假日、纪念日，并应由轮渡公司分别派干员，负责趸船上及渡轮上秩序之维持。

（二十一）渡轮及趸船与趸船码头之清洁，应由轮渡公司多派干役专司之，并听从航警、宪兵之指挥。

（二十二）渡轮及趸船上于暑热时，应分别设置茶缸及救济药品，以备救济。

四、汽车渡江

（二十三）汽车渡江轮驳，应由西南运输公路管理局随时注意需要配置之。

（二十四）汽车渡江码头秩序，由宪兵及航警负责，各汽车整列江岸，挨次运输，不得争先恐后。

（二十五）汽车渡江船驳每日开行时，除准载与汽车有关或本公路局人员外，其余一律严禁搭载以防奸宄而免覆没，由宪兵及航警负责执行。

五、附　则

（二十六）上列各项属于轮渡公司者，由航务处限期饬令遵办完善。属于西南公路局者，函知办理。

（二十七）有违犯本处办法者，由航务处依法处办。

（二十八）本办法由卫戍总司令部稽查处、宪兵第三团部、川江航务管理总处会商决定，呈请重庆卫戍总司令部核准施行。

（二十九）本办法应依交通之进展随时呈准修改之。

（三十）本办法自呈奉核准日施行。

9. 重庆轮渡配备计划方案（1939年7月3日）

一、现在开行航线

（一）望龙线（望龙门至龙门浩）：无论何时必须配备3艘渡轮轮流航行。

（理由）该线来往乘客最多，该公司本来派有 3 轮行驶，自本年月三十一日起，因江水枯落，五号渡轮又复损坏，缺乏相当轮船，以致停航。现往督促，已由该公司向国营招商局借用河宽轮船，连同八号渡轮，于二月九日下午起复航该线，但乘客拥挤，供不应求。如遇星期日或空袭时，更感不敷。如无论如何，该线必须配备 3 轮航行，始能维持。

（二）储海线（储奇门至海棠溪）：无论何时必须配备 3 艘渡轮轮流航行。

（理由）该线来往乘客亦多，现在仅有 6 号及 10 号 2 艘渡轮行驶。近日该公司在行营码头添设趸船停靠渡轮，虽可缩短航线，增加来往速度，但如遇星期日或空袭时，乘客必多，难免拥挤。故该线无论如何必须配备 3 轮航行，始能维持。

（三）朝施线（朝天门至施家河）：最少须有 1 艘渡轮航行，不得停航，必要时再行增加。

（理由）该线现有四号渡轮航行，尚能适合供求，暂时不必增加渡轮，但不得停航，以免影响交通。

（四）朝溉线（朝天门至溉澜溪）：最少须有 1 艘渡轮航行，不得停航，必要时再行增加。

（理由）该线本有十一号渡轮及顺昌轮船轮流行驶，近因该公司向国营招商局借用河宽轮船，即以顺昌轮船拨借国营招商局使用，故该线现在仅有十一号渡轮航行。经查，供求情形尚可适合，暂时不必增加轮船，但不得停航，俟乘客增多时，再行加派轮船航行。

（五）嘉弹线（嘉陵码头至弹子石）：最少须有 2 艘渡轮轮流航行。

（理由）该线现有九号渡轮及华远轮船轮流航行，尚足维持交通，不必增加轮船，但亦不能减少。

二、现在停航航线

（一）朝江线（朝天门至江北）：江水稍涨应即派轮渡航。

（理由）该线前因水枯停航，惟该线为重庆与江北往来唯一之水上交通，应于江水稍涨时，即行复航。至需要轮船数量，须视乘客多寡情形，再行决定。

（二）东太线（东水门至太平渡）：水涨应即派轮复航。

（理由）该线因值枯水时期，不能安设趸船，故暂停航。将来水涨，应即复航。至需要轮船数量，须视乘客多寡情形，再行决定。

（三）南黄线（南纪门至黄桷渡）：应即派轮复航。

（理由）该公司因该线营业清淡及借调渡轮、趸船关系，自行停航。该公司办理公共事业负有维持交通责任，自不应因营业清淡及非不可抗力之原因任意停航，故该线应即派轮复航，藉维交通。至所需渡轮及趸船，应由该公司自行设法调整。

三、需要增辟航线

（一）弹打线（弹子石至打鱼湾）：应于洪水期间指派渡轮开航。

（理由）查南岸与江北间向无轮渡航行，交通颇多不便，应于洪水时期增辟该线，以便乘客来往。至需要轮船数量，须俟开船后，视乘客多寡情形，再行决定。

（二）临廖线（临江门至廖家台）：应于洪水期间指派渡轮开航。

（理由）查现在轮渡航线多在扬子江流域内，嘉陵江内两岸之交通专赖木划载渡，深感不便。应于洪水时期，增辟该线，以利交通。惟廖家台方面如有缺点，可改为由临江门至香国寺。不过嘉陵江内两岸之航线确有增辟之必要，至需要轮船数量，应俟开航后，视乘客多寡情形，再行决定。

（三）弹储线（弹子石至储奇门）：应即指派渡轮开航。

（理由）查南岸陆路交通本甚困难，如由南岸往返储奇门或海棠溪等处，均须绕道重庆，行旅深感不便，应即派轮开航该线，以利交通。至该线需要轮船数量，应俟开航后，视乘客多寡情形，再行决定。

以上各线如同时开航，共须配备16艘轮船。现在该重庆轮渡公司自置渡轮12艘，租用轮船2艘，共计不外14艘，本已不敷分配。且川江航道情形特殊，轮船易生损坏，若无相当船只准备替换，则难免有停航之虞。应由该公司再行购置或租用轮船6艘，以资调度而利交通。至各码头趸船及跳板亦多缺乏，应由该公司赶速添设。

三、缆　车

1. 重庆市工务局建筑重庆南山区缆车路计划（1941年）

一、概言

南山区位于重庆扬子江南岸，人口繁多，商务茂盛，风景幽雅，近年以来，国府西迁，因空袭疏散，觅居于南山区一带者甚夥，故在该区一带来往上下者为数颇多。

惟由山麓至山顶，高约达200余公尺，来往至感不便，老路全系石级踏步，盘旋曲折，负贩行人，轿舆骡马，皆沿石级攀登而上，劳力费时，行旅苦之。从海棠溪至黄桷垭虽有海广公路可行，因须经土庙子，绕道达10余公里，亦不便利，故为建设陪都，繁荣南岸，利便交通，实有建筑南山缆车之必要。

二、人口及交通现状

南山一区，人口繁多，且以水陆运输便利关系，商务将日臻繁盛，人口亦将激增。所谓南山区即包括南山顶以迄南山麓一带而言，现划分为 7 镇。属于南山麓者为南坪场、海棠溪、龙门浩、玄坛庙、弹子石 5 镇，南坪场镇人口数为 17501 人，海棠溪镇人口数为 16764 人，龙门浩镇人口数为 23857 人，玄坛庙镇人口数为 17071 人，弹子石镇人口数为 16768 人，五镇合计为 91961 人。属于南山顶者为黄桷垭清水溪两镇，黄桷垭镇人口数为 11175 人，清水溪镇人口数为 5025 人，两镇合计为 16200 人。上项人口数字系根据本市警局本年四月间之调查，现时虽不免异动，为数当大致不差（附人口图〈略〉）。

全区人口既达 10 万人以上，上下交通自属繁多，经于九月间调查结果，每日由海棠溪龙门浩上黄桷垭平均为 4037 人，由黄桷垭下海棠溪龙门浩者平均为 3992 人，每日由龙门浩上清水溪者平均为 1426 人，由清水溪下龙门浩者平均为 1245 人，每日由玄坛庙上黄山者平均为 246 人，由黄山下玄坛庙者平均为 262 人，每日由龙门浩上真武山者平均为 226 人，由真武山下龙门浩者平均为 193 人，总计每日在南山区一带上下者各达 6000 人弱，即平均每小时各约 500 人，此项数量不为不大，而其上下交通工具，仅滑竿 236 乘，马 43 匹，舍此之外，皆须步行，人力、物力、时间经济，莫不浪费（附交通状况图〈略〉）。

三、路线设计大概

南山区每日上下人数各达 6000 人弱，而其中在海棠溪龙门浩至黄桷垭一线上下者即达 4000 人弱，约占全数 70%，故本线建筑以在海棠溪黄桷垭一线附近为宜。且海棠溪可接川黔公路，黄桷垭可接海广公路，为求与公路取得联络，亦应择定此线，经查勘结果，本线由海棠溪附近龙塘起，约行 1.5 公里，经周家河沟至窑厂，坡度平坦，可建筑公路，通行汽车、人力车、马车等，而与川黔公路取得联系。惟由窑厂起至黄桷垭市场两端止，距离约 500 公尺，而高度差达 180 公尺，坡度甚陡，老路石级以此段为最曲折而又最难爬，故拟建筑缆车路，双轨平行，一上一下。

自黄桷垭市场两端起接海广公路，长约 500 公尺，坡度复平顺，仍可建筑公路，以资衔接，如是此路完成以后，不特一般市民上下便利，即汽车来往，亦勿庸绕道上庙子矣（附路线图〈略〉）。

四、缆车路之设计

缆车路斜长约为 550 公尺，利用铁路上之钢轨，铺设双轨，上下分行，利用火车厢作车厢，而以钢丝缆将两车相连，装电动机推动之，俾一车下时，即拉另一车使之能上，使车辆重量上下平衡而省电力，所须电力以用市内现有电力为宜。至其车厢大小应能容纳 85 人，如是每小时以行车 6 次计数，其每日运输量上下即各达 6000 人，正合于现时上下人口密度之数。

除乘客车厢外，如为便利汽车上下及装载货物起见，可另于车厢内设置车辆及货物地位，可于设计时考虑之。

五、建筑费概算

公路计长约 2 公里，每公里全部建筑费估计需费 40 万元，合计 80 万元。缆车路计长约 550 公尺，全部建筑费估计需费 150 万元，车辆机械电讯各项设备估计需费 120 万元，其他需费估计 50 万元，总计为 400 万元。

六、预计营业状况

路线筑成营业以后，预计每月上下乘客当在30万人左右，每人每次收费5角，每月收入约为15万元，至支出方面，因路线既短，管理自易，养路亦省，一切行车费用连车辆折旧及利息等费，即以每月10万元估计，每月尚可盈余5万元。如在海棠溪至窑厂间办理公共汽车运输，则不特来往方便，收入将益增也。

七、筹建机构

本计划范围全在市区，自应由市府计划筹建，惟所有钢轨车辆电机材料，市内不易觅购，拟请由交通部方面予以协助，故本计划之筹建机构，由交通部与市府会同组织，拟妥详细设计，然后筹款兴工，则本路之观成可较易实现也。

2. 中国桥梁股份有限公司拟重庆市登坡缆车计划书（1943年12月）

一、缘起

重庆据长江嘉陵之汇，自昔为西南重镇，抗战后更为战时首都，集军政工商于一地，人口因之骤增。徒以原有市区处两江之间，有如半岛，不得不向沿江对岸发展，不数年间，昔日萤火蔓草之区，尽成华灯闹市。顾为江水所隔往来交通殊感不便，苟在适当地点，架设渡江桥梁，对于市政设施自多裨益。奈两江源远流长，水势浩淼，如此巨大工程，实难短期完成。故就目前环境两岸交通惟有仍持（恃）轮渡。但沿江码头高低相差过巨，两岸旅客上下以及沿江船运货物之起卸，全恃人工，费时费力，亟不经济。爰根据新学理设计登坡缆车若干种，分置沿江各处，以便客货上下，利用机力，省时省费。兹拟先筑嘉陵码头索道一座专供货运缆车之用。望龙门码头索道一座专供运客缆车之用，兼作少量货物之运送。牛角沱索道一座以供客货交运缆车之用。以作初步之尝试如能推而广之，则山城江岸之上下交通问题可望解决。兹将三处计划及筹款办法分别说明如下。

二、嘉陵码头货运缆车计划

嘉陵码头位于嘉陵江出口处，所有两江上下游各处船舶，大都汇集于此。良以该处河阔流缓，便于停泊，因之货物上下为数甚巨。现时全恃人力挑运颇不经济。查该处起运登坡之货物以面粉煤炭棉纱烟草为大宗，平均每日达200吨，次为盐糖等亦有50吨左右，合计每日约有250吨。至下岸货物则为数甚少，可略而不计。现时运率每吨自200至300元不等。每日耗于运输之费用达5万元以上，全年合计当在2000万元左右，不为不巨。

本计划拟先办货运缆车，将来视业务情形再加客运。其货运索道采用单线式，缆车运行则采用循环式，靠江停车场设于趸船。另用铁锚碇系，使水位上下可以自由升降。岸上停车场内附设堆栈及管理室等。发动机设于趸船上，紧张装置及转索盘等则设在岸上，钢索备有长短二副，一副用于常水位时，一副用于常洪水位，如是可以终年营业不致停滞。运货缆车计分笼式与斛式两种，笼式可装300公斤，斛式可装250公斤。每一单位运送能力，以适合盐糖棉纱米粮等斛货品者。每分钟可运送1次，循环不息。每小时运送60次（下行货物未计）可运货15吨，每日工作12小时，可运货180吨，如货物涌到，另加夜班工作，每日可运送360吨。该项索道之建设费用约为470万元。全年平均工作300日，每日运送量150吨，全年运送总量达45000吨。预定每吨运费平均为180元。全年货运收入可达810万元。堆栈1所，占地100平方公尺，经常可容250吨货物。全年收入栈租费约90万元。两共合计为900万元。经常开支约为290万元。假定全年营业收入以7折计，实收630万元，除去开支，净盈340万元，约合所投资本70%。兹将计划草图连同建筑费用估计表及营业支出估计表等分别列后。〈下略〉

三、望龙门码头客运缆车计划

望龙门码头为长江两岸客运最繁之处，经常有渡轮3艘运送两岸旅客，每隔一刻钟开行一次。每次轮渡可载150人平均70人。自晨六时开始至晚六时始止。六时以后另开夜渡，仅有渡轮1艘直至十一时对渡。该处除轮渡外尚有短程航轮往来溪洞、溪江津等处，每班载客约200人，每日共有4班，统计每日轮渡旅客经行望龙门登岸者当在7000人以上。连同由板划白木船等所运旅客以及肩挑负贩等为数当在千人以上，该处码头由渡轮上岸到达林森路边，共须登临石级300余步升高60余公尺，坡长200余公尺，如遇阴雨连绵更形不便。

该处滨江地段水流湍急，较小趸船难以锚碇。兹以地位所限，拟于轮渡趸船后30公尺处建筑钢筋混凝土停车场1座，其高度以水位到达轮渡不能开行时缆车亦随之停止为标准。其坚固之程度，则足以抵抗洪水时之冲击为准。岸上停车场设在林森路边空地。发动机械等均置于岸上停车场内。江边停车场则仅设转索盘及紧张装置等，预备在发水时将全部装置拆去。索道采用复线式，缆车由牵索拉行，主索则固定不动。复以地位促，车辆行驶采用往复式，中间设有铁塔两座以承托索道并减少垂度免生意外。旅客上下均需登楼再入车厢。每车可容8人，每人可随带行李5公斤。每次升登需时2分钟。旅客出入车厢约耗1分钟。每小时可开行20次。上下满载时每小时可装客320人。每日开行12小时可运送3800余人，约可减少徒步登坡旅客之一半。该处货运不多，可藉夜间余暇代运。每辆货车可装600公斤。每晚开行4小时，可装运单程货物45吨。全部建设费用约需1070万元。营业收入客货两项估计如下。

假定全年开车日数为300日。每日装客3000人，全年运送旅客90万人，每人纳费12元（目前轿费每次20元），全年客运收入1080万元。全年运货以200日计约共9000吨。每吨收费200元，全年货运收入180万元。两项共收1260万元。全年营业开支，估计约460万元，假定全年营业收入以7折计，实收882万元，除去开支可盈利422万元。约合所投资本40%。兹将计划草图连同建筑费用估计表营业开支估计表等列后。〈下略〉

四、牛角沱客货交运缆车计划

牛角沱码头地滨嘉陵江与香国寺隔江对峙，凡新市区上清寺曾家岩国府路李子坝等处日用必需品如油盐米煤以及砖瓦石灰等建筑材料，大都在该处起卸。每日上下货物当在百吨左右。现时全恃人力挑运，每吨约需150至200元不等。对江香国寺董家溪等处过江旅客全恃板划，现有20余艘经常往来两岸，每日旅客约有2000人。此外尚有庆磁公司趸船1艘，亦在附近。每日渡轮往来8次。上下旅客约有三四百人。总计该处往来旅客每日当在2000人以上。江岸两地相差达50公尺，水平距离在100公尺以外，如遇阴雨，步履维艰矣。

兹以该处货物旅客数量不多，如专设运货索道或旅客索道，均不足以发挥其效能。故拟采用客货互运式，分主索为两行，一行专驶运货缆车，一行专驶旅客缆车。登降场所各别分开，不使杂沓。缆车行动全恃牵索，周而复始，与望龙门缆车计划相似。又该处适在江流大转弯处，发水时水流甚急，故靠江边之停车场拟采用钢筋混凝土建筑。岸上停车场则采用砖石以求节省。其布置与望龙门之缆车计划略同。惟铁塔两座则全部省去。客车可容8人，笼式货车每次可装650公斤，斛式用以装载散装货物，每次可装600公斤。上下所耗时间，每次约3分钟，每小时可运单程货物10次，上下旅客20次。每日工作12小时，运送单程货物72吨，上下旅客1900人，略与实际运送数量相合。预计全年工作300日，运送货物2万吨，旅客45万人。每吨货物取费150元，每客取费8元，（现时轿费每次15元），全年客货两项运费收入660万元。附设堆栈1所，可容货物50吨，全年收入栈租费25万元，三宗合计共收入685万元。假定以7折计，实收479.5万元，除去经常开支335万元，净盈145.5万元。又该处建筑费需810万元。兹将计划草图建筑费估计表营业支出估计表等列后。〈下略〉

五、筹款办法

总计以上3处缆车工程费用约需2350万元。另加周转金150万元，共需2500万元。拟集资组织公司兴办之，预计四月完工，一年内可得毛利900余万元（以后物价指数变动时收入当随之增减）。内除公司总务开支以100万元计，约得纯利35%，利息可靠，且服务社会，当为投资者所资助。

兹就各项支出费用分类统计所需款项分配如下：

（一）钢铁材料　　300万元折合60股

（二）钢索　　450万元折合90股

（三）机械马达缆车等　　300万元折合10股

（四）房屋及趸船等　　450万元折合10股

（五）用地费　　200万元折合40股

（六）周转资金　　800万元折合120股

以上六项共计2500万元，折合500股，每股5万元。

如就上列各项资金性质分别向市政府及各厂商以材料成品土地等折作股本，其周转金则约银行及运输业公会轮渡公司等投资，为数甚巨或非难事。如能合成8个单位并组织特种公司积极进行，他日三处客货升登宛若游龙，不亦盛哉。

3. 重庆缆车公司筹备委员会筹备会议记录（1944年2—3月）

一、第二次会议记录（2月11日）

时　间　二月十一日下午二时

地　点　中国桥梁公司

出席者　庄叔豪　钟锷　徐国懋　陈体荣　茅以升　杨绰庵

主　席　茅以升

（一）报告事项

1. 工矿调整处代表报告：关于经募商股保本保息办法，因经济部正在统筹规划中，尚未决定。

（二）议决事项

1. 商股1200万元，由中央信托局、交通银行信托部、中国银行、金城银行、上海银行及轮渡公司承募，以三个月为期，招募不足所承募额之数，即由各承募人承受。在承募期间，由上列各银行先行垫款，月息2分4厘。其承募数额分配如下：

中央信托局、交通银行信托部、中国银行共同承募800万元。金城银行：100万元；上海银行：200万元；轮渡公司：100万元。

2. 通过筹备处章程。

3. 筹备委员除原经推定七人外，加推下列单位代表为委员：

轮渡公司：张澍霖

上海银行：赵汉生

工矿调整处：张丽门

中国银行：（函请派代表一人）

4. 公推重庆市政府代表杨绰庵、工矿调整处代表陈体荣、中国桥梁公司代表茅以升为筹备常务委员，并经互推杨绰庵为主任委员。

5. 推请中央信托局、交通银行信托部、中国银行、金城银行经收股额。

6. 会计组长请银行推荐，在未推定前，暂由中国桥梁公司派员办理之。

二、第三次会议记录（3月3日）

时　　间　三十三年三月三日中午十二时

地　　点　中三路二号本公司筹备处

出席委员　杨绰庵　茅以升　徐广迟（刘敷五代）　庄叔豪

冯子栽　陈体荣　夏舜参（刘百铨代）　钟　锷

徐国懋（章以吴代）

列　　席　陈庚孙　赵国华

主　　席　杨绰庵

（一）报告事项

1. 主席报告：

（1）重庆市政府、工矿调整处、中国桥梁公司各预缴款 50 万元。现已收股款 150 万元。

（2）各银行及轮渡公司已同意认募股款 1200 万元，及先行垫款办法。

（3）上海银行代表改推冯经理子栽，中国银行代表已派定徐经理广迟（附筹备委员名单）。

职　　别	姓　名	代表机关
主任委员	杨绰庵	重庆市政府
常务委员	茅以升	中国桥梁公司
	陈体荣	工矿调整处
委　　员	张　兹	工矿调整处
	钟　锷	中央信托局
	庄叔豪	交通银行
	徐国懋	金城银行
	徐广迟	中国银行
	冯子栽	上海银行
	夏舜参	重庆市政府
	张澍霖	轮渡公司

（4）租定中国桥梁公司工楼余屋一间，为暂时筹备处址，二月十五日起租。每月租金 3000 元，先付半年租金，但租期久暂，并无拘束，每月另付茶水费 300 元。

（5）聘孟宣先生、俞季先生为总务组组员。

2. 工程组报告：

（1）现着手望龙门栈桥设计，中间关于增设货车及停车支道之装置，现已大半成功。

（2）关于望龙门沿江停车场改用浮船计划，因碍缆车长度，不能任意变更，此项计划实施，诸多窒碍，拟请仍照原计划采用固定停车场之设计。

（3）奉陈委员交下资渝炼钢厂轻磅钢轨报价单一纸。又：工矿调整处代订钢筋 80 吨，每吨价 10 万元；水泥 2000 桶，每桶价 1200 元，拟请早日核订。

（4）建筑费分配表

重庆市登坡缆车建筑费用分配表

土木部分

	望龙门	嘉陵码头	牛角沱
工杂费	6230000 元	1265000 元	2128000 元
材料费	9250000 元	1244000 元	2940000 元

（内包括钢筋水泥、钢轨、钢索等四种）

15480000 元＋ 2509000 元＋ 5068000 元

＝ 23057000 元

机械部分

工料费 5150000 元＋ 1320000 元＋ 1970000 元

＝ 8440000 元

地亩部分

1600000 元＋ 600000 元＋ 600000 元

＝ 2800000 元

增加部分

土木部 2000000 元（增加货车设备）

机械部 600000 元

＝ 2600000 元

监互管理费 2203000 元＋ 36897000 元

（约为全部工程费用之 6%）

＝ 39100000 元

开办费 900000 元

＝ 40000000 元

3. 机械组报告：

（1）动力：重庆电力公司机器，目下负荷已逾规定容量，且以用久失修，致常发生障碍。为妥慎起见，决自采用蒸汽机，所需各项主要机件，已分向中国植物油料厂铁工厂，及中原机器厂询购。其中一部分机件，尚可向工矿调整处让购。

（2）车辆：车辆工程，已交中国制钢公司代为设计，现图样已大致完成，开价每辆约 70 万元，经核减后，约可以 60 万元交制。是否即予定制，应请讨论。

（3）刹车部分：车辆之刹车部分，较为重要，已托中央工业试验所顾所长派员先行研究设计，一俟有成，或即托该所代为监制。

（4）价格：目前工程进行，拟先着重于望龙门及朝天门两线，故所有机械设备，亦先就此两线所需者着手。

按照以上各厂家所估报价格，总计：

①绞车（2部） 140万元

②锅炉（450方尺加热面积2部） 260万元

③车辆（刹车除外4部） 244万元

以上三项共约需644万元。

如照原度划内，马达、发电机及电气设备之预算，仅550万元，则现所拟定者，超出80万元，应如何决定，敬请讨论。

（二）讨论事项：

1. 工程进行时，土木、机械部分各种问题、应随时会商决定，并应保持密切联络，以资迟捷案。

2. 请限期完成工程、机械计划书，及费用概算书案。

议决：授权工程、机械两组决定各项问题，并限于本月十日以前，将计划书及备用概算书送核。

3. 请自定各项工程发包，抑自置工程队案。

议决：（1）全部土木工程，委托中国桥梁公司代办。

（2）本筹备处工程组负监工及验收之责，缩小组织，以节省开支。

（3）本筹备处工程组组长人选，改请重庆市政府工务局推荐之。

（4）机械组部分，请工矿调整处代办。

4. 请商定交缴股款日期案。

议决：限于三月十五底先缴半数，四月十五日前缴清。

5. 会计组长现由中国桥梁公司派员暂代，应请决定人选，以利工作案。

议决：请金城银行派员兼办。

6. 请商定创立会日期案。

议决：创立会日期定于本月十五日上午九时在打铜街交通银行，或机房街金城银行举行。

7. 请商定购买中正路一零玖号中国桥梁公司余屋一座，为办公处案。

议决：本案保留，办公所需房屋不敷应用时，可先向桥梁公司商借。

8. 请决定筹备处职员待遇办法案。

议决：已到差人员薪给，暂照中国桥梁公司待遇借支，俟公司正式成立后，再行核定。

散会。

主席　杨绰庵

三、第四次会议记录（3 月 16 日）

时　　间　三十三年三月十六日中午十二时

地　　点　中三路二号本公司筹备处

出席委员　杨绰庵　钟　锷　陈体荣　茅以升　庄叔豪（赵恩纶代）

夏舜参（刘百铨代）张澍霖　徐国懋（章以吴代）

冯子栽　徐广迟（刘敷五代）

列　　席　陈庚孙

主　　席　杨绰庵

记　　录　陈庚孙

（一）主席报告

1. 第三次筹备会议决本月十五日举行创立会在案。兹因时间忽延，各项手续，尚未完竣，故予展期。

2. 工程组组长已准重庆市工务局派刘百铨君充任。

3. 会计组组长因金城银行尚未派定，现仍由中国桥梁公司派员暂为兼办。

4. 工程组编就重庆市登坡缆车计划书一种，今后业务进行。

5. 工程组报告 :〈略〉

6. 机械组报告 :〈略〉

（二）讨论事项

1. 查新编计划书预算为 4500 万元，原定股款 4000 万元不敷应用，如何筹借案（预算表见计划书末页）。

议决：本公司股本改为 4500 万元，其增出之股本 500 万元，由商股方面募集。

2. 本公司成立在即，兹拟具公司章程草案，请讨论，以便提出创立会案。

议决：修正通过。

3. 请重定创立会日期案。

议决：创立会日期改定于三月二十二日上午九时，假交通银行举行。

4. 本公司工程亟待进行，请重定交缴股款日期案。

议决：各股东认定之股款，应于三月二十二日前全数缴清。各银行认定经募之股款，亦请于三月二十二日前先行垫发，以利工作。

主席　杨绰庵

4. 重庆缆车公司创立会会议记录（1944年3月22日）

时　间　三十三年三月二十二日上午十时半

地　点　打铜街交通银行二楼

出　席　翁文灏　杨绰庵　徐广迟　夏舜参（刘百铨代）

张　兹　陈体荣　庄叔豪　冯子栽

茅以升　赵国华　钟　锷　徐国懋

张澍霖　钱永铭　胡子昂（傅汝霖代）　傅汝霖

主　席　钱永铭

记　录　赵国华

开会如仪

一、主席致词：

今日重庆缆车公司成立召开创立会，承各位推举本人担任主席，甚为荣华。本公司首由中国桥梁公司发起，承贺市长及翁部长之倡导，并由在座各位热心赞助，在极短期间，将筹备工作顺利完成，实可敬佩，茅常务委员为工程专家，对此新兴事业之完成，谅与共事诸君同具信心，将来工程完毕，业务发达，可为预卜，现请筹备处杨主任委员报告发起筹备经过情形。

二、筹备处杨主任委员绰庵报告发起及筹备经过

重庆市区，江岸高低，相差甚巨，因而旅客上下，物资起卸，至感不便，爰有建筑缆车工程之计划，利用机力，以利上下，省时省费，对于本市江岸间之上下交通，殊多裨益，经数月来之集议筹备，现已大致完成，辱承在座诸公之赞助，得有今日，至深感荷，兹将发起经过，及筹备情形，报告如下：

初，经济部与重庆市政府为促进市政及繁荣钢铁机械事业，均在计划发动新建设工程，适中国桥梁公司鉴于本市市民对于两江桥梁之兴建，至为关切，而建桥不但工艰费巨，就目前材料工具亦感不敷应用，乃创登坡缆车之议，特草拟计划书，分送有关方面，请予赞助，贺市长首先热烈提倡，翁部长亦甚为嘉许，本年一月二十一日由贺市长召集第一次发起人会议于市长官邸，即席决定根据中国桥梁公司计划书，组织特种股份有限公司办理之，并决定资本额为4000万元，由经济部工矿调整处担任1400万元，重庆市政府担任800万元，中国桥梁公司担任600万元，以示提倡，其不足之1200万元，则商请各银行及有关各方代为招募商股。一月二十八日假交通银行举行第二次发起人会议，仍由贺市长主席，到会有各银行及重庆轮渡公司代表，一致赞助认募商股，顷刻满额，情形至为热烈，是日即草拟计划进行办法，并决议先行成立筹备会积极推行。

筹备会于二月三日在机房街金城银行开第一次会议，到庄叔豪及绰庵等7人，推绰庵为主席，推定筹备委员7人，并推茅以升为筹备处总工程师，筹备处设总务、工程、机械、会计4

组，组长人选由市府、工矿调整处、桥梁公司及经募银行推荐，由发起人各交50万元充作筹备费，筹备处暂设中国桥梁公司。二月十一日开第二次会议，通过筹备处章程，加推筹备委员4人，公推绰庵为主任委员，陈体荣及茅以升为常务委员，并议决商股1200万元，由中央信托局，交通银行信托部、中国银行、金城银行、上海银行及重庆轮渡公司承募，以三个月为期，届期招募不足，所承募额之数，即由各承募人承受，在承募期间由上列各银行先行垫款，月息2分4厘，至是募集股本工作可告一段落，筹备处乃集中力量，进行工程之设计。三月三日开第三次筹备会议，到委员9人，授权茅、陈二常务委员洽商处理土木、机械部分各种问题，关于土木部分全部委托中国桥梁公司代办，机械部分请工矿调整处代办，并缩小筹备处组织，以节开支。工程组组长改请工务局推荐，会计组组长请金城银行派员兼办。股款于三月十五日先缴半数，四月十五日缴清，并决定三月十五日开创立会。三月十六日开第四次筹备会议，到委员10人，决议创立会改在本月二十二日举行。本处草拟公司章程草案，修正通过，又以原定股款不敷应用，议决增加资本为4500万元，其增加之股本500万元，由商股方面募集之。并决定所有股款改于三月二十二日以前全数缴清。

现本公司资本总额，业已全数募足，计官股2200万元，内经济部工矿调整处1400万元，重庆市政府800万元，商股2300万元，内中央信托局、中国银行、交通银行合计1000万元，中国兴业公司200万元，金城银行200万元，上海银行200万元，重庆轮渡公司100万元，中国桥梁公司600万元，共计资本总额4500万元。

三、茅常务委员以升报告工程事项

缆车工程计划之动机，在代替桥梁，解决渡江问题，继以江面辽阔，空中飞渡之新工具亦颇费款，两岸交通之困难，并不在过渡，而实在上坡，故拟在两岸架设缆车，以减上下坡之劳，同时江边登岸之货物，亦得藉此种运输节省人力，因先选望龙门、嘉陵码头、牛角沱三处着手设计研究，拟成计划书，以求各方指教，兹幸承市政府、经济部及各银行公司指导赞助，得于今日成立公司，专办缆车业务，深感兴奋，现在工程筹备事务，已由中国桥梁公司担任土木部分，工矿调整处担任机械部分，作有初步计划，公司成立后，即可着手施工，预计6个月至10个月内，三处缆车工程，当可次第办理完成。

四、翁部长训词：

此次利用比较近代的运输方法，来帮助解决重庆市各码头运输问题，是值得提倡的一件事。将来重庆市政日益发达，此种设施需要更多。缆车公司经市政府、经济部及中国桥梁公司的发起，并得到各银行及中国兴业公司的帮助，得在最短期内完成筹备工作，将来工程完毕，市民对于新建设之信念，必然加强不少，今日是重庆缆车公司成立之日，也是事业发轫的第一天，是值得大家纪念的。

五、讨论事项：

本公司章程草案，业经筹备处第四次筹备会议修正通过。提会请公决案。

议决：修正通过。

六、派选事项：

（一）指派公股董事、监察人案。

经济部指派翁文灏、张兹、陈体荣为董事，张训坚为监察人。

重庆市政府指派杨绰庵、许大纯为董事，夏舜参为监察人。

（二）选举非公股董事、监察人案。

选举钱永铭、钟锷、徐国懋、徐广迟、茅以升、傅汝霖为非公股董事。

选举庄叔豪、张澍霖、胡子昂、赵汉生为非公股监察人。

5. 重庆缆车公司第一次董监联席会议记录（1944年3月22日）

时　间　三十三年三月二十二日中午十二时

地　点　打铜街交通银行二楼

出　席　翁文灏　钱永铭　胡子昂（傅汝霖代）　傅汝霖

茅以升　张　兹　徐国懋（章以吴代）　徐广迟（刘敷五代）

钟　锷　庄叔豪　夏舜参（刘百铨代）　陈体荣

赵汉生（冯子栽代）　张澍霖　杨绰庵

主　席　钱永铭

记　录　赵国华

开会如仪

一、选举常务董事：

互选翁文灏、钱永铭、徐国懋、傅汝霖、杨绰庵为常务董事。

二、常务董事互推翁文灏为董事长。

三、监察人互推庄叔豪为常驻监察人。

四、翁部长致词：

此次经济部加入重庆缆车公司之目的，在协助与促进此项新兴事业之成功，将来工程完毕，营业开始，本部所认官股，尚可逐渐转让商股承受，兹承各位推举，尚望多多匡助，共谋进行。

五、聘请茅以升先生为本公司总经理。

六、茅总经理以升致词：

本人缪承诸位董事选聘，承乏本公司总经理，自当在诸位指导之下，勉力策进，以期不负委任，所有本公司组织规程当拟具草案，于下次董事会提出讨论。

七、副总经理一职，俟营业开始时再行设置。

6. 重庆缆车公司董事会第一次会议记录（1944 年 4 月 3 日）

时　间　三十三年四月三日下午三时

地　点　打铜街交通银行二楼

出　席　翁文灏　张　兹　陈体荣　杨绰庵　许大纯　茅以升
　　　　钱永铭　傅汝霖　钟　锷　徐广迟　徐国懋

主　席　翁文灏

记　录　陈体荣

开会如仪

一、报告事项：

茅总经理以升报告：（见另文）

二、讨论事项：

提案一、商股保息。

议决：依照政府保息条例向经济部呈请。

提案二、工程计划。

议决：原拟牛角沱索道，移设临江门码头。

提案三、施工办法。

议决：土木、机械全部工程，概由公司自办，工矿调整处前代订合同，亦移转公司办理。

提案四、组织规程。

议决：修正通过。（见附件）〈略〉

提案五、本年预算。

议决：每月概算 41 万元，照原提议通过。

提案六、员工待遇。

议决：照原提议通过。

提案七、茅总经理以升提，拟聘梅春为本公司副总工程师，王之翰为工务处处长，陈庚孙为业务处处长，王达仁为总务处处长，请公决案。

议决：通过。

三、临时动议：

（一）茅总经理以升提：董事会秘书人选案。

议决：请陈董事体荣兼任。

（二）傅常务董事汝霖提：公司总稽核人选案。

议决：请钱常务董事永铭推荐。

四、散会。

主席　翁文灏

重庆缆车公司董事会报告（第一号）

总经理　茅以升

此次承董事会之命，嘱任本公司总经理之职，深惧才力不胜，有负各方殷望。惟以此项新兴运输工具，首次创办于战时陪都，本人以最初从事计划之关系，重以贺市长、翁部长之热心倡导，以及银行工业各界之协力赞助，自应勉效绵薄，力促实现，仍祈董事长及诸位董事时加督导，俾有循率，无任祈祷，现本公司创办之始，所有工程进度，按照原拟计划，先行设立索道三处，开始营业，而本公司最大之任务，当使此登坡工具，逐渐推广于本市任何需要架设之处，以期完全服务社会，改进交通之鹄的。是则本公司之积极工作不仅在第一期工程兴建期中，而此初步基石之奠定，实为未来业务之开始，此则有重事诸公，指导不遗，庶使以升秉此方针，努力迈进，兹当举行第一次董事会议，欣幸之余，略贡数言，其所关事项，谨提案于后，敬候公决。

7. 重庆缆车特种股份有限公司章程（1944 年 5 月）

第一章　总　则

第一条　本公司依据公司法、股份有限公司及特种股份有限公司条例之规定组织之，定名为重庆缆车特种股份有限公司（简称重庆缆车公司）。

第二条　本公司以促进市政，发展运输业务为宗旨。

第三条　本公司经营之业务如下：

一、兴建重庆市各码头及市区暨附郊山道之缆车工程。

二、办理水陆空客货联运业务。

三、经营码头仓库业务。

四、经营其他有关运输业务。

第四条　本公司设总公司于重庆，视业务发展情况，经董事会议决，得于其他地方设立分公司。

第五条　本公司营业期间，自呈准登记之日起定为三十年，在此期间，呈请行政院特准于重庆市各码头及市区暨附郊山道专营缆车事业，营业期满时，得由股东会议决呈请延长之。

第六条　本公司各项公告，以专函通知，或登载于总公司所在地之新闻报纸。

第二章　股　份

第七条　本公司股东以中华民国国民为限。

第八条　本公司资本总额国币4500万元，分为4500股，每股1万元，一次缴足。内公股2200股，非公股2300股，其中公股股份日后如有非公股股东愿意受让得请求让给之。

第九条　本公司股票系记名式，其以法人团体名义入股者，应将代表人姓名住址，书面报告本公司存记。

第十条　本公司股东，均应将印鉴送存本公司，如有更换，应凭原印鉴书面通知，倘遇原印鉴遗失，应登报声明，并觅取保证，经本公司审查无误，始得更换新印鉴。

第十一条　本公司股票，如有买卖让与，或继承关系请求过户时，应由双方联名，或继承人书面申请本公司登记，由本公司审查印鉴无误，方得换给新股票。

第十二条　股票遗失销毁，请求发给新股票者，应由本人出费登载指定之日报3日，声明作废，自登报之日超过60日无他项纠葛时，再取相当保证，经本公司核准注册补发之。换发或补发新股票，除照缴应贴之印花税费用，每股收手续费100元。

第十三条　在股东常会期前一个月内或临时会期前半个月，停止股票过户。

第三章　股东会

第十四条　本公司股东会分下列两种。

一、常会

二、临时会

第十五条　股东常会于每届决算后二个月，由董事会召集之，临时会由董事会或监察人认为必要，或有股份总额1/20以上股东书面请求时，依法召集之。

第十六条　召集股东常会，应于一个月以前通告。临时会应于15日前通告。

第十七条　股东会之开会，应有股东过半数代表，股份总数过半数者之出席。其决议除公司法另有规定者外，以出席股东表决权过半数之同意行之。可否同数时取决于主席。

第十八条　股东之表决权，每股1权，一股东有11股以上者，自第11股起每2股作1权，不足1权者不计。

第十九条　股东得委托代理人出席股东会，但须将委托书署名盖章，交公司存查。

第二十条　股东会之决议录，由主席签名盖章，连同到会股东签名簿，交董事会保存。

第四章　董事监察人

第二十一条　本公司设董事11人，内分公股及非公股董事，其名额按照股款比例分配之，公股董事由投资机关指派充任之。非公股董事，由非公股股东用记名投票法选举之。被选举董事之资格，以执有本公司股份40股以上者为限。

第二十二条　本公司董事组织董事会，由董事互推董事长1人，常务董事4人。

第二十三条　董事之职权，以董事会之决议行之。

第二十四条　本公司设监察人6人，并互推常驻监察人1人，其中公股及非公股监察人名额，按照股款比例分配之。公股监察人由投资机关指派充任之。非公股监察人由非公股股东用记名投票法选举之。被选举监察人之资格，以执有本公司股份20股以上者为限。

第二十五条　董事任期三年，监察人任期一年，均得连选连任。如董事。监察人因故出缺时，除公股另由各该机关派补外，其余由当选次多数董监继任之。

第五章　职　员

第二十六条　本公司设总经理1人，主持公司行政及一切业务，另设副总经理1人协助之。

第二十七条　总经理及副总经理，均由董事会聘任之。

第二十八条　本公司之组织规程，由总经理另行拟订，呈经董事会决定施行之。

第六章　会　计

第二十九条　本公司会计年度，由一月一日起至十二月三十一日止。每年度总结账目一次，由董事会造具下列各项书表，于股东常会开会前20日送交监察人复核后，再提股东会议请求承认，并分送各投资机关一份备查。

一、财产目录

二、资产负债表

三、损益计算书

四、营业报告书

五、公积金及盈余分配表

第三十条　本公司于每届年终举行总决算，所得盈余，先提1/10为公积金，再提法定捐税，后提1/10为意外损失准备金，次付周年利息1分2厘之股息，其余除酌提特别公积金外，作为一百分分配如下：

一、股东红利　60%

二、董事监察人酬金　7%

三、职员酬金　25%

四、员工福利　5%

五、社会公益　3%

第七章　附　则

第三十一条　本章程未规定事宜，悉遵公司法办理之。

第三十二条　本章程得由股东大会议决修正之。

第三十三条　本章程自呈准登记之日施行。

8. 重庆缆车公司组织规程（1944 年 5 月）

第一条　本公司设总经理 1 人，秉承董事会综理公司全部行政，由董事会聘任之。

第二条　本公司设副总经理 1 人，襄助总经理处理业务，由董事会聘任之。

第三条　本公司设总工程师 1 人，暂由总经理兼任。副总工程师 1 人，由总经理荐请董事会聘任之。

第四条　本公司设下列各处：

工务处　办理有关土木及机电工程事项。

业务处　办理有关营业事项。

总务处　办理有关文书、会计、庶务、出纳及不属其他各处事项。

第五条　本公司各处各设处长 1 人，承总经理之命，督率所属分掌处务，由总经理荐请董事会聘任之。

第六条　本公司设（甲）工程师、副工程师、工务员，（乙）课长、课员、办事员各若干人，分任各项职务。由总经理视业务需要，随时派任，报由董事会备案。

第七条　本公司设总稽核 1 人，由董事会聘任之。

第八条　本公司得设监工、实习生及雇员，由总经理派任之。

第九条　本公司各处人员得分课办事，每课设课长 1 人，承处长之命，督率所属分掌该管事务。

第十条　本公司视业务需要，得附设各项机构办理指定事项。由总经理提请董事会设立或撤销之。

第十一条　本公司办事细则及附属机构之组织规程另订之。

第十二条　本规程经董事会议决后施行。

9. 重庆缆车公司董事会第二次会议记录（1944年6月15日）

时　间　三十三年六月十五日下午三时

地　点　打铜街交通银行二楼

出　席　翁文灏　杨绰庵　陈体荣　徐国懋　张　兹

　　　　徐广迟（吴梦白代）　钱永铭　傅汝霖　钟　锷

　　　　许大纯（吴惠和代）　茅以升

主　席　翁文灏

记　录　陈体荣

开会如仪

一、报告事项：

茅总经理报告：

本公司成立迄今已两阅月，以升受命以来，承董事长及各董事指导，勉竭绵薄，今将工作进展情形，概括报告如下：

本新兴事业，必须考虑周详，方足以示提倡之意。客货缆车虽非巨大工程，而国内尚属首创，故在设计方面，所有安全坚固等先决条件，均费研究。香港虽有缆车设备但上下全系山路，重庆则直达江边，受江水涨落影响，技术上问题甚多。至煤矿锡矿，如周口店、个旧等处，亦有缆车，则仅为高线吊升，而非客车。在此第一次之尝试工作，且物质环境如此困难，更不得不格外慎重以策万全。

现在首先施工者为望龙门码头，即在原筑码头石级上建筑栈桥，桥上铺轨，轨上行车，车用缆牵，缆由机挽，搅动则用电力，计内含土地、栈桥、轨道、车辆、缆索、绞车、马达、电流等八项。现幸每项均已解决：（一）土地——承市政府各局协助，业已划定。（二）栈桥——业与鸿基建筑公司订约以240余万元发包，所需水泥、钢筋，由工矿调整处价让。（三）钢轨——所需35磅钢轨及配件，已商承黔桂路局允予让售。（四）车辆——已由工矿调整处代向中国制钢公司承做，惟价款因设计变更，正在重行商议中，约计每辆需110余万元。（五）钢缆——繁车用缆，由中国桥梁公司价让，作为投资现存柳州，正在起运来渝中。（六）绞车——为牵挽钢缆之动机，已由晋丰机器厂订约承做，包括安装，总价为240余万元。（七）马达——系转动绞车者，经觅得西门子60匹马力全新马达1具，送经中央大学工学院试验合格，因外货不易购到。且此机为低速度者，适合本公司之需要，每匹马力28000元，价值较国货稍昂。（八）电力——马达需用之电力，经与电力公司商洽保留，并函经市工务局核准。其变压器一项则已与中国建设公司订约承造。此外为顾虑市内短时停电。本公司并拟自行发电，其发电机尚在觅购中。以上所述工程及器材，约在三四个月内可先后完工或交货，倘运输上无特殊窒碍，包工不致误期，望龙门一处在本年年底应可通车。

嘉陵码头（即朝天门）货运缆车工程较简，现已积极进行，如无障碍，亦可与望龙门同时完成。惟临江门一处，比较复杂，或稍需时日。

本公司工程适在市区辖境关系方面较多，如地田之应用、材料之堆积，即须经过多数主管机关之核准通知，如工务、地政、财政、社会及警察等局，公文往返费时不少。又如材料之搜购，动关统制，且运输困难，不免影响工作进展之速度。但无论如何困难，决不浪费时间，亦不因时期促迫而躁进赶工，以碍及安全坚固之必要条件，是则敢为董事诸公告者。其余诸端具详书面报告中，敬希鉴察。

二、讨论事项：

提案一、银行承募股本垫款利息。

议决：（一）银行垫款利息结至六月二十八日为止，以后垫款改作股本，照公司规定起付股息，由公司洽商各银行照办。

（二）本公司所收股款，由总经理酌存利息较优之银行。

提案二、望龙门缆车工务材料。

议决：照案追认。

提案三、建筑货栈房屋。

议决：接洽其他方面投资办理，由公司收取租金。

提案四、交通印刷公司招股。

议决：缓议。

三、临时动议。

茅总经理提：本公司总稽核人选案。

议决：请钱常务董事永铭与奚玉书先生接洽。

四、散会。

主席　翁文灏

重庆缆车公司工作报告（节选）

总经理　茅以升

一、股本

查本公司股本总额为国币4500万元，计各银行承募股额1400股，合国币1400万元，业承各银行如数垫缴，其余公股及非公股股款共计3100万元，除已收现款国币470万元外，余数分别存由各认股人作为本公司预付材料物资及地皮价款，按照议定所有材料物资地皮价值均以本年三月二十二日之价格计算，现正积极办理此项转账手续。

二、工务

工务处置设计、工程、机电三课，分司土木及机电部分之设计及施工事宜。工作概况如下：

（一）望龙门码头客运登坡缆车。此处所需35磅钢轨600公尺已承黔桂铁路局以每吨国币10万元价让，货存都匀，现正设法启运。

1. 土木部分：测量工作业已完成，所需地亩，经绘图于本年五月五日函请市地政局征用，嗣据市地政局勘测人员云所需地亩内有市产应分别办理，复经绘图于五月二十六日函请财政局征用，现正由各主管机关办理中。钢筋洋灰栈桥及岸下票房工程亦已设计完竣，发包方式，为登报招商先行登记，经审查资格合格后，再行通知投标，审查结果。计送定大中华工程公司、六合公司、鸿基建筑公司、泰山实业公司、森茂建筑公司、建业建筑公司、陶馥记等7家为合格，另选合兴成建筑公司、威廉建筑公司等2家为备取合格包商。此项栈桥及岸下票房工程，经分别通知各合格包商投标。已于本月八日在本公司当众开标，并请董事会陈秘书监标开标结果，由鸿基建筑公司以最低标价国币2461840元得标。合同业已签订，预计四个月可以完工。此外，该地临时材料库，正在兴建。至于岸上车站房屋工程草图，已由基泰工程师绘制完竣，现正详细研究设计。

2. 机电部分：此处所需60匹马力电动机1只。购妥后已由中央大学工学院电机试验室校验，结果良好。又电动机速度控制器、变压器、变压器电板及电灯电板等件，业于五月二十五日与中国建设公司签订合同，由该公司以总价国币1332950元承做，八月间可以交货，电力方面，三处共约需200千瓦，已奉市工务局核准，现正与电力公司接洽接线事宜。车辆方面，在本公司筹备时期，本已由工矿调整处代向中国制钢公司制3辆，每辆包价国币65万元。业已付全部包价60%，惟因设计变更，据中国制钢公司估计，每辆包价须提高至130余万元，超出预算甚多，现正考虑重新招标。挽动机械设计草图，已经制竣，并曾分向中国汽车制造公司等6家厂商询价，除晋丰机器厂外，余均不克承制，查晋丰报价计244万余元。尚属公允，已决定由其承包。

（二）嘉陵码头货运登坡缆车：此处所需趸船，经询湖北省政府驻渝办事处有钢驳可以价让，现正洽商价格，议如不成，当改制木船。

1. 土木部分：测量工作业已完竣，所需地亩，并已绘图于本年五月三十一日函请市地政局征用。钢筋洋灰导架设计完成，一俟货栈房屋计划事，一并发包。

2. 机电部分：总图业已绘出现正赶制详图，所需电动机正与綦江铁路局洽购。变压器已分向华业电器厂等3家询价。一俟报齐加以比较后即可定制。

（三）临江门码头货运登坡缆车。

1. 土木部分：已测量完竣，所需地亩，已绘图于本年六月十日函请市地政局徵用，计划草图，正在拟制。

2. 机电部分：正在设计。

以上三处所需钢缆现存柳州，已派员启运。又所需电动机，綦江铁路局工程处可以价让5只，现存江口，前经派员查看，尚属合用，现正向交通部接洽价让，又所需钢筋四十吨，业由经济部工矿调整处全部代订。洋灰2000桶，已向工矿调整处订购，分批价领。

三、业务：

本处置运输仓储统计三课，业务尚未开始，运输课暂缓设置，目前所进行者，俱为准备工作，如有关业务章则之拟订及各码头客货运之调查等，皆为将来业务计划之准绳，章则方面已拟订者，计有仓库管理规则、车站管理规定、乘车须知、款解缴办法、缆车秩序维持办法、货运营业规则、行李托运规则、客运暂行办法、仓库营业规则等，俟再度研究后，当次第公布。

现据调查所得，市区与两岸交通，沿江计有重要码头八道，即储奇门、望龙门、朝天门、磨儿石、嘉陵门、千厮门、临江门、牛角沱等是，总计每日往来旅客，除长航不计外，约达9万人左右。就中以望龙门为最多，日约有17000人。次为储奇门14000余人，嘉陵码头13000人，朝天门12000人。又次为磨儿石8000余人，牛角沱5500余人，千厮门3200余人。货运一项，虽因富有流动性质，一时不易统计，然就此次派员在各码头实地调查所得，每日运输数目约在100吨左右，所运货物则因当地经济情形而异，如储奇门以药材木材、汽油为主，朝天门以糖、米、柴炭为主，东水门以棉花、布匹、纸烟为主，嘉陵码头以米、盐、铜、铁为主，大溪沟以电力、航空公物为主，牛角沱、临江门以砖瓦、石灰、煤炭为主，千厮门以米、纸、煤、杂货为主，望龙门以行李、杂件为主，盱衡实际，异日工程完成，业务开始，苟能各适其宜，妥为计划，前途当可乐观。至调查所得详情，已另编报告书。业务筹备事项，尚有训练人员，如售票、查票、车站、仓库等管理人员等项，亟应举办，以便开业时得以指挥自如。惟目前限于议定名额，未克实施，拟俟工程进度至相当时期，次第推行。

10. 重庆缆车公司董事会第三次会议记录（1944年8月23日）

时　间　三十三年八月二十三日下午四时

地　点　打铜街交通银行二楼

出　席　翁文灏　钟　锷　杨绰庵　张　兹（张训坚代）
钱永铭　茅以升　陈体荣　张训坚
庄叔豪（赵恩纶代）　徐广迟（吴梦白代）
徐国懋（章以吴代）　傅汝霖（茅以升代）

主　席　翁文灏

记　录　陈体荣

行礼如仪

一、报告事项：

（一）茅总经理报告：

本公司工作可分技术与行政两大部分，以升受命三月，对于工程进行，粗获头绪，嗣后工作多属行政方面，尤以对外接洽，至感重要，且费时间。七月间，以升因事拟赴贵阳，经陈奉董事长准予给假，并派陈董事体荣负责兼代，现以假期届满，而中国桥梁公司工作繁剧，对于本公司总经理一职，委实无暇兼顾，且陈董事兼代期内，办理甚著成效，拟请准予辞职，遗缺即由陈董事体荣替，以竟全功，以升当以董事之身，协助一切。现请陈代总经理报告公司进行状况。

（二）陈董事兼代总经理报告：

（详见报告书）

（三）杨董事□□□□□：

市政府所认股本800万元，除已缴50万元外，原拟以地价作抵，兹因公司所需基地，为数有限，而官地拨给公司转行发售，又为土地法所不许，故前项股本，除以一部分地价抵缴外，其余自当另行交纳现金，现已呈报行政院请款，如公司需款殷切，在未奉到院令前，当可由市政府另行筹垫。

二、讨论事项：

（一）董事长交议：关于茅总理所请辞职，应否照准请公决案。

议决：慰留，惟其职务仍由陈董事体荣兼代。

（二）陈代总经理提议：关于本公司所短工程各费，应如何筹措案。

议决：1. 各股东未缴股款，仍催即日交足。仍催即日交足。

2. 以剩余材料向四联总处商请押借760万元。

（三）陈代总经理提议：关于临江门码头缆车工程拟暂缓案。

议决：照案通过。

（四）陈代总经理编送本公司新预算请公决案。

议决：照案通过。

（五）陈代总经理提请指派总稽核，以利计政案。

议决：照上次董事会议决案。速以董事会名义，正式聘请奚玉书先生为本公司总稽核。

三、散会。

主席　翁文灏

重庆缆车公司工作报告（节选）

代理总经理　陈体荣

体荣奉派兼代公司总经理职务，计自七月八日视事迄今，为时已一月有半，兹谨将工作概况，列述于次。

一、组织及人事：〈略〉

二、工程进度：

（一）望龙门缆车工程设计情形：

1. 土木部分：所有栈桥工程设计图案，已绘制齐全。房屋工程原计划仅供旅客及车站管理之用，现又加添总公司办公室等，故将原计划扩充为二楼。上项设计工作。业已全部完成，并发交威联建筑公司承办。

2. 机电部分：除经常采用市电外，另配附桐油发电机 1 座，所有机电部分设计制造工作，原由承造商一并办理，后以各承造商人不愿担任此项工作，改由本公司绘制全部详图。分交各厂承造，计挽动机 1 副，配电设备 1 套，滑车备用发动机之活动牙轮等，均经绘制齐全。分交各厂承造，限期交货。

（二）望龙门缆车工程进展情形：

1. 土木部分：栈桥岸下部分桥墩均已立起，岸下票房正在架设模架中，岸上栈桥底脚经全部挖成，惟以所遇地层异常松散，并有三四桥基适在大阴沟顶上因而工程比较艰难，岸上票房工程，已交由威联公司承办，于本月开始工作，预计三个月内完成。

2. 机电部分：挽动机工程系交由晋丰公司承做，现正在制造木模中。载客车厢，则由中国制钢公司承办，现正赶制木架车身，所有铁件部分，正在备料开工中。滑车交由三北公司承做，变压器交由中国建设工程公司承办，不日即可完成，马达已购妥，并经中大电机试验所校验无误。

（三）嘉陵码头缆车工程设计情形：

1. 土木部分：原计划江中部分，置在船上工作，后以船身建筑费过巨，并遇大水时运行困难，现决定变更计划设立江边钢筋混凝土高塔一处。货物由趸船直接吊上塔顶再经缆索运送上岸，岸上附设货栈一所，以便客货暂时堆积之用，上项设计图案。均已绘就。

2. 机电部分：所有配电设计，已经完成，挽动机升降机、吊车、滑轮、张紧装置等设计图样、亦统在赶制中，最重要部分之把握器，并已设计完竣。

（四）嘉陵码头缆车工程进展情形：

1. 土木部分：所有货栈房屋及高塔工程，均已发包，由合兴成公司承办。房屋部分不日即可兴工，江边高塔一俟水退，即着手赶筑。预定一百日完成。

2. 机电部分：配电部分已交由中国建设工程公司承办。马达已向工矿调整处价让。其余机电部分，正在分头接洽承办中。

以上二处工程，正在积极进行，期分别于本年十一月底及十二月半前全部完成。

三、材料运输：

本公司所需工程器材，为量甚巨，且间多须向省外价让，丁兹交通梗阻转运需时，耗费尤夥，现经多方设法，除经济部工矿调整处所有拨售材料已随时陆续领运交用外，其关于钢轨等项，尚在运输送中，至贵阳方面运务，原托交通部桥梁设计工程处工程师薛兆枢负责主持，兹以薛工程师奉调返渝，经就近派员代为兼办，中国桥梁公司原派助手2人，亦由本公司继续调用，并令积极抢运，以期迅赴事功。

11. 重庆缆车公司董事会第四次会议记录（1944年12月6日）

时　间　三十三年十二月十六日下午二时

地　点　打铜街交通银行六楼

出　席　翁文灏　钟　锷　杨绰庵　庄叔豪　陈体荣
　　　　徐广迟（吴梦白代）　徐国懋　茅以升　赵汉生
　　　　沈质清　钱永铭

主　席　翁文灏

记　录　陈体荣

行礼如仪

一、报告事项：

（一）陈代总经理报告：（详见工程报告书）

（二）奚总稽核报告：

本人于本年八月间，辱蒙董事会议决，委为本公司总稽核一职，兹就三个月经过报告于后：

公司财政状况，第一次预算，系最经济之估计，因施工以后，工程增加，乃于上次会议通过增加预算；但由雨天过多，材料增加及周转资金缺乏，致工程之完成期限展长，材料所需价格增大，工价亦逐渐提高，使上次董事会核准之工程预算，又感不敷甚巨。根据陈代总经理之估计，最近预算应为8000万元。如谋即速完成望龙门码头工程及嘉陵码头已发包工程，除用未收股本530万元外，尚需款400万元，始能克竟全功。现值浅水时期，嘉陵码头吊重塔工程，亟应开始，其他未完工程，亦应继续按原定计划加速进行，故至少需款2000万元。为免拖延时日，再有款项不敷情形，并为提前完成事业起见，应请董事会决定筹款方法；惟抵押借款方式，对公司负担嫌重，似以依照比例加股方式出之，较为合理。

二、讨论事项：

（一）董事长交议：关于陈代总经理编送本公司新预算请公决案。

议决：照案通过。

（二）董事长交议：关于本公司新预算所需款项应如何筹措请公决案：

议决：1. 公司股本总额改为6000万元，计增加资本1500万元，由各股东按原出资百分比例摊认之，未能担认之股东，由其他股东担认。

2. 另向中央信托局借款500万元，以利工程进展。

（三）陈代总经理提议：关于望龙门车站使用两湖同乡会地皮，计9方丈，经与该会代表人孔庚先生接洽多次，据称该段地皮系该同乡会储材农业专科学校校产，仅允立约租与本公司，计每方丈每月租金3000元，租期七年半，要求一次拨付，共需款240余万元，可否允予立约，请公决案。

议决：原则同意，但应减少租金授权陈代总经理洽办报会。

（四）陈代总经理提议：关于市政府及轮渡公司未缴股款案。

议决：请沈董事质清，杨董事绰庵洽请速缴。

（五）陈代总经理提议：关于望龙门车站余屋，因公司工款支出，以400万元押租及200万元年租之条款，租与和丰银行。于本年十一月四日签订合约，由该行先付定金350万元，交屋时，再付250万元，计可收款600万元，以补充工程费用，拟请准予备案，敬候公决案。

议决：准予备案。

重庆缆车公司工作报告（节选）

代理总经理　陈体荣

谨报告者自本年八月二十三日本公司召开第三次董事会后，在此三个月期间，公司进行重要事项，应行报告及请示者，兹择要胪陈于后：

一、财务情形〈略〉

二、其他筹款方法

（一）望龙门车站余屋出租　公司款项既见支绌，望龙门工程又不能不积极进展，乃决定将望龙门岸上车站房屋有空余者，招人承租，最初接洽者，为中央信托局购料处，拟租条件为一次付押金600万元，而无租金。上项押金，尚应由公司担负周息1分4厘，接洽结果，未能成议；斯时公司需款亟殷，适有和丰银行前来接洽，拟以400万元押金，及200万元年租之条款承租，乃于本年十一月四日，签订合约，由该行先付定金350万元，于房屋建筑完成迁入时，再付250万元，计可收款600万元，此应报请鉴核备案者。

（二）不敷之数拟筹办法　尚有不敷之款900万元，如未缴之股款530万元可以收足，计尚短少370万元，目前惟有分期向各方挪借，以竟全功。

三、钢轨及钢索抢运情形

本年九月间湘桂战事紧张，本公司所购钢轨钢索，均存金城江一带，当时形势严急，车辆缺乏，经派员前往分途抢运，幸于本年十一月初，全部先后到达重庆，均无损失，但全部运费等耗去210余万元。

四、租购地亩情形

本公司所用望龙门嘉陵码头等处地亩，自公司开办以来，即函呈市政府请予征购，最近始得市政府十二月五日来函，令饬工务地政两局会办，但因公司赶工兴建，工程所用各项私人地亩，尚未由市政府办妥合法手续，致有引起纠纷者，约可陈述如下：

（一）合众公司地亩　该公司曾于九月间登报质询本公司所用望龙门江边滩地，后经多方商洽，所用地皮俟江水退落时，由双方丈量，再行议价，现已由市府地政局召集双方会商解决办法。

（二）兴国公司地亩　该公司白象街地亩，据称有一部分为本公司岸上车站房屋所用，后经商洽，允由地政局召集三方会商办理，但查该公司地亩登记手续，尚未办妥。

（三）两湖同乡会地亩　该会白象街地亩，据称有9方丈，为本公司岸上车站房屋所用，并由该会致函本公司，要求每方丈每月租金8000元，并一次预付五年租金，约合430余万元，经再三与该会代表孔庚先生商洽，孔先生仅允让步至每方丈每月租金3000元，要求一次拨付七年半租金，共约243万元，应否照租，拟请大会决定。

五、工程进展情形

（一）望龙门　该处工程现已完成90%（倘不因本年雨季过多，早已按期于十一月完成），预计三十四年一月内，全部必可完成，开始通车。

（二）嘉陵码头　该处岸上房屋，业已完成90%，江边起重塔，亦已开始探测地基（本年十一月半以前，江水浩大，无从施工探测）。

六、一般社会舆情

缆车工程，为国内新兴交通事业之一种，一般民众尚多未能了解，同时在望龙门兴建期间，工事材料不无有碍旧有之道路，现惟有赶工完成，早日得通车，以利交通。

综上情形，在战时建筑此项工程，因物价变迁及其他不可预料之环境，自属困难万分。体荣奉命代理总经理职务，惟有努力以赴，甚愿将望龙门工程先行迅速赶成通车，以副众望。

12. 重庆缆车公司董事会第五次会议记录（节选）（1945 年 4 月 18 日）

时　间　三十四年四月十八日下午二时

地　点　本公司会议厅

出　席　翁文灏　沈质清　徐国懋　杨绰庵　钟　锷　欧阳仑（陈宗襄代）
陈宗襄　马克强　张澍霖　茅以升　傅汝霖　赵汉生
徐广迟（吴梦白代）　刘如松（吴绍麟代）　钱永铭

主　席　翁文灏

记　录　陈体荣

行礼如仪

一、报告事项

（一）陈代总经理报告：（详见议程内工作报告）

二、讨论事项

（一）关于望龙门通车日期请公决案

议决：应参照茅董事所提意见尽速设法补充护轮护轨等设备，赶于五月十六日正式通车。

（二）关于上项董事会议决增股 1500 万元尚短 310 万元未收足应如何办理请公决案。

议决：请中央信托局及中国交通两行各再增资 55 万元除中国银行已先交 55 万元，其余中央信托局及交通银行应函请早日交付。

（三）关于和丰银行增股 400 万元请公决案

议决：通过并函和丰银行请即日交付股款。

（四）关于本公司增加资本案

议决：股本总额改定为 6000 万元，一次收足，除第四次董事会议决增加 1500 万元已收 1200 万元及和丰银行加股 400 万元外，不足之数授权总经理向外募集。

〈略〉

十一、董事长交议：关于茅总经理提请辞职请公决案。

议决：勉予照准，所有总经理职务，由陈代总经理继任。总工程师职务，由副总工程师梅春升任。

第五次董事会报告事项〈节选〉

代理总经理　陈体荣报告

本公司自三十三年十二月二十六日召开第四次董事会后，迄今将及四个月，在此期间，各项工程虽日见进展，而费用亦愈见扩增，公司财力愈趋枯竭，支撑为难。今幸望龙门客运缆车已告完成，公司成立一载，至此可告一段落。兹将应行报告及请示各事项，择要胪陈如后：

一、工程进展情形

（一）望龙门工程原期本年一月内完成，惟因工程方面诸多改进，致稍延迟，现已全部完竣，并经试车，尚称圆满。办理是项栈桥工程之第一工程队，现已撤销，以节开支。

（二）嘉陵码头工程为赶速进行，于本年二月间成立第二工程队，吊塔基础已建筑完竣，惟上部工程因款项无着，无法继续兴工，而转瞬洪水期至，已建之工程有被淹没之虞。

〈中略〉

体荣自代理总经理职务以来，迄已九个月，深感建设新事业之匪易，而环境应付，殊有非始料所及者。最近四个月来之辛苦支撑，心力交瘁，现幸望龙门工程已告完竣，不负董事会诸公之期望。惟此后有待开展之事项，尚有赖诸董事之时加指导，俾可克竟全功。

再望龙门工程完成通车后，公司经常开支当可维持，惟将来公司主要收入，有赖于嘉陵码头货运缆车之完成，估计届时每日如以半数计（200吨），每月收入可达1200万元，除开支外，每月约可盈余1000万元，斯时公司基础，当可渐臻稳固，合并附陈。

13. 重庆缆车公司第六次董事会工作报告①（1945年8月）

本公司自本年四月十八日召开第五次董事会后，迄今已三个月余，在此期间，望龙门客运缆车通车后，业务开展，及嘉陵码头货运吊塔工程进行等情，均应向会报告及请示者，兹谨胪陈于后：

一、工程

（一）望龙门工程

1. 添设护轨　望龙门轨道经上届董事会决议，应加添护轨。遵于曲线部分，添设9.15公尺长之钢轨4根，业经装妥。

2. 添置刹车　为谋车辆更臻安全起见，除挽动机上已装有刹车外，车辆上之自动刹车，亦经完成设计，交顺昌机器厂承制，此项刹车不用人力，不用弹簧，系防万一缆绳折断时利用，其本身重力自动制止车辆之行进。

3. 修配机件　望龙门客运缆车各项机件，多属国内厂家承制。自五月十六日通车以来，因

① 报告人系该公司总经理陈体荣。

材料不良，时有损坏，如小齿轮、挽动机上刹车、汽车引擎牙齿箱、控制器、变压器等等，每逢马达机件损坏时，则改用汽车引擎维持行车，惟停电时，又值汽车引擎之机件遭遇损坏，则非暂行停车不可。所幸各员工均能加倍努力，每遇机件损坏，即漏夜起修装配，因在深夜工作，影响行车尚不甚大。综计自五月十六日通车起，截至八月六日止，停车不过95小时耳（内中因大水停车24小时，大雾停车2小时）。

4. 征购预备机　预备汽油机之设置，原为预防万一停电时代替电动机之用。当初估计其使用时间不致过多，讵料通车以后，因停电时间太多，致原有道奇小汽车引擎，殊有难以胜任之势。鉴于此种需要，自应加强预备机之力量，前拟添置柴油机1部，因需费过巨，一时不易办到。兹仍拟添购大卡车引擎1部以作备用。（经分别向战时生产局及战时运输局请求）

5. 准备添制车辆　望龙门客运缆车自通车后，安全方面尚无问题。惟车身木料部分，因制作稍逊，深恐日久松动，不能持久，现正计划添制车辆，以备随时替换。

（二）嘉陵码头工程

1. 吊塔　嘉陵码头吊塔，系钢筋混凝土四层，（每层6公尺）及木料一层，现第四层混凝土，业经开始起建。

2. 机件　嘉陵码头机件，早已设计完竣，惟因望龙门通车后，发现机件方面，因材料欠佳。及工人技术不良等原因，其成品往往不能符合理想。故对于嘉陵码头各项机件，不得不迁就实际情形，而将来设计酌予修改。并拟利用英国缆车公司之设计，添购一部英国机件，藉期增进效力与稳妥。已与英方有初步接洽。俟有头绪再行报请核定。

（三）向英国缆车公司洽订机件

本年五月间准交通银行设计处函送英国缆车公司出品样本，并嘱以如须订购可交由该公司代办等语。本公司当就嘉陵码头需用机件，迳函英国缆车公司洽询价格，并请派专家来华协助，嗣该公司复电要求旅费五千镑，本公司以所需过巨，经电该公司酌减，并参照该公司样本，将各项机件设计更改，将来如机件商妥，拟请向政府请求酌拨外汇，以便订购。

二、业务

本公司望龙门客运缆车于本年五月十六日开始试车，初仅每日行车4小时，逐渐增为6小时，9小时以至12小时，两月余来，除因停电及机件故障不得已停车外，一般情况尚称良好。截至八月五日止，综计行车27000余次，营业收入达2400余万元，乘客总数在40万人以上。目前每日行车12小时，每月收入约在1000万元以上，至站务方面，人事力从节减，服务务求周慎，以收事半功倍之效。客票采用圆形铜牌，委托中国旅行社代售。收票则由本公司自办，以臻严密，俾无流币。此项铜票乘客每喜预购备用，故售出而未回笼者达22000余枚。藉可测知，社会人士对于缆车已有需要及信任。兹将自五月十六日至八月五日止，望龙门客运统计数字，及行车情形详列附表[①]如后：

① 此处未以表式呈现。

业务统计（三十四年五月十六日至八月五日止）

（一）营业

1. 营业收入　客票24279.040元　补票49800元　共计24328840元

2. 铜票收发　售出497821枚　收回475255枚　差额22566枚

3. 售出补票　上行582张@60　计34920元

下行496张@30　计14880元　共计1078张　49800元

4. 乘客人数　上行260447人　下行145960人　共计406407人

5. 票价更改　五月十六日起上行60元，用铜票2枚；下行30元，用铜票1枚

六月十五日起上下行各60元，均用铜票1枚，八月一日起上下行各100元

（二）车务

1. 行车总时数　723小时（平均每天行车8.8小时）

2. 行车总次数　27244次（平均每次乘客15人）

3. 行车时间之更动：五月十六日起上午十至十二时，下午三至五时，计4小时

五月廿一日起上午八至十一时，下午三至六时，计6小时

六月一日起上午八至十二时，下午二至七时，计9小时

六月廿三日起上午八时至下午八时，计12小时

六月廿六日起上午七时半至下午七时半计12小时

三、人事

（一）本年七月十八日总工程师梅春辞兼业务处长职，经派总务处长陈庚孙兼任。

（二）本年八月七日总务处长陈庚孙辞职，经派陈处长专任业务处长，并派叶可仁代理总务处长，理合报请备案。

四、其他

（一）黄桷垭电缆车筹测经过

自望龙门缆车通车后，渝都各界人士鉴于缆车之便利，屡次函促本公司兴建黄桷垭线。六月中旬，黄桷垭士绅刘云翔等，联名催请，并愿集资交公司兴建。当即派员作初步测勘，拟具计划由龙门浩至黄桷垭，用电车及缆车衔接办法，初步估计，需款约15万万元。当告以公司无此财力未能兴办。该士绅等复多次来公司接洽，并互商集会讨论，以为如能建议四联总处，由有关行局投资，或借拨1/3，则余数不难由各方面集腋而成。当时不便过拂众意，曾由公司向四联总处建议。意者如获四联总处邀准，则引导社会游资投于正当建设，为重庆市民谋便利，亦属策之善者，中间对于此项计划所需地亩，复派员切实勘测，俾有精密统计，以为实施之依据，惟无论如何筹款组织兴建，以公司本身资本仅60万元，实仅能担任工程方面。此事因迭在接洽中，尚未有切实具体办法，理合将前后经过，报请鉴核。

（二）重庆电车计划　本年春间，重庆各界曾发动重庆电车计划，曾委托公司工程人员作初步踏勘，拟具计划。截至目前止各界已发动组织重庆电车公司筹备处，拟请公司参加并主持工程设计，将来正式具体开展，当再提出报告。

14. 重庆缆车特种股份有限公司概况[①]（1945年）

一、沿革

重庆依山筑城，地势坎坷，行人及货物上下极感不便。爰于三十二年二月由经济部重庆市政府及中国桥梁公司会同发起，邀集银行界及重庆轮渡公司等筹组缆车公司，拟建登坡缆车，以利行人，而便运输。三月成立筹备委员会，五月公司正式成立，先就客运较繁之望龙门码头建筑客运缆车，七月兴工，同年十月复在朝天门嘉陵码头建筑起重塔以供货运。三十四年四月，望龙门缆车全部完成，经过数度试车及改善后，五月中旬正式开放，载运旅客。至嘉陵码头工程正在进行中。

二、组织及人事

本公司董事会设董事11人，互推常务董事4人，董事长1人。又设监察人6人，互推常驻监察人1人。

公司内部现设总经理总工程师总稽核各1人。总经理下分工务业务总务3处，工务处下分工程、设计、机电、材料等四课。业务处现仅设营业一课，总务处下分文书事务会计等三课。望龙门车站隶属营业课，望龙门机器部门则直属于工务处，全部职员现约有40人。

三、业务概况

（一）望龙门客运缆车

望龙门客运缆车于三十四年五月开始营业，现有客车2辆，同时上下每辆满载时可容乘客50人。刻下每日规定开车12小时，约共开车200次至250次。每日乘客自5000余人至7000人不等，每月收入约在1500万元左右。

（二）嘉陵码头货运缆车

嘉陵码头工程正在进行中，刻下土木方面车站房屋早已完成，吊货塔五层已完成四层，第五层正在施工，半月后即可全部完工。机械方面挽动机及升降机已与新中工程公司签订合约，不日即可开始制造，转盘及其他机件已设计蒇事，正待觅商承制，倘经费有着，预计五个月后全部工程即可完竣，开始营业。

① 此件为该公司自撰稿。

四、将来计划

（一）黄桷垭电缆车

南岸黄桷垭风景优美，昔为避暑胜地，近年因市区人口日增，迁居该地者益众，逐渐间已成为渝市之住宅区矣。惟因地处山巅，上下不便，本公司前为扩展业务、便利交通计，三十四年六七月间即拟在该处建筑缆车，经派员前往实地踏勘，拟具详细计划，拟自龙门浩之新码头经瓦厂湾敦厚路等处以达山巅，其间新码头至敦厚路下段长约1.4公里，地势较平坦，采用电车，敦厚路中段以上长约900公尺，地势较陡，则采用缆车，两者直接衔接，无须换车。是项计划拟就，当地士绅颇为赞同，并自愿集资协助，期早观成。正拟积极进行，适敌人投降，战事结束，复员声浪弥漫陪都，此项计划亦因之停顿。然为便利交通起见，该处缆车仍有建筑之必要，倘经费有着，本公司深愿竭尽绵薄也。

（二）临江门客货运缆车

临江门对岸为江北，每日来往行人亦极频繁，本公司拟在该处筹建客货两用缆车。俟经过勘测后，当拟具详细计划。逐步进行。

五、附言——本公司之动力设备问题

本公司望龙门缆车动力，主要系由重庆电力公司供给，并另备小道奇汽车引擎1部，俾停电时，代替马达之用。惟渝市电力既难经常供应，而本公司原有之汽车引擎亦因年代较久，时生故障，以致停车之事屡见不鲜，直接影响营业收入，间接影响交通。近数月来，为求根本之解决，拟自备70匹马力之柴油引擎及50kVA之发电机自行发电。惟各处征求，均未觅到，倘再难得现货，拟委托渝市厂家制造，藉供应用。

四、马　车

1. 蒋介石关于加强重庆市内马车清洁管理的手令（1942年1月23日）

市内交通马车，应特别注重清洁，市府对此必须专设负责人员，对于车与马及车夫三者之污洁、肥瘠，与马匹之喂料，必须每日轮流检查为要。

中正

一月二十三日

2. 委员长侍从室为蒋介石令整饬驿运马车致重庆市政府公函（1942年12月7日）

迳启者：

顷奉委座谕：查本市驿运马车急应予以整饬：一、马车夫凡未成年者一律不准充任；二、马匹务使饱食，病疲马匹严禁使用；三、每辆马车坐人连车夫在内不得超出5人；四、马匹务求洗刷清洁，马车夫须各训练。等因。除函驿运管理处查照办理外，特达查照为荷，此致

重庆市政府

侍卫长　俞济时

3. 加强管理交通马车会议记录（1943年1月28日）

时间：三十二年元月二十八日（星期四）午后二时

地点：本府会议室

出席：交通部驿运总管理处　马振刚　李天章

市政府　曹光洁　张天羽

警察局　梁尔恭

工务局　吴华甫

卫生局　王祖祥　杨宝麟

主席：王祖祥

记录：张天羽

主席报告：〈从略〉

驿运总管理处代表报告：〈从略〉

决定事项：

一、关于车辆之管理及清洁

（一）车辆于每日出入车场前后，应各洗刷1次。每行车1次，亦应清扫1次，务使车辆随时保持清洁。

（二）车辆在停驶时，须依行车方向，按次排列整齐。

（三）换马时，马鞍马套，一律卸放在侧车手上，务须整齐。

（四）车站车棚及其附近，务须随时清扫，保持整洁。

（五）车辆于行驶中，禁止在马路上喂料。马之饮水，须用木桶盛装，余水并须倾入沟内，严禁随地倾泼。

二、关于马匹之清洁与整理

（一）马路上之马粪，应即时清扫，并由驿运服务所制就粪袋，于行驶中佩带于马股后，以免粪便随地遗弃。

（二）马在出入车场前后，全身泥污务须洗刷净尽。

（三）马背如有溃烂，即须调养，并于每月中总检查1次。凡瘦瘠之马，一律不得服务。

（四）马鬃、马尾务须随时一律剪齐。

（五）马在棚内休息时，须排列整齐，并随时注意保持清洁。

（六）马之喂料应由驿运服务所规定标准分量，每次喂料时，并由驿运服务所派人监督之。

三、关于车夫之管理与整洁

（一）车夫每人应备制服2套、制帽1顶，在服务时，须一律着规定之制服制帽。每月一号及十五号，并须一律换着清洁制服。

（二）车夫于每月一号及十五号应剃头理发及剪指甲1次。

（三）车夫无论作息均应随时保持整洁。

（四）由驿运服务所设立车夫训练班，以训练其仪容态度技术及清洁常识，除招训新车夫外，并将原有车夫轮流调训。

四、关于施行检查办法

（一）由驿运服务所于每站每棚指定专人负责指导，随时检查，并按期将检查情形报告驿运服务所。

（二）工务、卫生两局各派1人，协助服务所，专负检查责任，并由驿运服务所发给检查证，以便执行职务。该检查人如发现有应行改正事件，除当面予以纠正外，并得函请驿运服务所转饬纠正之。

（三）警察局饬属经常协助办理。

（四）每于月终，由有关各单位，会同施行总检查1次。

（五）私人马车及马拖板车等，由有关机关通知车主，依照上定各项办法办理。

4. 交通部驿运管理处为遵令拟定整顿重庆马车办法致蒋介石呈文（1943年6月26日）

案奉钧座六月二十三日侍秘字第（18114）号巳梗代电奉悉，谨遵令拟定整顿本市马车办法呈复如次：

一、治标办法

（一）车辆 全市马车现共有96辆，分批抽调油漆，限七月二十日前全部油漆完竣。每日出动车辆勤加洗刷，由驿运总管理处派员逐日检查，认为清洁后始准载客。

（二）马匹 现在本市挽车之马，皆系川产，体躯不大（西口马因气候关系不易在渝饲养），其中又分商马与驿运服务所自备之马，马商图利，饲养不善，故马匹瘦弱，且数达160余匹，占挽马70%，短时不能全部停雇，现决先将其最瘦弱者剔除不用。

（三）御夫 御夫亦分商马御夫及驿运服务所自雇之御夫，商马御夫习惯不良，且以收入微薄，无力自制制服，现决由驿运服务所代制，免费发给，自七月一日起，全部御夫，皆可一律发齐穿着。

二、治本办法

（一）增造马车百辆 现有马车96辆，因乘客拥护，日夜在途，无抽换油饰之暇，刻已开工增造百辆，七月份可先完成30辆，全部完成后，终年分班停息油饰，自可常保新整。

（二）增购挽马150匹 商马瘦弱，佃马户又无力更换壮健之新马，刻决逐渐停用，令驿运服务所自行增购健壮挽马150匹，由驿运总管理处经常派员监督饲养管理，以维马匹健壮。现马价每匹约万元，须筹款150万元，向川东及川黔边境各县分途选购，预计四个月始可陆续购齐运渝供用。

（三）御夫全部改为自雇 商马御夫习惯不良，管理不便；决由驿运服务所于新马购到后，添雇御夫150名，加以训练，再行分派御车，以资整齐。

奉令前因，除分别督饬实行外，理合将治标治本整顿办法两项备文呈复，恭请鉴核！谨呈委员长蒋

交通部驿运总管理处处长 谭炳训 谨呈

5. 重庆市政府为拟定整顿本市马车办法呈复蒋介石文稿（1943年7月2日）

案奉钧座六月二十二日机秘（甲）七八一九号手谕敬悉。谨将遵令与驿运管理处商定整顿本市马车办法呈复于次：

一、车厢之清洁

现已在各车站增派清洁夫，于每次车辆驶抵站时，即将车厢内外及车板洗刷1次，再行行驶。

并于每日抽调车辆 3 部，送入车场修整，期能于每月中将各车辆轮流刷新 1 次，俾能经常保持整洁。

二、御夫之整洁

现经规定，御夫每月须剃头剪指甲 3 次，每名于七月一日起发制服 2 套。并拟将原有商马御夫逐渐淘汰，另行招雇，予以训练，再行分派服务，以资整齐。

三、马匹之调整

现在本市拉车之马，皆系川产，体躯甚小，又因大部分系招商承办之商马，原已不甚肥壮，且马商图利，饲料不足，遂致马匹瘦弱，有碍观瞻。但此项商马计约 160 匹，如予悉数剔除一时尚不可能。现驿运管理处除先将过于羸弱之马剔除 1 部外，并正筹备自购马匹，以为代替之用。此外正赶建马棚，以便集中喂养，免马夫偷减饲料。

以上三项，业经驿运管理处饬属。遵照实施。惟查本市交通马中，系由驿运管理处主管，其业务应如何改进整饬，似应由其主管及直属机关负其全责，本府系属地方机关，维护交通秩序，处于协助地位，关于业务方面，未便多加干预。除随时督属协助各该驿运服务所增进整洁外，尽量协助，责无旁贷。奉谕前因，理应将遵办情形具文呈请钧座俯赐察核令遵。谨呈

委员长蒋

重庆市市长　贺耀祖

6. 重庆驿运服务所概况[①]（1943 年）

一、创办经过

驿运总管理处鉴于陪都机关林立，人烟稠密，市区和迁建区的交通工具，供不应求，为谋解决一般人士的困难起见，特将原有直属重庆营业所，于三十一年四月一日改设为重庆驿运服务所，用兽力代替机械，创办客货运马车，辅助市郊交通，服务社会，订定服务要目如次：

（一）答复各项驿运问讯

（二）承办各线货物运输

（三）代理委托驿运事项

（四）接送市郊行李包裹

（五）办理市郊客运马车

（六）出租人兽力载货板车

（七）发售驿运章则刊物

① 标题为原有，作者马振刚，原载《交通建设》1943 年第 1 卷第 8 期。

本所当成立之初，仅系试办性质，对于营业前途，毫无把握，所有人事、工具、动力、经费及一切设备，都因陋就简，而创办时期，困难虽多，赖层峰督饬及全体同仁艰苦卓绝的精神，群策群力共赴事功，故一切业务上均已奠立初基。

二、开辟路线

当三十一年四月一日本所成立之际，除行李包裹货物运输以能通板车地区随时随处承运，初未限定线路外，客运路线以上清寺到化龙桥的郊区五公里，为试办路线路，经过一个月的行驶，社会人士及舆论方面交相称许，对于增辟路线的要求，日益迫切，故于六月一日由化龙桥展至小龙坎，复于七月二十四日展至新桥，八月一日展至山洞，十月十日展至歌乐山，全程计28公里，在上列各处都设有服务站，同时为调节兽力计，在上清寺设有中型车马棚1处，新桥及山洞设有小型车马棚各1处，化龙桥设有临时马棚1座，车棚1座，迁建区运输线路，正按照原定计划，开辟完成，同时经过月余的整理，站、棚、夫、马、工具等始渐有规模，而陪都各界人士复一再请求增辟其他路线，如菜过线——菜园坝至过街楼，海温线——海棠溪到南温泉，两石线——两路口至石桥铺，两九线——两路口到九龙坡等，本所因城区交通工具不足，尤以南区路，林森路一带，地区平坦，市尘繁盛，行旅众多，且没有公共汽车运行，故于本年三月二十五日，由上清寺展至两路口，四月一日由两路口展至南区路，再至储奇门，以上各处亦分别设有服务站。为保养骡马车辆起见，现在菜园坝和化龙桥两处各设大型车马棚1座，每棚拟容纳骡马百匹，客货车百辆，业已鸠工兴筑中。本所因业务发达，原有车辆马匹在以上线路运输，颇感供不应求，如果将来动力、工具一旦大量补充，对于奇门，到商业场，过街楼、较场口、菜园坝等处，即可增设服务站，其他海温、两石、两九、小磁（小龙坎至磁器口）等线，皆拟逐渐开辟，至于站、棚及一切设备，现正派员分别设计筹办中。

海棠溪至储奇门，为陪都西南交通咽喉，往来行旅，因一江之隔，交通甚感不便，本所奉令创办接送过江行李包裹，服务群众，现正着手增设站所，征雇船只，调配车马，组织码头夫，从事等办中，约月内即可开始服务。

三、增拨车辆

本所去年四月一日草创时期，仅有客运马车10辆及向川黔驿运干线拨借人力板车6辆，嗣因业务发达，运输线路渐次开展，于去年六月十日拨到客车29辆，复于七月份拨到客车40辆，六、八月份拨到货车40辆。十月份拨到客车23辆，现有客车102辆，货运人力板车共6辆，兽力板车40辆，共计客货运车辆148辆，并有大型兽力车3辆，计轿式2辆，篷式1辆，车辆自去年四月份起陆续增加，而运用方面，仍感不敷分配，现上清寺至化龙桥区间30辆，两路口至化龙桥区间25辆，化龙桥至小龙坎区间12辆，小龙坎至新桥区间8辆，新桥至山洞区间3辆，山洞至歌乐山区间4辆，两路口至南区路区间3辆，南区路至储奇门区间12辆，以供应陪都往来众多之旅客，调度稍不处活捷便，即感不敷周转，本所本年度已经核准添制客运马车80辆，货运兽力板车90辆，现正着手赶制中，对于车辆设备，亦已分别改善，首批新车不久可出厂，参加服务。

四、发动兽力

兽力为本所办理客货运输之主要动力，惟本所当开办时期，仅有自备马2匹，招雇商人骡马14匹，后因车辆逐增，本所按照核定预算，添购骡马23匹，在营业收入节余项下，又呈准添购骡马11匹，共计36匹。其次发动民间兽力，服务陪都市郊交通，曾招雇商马160余匹，至承运大批货物，如平价购销处煤炭，民食供应处食米之时，经多方招雇，临时发动民间兽力约百余匹。

重庆市郊的民间兽力，经本所的积极发动，差不多已经搜罗殆尽，但是这一批民间兽力，对于拖车素乏经验，甚至日在山陬驮运的牲畜，没有到过市区的要占80%，一旦使之驾车，骤难驯制，所以本所在补充新车的时候，必需经过一招致商马，和训练马匹的艰巨工作。

五、编训马夫

马夫为本所办理运输的基本干部，技术的优劣，态度的好坏，均足影响业务的发展和声誉的良窳，故本所当创办期间，曾拟招雇北方富有经验车夫驾驶马车，嗣因需要匆迫，时间既不许可，同时北方的平原不同于重庆地理环境，容易徒耗远道雇聘工资和手续，而未能尽合于事实的要求，所以就地招雇一批青年，施以短时间的训练，经过两个多月的试用，经验告诉我们欲求行车安全，非加强马夫训练不可。上年七月份在上清寺车马棚，办理马夫训练班，将原有马夫分批予以训练，聘有关人员兼充教官，实施训练课目，计分（一）技术训练（包括车辆驾驶，马匹调教，车辆修理等）；（二）精神训练（包括接待礼貌，整洁仪容等），训练期间为一个月。

去年十月本所车辆增多，继续开办第二期马夫训练班，将所有马夫仍分两批轮流训练，教育实施课目除参照第一期已定课目外，并予以适当之改订，其原则为依据一般马夫之教育程度，施以浅近之训练，授以所需之智能，特改订教育方针为（一）和善诱导，（二）通俗讲话，（三）趣事比譬，训练纲目为（一）精神讲话，（二）军事教育，（三）技术训练，（四）交通常识，（五）普通识字，训练期间为一个月，教官仍以有关业务之员司担任，自第二期马夫训练期满后，各车马棚所有马夫一律仿照军队方式管理，每马夫15名，为1班，每班设班长1人，由马夫中技术娴熟，智识优良者升充，各班班长直属于车马棚管理员指挥，本所自创办马夫训练班后，马夫之驾车技能，交通常识，以及接待礼貌等均有长足进步，前项训练仍拟继续举办，如将来业务再事发展，事实必需时，拟筹设永久性之干部训练班一所，专事培养基层干部。

六、营运概况

本所自奉令创办陪都市郊客货运以来，岁月不居，瞬息一年，幸赖全体员司夫役，上下一心，风雨同舟，劳瘁从公，故营运方面，逐月较有进步，特列表如后（各项数字均按实际营运数目造列）：

重庆驿运服务所一年业务概况

年	月	旅客人数	延人公里	货运吨数	延吨公里	客运收入金额	货运收入金额
三十一年	四	24000	119998	148.500	5944	60293.00	93037.20
	五	26138	130690	309.200	5672	92187.50	12910.20
	六	33942	175201	43.540	1361	122640.60	18267.00
	七	48114	255000	155.000	380	179089.40	14602.00
	八	60538	297689	39.500	1076	208616.80	29485.00
	九	81351	398786	41.500	601	310453.20	10139.00
	十	89531	489513	492.000	10431	416415.50	177282.00
	十一	76304	375202	29.500	350	355155.00	6135.00
	十二	74535	365448	105.696	24073	345164.50	43054.08
三十二年	一	77575	380506	21.398	513	359197.00	78725.80
	二	88403	438907	39.000	477	415253.50	6579.00
	三	101494	509849	36.500	609	491816.00	10364.30
	四	129889	629360	21.000	309	655560.50	6926.20
合计		911816	4516991	1204.054	28130	4011842.50	507505.17

七、扩充组织

本所于去年成立之际，人事方面系沿用重庆营业所的组织，计主任1个，副主任1人，事务员4人，办事员6人，司事10人，雇员4人，服务站计站长1人，司事5人，车马棚管理员1人，司事3人，以后因业务扩展，路线增辟，员司夫役依据业务需要实际情形，分别派充。各服务站因行车时间及职员过少关系，每日自上午六时起至下午十一时止，每人工作时间平均为16小时，车马棚因督饬马夫整刷车辆，饲养及调度马匹，其工作时间尤长，本所职员以核算运费，核发力费，督道各站棚行车及调教马匹，和设计一切表报，厘订章则，筹办各项设备，每人每日工作时间亦非十六小时以上不可，秉烛达旦，比比皆是。上峰以本所业务繁剧，原有人员实属不感应用，爰于本年一月份，令饬调整所有组织以资充实，分股办公，各服务站按照实际需要情形，分别等级确定员额，车马棚以驻有骡马车辆多寡，业务繁简，配置人事，兹将各单位编制列表如次：

重庆驿运服务所及直属各单位编制表

单位	主任	副主任	稽查员	兽医	股长	站长	事务员	股员
本所	1	1	6 ~ 12	4 ~ 8	3			9
甲等服务站						1		
乙等服务站						1		
丙等服务站						1		
车马棚							1	

续表

单位	副站长	办事员	会计助理员	司事	雇员（练习生）	合计	备考
本所		6			9	49	本所计分总务、营运、会计三股
甲等服务站	1		1	5 ~ 10		13	
乙等服务站			1	2 ~ 8		10	
丙等服务站			1	2 ~ 6		8	
车马棚			1	2 ~ 5		7	

车辆运行日久，难免有所损坏，本所于开办时期，设有木工1人，缝工1人，及其他雇用临时修车工匠二三人，专事修理客货运车辆，嗣因车辆增多，损坏数量亦随之增加，特设置修理所1所，专事修理车辆，内设管理员1人，司事2人，木工1人，木工1人，缝工1人，漆工1人，对于车身颜色变褪，车篷损坏，车厢车椅破烂之修配等工作，日形繁忙，修理所之机构虽备具规模，但限于人事，经费仍不能配合需要，总管理处有鉴及此，特于本年五月份将重庆车船制造分厂归并本所，改为修理厂，编制情形列表如后：

重庆驿运服务所修理厂编制表

职别	员额	备考
主任	1	帮工程师兼任
工务员	1	
事务员	2	
雇员或司事	2	
会计员	1	
助理会计员	1	
材料管理员	1	
监工员	1 ~ 2	
共计	11	

修理厂现已接收完竣，不久即可继续开始工作，预定今后本所客货运车辆之修理及保养，必较进步。

八、调整马匹

本所去年自购骡马为36匹，均系分别选购，毛色、年龄、体格、大部都适合需要，惟招雇商人骡马160余匹，其中优良者固多，而羸劣者亦复不少，本所为整饬马匹，加强服务效能计，特于去年八月中旬，分别予以严格调整，其办法厥有两点：（一）瘦、弱、伤、病者限令休养医治；（二）老、小、残、劣者剔除另雇，经过这一次的调整，马匹虽较前改观，但以商人资本薄弱，恃此为活者过多，难免起用驽劣骡马藉以维持，故本所于本年度复重行严厉调整商马，并特订嗣后招雇商马标准，计骡马口齿自4岁至8岁，体高为3市尺5寸以上，毛色限黑、白、青、驳、赤五色，业经雇用之商马，瘦、弱、伤、病者，按力费增加10%马乾补助费，限期饲养肥壮，老、小、残、羸者发给换购骡马贷金，限期变卖补充，现在前项调整工作，大部已经完成！本所为正本清源起见，曾奉令草拟肥马计划，呈请总处核饬施行中。

本所本年度核准自购骡马70匹，现经购到27匹，其余43匹，拟派员赴产马地带分别选购。至于拟招雇商马200匹，决按发动民间兽力之原则及严格依照规定标准选雇，以资整顿，而利营运。

九、工作竞赛

本所为提高员工工作兴趣，增进服务效能起见，特于去年五月下旬参照全国驿运工作竞赛办法大纲，及各省驿运管理处及各驿运总段工作竞争办法，和驿运工作竞赛推进办法，拟订工作竞赛单行办法呈准通饬各单位分别实施。

去年六月中旬气候炎热，往来旅客众多，本所车辆稀少，为增进服务效能，争取时间起见，特举行套车竞赛，旋因马夫技术诸欠娴熟，故在马夫训练班未筹办前，举行行车安全竞赛，用资补救，每次工作竞赛期间为两星期，尚著成绩。

招雇商马，经第一次剔选调整后，本所为谋马匹保养和健康计，特于去年十一月中旬举办团体及个别饲马暨马夫清洁竞赛，以竞赛所得的结果，作为今后饲马和马夫清洁的准绳，这次竞赛的意义较剔选马匹的工作，还加倍有效，延至今日，本所各商人的骡马饲料，还都依照竞赛时期的数量饲养着，对于马匹健康问题，大有裨益。

当去年年度快要终结的时候，本所和各单位因平日业务繁忙，难免对于结束年度工作，办理迂缓，故在十二月上旬又举行各单位工作竞赛。竞赛要目，包括总务、业务、会计三部门，竞赛日期为一礼拜，在这短短的一礼拜中，所有各单位积压和应办的事情，大家都如期办理清楚，而且相当有条理，有兴趣，前项工作竞赛原拟按月分别举行，因已往所有竞赛的各种办法系试办性质，不无多欠合事实需要与改进之处，现正奉令成立工作竞赛推行委员会，着手草拟组织规程中，一俟组织就绪，即可统筹设计，负责推行。

十、结论

以上所述各点，系本所一年来之工作概况，仅述崖略，挂漏殊多，对于工具、动力之运用，业务之推进，头绪万端，诸待推进，今后深望层峰及交通先进随时赐予匡导，自当竭诚接受，用策迈进。

7. 蒋介石为限期改进重庆市内马车给曾养甫等的手令（1944年8月27日）

曾部长　谭处长

重庆市区内之马车，多污秽不堪，马匹羸弱，马夫衣冠更欠整齐。嗣后车身应洗刷整洁，马匹务须强壮，马夫必须穿着制服。希派员严格稽查，限九月十五日起一律改进为要。

中正

三十二年八月二十七日

8. 重庆市政府公共汽车管理处驿运服务处业务概况（节选）（1945年）

交通部于民二十九年，鉴于抗战期间之机动力交通工具日渐缺乏，爰于九月间设置驿运总管理处，以管理全国驿运事业，俾发挥力量，以辅助汽车之不足。嗣以关于各线驿运之问讯、托运等事项日见繁多，于三十年五月，在驿运总处之下，设置营业所，以便利社会。陪都为抗战中心，人口稠密，交通工具，供不应求，乃于三十一年四月，进而举办市郊马车客货运输，原营业所改称为重庆驿运服务所，所有工具悉由泸县造车厂拨给，动力完全以骡马驾驶。除自购马匹外，复招致商马参加营业，业务逐渐展开，营业路线亦伸长至歌乐山，并另辟菜园坝、较场口、两路口等支线。三十三年五月，又将川陕驿运分处所辖青木关至木镇，及青木关至北碚一段，划归本处，改称为重庆驿运服务处。三十三年下半年因开支浩大，亏损甚巨，经先后将歌乐山、山洞及菜园坝等业务较清淡之站撤销，以期收支平衡。上年二月，驿运总管理处撤销，本处改隶公共汽车管理处。经竭力紧缩，节省开支，并一面谋业务之开展，三十四年间尚能达自给自足之原则。爰将本处业务概况略述如次：

一、组织

（一）内部设主任、副主任各一，总务、营运、会计三课及视察员三。

（二）外部市区设上清寺、化龙桥、小龙坎、新桥客运站四，重庆货运站一，修理厂一。郊区设青段一，辖青木关、璧山、来凤驿、永川客货站四；修理所一；又邮亭铺临时站一。原有北碚站因业务清淡，于上年十一月十五日撤销。

（三）全处共有员司77人，御手、技工、工役等89人。

二、工具动力

（一）现有客车143辆，其中完好者120辆，实际行驶者96辆。

（二）现有货车157辆，其中完好者60辆，实际行驶者35辆。

（三）本处自有马四匹，商马205匹。

（四）以上完好而未行驶之客货车辆，均系缺乏轮胎。

（五）所有车辆，均系交通部前驿运总管理处自泸县造车厂所拨。本处修理厂，因范围较小，仅能负修理工作。

三、营业路线

（一）市区：上清寺—化龙桥—小龙坎—新桥全程 16 公里。

（二）郊区：青木关—璧山—来凤驿—永川—邮亭铺全程 82 公里；又璧山—西温泉 20 公里。

（三）郊区货运，可直达木镇，及青木关至北碚，璧山至铜梁。市区货运则以车辆可行驶地点，均可到达。

四、业务概况

（一）客运：

1. 票价——市区现行票价，系自上年十月八日起调整，郊区系自上年九月一日起调整。附各区间现行票价表一份。

2. 运量——市区四站，共行车 66 辆，每车载客 4 人，以两马轮流拖驶，每车每日约行驶 60 公里，总计全部车辆每月运量为 475200 延人公里。郊区共行车 30 辆，每车载客 5 人，1 马拖驶，每车每日约行驶 25 公里，总计全部车辆每月运量为 112500 延人公里。再除停息、放空等损失外，市郊区共计每月运量约为 50 万延人公里，但亦须视行驶车辆之增减为转移。上年五、十、十二等月，各达 50 余万延人公里，而二、七两月则各仅 30 余万延人公里，即基于此种原因也。

3. 力费——商马、御手由马户自雇，按票款收入总额，发给 50% 力费。

（二）货运：

1. 运价——现行运价系自上年九月一日起，调整为每吨公里三等品（280）元、二等品（322）元、头等品（364）元。遇有回空时，统按三等品运价，加收 70% 空驶费，但有时亦须视货运情形，而核减空驶费率。

2. 运量——市郊区共行驶载重 500 公斤之板车三五辆，每日平均行驶 30 公里，每月运量亦须视货源之多寡而增减。上年一至十月期间，以三、四、五等月份最多，各达 3 万余延吨公里。自七、八月份以后，逐月减少，迨至十月份，则仅有 6000 余延吨公里。（详见附表）

3. 力费——按运费收入以 70% 发给。

4. 货源——市区多为短途运输，经常有盐、粮、布疋、纸张及行李等。长途运输在七八月份以前，货源至为丰富，如璧山粮食储运处之米、花纱布管制局及第一织布厂之布、纱、由渝至木镇之商货亦甚多。胜利以后，货源至为缺乏，十月份起，经与璧山粮食储运处订约承运由邮亭铺至璧山之米，每月运量约 80 吨，已于上年十二月二十日全部运竣。于同日起，与该处订约续运 100 吨。

（三）市区客车管理情形：客车行驶市区，关系市容，迭经整饬，御手服装由处统筹免费制发，计每人夏冬两季，各发制服2套、棉大衣1件，以资整齐。对于御手服务精神及驾车常识，经常派有专人负责训练讲话。至于车辆每行驶1次抵站时，即加以洗刷，以保持清洁，并派有技工驻站，随时修理。其须大修者，则送厂修理。车篷亦定期制换，马匹瘦弱者，予以剔除。驶至坡度较陡、路面狭或急湾处，规定御手须下车牵马缓行，以策安全。以上各项，均经规定办法通饬注意。

五、收支概况

三十三年度上半年以前，月有亏损。自十月份起，力加整顿，逐渐好转。三十四年度自三月份至七月份期间，每月收入平均约700余万元、平均支出约600余万元，月可盈余100万元左右。计截至七月份，共盈500余万元，除归还三十三年储汇局借款及应付款等共400余万元外，尚盈余100万元之谱。迨至八九月间，因员工待遇照中央规定增加，而运价未能及时调整，车辆亦因之减少，致每月亏损200余万元。除以盈余之100万元抵补外，另由公共汽车管理处拨补295万元。至十月份，奉令调整票价后，并设法增加行驶车辆，计收入1100余万元，支出900余万元，盈余100余万元。十一月份整饬服装车辆所需之款较巨，该月份亏损120万余元。十二月份因牛角沱一带翻修路面，并修整车辆，行车较少，青段业务清淡，收入仅达1040万余元。经竭力撙节，尚盈余肆10余万元。

五、板　车

1. 周均成等为发起组织长途板车商业同业公会致重庆市社会局呈文（1940年4月）

窃商等前以团结同业、加强组织、便利疏散起见，特发起组织“重庆市长途板车商业同业公会”呈奉中国国民党中央直属重庆市执行委员会，二十九年四月十六日社字第一九七二号指令开：呈悉，经派员视察，尚无不合，应准组织，兹随令发给商字第一四二号许可证一份，仰即依照人民团体组织程序筹备为要，等因。附发许可证一份。奉此，理合将许可证一联，具文呈请钧局恳予俯赐鉴核备案，无任公感。谨呈

重庆市社会局

发起人　信诚板车行经理　周均成（住化龙桥 101 号）
和记板车行经理　罗灿辉（住中二路 211 号）
同德祥板车行经理　范全盛（住中二路 225 号）
明盛祥板车行经理　杨景明（住中二路 225 号）
庆余板车行经理　张祥辉（住中二路 225 号）
炳荣板车行经理　钟炳三（住中三路 111 号）
遂通板车行经理　刘文斌（住化龙桥 163 号）
川西板车行经理　何紫珉（住化龙桥 101 号）

2. 重庆市板车商业同业公会为报告该会成立经过致重庆市社会局呈文（1941 年 9 月 4 日）

查本会已于七月二十六日午后四时，假中一路一心饭店礼堂召开成立大会，到会员代表 21 人，市党部汤指导员直夫、钧局富指导员孝武及卫戍总部、市商会、市车务管理处等来宾，临时推举魏国恩为主席，开会，嗣即党政机关指导员监选，依法选举周德侯、魏国恩、唐玉文、李大道、余泽民、周述珩、廖济舟、张有才、范维中等 9 人为执行委员，谭幼谷、钟季五、曾传周等 3 人为候补执行委员，杨京明、梁少臣、刘文彬等 3 人为监察委员，凤阳舟为候补监察委员，周德候、魏国恩、唐玉文等 3 人为常务委员，周德侯为主席，并宣誓就职。理合将成立经过情形，及缮具章程、备案事项表、会员名册、职员履历表各 2 份；八月至十二月份收支预算表；条戳印模各 1 份，呈乞鉴核备查，颁发正式图记为祷。谨呈
重庆市社会局

重庆市板车商业同业公会主席　周德侯

3. 重庆市板车商业同业公会改组筹备会为报告筹备改组事宜致重庆市社会局呈文（1943 年 1 月 25 日）

案于三十一年十一月十六日奉到钧局社元组字第二一四四号训令开：

查前奉社会部令，以该会与市长途板车公会业务相同，应即合并组织为市板车商业同业公会，饬转饬遵照，等因。当经分饬遵办在案，兹查合并组织办法，经由本局于十月二十九日召

集各有关代表暨该会等负责人来局，会商决定：一、两会即遵令合并改组为市板车商业同业公会；二、长途板车会员以在本市市区设有营业处所者为限；三、合并后市内板车与长途板车行驶区域及营业范围，暂仍旧规，并分别受各该目的事业主管官署之管理、监督，等项纪录在卷。兹派本局科员林振汉为该会改组督导员。除分令外，合行令仰遵照，克速成立改组筹备会，着手筹备具报为要。此令。等因奉此，遵于三十一年十一月？日召集前市板车公会及前市长途板车公会理监事联席会议，议决：遵令合并改组，两会应于同年十二月内分别召开结束会员大会，推选改组筹备员，成立改组筹备会。前市板车业公会经于同年十二月十九日召开会员大会，推选周德侯、唐玉文、廖吉州、梁少成等为筹备员。前市长途板车业公会经于本年一月十六日召开会员大会，推选欧仲孚、罗灿辉、钟品三等为筹备员。复于一月十八日开第一次改组筹备会议，公推德侯为筹备主任，办理改组筹备事宜，前两会应即结束。理合造具筹备员履历表，备文呈乞钧局鉴核备查，旨令祗遵！谨呈

重庆市社会局

筹备主任　周德侯

4. 重庆市板车商业同业公会章程（1943年7月26日）

第一章　总　则

第一条　本章程依据商业同业公会法及商业同业公会法施行细则订定之。

第二条　本会名为重庆市板车商业同业公会。

第三条　本会以维持增进同业之公共利益及矫正弊害为宗旨。

第四条　本会以重庆市行政区域为区域，事务所设于中二路186号。

第二章　任　务

第五条　本会之任务如下：

一、关于主管官署及市商会委办事项；

二、关于同业之调查研究事项；

三、关于兴办同业劳工教育及公益事项；

四、关于会员营业上弊害之矫正事项；

五、关于会员营业必要时之维持事项；

六、办理合于第三条所揭宗旨之其他事项。

第三章 会 员

第六条 凡在本市登记经营市区及长途板车商业之公司行号，均应为本会会员，但营业区域仍各以原有市区及长途区域为范围，不得混乱。

前项会员推派代表出席本会，称为会员代表。

第七条 本会每一会员推派代表一人，其担负会费满五单位者，得加派代表一人；以后每增十单位加派代表一人，但至多不得超过七人，以经理人主体人或店员为限。

第八条 本会会员代表以有中华民国国籍、年在二十岁以上者为限。

第九条 有下列各款情事之一者不得为本会会员代表：

一、背叛国民政府，经判决确定或在通缉中者；

二、曾服公务而有贪污行为，经判决确定或在通缉中者；

三、褫夺公权者；

四、受破产之宣告，尚未复权者；

五、无行为能力者；

六、吸食鸦片或其他代用品者。

第十条 会员举派代表时应给以委托书，并通知本会。撤换时亦同。但已当选为本会职员者，非有依法应解任之事由，不得撤换。

第十一条 会员代表均有表决权选举权被选举权。会员代表因事不能出席会员大会时，得以书面委托他会员代表代理之。

第十二条 会员非迁移其他区域或废业或受永久停业之处分者，不得退会。

第十三条 会员代表有不正当行为，致妨害本会名誉信用者，得以会员大会之议决，通知原推派之会员撤换。

第十四条 公司行号不依法加入本会或不缴纳会费或违反章程及决议者，得经执行委员会之决议，予以警告；警告无效时，得按其情节轻重依照商业同业公会法第二十六条规定之程序为下列之处分：

一、处以 ×× 元以下违约金。

二、有时间之停业。

三、永久停业。

前项第二款，第三款之处分，非经主管官署核准不得为之。

第四章 组织及职权

第十五条 本会设理事十一人，组织理事会。监事三人，组织监事会。均由会员大会就代表中用无记名选举法选任之。

选举前项理事、监事时，应另选候补理事三人、候补监事一人，遇有缺额依次递补。以补足前任任期为限，未递补前不得列席会议。

第十六条　当选理事、监事及候补理事、监事之名次，依得票多寡为序，票数相同时以抽签定之。

第十七条　理事会设常务理事三人，由理事会就理事中用无记名选举法互选之，以得票最多数者为当选常务理事。有缺额时，由理事会补选之，其任期以次补足前任任期为限。

第十八条　理事会就当选之常务理事中，用无记名单记法，选任理事长1人，以得票满投票人之半数者为当选。若一次不能选出时，应就得票最多数之二人决选之。

第十九条　理事会之职权如下：

一、执行会员大会决议案；

二、召集会员大会；

三、执行法令及本章程所规定之任务。

第二十条　常务理事之职权如下：

一、执行理事会议决案；

二、处理日常事务。

第二十一条　监事会之职权如下：

一、监察理事会执行会员大会之决议；

二、审查理事会处理之会务；

三、稽核理事会之财政出入。

第二十二条　大会设书记一人，请社会局派充，襄助理事长处理一切会务。

第二十三条　理事会下设下列各股，由理事会推选理事担任各股主任：

一、总务股：掌理文书、交际及下属于其他各股事宜。

二、财务股：掌理经费之出纳及会计报告事宜。

三、组训股：掌理会员之登记及训练事宜。

第二十四条　理事及监事之任期，均为四年，每二年改选半数，不得连任。前项第一次之改选，以抽签定之。但人数为奇数时，留任者之人数得较改选者多一人。

第二十五条　理事、监事有下列情事之一者，应即解任：

一、会员代表资格丧失者；

二、因不得已事故，经会员大会议决，准其辞职者；

三、依商业同业公会法第四十三条解职者。

第二十六条　本会理事、监事均为名誉职。

第二十七条　本会事务所设办事员一人至三人，得分股办事，其办事规则另定之。

第五章 会 议

第二十八条 本会会员大会分定期会议及临时会议两种，均由理事会召集。定期会议每年一月二十日及七月二十日各开会一次；临时会议于理事会认为必要时，或经会员代表 1/10 以上之请求，或监事会函请召集时，召集之。

第二十九条 召集会员大会应于十五日前通知之，但有商业同业公会法第二十五条第二十六条之情形，或因紧急事项召集临时会议者，不在此限。

第三十条 本会会员大会开会时，由常务理事组织主席团，轮流主席。

第三十一条 本会会员大会之决议，以会员代表过半数之出席、出席代表过半数之同意行之。出席代表不满过半数者，得行假决议，在三日内将其结果通告各代表，于一星期后二星期内，重行召集会员大会，以出席代表过半数之同意，对假决议行其决议。

第三十二条 下列各款事项之决议，以会员代表三分之二以上之出席、出席代表三分之二以上之同意行之。出席代表不满三分之二者，得以三分之二以上之同意行假决议，在三日以内将其结果通告各代表，于一星期后二星期内，重行召集会员大会，以出席代表三分之二以上之同意，对假决议行其决议。

一、变更章程。

二、会员或会员代表之除名。

三、理监事之解职。

四、清算人之选任及关于清算事项之决议。

第三十三条 本会会员代表人数超过三百人以上时，会员大会得就地域之便利先期分开预备会，依各预备会会员代表人数比例，推选代表合开代表大会，行使会员大会之职权。

第三十四条 本会理事会每两周开会一次，监事会每月开会一次。

第三十五条 理事会开会时，须有理事过半数之出席、出席理事过半数之同意，方能决议。可否同数取决于主席。

第三十六条 监事会开会时，须有监事过半数之出席，临时互推一人为主席。以出席监事过半数之同意，决议一切事项。

第三十七条 理事、监事开会时，不得委托代表出席。

第三十八条 理监事及会员无故不出席会议，由监事会议决处分之。

第六章 经费及会计

第三十九条 本会经费分会费一种。

第四十条 会员会费比例于其资本额缴纳之，每单位定为一万元每月缴纳会费二十元。

第四十一条 会员退会时会费概不退还。

第四十二条　本会会费之预算、决算每年年终了一个月以内编制报告书，提出会员大会通过，呈报主管官署并刊布之。

第四十三条　会计年度以每年一月一日始至同年十二月三十一日止。

第七章　附　则

第四十四条　本章程未规定事项，悉依商业同业公会法、商业同业公会法施行细则办理之。

第四十五条　本章程如有未尽事宜，经会员大会决议，呈准重庆市社会局修改之，并逐级转报社会部及经济部备案。

第四十六条　本章程经会员大会决议，呈准重庆市社会局备案施行，并逐级转报社会部及经济部备案。

5. 重庆市板车管理规则（1943 年 8 月 4 日）

第一章　总　则

第一条　凡本市板车之登记检验、发给牌照及行车、取缔等事宜，除法令另有规定外，悉按本规则管理之。

第二条　本规则所称之板车，包括（一）营业板车；（二）自用板车。

第三条　凡板车领有行车执照悬挂号牌并缴纳车捐者，方准行驶。

第二章　登记检验

第四条　凡营业或自用板车欲在本市区内通行者，均须呈请市政府批准后，方得向工务局车务管理处填具申请书，申请检验。

第五条　申请书事项规定如下：

一、车主姓名、职业、籍贯、住址，如系机关公司、商号，应记其名称与地址。

二、板车类别。

三、制造厂名。

四、辆数。

五、车身颜色。

六、车轮质料。

七、资本总额。

八、铺保。

第六条 板车检验依下列规定施行之：

一、与声请书内所填各项有无不合。

二、车身木坚固否。

三、车身油漆清洁否。

四、车身长度。

五、车身宽度。

六、车把是否坚固。

七、车把长度大小。

八、车槛是否坚固。

九、车轴质料是否坚固。

十、车轮质料（车轮是否胶胎）。

十一、车轮之大小宽度是否适宜（能否损坏路面）。

十二、载重量。

十三、拉车绳之数目。

十四、拉车绳之质料及大小。

十五、拉车人数。

十六、新旧程度。

第七条 营业或自用板车经检验合格，方得缴费，请领号牌及行车执照并缴纳车捐后，方准行驶。其不合格者，应令改造或修理后，重行报请检验。但检验二次后仍不合格者，即行取消登记资格。

第八条 凡领得牌照之自用板车，不准私自营业，如经查出或经告发调查确实者，即吊销牌照禁止通行。

第九条 营业或自用板车除声请过户及换领牌照或补领牌照时，须经检验外，每年应由本处定例举行总检验一次。但遇必要时，得随时施行检验。

第十条 凡板车之任何部分遇有损坏或附件减失时，应照原样修理或添补，不得擅行变更原有设备。

第十一条 凡板车损坏，依照第十条规定修理后，应即送来本处重行检验。惟须缴纳手续费，计每辆国币贰角。

第十二条 凡营业或自用板车如欲转卖或让送者，须呈请工务局车务管理处办理过户手续，不得擅自行事。

第十三条 凡办理板车过户手续，应填具过户声请书，由新旧车主及保证人签名盖章，连同旧执照送交车务管理处换领新行车执照。过户声请书式样另定之。并缴纳过户手续费及新执照费，计每辆各国币贰角。

第十四条　凡自用或营业板车领有号牌及行车执照后如有破坏或遗失者，应即填具声请书，向本处请求补发。其应缴手续费，照第十三条之规定。补领号牌者，并应照纳工料费。

第十五条　板车号牌及执照不得移用他车。

第十六条　行车执照复年定期换发一次，至换发期间，应呈缴旧执照并照章纳费，向本处换领新执照。

第十七条　营业或自用板车如停止使用时，须将号牌及行车执照缴还原发机关。

第三章　行　车

第十八条　营业或自用板车通行马路时，无论上行或下行，须靠左边通行。如遇其他车辆或同类板车，除有特殊情形或前车行驶不良得互相招呼表示让越外，概不得超越通行。

第十九条　板车行驶于下坡地段时，必须带车慢行，不可快放，以防发生危险。

第二十条　营业或自用板车于夜间通行时，必须置备小灯。

第四章　载重限制

第二十一条　自用或营业板车载重不得超过三百五十公斤。

第五章　罚　则

第二十二条　凡在市区通行之营业或自用板车，达犯本规则各项之规定者，得按下列各条处理之。

第二十三条　凡违犯下列各项之一者，处以伍元以下、壹角以上之罚锾，并得视情节轻重，吊扣或吊销牌照。

一、夜间通行未备灯火者；

二、号牌与执照不按本规则之规定悬示者；

三、行车执照或号牌遗失，匿不报请补发，擅自通行者；

四、板车停止驶用，未将原领牌照缴销者；

五、在马路口任意停留，阻碍交通者；

六、超越前车未依规定，或在超越前未曾警告前行车辆或人畜者；

七、对面遇有来车，超越过前行车辆者；

八、不靠马路左侧通行，致碍其他交通者；

九、凡板车载重逾限通行，损及道路桥梁或其他设备者，除照本规则之规定处分外，并须由该车主负责赔修。

第二十四条　凡板车有下列各情之一者，得将牌照吊扣或责令修理完竣后发还之：

一、车身破坏不堪者；

二、车轮歪斜摇动者；

三、车轮之质料或制法足以损坏路面者；

四、车轮胶皮残缺或脱落未经修补者；

五、杈绳过旧者；

六、车槛动摇不坚固者；

七、车轴磨损过甚者。

第六章　附　则

第二十五条　本规则自呈奉市政府核准之日施行。

六、人力车

1. 重庆市人力车商业同业公会为改组事项致重庆市社会局呈文（1939 年 12 月 26 日）

查本会奉令依照商业同业公会法改组，业于十一月二十二日召集会员大会改组完竣，并通过章程，登记会员名册，均经钧局派员临场指导，在案。兹特连同章程会员委员名册及未加入同业名册各缮三份备文呈乞钧局鉴核存转备查，实为公便！谨呈

重庆市社会局

计呈章程、会员委员名册及未加入同业名册各三份

重庆市人力车商业同业公会主席　应子寿

重庆市人力车商业同业公会章程

第一章 总 则

第一条 本章程依据商业同业公会法及商业同业公会法施行细则订定之。

第二条 本会定名为重庆市人力车商业同业公会。

第三条 本会以维持增进同业之公共利益及矫正弊害为宗旨。

第四条 本会以重庆市行政区域为区域，事务所设于冉家巷第十九号。

第二章 任 务

第五条 本会之任务如下：

一、关于会员商品之共同购入保管运输及其他必要之设施。

二、关于会员营业之统制。

三、关于会员营业之指导研究调查及统计。

四、办理合于第三条所揭宗旨之其他事项。

兴办前项第一款事业时应拟定计划书经会员全体2/3以上之同意呈请市社会局核准，其变更时亦同。第一项第二款之统制，须经全体会员2/3以上之同意，呈由主管官署核准后方得施行。

第三章 会 员

第六条 凡在本区域经营人力车商业之公司行号不论公营民营除关系国防之公营事业或法令规定之国家专营事业外，均应为本会会员。

前项会员推派代表出席本会称为会员代表。

第七条 本会每1会员推派代表1人，其担负会费满5单位者得加派代表1人，以后每增10单位加派1人，但至多不得超过7人，以经理人、主体人或店员为限。

第八条 本会会员代表以有中华民国国籍、年在20岁以上者为限。

第九条 有下列各款情事之一者不得为本会会员代表。

一、有叛国民政府经判决确定或在通缉中者。

二、曾服公务而有贪污行为经判决确定或在通缉中者。

三、夺公权者。

四、受破产之宣告尚未复权者。

五、无行为能力者。

六、吸食鸦片或其代用品者。

第十条 会员举派代表时应给以委托书并通知本会，撤换时亦同。但已当选为本会职员者，非有依法应解任之事由不得撤换。

第十一条 会员代表均有表决权选举权及被选举权。会员代表因事不能出席会员大会时，得以书面委托他会员代表代理之。

第十二条　会员非迁移其他区域或废业或受永久停业之处分者不得退会。

第十三条　会员代表有不当行为致妨害本会名誉信用者，得以会员大会之议决通知原推派之会员撤换。

第十四条　公司行号不依法加入本会或不缴纳会费或违反章程及决议者，经执行委员会之议决予以警告，警告无效时，得按其情节轻重依照商业同业公会法第二十六条之规定之程序为下之处分。

一、百元以下之违约金并赔偿车价及因受营业之损失。

二、有时间之停业。

三、永久停业。

前项第二款第三款之处分，非经主管官署之核准，不得为之。

第四章　组织及职权

第十五条　本会设执行委员7人，组织执行委员会；监察委员3人，组织监察委员会。均由会员大会就代表中用无记名选举法选任之。

选举前项执行委员监察委员时，应另选候补执行委员2人，候补监察委员1人。遇有缺额依次递补，以补足前任任期为限，未递补前来处补前不得列席会议。

第十六条　当选委员及候补委员之名次依得票多寡为序票数相同时以抽签定之。

第十七条　执行委员会设常务委员3人，由执行委员会就执行委员中用无记名选举法互选之，以得票最多数者为当选；常务委员有缺额时，由执行委员会补选之，其任期以补足前任任期为限。

第十八条　执行委员会就当选常务委员中用无记名单记法选任主席1人，以得票满投票人之半数者为当选。若一次不能选出者应就得票最多数之2人决选之。

第十九条　执行委员会之职权如下：

一、执行会员大会决议案；

二、召集会员大会；

三、执行法令及本章程规定之任务。

第二十条　常务委员之职权如下：

一、执行执行委员会议决案；

二、处理日常事务。

第二十一条　监察委员会之职权如下：

一、监察执行委员执行会员大会之议决；

二、审查执行委员会处理之会务；

三、稽核执行委员会之财政出入。

第二十二条　执行委员及监察委员之任期均为四年，每二年改选半数，不得连任。

前项第一节之改选以抽签定之，但委员人数为奇数时，留任者之人数得较改选者多1人。

第二十三条　委员有下列情事之一者应即解任。

一、会员代表资格丧失者；

二、因不得已事故经会员大会议决准其辞职者；

三、依商业同业公会法第四十三条解职者。

第二十四条　本会委员均为名誉职。

第二十五条　本会事务所设办事员3人，得分科办事，其办事细则另定之。

第五章　会　议

第二十六条　本会会员大会定期会议及临时会议两种均由执行委员会召集之，定期会议每年开会2次，临时会议于执行委员会认为必要或经会员代表1/10以上之请求或监察委员函请召集时召集之。

第二十七条　召集会员大会应于15日通知，但有商业同业公会第二十五条第二十六条之情形或因紧急事项召集临时会议者不在此限。

第二十八条　本会会员大会开会时由常务委员组织主席团轮流主席。

第二十九条　本会会员大会之决议，以会员代表过半数之出席，出席代表过半数之同意行之。出席代表不满过半数者得行假决议，在3日内将其结果通告各代表，于一星期后二星期内重行召集会员大会，以出席代表过半数之同意对假决议行其决议。

第三十条　下列各款事项之决议，以会员代表2/3以上之出席，出席代表2/3以上之同意行之。出席代表不满2/3者得以出席代表2/3以上之同意行假决议，在3日内重行召集会员大会，以出席代表2/3以上之同意对假决议行其决议。

一、变更章程；

二、会员之处分；

三、委员之解职；

四、清算人之选任关于清算事项之决议。

第三十一条　本会会员代表人数超过300人以上时，会员大会得就地域之便利先期分开预备大会，依各预备会会员代表人数比例推选代表合开代表大会行使会员大会之职权。

第三十二条　本会执行委员会每月至少开会1次，监察委员会每两月至少开会1次。

第三十三条　执行委员会开会时，须有过半数之出席，出席委员过半数之同意方能决议，可否同数取决于主席。

第三十四条　监察委员会开会时，须有监察委员过半数之出席临时互推1人为主席，以出席委员过半数之同意决议一切事项。

第三十五条　执行委员、监察委员开会时不得委托代表出席。

第六章　经费及会计

第三十六条　本会经费分会费及事业费两种。

第三十七条　会员会费按照车辆每部每月缴纳3角。

第三十八条　会员退会时会费概不退还。

第三十九条　本会会费之预算决算于每年度终了一个月以内编制报告书提出会员大会通过，呈报官署并刊布之。

第四十条　会计年度以每年一月一日始，同年十二月三十一日止。

第四十一条　事业费之分担每1会员至少1股，至多不得超过50股。但因必要得经会员大会之决议，增加之事业费总额及每股数额应由会员大会决议呈经主管官署核转。

第四十二条　前条之事业费会员非退会时不得请求退还，其请求并须于年度终了时为之。

前项请求退还之事业费其结算应以退股时本会事业费之财产状况为准，请求退还之事业费不问原出资之种类，均可以金钱抵还，退还事业费时关于本会所兴办事业内之事务有未终了者，于了结后计算并分派其盈亏。

第四十三条　本会会员对于本会兴办事业之责任得依兴办之决议于担任股额外另负定额之保证责任。

依前条退还事业费之会员对于前项之保证责任于退还事业费后经过一年始得解除。

第四十四条　本会事业费之预算决算依本章程第三十九条之程序办理。

第四十五条　本会事业费总额及每股之金额变更保证责任之规定，或本会事业费之停止，均应依法决议后呈报主管官署。

事业停止后所营事业之财产依法办理清算。

第七章　附　则

第四十六条　本章程未规定事项悉依商业同业公会法商业同业公会法施行细则办理之。

第四十七条　本章程如有未尽事宜经会员大会决议呈准市党部及市社会局修改之，并逐级转报中央社会部及经济部备案。

第四十八条　本章程经会员大会决议，呈准市党部及市社会局备案施行，并逐级转报中央社会部及经济部备案。

2. 重庆市社会局就已停止行驶人力车辆恢复营业问题与市政府往来文件（1940年3—4月）

一、重庆市社会局呈文（3月26日）

案奉钧府交下重庆市人力车商同业公会呈一件，为本市人口倍增，马路完成甚多，人力车辆供不应求，请维持原案转饬将停止各行行驶之车辆号牌发还，以利交通由。查二十五年前，重庆市车务管理所吊销人力车牌照480只，勒令停驶各节，本局无卷可稽。经饬据车务管理处核议报称：查本处举办人力车登记，计现在行驶营业之车辆，连同福利200辆，共为2272辆。以本市人口25万之比例，似觉供不应求，应予增加。复查二十五年警察局禁止行驶之480辆人力车，拨厥原因，以当时马路甚少，车辆过多，有碍交通。现在开辟太平巷，新建马路甚多，交通不若过去拥挤，该项停驶之车辆，似可准予恢复营业。究应如何办理之处，理合检同现在行驶暨暂停行驶车辆登记清册二份，呈请核示，等情。并附呈清册各一份。据此，查该人力车业公会呈请恢复各情，核以本市太平巷完成后，马路长度增加，并据车务管理处所称，人力车辆与人口比较，供不应求，亦属实情。现在人力车价飞涨，衡以供求关系，似可准予恢复，以利交通。惟兹事体大，本局不敢擅专，除指令车务管理处先行调查该项吊销停驶车辆，现在究竟实有若干，车身情形如何，以凭核夺外，理合签请钧长鉴核施行。谨呈

市长吴

职　吴华甫谨签

三月二十六日

二、重庆市政府指令（4月13日）

二十九年三月二十六日签呈一件，为奉交下重庆市人力车商同业公会，呈请恢复停驶之车辆吊销号牌发还一案，经饬据车务管理处呈复，略以人口增加，新辟马路又多，似可准予恢复，请核示由。签呈悉。案经提交四月十日本府第四十四次市政会议决议：准予无限增加，但至适当时期可以停止。等语，记录在卷。合行录案令仰该局遵照办理！此令。

3. 重庆市管理人力兽力车轿规则草案（1944 年 8 月 19 日）

第一章　总　则

第一条　重庆市为管理通行市区之人力兽力车轿，特订定本规则。

第二条　凡在本辖区行驶通行之人力兽力车轿，除法令别有规定外，悉依本规则之规定办理之。

第三条　本市以工务、财政、社会、警察四局为管理机关，其职权规定如下：

一、车轿之登记检验、制发号牌及行驶执照，由工务局办理。

二、车轿牌照捐税之征收，由财政局办理。

三、车轿稽查取缔之执行，由警察局办理。

四、车轿租金及车夫力资之规定，由社会局办理。

第四条　车轿之种类暂分下列数种：

一、自用人力车、营业人力车。

二、自用自行车、营业自行车。

三、自用板车、营业板车。

四、自用小轿、营业小轿。

五、兽力客车、兽力货车（暂不分自用与营业）。

第五条　本市车轿数量，由工务局会同社会局斟酌供求情形及本市交通状况，核定之。

第六条　车轿行主如在核定数额以外请求登记时，应呈由工务局转请核定之。

第七条　车轿声请登记检验等书表，由各管理机关制定之。

第二章　登记检验发牌发照

第八条　车轿行主凡在本市辖区内自用或营业车轿，应向工务局领取车轿声请登记书，依式填就声请工务局核定之。

第九条　工务局审查核准后，应即填发检验通知单，通知原申请人。

第十条　车轿行主接得检验通知单后，应遵期将车轿送至指定地点，听候检验。

第十一条　车轿经检验合格后，由工务局填发缴费通知单，交由车轿行主转赴财政局指定之税捐稽征所，缴纳牌照工本费，及使用牌照税。

第十二条　车轿行主完纳税捐即仍转同原单至工务局，凭单核发号牌，一面执照 1 张。

第十三条　车轿税捐其征收金额及期别与征收期限，照财政局使用牌照税章程办理之。

第十四条　车轿号牌及行驶执照使用期限，定为 1 年。其初领至换领期间未满 1 年者，以 1 年计算。自每年一日一日起至同年十二月三十一日止届期，由工务局举行车轿总检验，换发新牌照。但人力车每年于总检验外，应举行覆验1次。

第十五条　车辆每年总检验时期，工务局酌量实际情形定之。

第十六条　未经工务局登记检验之车辆，不得请领牌照。

第十七条　未经工务局核发牌照之车辆，不得行驶。

第十八条　人力车号牌应钉于右挡泥板上，板车钉于右车杠上，自行车系于前柱与横梁交叉处，兽力客车钉于车箱后板，兽力货车钉于车右侧车杠上，肩舆则系于前檐上，不得任意更替调换，以便稽查。

第十九条　车辆执照应随车辆携带，如遇稽查时应立即呈验。

第二十条　车辆每年总检验换领号牌执照时，其应缴牌照费及税捐，与初领牌照时同。

第二十一条　车辆停止使用，应检同原牌照，申请登记机关核销。

第二十二条　伪造牌照者，除将车辆没收外，并得送法院究办。

第二十三条　车辆所有权移转时，应先由新旧车辆行主填具过户声请书，连同旧执照，声请工务局登记并换领执照。

第二十四条　声请过户之车辆经工务局审查核准后，即填发过户通知单，交能新车辆行立，转赴财政局缴纳过户费。

第二十五条　新车辆行主完纳过户费后，凭单至工务局换领新执照。

第二十六条　车辆牌照如有损坏时，应检同原牌照向工务局申请补发，并照本规则第十一条之规定缴纳牌照费。

第二十七条　车辆牌照遗失时，应由车辆行主登报声明作废，并检同报纸向工务局申请补发，并照本规则第十一条之规定缴纳牌照费。

第二十八条　自用车辆不得过户或转租他人。

第二十九条　人力车辆夫在行驶时，应身着号衣。

第三十条　人力兽力车之载重量规定如下：

一、人力车之载重量以150公斤为限。

二、兽力车之载重量以1000公斤为限。

三、板车之载重量以350公斤为限。其载运物品高不得超过5市尺、宽不得超过车底板两旁1市尺5寸，长不得超过车底板前后2市尺，其超过规定者，应于每晚十二时及至次晨五时前装运。

第三章　附　则

第三十一条　违反本规则各项之规定者，得依违警罚法或行政执行法处罚。

第三十二条　本规则自呈奉核准公布之日起施行。

七、轿业

1. 重庆市轿商业同业公会为报告该会成立情形致重庆市社会局呈文（1940年2月15日）

窃查属会于本月十五日举行成立大会，蒙钧局派何指导员炎文贲临出席，计共到109人，推陈士铭为临时主席，依法当选主监及候补人员，符绍卿18人，即席举行宣誓就职。理合缮就各员经历表，随文送请钧局俯赐鉴核备查，指令祇遵。

谨呈

重庆市社会局

轿商业同业公会主席 符绍卿

四川省重庆市轿商业同业公会职员经历表

（二十九年二月十五日—二十九年二月二一日）

职别	姓名	性别	年龄	籍贯	文化程度	经历	住址
主席	符绍卿	男	61	潼南	私塾5年	经营轿商25年	商业场西三街14号
常务委员	罗炳森	男	74	巴县	5年	30年	响水桥30号
	孟占云	男	48	巴县	7年	12年	朝天门大码头30号
	李集云	男	56	江北	识字	25年	千厮门大码头10号
	周洪盛	男	49	江北	私塾7年	7年	二府衙17号
执行委员	周陵清	男	54	合川	5年	12年	豆腐石10号
	吴鑫诚	男	44	巴县	4年	14年	豆腐石50号
	陈兴铭	男	29	江津	中学	3年	麦子市12号
	萧荣山	男	52	巴县	私塾6年	经营轿商20年	米花街66号
候补执委	张德成	男	48	巴县	8年	9年	
	蔡渭清	男	53	巴县	4年	8年	金紫门码头8号
	彭林	男	62	巴县	7年	12年	江北下正街12号
监察委员	王太平	男	42	巴县	不识字	15年	双溪沟46号
	谭桔山	男	41	巴县	不识字	10年	香水桥33号
	李汉臣	男	45	江北	初中	15年	四贤巷64号
	罗洪顺	男	52	长寿	不识字	5年	朝阳街52号
	张岑山	男	48	潼南	私塾5年	15年	丁字口50号
候补监委	陈海淯	男	4	江北	2年	15年	双溪沟13号

2. 符绍卿等为设立轿商业办事处致重庆市社会局呈文（1940 年 12 月 26 日）

查本会业务虽小，而辖区宽大，对于工作不易策动。兹为增进团结效率起见，于适当地区，实在有设立办事处之必要。爰经开会议决暂设办事处六所，计南岸区分为海棠溪龙门浩弹子石，城区分为新市区及滕舆、冠婚等6办事处，以期就近能推动一切工作。以上所陈各缘由，是否有当，理合具文呈请钧局准予存案备查，实为公便。并候示遵。谨呈

重庆市社会局

重庆市轿商业同业公会　主席　符绍卿

常务　罗炳森　孟占云（假）李集云　周洪盛

3. 重庆市社会局关于检送轿夫名册请鉴核致市政府呈文（1943 年 11 月 12 日）

查本局核发营业轿夫工作证，前以适值农忙期间，更兼轿夫流动性甚大，曾以社元五字第零八九三号呈奉钧府核准，展期至本年八月底，逾期决不再发。兹时间业已早过，并经遵照明令早已截止，自应整理造册，以资结束。惟此次先后来局领取之轿夫合计实仅有 3731 名，与原核定 4500 名一额相较，自尚差数百名，此或因多已改业之故。而原编工作证号数中自第 3227 号至 3450 号，3471 号至 3600 号，3186 号至 4100 号及 4400 号至 4500 号，共计 7869 号，亦以上述原由，未能发出。除将已发工作证名册一份函送警察局外，理合检附领证轿夫名册一份，赍呈鉴核备查。谨呈

市长贺

附呈领证轿夫名册一份〈略〉

重庆市社会局局长　包华国

八、筹办无轨电车和筹建两江大桥

1. 重庆缆车公司为拟兴建市区电车致交通部呈文（1945年7月27日）

窃本公司创办重庆缆车，增进市区交通，近望龙门客运缆车已于本年五月间建筑完成，通车以来，行旅称便。尚有嘉陵码头货运缆车工程，亦在积极进展。最近陪都人士以重庆市区交通至感不便，纷向本公司建议兴办电车，经派员踏勘，拟具计划，并由当地士绅会商，拟组织重庆电车公司，以便着手办理。查电车系属钧部主管，所有拟建电车计划，应先送请核定。理合检呈草案一份，拟恳准予备案。至所拟计划全部建设需款约合国币6万万元又美金30万元，拟分期筹建。所需款项，拟由当地士绅共同投资，不足之数拟请政府及四联总处有关行局投资或拨借。窃思电车为市区交通最便利之工具，于缺乏以汽油为燃料之国家，为尤然。目前重庆市区交通困难，政府尚不惜每月补助二三万万元，以资维持，倘能以数月之补助，兴办一新交通事业为根本之解决，对于重庆市区交通，必大有所增进，用敢历陈经过，恳请钧部对于此项交通建设加以赞助，划拨专款参加，提倡投资，俾市民闻风兴起，早观厥成。国人自办电车，在国内尚属鲜举，倘蒙促进，诚足以创钧部兴导此项事业之纪元。谨呈请核示祇遵。谨呈

交通部部长俞

附呈计划草案一份

重庆缆车特种股份有限公司总经理　陈体荣

重庆电车计划草案

重庆山城也，岗岩相接，以为道路，五步一坡，十步一垭，虽程途不远而仰登俯降，倍形劳顿，甚或临穹绕坎目接声应而不可立达。重庆居民，对于行之费力耗时，盖皆抱有同感也。故言建设首当以交通为要图。目前行驶市区之新式市民交通工具厥惟公共汽车，而公共汽车之路线与数量，距离市民行之要求尚远。况其油料之消耗实即国防工业之损失，当此国内产量有限，海外输入不畅之际允宜力从节储，另谋代起之计划，则建筑电车洵为适应环境最便利之交通工具矣。抑且后方工业，现正陷于疲滞状态，吾人诚能把握时机，急起筹建，不特获发展交通节储油料之利，亦足为振兴工业之一助乎。爰有建筑电车之计划。审度市区形势，暂拟行驶路线有三，分举如下。

一、自西四街至精神堡垒线（以下简称甲线），精神堡垒为市区商业中心。行人如鲫，车辆络绎。西四街约居储奇门及小什字道门口之中。储奇门渡江为海棠溪，小什字道门口为银行区。此线所经或属交通要枢或为渝市精华所在。现西四街与精神堡垒间不特无交通设备，即人力车亦苦难间道而行。故此线之开办，对行人必感莫大之便利也。

二、自望龙门至菜园坝线（以下简称乙线）此线略与现行公共汽车路线平行，濒临长江，为渝市之外园线。路线平整工程简易，且延展可接成渝铁路，堪称为渝市之一大动脉。

三、自望龙门经陕西街沿嘉陵江南岸至曾家岩线，此线即本市重要计划路线中之北区干路，惟距离较长开辟较难，拟俟路线打通后，再行筹建。兹先就甲乙两线编列概算，表述于后。

（一）甲线地下电车工程　此线约长700公尺，所经邹容路口高差在30公尺以上，拟采用地下电车，既可免建筑地面路线迂回困难亦可减少与市街交通之干扰。

1. 车辆　车辆每列采用6吨电车1辆，4吨拖车1辆。每列可乘坐客40人，立客30人。拟定平均车速每小时10英里，加速率每秒每小时2英里。估计上下车所需之时间每站为2分钟，每列行驶时间之间隔为5分钟。根据如此计算需备车辆2列，每车需备35匹马力马达2部。

2. 电路　发电厂与电车路线间，用馈电路线1组。电车路线依往返车道用输入线路两组并利用铁轨为回归路线。

3. 隧道　自西四街至邹容路口现有隧道可以利用者约有130公尺。惟断面仅约7平方公尺，须加扩大，最大坡度拟定5%。接近□□堡垒一段，路线高度接近路面，拟在隧道内部，加建混凝土板及钢架支撑，以策安全。电车轨道，采用35磅钢轨，轨8公寸轨距。洞身尽量减小，以求节省石方。

（二）乙线无轨电车工程　此线约长4公里800公尺，地势平坦，拟建无轨电车。

1. 车辆　无轨电车采用10吨车辆，可乘坐客25人，立客20人。计划平均车速及加速率与中线地下电车相同，每车行驶时间之间隔为10分钟，全线3英里，需车5辆，另加备用车2辆，共计7辆。每车装35匹马力马达2部。

2. 电路　发电厂与电车路线间，用馈电线路1组。电车路线依往返车道，用输入线路两组。另设回归线路铜线两组。

3. 路面　此线原建有碎石路面。为求平整永久计，应以改筑高级路面为宜。但建筑费用较大，且关系本市一般交通，拟请由政府合资筹办。兹先照12公尺20公分混凝土路面，编列概算以供参照。

（三）发电厂车场及站屋设备

1. 发电厂　照一般电车标车。采用600V.D.C电力，甲乙两线之最高负荷为

400kW，拟在菜园坝设1000kW发电厂1所。购置500kW蒸汽机发电机2套，1套经常运转，1套备用。直接产发600V.D.C电力。修车场及其他电力用电，亦悉以600V.D.C为准。至于电灯用电拟另购马达发电机1套，供给低压电流。

2.车场及站屋设备　电车设备关系机电各种工程，拟自设车场修理工场维持养护。此外管理人员办公房屋宿舍，另照需要择地建筑。

2.重庆电车公司筹备处为申请备案与市政府往来文件（1945年8月）

一、重庆电车公司筹备处呈文（8月16日）

窃本处发起人等，因鉴重庆市面日趋繁荣，交通建设刻不容缓，爰联合本市士绅，组织一电车公司，以沟通上下城暨郊区要道，便利市民往还。业已成立本处，进行筹备，所有进行事宜，自当随时呈报。理合赍呈发起人名单一件，随文呈请钧府鉴核，准予备案，实为公便。谨呈

重庆市政府

重庆电车公司筹备处呈

重庆电车公司发起人名单

何北衡	杨灿三	高允斌	赵观白	刘航琛	宁子村	袁育梵	孙瑞麟	卢作孚
蒋相臣	梅　春	邓华益	潘昌猷	康心如	廖馥亚	罗竟忠	何静源	陈体荣
陈国儒	汪代玺	范崇实	张澍霖	杨芳龄	王拂禅	吴晋航	杨绰庵	卢星北
吴晋航	杨绰庵	卢星北	曹撑宇	李奎安	丁哲明	邓华民	浦心雅	常存真

二、重庆市政府批文（8月25日）

具呈人　重庆电车公司筹备处

八月十六日呈一件，为组织重庆电车公司，赍呈发起人名单，请予备案由。呈及附件均悉。准予备查，仰即将公司组织章程及计划等呈核。件存。

此批

市　长　贺□□（请假）

秘书长　杨□□（代行）

3. 陪都建设计划委员会为拟兴建市区电车事宜给顾鹤皋函稿[①]（1946年9月5日）

迳启者：前承谈及有瑞士商拟襄助兴建渝市电车，兹将渝市路线情形开具节略并附路线图一份，希转达，并请将前瑞士商之计划书及估价单、设备装置等惠赐参考为荷。此致

顾总经理鹤皋

附路线节略一纸图一份〈略〉

（会戳）启九.六

4. 重庆市工务局为筹办无轨电车致市政府呈稿（1946年10月31日）

市长钧鉴：敬秉者，职局明年度工作计划新办事业，拟有举办市内无轨电车一项，全部经费概算27亿元，该项计划市府以囿于财力，暂予缓列。伏念无轨电车系近代化交通工具，本市尚付缺如，兹为配合陪都十年建设计划，似宜积极奥办所需经费，拟由本府投资1/3计9亿元，其余18亿元，则招商凑集。公用事业旨谋大众福利，管理必期周密，若官股比例过少，或有不易控制之虑。谨祈钧座准赐，补列原预算9亿元，以利进行，伏候裁夺。专秉祇请钧安。

职　吴□□谨呈

十月三十一日

5. 陪都建设计划委员会为拟议兴办无轨电车致胡子昂等笺函稿（1946年11月11日）

查本市交通工具深感不敷应用，前经提议兴建无轨电车未获端倪，兹为加强交通效能起见，积极筹建此项电车，以解决本市交通困难，藉以配合人力车之取缔，特拟具重庆市无轨电车拟议书，敬希台端提供意见，俾得早日实施。相应函达，请烦查照并盼赐复为荷。此致

胡议长子昂

王先生思东

邓先生华民

① 顾鹤皋，集成公司总经理。

汪先生如洋

附拟议书一件

（会戳）启

十一月十一日

重庆无轨电车拟议书

理由：

一、使各项交通设施有合理之配合，以加强交通效能。

二、配合人力车之取缔。

三、电车之行驶与管理均较方便而简单，运输效率亦高，经常维持管理费用亦省。

四、电能成本低廉，利用电力行车自较经济。

五、本市为山城，路线修筑困难，路幅亦不能过宽，为使车辆行驶不妨碍其他交通，拟采用无轨电车，因其行驶灵活，且行车路线日后视需要情形亦易于更改。

六、无轨电车较有轨电车之设置费用为省。

路线：

由北区干路富成路口经国府路、上清寺、中山路、和平路、较场口、民族路、林森路至南区马路，全部路线为S形，将来再加辟北区干路东段及西区干路两段，即成为环城道路系统。

工程费预算与受益费

拟先设50座单车50辆，全部装设费用约27亿元，如修筑完成，仅一年半至两年之受益费即可全部偿清。

修建办法，由法商投资承办。

经营办法，由官商合办。

6. 重庆市政府与市工务局关于无轨电车筹备处成立事项往来文件（1947年1—2月）

一、重庆市政府指令（1月9日）

令工务局：

三十五年十二月二十七日签呈一件，为拟设无轨电车筹备处，并请派周崇高为该处主任，所需经费在该项事业费项下开支，当否请核示由。签呈悉。所拟于该局设立无轨电车筹备处，并请派周崇高为该处主任，其薪津在该事业费项下开支，均应予照准。随发派令一件，仰即转给承领。至该处所需助理人员，暂由该局职员内调用。并仰遵照。

此令。

附派令一件〈略〉

市长　张笃伦

二、重庆市工务局呈稿（2月21日）

查本市筹设无轨电车一案，前经呈奉钧府本年元月九日市人字第82号指令，准予设立无轨电车筹备处，并派周崇高为该处主任，等因。遵于二月一日成立开始工作，兹按照实际需要，造具该处本年度经常费支付预算书，共计国币1112100元正，拟请在该项事业费项下按月拨发，以应需要。谨检呈预算书三份，请鉴核示遵。谨呈

市长张

附呈重庆市无轨电车筹备处三十六年度支付预算书二份〈略〉

（全衔）吴□□

7. 政府为撤销无轨电车筹备处给工务局的训令（1947年9月4日）

查本市前筹办无轨电车，经令准该局成立筹备处办理在案。兹查该项无轨电车现已决定缓办，着自九月一日起，将该筹备处撤销，原设主任一人亦即裁撤。仰即遵照办理，具报为要！

此令。

HOUJI 后记

"中华民国战时首都档案文献"为研究我国抗战时期大后方历史的大型档案资料丛书，是重庆师范大学联合市内相关部门组建的"中国抗战陪都史课题组""三十年磨一剑"的重大成果，是研究抗战大后方的基础史料。它的成书和得以正式出版，是重庆师范大学领导对课题组长期关心和扶持的结果，也是国家出版基金资助和西南师范大学出版社大力支持的结果。

《中国战时首都档案文献·战时交通》作为丛书之一，对国民政府迁都重庆期间（1937年至1946年），在交通建设方面的主要方针、政策、法令法规，建设进展及成果的各类档案文献进行了辑录与整理。书稿突出了存史的重要价值，力图通过丰富翔实的原始史料，反映1937年至1946年我国在交通建设方面，尤其是抗战时期交通建设的情况，再现了当时中国交通的基本面貌和艰难的发展历程。

本卷资料的编辑，有赖于原"中国抗战陪都史课题组"的组建和辛勤的工作。重庆师范大学和重庆市档案馆为课题的研究工作提供了必要的基础；重庆市档案馆领导特许开放馆藏核心部分档案资料，最后在重庆师范大学形成了选编的初稿。

重庆师范大学常云平、郑洪泉和徐斌（重庆师范大学中国近现代史专业研究生）在初稿的基础上，不仅对原书内容进行了全面整理、编纂和校订，还扩充了大量史料。参加资料收集、整理和校订工作的还有重庆师范大学中国近现代史专业研究生黄婉丽、王璐扬、曾真。重庆市档案馆的徐彦波同志，为本卷资料初稿的收集、整理和形成奉献了大量的精力。但是本卷史料初稿形成时间在1996年，距今已20多年。重新参加编纂本卷史料的很多同志已经不熟悉本卷史料成书的历史情况，故而本丛书在申报国家出版基金资助项目的报告时，由于工作上的疏漏，未将徐彦波同志名字列入本卷史料主编名单。根据原课题组负责人郑洪泉的要求：他作为课题组负责人没有必要列入本卷史料主编名单；而徐彦波同志作为本卷史料初稿编纂者，应是是本卷史料的主编之一，并享有本卷史料主编之一的相应权益。由于本卷史料付印在即,来不及向上级出版机构申报更改本卷史料主编名单，故而特在后记中作此项郑重说明，并向徐彦波同志家属表示歉意。徐彦波同志已无法见到本书的正式出版，我们在此谨向他表示由衷的感激和深深的怀念！

可以说，本卷资料的选编是各方努力的结果，是集体智慧的结晶！

本书得以正式出版，有赖于重庆师范大学周泽扬校长、杨新民副校长和原党委邓卓明书记、李禹阶副校长提供的各种条件；同时也得到了学校科研处、历史与社会学院和相关部门的的大力支持；重庆市档案馆、重庆图书馆和市内相关部门给予了鼎力的帮助，在此，我们表示由衷的感谢，并深深感谢长期以来对本课题组给予支持与帮助的所有同志。

编　者

2017 年 4 月